SV

Die Sechziger Jahre haben begonnen und mit ihnen das Zeitalter des Wassermanns. Adolf Eichmann wird in Tel Aviv zum Tode verurteilt. Konrad Adenauer sagt Militärhilfe für Israel zu. Gleichzeitig jedoch zieht es deutsche Flugzeugkonstrukteure, Triebwerksbauer und Raketentechniker in großer Zahl nach Ägypten.

Rita Hellberg, Tochter eines Ingenieurs, will ihre Eltern in Kairo eigentlich nur besuchen. Doch der Vater entscheidet: Die Familie gehört zusammen. Ägyptens Präsident Nasser träumt von einer afrikanischen Rüstungsindustrie, und so baut der Vater einen Jagdbomber. Während ihre Mutter sich dem Leben in Kairo verweigert, erkennt Rita bald, dass es für sie keinen besseren Ort geben kann, um ihre eigene Zukunft zu betreten. Sie lässt sich mitreißen in eine faszinierende Welt im Umbruch. Erst mit der Zeit wird ihr klar, dass sie mitten in einem Konflikt gelandet ist, in dem um historische und zukünftige, um weltpolitische und regionale Interessen mit allen Mitteln gekämpft wird. Jeder beobachtet jeden, Bomben explodieren, Menschen sterben. Rita Hellberg muss sich entscheiden, wo sie steht.

Merle Kröger lebt als Roman- und Filmautorin in Berlin. 1990 wird sie Mitbegründerin der Künstlergruppe Botschaft e. V. und des Filmkollektivs dogfilm, 2001 der Medienkunstplattform pong. Gemeinsam mit dem Filmemacher Philip Scheffner entstehen ab 2007 dokumentarische Kinofilme. Merle Krögers Romane verbinden historische Recherche, persönliche Geschichte und politische Analyse mit Elementen der Kriminalliteratur. Ihre Romane wurden vielfach ausgezeichnet, u. a. als Bester Krimi des Jahres, mit dem Radio-Bremen-Krimipreis und dem Deutschen Krimipreis.

# Merle Kröger
# Die Experten

Thriller

Herausgegeben von
Thomas Wörtche

Suhrkamp

Erste Auflage 2021
suhrkamp taschenbuch 4997
Originalausgabe
© Suhrkamp Verlag Berlin 2021
Suhrkamp Taschenbuch Verlag
Umschlagabbildungen: AY Images / Alamy Stock Foto; FinePic®, München
Umschlaggestaltung: zero-media.net
Satz: Greiner & Reichel, Köln
Druck und Bindung: C. H. Beck, Nördlingen
Printed in Germany
ISBN 978-3-518-46997-2

# Die Experten

*Für Ada, Mira, Tabea, Lee und Svenja*

# 1

# Grünes Fotoalbum

(Dezember 1961 bis Juli 1962)

Foto, schwarz-weiß:
Rita liest, auf dem Bauch liegend, ein Taschenbuch;
wer genau hinsieht, kann den Titel erkennen: Zazie in
der Metro.
Bildunterschrift: Das gefallene Mädchen, Dezember 1961

Die Komposition des Bildes im Sucher der Kamera lässt keinen
Zweifel. Rita Hellberg imitiert unbewusst oder mit Absicht eine
Pose aus dem Buch, das sie in der Hand hält. Die langen, dunklen
Haare fallen ihr ins Gesicht, das Buch verdeckt die Augen. Sie
trägt eine weiße Bluse mit hochgeschlagenem Kragen und eine
gerade geschnittene, enge Hose, grau oder blau, jedenfalls dunkler. Ihre Füße sind nackt, die Zehen lackiert, vielleicht rot. Sie
liegt auf dem Bauch, die Ellenbogen aufgestützt. Ihrem Bruder
Kai, der in diesem Moment den Auslöser drückt, signalisiert sie
mit ihrem geschlossenen Profil lässig, aber bestimmt:
    Zutritt verboten.
    Das Bett ist aus Holz, abgeschabt und verwohnt wie das, was
man sonst noch von dem Zimmer erkennen kann. Rita scheint
das nichts auszumachen. Sie wirkt entspannt, obwohl sie an dem
Tag schon weiß, dass sie vom Internat fliegen wird.
    Rita Hellberg provoziert ihre Umwelt, ohne es direkt zu be-
absichtigen. Sie hat eine Art weltfremder Verträumtheit, als wäre
sie von einer durchsichtigen, elastischen Hülle umgeben. Damit
hat sie ihre Mutter zur Weißglut getrieben, bis der Vater sie zur
Strafe oder zu ihrem Schutz, das weiß er vielleicht selber nicht,
hierhergeschickt hat. Keinen Tag länger hätten die beiden unter
einem Dach leben können. Rita hat das Urteil widerspruchslos
angenommen, sie ist ein Mensch, der sich den Umständen an-
zupassen weiß.
    Auf der Flucht geboren.

Sie rebelliert nicht, wenn es keinen Sinn hat zu rebellieren.

Sie schaut nach vorn und nicht zurück.

Sonst sähe sie noch das weiß gekalkte Haus in Stade, im September vor drei Jahren, es ist früher Morgen, frisch für die Jahreszeit. Ein kalter Wind zieht von der Nordsee über das Land. Ein paar im ersten Nachtfrost erstarrte Rosen hängen noch an den Stöcken. Friedrich Hellberg wuchtet das Gepäck seiner Tochter in den Kofferraum, er ist dreiundvierzig, wirkt erschöpft, das Herz macht ihm zu schaffen. Ingrid Hellberg sieht älter aus als ihr Mann, obwohl sie keine vierzig ist. Unzufriedenheit hat sich vorzeitig in ihre hängenden Mundwinkel gefräst, der Blick flackernd, immer auf der Jagd nach einer dunklen Ecke im Haus oder im Garten, die sie in Angriff nehmen kann und muss. Rita, damals dreizehn, ist schon halb die Stufen herunter, kommt nochmal zurück, ohne einen Blick an die Mutter zu verschwenden. Umarmt ihre sechsjährige Schwester Petra. Flüstert ihr etwas ins Ohr, die Kleine reibt sich die Augen und nickt. Für die Mutter reicht ein gerade angedeuteter Kuss auf die Wange. Rita steigt zum Vater ins Auto, ein letzter Blick zurück, ironisches Lächeln, ein Funken von Triumph im Blick.

Rita Hellberg ist ein Papakind, daran herrscht kein Zweifel. Als sie laufen kann, folgt sie Friedrich wie ein Hund. Als sie sprechen kann, redet sie vor allem mit ihm. Ihre Gespräche umgibt eine Aura des Geheimnisvollen, des Exklusiven, die alle anderen in die Außenwelt verweist.

Kai, nicht mal vier Jahre älter als Rita, ist dem Vater im Krieg abhandengekommen. Ein Junge, der sich lieber an die Frauen hält, die ihn beschützen: an Ingrid und ihre Mutter, später seine väterliche Großmutter in Ottensen. Da bleibt er auch, als die Familie nach Stade zieht, um näher an den Norddeutschen Flugzeugwerken zu sein. Friedrich lässt ihn nur ungern zurück. Aber noch einen Umzug, ein Jahr vor dem Abitur, hätte der Junge wohl kaum verkraftet.

Gebrüllt hat er schon mit drei, als Friedrich ihn ins Flugzeug gesetzt hat, und gebrüllt fortan, wenn sie nur in die Nähe des Segelflugplatzes kamen. Der wird kein Ingenieur, im Leben nicht. Sitzt lieber im Warmen, versteckt sich Nachmittage lang hinter der Orgel von Sankt Marien und klimpert Tonleitern.

Rita hingegen ist aus anderem Holz geschnitzt. Die hat Friedrich in seine zwei Hände nehmen können wie einen Vogel, so winzig war sie. So hat er sie ins Kinderkrankenhaus getragen, nachdem sie im Mai 45 in Hamburg angekommen sind. Bleibt bei ihr, Tag und Nacht, seine Mutter hat zu tun mit dem Jungen und Ingrid, die den ersten Nervenzusammenbruch hat von vielen, die noch folgen werden. Rita lässt sich von ihm ins Flugzeug setzen, ganz ruhig, ohne einen Funken Angst. Die würde sofort mitfliegen, wenn Ingrid es zuließe.

Aber nein! Rita Hellberg schaut nicht zurück. Sie lebt mit jeder Faser des zu ihrem Unglück immer noch jungfräulichen Körpers im Augenblick und liest dieses Buch, von dem alle Welt redet. Wobei im Moment vor allem Kai redet, der gekommen ist, um sie dabei zu stören, auf Anordnung von oben.

»– nachdem die minderjährige Schülerin mehrfach zu spät nach Hause kam, mit Ausgangsverbot bis zu den Ferien belegt«, liest Kai von dem Brief ab, der vor vier Wochen im elterlichen Briefkasten steckte.

»Um acht!«, stöhnt Rita, »die sperren uns hier um acht Uhr ein, obwohl da draußen noch weniger los ist als in Stade.«

»– statt die Hausordnung zu befolgen, regelmäßig nach achtzehn Uhr Herrenbesuch auf dem Zimmer gehabt. Dies wurde durch Fräulein Doktor Meinert der Schulleitung gemeldet und führt zum Internats- und Schulverweis mit sofortiger Wirkung, der jedoch mit Rücksicht auf die Auslandstätigkeit des Vaters bis zum Ende des Halbjahres ausgesetzt wird.«

»Die Meinert ist eine stadtbekannte Denunziantin. Die ist eine ewig Braune, ich schwör's dir!«

»Wie heißt denn der Glückliche?«, fragt Kai.

Foto:
fehlt, nachträglich entfernt

»Wer?« Rita klappt das Buch zu und sieht ihn mit gespieltem Erstaunen an. »Meinst du etwa jene unwichtige Randfigur, die in Unterhosen aus dem Fenster verschwunden ist, zurück in die Bedeutungslosigkeit, der sie einst entstiegen war?«

Kai, dem die Richtung des Gesprächs nicht gefällt, greift nach einer Postkarte, die auf dem Tisch liegt. Die Vorderseite zeigt eine schmale weibliche Bronzefigur, sitzend, mit einem Kind auf dem Schoß. Er dreht die Karte um und liest die säuberlich gemalte Kinderschrift.

Hallo, Rita! Das ist Isis, die Göttin mit den Hörnern und der Sonne auf dem Kopf. Sie sagen, du hast auch Hörner, die sollst du dir anstoßen oder abstoßen? Vati rauft sich die Haare aus, bis bald keine mehr da sind. Mutti ist schrecklich nervös. Der neue Diener ist wieder weggerannt. Komm schnell, bitte! Viele liebe Grüße, deine Schwester Petra. P. S. Bringst du mir die Hörner mit, wenn du sie nicht mehr brauchst?

Kai lacht. »Typisch Pünktchen!«

Rita hebt nicht einmal den Kopf. Sie ist wieder vollkommen absorbiert von ihrem Buch. Kai wirft ihr einen langen Blick zu und legt die Postkarte zurück auf den Tisch. Er beginnt auf und ab zu laufen, zum Fenster, dann wieder zur Tür, das Zimmer zu klein für seine langen Schritte. Ritas Mitbewohnerin ist zum Glück nicht da. Er läuft auf und ab und pfeift.

I've got a feeling I'm falling. Fats Waller.

Nicht, weil er Rita damit etwas sagen will. Die versteht von Musik so viel, wie NDR 2 den ganzen Tag rauf und runter dudelt. Mit einem leider schwindenden Teil seiner Gedanken ist Kai Hellberg noch am vorigen Abend beim Jazzworkshop in Hamburg, im Studio Zehn. Der andere Teil: Anruf aus Kairo, bitte rede mit deiner Schwester, schiebt sich davor.

»Kann ich mir vorstellen, dass Vati tobt. Wir sollen doch alle schön nach seiner Pfeife tanzen.« Er setzt noch einen drauf. »Der alte Tyrann.«

Endlich sieht Rita kurz auf. »Lass Vati in Ruhe. Der hat genug Kummer mit der Verrückten.«

»Im Moment machst du ihm Kummer.« Kai grinst. »Vatis Liebling. Rausgeworfen wegen Verstoßes gegen die guten Sitten.«

Er geht zum Fenster und sieht hinaus in die Novemberdämmerung, als säße da immer noch der namenlose Junge in Unterhosen und wartete zitternd darauf, endlich wieder hereingelassen zu werden.

»Hmmm«, brummt es hinter dem Buch.

»Rita!« Die Musik im Kopf ist weg. »Mutti ist nicht verrückt.« Es stört ihn. Dass sie immer dieses Wort benutzt. Es klingt gemein und krank.

»Ist sie wohl, und du weißt das.« Von hinter dem Buch. »Ist doch nicht normal. Putzen von morgens früh bis nachts. Was hat die mich rumgescheucht.«

»Sie hat es halt gern sauber. Für uns!«

»Für dich vielleicht! Ich wäre fast –«

»– gestorben«, beendet Kai ironisch Ritas Satz. »Du hattest eine Lungenentzündung und keine Schwindsucht. Eine Kur in Sankt Peter-Ording, und ab ins schöne Plön hier.« Er deutet in Richtung Fenster. »Vati regelt alles für seinen Liebling.«

Endlich legt sie das Buch zur Seite und sieht ihn interessiert an, als sei er ein Wesen von einem anderen Stern.

»Bist du eifersüchtig? Hast du mich deshalb im Stich gelassen, als wir nach Stade gezogen sind? Gemütlich bei Oma Hamburg gesessen, das große Musiktalent gegeben und dich bekochen lassen, das hast du!«

Kai beginnt wieder, auf und ab zu tigern.

Stand by me, singt Ben King in seinem Kopf.

»Ich dachte, du bist auf meiner Seite«, murmelt er.

»Lass das!« Sie fuchtelt mit dem Buch in seine Richtung. »Man kann es sich auch leicht machen. Ein, zwei Demonstrationen, ein paar Flugblätter im Haus, Vati dreht durch, und du kriegst, was du willst. Typisch Junge.«

»Was hat denn das damit zu tun?« Immer dreht sie es so, dass er schuld ist. »Eine Volksbefragung gegen die atomare Bewaffnung der Bundeswehr zu fordern, ist doch kein Verbrechen. Er hat mich verweichlichter Bolschewik genannt! Nur weil wir uns nicht zu Handlangern eines Ermächtigungsgesetzes des Bundestages machen wollen, der neue Massenvernichtungsmittel –«

»Ach, hör auf zu dozieren. Du langweilst mich.« Sie hält wieder ihr Buch vor die Nase. »Hast du keine Freunde, oder warum vertrödelst du dein Wochenende hier?«

Kai packt wütend seine Kamera in die Tasche und greift nach der Jacke. »Bis in zwei Wochen dann.«

Wenn sie nicht seine Schwester wäre.

Rita Hellberg wirft der knallenden Tür ein nachsichtiges Lächeln zu. Warum regen sich eigentlich immer alle so auf?

Foto, schwarz-weiß:
Rita und Kai, beide in dicken Wintermänteln, stehen
neben einem Opel Kapitän, im Hintergrund leuchtet
schneehelles Alpenvorland.
Bildunterschrift: Unterwegs, Dezember 1961

Der Großvater gibt Rita ihre Kamera zurück und stellt sich zum
Winken auf die Eingangsstufen des Pfarrhauses neben seine Frau.
Die wischt sich mit der Ecke ihrer Schürze im Auge herum. »Die
Kälte treibt mir die Tränen in die Augen.« Sie lächelt tapfer. »Auf
geht's, Kinder.«
Übernachtung auf der Fahrt von Hamburg nach Venedig bei
den Großeltern in Bayern. Es gibt Bratäpfel aus dem Kachelofen
im Wohnzimmer. Kai erinnert sich an den Duft noch von früher,
Rita nicht. Sie schläft im Mädchenzimmer ihrer Mutter und wirft
sich unruhig von einer Seite auf die andere.
Alpträume.
Ingrid Lindemann, Tochter des Kantors in der katholischen
Pfarrgemeinde Landsberg, fünf Kinder, alle spielen ein Instru-
ment. Landsberg inszeniert sich als Wallfahrtsort der Hitler-
jugend. In Scharen pilgern sie zur Gefängniszelle, in der der
Führer seine Festungshaft abgesessen hat.
Die Hitlerstube.
Im Juni 1940 landet hier Friedrich Hellberg in einer nagelneuen
He 111 auf dem Flugplatz. Er hat sich verpflichtet, den Sommer
über junge Segelflieger zu unterrichten. Der Ingenieur und
Hobbyflieger verkörpert für die Jugendlichen das Idealbild des
nationalsozialistischen Helden.
Ingrid Lindemann, nervös wie ein Rennpferd, doch für diesen
einen Sommer außerordentlich schön, will ihn, bekommt ihn
und bekehrt ihn zum katholischen Glauben. Friedrich ist es eins,

er glaubt weniger an Gott als an den Führer und ein allumfassendes kosmisches System.

Hochzeit in Weiß, der Vater spielt die Orgel, die Mutter weint um ihre Tochter und weil alles so schnell gehen muss.

Im Herbst nimmt Friedrich seine Ehefrau mit nach Rostock. Dort lebt die junge Elite des Reiches im neu gebauten Stadtteil der Firma Heinkel. Es gibt ein Gesundheitshaus und Kneipp-Kuren für die Angestellten.

Hier wird Flugzeuggeschichte geschrieben.

Der Düsenjäger He 178 wird gerade im Auftrag einiger Raketentechniker weiterentwickelt, die in Peenemünde, das ist ein offenes Geheimnis, an der Zukunft basteln. Das Heer der Zwangsarbeiter, die in den Heinkel-Werken in Oranienburg schuften, sieht Friedrich Hellberg nur im Vorbeilaufen, konturlos, verschwimmend mit dem Hintergrund einer neuen, rasanten Zeit.

Wir fliegen Überschall.

Im Sommer 1941 wird sein Sohn Kai geboren.

Ein Jahr später liegt der Rostocker Traum vom schönen Leben in Trümmern. Friedrich schickt Frau und Kind zurück nach Bayern.

Friedrich baut Flugzeuge.

Zwangsarbeiter bauen Flugzeuge.

Überschall.

Überall.

In Peenemünde erschafft Wernher von Braun mit seiner Gruppe, abgeschirmt von den Kriegswirren, in fiebriger Eile neue Raketen.

V2, 3, 4.

In Landsberg baut Willy Messerschmitt den zweistrahligen Düsenstrahljäger ME 262.

In Oranienburg konstruiert eine Gruppe von Ingenieuren, zu denen auch Friedrich Hellberg gehört, für Heinkel die einstrahlige He 162, die sie den Volksjäger nennen. Das Flugzeug, in dem Hitler die deutsche Jugend verschwenderisch in den Tod schicken wird.

Können Maschinen den Untergang abwenden, den der Mensch nicht mehr aufhalten kann?

Die Häftlinge in den Konzentrationslagern gehen vor Erschöpfung, Kälte und Hunger für diese Maschinen in den Tod. Nach dem Krieg wird in Landsberg ein zentrales Lager für die heimatlosen Überlebenden eingerichtet. In ihren Augen flackert noch der Widerschein der Hölle.

Der kleine Kai Hellberg soll lieber drinnen spielen.

Sein Vater hat deutlich komfortabler überlebt. Er hat zwischen all dem Flugzeugbauen sogar noch Zeit gefunden, seine Frau zu schwängern.

Geschlechtsverkehr gegen die Niederlage.

Im Januar 1945 wird Rita geboren. Friedrich zieht es fort aus Landsberg. Er fühlt sich beobachtet, bedroht, verfolgt von den umherstreifenden KZ-lern, wie er sie nennt. Sie wollen ihm das Wenige nehmen, das ihm geblieben ist. Heim will er, nach Hamburg zu Muttern, der Vater ist im Krieg gefallen.

Auch wir haben gelitten.

Wieder sitzen Nationalsozialisten in der Festung Landsberg ein, diesmal als Gefangene der Siegermächte. Sechs Jahre nach Kriegsende protestiert hier jeder dritte Einwohner gegen die Vollstreckung von Todesurteilen gegen NS-Verbrecher.

»Juden raus!«, brüllt der Mob einer kleinen Gruppe von Holocaust-Überlebenden entgegen.

An diesem Morgen kurz vor Weihnachten 1961, als Kai Hellberg den Wagen anlässt, herrscht in Landsberg endlich wieder Normalität. Die alte Festung ist jetzt eine Justizvollzugsanstalt des Freistaates Bayern.

Die Großeltern stehen winkend vor dem Haus. Sie verstehen nicht, warum dieser unterkühlte nordische Mann ihre Tochter und die Enkelkinder in die ferne Wüste verschleppt. Gibt es hier in Deutschland nicht genügend Möglichkeiten, sich ein gutes Leben aufzubauen? Man hat es doch weiß Gott wieder zu etwas gebracht seit dem Krieg.

Rita winkt und zündet sich eine an, sobald die beiden außer Sicht sind. Im Radio läuft der Messias von Händel, passend zur Jahreszeit und zum Abzweiger nach Oberammergau, an dem sie kurz danach vorbeirauschen.

In den Alpen müssen sie den meerblauen Opel Kapitän der Familie Hellberg, von allen Hans Albers genannt, durch einen Schneesturm bugsieren. Kai versucht fluchend, den Wagen in der Spur zu halten. Rita raucht Zigaretten und lässt ihre Seele in die verschneiten Bergmassive vagabundieren. Kai sucht auf Mittelwelle nach BFBS, dem britischen Militärsender, um sie wieder einzufangen.

Ain't she sweet, singen die Beatles.

Rita summt mit.

Kai ist das Stück zu seicht. Für ihn ist Musik mehr als Unterhaltung. Er ist jetzt Student der Musikwissenschaften an der Universität Hamburg im ersten Semester. Kai Hellberg, und er ist nicht der Einzige, spielt mit dem Gedanken, dass Musik der Ausdruck eines neuen Zeitalters werden könnte.

Der Beat hat die Stadt erobert.

Letzte Woche ist er nach der Uni hin. Mit ein paar anderen in die Palette, ABC-Straße, gleich hinterm Gänsemarkt.

Einer im Anzug deklamiert Howl von Allen Ginsburg.

Keiner hört zu.

Der Gestank. Einmalig.

Bier und Zigaretten.

Alle reden durcheinander.

Paris. Getrampt. Sartre. Howl.

Hast du was? Ich hab' nix.

Kai ist erschrocken über diese Welt da unten im Keller. Aber da ist was, das ist anders. Und es gefällt ihm.

Wir sind die anderen.

Der Schnee geht in Regen über. Sie sind über den Pass.

Auf der anderen Seite.

Foto, schwarz-weiß:
Blick von oben auf ein Hafenbecken mit gestreiften
Pfählen, einige Gondeln sind daran festgemacht;
Kai lehnt an einer Laterne und liest eine Zeitschrift.
Bildunterschrift: Der Student von Venedig, Dezember 1961

Rita Hellberg geht an Deck.

Sie schaut auf die Stadt.

Venedig hat sie sich anders vorgestellt, in bunten Farben, nicht
so schwarz-weiß-grau. Selbst die rotweißen Pfosten der Gondeln
wirken fahl.

Und Kai, ganz blass und dünn da unten, mit seinem schwarzen
Mantel, sieht aus wie eine dieser düsteren Maskenfiguren zum
Karneval. Endlich guckt er hoch von seiner Zeitung und grinst.
Rita drückt die magische Taste ihrer neuen Agfa, dafür hat Oma
Hamburg tief in die Tasche gegriffen. Jetzt den Auslöser betätigen.

Aber er hat den Kopf schon wieder unten.

»Was liest du denn da Spannendes?«, schreit Rita.

Im selben Moment tutet das Schiff. Möwen fliegen kreischend
auf.

Es geht los.

Kai ruft etwas zu ihr herauf. Rita versteht ihn nicht, schüttelt
den Kopf. Sie winkt ihm zu. Er formt die Hände zum Trichter. Als
wäre es unendlich wichtig, was er ihr sagen muss.

Das Schiff tutet.

»Was sagst du?«, schreit Rita.

Er wedelt mit der Zeitung. »Hitler in euch! Ich schicke euch
den. Soll er lesen! Sag ihm das!«

Rita überlegt. Entscheidet, dass es nichts zu sagen gibt. Kai
wird den Artikel ausschneiden und per Luftpost nach Kairo schicken. Ihr Vater wird den Umschlag mit seinem Brieföffner aus

Messing auftrennen, zu den Papieren auf dem Schreibtisch legen und niemals lesen. Er wird vergilben, verstauben, ein zweckloses Unterfangen, diese hoffnungslose Liebe zwischen Vater und Sohn, ein stummer, verbissener Kampf darum, Recht zu haben.

Es beginnt im März 1958. Friedrich und Ingrid Hellberg haben ein Haus in Stade gekauft. Friedrich hat nach vielen Jahren endlich wieder eine feste Stelle. Das Verbot der Alliierten für die deutsche Luftfahrtindustrie ist aufgehoben. Man tüftelt an Flugzeugen für die Reisebranche.

Aber Friedrich Hellberg, auch wenn er es nicht laut sagt, jedenfalls nicht vor den falschen Leuten, hofft auf andere Projekte. Die deutsche Luftwaffe ist doch schon zwei Jahre alt. Er will endlich wieder richtige Flugzeuge bauen!

Überschall.

Ist das magische Wort.

Während sein Vater vom Durchbrechen der Schallmauer träumt und seine Mutter sich dem bevorstehenden Umzug durch eine kurze, aber heftige Nervenkrise entzieht, schließt sich Kai Hellberg mit siebzehn Jahren der Bewegung Kampf dem Atomtod an. An einem Donnerstag im April geht er morgens aus dem Haus, und statt zur Schule auf den Rathausmarkt. Dort formiert sich, nach und nach, die größte Protestversammlung der Nachkriegsgeschichte gegen die militärische Nutzung der Atomenergie.

Der Umzug nach Stade wird verschoben. Die Kinder sollen das Schuljahr noch zu Ende machen. Ingrid fährt zur Kur. Kai verrammelt seine Zimmertür, sitzt auf dem Bett und liest:

Ägypten und Syrien schließen sich zur Vereinigten Arabischen Republik zusammen.

Die Länder des Warschauer Paktes schlagen den NATO-Staaten den Abschluss eines Nichtangriffspaktes mit einer Laufzeit von fünfundzwanzig Jahren vor.

Der erste Negerschüler in Little Rock, USA, kann sein Diplom für die Absolvierung der Mittelschule nur unter massivem Polizeischutz entgegennehmen.

In Flörsheim kommt es zu einem antisemitischen Exzess, der in den Medien als kleine Kristallnacht tituliert wird.

Der ehemalige KZ-Arzt Hans Eisele hat sich einem Haftbefehl der bundesdeutschen Justiz entzogen und ist unter falschem Namen nach Ägypten geflohen.

Im Zuge des allgemeinen Kistenpackens findet Friedrich Hellberg unter dem Bett seines Sohnes ein zusammengeschnürtes Bündel der Wochenzeitung Die Tat und Flugblätter des Hamburger Anti-Atom-Ausschusses.

Es kommt zu der bekannten Auseinandersetzung. Seither finden die beiden keine Worte mehr. Das Schweigen ist eingekehrt, die einmal gesagten Worte in Stein gemeißelt.

Bolschewik!

Kriegstreiber!

Geh doch in die Ostzone!

Die Mauer, die seit einigen Monaten beide Teile Deutschlands trennt, wird erst drei Jahre nach dem privaten Mauerbau in der Familie Hellberg errichtet.

»Tschüs, Kai!« Er sieht verloren aus, da unten am Hafen. »Bis in drei Wochen!«

In dem Moment bricht die Sonne durch die Wolken. Die Fassaden von Venedig leuchten auf wie eine Theaterkulisse, die langsam an Rita vorüberzieht. Ein eigenartiges Gefühl überkommt sie, dass zum ersten Mal nicht die Welt es ist, die sich bewegt, sondern sie selbst.

Foto, schwarz-weiß:
Blick von unten auf ein großes weißes Schiff, an der
Reling steht Rita; hinter ihr sind Rettungsboote und
ein Schornstein zu erkennen.
Bildunterschrift: Reisende soll man nicht aufhalten,
Dezember 1961

Ein letztes Aufblitzen von Kais Fotolinse im Sonnenlicht, dann ist
er hinter der glitzernden Helle des Wassers verschwunden. Rita
sucht in ihrer Handtasche nach der Sonnenbrille und geht nach
hinten zum Heck. Europa gibt eine rauschende Abschiedsvor-
stellung.

Als wolle es sie festhalten.

Vergeblich!

Rita Hellberg ist entschlossen, diese Reise zu genießen. Ihre
eigene Kabine mit Blick auf das Meer. Die Experten und ihre
Familien, hat Friedrich ihr geschrieben, reisen selbstverständlich
erster Klasse.

Erst mal auspacken und die Sachen verstauen. Dann zum Five
o'clock in den Speisesaal. Liegestühle stehen überall an Deck, darauf Wolldecken, in die man sich einkuscheln und Bücher lesen
kann.

Rita Hellbergs Bücherliste für die Überfahrt:

1) Nabokov, Lolita (nur in der Kabine)

2) Cendrars, Wind der Welt

3) Willke, Lisabella (Weihnachtsgeschenk für Pünktchen)

4) Brecht, Flüchtlingsgespräche (Abschiedsgeschenk von Kai)

Sie wird Brindisi und Piräus anlaufen und den Kanal von
Korinth durchfahren. Sie wird im Hafen von Alexandria an Land
gehen. Und sie wird Kairo sehen.

Rita Hellberg interessiert sich nicht übermäßig für Modezeitschriften, sie ist, könnte man sagen, orientiert. Kairo wird in einer Reihe mit Paris und London genannt. Hamburg ist dagegen tiefe Provinz.

Sie will ausgiebig mit Pünktchen bummeln gehen und ihr bei der Gelegenheit auf den Zahn fühlen. Die Kleine ist so damit beschäftigt, es allen recht zu machen, dass sie darüber ihr eigenes Glück vergisst. Pünktchen hat was von einer Samariterin, dafür hat sie sich, frei nach Erich Kästner, ihren Spitznamen gefangen.

Vielleicht sind alle anderen in der Familie so mit sich selbst beschäftigt, dass für Pünktchen einfach kein Platz mehr bleibt. Vati mit seinen Flugzeugen, Mutti mit ihrem Putzfimmel, Kai mit seiner Musik und Rita –

Ja, womit ist eigentlich Rita beschäftigt?

Rita baut an ihrer Welt. Sie liest ein Buch, fügt hier ein Stück hinzu, nimmt dort etwas weg. Sie hört einen Song, und plötzlich muss ein neuer Anstrich her, eine neue Farbe hier, ein noch nie gesehenes Muster dort. Sie verarbeitet Gespräche, Gefühle und Erlebnisse in ihrer Welt, sie nehmen Form und Gestalt an, erschaffen Räume, in denen sie lebt und atmet. Ihr fehlt jegliche Intention, diese Welt zugänglich zu machen oder mit missionarischem Eifer die armen Ungläubigen von draußen hereinzulocken.

Sie ist sich selbst genug.

Zutritt verboten.

Sie will mit ihrem Vater die Pyramiden besuchen. Sie werden in die Grabkammern hinabsteigen. Sie werden Hieroglyphen entziffern, das Wissen der alten Ägypter bestaunen und schaudernd hoffen, dass der Fluch der Pharaonen über sie hinwegzieht und andere trifft.

Rita Hellberg dreht sich um und nimmt die Sonnenbrille ab. Für einen Moment war da das Gefühl, jemand beobachte sie. Doch außer ihr ist niemand mehr an Deck.

So ein Unsinn.

Foto, schwarz-weiß:
Der Vollmond steht über einem klaren Sternenhimmel,
leicht verwischt durch die Langzeitbelichtung.
Bildunterschrift: Sternbilder über der MS Ausonia,
Dezember 1961

Rita drückt den Auslöser und hält die Luft an. Wer die Sterne beobachtet, muss stillhalten können. Doch die Ausonia schlingert. Sie fragt sich, ob auf dem Foto etwas zu erkennen sein wird.

Und keine Zeit und keine Macht zerstückelt die geprägte Form.

Sie lächelt. Ist noch da, ihr erster Goethe. Auswendig gelernt, im Gehen, geschrieben an die Decke des Planetariums vor dem Sternensaal.

Wie an dem Tag, der dich der Welt verliehen/
die Sonne stand zum Gruße der Planeten.

Ingrid Hellberg will nichts davon wissen, dass Friedrich Horoskope für ihre Kinder verfasst. Für sie ist es Teufelswerk, so sehr er sie davon zu überzeugen versucht, dass es sich bei der Astrologie um eine reine Wissenschaft handelt wie die Physik oder Biologie.

Er tut es dennoch, sturer Hamburger, brütet tagelang über den Sternenkonstellationen der Geburtsstunde und heftet die Horoskope dann in seinem Ordner für wichtige Dokumente ab. Dort liegen sie bereit für den Tag, an dem die Kinder lesen wollen, was die Sterne zur Stunde ihrer Geburt für sie bereithielten.

Friedrich Hellbergs Tätigkeit als Flugzeugkonstrukteur legt nahe, das hat Ingrid damals falsch eingeschätzt, er sei ein Mann des Verstandes. Doch die Luftfahrt in ihren Pionierzeiten zieht Romantiker an.

Als Kind verbringt er mit seinen Eltern zwei Wochen im Berggasthof auf der Wasserkuppe. Jeden Morgen klettert er über die

Felsen bis ganz nach oben. Der gewaltige Adler thront auf einem von Menschen errichteten Steinhaufen. Dort wartet der Junge geduldig, bis die ersten Flugzeuge aufsteigen und eine Ehrenrunde um das Denkmal der Flieger drehen.

Danach zieht es ihn zur Segelflugschule hinunter, wo er sich im Casino herumdrückt und die Piloten belauscht. Er hört von den Rhön-Indianern, die hier fern der Zivilisation gehaust und Flugzeuge gebaut haben. Er sieht geheimnisvolle Männer, Angehörige der Reichswehr, die ihren Segelflugschein machen, um das Flugverbot von Versailles zu umgehen. Er beobachtet die Konstrukteure der Weltensegler GmbH bei der Arbeit, die jedes Jahr neue Modelle auf den wachsenden Markt bringen. Friedrich kennt alle Namen ihrer hölzernen Vögel, die den Himmel seiner Kindheit bevölkern.

Schwärmer. Krähe. Elster. Deutscher Aar.

Niemand weiß, wie er seine Eltern dazu gebracht hat, drei Jahre später nochmal Urlaub in der Rhön zu machen. Jedenfalls steht er schon wieder da unten, jetzt dreizehn, als der erste bemannte Raketenflug der Welt startet. Er dauert genau achtzig Sekunden lang. Friedrich Hellberg starrt mit offenem Mund in den blauen Sommerhimmel.

Im September wird er Mitglied der Jungfliegergruppe des Altonaer Vereins für Luftfahrt.

Flugzeuge bei Tag.

Sterne bei Nacht.

Friedrich starrt in den Himmel.

Seine Gedanken fliegen hoch, höher, durchstoßen die Atmosphäre, verlieren sich im All. Kehren zurück mit der drängenden Frage, was das alles mit uns zu tun hat.

Bald wird der Lehrling bei den wöchentlichen Zusammenkünften der Hamburger Astrologen in der Kantine des Schauspielhauses gesichtet. Er hört zu, er liest, er berechnet. Es ist eine mathematische Astrologie, die hier gelehrt wird. Das liegt dem späteren Ingenieur, weit entfernt vom billigen Hokuspokus der Jahrmärkte. Er lernt, Horoskope anhand der gerade erst entwickelten Kreisgrafik zu erstellen.

Friedrich Hellberg baut Flugzeuge.

Friedrich Hellberg deutet die Sterne.

Friedrich Hellberg tritt in die NSDAP ein.

Astrologen schreiben günstige Prognosen für Hitlerdeutschland. Die Kunst der Sterndeutung kommt groß in Mode. Friedrich Hellberg schreibt Horoskope für seinen Sohn Kai und für die Führungsriege der prosperierenden Heinkel-Werke. Sein guter Ruf spricht sich herum.

Ein Sachbearbeiter für Kulturfragen schreibt in Pullach bei München, wo die nationalsozialistische Elite eine Modellsiedlung mit Gärten für den biodynamischen Gemüseanbau bewohnt, ein Horoskop für Rudolf Heß. Der Stellvertreter Adolf Hitlers, in Alexandria geboren, wird wegen seines Hangs zum Okkulten auch der ägyptische Yogi genannt. Der zehnte Mai 1941 sei ein erfolgversprechender Tag für eine Reise im Interesse des Friedens, heißt es in dem Horoskop. Heß setzt sich in eine Messerschmitt Bf 110 und fliegt nach Schottland, um mit den Engländern über ein Ende des Krieges zu verhandeln. Er wird sofort nach der Landung gefangengenommen.

Die Liebe der nationalsozialistischen Führung zur Astrologie findet ein jähes Ende. Wer Horoskope verfasst, wird verhaftet und verschwindet in den Konzentrationslagern Sachsenhausen, Dachau oder Buchenwald. Friedrich fürchtet wochenlang die Denunziation durch einen seiner Kollegen.

Doch nichts geschieht.

Friedrich Hellberg baut Flugzeuge. Im letzten Kriegsjahr wird er als Techniker und Fluglehrer für den Jagdverband 44, genannt die Experten, angeheuert. Die Experten unterstehen dem direkten Befehl Hermann Görings und sollen mit der Messerschmitt Me 262 die Kriegswende herbeiführen. Am Rande einer Einsatzbesprechung bittet Hermann Göring Friedrich Hellberg um ein persönliches Horoskop.

Ein Dilemma!

Die Nerven liegen blank in diesen Tagen.

Weigert er sich, wird er erschossen. Schreibt er das Horoskop, womöglich auch.

Friedrich Hellberg deutet die Sterne.

Das Horoskop gilt als verschollen.

Das nächste Mal nimmt er den Stift zur Hand, als nebenan, im Schlafzimmer der Schwiegereltern, seine Tochter Rita ihren ersten Schrei ausstößt.

Der Krieg ist vorüber.

Rita hat das Fotografieren aufgegeben und starrt in den nächtlichen Himmel. Sie spürt kaum Wind, und doch liegt das Schiff immer noch unruhig im Meer. Nervös ist dieses Wasser zwischen Süditalien und Griechenland. Das Deck ist leer, die meisten Passagiere haben sich bereits vor dem Dinner oder kurz danach in die Kabinen verzogen. Rita, von Seekrankheit verschont, ist mit ihrer Zukunft beschäftigt.

Die, die man selbst in der Hand hat.

Sie wird ihrem Vater einen Vorschlag machen müssen.

Was soll nur aus dir werden, Kind?

Was wird aus mir?

Ein Sonntag im Februar. Die siebenjährige Rita sieht Friedrich dabei zu, wie er mit dem Zirkel einen Kreis zieht. Dann die geraden Linien mit dem Lineal. Sie hört zu, wie er vor sich hinmurmelt. Ein Horoskop für Petra, die kleine Schwester, die gerade zur Welt kommt.

Kind der Hoffnung und des Aufschwungs.

Rita macht ein ernstes Gesicht, nimmt ihre Wachskreiden und malt einen Kreis.

»Und jetzt, Vati?«

»Willst du das wirklich wissen?«, fragt ihr Vater erstaunt.

Rita nickt. Sie klettert auf seinen Schoß.

»Weißt du, was ein Computer ist?«

Sie schüttelt den Kopf.

»Stell dir eine riesige Rechenmaschine vor, die aus Sonne, Mond, Merkur, Mars, Jupiter, Saturn, Uranus und –«

»Pluto?«

Der Vater nimmt sie oft mit ins Planetarium im Stadtpark.

In den Sternensaal.

Rita Hellberg sitzt ganz still auf dem harten Stuhl, die Füße reichen noch nicht bis auf den Boden. Den Kopf so weit es geht nach hinten in den Nacken gelegt, schaut sie nach oben in den künstlichen Nachthimmel. Wenn ihr langweilig ist, geht sie nach draußen und spielt mit dem Deckengemälde in der Eingangshalle.

Das Spiel geht so: Augen zu und drehen, dann Augen auf, stehen bleiben und nach oben gucken.

Schwan.

Pegasus.

Bis ihr schwindelig wird.

»Richtig, Pluto. Jetzt stell dir vor, dass dieser Computer für jeden Menschen eine Lochkarte ausspuckt, nämlich sein Geburtshoroskop.«

»Was ist eine Lochkarte?«

»Eine Karte, die deinen ganz persönlichen Code enthält. Eine Geheimsprache.«

Rita nickt, damit er weiterspricht.

»Hast du dir schon einmal gewünscht, deiner besten Freundin ins Herz schauen zu können?«

Ja, das hat sie. Lotte von nebenan.

»Jedem Menschen, der geboren wird, wird sein eigenes Bild des Sternenhimmels mitgegeben. Die Gestirne verlaufen nicht in gleichmäßigen Bahnen, sondern sie bilden immer neue, unendlich viele Stellungen zueinander. Wenn wir dieses Lebensprogramm zu lesen verstehen, verstehen wir das Wesen des Kindes, seinen Charakter, seine Begabungen, seine Stärken und seine Schwächen.«

»Du kannst das alles für das Baby ausrechnen?«

Friedrich lacht. »Und weißt du, was das Größte ist, Rita?«

Sie schüttelt den Kopf.

»Im Gegensatz zu den Tieren haben wir Menschen die Möglichkeit, diesem blinden Schicksal zu entkommen und damit zur wahren Freiheit zu gelangen!«

Seine Stimme zittert, er ist ergriffen von dem, was er gerade seiner Tochter erklärt. Vielleicht auch von Rührung über das neuerliche Wunder der Geburt, das in dieser Minute im Krankenhaus Altona vonstattengeht.

»Möchtest du lernen, diesen Computer zu bedienen, Rita?«

Und ob sie das will.

Lotte wird sich noch wundern.

Foto, schwarz-weiß:
Vor dem Hintergrund der Akropolis warten Fotografen
auf Kundschaft, zwischen den Säulen wandern Besucher
umher.
Bildunterschrift: Im Angesicht der Götter, Dezember 1961

Sie hat lange vergeblich nach einem guten Platz unterhalb der Akropolis gesucht. Rita Hellberg macht ein Foto, eher aus Pflichtgefühl als aus Überzeugung, denn deswegen ist sie schließlich hier.

Beinahe hätte sie den Bus nach Athen verschlafen, das kommt vom nächtlichen Herumbummeln an Deck. Vom In-die-Sterne-Gucken und An-die-Zukunft-Denken.

Rita.

Strenger Vaterblick.

Wie stellst du dir nun bitte deine Zukunft vor?

Nun.

Es gibt andere Schulen, Vati.

Oder eine Lehre. Buchhändlerin.

Oder gleich arbeiten. Steno kann sie ja.

Ein eigenes Zimmer in Hamburg.

Seine Antwort kennt sie auch. Du kannst noch nicht auf eigenen Füßen stehen. Man sieht ja, wo das hinführt.

Direkt vor ihrer Nase sitzen zwei professionelle Fotografen in weißen Kitteln wie Möwen auf den Steinen neben einem schwarzen Ungetüm von Kamera auf staksigen drei Beinen. Die beglotzen mit finsterer Miene ihre handliche Agfa. Haltet euch doch an die älteren Touristen, denkt Rita, dann werdet ihr euer Geschäft schon machen.

Das Ehepaar dort hinten, er immer drei Schritte voraus.

Die Reisegruppe, die von rechts ins Bild marschiert.

Oder die beiden Männer, halb von der Säule verdeckt.

Rita sieht genauer hin.

Jetzt kommen sie wieder hervor. Die zwei sind ihr im Bus schon aufgefallen, riesige Kerle, passen kaum in die engen Sitzreihen. Der eine sieht aus wie Gert Fröbe in diesem Film. Einer von denen, die einem im Kopf kleben bleiben.

Es geschah am helllichten Tag.

Rita spürt, wie sie eine Gänsehaut kriegt, selbst hier unter der heißen Sonne. Der Riese mit den Schokoladenigeln, der Kinder in den Wald lockt und sie zerdrückt zwischen seinen Pranken. Er tötet, was er liebt. Sein Gegenspieler ist Heinz Rühmann, der, auf dem Weg in irgendeinen Wüstenstaat, wieder aus dem Flugzeug steigt, weil jemand Trüffel isst.

Sie zwingt sich, an etwas anderes zu denken.

Was wollte der eigentlich in der Wüste? Alle Welt scheint es in die Wüste zu ziehen. Dort locken das Geld und der geheimnisvolle Orient. Im Fall ihres Vaters ist es eine halbseitige Anzeige, die ihm eines Samstagmorgens neben dem Frühstücksei aus der Zeitung ins Auge springt.

Flugzeugwerk in Nordafrika sucht Fachkräfte jeder Art!

Wie seine Augen funkeln, als er vom Vorstellungsgespräch in Zürich zurückkommt. Ritas Mutter hat tagelang gebetet, richtig laut zu Gott, dass es nicht klappen möge.

Pünktchen, die Nachzüglerin, betet leise. Von allen geliebt und doch allein mit der Putzwut und den Gefühlsausbrüchen der Mutter, dem ewigen Gerede von Gott und Jesus und Maria. Pünktchen hat in Stade endlich eine Freundin gefunden, die in einem identischen weißen Haus mit einem Garten gleich neben ihrem wohnt. Zusammen fahren sie nachmittags mit den Rädern zum Ponyhof.

Pünktchen ist neun. Sie will nicht weg aus Stade. Doch sie ist zu jung zum Rebellieren und zu alt, um es einfach hinzunehmen.

Kai tut so, als sei es ihm egal, was der Vater macht. »Der ist doch nur hinter dem Geld her!«

Rita glaubt, dass das nicht stimmt. Ihre Vorstellung ist romantischer. »Vati will etwas Großes schaffen!«

Sie beobachtet mit Interesse, wie seine Lebensgeister zurückkehren. Friedrich Hellberg wird innerhalb weniger Tage nach der Zusage eine jüngere, energischere Version seiner selbst. Rita begreift, dass man nicht einfach älter wird, sondern dass das ein Prozess ist, der plötzlich kehrtmachen und rückwärtslaufen kann.

Durch die Schallmauer.

Mit vollem Schub.

Noch einmal alles auf eine Karte setzen.

Es beginnt ein reger Briefwechsel zwischen Stade und Kairo.

Herrn Ingenieur Hellberg, Rosenstraße 5, 2160 Stade.

Sehr geehrter Herr Hellberg,

es wird nun höchste Zeit, dass ich etwas von mir hören lasse. Alles hier wartet mit Schmerzen auf Sie! Auf dem Gebiet der Konstruktion ist unwahrscheinlich viel zu tun.

Von einigen Sachen abgesehen, die aber nicht sehr ins Gewicht fallen, kann man hier gut leben. Zu kaufen bekommen Sie alles und auch zu annehmbaren Preisen. Am Anfang kommt man sich etwas verloren vor, weil alles noch so neu und unbekannt ist, nach einiger Zeit aber ist schon alles ganz selbstverständlich.

Herrn Ingenieur Mahrenholz, Maadi bei Cairo, Street 10, Villa 74, Vereinigte Arabische Republik.

Lieber Herr Mahrenholz!

Herzlichen Dank für Ihre überraschenden Grüße aus dem Nil-Land! Ich hatte neulich einige Herzanfälle und ließ mich daraufhin gründlich untersuchen. Nun spielt dabei die seelische Belastung eine große Rolle. Ich hole schon seit Jahren wirklich das Letzte aus mir heraus, und trotzdem wird das Ergebnis immer magerer. Das liegt zwar an der Lage der Flugzeugentwicklung in Deutschland, aber letztlich hätte man doch rechtzeitig umsteigen müssen, um überhaupt einmal aus den Sorgen herauszukommen. So habe ich mich entschlossen, diese Jahre Ägypten trotz aller damit verbundenen Risiken auf mich zu nehmen.

Unser Hauptproblem ist, um dies vorwegzunehmen, dass es meiner Frau aus gesundheitlichen Gründen nicht möglich ist, den Haushalt selbst zu machen, was ihr das Liebste wäre. Andererseits möchte sie auch nichts mit Boys oder Einheimischen unmittelbar zu tun haben, da sie auf peinlichste Sauberkeit und Hygiene den größten Wert legt.

Herrn Friedrich Hellberg, Rosenstraße 5, 2160 Stade.

Sehr geehrter Herr Hellberg,

im Moment geht mir noch so Vieles im Kopf herum. Vielleicht wäre es möglich, daß Sie mir alles aufschreiben und ich Ihnen dann Ihre Fragen ausführlich beantworte?

Herrn Ingenieur Mahrenholz, Maadi bei Cairo, Street 10, Villa 74, Vereinigte Arabische Republik.

Sehr geehrter Herr Mahrenholz,

um Sie nicht mit meinen Fragen allzu sehr zu belasten, habe ich mir erlaubt, einen Fragebogen beizufügen, so daß Sie es einfacher haben.

1) Ist es ratsam, sofort den Wagen mitzunehmen? Man hat mir abgeraten, doch kenne ich die Taxen in Spanien, entsetzlich alte und schmutzige Vehikel, in denen man seines Lebens nicht sicher ist.

2) Wo kauft Ihre Gattin ein? Gibt es Läden europäischer Art mit festen Preisen oder muß man überall handeln?

3) Hatten Sie Schwierigkeiten bei der Nahrungsumstellung? Leben Sie Diät?

4) Gibt es Ungeziefer dort?

5) Können Sie einen Haushalt in gewohnter Weise führen oder muß man sich völlig umstellen?

6) Gibt es dort auch das moderne Plastikgerät, also Plastikschüsseln, Plastikwannen usw.?

7) Bekommt man gute Besen, Handfeger, Scheuerlappen?

8) Haben Sie schon eine ägyptische Wäscherei ausprobiert? Wurde sauber gewaschen und gebügelt?

9) Haben Sie schon Erfahrungen gesammelt, welche Medizin oder Drogen man mitnehmen sollte?

10) Kann man dort schicke Fertiggarderobe kaufen?

11) Kommen Sie mit der Sprache zurecht? Wie verständigen Sie sich mit dem Boy? Und beim Einkaufen?

12) Gab es bei Ihrer Ankunft viele Bettler, wie es uns hier geschildert wurde?

Ingrid Hellberg besteht darauf, ihre Waschmaschine mitzunehmen. »Sonst könnt ihr ohne mich fahren. Gott sei mein Zeuge!«

Friedrich Hellberg schreibt Listen. Eine Liste von Dingen für jeden Koffer. Handgetippt, drei Durchschläge.

Koffer 1. Hellbraun-beige Cord. Mutti, persönliche Wäsche, Kosmetik.

Koffer 2. Vulkanfieber Rot. Handtücher, Küchentücher, Kosmetik, Seife, Vasen und Leuchter.

Koffer 3. Rötlich beige ohne Riemen. Schuhkoffer.

Koffer 4. Heller Leistenkoffer. Bettwäsche, Nähzeug, Putztücher, Tischwäsche, Kittel, Nagelbürste, Weihnachtsschmuck.

Koffer 5. Grüner Lederkoffer. Vati, sofort in Kabine, 1 Anzug, 4 Hosen, Hemden.

Koffer 6. Brauner Lederkoffer mit Riemen. Bücher, Fachbücher Weiter bis lfd. Nr. 32.

Bücherliste (privat), Oberingenieur Friedrich Hellberg

1.) Joyce, Ulysses

2.) Der nächtliche Lichtzauber der Pyramiden

3.) Essential English, Band 1, 2, 3

4.) Albert Schweitzer, Menschenfreund im Urwald

5.) v. Hilgendorff, Gutes Benehmen

6.) Kirschner, Die Kunst sich selbst zu verjüngen

7.) Gauguin, Tahiti

8.) Das Neue Testament

9.) Kosmobiologie und Kosmischer Beobachter, je 6 Hefte
10.) Ein Ordner, Kosmogramme
11.) Ein Hefter, Berechnungen zu Kosmogrammen
12.) Buß- und Beichtgebete für Kinder
13.) Lieder zur Weihnacht
14.) Katholisches Religionsbüchlein
15.) Arabische Umgangssprache
16.) Ein Haushaltsabrechnungsbuch
17.) Mädchen-Kalender 1961
18.) Mary O'Hara, Sturmwind – Flickas Sohn
19.) Anna Sewell, Der Schwarze Prinz – Die Lebensgeschichte eines Pferdes

Der Tag der Abreise kommt. Hamburg Hauptbahnhof, ein letzter, verzweifelter Blick von Pünktchen durch die zerkratzte Scheibe des D-Zugs nach München. Von da aus geht es weiter mit dem Nachtzug bis Venedig. Der Pfiff ertönt. Die Türen schließen mit einem Knall. Der Zug fährt ab.

Rita und Kai Hellberg stehen am Bahnsteig. Sie winken, bis Pünktchen nicht mehr zu sehen ist.

»Fahren wir nach St. Pauli?« Sie hakt sich bei ihm unter. Noch ein halber Tag und eine Nacht, bevor sie zurück ins Internat muss.

Große Freiheit.

»Ein so schönes Mädchen, ganz allein unterwegs?«

Rita erschrickt. Die beiden Männer, die eben noch oben auf der Akropolis waren, stehen plötzlich neben ihr. Der, der aussieht wie Gert Fröbe, wirft einen mächtigen Schatten über sie. Sofort ist die Gänsehaut wieder da. Der andere ist fast genauso groß, aber schlanker. Der hat was von einem Abenteurer im Blick und eine Narbe auf der Wange, als hätte er sich duelliert.

Interessant.

»Sie kann nicht sprechen.«

Gert Fröbe nickt und betrachtet sie kurz wie ein seltenes Insekt.

»Warum sollte ich denn mit Ihnen sprechen?«

Der mit dem Schmiss blitzt sie an. »Ja, warum sollte sie?« Ein Mann, der sich nicht abwimmeln lässt. So viel hat sie schon kapiert in ihrem kurzen Leben.

Sein massiger Begleiter zuckt die Schultern. Das Interesse ist erloschen. Tote Augen.

Der andere macht unbekümmert weiter. »Warum sollte sie mit uns sprechen, obwohl wir seit Tagen auf demselben Schiff unterwegs sind. Wir sind Deutsche. Wir nehmen die Mahlzeiten zu denselben Zeiten im Speisesaal ein. Wir sind zivilisierte Menschen.«

Er zieht den Sonnenhut.

»Steinhauer mein Name. Wohnhaft derzeit in Madrid, unterwegs nach Kairo in Geschäften.«

Der andere sagt nichts.

Rita sieht sich um. Die Mittagssonne brennt grell auf die weißen Steine. Die meisten Touristen haben sich in den Schatten verzogen. Selbst die beiden Fotografen sind weg, nur die Kamera steht noch da.

»Rita Hellberg. Mein Vater arbeitet für die ägyptische Regierung.« Es soll fest und bestimmt wirken. Stattdessen kassiert sie einen Lacher.

»Expertentochter.« Er mustert sie amüsiert. »Raketen oder Flugzeuge?«

Rita möchte zurück in ihre Welt, und auch wieder nicht. Der Mann hat etwas Magnetisches. Er spricht mit einem leichten Akzent. So einem weichen, schönen.

»Mein Vater ist Flugzeugkonstrukteur.«

Der andere hat sich abgewandt und ist schon wieder auf dem Weg nach unten. Dieser Steinhauer aber weicht nicht von ihrer Seite.

»Hellberg.« Sein Blick richtet sich in die Ferne, er durchkämmt seine Erinnerung an vergangene Zeiten. Auf einmal leuchten seine Augen sie wieder an. »War Ihr Vater bei Heinkel?«

»Das weiß ich nicht.« Sie versucht sich zu erinnern.

Geschichten aus dem Krieg. Nichts für Kinderohren.

Rita und Kai, versteckt hinter dem Sofa.

Rita hört zu. Volksjäger. Düsenjäger.

Kai ist eingeschlafen und hat in die Hosen gemacht.

Ein Bettnässer. Das kriegst du nicht raus aus den Kriegskindern.

»Friedrich Hellberg?«

Sie nickt. Und bevor sie sich versieht, greift er mit beiden Händen nach ihren Schultern und drückt sie an sich.

»Friedrich Hellbergs Tochter!«

Rita schnappt nach Luft. Rasierwasser verströmt einen herben Duft.

»Das muss gefeiert werden!« Er lässt sie los und bietet ihr den Arm. Rita zögert kurz, sieht zu ihm hoch.

Warum eigentlich nicht? Ein bisschen Gesellschaft wird ihr guttun. Das vertreibt die nutzlosen Gedanken an die Zukunft. Gemeinsam machen sie sich an den Abstieg.

Rolf Steinhauer ist der Name, den er sich zugelegt hat, als er kurz nach Kriegsende in die spanische Hauptstadt übergesiedelt ist. Spaniens Machthaber General Franco hat ihm zwar Schutz vor Strafverfolgung zugesagt, aber als ehemaliger Leiter eines Geheimdienstes geht er lieber auf Nummer sicher. Die entführen unsereins ja sonst auf offener Straße.

Seine Angst ist begründet. Der Name, unter dem man ihn einst kannte, steht weit oben auf der Liste des israelischen Auslandsgeheimdienstes Mossad.

Obersturmbannführer Otto Skorzeny. SS-Leibstandarte Adolf Hitler. Unternehmen Eiche: Befreiung des italienischen Diktators Mussolini. Erfolgreich. Unternehmen Weitsprung: Entführung und Ermordung der Präsidenten Churchill, Roosevelt und Stalin. Abgebrochen. Unternehmen Panzerfaust: Entführung, Erpressung, Rücktritt des ungarischen Präsidenten Horthy. Erfolgreich.

Kommandeur der SS-Jagdverbände.

Sabotage hinter den feindlichen Linien.

Wunderwaffen! Wunderwaffen!

Hitlers oberster Geheimagent. Er führt Krieg mit schmutzigen Mitteln. Hinter den feindlichen Linien. Bis zum bitteren Ende.

Das Ende? Nicht für ihn.

Flucht aus dem Internierungslager, unter den Augen der alliierten Geheimdienste. So einen lässt man doch nicht hinter Gittern verschimmeln.

Otto Skorzeny.

Der Name allein genügt, um Faschisten in aller Welt in Aufregung zu versetzen. Geheimer Befehlshaber einer gewaltigen Schattenarmee, die bei Ausbruch des zu erwartenden Dritten Weltkrieges bereitsteht, um Deutschland wieder zu rechtmäßiger Größe zu verhelfen?

Im Dezember 1961 ist Otto Skorzeny alias Rolf Steinhauer auf dem Weg nach Kairo, um sich mit einem Kriegskameraden zu treffen, wie er Mitglied der Waffen-SS, zusammen haben sie 43 auf dem Gran Sasso den Duce aus der Festung geholt. Gerhard Mertins übt derzeit in Ägypten eine lukrative Tätigkeit als Militärberater aus.

Otto Skorzeny hat das selbst eine Weile gemacht, doch wie so oft hat er zu hoch gepokert und verloren. Der ägyptische Präsident Gamal Abdel Nasser gibt zwar viel Geld aus, um das Militär und die Geheimdienste auf Vordermann zu bringen. Doch Nazis aus Deutschland gibt es im Dutzend billiger.

Otto Skorzeny lebt auf großem Fuß.

Er braucht Geld.

Otto Skorzeny und Gerhard Mertins verbinden ihre gemeinsamen Kriegserlebnisse und ihr leidenschaftlicher Einsatz für die bundesdeutsche Wiederbewaffnung. Sie tauchen überall dort auf, wo sich die europäischen Rechten sammeln. Wo mit Waffen gehandelt wird.

Im faschistischen Spanien.

Im algerischen Unabhängigkeitskrieg.

Bei den Separatisten in Südtirol.

In der Vereinigten Arabischen Republik und im Libanon.

In Argentinien, Bolivien und Chile.

Gerhard Mertins agiert im Umfeld der gerade gegründeten Modellsiedlung Colonia Dignidad in Chile, in der deutsche und österreichische Antikommunisten neue Menschen heranzüchten wollen. Kindesmissbrauch, Folter und die Ermordung Andersdenkender während der Pinochet-Diktatur nehmen hier ihren Anfang.

Gerhard Mertins arbeitet als Informant auf dem Gebiet politisch motivierter Waffentransfers unter dem Decknamen Uranus für den Bundesnachrichtendienst. Dessen Akten zur Colonia Dignidad werden bis ins Jahr 2018 verschlossen bleiben.

Im Kampf gegen den Kommunismus sind viele Mittel recht.

Zwei Jahre nachdem Rita Hellberg an Bord der Ausonia geht, werden Otto Skorzeny und Gerhard Mertins die Firma MEREX gründen, die Waffen aus deutschen Bundeswehrbeständen ins Ausland verkauft: in den Iran, nach Pakistan, nach Saudi-Arabien. Die faschistischen Diktaturen Lateinamerikas werden über den dortigen MEREX-Vertreter Klaus Barbie bedient, Nummer zwei auf der Liste gesuchter NS-Kriegsverbrecher hinter Adolf Eichmann.

Es geschieht am helllichten Tage.

Adolf Eichmann wird von Agenten des israelischen Geheimdienstes Mossad aus Argentinien nach Israel entführt und vor Gericht gestellt. Die detaillierten Ausführungen des Angeklagten, das Ausmaß des geplanten Völkermordes, das dabei zutage tritt, erschüttert die Öffentlichkeit in Israel und in Deutschland.

Kai Hellberg liest: Eichmann und andere Deutsche.

Alles kommt wieder hoch. Ans Licht!

Adolf Eichmann wird am 15. Dezember 1961 in Israel zum Tode verurteilt. Es ist derselbe Tag, an dem die Sonne über dem Mittelmeer die Wolken durchbricht und Rita Hellberg an Bord der Ausonia geht.

Der Hafen von Piräus verblasst im abendlichen Dunst. Wie jeden Tag versammeln sich die Passagiere der ersten Klasse zum Fünfuhrtee im Speisesaal. Es wird Unterhaltungsmusik gespielt.

BND-Akte 05 431_OT.

An dieser Stelle wurde ein Dokument entnommen.

Erstellungsdatum des Dokumentes: 18. 12. 1961

Die Entnahme erfolgte aus folgendem Grund bzw. folgenden Gründen:

X Nachrichtendienstliche Belange

X Besonders starkes Schutzbedürfnis personenbezogener Daten Dritter

Rita Hellberg tanzt mit Rolf Steinhauer einen Walzer.

Ein bisschen Gesellschaft wird ihr guttun.

Abzug vom Dia, Farbe:
Rita und ihre Schwester Pünktchen posieren neben
dem Opel; im Hintergrund liegt die Ausonia am Hafenkai,
blaues Meer.
Bildunterschrift: Hans Albers und seine flotten Mädels
in Alexandria, Dezember 1961

»No photos!« Einer der Soldaten beim Zoll hat sie entdeckt.
Schnell versteckt ihr Vater die Kamera im Handschuhfach. Aber
der junge Mann mit der Maschinenpistole ist schon auf dem Weg
zu ihnen.

Seufzend zieht Friedrich Hellberg das Portemonnaie aus der
Hosentasche. »Ich habe nicht dran gedacht, dass man im Hafen
nicht fotografieren darf.«

Rita beobachtet, wie er auf den Soldaten zugeht und beschwichtigend auf ihn einredet.

»Endlich bist du da!« Pünktchen hält es kaum aus, eine Sekunde stillzustehen. Sie zerrt am Gürtel von Ritas Trenchcoat.
»Komm, wir laufen vor und gucken, wie das Schiff abfährt!«

»Aber das Auto. Vati –«

»Das dauert noch. Komm jetzt!«

Rita hat nichts dagegen, noch einen Moment am Hafen zu
bleiben und sich von der Ausonia zu verabschieden.

Sie ist mit einer unerklärlichen Schwermut aufgewacht, als
der Lautsprecher erklang: »Passagiere, die in Alexandria an Land
gehen, werden gebeten, sich zur Passkontrolle in den Speisesaal
zu begeben.«

Rita lässt sich vom Strom der Leute mitziehen, die verschlafen
und nervös nach oben drängen. An Deck bleibt sie kurz stehen
und sieht auf die Bucht im Morgenlicht. Gibt es etwas Schöneres,
als vom Meer aus ein neues Land, eine unbekannte Stadt zu be-

treten? Ein Boot mit Männern in weißen Uniformen und gold-funkelnden Tressen auf den Schultern dreht bei. Dazu ein paar Soldaten in Kampfmontur, die Maschinenpistolen im Anschlag.

Der große Speisesaal der zweiten Klasse ist voll und stickig. Die Klimaanlage läuft auf Hochtouren, doch ohne erkennbare Wirkung. Immer mehr Leute drängen herein. Rita kann ein solches Eingequetschtsein nicht leiden und schiebt sich gegen den Strom zurück nach draußen. Lieber will sie als Letzte von Bord gehen.

An der Reling lehnen Rolf Steinhauer und sein Begleiter, rauchen in aller Ruhe Zigaretten und beobachten, wie das Schiff in den Hafen geschleppt wird.

»Mister Steinhauer, Mister Valentin«, plärrt der Lautsprecher, »bitte in den Speisesaal erster Klasse. Mister Steinhauer, Mister Valentin.«

Die beiden drehen sich um, Rolf Steinhauer entdeckt Rita, die an der Tür steht und sie anstarrt. Er zwinkert ihr zu.

»Beziehungen muss man haben. Gutes Ankommen, Fräulein Hellberg. Hoffentlich dauert es nicht zu lange.«

Es dauert.

Rita füllt ein Formular aus, zweifache Ausführung.

Name. Nationalität. Passnummer. Heimatanschrift. Religion. Zweck der Reise. Personen in Ägypten, die sie kennt.

Zollerklärung. Autopapiere.

Noch mehr Fragen.

Einfuhrgenehmigung für den Opel Kapitän? Wer ist der Halter des Wagens?

Sie muss den Pass abgeben.

Einer schaut ihn an.

Noch einer.

Ein dritter vergleicht ihn mit einer Liste in einem Buch.

»Name?«

»Hellberg. Rita.«

Das Formular wird gegengezeichnet.

Ein Soldat trägt den Pass zu einem Offizier, der ihn abstempelt.

»Danke schön, Sie können gehen.«

Ihr Vater hat ihr eingeschärft, nur den Mann ans Steuer von Hans Albers zu lassen, der einen von ihm selbst unterschriebenen Zettel dabeihat.

Das Schiff legt an, die Gangway wird heruntergelassen. Hunderte von Leuten stürmen an Bord. Alle schreien durcheinander.

Zoll. Auto. Gepäck. Hotel. Taxi.

Rita bleibt stehen und beobachtet das Aufeinanderprallen der beiden Gruppen, die, die auf das Schiff wollen, und die, die endlich an Land wollen. Sie verschmelzen in Sekunden zu einem wütenden Menschenknäuel.

Minuten später.

Ein zerknitterter Zettel, kariertes Papier.

Eine Hand. Ein Mann in einer Art Nachthemd.

Rita Hellberg hebt die Hand. »Hier bin ich.«

»Welcome to Egypt.«

Das Schiffshorn ertönt.

»Rita! Guck doch! Es bewegt sich!«

Die Ausonia vollführt ihren Abgang wie üblich in aufreizend melodramatischer Langsamkeit. Rita betrachtet ihre kleine Schwester von der Seite. Ein halbes Jahr ist eine Ewigkeit im Leben einer Neunjährigen.

»Ritaaaa!«

Das Horn, zum zweiten Mal. Das Schiff schiebt sich hinaus in die helle Mittagssonne.

Pünktchen ist ein einziges Durcheinander von Armen und Beinen, die länger werden, sich strecken, dem Erwachsenwerden entgegen. Ihre Haut ist dunkler. Sie wirkt kräftig und gleichzeitig zerbrechlich. Wie ein Fohlen.

»Hast du Eisblume besucht?«

Sie hat es vergessen. Dem Pflegepferd zuhause in Stade noch einen Apfel vorbeizubringen.

»Pünktchen.« Rita hockt sich hin. »Es ging alles so schnell.«

Tränen springen ihr in die Augen, ohne Vorwarnung.

Rita umarmt ihre Schwester, möchte sie einwickeln in ihre Liebe, ganz und gar. Pünktchens Kopf verschwindet in ihrem Mantel.

Zum dritten Mal erklingt das Horn.

Sie hört das Weinen nicht, aber sie kann es mit ihrem ganzen Körper fühlen. So bleiben sie stehen, bis ihr Vater sie ruft.

»Steinhauer?« Friedrich Hellberg runzelt die Stirn. »Ich dachte, wenigstens mein Namensgedächtnis sei noch in Ordnung.« Er streichelt das Lenkrad seines Autos wie ein geliebtes Haustier und atmet den Duft des Leders ein. »Haben wir dich durch den Zoll gekriegt, alter Matrose.«

Neben ihm schließt Rita die Beifahrertür, im Rückspiegel sieht er Pünktchen herumzappeln.

»Rita, ich muss dir –«

»Jetzt lass deine Schwester doch erst mal von ihrer Reise erzählen!« Er dreht den Zündschlüssel, tritt die Kupplung und legt vorsichtig den ersten Gang ein.

Neben ihnen klappert ein einzelnes Eselsgespann vorbei. Die Corniche von Alexandria, seit kurzem heißt sie Straße des 26. Juli, ist um diese Zeit relativ leer. Von draußen zieht ein kühler Wind ins Auto.

Pünktchen lässt sich nicht den Mund verbieten. »– den Greek Club zeigen. Jetzt sind wir schon vorbei!« Sie zeigt vorwurfsvoll nach hinten.

»Was ist das für ein Club?«, fragt Rita neugierig.

»Schluss jetzt. Mutti erwartet uns zum Abendessen. Und ich will im Hellen über die Wüstenstraße.« Vorsichtig fädelt Friedrich sich in den Verkehr ein. »Wie sah er denn aus, dein Steinhauer?«

Rita Hellberg hat die Blende heruntergeklappt und nimmt die Sonnenbrille ab, um sich lange in dem kleinen Spiegel zu betrachten. »Ich weiß nicht, alt. Aber nicht schlecht.« Sie schiebt die Blende mit Schwung wieder zurück in ihre alte Position. »Er hat so ein Ding auf der Backe, eine Narbe.«

»Ein Schmiss. Das hatten viele damals.«

Friedrich erschrickt, ein Laster hat ihn angehupt und fährt viel zu dicht auf. »Was soll denn das?«

Der Pritschenwagen setzt zum Überholen an, schert aber wieder ein, weil ihnen zwei hochbeladene Eselskarren nebeneinander über die gesamte Straßenbreite entgegenkommen. Die Fahrer schreien sich an, oder vielleicht unterhalten sie sich auch nur laut. Friedrich weicht ihnen mit einem scharfen Linksruck aus.

Pünktchen kann sich nicht zurückhalten. »Vati! Du fährst uns in Cleopatras Schloss.« Sie starrt aus dem Fenster, als könne sich der versunkene Palast jeden Moment tropfend und glitzernd aus den Wellen erheben.

Rita dreht sich nach den Fuhrwerken um. »Die haben ja komische Kleider an.«

»Das sind Fellachen. Siehst du dort, Rita, diese Charakterköpfe? Ist das nicht einmalig?« Friedrich lenkt den Wagen langsam zurück auf die rechte Spur. Ein weiteres Fuhrwerk mit einem Alten, einem Kind und einem Berg Melonen rumpelt an ihnen vorbei. Der Alte lächelt zahnlückig in Richtung des Autos und winkt. Friedrich Hellberg grüßt zurück. »Die sind absolut freundlich, aber man darf sie nicht verärgern.«

Hans Albers schwenkt mit einem leichten Schaukeln hinter dem Fuhrwerk ein, das plötzlich aus voller Fahrt zum Stehen kommt.

»Vati!« Rita stützt sich mit beiden Händen am Armaturenbrett ab.

»Keine Angst«, Friedrich lächelt ihr zu und schaltet wieder in den ersten Gang. »Man muss hier entspannt und aus dem Unbewussten heraus reagieren. Wer auf seinem Vorfahrtsrecht besteht, knallt mit Sicherheit irgendwo dagegen.«

Rita schaut skeptisch. »Aus dem Unbewussten? Aber es muss doch irgendwelche Regeln geben.«

Friedrich wirft ihr einen amüsierten Blick zu. »Das sagst ausgerechnet du? Ich zitiere: Wiederholter Regelverstoß, trotz mehrfacher Verwarnung –«

Rita stöhnt. »Ist ja gut! Es tut mir leid. Können wir das Donnerwetter hinter uns bringen?«

»Später. Zuerst muss ich heil durch die Stadt kommen. Die meisten Kollegen haben in den ersten Tagen Blechschäden kassiert. Mein früherer Chef zum Beispiel, Ernst Heinkel. Als der hier den Delta-Jäger bauen sollte, hat er seinen Wagen samt Chauffeur mitgebracht. Der hat an einem Tag zwölf Unfälle gebaut. Am Ende ist der Alte ausgestiegen und mit dem Taxi weitergefahren.«

Heinkel. Also doch. Rita schaut aus dem Fenster.

Friedrich greift in die Tür und reicht Pünktchen eine zusammengefaltete Karte nach hinten.

»Guckst du mal, wo es rechts abgeht? Da vorne ist das Cecil.«

Er wendet sich wieder Rita zu, die den Kopf so weit aus dem Fenster streckt, dass sie die Fassaden bestaunen kann. »Die Alexandriner sind Kosmopoliten: italienische Architekten, griechische Reeder, jüdische Händler. Ein Babylon der Sprachen und Religionen.«

Rita nickt. Die Fassaden öffnen sich zu einem quadratischen Platz. Am Eckhaus, dem opulenten Cecil Hotel, stehen Tische draußen. An einem sitzen, ungeachtet der kühlen Temperaturen, Rolf Steinhauer und sein Begleiter mit dem blumigen Namen. Valentin?

Rita hat schon einen Gruß auf den Lippen, zögert aber im letzten Moment und kurbelt stattdessen das Fenster hoch. Etwas irritiert sie, aber sie kann es nicht benennen. Ein prüfender Blick ihres Vaters, aus dem Augenwinkel erhascht? Pünktchens plötzliches Stillsein, als hätte sie ein Geheimnis, das jeden Moment herausplatzen kann?

»Wie geht es Mutti?«, fragt Rita alarmiert.

»Schon besser. Sie gibt sich große Mühe«, antwortet Friedrich.

»Wir mussten ganz lange im Mena Hotel wohnen, weil ihr kein Haus gefallen hat!«, kommt es von hinten. »Das war sehr teuer.«

»Es ist eben alles anders als zuhause.« Er nimmt die Mutti wie immer in Schutz. »Du hast Viertel, da steht Villa neben Villa. Die kühnsten Ideen in Stein und Marmor. Der Formen- und Farbenreichtum der Mosaikwände feiert wahre Orgien.«

Wie aufs Stichwort fahren sie an einem Mosaik in einem gemauerten Rundbogen vorbei, das ein Fischerboot vor einem Leuchtturm darstellt. Rita möchte anhalten und es berühren, so intensiv sind die Farben.

Ihr Vater hat längst weitergesprochen. »– Innenräume entsprechen einfach nicht unserem europäischen Wohngefühl. Der Ägypter liebt es, die ganze Familie um sich zu fühlen, er braucht keine Türen. Er schätzt prunkvolle Sesselgarnituren à la Louis Quinze, die Pracht der Teppiche, schwere Vorhänge –«

»– Mutti eine tote Kakerlake gefunden«, quasselt Pünktchen dazwischen. »Sie hat ganz laut gekreischt!« Sie tippt ihrem Vater auf die Schulter. »Da vorne rechts!«

»Es gibt keine Küche«, fährt Friedrich unbeirrt fort und setzt den Blinker, »in der eine deutsche Hausfrau schalten und walten kann. Nur schmale, dunkle Löcher, in denen die schwarzen Köche herumwuseln. Und natürlich auch kein Bad, in dem eine Waschmaschine Platz hat.«

»Und ihr konntet nicht im Hotel bleiben?«, fragt Rita ihren Vater, doch Pünktchen kommt ihm zuvor.

»Ich schon. Der Garten ist wie aus dem Märchen. Und das Beste sind die Pyramiden. Oder nein, die Kamele. Ich bin fast jeden Tag geritten.«

»Allein das hat mich ein Vermögen gekostet.« Friedrich Hellberg gibt Gas. Die Häuser an der schnurgeraden Ausfallstraße sind nur noch einstöckig, dazwischen tauchen schilfgesäumte Wasserflächen auf. Weiße Reiher hocken am Straßenrand.

Sie passieren einen Kontrollpunkt. Ein Soldat, dessen Uniform an den Ärmeln ausgefranst ist, wirft einen prüfenden Blick ins Innere des Wagens.

»Experten!«, sagt Friedrich Hellberg laut. »I'm an expert at Helwan.« Er zeigt nach hinten, dann auf den Beifahrersitz. »My daughters.«

Der Soldat nickt. Er ist sehr jung. Er sagt etwas, das mit »Elhamdulilleh« endet. Sie dürfen weiterfahren.

»Zum Schluss haben wir einfach Glück gehabt. Mein ägyptischer Stellvertreter hat von einem Arzt gehört, dessen deutsche Ehefrau aus dem Urlaub bei ihrer Familie nicht zurückgekommen ist. Sie hat das Heimweh nicht verkraftet. Der arme Tropf, er ist tieftraurig, und will jetzt nicht mehr in dem Haus wohnen, das er für sie gebaut hat. Er wartet wohl vergeblich, dass sie zurückkommt. Uns soll es recht sein, denn etwas Besseres werden wir kaum –«

»Rita, guck doch!« Pünktchen hat sie von hinten umklammert und drückt ihr die Luft ab. »Die Wüste!«

Rita Hellberg befreit sich aus dem Klammergriff ihrer Schwester und versucht, die Landschaft in sich aufzunehmen. Wie ein Band zieht sich die schmale Asphaltstraße in Kurven bis zum Horizont. Links und rechts wölben sich sandfarbene Hügel auf, ihre Konturen fein, wie gemalt. Vereinzelt kann sie rechteckige weiße Gebäude erkennen. Am eindrücklichsten ist die Helle, ein unwirkliches Strahlen geht von dieser Landschaft aus. Sie muss die Sonnenbrille wieder aufsetzen.

Die Augen ihres Vaters sind ebenfalls hinter dunklen Gläsern verschwunden. Rita kann sich nicht erinnern, ihn je mit einer Sonnenbrille gesehen zu haben. Entspannt lenkt er den Wagen mit einer Hand, während er mit der anderen das Fenster schließt, um den Sand aus dem Wageninneren herauszuhalten. Vergessen ist die Stadt, nicht einmal ein Dorf ist zu sehen.

Kein Baum.

Kein Strauch.

»Da vorne geht es nach El Alamein.«

Die Ägypter schwärmen für Generalfeldmarschall Rommel, den Wüstenfuchs. Dauernd wird Friedrich darauf angesprochen.

Auf Rommel.

Auf Hitler.

»Das habt ihr gut gemacht!«

Mit dem Ersteren kommt er klar. Rommel hat einen sauberen Krieg gegen die Briten geführt. Mit dem Letzteren, na ja, was soll man dagegen sagen? Man ist doch hier schließlich zu Gast.

Rita dagegen sieht ihn verständnislos an.

»Die Schlachten von El Alamein. Deutsches Afrikakorps.« Der Krieg interessiert die Kinder nicht. Aus und vorbei. Damit haben sie nichts zu schaffen. Friedrich Hellberg möchte auch nach vorne schauen. Aber die Vergangenheit holt einen ja ständig ein.

Erwin Rommel fasziniert ihn. Auch er, so sagt man, wollte als Junge Flugzeugingenieur werden, bevor der Vater ihn zwang, ins Militär einzutreten. Ein Wesensverwandter. Mathematiker, Taktiker. Ein Mann der Tat.

El Alamein.

Deutscher Sieg. Deutsche Niederlage.

In einem Informationsblatt für die Experten steht, man solle auf keinen Fall die Straße verlassen, wenn man eine Panne hat. Die Wüste ist voller Landminen.

Teufelsgärten hat Rommel sie genannt.

Eine halbe Million deutscher Minen unter dem Sand.

Auch vor den Beduinen wird gewarnt.

Die Beduinen ziehen mit ihren Herden durch die Wüste. Fährt man einen Beduinen an, das passiert schon mal, die rennen einfach über die Straße, soll man Fahrerflucht begehen und sich auf der nächsten Polizeidienststelle melden.

Ein paar Jahre später werden Beduinen einem Journalisten der Sunday Times berichten, dass sie Erwin Rommel nachts durch die Wüste irren sehen.

Ruhelos. Schlaflos.

Die Innereien zerfressen vom Zyankali, das die Generäle ihn zu nehmen zwangen.

Vielleicht ist auch das eine Legende.

Magenprobleme hatte er schon vorher.

Friedrich deutet nach links. »Hinter diesen Hügeln liegt das

Nildelta. Grün und üppig, der fruchtbarste Boden, den du dir vorstellen kannst.«

»Ich weiß nicht, ob mir diese Landschaft gefällt«, sagt Rita leise. »Ich glaube, ich bin ein Meeresmensch.«

»Du wirst dich schon dran gewöhnen.«

»Ach, Vati!« Sie schüttelt das Unwohlsein ab. »Ich bin doch nur drei Wochen hier, was soll ich mich da gewöhnen?«

»Bist du nicht!«, platzt es von hinten herein.

Ihr Blick fährt hoch.

Also doch, da war doch was.

Die ganze Zeit über.

Friedrich Hellberg wechselt die Hand am Steuer, legt die rechte Hand auf das Bein seiner Tochter, ein kurzer Blick, dann sieht er wieder auf die Straße.

»Eine Familie gehört zusammen.« Er spricht mit der Vaterstimme, die nur an Feiertagen und zu besonderen Anlässen zum Einsatz kommt. Rita sieht die Hand auf ihrem Bein. Das Kribbeln dringt durch den Rock und die Strumpfhose bis auf die nackte Haut.

»Wir haben beschlossen, dass du mit uns in Kairo leben wirst, Rita.« Er nimmt die Hand wieder ans Steuer.

Das Kribbeln bleibt.

Kein eigenes Zimmer in Hamburg. Kein eigenes Leben.

»Freust du dich nicht?« Pünktchen. Rita bringt es nicht über das Herz, sich umzudrehen und in das strahlende Gesicht ihrer Schwester zu sehen. »Wir schlafen in einem Zimmer. Wir können jede Nacht –«

»Sie will, dass ich wieder für sie putze?« Stattdessen sieht sie zu ihrem Vater. »Ist euch der neue Diener auch wieder weggelaufen?«

»Es reicht.« Friedrich hält das Lenkrad mit beiden Händen fest umklammert. Die entspannte Stimmung ist weg. Selbst draußen macht sich eine leichte Fahlheit breit. Die Dämmerung bricht herein.

»Das hat nichts mit deiner Mutter zu tun, Rita. Du brauchst eine Perspektive, Mädchen, sonst gerätst du auf die schiefe Bahn.«

Rita rollt mit den Augen. »Vati, was soll das? Du weißt genau –«

»Lass mich bitte ausreden.« Er will sie nicht hören. »Solange du noch nicht volljährig bist, entscheide ich, was richtig für dich ist.«

»Kai ist auch noch nicht volljährig!« Rita spürt, wie ihre Stimme zu zittern beginnt.

»Jetzt hör mir doch erst mal zu, bevor du gleich wieder in Opposition gehst.«

Die Wüste draußen vor dem Fenster verliert ihre scharfen Konturen. Ist es das Licht oder sind es die Tränen, die ihr in die Augen steigen? Rita verbietet sich das Weinen.

»Ich war vor kurzem mit den Kollegen aus dem Werk im Löwenbräu, wo sich die Experten abends gerne mal auf ein Bier treffen. Da sitzt doch tatsächlich Wolfgang Pilz mit seiner Gruppe von Sänger-Knaben.«

Friedrich Hellberg hat seit langem das Gefühl, immer knapp danebenzuliegen. Er hatte sich dem Flugzeugbau verschrieben, und dann redeten plötzlich alle von Raketen. Er arbeitete in Rostock, aber die großen Wunderwerke wurden in Peenemünde geschaffen.

Atemlos verfolgt er im Oktober 1942 den ersten geglückten Start über der Ostsee. Auf der Leinwand.

Die Schiebetüren eines Hangars öffnen sich.

Eine schwarz-weiße Rakete wird auf einen Anhänger montiert, der von einem schweren Panzerwagen gezogen wird.

Der Wagen mit der Rakete fährt durch den Kiefernwald. Durch die schmalen Stämme sieht man das Meer.

Zwischentitel: Erster Schuß.

Die Rakete dreht sich und kommt ins Trudeln.

Zwischentitel: Zweiter Schuß.

Die Rakete zerbricht.

Letzte Vorbereitungen.

Zwischentitel: 15 Uhr 58. Dritter Schuß.

25, 42, 85 Kilometer Höhe.

Doppelte Schallgeschwindigkeit.

Zwischentitel: Wir haben es doch geschafft!

Diplomingenieur Wolfgang Pilz taucht erst im Jahr danach in Peenemünde auf. Eine Randfigur.

Das Reich braucht Raketen.

Das Reich braucht Ingenieure.

V1, V2, A2, A4.

Der Ingenieur Eugen Sänger beginnt zur selben Zeit in der Lüneburger Heide einen Raumgleiter zu bauen, das Triebwerk um ein Vielfaches stärker als das der V2-Rakete. Selbstvergessen und in Abgeschiedenheit verliert er sich in Träumen von Schwerelosigkeit. Der Antipodengleiter bewegt sich lautlos mit einer Geschwindigkeit von 22 100 Stundenkilometern durchs All.

Im Reichsluftfahrtministerium träumt man von gewaltigen Einschlägen an der Ostküste der USA.

Wolfgang Pilz und Eugen Sänger.

1947 in Paris.

1958 in Stuttgart.

1960 in Kairo.

Unzufriedene Welteneroberer.

Die Amerikaner, die Russen, alle schießen Raketen, schießen Satelliten ins All, und sie sind nicht dabei.

Explorer.

Sputnik.

Die Bundesrepublik, sie kann nicht, darf nicht, will nicht. Sie gibt sich nicht gern groß, will lieber bescheiden erscheinen. Das Forschungsinstitut zur Physik der Strahlantriebe in Stuttgart wird zum Sammelbecken für Raketenforscher. Sie machen Vorschläge und kassieren Absagen.

Wie Friedrich Hellberg.

Wie andere, zurückgekehrt von ihren Zwangsverpflichtungen in England, Frankreich, Russland. Sie brennen darauf, wieder Überschallflugzeuge, Düsentriebwerke, Raketen zu bauen.

Wir haben es doch geschafft!

Das Restaurant Münchener Löwenbräu an der Avenue Fouad in Kairo, die seit kurzem Straße des 26. Juli heißt, ist kaum groß genug, um sie alle zu fassen. Braune Holzvertäfelung, darüber deutsche Landschaften auf weißer Tapete. Ein Porträt des ägyptischen Präsidenten Gamal Abdel Nasser. Er ist es, der ihnen nicht nur Geld und Arbeit bietet, sondern eine glänzende Zukunft.

Das Bier fließt in Strömen.

Friedrich Hellberg berichtet. »Was machen Sie denn hier in Kairo? frage ich. Und er: Ich baue eine Rakete, was sonst? Erst dachte ich, der macht Witze. Aber es ist tatsächlich so. Also kurzum, der Pilz sucht eine Sekretärin, weil ihm eine abgesprungen ist, die unbedingt einen Ägypter heiraten will. Diese Ehen scheitern in der Regel, aber was geht uns das an. Ich also: Sie brauchen eine Sekretärin? Ich hätte da jemanden für Sie. Nur her damit, sagt er. Drei Tage später habe ich deinen Arbeitsvertrag unterzeichnet. Na, was sagst du jetzt?«

Friedrich nimmt die Sonnenbrille ab und sieht seine Tochter erwartungsvoll an.

Das Schweigen breitet sich im Wagen aus.

Selbst von der Rückbank ist nicht mal mehr ein Atmen zu hören.

»Raketen.« Rita Hellberg sieht aus dem Fenster. Am Abendhimmel zeigt sich der erste Stern. Sie öffnet das Fenster. Ein Schwall eiskalter Luft stürzt herein und umschließt ihr Gesicht und die Hände.

»Wehe!«, erklingt Pünktchens Stimme von hinten und reißt sie aus dem Strom ihrer Gedanken. »Wehe, du tust irgendwelche Tiere in die Rakete wie die arme Laika.«

Foto, schwarz-weiß:
Eine zweistöckige Villa, von hohen Bäumen und Sträuchern
fast verdeckt, den Eingang bildet ein schmiedeeisernes Tor.
Bildunterschrift: Unser kleiner Palast in Maadi,
Dezember 1961

»Wieso nicht? Du hast gleich drei Paar gekauft!«, protestiert
Pünktchen.

»Weil man mit neun keine Schuhe mit Absätzen haben kann.
Basta.« Ein weiteres Schlagloch wirft Rita gegen ihre Schwester.

»Tawqaf! Huna!« Pünktchen brüllt dem Taxifahrer von hinten
ins Ohr. Das Taxi kommt in einer Staubwolke zum Stehen.

Rita steigt aus. Pünktchen übernimmt das Bezahlen auf Arabisch. Der Taxifahrer öffnet den Kofferraum und hebt die Tüten
heraus. Er stellt sie ab und sagt etwas.

»Er fragt, wo unser Diener ist«, übersetzt Pünktchen.

»Das wüssten wir alle gern«, antwortet Rita und streckt die
Hand aus, um ihre Geldbörse wieder an sich zu nehmen. Dann
öffnet sie vorsichtig die Objektivklappe der Kamera, die sie an
einem Riemen um den Hals trägt.

Der Taxifahrer wartet.

Pünktchen wartet.

Rita Hellberg macht ein Foto.

»Was ist denn noch?«, fragt sie irritiert.

Der Taxifahrer streckt die Hand aus.

»Bakschisch«, sagt Pünktchen.

Rita stöhnt und gibt ihr die Börse zurück. Pünktchen kramt
lange darin herum und gibt dem Fahrer eine Münze. Er wirft ihr
ein dankbares Lächeln zu, steigt ein und knattert davon.

»Erst muss man endlos um den Preis feilschen und dann

trotzdem noch was draufzahlen.« Rita sieht zu Pünktchen, die entschuldigend die Hände hebt.

Sie muss lachen. »Ist nicht deine Schuld, Kleines.« Vorsichtig nimmt sie ihre Schwester in den Arm und gibt ihr einen Kuss auf die Stirn. Pünktchen würde sich noch für das letzte Unrecht auf der Welt entschuldigen.

Sie gehen mit ihren Einkaufstüten zum Tor.

»Ich liebe diese Schnörkel«, sagt Rita und berührt das fein geschwungene Eisen.

»Ich liebe den Granatapfelbaum«, sagt Pünktchen und zeigt auf die dunkelroten Früchte.

»Ich liebe die grünen Fensterläden«, sagt Rita.

»Ich liebe das Muster der Gitter vor den Fenstern«, sagt Pünktchen.

Rita überlegt.

»Gewonnen!«, ruft Pünktchen.

Sie öffnen die Haustür. Es riecht angebrannt. Rita lässt ihre Tüten fallen und rennt in die Küche. Im Gasofen schmort ein verkohlter Kuchen vor sich hin. Sie macht den Ofen aus und öffnet das Fenster, um frische Luft hereinzulassen. Dann geht sie durch den Flur ins Wohnzimmer. Herrliche hohe Decken, ein Kamin, Glastüren, die sich zum Garten hin öffnen lassen. In der Ecke neben dem Kamin steht ein geschmückter Tannenbaum, oder jedenfalls etwas Ähnliches, ein einheimisches Nadelgewächs vermutlich.

Ingrid Hellberg sitzt mit dem Rücken zu all der Pracht vor einem winzigen Elektroradiator. Pünktchen hat ihr den Arm um die Schultern gelegt. »Mutti hat wieder eine Kakerlake gefunden«, erklärt sie Rita.

»Ich kann so nicht leben«, flüstert Ingrid. »Ich wollte einen Apfelkuchen für den Basar backen.«

»Der ist jetzt hin«, sagt Rita ohne großes Mitleid in der Stimme.

»Die Leute vom Gemüseladen haben extra angerufen, weil sie eine Ladung Äpfel bekommen haben.« Ingrid redet einfach weiter. Pünktchen streichelt ihren Rücken. »Ich bin zu Fuß dorthingelaufen. Ich habe diese armseligen Äpfel gesehen, ich habe sie trotzdem gekauft und wie immer zu viel bezahlt. Dann den ganzen Weg wieder zurück. Der Teig war schon fertig, ich brauchte nur noch die Äpfel draufzulegen und die Form in den Ofen schieben. Erst als ich die Dose zumachen wollte, habe ich gesehen, dass dieses riesige Viech im Mehl saß. Es hat mir seine Fühler entgegengestreckt.«

Ein Schauder überläuft die schmale Frau mit der dunkel gefärbten Dauerwelle, wie immer hochgesteckt. »Ich hätte den Kuchen sowieso weggeschmissen.«

»Was machen wir denn jetzt?«, flüstert Pünktchen ihrer Schwester hinter dem von lautlosen Schluchzern geschüttelten Rücken zu. »Wir brauchen was für den Basar. Alle verkaufen da was. Für die Schwestern.«

»Keine Ahnung.« Rita schaut sich um. »Strohsterne basteln?«

»Und wo willst du hier Stroh auftreiben?«

»Kakerlaken in Harz gießen?«

»Sandkuchen?«

Sie prusten los, ungeachtet ihrer Mutter, die sich umgedreht hat und sie anstarrt.

»Petra!«

»Ja, Mutti!« Pünktchen ist das Lachen wie aus dem Gesicht gefegt.

»Du musst nochmal zum Laden gehen. Ich brauche frisches Mehl und Äpfel. Wenn sie noch welche haben.«

»Ja, Mutti.« Sie ist schon auf den Beinen.

»Und vergewissere dich, dass die Tüte richtig verschlossen ist.«

»Ja, Mutti.«

Bevor Rita sie daran hindern kann, ist Pünktchen schon aus der Tür.

»Du kommandierst sie genauso herum wie mich damals.«

Ingrid sieht ihre Tochter an, als bemerke sie jetzt erst, dass Rita in den Kreis der Familie zurückgekehrt ist.

»Du verstehst das noch nicht, Rita. Die Belastung hier ist einfach zu viel für meine Erkrankung. Die ständigen seelischen Erschütterungen, die zusätzlichen Mühen, um Haus und Garten halbwegs in Ordnung zu halten. Weißt du, wie viel Aufwand ich betreiben muss, um sonntags einen anständigen Braten auf den Tisch zu bekommen? Die Hitze. Die Kälte. Vati den ganzen Tag im Werk. Petra in der Schule. Und keine Seele weit und breit, der ich mich anvertrauen kann.«

Rita mustert sie kühl. »Du hast doch deine Kirche. Gott ist überall.«

Der Sarkasmus perlt an ihrer Mutter ab und sinkt kraftlos zu Boden.

Ingrids Gesichtszüge werden weicher. »Du hast Recht. Gott ist unser Hirte. Er hat uns in dieses fremde Land geführt. Ich werde mit Pater Ludwig sprechen.«

»Wer ist Pater Ludwig?«

»Du wirst ihn spätestens bei der Weihnachtsmesse im Kloster treffen. Er ist der Seelsorger unserer Gemeinde hier in Kairo. Ein Franziskaner.«

Ingrid Hellberg weiß nicht, wie sie Ägypten überstehen könnte ohne Pater Ludwig in seiner braunen Robe, die Kordel um den dicken Leib geschnürt, kluge Augen hinter einer dunklen Hornbrille. Wer weiß, ob sie ohne die Gewissheit seines Beistandes überhaupt einen Fuß in dieses Land gesetzt hätte.

Die Adresse schreibt sie aus dem Reiseführer ab, den Friedrich ihr zusammen mit einem Strauß Rosen geschenkt hat, um die bittere Pille zu versüßen.

»Wir ziehen nach Kairo.«

Der Vertrag läuft über drei Jahre.

»Nur drei Jahre, Ingrid, du wirst das schaffen. Lass mich jetzt nicht im Stich, bitte. Du hast es vor deinem Gott gelobt: in guten wie in schlechten Tagen. Die Familie gehört zusammen. Nur wenn wir zusammen sind, kann ich für dich sorgen und du für mich.«

An Pater Gumbert Ludwig, St. Joseph's Church, Rue Banque Misr 2, Cairo, Vereinigte Arabische Republik.

Sehr geehrter Pater Ludwig,

bitte verzeihen Sie die Störung. Wir kennen uns noch nicht, aber Sie wurden mir als Seelsorger empfohlen. Mein Mann ist Ingenieur, und gemeinsam werden wir in einigen Wochen nach Kairo übersiedeln. Mein Herz ist schwer, ich weiß nicht, ob ich dieser Prüfung durch unseren Herrgott gewachsen bin, und mein Kopf summt schon ob der vielen Sorgen, die mich plagen. Anbei finden Sie eine Liste mit Fragen. Sollten Sie Zeit finden, mir auch nur einige davon zu beantworten, so fiele mir der Schritt ins Ungewisse ungleich leichter.

Frau Ingrid Hellberg, Rosenstraße 5, 2160 Stade.

Liebe Frau Hellberg,

haben Sie bitte Verständnis, daß ich noch nicht zum Antworten gekommen bin; es sind ja auch so viele Fragen, die Sie interessieren, und nicht auf alles ist leicht und klar Antwort zu geben.

Zunächst einmal kann ich Sie beruhigen wegen Religionsausübung und Religionsunterricht für die Kinder. Hier ist in den meisten Kirchen, auch wochentags, Abendgottesdienst. Ich selbst halte monatlich einmal in Maadi Abendgottesdienst. An der deutschen katholischen Schule in Babellouk (nur für Mädchen, bis zur Mittleren Reife, Prüfung gilt auch für Weiterstudium) geben die Schwestern selbst den Religionsunterricht. Die Schwestern holen ihre Kinder mit dem Bus am Kloster in Maadi ab und bringen sie wieder zurück. Wer länger hierbleibt, richtet sich meist selbst eine Wohnung ein; das kommt billiger und man kann sie einrichten wie es einem selbst gefällt. Ich möchte annehmen, dass Sie im Messerschmitt-Werk arbeiten, da sind eine ganze Anzahl Leute aus ganz Deutschland dabei. Die meisten halten sich einen einheimischen Diener und Koch oder lassen sich wöchentlich mehrmals eine Putzfrau kommen. Die meisten sind mit ihren Dienern hier zufrieden. Man muss eben Glück beim Einstellen haben und sie dann entsprechend behandeln. Ansteckende Krankheiten sind hier eigentlich nicht zu fürchten; es ist ratsam, Salate selbst gut zu reinigen. Ich bin jetzt über 5 Jahre hier und hatte noch nichts, obwohl ich nicht einmal besonders Obacht gebe. Das Paradies ist natürlich auch hier nicht; aber mit Humor und Gottvertrauen geht alles. Wem es natürlich der liebe Gott nie recht machen kann, der passt sich schwer an. In Maadi ist ein schöner Sportclub mit Bade- und Spielgelegenheiten. Dafür opfert man manches sonst Gewohnte: Weihnacht ohne Schnee und Tannenbaum (es gibt Ersatzbäume hier).

Vorerst wünsche ich Ihnen allen eine gesegnete Reise und hoffe, Sie bald persönlich hier in Kairo begrüßen zu können. Mit freundlichen Grüßen

Ihr Pater Gumbert Ludwig

Rita geht wortlos in die Küche, kratzt den verbrannten Kuchen aus der Form und schmeißt ihn weg. Die Kuchenform weicht sie ein. Sie legt für einen Moment ihre Stirn auf den kühlen Marmor der Arbeitsfläche neben der Spüle. Dann geht sie zum Schrank, nimmt entschlossen die Dose mit dem Mehl heraus, schüttet den Inhalt auf die Arbeitsfläche und wartet, bis die Kakerlake aus dem weißen Pulver krabbelt. In der rechten Hand hält sie einen ihrer gerade im Kaufhaus Sednaoui erstandenen dunkelgrünen Pumps.

Zack, hat sie das Insekt mit dem Pfennigabsatz erledigt.

In aller Ruhe zieht sie den Schuh wieder an und fegt die Überreste der Kakerlake mit dem Mehl zusammen in den Mülleimer.

Foto, schwarz-weiß:
Ingrid steht neben einem Franziskanermönch, der einen
Teller mit Apfelkuchen in der Hand hat, vor der Fassade
eines mehrstöckigen Gebäudes mit einer Veranda.
Foto, schwarz-weiß:
Im Vordergrund steht Pünktchen Arm in Arm mit einer
jungen ägyptischen Nonne, hinter ihnen drängen sich viele
Leute in einem parkähnlichen Hof mit hohen Bäumen.
Bildunterschrift:
Weihnachtsbasar im Konvent, Dezember 1961

Rita Hellberg macht Fotos. Eine angemessene Art, findet sie, sich
zu drücken vor dem Trubel, der unerwartet über sie hereingebro-
chen ist.

Die Neue.

Zusammen mit ihrer Mutter, Pünktchen und dem wiederauf-
erstandenen Apfelkuchen ist sie durch das ruhige Villenviertel
gewandert, ein paar Alleen weiter bis ans Ende der Straße Nummer zwölf. Alle Straßen in Maadi werden mit Nummern bezeichnet. Das führt zu dauernden Verwechslungen mit den Hausnum-
mern. Dort jedenfalls, in einer Sackgasse, tut sich hinter einem
großen Tor mit der Nummer sechs (Straße zwölf) eine Welt auf,
die idyllischer nicht sein könnte.

Wären da nicht diese vielen Leute, die einander alle zu kennen scheinen. Dialekte wetteifern um Ritas Aufmerksamkeit.
Schwäbisch ist zu hören, Bayerisch auch, dazwischen der weiche
Singsang der Österreicherinnen. Es ist eine Welt der Frauen, der
Ordensschwestern in gestärkten Trachten und Hauben, der In-
genieursfrauen, der Töchter, die die katholische Schule in Babellouk besuchen.

Rita Hellberg ist die Neue.

Abgeschätzt.

Taxiert.

Kommentiert.

Pünktchen ist gleich hinter dem Tor in einem Pulk von Zöpfen und raschelnden Kleidern verschwunden, fort aus dem Dunstkreis der Mutter, die mit steifem Rücken und ausdruckslosem Gesicht im Kostüm mit Pepitamuster durch die Menge segelt. Rita stellt fest, dass ihre Mutter wie durch eine unsichtbare Gasse schreitet, die sich vor ihr auftut und hinter ihr wieder schließt. Kaum jemand begrüßt sie, niemand lächelt ihr zu.

Um sie ist ein Hin und Her von Bruchstücken, selbst erlebt oder gerade aufgeschnappt. Gespielte und echte Zuneigung hängen flirrend in der Luft und wehen wie bunte Laternen zwischen den hohen Bäumen.

Es summt in Ritas Kopf.

»– jeden Abend später nach Hause. Messerschmitt erwartet Unmenschliches!«

»Nein! Wo hast du Schweinefleisch bekommen?«

»– mussten wir uns einen Sudanesen nehmen, um das Formular aus dem Arabischen –«

»Hundertzwanzig Piaster kostet das Menü im Mena Hotel, das sind für die ganze Familie fast sechs Pfund!«

»– der Boab frech! Eine europäische Hausfrau, die selbst einkauft, das verstößt gegen ungeschriebene Gesetze –«

»– er ist jeden Montag im Club, weiß der Himmel, was die Jugend da treibt!«

»Natürlich zu Eisele, wo sollten wir denn sonst hin, frag ich dich! Der Brandner hat ihn ja unlängst sogar zum Vertrauensarzt –«

»Psst, da ist seine Frau!«

Rita, immer noch im Schlepptau ihrer Mutter, folgt mit den Augen unbewusst dem Blick einer toupierten Rothaarigen. Sie haben jetzt eine Art überdachter Veranda erreicht, wo eine unscheinbare Frau mit braunen Haaren Kaffee ausschenkt. Sie sieht hoch, ein angedeutetes Lächeln zu Ritas Mutter.

»Frau Hellberg, wie geht es Ihnen heute?« Freundliche Geste unter zweien, die nicht dazugehören.

»Ach, Frau Eisele, ich darf nicht klagen.«

Eine Nonne mittleren Alters erscheint neben der Frau aus dem Dunkel des Hauses und reicht ihr eine Kanne frischen Kaffee.

»Ist er immer noch hinten?«, fragt sie leise.

»Die Kranken brauchen uns Tag und Nacht«, erwidert die Schwester.

»Natürlich.« Sie nickt.

Und weiter geht es. Sie biegen nach links ab zu einer mit Speisen überladenen langen Tafel, hinter der stolze Hausfrauen Spalier stehen wie bei einem Kochwettbewerb.

Ingrid Hellberg stellt Rita die Mutter Oberin vor, eine streng aussehende alte Frau mit Brille, deren lateinischen Namen sie nicht versteht.

»Wie schön, dass Sie nun beide Töchter bei sich haben«, hört sie und denkt, dass ihre Mutter sich eine gute Antwort einfallen lassen muss.

Du sollst nicht lügen.

Sie bekommen einen Platz an der Tafel zugewiesen. Ingrid packt ihren Kuchen aus. Kaum steht er da, erscheint wie aus dem Nichts ein dicklicher Franziskaner mit kurzen grauen Haaren. Auf seiner Kutte glänzen Schuppen. Er greift nach den Händen von Ingrid und hält sie lange fest.

Zu lange, denkt Rita.

Die Mutter steht vor ihm wie ein Schulmädchen, mit gesenktem Kopf.

Ingrid Lindemann verliebt sich mit knapp sechzehn in den Kaplan der katholischen Pfarrgemeinde, in der ihr Vater Kantor ist. Ingrid übt Querflöte. Im Herbst 1936 probt sie unermüdlich für die Johannes-Passion. Sie ist wie berauscht von der Musik, aber auch von der Gewaltigkeit der religiösen Botschaft, die darin steckt.

Bei einer Bibelstunde der Jugendgruppe springt der Funke

zwischen ihr und dem jungen Geistlichen über, der dem Hitlerregime Nähe zum Atheismus vorwirft und dafür schon mehrfach von der Gestapo einbestellt wurde.

Nach wenigen Wochen fliegt das junge Paar auf, denunziert von Ingrids bester Freundin. Die Angelegenheit wird im Einvernehmen aller Beteiligten stillschweigend beigelegt. Der Jesuit wird nach München versetzt, wo er fortan ohne direkten Kontakt zu Gemeindemitgliedern als Sekretär für das Bistum tätig ist. Sein Vorgesetzter Johannes Neuhäusler hat die undankbare Aufgabe, Meldungen von Übergriffen der Nazis gegen die katholische Kirche zu sammeln und die Kommunikation zwischen Kirche und Staat zu koordinieren.

Die beiden Priester treffen sich gegen Kriegsende im Konzentrationslager Dachau wieder, wo Neuhäusler in der Abteilung für geistliche Sonderhäftlinge einsitzt. Der gerade eingetroffene Lagerarzt in Dachau ist Dr. Hans Eisele, der sich in Buchenwald den Beinamen Weißer Tod erworben hat.

In den Dachauer Kriegsverbrecherprozessen wird der Arzt, der sich selbst verteidigt und Belastungszeugen gerne mit medizinischen Detailfragen ins Kreuzverhör nimmt, zum Tode verurteilt. Mit anderen zum Tode Verurteilten wird Hans Eisele in der Festung Landsberg interniert. Er kann, bei gutem Wind, das Orgelspiel von Ingrids Vater hören.

Das Urteil wird nicht vollstreckt.

Hans Eisele schreibt im Gefängnis ein Memorandum zu seiner Verteidigung. Es trägt einen hochtrabenden lateinischen Titel. Ein Jahr später wird er im Buchenwald-Prozess ein zweites Mal zum Tode verurteilt.

Audiatur et altera pars.

Gehört werde auch die andere Seite!

Sie wird gehört.

Seine Hinrichtung ist für den 28. Juni 1948 angesetzt. Doch Hans Eisele hat Fürsprecher. Johannes Neuhäusler, der unterdessen zum Weihbischof von München ernannt wurde, reicht ein

Gnadengesuch für ihn ein. Ein junger Priester, ebenjener, in den Ingrid sich verliebte, behauptet, Eisele habe ihm in Dachau das Leben gerettet.

Das Gnadengesuch wird abgelehnt.

Bischof Neuhäusler aber ist unermüdlich. Er nimmt über Kontaktleute Verbindung zu den Amerikanern auf. Kurz vor der Exekution wird das Urteil aufgehoben und in lebenslange Haft umgewandelt.

1952 wird Hans Eisele entlassen.

Er erhält eine Entschädigungszahlung von dreitausend Mark für Kriegsheimkehrer.

Er erhält ein Gründungsdarlehen des bayerischen Staates zur Einrichtung einer Arztpraxis in Höhe von fünfundzwanzigtausend Mark.

Er erhält die Erlaubnis zur Niederlassung als praktischer Arzt in München. Sechs Jahre lang betreibt er eine gut gehende Praxis. Zu seinem Patientenstamm gehören einflussreiche Männer aus Kirche und Politik.

Bis eines Tages im Jahr 1958 in einem Kriegsverbrecher-Prozess erneut der Name Hans Eisele fällt. Einem Münchener Journalisten fällt auf, dass es in der Stadt einen bekannten Arzt dieses Namens gibt. In der Wochenzeitung, die Kai Hellberg heimlich liest, erscheint eine Meldung.

Die Tat. Ausgabe Nr. 22, 7. Juni 1958.

Achtung, Buchenwald!

Wer kennt den ehemaligen SS-Arzt Dr. Hans Eisele, der im Buchenwald-Prozess zum Tode verurteilt, später jedoch zu 20 Jahren Haft begnadigt und nach nur 7 Jahren 1952 bereits aus dem Zuchthaus entlassen wurde? Welcher Verfolgte, welche Hinterbliebenen kennen Eisele von seiner Tätigkeit in den Konzentrationslagern her und können Angaben darüber machen?

Es melden sich etliche.

Die Staatsanwaltschaft München prüft die Anschuldigungen und erlässt umgehend Haftbefehl.

Doch Hans Eisele ist bereits verschwunden.

Der bayerische Justizminister gibt eine Pressekonferenz. Er verkündet die Entlassung des Ersten Staatsanwaltes beim Landgericht München I, da diesem bereits 1955 die Belastung Eiseles in vollem Umfang bekannt gewesen sei, ohne dass er entsprechende Maßnahmen eingeleitet habe. Ein Ermittlungsverfahren wegen Verdachts der Begünstigung im Amt wird eingeleitet.

Ingrid Lindemann hat den Kontakt zu ihrer Jugendliebe, dem Wunsch ihrer Eltern entsprechend, abgebrochen.

Plötzlich lässt Pater Ludwig ihre Mutter los und wendet sich Rita zu. Die Augen hinter verschmierten Brillengläsern sehen sie prüfend an. »Sie sind also das Fräulein Rita.«

Sie nickt. Überlegt, ob sie etwas sagen soll.

»Machen Sie Ihrer Mutter keine Sorgen, versprechen Sie mir das. Sie hat genug zu tragen.«

Sie befürchtet, dass er auch nach ihren Händen greifen will, tritt einen Schritt zurück, hebt die Kamera.

»Ja, Pater.«

Sie macht ein Foto.

»Ich hoffe, Sie regelmäßig bei der heiligen Messe zu sehen, Rita.« Er hat einen Teller mit Kuchen in der Hand und verschlingt gleich mit dem ersten Gabelstich das halbe Stück. Ingrid beginnt, leise auf ihn einzureden.

»Begleiten Sie mich doch auf meiner Runde«, unterbricht er sie kauend. »Sicher kann Ihre Tochter Sie hier kurz entbehren?«

Rita nimmt den Platz ihrer Mutter hinter dem Buffet ein.

»Er spuckt beim Reden«, flüstert es an ihrem rechten Ohr. Rita dreht sich um. An der Hand hält Pünktchen eine Nonne, ganz in Weiß gekleidet. »Das ist meine Lieblingslehrerin, Schwester Agnes.«

Die junge Ägypterin wirkt verkleidet in der Ordenstracht. Ihr Lächeln ist zu herzlich, der offene Blick verrät Abenteuerlust.

»Hello, Sister Agnes, nice to meet you.« Rita reicht ihr die Hand.

Schwester Agnes hat einen festen Händedruck. »Sie können Deutsch mit mir sprechen.« Man hört kaum einen Akzent. Pünktchen betrachtet sie grinsend wie ein Honigkuchenpferd, ganz rote Wangen hat sie.

Rita ist neugierig. »Wo haben Sie so gut Deutsch gelernt?«

»Ich habe vier Jahre in unserem Mutterhaus im Sauerland verbracht. Dort habe ich meine Ausbildung zur Grundschullehrerin absolviert.«

Rita möchte wissen, warum sie Nonne geworden ist, traut sich aber nicht zu fragen.

Schwester Agnes scheint ihre Gedanken zu lesen. »Die Arbeit mit den Kindern ist das Beste, was mir passieren konnte.«

»Und Sie sind das Beste, was uns passieren konnte«, fügt Pünktchen altklug hinzu.

Rita und Agnes müssen lachen.

»Schwester Benedikta, was ist los?«, ruft Schwester Agnes plötzlich.

Ganz am Rande des Trubels zwischen den Verkaufsständen steht die blasse Nonne von vorhin und winkt.

»Agnes, schnell! Eine Patientin –«

»Ich komme!« Eine kurze Umarmung für Pünktchen. Eine entschuldigende Geste zu Rita. »Schwester Benedikta ist neu hier.«

Die beiden Ordensfrauen verschwinden aus ihrem Blickfeld. Pünktchen nimmt sich ein Stück Apfelkuchen und beißt herzhaft hinein.

»Du, wir sollen das verkaufen!« Rita deutet auf das Haupthaus. »Für die barmherzigen Schwestern!«

»Macht nix«, nuschelt Pünktchen mit vollem Mund. »Die verdienen auch so genug heute.«

Plötzlich gerät der ganze summende Bienenstock in Aufruhr. Eine Frau stolpert aus der Menge hervor. Sie ist barfuß und trägt trotz der abendlichen Kühle nur ein Nachthemd. Ihre langen schwarzen Haare hängen in wirren Strähnen herunter. Mit flackerndem Blick streift sie die Anwesenden, bis sie die Mutter Oberin ausfindig gemacht hat. Sie wirft sich vor ihr auf den Boden und umklammert die bestrumpften Knie. Arabische Worte brechen hervor, schrill und schnell.

Pünktchen greift nach Ritas Hand und drückt sie ganz fest.

»Was sagt sie?«, flüstert Rita und schiebt sich halb vor ihre Schwester. Sie ist sich nicht sicher, ob Pünktchen das hier gerade sehen sollte.

»Kann ich nicht verstehen«, murmelt es hinter ihr.

Die Menge ist zurückgewichen und bildet wie auf Verabredung einen Halbkreis um die Oberin und die Frau zu ihren Füßen. Die Oberin hockt sich hin und will die Frau berühren. Suchend tastet sich ihr Blick über die vielen Frauenköpfe ins Dunkel. Die Frau weicht vor der Berührung zurück.

Wie aus dem Nichts erscheinen die Schwestern Agnes und Benedikta. Benedikta zögert, als müsse sie sich überwinden, die Frau zu berühren. Aber Agnes hat sich schon über sie gebeugt, flüstert ihr beruhigende Worte ins Ohr und zieht sie mit sicherem Griff hoch in ihre Arme. »Malesch«, hört Rita sie murmeln, immer wieder. »Malesch, habibi. Jalla.«

Wie auf Befehl setzt sich die Frau in Bewegung, eng an Schwester Agnes gedrückt. Schwester Benedikta geht voran und macht den Weg durch die Menge zum hinteren Ende des Gartens frei. Neugierige Blicke folgen ihnen.

Doch schon bald werden die Gespräche fortgesetzt, werden Handarbeiten kritisch betastet, ein Stück Kuchen probiert, ein Löffel Marmelade gekostet.

Als wäre nichts weiter passiert.

Abzug vom Dia, Farbe:
Links angeschnitten die Kotflügel von Hans Albers und
einem VW Käfer; in der Bildmitte vor der Cheopspyramide
eine Gruppe von acht Leuten, die Männer auf Kamelen, mit
weißen Tüchern als Kopfbedeckung, die Frauen mit den
Zügeln in der Hand daneben.
Foto, schwarz-weiß:
Die ganze Gesellschaft sitzt, jetzt ohne Verkleidung,
im Teehaus des Mena Hotels; im Hintergrund die drei
Pyramiden von Gizeh.
Bildunterschrift: Die Expertenkarawane, Silvester 1961

Rita nimmt ihren Fotoapparat von dem Kellner entgegen und
drückt ihm einen Geldschein in die Hand. »Alf Schukr.«

Sie hat in den letzten Tagen Arabisch gepaukt. Einerseits, um
der drückenden Schwere zuhause etwas entgegenzusetzen, andererseits kann es ja nicht angehen, dass die ganze Familie sich
auf die Neunjährige verlässt, was das Sprechen angeht. Vati redet
sich damit heraus, dass er zu viel zu tun hat, und Mutti will es gar
nicht lernen.

Rita und Pünktchen haben ihre Betten zusammengeschoben,
sich unter dicken Decken verkrochen und üben.

»Begrüßung.«

»Salaam.«

»Scharfes S, Rita! Auf Wiedersehen.«

»Ma-a-Salaam.«

»Schon besser. Wie viel kostet das?«

»Bikam da.«

»Mir ist kalt.«

Rita überlegt. »El-gaw, was heißt nochmal kalt?«

Pünktchen schmeißt ein Kissen nach ihr. »Bard! Mir ist echt
kalt!«

Sie holen den Radiator näher ans Bett. Wer hätte gedacht, dass man in Ägypten so frieren kann?

Zwischen Weihnachten und Neujahr kommt Friedrich Hellberg noch später nach Hause als sonst. Die ewige Hetzerei treibt ihn durch den Tag, bei der Arbeit sind sie Wochen, wenn nicht Monate hinter dem Plan zurück. Und abends im Werksbus, der sie aus Helwan zurück nach Maadi bringt, zählt er die Minuten, bis er endlich zuhause ist. Weil ihn der immerwährende Gedanke umtreibt, mit Ingrid könnte etwas sein. Dazu die Sorge, Pünktchen würde unter den Entgleisungen ihrer Mutter leiden. Es wäre ja nicht das erste Mal.

Aber jetzt ist Rita in Kairo, und Friedrich nimmt plötzlich die aufgekratzte Feierabendstimmung wahr, die im Bus herrscht. Der nächste Tag ist ein Freitag, da haben sie alle frei, weil die Mohammedaner ihren Sonntag haben. Und am Sonntag, wo Frau und Tochter nach Sankt Joseph zur Messe gehen wollen, muss er arbeiten.

Der Bus fährt die lange, gerade Straße an der weiß gekalkten Mauer entlang. Dahinter liegt das Reich von Professor Willy Messerschmitt, Herrscher über Friedrich Hellberg und die anderen Ingenieure, die an der Zelle des Jägers H 300 bauen.

H steht für Helwan. Die H 300 baut auf einem Vorgängermodell auf, das der Professor für die Spanier entwickelt hat. In Deutschland darf er ja nur nachbauen. Aber der Professor kann das Erfinden nicht sein lassen, das liegt ihm im Blut.

Seinen Titel erhielt er von Hitlers Gnaden.

Friedrich erinnert sich an ein Foto von Adolf Hitlers Besuch der Messerschmitt-Werke, das muss noch vor dem Krieg gewesen sein. Der geniale Erfinder zeigt nach oben, aus seinen Augen spricht schon da die technische Besessenheit, die ungeheure Überzeugungskraft.

Kein Zweifel, der hatte einen direkten Draht zum Führer. Zwar gibt es, findet Friedrich, heute in Deutschland genügend andere, die ihr Können im Flugzeugbau bewiesen haben, doch sie bekommen nicht zehntausend oder hunderttausend Mark Kredit, wenn sie ihr Unternehmen ausbauen wollen. Denn die Millionen hat der Staat für den Professor reserviert. Besonders, seit sein Freund Franz Josef Strauß Verteidigungsminister ist.

Doch den Professor gelüstet es nach mehr. Es sind Millionen, für die er seine Konstruktionen den Ägyptern verkauft. Ein wahrer Gold-Fischzug am Nil. Und die Ingenieure, seine Zeichen- und Rechenknechte, müssen dafür sorgen, dass der Fluss nicht versiegt.

Die Bustür öffnet sich und lässt kühle Abendluft und fröhliche Männerstimmen herein. Sie sind am Werkstor der benachbarten MTP angekommen. Motoren-Turbinen-Pumpen.

Ab hier wird der Bus voll.

Ein zweites Königreich, das Ferdinand Brandner, der Herrscher über das Triebwerk des Düsenjägers, Präsident Nasser abgetrotzt hat.

Brandner stammt aus Österreich. 1936 entwickelt er für Deutz in Köln, wo er den Karneval kennenlernt, Dieselmotoren. Später angeln sich die Junkers Flugzeugwerke in Dessau den jungen Ingenieur, denn sie wollen die Leistung ihrer Flugmotoren verdoppeln.

Es kommt der 12. März 1938.

Ferdinand Brandner hat vorausschauend Urlaub genommen und fliegt mit einer Ju 34 direkt ins Zentrum des Geschehens nach Wien. Später wird er behaupten, die Österreicher hätten den Anschluss gewollt, von Hitlers Gewaltakt kann keine Rede sein.

Ein Triumphzug!, denkt er, als sie durch ein Meer von Blumen fahren. Er wird zum Gauhauptstellenleiter im Amt für Technik der NSDAP ernannt. Zwei Wochen später hält er einen Vortrag über den deutschen Werksbetrieb und seine Führung.

1. Die Arbeitsehre:
Sie verpflichtet zur Achtung vor der Arbeit des anderen.
Sie macht alle Werksangehörigen im Werk gleich.
Sie kennt keine Unterschiede in der Arbeitsstellung.

2. Die Arbeitstreue:
Sie verpflichtet Vorstand und Gefolgschaft zum erfolgreichen Schaffen.
Sie schafft jene Atmosphäre, wo sich der eine restlos auf den andern verlassen kann, dies in guten wie in schlechten Zeiten.
3. Die Arbeitskameradschaft:
Sie schließt alle zusammen. Sie verbietet, daß einer sich auf Kosten des andern hinaufturnt oder bereichert.

An diese Grundsätze wird er wohl gedacht haben, der Brandner, als ihn die Russen nach dem Krieg einkassiert haben, damit er ihnen Triebwerke baut. Ein Kollektiv leitet er fortan, das das mächtige Propellertriebwerk für den Tupolew-Bomber entwickelt.

Mitgenommen an den Nil hat er sie, die Ingenieure, die mit ihm in der russischen Kälte geschuftet haben. Und verdienen tun sie hier ebenso gut wie die Knechte des Professors. Nur der Brandner selbst ist wohl noch ein bisschen reicher als sie. Man flüstert, er habe das Hilton gemietet, um den nächsten Karneval zu feiern.

»Hallo, Nachbar, ist hier noch frei?« Der immer gut gelaunte Peter Scholler lässt sich neben Friedrich Hellberg auf den Kunstledersitz fallen. Diese Sitze scheinen die Wärme zu speichern und sie nach Feierabend wieder abzugeben, so dass manch ein Herr Ingenieur verschämt mit feuchter Hose aus dem Bus steigt.

»Na, Scholler, wie läufts bei Ihnen?« Friedrich bemüht sich, den lockeren Tonfall aufzugreifen. Es kann nie schaden, die Kollegen ein bisschen auszuhorchen, denn die Konkurrenz zwischen den Zellen- und den Triebwerksbauern führt zu ständigen Reibereien.

»Wir bauen gerade die Spezialprüfstände für die Nachbrennervorentwicklung«, stöhnt Peter Scholler. »Wenn wir die Teile alle aus Deutschland bestellen könnten, wäre das kein Problem. Aber die Ägypter bestehen darauf, dass wir sie selbst herstellen –«

Er hat die Stimme gesenkt. Viele ägyptische Kollegen verstehen besser Deutsch, als man vermuten würde.

Der Bus biegt auf die Uferstraße ein. Linker Hand fließt der Nil wie ein silberglänzendes Band im Nachmittagslicht. Die Inseln liegen verschwommen im Dunst. So verströmen sie exotische Romantik, doch wohnen darauf Tausende von Menschen in ärmsten Behausungen. Friedrich Hellberg fragt sich oft, ob Präsident Nassers Pläne, das Land mit einer florierenden Rüstungsindustrie an die wirtschaftliche Spitze des ganzen afrikanischen Kontinents zu katapultieren, wohl aufgehen werden. Wie auch immer, dafür muss die H 300 erst einmal fliegen.

Rechts ziehen sich endlose Mauern entlang der Straße, aufgesteckte Glassplitter funkeln gefährlich in der Sonne. Dahinter verbirgt sich, das weiß jeder hier im Bus, das Militärgefängnis.

»Sicher«, bemerkt Friedrich, dem Konversation nie leicht gefallen ist, »ist es eine harte Aufgabe, die freiheitsliebenden Wüstensöhne zu Ordnung und Disziplin zu erziehen.«

»Das stimmt wohl«, lacht Peter Scholler und zeigt in den Himmel über einem der Türme in dem vergitterten Gebäudekomplex. »Da haben sie wieder ein paar Wüstensöhne aufgehängt heute.«

Eine dichte Wolke von großen Vögeln kreist über dem Turm. Friedrich hat es neulich einmal nachgeschlagen.

Roter Milan.

Peter Schollers gute Laune ist nicht zu bremsen. »Ich habe gehört, Ihre Große ist angekommen? Ist die nicht in Brigittes Alter?«

Familie Scholler wohnt zwar nur ein paar Häuser weiter in Maadi, doch die Geschwindigkeit, mit der sich Neuigkeiten unter den Experten herumsprechen, erstaunt Friedrich trotzdem immer wieder.

»Rita wird siebzehn. Sie fängt im Januar bei Wolfgang Pilz in Heliopolis als Sekretärin an.«

»Bei den Peenemündern?« Peter Scholler senkt unwillkürlich die Stimme. »Na, das wird interessant für Sie, von den Geheimniskrämern in der 333 hört man ja sonst gar nichts.«

Friedrich nickt. Die Fabrik 333, am entgegengesetzten Ende

von Kairo wie die Flugzeugwerke 36 und 135 gelegen, umgibt tatsächlich eine nebulöse Aura. Niemand weiß so ganz genau, was da vor sich geht. Hoffentlich war es die richtige Entscheidung, seine Rita ausgerechnet dorthinzuschicken.

BND-Akte 24 881_OT

Geheim.

MbK/I (d)

Tgb.-Nr. 19 651/61-935/61 geh.

28. Dezember 1961.

An

<u>106 pers.</u>

5 Ausfertigungen

1. Ausfertigung

Betr.: GALAVORSTELLUNG

I.

1) Auf Grund einer Anfrage des BMVtdg Fü B II wurde durch die Operation GALAVORSTELLUNG bislang folgendes festgestellt:

Seit Herbst 1960 wird von mehreren Angehörigen des von Prof. Dr. Sänger geleiteten Forschungsinstitutes für Physik der Strahlantriebe (FPS) in der VAR eine Rakete für militärische und Forschungszwecke gebaut. Mehrere Angehörige des FPS haben Verbindungen, die einen ND-Hintergrund möglich erscheinen lassen.

2) Über den Stand der Erkenntnisse – jedoch ohne ND-Einzelheiten – wurden die unterschiedlichen Ressorts (BMVtdg, BMVerkehr und AA) unterrichtet. Sie haben weitere Aufklärungswünsche geäußert. Minister STRAUSS, dem der Sachverhalt (mit ND-Hintergrund) Anfang Nov. 1961 vorgetragen wurde, gab sein Einverständnis, die Angelegenheit nunmehr exekutiv behandeln zu lassen.

»Wissen Sie was?« Peter Scholler ist bekannt für seine Unternehmungslust. Ein echter Rheinländer. »Wir fahren zu Silvester raus ins Mena Hotel. Wollen Sie nicht mitkommen?«

Normalerweise hätte Friedrich sofort abgewunken.

Die Schollers passen nicht zu uns.

Man sieht sie nie in der Kirche. Dafür dauernd im Club. Die Frau spielt Tennis. Die Tochter und ihr jüngerer Bruder gehören zu einer Clique von Expertenkindern, die mit ihren Autos spät abends durch Maadi brausen und Gott weiß woher kommen.

Doch heute kommt ihm ein Gedanke quer. Rita und Pünktchen haben ein bisschen Abwechslung verdient.

Und ich auch.

»Eine gute Idee!«

Friedrich lächelt, weil Peter Scholler seine Überraschung kaum verbirgt.

»Also abgemacht.« Sie schütteln sich die Hände.

Rita Hellberg kann nicht umhin, die Schollers ständig mit ihrer eigenen Familie zu vergleichen. Selbst hier, im Teehaus des eleganten Hotels, strahlen sie eine natürliche Lässigkeit aus, ohne eine Spur arrogant zu wirken.

Peter Scholler ist so ein kerniger Blonder, dagegen wirkt ihr Vater wie der steife Ingenieur schlechthin. Seine Frau Marlene ist die Herzlichkeit in Person, eine blondgelockte Schönheit mit Kurven. Sie steuert den Käfer selbst durch Kairo, fährt die Kinder jeden Tag zur Deutschen Evangelischen Oberschule nach Zamalek. Sogar beim Familienausflug darf sie ans Steuer, während ihr Mann sich lieber herumchauffieren lässt.

»Stellen Sie sich vor, wir bauen einen Unfall«, sagt der auf Friedrichs Bemerkung hin, das sei aber ungewöhnlich. »Wer kann denn so einer Frau einen Vorwurf machen!«

Marcel, vielleicht zwei Jahre jünger als seine Schwester, ist eindeutig das Nesthäkchen, obwohl auch er eine sportliche Figur hat. Der muss sich noch beweisen.

Und Brigitte? Rita beobachtet, wie sie sich zu Pünktchen beugt, um sich geduldig einen ihrer langen Vorträge anzuhören. Ihre Haare glänzen wie Gold neben Pünktchens dunklem Bubikopf.

Brigitte ist eines von den Mädchen, die Rita aus dem Internat kennt: Sie gewinnen jedes Jahr die Segelregatta. Sie werden zur Klassensprecherin gewählt. Sie können jeden Jungen haben, wollen aber keinen davon. Sie sind auch dann noch nett, wenn man sie beleidigt.

Petzt nicht.

Und trotzdem.

Irgendwas stimmt nicht mit dir, Brigitte.

Vielleicht hast du einfach keine Ahnung, wie sich das Leben für uns Normalsterbliche anfühlt.

Brigitte sieht zu ihr rüber und lächelt. Rita nimmt ihre Sonnenbrille ab und steht auf.

»Wo gehst du hin?«, fragt ihre Mutter sofort. Ingrid Hellberg wirkt an dem Tisch wie die ältliche Tante, die gerade zu Besuch gekommen ist und sich in Gedanken schon wieder mit ihrer Abreise beschäftigt.

Sie antwortet höflich, wenn sie etwas gefragt wird.

Sie hat keinen Blick für die Pyramiden, die mit unfassbarer Selbstverständlichkeit den Hintergrund zu diesem Ensemble bilden.

Gedankenverloren greift sie ab und zu nach der Serviette neben dem Teller mit dem Gurkensandwich, das sie nicht angerührt hat.

Sie wischt ein wenig unsichtbaren Staub von der Tischplatte.

»Ich muss mal auf die Toilette«, sagt Rita.

Auf halbem Weg kommt ihr ein Kellner entgegen, der ihre Mutter in geschliffenem Englisch fragt, ob etwas nicht in Ordnung sei.

Die Antwort hört sie nicht mehr.

Abzug vom Dia, Farbe:
Die Sphinx, in blauer Abendstimmung von schräg vorne
aufgenommen, ist effektvoll beleuchtet; dahinter, in rotes
Licht getaucht, erhebt sich eine der Pyramiden von Gizeh.
Bildunterschrift: Nächtlicher Lichtzauber, Silvester 1961

Pünktchen sitzt zwischen Rita und Brigitte in der ersten Reihe und zappelt mit den Beinen. Seit sie mit ihren Eltern nach Kairo gezogen ist, waren sie schon drei Mal bei der Schau. Obwohl sie mittlerweile ihre Lieblingsstellen fast auswendig kann und genau weiß, was als Nächstes passieren wird, ist sie jedes Mal aufgeregt, bevor es losgeht.

Die erste Vorstellung ist heute auf Deutsch, die vielen Reihen weißer Plastikstühle sind voll besetzt. Neidisch sieht Pünktchen die letzten Reiter im Galopp von den Pyramiden herunterpreschen. So ein Ritt auf einem echten Araberhengst, das wär' was! Wenn sie nur endlich erwachsen wäre.

Die Menschen fürchten die Zeit.

Doch die Zeit fürchtet die Pyramiden von Gizeh.

Pünktchen liebt diesen Spruch, auch wenn sie die Bedeutung nicht so richtig versteht. Sie fürchtet die Zeit nicht. Sie könnte nur ein bisschen schneller vergehen.

Jetzt zum Beispiel.

»Wann geht es endlich los?«

»Schschscht«, macht ihre Mutter, die wie immer ganz am Ende der Reihe sitzt. Sie bekommt sonst Platzangst.

»Bist du etwa aufgeregt?«, fragt Rita und hat diesen interessierten Gesichtsausdruck. Sie kapiert es wirklich nicht. Rita ist fast nie aufgeregt.

Brigitte nimmt Pünktchens Hand und drückt sie. »Ich bin auch aufgeregt.«

Überrascht und erfreut drückt sie ebenfalls zu, vielleicht ein bisschen zu doll, denn Brigitte schreit auf.

»Du hast vielleicht Kraft!« Sie deutet auf die dunklen Umrisse vor ihnen. »Löwenpfoten wie eine Sphinx.«

»Der Sphinx ist ein Mann!«, will Pünktchen erwidern, aber in dem Moment geht das Licht hinter den Stuhlreihen aus. Der Abendstern funkelt neben der Spitze der Cheopspyramide.

Ein Raunen geht durch die Menge.

Musik.

Die Pyramiden und Tempel tauchen auf.

Blaues Licht.

Der Erzähler setzt ein.

Pünktchen blendet die Einführung aus.

Kenn ich schon.

Sie starrt dorthin, wo die Sphinx auf ihren Auftritt wartet.

Seinen Auftritt.

Ach, egal.

Seine Konturen verschwimmen mit dem Umriss ihrer hellgrauen Stute zuhause im Reitstall.

Eisblume.

Geh weg, Heimweh.

Pünktchen versucht, sich auf den Sprecher zu konzentrieren.

»– und über Zeit und Raum dringt der Wüste Stimme her zu uns.«

Endlich.

Sphinx-Gesicht. Sonnenaufgang.

»Morgen um Morgen sehe ich den Sonnengott emporsteigen vom jenseitigen Ufer des Nils.«

Pünktchen kann nicht anders. Sie muss einfach zu Rita gucken.

»Ist es nicht toll?«, flüstert sie. Aber Rita kann sie nicht hören. Oder sie will nicht.

Pünktchen zieht die Schultern hoch, damit der Fellkragen ihres Mantels bis zum Kinn reicht.

Kalt.

Einen Groschen für deine Gedanken, Rita.

Rita Hellberg fühlt, wie Ägypten sie in dieser letzten Nacht des Jahres 1961 mit samtiger Wärme erfüllt.

»– bis morgen, da sich der Sonne Rad erneut über das Nilland dreht.«

Und wenn diese Sonne direkt über mir am Himmel steht, denkt Rita, brennt sie so heiß, dass mein Herz zu glühen beginnt.

Jeden Tag ein bisschen mehr.

Wüstensonne.

Sie dringt vor bis in ihr Ureigenes.

Weckt ihre Neugier.

Auf sich selbst.

Wer bin ich?

»Unscheinbar und klein ist alles hier am Fuße dieser Riesen, ameisengleich ist hier der Mensch.«

Rita hat sich vorgenommen, ganz ruhig mit ihrem Vater zu reden. Er kann sie ja nicht zwingen, hierzubleiben.

Auf der anderen Seite.

Vielleicht kennt er sie besser als sie sich selbst.

Vielleicht braucht er sie.

Hier.

Die Cheopspyramide leuchtet auf.

Rita glüht von innen.

Sie greift nach der Hand ihres Vaters, der neben ihr sitzt. Wie sie es als Kind im Planetarium gemacht hat, wenn sie kalte Hände hatte.

Seine Hand ist warm.

Friedrich Hellberg sieht wieder mit Staunen, wie sich die ganze Landschaft vor seinen Augen erhellt.

»Groß und mächtig war Memphis, Hauptstadt des Landes, gelegen auf der Ober- mit Unterägypten verbindenden Ebene.«

Diese gewaltige Lichtinszenierung muss Nasser ein Vermögen gekostet haben. Der zu füllende Raum hat zwei Kilometer Länge, einen Kilometer Breite und ist einhundertfünfundvierzig Meter hoch. Die Firma Philips hat die technischen Anlagen gebaut. Achthundertfünfzig Scheinwerfer mit Glühbirnen von je tausend Watt. Unter dem Sandstein liegen dreißig Kilometer Kabel.

Die Effekte werden von einem Zentralmischpult gesteuert, das liegt irgendwo vor ihnen im Dunkel. Über eine Fernsteuerung werden zwei Nebenstellen bedient, die Hunderte von Metern entfernt liegen.

Wie kann das gehen?

Ein neues Gerät, Gas-Elektronen-Röhre, mit einem Steuergitter versehen.

Wie hieß das noch?

Eine Spannung von ein paar Volt am Gitter genügt, schon lässt es Starkstrom durch und die Scheinwerfer leuchten auf.

Wie hieß das denn nochmal?

Ein gefügiges Gerät.

Thy-ra-tron.

»Während im Rest der Welt die Völker jagten noch und fischten und in Höhlen lebten, gab es am Morgen der Menschheit hier schon Geometer und Mathematiker, Astronomen, Ingenieure und Baumeister –«

Friedrich hat das Gefühl, dass er hier in Ägypten am richtigen Ort ist. Hier werden sie, die deutschen Ingenieure, beflügelt vom Geist der Pharaonen, den leichtesten Überschalljäger der Welt bauen.

Die Beleuchtung der Pyramiden erlischt, dann zuletzt das Licht auf der Sphinx.

Pünktchen gähnt.

Bisschen langweilig jetzt, bis dann die Geschichte mit dem Schuh kommt, den der Falke der Prinzessin im Badehaus stiehlt und ihn zum Pharao bringt, der dann –

Eine Bewegung im Augenwinkel hat ihre Gedanken unterbrochen. Pünktchen beugt sich vor, damit sie an Brigitte vorbeigucken kann. Ihre Mutter hat den Schuh ausgezogen und klopft darauf herum.

Alarmiert sieht Pünktchen sich um, ob irgendjemand außer ihr das bemerkt. Aber alle sind völlig im Bann des Stücks.

Bitte, Mutti.

Lass doch mal.

Ingrid Hellberg klopft den Schuh noch einmal aus und versucht zu erkennen, ob vor ihr im Sand ein Skorpion herumkriecht. Wieso ist es denn jetzt gerade so dunkel hier? Sie ist ganz sicher, dass sie am linken Fuß ein Krabbeln gespürt hat. Etwas Großes.

»Der Mensch, er denkt, doch Gott, der lenkt!«

Ingrid schließt die Augen und versucht, das Gesagte in ihr Herz einzulassen. Die Pyramiden sind für sie ein Ort des Gebets und der Andacht, wie für diese Menschen hier am Nil vor Tausenden von Jahren.

Das moderne Blendwerk braucht sie nicht.

»Was gibt es Schön'res als ihm zu begegnen, ihn, den man liebt?«

»Kann ich Dich denn nicht mehr bezaubern. Warum?«

Diese Frauenstimmen berühren sie besonders. Weil sie ihr aus der Seele sprechen?

Sie fühlt, wie Friedrich ihr entgleitet.

Dieses Flugzeug nimmt ihr den Mann.

Ägypten nimmt ihr den Mann.

Je mehr er sich für alles Orientalische, alles Andersartige begeistert, desto weniger möchte sie davon sehen und hören. Als könne sie ihn festhalten.

Doch sie treiben auseinander wie zwei Schiffbrüchige.

Heute zum Beispiel. Dieser Ausflug.

Sie wäre gern in die Messe gegangen und hätte von diesem aufwühlenden Jahr in Stille Abschied genommen.

Er musste sie mit diesen fremden Leuten hier herausjagen, wo sie von einem Spektakel zum nächsten hetzen.

»Die Kinder brauchen Abwechslung, Ingrid.«

Ach, Friedrich. Mach dir doch nichts vor. Du bist es, der die Abwechslung braucht.

Sie versucht, an etwas anderes zu denken.

Gott, mein Gott bist du, dich suche ich,
es dürstet nach dir meine Seele.
Nach dir schmachtet mein Fleisch
wie dürres, lechzendes Land ohne Wasser.
Darum halte ich Ausschau nach dir im Heiligtum,
zu sehen deine Macht und Herrlichkeit.
Psalm dreiundsechzig.
Amen.

Noch einmal leuchten die Pyramiden in bunten Farben auf, alle drei. Dann versinken sie langsam im Dunkel, bis nur noch das Sphinx-Gesicht angestrahlt ist.

»Vergänglich sind der Menschen Werke, doch ewig ist der Geist, der diese Zeichen schuf.«

Und noch während die Musik über sie hinwegrauscht und sich zu den letzten Akkorden emporschwingt, merkt Pünktchen, wie ihr die Tränen in die Augen steigen.

Immer an der gleichen Stelle.

Unbeschreiblich traurig.

Einfach weil es zu Ende ist.

Foto, schwarz-weiß:
Eine Bauchtänzerin tanzt auf einem langen Tisch zwischen
Männern hindurch, die ihr frenetisch applaudieren, leicht
verwackelt.
Bildunterschrift: Azizas Tanz, Sahara City, Silvester 1961

Rita stellt sich etwas breitbeinig hin, stemmt die Füße so fest es
geht gegen den hölzernen Zeltboden und versucht, die Kamera
ruhig zu halten. Der Boden vibriert unter dem Klatschen und
Stampfen des Publikums. In ihrem Kopf toben die Musik und das
Geschrei der Leute um die Wette.

Aziza, das Mädchen in dem gelb glitzernden Bauchtanz-Kos-
tüm, tanzt direkt auf sie zu. Aber Aziza sieht nicht Rita, die Fotografin, sieht nicht die Augen, die sie von links und rechts begaffen,
nicht die Münder, die ihr zurufen. Azizas Blick ist auf eine innere
Ferne gerichtet, die nur ihr allein gehört.

Schon hat sie mit einer einzigen, fließenden Bewegung kehrt-
gemacht und ist wieder auf dem Rückweg über den schmalen
Tisch zur Tanzfläche.

Erst jetzt nimmt Rita die Männerrunde wahr, die um diesen
besonderen Tisch versammelt ist, den Aziza gerade betanzt hat.
Sicher haben sie für das Extra bezahlt, ein paar Sekunden exklusiver Nähe. Als die Tänzerin wieder auf der Tanzfläche für alle
ihre Hüften kreisen lässt, sieht Rita, wie einer aus der Runde sich
verstohlen den Schweiß von der Stirn wischt.

Jung sind sie allesamt nicht mehr, diese besonders wichtigen
Herren. Drei Ägypter sind dabei, zwei in Uniform direkt vor Rita
am Tischende. Die anderen –

Hallo, die zwei erkennt sie sogar im Sitzen und von hinten!
Steinhauer und Valentin. Dazwischen noch drei andere, sicher
auch Deutsche. Ob der Steinhauer sie gesehen hat, wie sie hier
steht mit ihrem Fotoapparat?

Jetzt dreht er sich um.

Zwinkert ihr zu. Lächelt.

Rita fühlt sich wie auf einem Präsentierteller. Seinen Blicken preisgegeben.

Schnell geht sie zurück zu dem flachen runden Messingtisch, um den ihr Vater, Brigitte und Peter Scholler hocken. Die Schollers haben sich händeklatschend der Tanzfläche zugewandt. Ihr Vater schaut sich gerade um, die Knie ragen merkwürdig über den Lederpuff hinaus, auf dem er sitzt. Sein Blick streift unruhig durch den Raum, bis er sie entdeckt hat.

»Rita, wo warst du?«

Sie deutet auf den Fotoapparat und legt ihm beschwichtigend die Hand auf den Arm. Dann zeigt sie nach vorne zur Tanzfläche.

»Ist sie nicht großartig?«

Er nickt.

»Vati!« Sie hebt die Arme über den Kopf und wiegt den Oberkörper für einen Moment zur Musik. »Lass dich doch mal mitreißen!«

Friedrich Hellberg gießt sich noch einen Fingerbreit Whisky ins Glas. Die Flasche stand schon auf dem Tisch, als sie ankamen. Scholler zahlt den guten Stoff, den will man ja nicht verkommen lassen. Nur für Rita hat er Wasser bestellt.

Sahara City.

So oft haben die Kollegen im Bus davon geredet. Mitten in der Wüste, noch weit hinter den Pyramiden. Nirgendwo geht es so echt zu wie dort. Das Zelt gibt gleich die richtige Stimmung. Obwohl, denkt Friedrich, natürlich auch hier alles auf die Touristen zugeschnitten ist. Aber raffiniert getarnt.

Friedrich schenkt Brigitte und Peter nach. Man ist mittlerweile per Du. Brigitte dreht sich um und lächelt ihn an. Er lächelt zurück.

Was für eine Frische um ihn herum!

Oder ist es die Musik?

Das Orchester besteht aus drei jungen Männern. In einer Reihe nebeneinander sitzen sie im Hintergrund der Tanzfläche auf niedrigen Stühlen. Ihre Instrumente sehen aus wie Kreuzungen zwischen oberbayerischen Hackbrettern und Hawaiigeigen, dazu einige schrill klingende Flöten. Diese arabische Musik, der Friedrich auf Schallplatte nichts abgewinnen kann, muss man, das begreift er jetzt, sehend und mitfühlend erleben. Die Tänzerin ist kein Einzelwesen, sie ist in erster Linie auf dieses Orchester bezogen. Für ihre Blicke tanzt Aziza, bei ihnen holt sie sich den Rhythmus, die Begeisterung, den Schwung und die Kraft für ihren Dauertanz, der nun schon fast eine halbe Stunde dauert.

Ingrid würde nur die Sünde darin sehen.

Friedrich lehnt natürlich ab, als Scholler ihn fragt, ob er nicht mitkommen will. Dessen Frau hat nämlich Kopfweh und der Sohn will lieber mit Freunden im Hotel feiern. Reserviert hat er schon eine Woche im Voraus. Und seiner Brigitte hat er es versprochen.

Hätte die nicht einen herrlichen Schmollmund gezogen und Rita an den Händen gefasst.

Dann hätte er vielleicht die Kraft gehabt, beim Nein zu bleiben.

Aber so.

Ingrid ist wortlos mit der Kleinen aufs Zimmer verschwunden.

Nicht an morgen denken.

Der Tanz kommt zu seinem frenetischen Ende. Die Leute springen auf, und auch Friedrich erhebt sich mit steifen Knien, um zu applaudieren.

Als sie alle wieder sitzen, kommen die Kellner mit schwer beladenen Platten voller Kebab, das auf unbekanntem Grünzeug liegt. Dazu gibt es verschiedene Soßen.

»Pass auf, die sind scharf!«, warnt er seine Tochter, »und denk dran: kein Salat!«

Aber Rita hat schon die rote Soße probiert und schnappt lachend nach Luft.

»Seht mal, wen haben wir denn da?« Peter Scholler deutet mit der Gabel in der Hand auf den langen Tisch in der Mitte. »Sitzt da nicht der General, den Nasser zum Minister für unsere Projekte ernannt hat? Und dieser Oberst von der Luftwaffe –«

»Oberst Nadim«, bestätigt Friedrich.

In dem Moment steht neben dem Oberst einer auf und kommt an ihren Tisch.

»Gestatten, Steinhauer. Sind Sie nicht Hellberg, JV 44, Brandenburg?«

Wie gut, dass Friedrich Hellberg auf diesem albernen Puff sitzt. Sonst hätte er womöglich die Hacken zusammengeschlagen.

Von wegen Steinhauer.

Der Befreier Mussolinis! Kommandeur der Jagdverbände!

Ein toller Hund, so sagt man doch.

»Darf ich Ihr Fräulein Tochter vielleicht auf ein Glas Sekt an unseren Tisch entführen? Wir haben miteinander das Mittelmeer durchkreuzt.«

Hilflos sieht Friedrich von Otto Skorzeny zu seiner Tochter. Peter und Brigitte verfolgen die Szene mit höchster Aufmerksamkeit.

»Aber nur ein Glas. Meine Tochter ist erst –«

»Ich bin auch gleich wieder zurück, Vati!« Sie fühlt sich plötzlich unglaublich erwachsen. Sie, Rita Hellberg, nicht die bezaubernde Brigitte Scholler, wird in diese illustre Herrenrunde gebeten. Viele Blicke folgen ihr, als sie mit Rolf Steinhauer zu seinem Tisch geht.

Schon hat ihr jemand einen Stuhl untergeschoben.

Schon steht ein Glas Sekt vor ihr.

Herrlich prickelnd.

Männerstimmen.

»Mahmoud. General Mahmoud.«

»Bauch. Vertreter der Firma Quandt.«

»Lotz. Pferdezucht.«

»Mertins. Im- und Export.«

»Oberst Nadim.«

Der Herr Valentin, den sie für sich immer noch Gert Fröbe nennt, sieht sie nur an, nickt kurz und sagt nichts.

»Wie gefällt es Ihnen in Kairo, Fräulein Hellberg?«

Gut. Ausgesprochen gut gefällt es ihr. Rita Hellberg stellt mit Erstaunen fest, dass sie mit Steinhauer plaudern und gleichzeitig ihren Blick in den tiefbraunen Augen von Oberst Nadim verlieren kann.

»– meine Truppe in voller Montur die Pyramide hochgejagt und das nicht nur einmal!« Der Importeur oder Exporteur bricht den Zauber, indem er dem Oberst mit voller Wucht auf die Schulter haut.

»Mein Freund Mertins hat in Ägypten Fallschirmspringer ausgebildet, Fräulein Rita. Darf ich Sie so nennen?«

Rita nickt.

»– meine Frau trainiert das Pferd selbst, eine Araberstute«, sagt der Pferdezüchter und mustert sie.

Der Vertreter, von welcher Firma nochmal, fällt ihm ins Wort. »Die Ställe im Gezirah Club sind einfach zu voll. Da kann man kein Pferd vernünftig unterbringen.«

»Kommen Sie zu uns. Sie werden es nicht bereuen.«

Handschlag.

»Darauf noch eine Runde?«

Man trinkt.

Der Ägypter in Zivil, der sich nicht vorgestellt hat, redet leise mit Valentin, Vorname unbekannt.

Aziza kommt zurück auf die Tanzfläche.

Die Musik beginnt.

Rolf Steinhauer schaut ihr beim Sekttrinken zu.

Sie hat einen Schwips.

Rita Hellberg steht draußen auf dem Parkplatz. Sie sieht die Musiker in einen Kleinbus steigen. Als Letzte steigt ein junges Mädchen in einem schlichten Mantel ein, das sich abseits von den anderen auf die letzte Bank setzt. Eine moderne junge Ägypterin, müde von der Arbeit.

Aziza.

Rita würde sich gern zu ihr setzen und sich auf der Rückfahrt in die Stadt mit ihr unterhalten.

»Rita, kommst du!« Brigitte hält ihr die Tür des Taxis auf. »Wir warten auf dich!«

Rita steigt ein.

Funkspruch, 1. Januar 1962, abgefangen durch den ägyptischen Geheimdienst.

Hellberg, Friedrich, Leitender Ingenieur Konstruktion, Fabrik 36. Stop. Scholler, Peter, Abteilungsleiter Versuch, Fabrik 135. Stop. Scholler, Brigitte, Schülerin. Stop. Hellberg, Rita, ab sofort Sekretärin, Fabrik 333. Erbitte weitere Instruktionen. Stop.

Foto, schwarz-weiß:

Ein Klassenfoto mit Pünktchen, verkleidet als Scheich, die grinsend einen Stab mit einem goldenen Stern in der Hand hält; hinter den Kindern steht Schwester Agnes.

Bildunterschrift: Sternsinger Klasse 3c der DSB Kairo, Januar 1962

»Rita, könnten Sie uns vielleicht ein paar Fotos für das Jahrbuch abziehen lassen?«

Schwester Agnes hat Rita am Rand der Elternschar ausgemacht, die sich um die Sternsinger drängt, um noch schnell eine Haarsträhne glattzuziehen oder letzte Ratschläge zu erteilen, bevor der Umzug losgeht. Der Innenhof der Schule wimmelt von Trauben aus aufgereihten Mädchenfiguren und an ihnen herumhantierenden Eltern.

»Natürlich.« Rita winkt der Nonne zu, die heute in schwarzer Tracht mit dem breiten weißen Kragen und weißer Haube gleich viel älter aussieht. Aber auch so ist die Energie zu spüren, die unter dem Ornat brodelt. Geschmeidig bahnt sie sich einen Weg durch die Mädchen und stellt sich vor der Klasse auf, um den Einsatz zu geben.

Rita bemerkt amüsiert, dass auch einige Väterblicke, ägyptische wie deutsche, länger auf Schwester Agnes' Rückenansicht verweilen als nötig.

Ihr könnt es nicht lassen. Vor den Augen eurer Ehefrauen.

Der Scheich mit dem Stern aber hängt mit geradezu verzücktem Blick an ihren Lippen.

Pünktchen!

Rita weiß, dass Pünktchen in Zeiten innerer Anspannung immer ein Wesen zum Anhimmeln braucht. Einen Hund, der ihr zugelaufen war und den sie nicht behalten durfte. Ihre

Kindergärtnerin. Das Pflegepferd Eisblume. Und jetzt die Lehrerin.

Ein Wunder ist das nicht. Zuhause hängt seit Neujahr wieder eine dichte, graue Wolke über ihnen allen. Ingrid Hellberg verbringt die Tage im abgedunkelten Schlafzimmer. Sie geht nur aus dem Haus, um diesen Arzt aufzusuchen, zu dem hier alle gehen. Seine Praxis ist gleich um die Ecke. Und ein einziges Mal zur Beichte in die Messe. Das war's.

Der Vater hat von seinem ägyptischen Stellvertreter einen Diener empfohlen bekommen, der seit zwei Tagen kommt, um sauberzumachen und die Einkäufe zu erledigen. Pünktchen ist allerdings die Einzige, die sich mit ihm verständigen kann. Rita kocht abends nach der Arbeit so gut sie kann ein paar leichte Rezepte aus Muttis Kochbuch nach.

Alle gehen wie auf Eiern.

Selbst der Diener.

Mohammed heißt er.

Die einzelnen Klassen beginnen nun nacheinander unter lautem Gesang mit dem Einzug ins Hauptgebäude, ihr jeweiliges Gefolge im Schlepptau. Rita stellt sich neben der Treppe zum Eingang auf und macht ein Foto nach dem anderen. Wie immer, wenn sie fotografiert, fallen ihr Details auf, die sie mit bloßem Auge übersieht.

Die liebevoll gepflegten Pflanzen im Hof. Palmen und Kakteengewächse.

Die gefliesten Zahlen im Steinboden, auf denen die einzelnen Klassen zum täglichen Appell antreten.

Pünktchen schmettert los, laut und falsch. Ihre Schwester würde sie unter Hunderten heraushören. Rita setzt sich in Bewegung, reiht sich ein in die Mütter, einige mit Kleinkindern an der Hand oder auf dem Arm. Ein paar Väter dazwischen. Rita ist wieder einmal die Vertretung. Vater bei der Arbeit. Mutter beim Arzt.

Das war schon so bei Pünktchens Einschulung.

Ballettaufführung.

Reiterabzeichen.

Zahnarzt.

Sie ziehen durch die Schule.

Treppen. Gang.

Braun-schwarz-weiß gesprenkelte Fliesen, links und rechts eine gefliese Borte mit einer Art Zopfmuster.

Treppen. Gang. Gesang.

Ritas Gedanken machen sich auf und davon.

Der erste Arbeitstag. Nicht ein einziges Foto durfte sie machen, um diesen denkwürdigen Tag festzuhalten.

Metro Station Maadi, Straße Nummer neun.

»No photos!«, ruft ihr ein Mann in Uniform zu.

Im Frauenabteil traut sie sich nicht, zu fotografieren. Schöne Stimmung, einige machen Handarbeiten, andere essen. Ein Junge verkauft Haarklemmen.

Auf dem Tahrir-Platz steigt sie um nach Heliopolis.

»No photos, Miss!«

Verschwenderisch schöne Fassaden.

»No photo!« Der Polizist zeigt die Straße hinab. »Palace of President Nasser!«

»Ihren Fotoapparat können Sie morgen zuhause lassen!«

Ihr künftiger Chef wolle sie persönlich an der Metro abholen, so hat es ihr Vati ausgerichtet. Aber der kann das nicht sein. Zu jung.

»Steigen Sie schon ein.« Ein Sportwagen. Bisher hat sie nur Experten mit den üblichen Familienkutschen gesehen.

»Sie sind doch Fräulein Hellberg?«

Rita nickt.

»Max Fischer.«

Sie steigt ein. Klein und drahtig, braune Haare, Seitenscheitel. Kein Schlips. Höchstens ein paar Jahre älter als sie.

»Sie sind Herr Fischer?«

Doch der Chef.

»Was dachten Sie denn?«

Er lässt den Motor aufheulen und genießt die sofortige Aufmerksamkeit des ägyptischen Publikums. Rita knotet ihr Kopftuch zu und reibt sich die Augen.

»Haben Sie eine Sonnenbrille dabei? Setzen Sie sie auf. Heliopolis wird in die Wüste gebaut.«

Sie rasen über Boulevards mit Blumenrabatten in der Mitte. Villenviertel.

»Hier drüben wohnen wir.«

»Sie wohnen nicht in Maadi?«

»Nein, warum sollten wir? Hier ist alles, was wir brauchen: der Club, Läden, Restaurants.«

»Und wer ist wir?«

»Sie sind ja direkt.« Max Fischer lacht. »Wir sind die Mannschaft von Diplomingenieur Wolfgang Pilz, vor kurzem von Präsident Nasser persönlich zum Professor ernannt. Familien, Junggesellen, Alt und Jung, alle beieinander. So kann der Herr Nasser besser auf uns aufpassen.«

»Warum sollte er das tun?«

Max Fischer biegt mit quietschenden Reifen auf eine vierspurige Straße ein, die zwischen hohen Mauern entlangführt.

»Wir bauen Raketen. Höchste Geheimhaltungsstufe. Jeder will die Nummer eins im Weltall sein.« Er zeigt auf ihre Kamera. »Legen Sie die mal unter den Sitz. Für heute wird es hoffentlich gehen.«

Sie überholen mehrere Lastwagen mit Soldaten. Ein paar winken ihr zu. Oder vielleicht meinen sie auch das Auto.

»Rita Hellberg?« Der Posten am Tor studiert ihren Pass und den Arbeitsvertrag, dann noch einmal ihren Pass.

»Sie bekommen heute einen Werksausweis«, sagt Max Fischer und zündet sich eine Zigarette an. Er bietet ihr auch eine an.

Warum eigentlich nicht?

Sie arbeitet, sie verdient ab heute ihr eigenes Geld. Und wenn das hier alles so geheim ist, wird ihr Vater auch nicht erfahren, dass sie raucht.

»Sie können weiterfahren, Mister Omar.«

»Mister Omar?«

»Wir alle haben arabische Decknamen, damit die Kollegen einfacher mit uns sprechen können.«

»Und Sie sind Omar?« Rita kichert los. Sie kann nicht anders.

»Willkommen in der Militärfabrik 333, Miss Rita.«

Der Rest des Tages verschwimmt in ihrer Erinnerung zu einem Wirrwarr aus Werkstätten, Büros, Gesichtern und Namen. Sie versucht, sich die technischen Details zu merken, die Max Fischer alias Omar ihr an den Kopf wirft.

Drei-Stufen-Rakete.

Nutzlast. Hundert Kilo. Zweihundert Kilo.

Schub. Hundert Tonnen. Zwanzig Tonnen. Vier Tonnen.

Steuerungselemente.

Flüssigtreibstoff.

Dichte.

Salpetersäure.

Am Ende soll ein ägyptischer Satellit die Erde umkreisen.

Ritas Aufgabe besteht darin, für Max Fischer und seinen ägyptischen Assistenten Bestellungen zu tippen, diese auf den Weg zu bringen, Waren entgegenzunehmen oder deren Verbleib ausfindig zu machen, wenn sie nicht ankommen. Ab und zu eine Telefonverbindung nach Deutschland oder in die Schweiz. Steno für die Abteilung, wenn benötigt.

»Jeden Montag treffen wir uns mit der ganzen Experten-Truppe in der Villa von Professor Pilz zu Frühstück und Gedankenaustausch. Sie auch.« Max hält Rita die Tür zum Casino auf. Lautes Durcheinander füllt den Raum. Rita erfasst mit einem Blick die Aufteilung an den Tischen.

Hier die Ägypter, da die Experten.

Hier Arabisch, da Bayerisch, Schwäbisch, Österreichisch, sogar Schweizerdeutsch meint sie herauszuhören.

Hier Bohnenmus auf den Tellern, da Klöße.

Kaum ein Tisch hat eine gemischte Besetzung.

An die hundert Männer dürften hier sitzen. Graue Kittel und blaue Overalls dominieren das Bild. Dazwischen, sehr vereinzelt, ein paar Farbtupfer, das sind die wenigen Frauen. Zu Ritas Überraschung führt Max Fischer sie zuerst an einen Tisch mit Ägyptern.

»Salaam Omar!«, schallt es ihnen entgegen, gefolgt von Bemerkungen auf Arabisch und lautem Gelächter. Max stellt sie vor, Miss Rita und so weiter.

»Fi aki eh innaharda?« Wieder lachen einige, aber Rita liest auch Anerkennung in ihren Blicken.

»Sie sprechen Arabisch?«

»Na klar. Sonst kann ich meinem Diener ja nicht sagen, was er einkaufen soll.«

Die Ägypter sind jung.

Und schön. Lange Wimpern. Schmale Bärtchen.

Sie denkt an die braunen Augen von Oberst Nadim.

»Rita?«

»Entschuldigung, was haben Sie gerade gesagt?«

Max schmunzelt. »Ich sagte, die ägyptischen Ingenieure kommen alle aus der Oberschicht. Das sind zum Teil sehr reiche Familien, die leben in Palästen.«

Sie wird weiter zu einem Tisch am Fenster bugsiert, der mit ein paar Pflanzen geschickt abgeteilt ist. »Und hier kommt unser Peenemünder Stammtisch. Professor Pilz, das ist Rita Hellberg.«

Weiße Haare, braune Haut, sportliche Figur. Falten um die Augen beim Lächeln. Das kann er.

»Willkommen, Fräulein Hellberg.« Neben ihm sitzt eine junge Frau mit Sommersprossen und Hochsteckfrisur. Armreifen aus Gold, sehr gepflegte Hände. »Das ist Fräulein Wende, meine Privatsekretärin.«

Einladende Geste, klimpernde Goldreifen. »Setzen Sie sich doch, Rita.«

Wieder werden ihr von ringsherum Namen zugerufen, die sie sich nicht merken kann.

Goercke. Kleinwächter. Joklik.

Max Fischer zieht los, um ihnen etwas zu essen zu organisieren. Rita Hellberg schenkt sich Wasser ein und beobachtet ihre Tischnachbarn, die schon wieder tief in irgendwelchen Fachgesprächen stecken.

Eine sehr gemischte Gruppe. Deutlich älter im Durchschnitt.

Peenemünde.

Sie kann sich nicht erinnern, was ihr Vater darüber gesagt hat.

V1.V2.

Schüleraustausch London, 1959. Gastfamilie in Islington, der Vater ist Oberst bei der Royal Air Force. Das passt doch, denken die Leute von der Schulbehörde, für die Tochter eines Flugzeugingenieurs.

Die Frau ist nett. Die beiden Kinder schneiden Rita, sobald sie morgens das Elternhaus verlassen haben.

Kraut Bitch!

Die Schuluniform kratzt.

Und der Mann, Paul heißt er, zeigt ihr jeden Abend Fotos vom Krieg.

Kaputtes London. V2.

Kaputtes Hamburg. Feuersturm.

Er redet von Versöhnung. Er riecht aus dem Mund. Er bietet ihr Pfefferminzbonbons an.

Rita Hellberg lutscht englische Pfefferminze und schiebt Mister Pauls bestrumpften Fuß von ihrem Bein. Strümpfe, dunkelblau, mit dezentem Rautenmuster in grün.

»Ihr Vater arbeitet doch für Messerschmitt, Fräulein Rita. Wie geht es denn da voran?« Professor Pilz lächelt wieder Augenfältchen.

»Er ist jeden Tag später zu Hause. Wir kommen gar nicht mehr zum Reden.«

Zustimmendes Gemurmel.

»Denen geht's genauso wie uns.«

»Gut Ding will Weile haben.«

»Sklaventreiber.«

Max kommt mit zwei voll beladenen Tellern zurück. Rita hat einen Riesenhunger von dem ganzen Zuhören und Mitschreiben.

»Und, hatten Sie schon den Nil-Jodler, Fräulein Rita?«

»Was bitte?«

»Zwei Tage auf der Toilette, zwei Kilo weniger auf den Rippen.«
Gelächter.

»Mensch, Rita, hast du geschlafen?«

Vor ihr steht Pünktchen.

»Wie war ich?« Pünktchen, immer noch als Scheich verkleidet.
Rita sieht sich um.

Wo bin ich?

Die Kapelle der Schule hallt wider von den aufgeregten Stimmen der Schülerinnen, die jetzt endlich bei ihren Familien sitzen dürfen.

Vorne bleiben die Nonnen, verteilt auf zwei Stuhlreihen, die Gesichter dem Publikum zugewandt. Die strenge Mutter Oberin mit der Brille segnet die Gemeinde.

Amen.

»Ich habe dir zugewunken!«, sagt Pünktchen vorwurfsvoll.

Rita wuschelt ihr durchs Haar. »Die Arbeit. Ich bin einfach erledigt.«

Heute hat sie den ganzen Tag Listen abgetippt. Max Fischers Handschrift liest sich in etwa so einfach wie ägyptische Hieroglyphen.

»Auf Wiedersehen!« Schwester Agnes steht, immer noch mit diesem strahlenden Lächeln, das sie offenbar nur selten ausknipst, am Ausgang.

Pünktchen umarmt sie deutlich länger als nötig.

Rita wird wohl bei Gelegenheit mal mit ihr reden müssen.

Abzug vom Dia, Farbe:
Rita im Kostüm und Pünktchen in Kleid und Strickjacke
stehen Arm in Arm vor dem Eingang eines Cafés in
Kairo; neben ihnen sieht man elegant gekleidete Leute
hineingehen und herauskommen.
Abzug vom Dia, Farbe:
Die Schwestern zwischen ihren Eltern an derselben Stelle;
Friedrich hat den Arm um Rita gelegt und macht ein
feierliches Gesicht, Ingrids Blick ist gesenkt, in Richtung
eines zerknüllten Taschentuchs in ihrer rechten Hand.
Bildunterschrift: 17. Geburtstag bei Groppi, Januar 1962

Rita spürt ein starkes Kribbeln im Bauch, im Kopf auch. Seit heute ist sie endlich siebzehn. Das Kribbeln verrät ihr, dass sie nicht länger eine beliebige Sechzehnjährige auf einem langweiligen Internat in einer unbedeutenden Kleinstadt inmitten eines auf der Weltkarte kaum zu erkennenden Landzipfels zwischen Hamburg und Dänemark ist.

Das Kribbeln deutet auf Größeres hin.

Rita Hellberg lebt in Kairo, Heimstätte der Pharaonen und der Pyramiden. Sie arbeitet an der nächsten Mondrakete mit.

Und ob das kribbelt! Besser noch als der Sekt neulich in dem Nachtclub, und der war schon ziemlich gut.

Rita, eine Hand am Rücken ihrer Schwester, überquert zielsicher zwei von fünf breiten Straßen, die auf den herrlichen Midan Soliman Pasha münden. Sie ist eins mit diesem Kreisel, um den Tag und Nacht Menschen und Autos herumströmen. Das ist mal eine Stadt.

Ist es wirklich erst vier Wochen her, dass sie an Bord der Ausonia davon träumte, in Hamburg zu leben?

Hamburg?

Diese lächerlich steife, unter grauem Nieselhimmel dahinsiechende, mühsam sich aus Kriegstrümmern erhebende bleiche Gestalt? Die sich mit Hafen und ein paar schmucken Kontorhäusern als Weltstadt gibt und doch dahinter nur Reihe um Reihe rotgeziegelter Mietskasernen verbirgt?

Ich bitte dich, Schicksal!

Ein olivgrünes Auto braust vor ihr über den Zebrastreifen. Sie spürt Pünktchen unter ihrer Hand zusammenzucken. Uns wird nichts geschehen, kleine Schwester, vertrau mir! Wir sind hier am richtigen Ort zur richtigen Zeit.

»Wir sind da, Rita!«

Rita sieht nach oben. Jugendstilfassade, verschwenderisch unter blauem Himmel. Geschwungene arabische Zeichen über dem Namen in lateinischer Schrift: sachlich, schlicht, fast könnte man ihn übersehen. Nicht nötig, sagt diese Schrift, ihr wisst schon, wer ich bin.

Groppi.

Menschen strömen herum und strömen hinein, ihre Augen spiegeln schon, was dem Gaumen bevorsteht.

»Halt, Kinder, noch ein Foto!«

Pünktchen dreht sich sofort um, während Rita einfach stehenbleibt und die Mosaiken auf den Säulen anschaut.

Ich möchte diese Farben essen.

Friedrich und Ingrid Hellberg kommen in Zeitlupe über die Straße. Er strebt vorwärts. Sie hat sich bei ihm eingehakt und scheint ihn am Vorwärtsstreben zu hindern.

»Vorsicht, Friedrich, jetzt noch nicht!«

Autos, die vermutlich bremsen würden, man weiß es natürlich nie ganz genau, starten durch und fahren hupend vorbei.

»Wir können hier nicht stehen bleiben!« Er zieht sie vorsichtig, aber bestimmt mit sich. So landen sie schließlich doch noch vor dem Café.

Friedrich macht ein Foto von seinen Töchtern. Ingrid zieht ein Taschentuch aus der Handtasche und wischt sich zuerst über die

Stirn, dann kurz die Hände und am Schluss noch für einen winzigen Moment über die Schuhspitzen. Wirft einen etwas ratlosen Blick auf das Taschentuch und knüllt es zusammen.

Der Türsteher des Groppi macht noch ein Familienfoto und bekommt dafür ein paar Münzen.

Drinnen summt es wie das Kribbeln in Ritas Innerem.

»Ein Tisch!« Pünktchen stürmt an hochgewachsenen dunklen Kellnern in roten Kitteln und mit einer Art Turban auf dem Kopf vorbei. Dazwischen, an Reihen von zierlichen Tischchen, sitzt die Elite der Stadt. Die es sich leisten kann, die aus dem Vollen schöpft, ohne Bedenken, schamlos und unbefangen.

Ritas Blick allerdings ist zunächst an der Decke hängengeblieben. Die Lampen, denkt sie, sind vielleicht das Schönste, was ich in meinem Leben gesehen habe.

Und die Pyramiden? Die Sphinx?

Der Sternenhimmel über dem Mittelmeer.

Was weiß ich.

»Rita! Hierher!«

Sie sitzen schon alle drei um den Tisch. Vor sich die Karte, hinter sich, in Erwartungshaltung, einen der unzähligen Kellner. Rita schlängelt sich durch. »– eine Birne Helene nehmen«, sagt ihre Mutter gerade. »Die sollte ja wohl in kochendem Wasser gelegen haben. Da kann nicht viel schiefgehen. Obwohl –«, wieder zwingen ihre Hände das Taschentuch in das ständige Ballett des Reibens und Knüllens, »wenn ich mir die Leute vorstelle, die mit ihren Fingern diese Birne –«

»Nein, Mutti!« Rita und Pünktchen, wie aus einem Mund.

»Lass gut sein, Ingrid!« Friedrich.

»Ich nehme ein Banana Split.« Das ist Pünktchen.

»Ich probiere die Sachertorte, herrlich, so etwas kriegt man hier ja sonst nicht.« Friedrich seufzt.

»Willst du damit etwa sagen –«, setzt Ingrid an, aber er legt ihr die Hand auf den Arm.

»Lass gut sein!«

Rita runzelt die Stirn. »Pèche Melba.« Sie hat keine genaue Vorstellung davon, was das ist. Irgendwas mit Pfirsich. Es klingt toll.

»Hallo, Rita. Deine Familie?«

Es ist Freitagnachmittag, und die Welt der Experten in Kairo ist überschaubar. Man muss nur wissen, wo das gute Leben zu haben ist. Sie stellt Max Fischer ihre Eltern und Pünktchen vor. Schämt sich für den prüfenden Vaterblick, den alarmierten Mutterblick und den neugierigen Schwesterblick. Max lächelt den peinlichen Moment weg, schüttelt Hände und gibt dabei die Sicht auf eine Ägypterin frei, die so schön ist, dass alle am Tisch hörbar nach Luft schnappen.

»Das ist Sonya.«

Das Kribbeln ist weg. Es fühlt sich an, als wäre ihr ein Ziegelstein auf den Kopf gefallen. Was dieses Mädchen hat, wird sie nie haben. Die natürliche Eleganz einer Weltstädterin. Sie muss in einem Palast leben, alles andere würde ihr nicht gerecht. Der Glanz eines Harems aus vergangenen Zeiten schimmert in ihren grünbraunen Augen.

»Rita!« Pünktchen hat sie unter dem Tisch getreten.

Rita ergreift Sonyas angebotene Hand. Sie fühlt sich, als wäre ihr eigener Arm das ungelenke Werkzeug eines Roboters aus kaltem Stahl.

Max grinst. Entweder er bemerkt es nicht oder er genießt die Situation. Rita tippt auf Letzteres.

»Sonya arbeitet im Nile Hilton«, erklärt er.

Dieses Juwel muss arbeiten, und noch dazu in einem Hotel? Rita ist fassungslos, und Sonya versteht sofort, denn sie lächelt spöttisch. »Waren Sie schon dort?«

Kopfschütteln.

»Es ist einmalig.«

Pünktchen nickt eifrig, ohne Sonya aus den Augen zu lassen.

»Na dann, ein schönes Wochenende allerseits!« Max legt die Hand auf Sonyas Hüfte und dirigiert sie in Richtung eines Tisches, der gerade frei wird. Sie ist mindestens einen Kopf größer als er.

Nicht hinstarren.

Du auch nicht, Pünktchen.

»Rassige Schönheit«, murmelt Friedrich anerkennend und fängt sich einen vorwurfsvollen Blick seiner Frau ein.

Zwei Kellner schleppen Tabletts mit ihren Bestellungen heran. Stolz zeigen sie die Kunstwerke aus der Küche herum, bevor sie auf den Tisch kommen.

Ritas Kribbeln kehrt zurück. Sonya hin oder her.

»Geliebte Rita.«

Oh nein. Vati hält eine Rede. Rita guckt sich um, aber niemand schaut herüber. Alle sind mit irgendwelchen Köstlichkeiten beschäftigt.

»Ich hoffe, du verzeihst mir irgendwann, dass ich dich einfach so entführt habe. Wir alle«, er sieht auffordernd in die Runde, »sind jedenfalls unfassbar froh, dich hier bei uns zu haben.«

Pünktchen löffelt ihr Banana Split. Ingrid schiebt den Teller mit der Birne von sich und winkt dem Kellner, der sofort herbeieilt.

»Has it been cooked in boiling water?«

»Yes, Madam.« Er nickt. Schwer zu sagen, was er denkt. »All our products are fresh, and we use filtered water only.«

Wie oft er das wohl sagen muss. Rita probiert ihr Eis und schließt die Augen. Es ist köstlich.

»Danke, Vati.«

»Lass es dir schmecken, mein Schatz.« Er steht auf. »Ich habe etwas im Wagen vergessen. Bin gleich wieder da.«

Rita Hellberg isst Pèche Melba und beobachtet ihren Vater. Er winkt jemandem zu, lächelt, geht weiter zum Ausgang. Seine etwas altmodische Art wirkt in diesem Ambiente seltsam richtig. Vati passt zum Dekor von Groppi.

»Mitten im letzten Krieg hat König Farouk den englischen Prinzessinnen Elizabeth und Margret hundert Kilo Schokolade von Groppi geschickt. Die mit den Wappen der ägyptischen und der englischen Krone geschmückte Kiste wurde über Khartoum, Entebbe, Dakar, Lissabon und Dublin nach London verschickt.«

Professor Wolfgang Pilz wischt sich mit einer Serviette die letzten Krümel aus dem Mundwinkel. Während des montäglichen Frühstücks, das pünktlich um neun Uhr von Groppi in die Villa nach Heliopolis geliefert wird, unterhält er seine Mannschaft gerne mit solchen Anekdoten.

»Selbst Nasser, der alles ablehnt, was an den König erinnert, bringt es offensichtlich nicht übers Herz, Groppi zu schließen.«

»Kein Wunder!« Die etwa zwanzig Ingenieure machen sich über die letzten Reste des Buffets her, während Fräulein Wende Kaffee nachschenkt. Rita ist mit ihr und der Assistentin von Professor Goercke die dritte Frau in dieser Männerrunde. Draußen allerdings, vor den Fenstern der Villa, herrscht eine Menge weiblicher Betrieb. Frauen mit Kinderwagen stehen beieinander, andere schieben ihre älteren Sprösslinge in Richtung zweier Schulbusse.

Boys und Diener laufen zwischen den Häusern hin und her, Chauffeure lehnen rauchend an ihren Autos. Ein Wachtposten in Uniform steht mit steinerner Miene am Tor. Hinter der Mauer, die das Gelände umfasst, beginnt die Wüste.

»– hat Groppi mittlerweile zweitausend Angestellte.« Der Professor greift nach seiner Pfeife, das Zeichen für die Ingenieure, sich wieder um den großen Tisch zu versammeln. »Sie betreiben zwei eigene Farmen und eine Eisfabrik.«

Rita Hellberg hat nicht zugehört. Sie ist aufgeregt, sitzt mit Block und Stift parat, bereit für ihre erste Montagskonferenz.

»Sie brauchen nur mitzuschreiben, wenn es uns betrifft«, hat Max sie instruiert.

Steuerung.

Woher soll Rita wissen, wann es um die Steuerung geht?

Die lockere Stimmung weicht konzentrierter Anspannung.

»Offener Gedankenaustausch.« Die erste Runde, noch bevor die einzelnen Abteilungen von ihren Fortschritten und Problemen berichten. Tagesordnungspunkte.

1.) Lieferprobleme

2.) die ägyptischen Kollegen

3.) Professor Sänger

»Die Werkstätten produzieren zu viel Ausschuss. Wir brauchen bessere Präzisionsteile.«

»Können wir Ventile über die INTRA aus Deutschland bestellen?«

Den Älteren ist die Ungeduld anzumerken. Sie haben der Welt etwas zu beweisen. Ihnen läuft die Zeit davon.

Peenemünde. Woran arbeiten diese Männer, nachdem die V2-Rakete in Serie geht? Für welche Waffen werden die unvollendet gebliebenen Prüfstände IX bis XII gebaut?

Reichsflugscheibe. Hitlers fliegende Untertasse.

Lächerlich!

Diese Männer schweigen.

Sie tauchen wieder auf, einer nach dem anderen, entnazifiziert und gesäubert, in der Nähe von Vernon, Frankreich. Dort wartet bereits Eugen Sänger, dessen Traum vom Antipodengleiter mit dem Reich begraben liegt. Wieder leben und arbeiten die Raketenforscher, wie in Peenemünde, versteckt in einem Wald. Das Buschdorf nennen sie die Siedlung. Die Deutschen bauen sich Tennisplätze. Die Deutschen bauen eine Schule. Fünfzehn Liter Wein, vier Kilo Fleisch pro Monat. Ausflüge ans Meer.

Die Deutschen bauen Raketen. Aus V2 wird Véronique. Das klingt netter. Das Fräulein Véronique soll Frankreich zur Raketengroßmacht aufsteigen lassen.

Testraketen steigen über der Wüste in den Himmel. Die algerische Unabhängigkeitsbewegung bereitet ihre erste große Offensive terroristischer Aktionen und Guerilla-Angriffe gegen die verhasste Kolonialmacht vor.

Véronique!

Der algerische Befreiungskrieg beginnt.

Dem Ingenieur Wolfgang Pilz bekommt das schlechte Wetter in der Normandie nicht. Er verfällt in Melancholie. 1958 folgt er Eugen Sänger nach Stuttgart.

Deutschland ist souverän.

Sie wollen eine deutsche Rakete bauen. Der wissenschaftliche Nachwuchs fliegt ihnen zu. Man nennt sie die Sänger-Knaben. Nichts hält sie in diesem zertrümmerten, zerschmetterten, zerteilten Land.

Zu den Sternen!

Die Forscher suchen einen Standort für ihre Prüfstände. Sie stoßen überall auf Ablehnung. Die Menschen in Deutschland wollen keine Raketen in ihrer Nähe wissen. Raketen bedeuten Krieg und Vernichtung.

Auftritt Eugen Sänger.

Die Vision einer friedlichen Weltraumfahrt.

Aufbau eines astronomischen Observatoriums auf dem Mond.

Erforschung ferner Planetensysteme.

Photonenantrieb. Ionenantrieb.

Applaus!

Ein Standort ist gefunden, im tiefsten deutschen Wald, nahe dem Flüsschen Kocher. Jahre später wird hier der Himmel aufreißen und die Erde wird beben unter dem gewaltigen Donnern der Triebwerke, deren Frequenz das menschliche Ohr nicht erfassen kann.

Doch noch fehlt es an Geld. Raketen stehen nicht sehr weit oben auf der Liste der Regierung Adenauer. Man braucht eine neue Bundeswehr. Man braucht Atomwaffen, für den Fall, dass die Sowjetunion zuerst angreift. Man braucht die alliierten Besatzungsmächte, um seine Ziele zu verfolgen.

Friedensvertrag.

Wiedervereinigung.

Und dann, ja dann können wir über Raketen sprechen.

Ein paar Verrückte schicken oben in Ostfriesland regelmäßig selbstgebaute Postraketen über das Wattenmeer. Das allein hat schon zu internationalen Protesten geführt.

Eugen Sänger, Wolfgang Pilz und Paul Goercke wollen nicht länger warten. Auftritt des Verteidigungsministers Franz Josef

Strauß. Keine Aufzeichnungen. So oder so ähnlich, sagt man. Ganz privat, auf ein Bier.

»Warum geht ihr nicht nach Ägypten? Der Nasser hat sich in den Kopf gesetzt, eine eigene Rüstungsindustrie aufzubauen. Der braucht Wissenschaftler! Der braucht Material! Wollen wir beides den Russen überlassen?«

Natürlich nicht! Nazis wollen sie nicht gewesen sein, die Peenemünder. Sie haben einzig der Wissenschaft gedient. Anti-Kommunisten sind sie ausnahmslos.

Auf nach Ägypten!

Und nun sitzen sie hier wieder beisammen, unter der Wüstensonne, die dem Professor gut bekommt. In ihren Villen, in ihren Clubs, trinken importierten Whisky und essen Petit-Fours von Groppi.

»Okay, ich rede mit dem Minister. Kleinwächter, Ihre Firma könnte die Teile herstellen?«

»Aber sicher doch.«

Rita Hellberg schreibt mit. Es geht um die Steuerungsmodule.

Fräulein Wende sieht auf ihre teure Armbanduhr und nickt dem Professor zu. Die beiden sind ein eingespieltes Team. Vermutlich auch beim Tennis und im Bett, denkt Rita. Und dann: Wie gehässig du bist, Rita Hellberg!!

»Zweitens: Die ägyptischen Kollegen.«

Erregtes Gemurmel von allen Seiten.

»Die wollen sich von uns nichts sagen lassen.«

»Kein Basiswissen!«

Max Fischer meldet sich zu Wort. »Ich möchte es mal so sagen. Die Kollegen hier sind absolut dynamisch. Absolut ideenreich. Und da muss man aufpassen, dass etwas, was qualifiziert ist, im Nachhinein nicht nochmal geändert wird. Sonst muss man nochmal qualifizieren. Oder es bricht das große Ganze hier zusammen wie beim letzten Test.«

»Ich muss Sie auch daran erinnern, meine Herren«, schaltet sich Paul Goercke ein, »dass Sie hier nicht nach deutscher Wehrmachtsart auftreten können. Ich unterrichte, wie Sie wissen, an der hiesigen Universität. Die Absolventen, die bei uns landen, sind die aufstrebende Elite dieses Landes! Die brodeln vor Tatendrang. Da braucht es Geduld und Spucke.«

Rita Hellberg schreibt mit.

»Punkt drei: Professor Sänger.«

Diesmal sind es vorwiegend die Jüngeren, die dazwischenrufen.

»Was ist denn nun mit ihm?«

»Kommt er zurück oder nicht?«

Wolfgang Pilz wirft Paul Goercke einen Blick zu. »Professor Sänger hat gekündigt.«

Großes Geraune. Rita sieht irritiert auf. Was ist denn jetzt schon wieder? Ein schneller Blick zu Max Fischer. Er hebt kurz die flache Hand. Nicht mitschreiben.

»Ich will offen mit Ihnen reden.« Professor Pilz wird etwas lauter, und sofort kehrt Ruhe ein. »Irgendeine Zeitung in Israel hat geschrieben, Nasser würde mit Hilfe deutscher Wissenschaftler, natürlich sind wir alle Nazis, einen Krieg gegen Israel planen.« Er lächelt. So ein Unsinn, lächeln die Falten um seine Augen.

»Und in Bonn, das wissen wir alle, findet leider jede Meldung aus Israel, sei sie auch noch so unwichtig, Gehör. Kurzum, man hat daraufhin drastische Maßnahmen ergriffen. Im Oktober wurde Professor Sänger, Professor Goercke und mir sowie dem Geschäftsführer Doktor Krug im Forschungsinstitut für die Physik der Strahlantriebe fristlos gekündigt. Wie lautete noch gleich die Begründung, Hannelore?«

Hannelore nennt er sie. Und sie hat schon das Schreiben zur Hand. Perfekt einstudiert, diese Vorführung.

»Wegen Ihrer eigenmächtigen, politisch unklugen und über das zumutbare Maß hinausgehenden Mitarbeit an einem ägyptischen Regierungsauftrag.«

Einige der Anwesenden sind vor Erregung aufgesprungen. »Setzen Sie sich, meine Herren, es besteht kein Grund zur Aufregung.« Diese Meinung scheinen nicht alle zu teilen, aber Wolfgang Pilz spricht bereits weiter.»Professor Sänger, der sich ja selbst immer wieder als Pazifist bezeichnet –«, er macht eine Pause, damit ein paar Lacher aus dem Publikum auch gehört werden,»– hat es vorgezogen, zum letzten Jahresende seine Zelte hier abzubrechen und ans Stuttgarter Institut zurückzukehren. Professor Goercke und ich haben dagegen entschieden, uns fortan mit voller Kraft der hiesigen Projektleitung zu widmen. Ebenso Herr Krug, der uns, wie Sie alle wissen, über die Firma INTRA mit Präzisionsteilen aus dem deutschen Maschinenbau versorgt, wenn wir hier nicht mehr weiterkommen.« Ein Augenzwinkern in die Runde, ein Wink zu Fräulein Wende und schon kommt frischer Kaffee.

»Wenn es dazu vorerst keine Fragen gibt, bin ich dafür, nach einer kurzen Pause mit den Berichten aus den Abteilungen zu beginnen. Wir wollen doch ins neue Jahr nicht gleich mit Überstunden starten.«

Die Runde zerfällt in einzelne Grüppchen. Aufgeregte Stimmen und Zigarettenqualm füllen den Raum.

»Würden Sie mir helfen, Rita?« Hannelore Wende steht neben ihr.»Ich will rasch die Fenster öffnen, und Sie könnten schon mal ein paar Aschenbecher verteilen.«

Ritas erste Montagssitzung verläuft ohne weitere Zwischenfälle.

»Liebe Tochter!«

»Vati, du bist schon zurück?« Rita sieht sich um. Das Café Groppi ist immer noch voll. Hinten sitzen Max Fischer und seine Sonya, die Köpfe nah beieinander, ins Gespräch vertieft. Pünktchen liest die Speisekarte, womöglich mit der Absicht, noch etwas zu bestellen. Ihre Mutter wünscht dagegen anscheinend den baldigen Aufbruch. Die Handtasche auf den Knien, die halb gegessene Birne Hélène weit von sich geschoben, sieht sie ihren Mann vorwurfsvoll an.

»Wo warst du nur so lange?«

»Ich konnte mich nicht mehr erinnern, wo wir geparkt haben.«
Er winkt zu Pünktchen. »Ohne dich bin ich verloren.«

»Kann ich noch eine Kugel Schokolade haben?«, nutzt diese schamlos ihren Vorteil aus.

Friedrich winkt dem Kellner, Ingrid signalisiert Resignation. Rita lächelt ihrer kleinen Schwester zu. Dann beobachtet sie, wie ihr Vater aus seiner geliebten alten Aktentasche eine Mappe herauszieht.

»Liebe Rita, du bist zwar nach dem Gesetz noch nicht volljährig, aber erwachsen genug, um die Welt zu begreifen und dir dein eigenes Bild davon zu machen. Deine Mutter wird vermutlich anderer Meinung sein.«

Rita verfolgt interessiert den entschuldigenden, wenn nicht gar trotzigen Blick, den er seiner Frau zuwirft. Die scheint jedoch mit ihren Gedanken weit weg zu sein.

»– ich der Überzeugung, dass eine richtig verstandene, seriöse Astrologie nicht im Widerspruch zur Lehre des Christentums stehen muss.«

Während ihr Vater weiterspricht, überlegt Rita, was diese beiden Menschen, die hier links und rechts von ihr am Tisch sitzen, eigentlich miteinander verbindet. Haben ihre Eltern jemals gemeinsame Träume gehabt? Oder war es schon immer dieser stumme, zähe Kampf, der mit allen zur Verfügung stehenden Mitteln ausgetragen wird?

Der Vater hat nicht umsonst diese öffentliche Bühne gewählt. Nur so kann er seine Frau zwingen, ihm zuzuhören. Zuhause wäre sie längst im Schlafzimmer verschwunden.

»Wie du weißt, liebe Rita, bist du unter dem Sternzeichen des Wassermanns geboren. Was das für dich persönlich bedeutet, wirst nur du herausfinden können. Nun aber wird, was unser aller Schicksal angeht, Uranus als der Herrscher des Zeichens Wassermann angesehen. Mit Uranus kommen die großen Revolutionen, die geistigen Veränderungen in unserem Zeitalter. Stimmen die Berechnungen, die meine Kollegen und ich seit Jahren anstellen, dann beginnt jetzt nach dem Zeitalter der Fische, das etwa mit der Geburt Christi anfing, das Zeitalter des Wassermanns. Und damit du dich darin zurechtfindest, meine Tochter, sei dies hier dein Wegweiser.«

Feierlich überreicht er ihr die Mappe. Sie ist aus hellgrüner Pappe, schon reichlich vergilbt und einen muffigen Geruch verströmend, so als hätte sie viele Jahre lang im Keller gelegen.

Endlich!

Vorsichtig schlägt Rita die erste Seite auf.

Endlich hält sie das Horoskop in den Händen, das ihr Vater Friedrich Hellberg am Tag ihrer Geburt für sie erstellt hat.

Foto, schwarz-weiß:
Rita liegt bäuchlings auf dem Sofa, einen Block vor sich,
Friedrich im Profil sitzt am Schreibtisch vor dem Fenster,
Ingrid im Sessel neben dem Kamin, auf den Knien ein
dickes Buch und Briefpapier.
Bildunterschrift: Familienleben in Kairo, Januar 1962

»Könntest du bitte mit diesem Blitzgewitter aufhören?« Ingrid
sieht irritiert auf.

Pünktchen hat schon eine Entschuldigung auf den Lippen,
doch Rita ist schneller. »Ich hab' ihr gesagt, sie soll ein Foto machen. Damit Kai mal sieht, wie schön wir es hier haben.«

»Könnt ihr nicht mal eine Minute ruhig sein?« Friedrich
sitzt mit gerunzelter Stirn am Schreibtisch. Etwas Angenehmes
scheint es nicht zu sein, was er da vor sich auf sein kariertes
Papier kritzelt. Vielleicht irgendwelche Berechnungen. »Hat
jemand etwas gegen ein bisschen Musik?«

Ingrid sieht aus, als hätte sie, sagt aber nichts.

Pünktchen hat Rita den Fotoapparat gebracht und kramt in
ihrer Schultasche.

»Musst du noch Hausaufgaben machen?« Rita legt den Stift
zur Seite, an dem sie gerade herumgekaut hat.

»Ich will auch einen Brief schreiben.« Pünktchen verzieht sich
mit Heft und Federtasche an den Esstisch.

»An wen denn?«

»Geht dich nichts an.« Sie öffnet die Federtasche, nimmt einen
Stift heraus und legt den Arm so auf ihr Heft, dass Rita nicht spi-
cken kann.

Friedrich öffnet die Kommode, in der die Schallplatten und ein
paar Tonbänder liegen, die Kai Rita nach Kairo mitgegeben hat.
»Dvorak. Oder nein. Brahms: Die ungarischen Tänze, Karajan.«

Er nimmt ein Tonband aus der Pappschachtel. »Ich hoffe, der Junge hat nicht wieder zu spät eingeschaltet.«

Rita sieht auf. »Lass doch mal ein gutes Haar an ihm, Vati. Kai sitzt stundenlang vor dem Radiogerät und nimmt deine geliebten Konzerte auf.«

Herbert von Karajan, auch im nationalsozialistischen Deutschland schon Staatskapellmeister, führt die Berliner Philharmoniker in gewohnter Präzision durch die fulminanten Tempowechsel. Vier Jahre zuvor hat er mit dem Orchester einen Vertrag auf Lebenszeit abgeschlossen. Bei der folgenden USA-Tour gibt es Störgeräusche.

In New York City wird das Orchester mit Plakaten empfangen: No harmony with Nazis.

Rita stöhnt. »Immer nur Karajan.«

Friedrich streicht wütend seinen letzten Satz durch, überlegt kurz, reißt den ganzen Zettel ab und beginnt von Neuem den Brief an seinen Stellvertreter.

Lieber Ali,

wir senden Ihnen Mohammed mit diesem Brief zurück, denn wir wünschen, ihn niemals wiederzusehen. Ich lege diesem Brief 170 Piaster bei und bitte Sie inständig, ihm das Geld für seine neunzehn Tage Dienst in unserem Hause zu geben.

Der Grund für unsere Entscheidung liegt in dem unmöglichen Verhalten dieses Kerls. Seit einigen Tagen zeigt er ein ungebührliches Betragen, ist ungehorsam und hat uns zweimal betrogen. Er hat nach dem Einkaufen mehr abgerechnet, als er tatsächlich ausgegeben hat. Wir konnten das an den festen Preisen der Geschäfte nachprüfen. Seit zwei Tagen ist er abends einfach gegangen, ohne sich zu verabschieden.

Er weiß genau, meine Frau wünscht, daß die Ecken besonders gut ausgefegt werden. Darum hat er mit Absicht dreckigen Kehricht in einer Ecke der Küche ausgeschüttet. Es erscheint mir notwendig, daß er für sein unerhörtes Betragen bestraft wird.

Mein Hausarzt hat festgestellt, daß ich eine Amöbeninfektion zweiten Grades habe, deshalb muss ich eine Woche zuhause bleiben. Diesen Brief gebe ich Scholler mit zum Bus.

Mit freundlichen Grüßen

Friedrich Hellberg

Ingrid ist ganz und gar in der Musik. Musik ist immer ihre Zuflucht gewesen. Doch diese Musik gehört nicht hierher. Nicht in diesen Staub und diesen Schmutz. Sie öffnet ihren Füllfederhalter und schreibt.

Ihr Lieben daheim,

um diese Jahreszeit ist es noch trauriger als sonst, Euch so weit fort zu wissen. Wie geht es allen daheim? Ich stelle mir vor, wie der Schnee einen halben Meter hoch vor den Fenstern liegt. Vater schaufelt den Gehweg frei, und drinnen zieht der Duft nach Bratäpfeln durch die Zimmer. Irgendwo im Haus spielt jemand Musik, die Standuhr im Wohnzimmer schlägt zur vollen Stunde.

Hier geht das Leben seinen Gang. Seit kurz vor Weihnachten ist unser Sorgenkind Rita endlich bei uns. Ihre Opposition ist leider noch nicht vorbei, obwohl sie nun schon siebzehn ist. Mein Gott, wie die Zeit vergeht! Die Arbeit, die Friedrich ihr besorgt hat, füllt sie ganz aus, so daß ihr gar keine Zeit bleibt, wieder auf dumme Gedanken zu kommen. Manchmal beneide ich sie fast um ihren jugendlichen Schwung, mit dem sie an die neue Aufgabe geht. Dann betrachte ich mich selbst und meine Krankheit und fühle mich wie betäubt. Die Hausarbeit hier in Ägypten ist eine ungeheure Belastung und verausgabt mich völlig. Immerzu gibt es Ärger mit den Bediensteten, die allesamt faul und unzuverlässig sind. So bin ich doch am Ende wieder völlig auf mich allein gestellt, wenn die anderen in der Schule und bei der Arbeit sind. Friedrich ist seit zwei Tagen mit einer schlimmen Darmgeschichte zuhause, irgendein Ungeziefer ist daran schuld. Dabei waschen wir alles, vor allem den Salat und das Fleisch, in mangansaurem Kali. Meine einzigen Stützen hier sind nach wie vor der Pater Ludwig von den Franziskanern und unser Hausarzt,

Doktor Eisele. Ihr fragtet, ob das derjenige sei, über den vor ein paar Jahren die Presse berichtet hat. Genau der! Ein außerordentlich tüchtiger Arzt, der sich mit der Medizin genauso auskennt wie mit bewährten Naturheilmitteln. Wir hier unten wissen nur zu gut, daß es bei Lebensgefahr und ernsthafter Erkrankung nur den Weg zu Doktor Eisele gibt, wobei keiner mehr daran denkt, was man diesem Mann vorwirft.

Nun aber genug von meinem unerfreulichen Leben hier. Ich versuche täglich durch das Gebet Mut und Kraft zu finden und gehe fast jeden Sontag zur heiligen Messe und Kommunion.

In Liebe Eure Tochter Ingrid

Rita nimmt den Stift aus dem Mund. Der Holzgeschmack hat was Vertrautes. Sie schreibt immer mit Bleistift, 4B.

Rita vermisst Kai.

Bruderherz,

bist Du eigentlich an dem Familienkomplott beteiligt gewesen, mich hierherzulocken und mir das Netz überzuwerfen wie einem armen Singvögelchen? Wolltest du mich etwa loswerden? Meine Vermutung tendiert zum Ja. Keine Angst, der Ärger ist doch längst verraucht. Ich bin Euch sogar dankbar. Da staunst Du!

Bisher kriegst Du ja immer nur Post von Mutti, das heißt: Du hast überhaupt keine Ahnung. Kairo ist nämlich wunderschön. Sie zieht systematisch alles in den Dreck. Sie geht auch fast nie raus, kann nichts alleine auf dem Basar einkaufen. Der neue Diener ist schon wieder weg, vielleicht wäre es besser, wir hätten ein Mädchen hier. Ich mußte wieder alles putzen und machen, aber jetzt bin ich ja zum Glück jeden Tag aus dem Haus.

Aber zurück zu Kairo: Nachts zieht uns noch die Wüstenkälte durch Mark und Bein, aber tagsüber scheint die Sonne, erwärmt mein Herz und lässt den Nil glänzen. Dieser Fluß ist noch viel gewaltiger und überwältigender als sein Ruf. Wie ein Lebensband zieht er sich durch die Stadt, die Ufer mit Papyrus bestanden, der im hellsten Grün leuchtet, das Du Dir vorstellen kannst. Die Kamele sind entzückend snobistisch. Der Esel hier in der Nachbarschaft schreit wie eine rostige Pumpe. Die Stadt selbst ist modern, sehr jung und unglaublich lebendig. Kannst Du Dir vorstellen, daß es hier die beste Eiscreme von ganz Afrika gibt?

An Silvester habe ich mit Vati und Freunden meinen ersten Bauchtanz gesehen. Die Tänzerin, sie heißt Aziza, ist einfach eine Wucht. Wäre ich ein Mann, ich würde sie vom Fleck weg heiraten. Wie schade, daß ich so eine Brettfigur habe, da reicht es höchstens fürs Ballett.

Unser Haus ist eine Traumvilla! Schon das Tor hat die entzückendsten Schnörkel und im Garten wachsen Granatäpfel und Avocados. Das Innere des Hauses ist wie gemacht für eine große Familie oder viele Freunde. Aber Mutti ekelt ja alle raus, und so sitzen wir hier Abend für Abend zu viert ein bißchen verloren in dem Wohnzimmer mit Sitzgelegenheiten für mindestens zwölf Leute. Du könntest Dich also ruhig mal blicken lassen.

Liebstes Bruderherz, nächstes Mal schreibe ich Dir mehr über meine Arbeit. Ich habe ein bißchen Muffen davor, weil ich ja weiß, wie sehr du gegen die Raketen bist, aber ich hoffe, nur gegen Atomraketen, nicht die, mit denen wir den Mond erforschen wollen. Oder?

Ob wir hier je »Frühstück bei Tiffany« zu sehen oder einen ordentlich unanständigen Twist zu tanzen bekommen, das wissen nur die Götter oder vielleicht die guten, alten Mumien.

Sei ganz lieb gedrückt und geküßt, Du alter Beatnik (ich sehe dein Gesicht vor mir, wenn ich dich so nenne),

von Deiner

Rita

Die Musikaufnahme ist zu Ende, aber das Tonband läuft noch weiter und zieht schabende Runden.

Friedrich Hellberg verzieht das Gesicht vor Schmerzen. »Ich glaube, ich muss mich hinlegen. Es geht wieder los.«

Rita sieht mitleidig hoch. »Soll ich dir noch eine Brühe heiß machen, Vati?«

Dankbar nickt er ihr zu und geht nach oben.

Ingrid faltet ihren Brief zusammen und steckt ihn in einen schon beschrifteten Umschlag. Sie leckt die Kanten an und klebt ihn zu.

Rita steht auf. »Musst du nicht auch ins Bett, Pünktchen?«

Aber Pünktchen ist schon eingeschlafen, den Kopf auf den Armen. Vorsichtig weckt Rita sie auf. »Geh schon mal hoch, Kleines, ich komm' gleich nach.«

»Aber ich muss noch –«

»Du musst jetzt ins Bett und sonst nichts.« Ingrid Hellberg nimmt ihre jüngere Tochter an der Schulter und schiebt sie aus dem Zimmer.

Rita wirft einen Blick auf das Blatt mit Pünktchens angefangenem Brief.

Liebe Nele, könntest Du diesen Brief bitte mit in den Stall nehmen und Eisblume vorlesen? Aber bitte niemandem sonst zeigen.

Liebe Eisblume,

wie geht es Dir? Ich wollte Dir schon lange schreiben, aber wenn ich an Dich denke, muß ich immer weinen, und dann käme ja ein trauriger Brief heraus. Aber jetzt habe ich mir vorgenommen: keine Tränen! Sonst kriegt die arme Eisblume ja niemals Post und denkt, ich habe sie vergessen!

Weswegen ich Dir schreibe: Meine Schwester Rita will meine Eltern überreden, dass ich hier auch mit dem Reiten anfangen darf. Es gibt eine Pferdefarm, wo viele Experten, so heißen die Deutschen hier, hingehen. Die Pferde dort heißen Araber, und sie sind sehr schön. Bist Du sehr traurig, liebe Eisblume, wenn ich hier auf einem anderen Pferd reite? Ich verspreche, auch nicht mehr neidisch zu sein, wenn Nele auf Dir reiten darf. Wenn ja, wackele bitte einmal mit den Ohren, damit Nele es mir schreiben kann. Jetzt muß ich Schluß machen, sonst fange ich doch noch an zu weinen und tropfe alles –

Rita lächelt, legt den Brief vorsichtig zurück in Pünktchens Heft, macht es zu und steckt es in den Schulranzen. Dann geht sie hinaus in die Küche.

Abzug vom Dia, Farbe:
Rita lehnt mit Sonnenbrille, Zigarettenspitze und
ärmellosem schwarzen Minikleid an einem Geländer; im
Hintergrund erkennt man die Pyramiden im Abendlicht.
Abzug vom Dia, Farbe:
Eine Reihe von Funkenmariechen tanzt in kurzen Röcken
und Stiefeln auf der Bühne eines Ballsaals.
Bildunterschrift: Rheinischer Karneval im Nile Hilton,
März 1962

Rita geht als Miss Holly Golightly.

Das Filmposter von Frühstück bei Tiffany ist in dem verspäteten Geburtstagspaket von Kai gewesen und hängt längst über ihrem Bett. Das kleine Schwarze hat sie bei Cicurel an der Straße des 26. Juli bekommen, genauso die Zigarettenspitze. Die Perlenkette von Mutti geliehen, die braucht ihre ja sowieso nicht.

Das Theater um den Karneval geht ein paar Wochen zuvor beim Abendbrot los. Friedrich Hellberg kommt gut gelaunt von der Arbeit und liest die Einladung vor.

»Stellt euch vor, der Brandner, das ist ein Kerl. Den Ballsaal des Nile Hilton hat er gemietet, um einen echt rheinischen Karneval zu feiern. Mit Kölsch und allem. Rita, wir gehen hin. Da triffst du die richtigen Leute.«

Pünktchen mault sofort los, dass sie auch hinwill.

Keiner beachtet sie.

Rita ist begeistert.

Ingrids Hand mit der Suppenkelle hängt in der Luft über der Schüssel.

»Ich werde also in diesem Haus nicht einmal mehr gefragt, ob ich meinen Mann begleiten möchte.«

Eiszeit.

Friedrich, mit seinen Gedanken schon beim Kölsch oder bei den Leuten, die Rita treffen soll, sieht irritiert auf. »Du und Karneval?«

Er lacht, merkt aber sofort, dass das jetzt nicht passt. »Ingrid, ich war sicher, dass es mit deinem Glauben nicht vereinbar ist –«

Klatsch! Landet eine Portion Hühnersuppe auf seinem Teller, dass es heiß aufspritzt.

»Und woher willst du das wissen? Du warst doch seit Monaten nicht mehr in der Kirche.«

Pünktchen zieht den Kopf ein und beginnt still, ihre Suppe zu löffeln. Rita legt den Löffel wieder neben ihren Teller und beobachtet den Schlagabtausch zwischen den Eltern.

Ingrid ist noch nicht fertig. »Liest du überhaupt die Zeit? Ich frage mich manchmal wirklich, warum wir die für teures Geld nachschicken lassen.« Die Suppenkelle nähert sich bedrohlich Friedrichs Serviette, die in seinem zugeknöpften Hemd steckt. »Es sind die Protestanten, die den Karneval ablehnen, weil er Trunksucht und Ehebruch fördert. Das sei der Situation nach dem Mauerbau nicht angemessen, als ob es das jemals wäre!«

»Ingrid, werde bitte nicht laut.«

Oje, das hat gesessen! Rita fühlt sich, schon in Pünktchens Interesse, bemüßigt, dazwischenzugehen. »Und was sagen die Katholiken?«

Überrascht sieht Ingrid zu ihrer Tochter. Seit wann interessiert die sich denn für die Kirche? Sie runzelt die Stirn. »Die katholische Kirche stellt den Gläubigen die Teilnahme an den Stunden der Freude frei.« Trotzig wischt sie die Kelle mit ihrer Serviette ab und legt sie vorsichtig auf den Henkel der Suppenschüssel.

»Stunden der Freude.« Jetzt nur nicht losprusten. Rita beginnt ebenfalls zu essen. »Wenn du unbedingt hingehen möchtest, Mutti, trete ich natürlich zurück.«

»Darf ich da vielleicht auch noch ein Wörtchen mitreden?«

Friedrich ist offenbar der Appetit vergangen, denn er zerrt die Serviette aus dem Kragen. Sein Hals ist gerötet.

Doch Ingrid kommt ihm zuvor. »Nein, lasst nur. Ich bleibe lieber hier bei unserem Pünktchen. Ein Kind braucht schließlich seine Mutter.«

Pünktchen schielt überrascht über den Tellerrand von einem zum anderen. Sicher, denkt Rita, fragt sich die Kleine manchmal, ob wir hier eine Komödie aufführen oder ein Trauerspiel.

Auftritt: Rita Hellberg als Holly Golightly vor dem Nile Hilton. An der Frisur hat sie endlos herumgebastelt. Sogar eine Schlafbrille hat sie noch in den Tiefen von Pünktchens Schrank gefunden, ein Geschenk der Lufthansa. Rita schwingt die silbernen Pumps aus dem Taxi. Die konnte sie doch nicht stehen lassen in diesem Kaufhaus. Wenn sie nicht aufpasst, wird sie noch schuhsüchtig.

Friedrich hält Rita die Autotür auf. Er hat sich, auch wenn das für einen Flugzeugingenieur vielleicht nicht besonders originell ist, als Pilot verkleidet. Die Kappe und die Schutzbrille hat er sich von dem spanischen Testpiloten im Werk ausgeliehen, den alten Lederblouson aus Segelfliegertagen hat er an Ingrid vorbei mit nach Ägypten geschmuggelt.

»Das speckige alte Ding brauchst du doch nicht mehr!«

Sie versteht einfach nicht, dass es Sachen gibt, an denen die Seele hängt.

Gut gelaunt betrachtet Friedrich seine hübsche Tochter, die dem Taxi entsteigt. Mit Rita kann er sich hier sehen lassen. Bis sein Blick an der Zigarettenspitze hängen bleibt. »Rita! Da ist eine echte Zigarette drin!«

Rita verdreht die Augen. »Natürlich, Vatilein, sonst wirkt es doch nicht echt. Ich muss sie ja nicht anzünden.«

Friedrich will nicht als Spießbürger dastehen, schon gar nicht vor all den Leuten hier. Er reicht also seiner Rita den Arm, und gemeinsam schreiten sie ins Foyer des gewaltigen Hotels. Zischend öffnen sich Glastüren. Wohltuend umfängt sie das Summen der Aircondition. Die Lobby ist wohltemperiert, nicht zu kalt, nicht zu heiß. Friedrich glaubt sich sofort in einer anderen Welt. Vergessen ist der Staub, der Lärm und die grelle Sonne von Kairo. Alles hier, das Mobiliar, die wohlgesetzte Beleuchtung, die üppigen Blumenarrangements, ja selbst das pharaonische Fresko, das die ganze rechte Seite einnimmt, wirken wie aus einem Kinofilm.

Amerika.

Auch wenn es ihm verschwenderisch erscheint, kann er sich der Anziehungskraft nicht entziehen.

Miss Golightly in Gestalt von Rita Hellberg steht vor Staunen der Mund offen. Das hier ist die Vollendung von Tiffany, da muss sie den Film gar nicht mehr sehen.

»Vati«, haucht sie, »ich glaube, ich träume.«

Er genießt ihr jugendliches Staunen. Es erlaubt ihm, sich der jetzigen Zeit näher zu fühlen.

»Hallo, sind Sie nicht Rita?«

Rita sieht überrascht zu der jungen Frau hinter der Rezeption, die sie in akzentfreiem Deutsch angesprochen hat. Ihre Schönheit wirkt in diesem Ambiente nicht mehr so außergewöhnlich wie bei Groppi, sondern eher, wie soll sie es nennen, angemessen.

»Hallo, Sonya.«

»Sie sind zum ersten Mal hier?« Sonyas Lächeln zeigt einen Anflug von Stolz.

Rita gibt sich keine Mühe, etwas zu überspielen, das sich nicht leugnen lässt. »Ich bin völlig hin und weg.«

»Das ist auch die Idee von Conrad Hilton. Warten Sie einen Moment.« Sonya bespricht sich kurz flüsternd mit einer Kollegin, dann kommt sie hinter dem Empfangstresen hervor. Selbst in der Uniform sieht sie aus wie eine Königin, nicht wie eine Bedienstete. Sie reicht erst Rita, dann ihrem Vater die Hand. »Max Fischers Freunde sind mir immer willkommen. Wenn Sie einen Moment Zeit haben, führe ich Sie herum. Der Karneval beginnt ja erst um zwanzig Uhr elf.« Sie lacht. »Die Deutschen legen Wert auf Details.«

»Es wäre uns ein Vergnügen, Miss –«

»Ayad.«

»Es wäre uns ein Vergnügen, Sie zu einem Drink oder einem Imbiss einzuladen. Ich wollte meine Tochter sowieso noch zum Sonnenuntergang auf die Dinner Terrace ausführen, bevor es losgeht.«

Rita sieht ihren Vater plötzlich in einem anderen Licht, als wäre er ein ganz neuer Mensch. Das mag an der Verkleidung liegen oder an der Umgebung. Dieser neue Mensch ist offen, weltgewandt, ja, sogar witzig.

»Sie machen auf mich nicht den Eindruck, als wären Sie zur Rezeptionistin bestimmt«, sagt er gerade, worauf Sonyas helles Lachen ertönt.

»Wenn Sie wüssten, wer hier so alles arbeitet, würden Sie sich wundern.« Sie drückt den Knopf für den Fahrstuhl. »Ehemalige Lehrerinnen, Ehefrauen aus den besten Familien, sogar die Tochter eines Ministers.«

Leute steigen aus, Sonya schenkt ihnen ihr professionelles Lächeln, wartet einen Moment und spricht weiter. »Morgens und abends stehen am Personaleingang die Wagen Schlange, mit denen wir hierherchauffiert und wieder abgeholt werden.«

»Aber dann müssten Sie ja eigentlich –«, platzt Rita heraus.

»– gar nicht arbeiten? Das mag sein.« Sonya überlegt einen Moment, wie sie es erklären kann. »Für uns moderne Frauen in Ägypten ist es nicht leicht, eine Arbeit zu finden, die sicher und angemessen ist. Uns steht nur die Welt der Clubs offen, dort können wir tun und lassen, was wir wollen.«

Sie steigen aus und gehen durch die Lobby der oberen Etage mit eleganten Läden für Blumen, Schmuck und Antiquitäten. »Das Hotel hat über sechzigtausend Bewerbungen aus ganz Ägypten erhalten, noch bevor es überhaupt aufgemacht hat.«

Die Dinner Terrace ist voll besetzt. Einigen Gästen sieht man schon von weitem an, dass sie später zum Karneval wollen. Dazwischen sitzen amerikanische Touristen und ein paar kauzige Engländer oder Deutsche mit Ferngläsern und Vogelbüchern auf den Knien. Dazu die üblichen Vertreter der Kairoer Elite. Sonya schlängelt sich zwischen den Tischen hindurch, grüßt nach links und rechts, spricht kurz mit einem Kellner und winkt sie zu einem Tisch ganz vorn in der Ecke. »Hier können Sie in Ruhe den Sonnenuntergang genießen.«

Rita sieht über den Nil und das intensive Grün an den Ufern über die westlichen Vororte bis zu den Pyramiden am Horizont. Die Sonne steht bereits tief.

»Ehrlich gesagt«, hört sie Sonyas Stimme neben sich, »verstehe ich nicht, warum die Leute alle einen Blick auf die Pyramiden haben wollen.« Sie deutet hinter sich. »Der Tahrir-Platz, die Basare, die Moscheen und Kirchen, das wahre Leben findet doch auf der anderen Seite statt.«

Friedrich blättert in der Broschüre des Hotels, die er von der Rezeption mitgenommen hat. »Aber Sie brauchen doch hier gar keine Stadt, Miss Ayad. Alles, was Sie brauchen, bekommen Sie im Hotel. So haben Sie genug Zeit für die Wunder des Altertums. Ich finde das äußerst praktisch. Wenn man es sich leisten kann, versteht sich.«

»Ich glaube, ich nehme einen Krabbentoast!« Rita hat sich in die Speisekarte vertieft.

»Aber deine Mutter sagt, Krustentiere –« Friedrich sieht unsicher zu Sonya und wieder zurück. »Ach egal. Bestell, was du möchtest, Kind.«

Er lehnt sich zurück und nimmt einen Schluck von seinem Whisky on the rocks. Die Eiswürfel hier sind bestimmt, wie sagt der Amerikaner, pretty safe, denkt Friedrich. In der Broschüre ist ein Foto von Präsident Nasser und Jugoslawiens Staatschef Tito bei der Eröffnung des Hotels. Was dieser Tempel des Luxus mit dem Sozialismus zu tun hat, den die beiden Herren sonst so lauthals proklamieren, fragt man sich ja schon.

Darunter steht ein Zitat von Conrad Hilton: Our aim is to show the countries most exposed to communism the other side of the coin – the fruits of the free world.

»Ich muss jetzt leider wieder an die Arbeit.« Sonya ist aufgestanden. »Vielleicht schaue ich nach Dienstschluss noch bei Ihrer Party vorbei.« Sie lacht. »Ich bin nicht sicher, ob mir dieser Karneval nicht etwas zu exotisch ist.«

Sonya verschwindet, und einen Moment später geht die Sonne unter, als hätten sie das miteinander geplant. Die Nacht kommt schnell, und mit ihr die Kühle.

»Ich liebe Krabben«, seufzt Rita und zieht die Stola enger um ihre nackten Schultern.

Auch das noch.

Wenn sie sich an dieses Leben gewöhnt, braucht sie später einen reichen Ehemann, denkt Friedrich.

»Stell dich mal ans Geländer, ich will ein Foto machen.« Er holt seine Kamera aus der Tasche. »Das Licht ist gerade so schön.«

Der Ballsaal des Hilton hat die gefühlten Ausmaße eines Fußballfeldes. Trotzdem wirken die Gestalten, die sich an den Tischen um die Tanzfläche herum versammeln, darin nicht verloren. Das sind nicht ein paar Experten, die an diesem oder jenem Projekt fern der Heimat herumwerkeln. Es müssen mehrere Hundert sein, die bereits ihre Plätze eingenommen haben.

»Ich wusste nicht, dass wir so viele sind!«, staunt Rita. Ein Mann im Römerkostüm tritt heran und gibt ihr Feuer, bevor Friedrich Einspruch erheben kann.

»Ich auch nicht«, antwortet er und hofft, dass Ingrid nicht davon erfährt. »Im Werk fällt es nicht so auf, da geht jeder seiner Wege.«

Der Cäsar wirft einen schnellen Blick von der Tochter zum Vater, als versuche er abzuschätzen, wie die beiden zueinanderstehen. »Ist hier noch frei?«

»Nein, tut mir furchtbar leid«, säuselt Rita, »hier ist schon besetzt.«

Als der Mensch mit dem aufdringlichen Rasierwasser endlich weg ist, sieht sie sich in Ruhe um. Cäsar und Cleopatra sind eindeutig in der Überzahl. Dazwischen tauchen Figuren aus der deutschen Geschichte auf.

»Der macht auf Kaiser Wilhelm«, erklärt Friedrich ihr. »Und der da hinten, der soll wohl Rommel darstellen.«

Rita nickt und raucht.

»Oh, na ja, das ist vielleicht nicht so passend.«

Das Hitlerbärtchen unter der Soldatenmütze erkennt selbst sie.

Ein paar Mumien taumeln durch die Saaltüren, deren Mullbinden sich bereits zu lösen beginnen.

»Typisch Expertenkinder!«

Peter und Marlene Scholler nähern sich ihrem Tisch und winken einer Mumie zu, deren Umrisse entfernt an ihren Sohn erinnern. »Ist bei euch etwa noch frei?«

Rita nickt und sieht sich um. Weder von Brigitte noch von Max ist bisher etwas zu sehen. Dem Ehepaar Scholler sieht man an, dass sie sich in diesem Ambiente wie zuhause fühlen. Sie im Dirndl mit Zöpfen, er mit Lederhose und kariertem Hemd.

»Wo wir das herhaben?« Peter versucht, den steigenden Lärmpegel zu übertönen. Der hat schon ein bisschen vorgetankt, denkt Friedrich. »Einfliegen lassen aus München. Was ein echter Karnevalsjeck ist, der lässt sich nicht lumpen!«

In dem Moment tritt ein weiterer Römer durch die Tür. Er hält die Zügel eines wunderschönen Braunen mit weißer Blesse, auf dem eine Cleopatra mit blonden Zöpfen sitzt. Ein Raunen geht durch den Saal.

»Das ist der Mann mit dem Gestüt«, flüstert Rita ihrem Vater ins Ohr.

»Und da soll Pünktchen reiten?« Friedrich ist sich nicht sicher, ob er seine Tochter so einem Angeber anvertrauen möchte.

Das Pferd mit seiner Reiterin wird unter großem Applaus einmal durch den Saal geführt und dann einem Diener übergeben.

»Die müssen aber einen großen Lastenaufzug haben!« Peter Scholler hebt sein leeres Kölschglas. Sofort stürzt ein Kellner herbei und stellt ein neues hin.

»Ein dreifaches Kölle!«

»Alaaf!«, brüllt die Menge im Saal, bevor Rita überhaupt gesehen hat, dass jemand in die Bütt getreten ist, ein dicklicher Mann mit Brille.

»Der Doktor Brandner von der MTP«, flüstert Friedrich.

»Kölle!«

»Alaaf!«, brüllen die Schollers mit.

Kurze Begrüßung. Der größte Karneval, den Kairo je erlebt hat. Bitte spenden Sie für den guten Zweck: die Opfer der Hamburger Sturmflut.

Ritas Gedanken fliegen zu Kai.

Und schon kommt hinter dem provisorischen Vorhang am Kopfende eine Reihe Funkenmariechen herausgetanzt.

Die Musik dröhnt.

Der Saal tobt.

»Brigitte!« Marlene Scholler ist aufgesprungen und winkt den Tänzerinnen zu.

»Hinsetzen!«, brüllt jemand aus der zweiten Reihe. »Ich will die Weiber sehen!«

Sie haben tatsächlich Hütchen mit weißem Fellbesatz auf. Rita holt gedankenverloren eine weitere Zigarette aus ihrer Handtasche. Gleich mehrere Feuerzeuge flammen um sie herum auf. Holly Golightly kommt offenbar gut an.

Die Funkenmariechen auch, das muss sie neidlos zugeben.

Die Röckchen kurz und rot, mit schwarzem Streifen abgesetzt.

Weiße Blusen.

Schwarze Stiefel.

Mit dem Beinewerfen im Takt und dem gleichzeitigen Verschränken der Hände, damit die Reihe nicht auseinanderfliegt, klappt es nicht ganz.

Ist ja auch schwer.

Brigitte hält die Mitte zusammen und beherrscht das angeklebte Lächeln aus dem Effeff.

Ihr Vater steht in der Bütt, als die Musik zu Ende ist, das Glas noch in der Hand.

»MTP!«, brüllt er. »Mädchen, Titten und Popos!«

»Das war aber nicht jugendfrei!«, tönt es aus dem Publikum.

»Darauf ein dreifaches Kölle –«

»Alaaf!«

»Im Karneval ist alles erlaubt!« Peter Scholler lässt sich wieder auf seinen Stuhl fallen.

Rita raucht.

Friedrich bestellt noch einen Whisky on the rocks.

Eine alte Frau mit Stock erscheint plötzlich an der Bütt und klopft dagegen. Tock. Tock. Tock.

Der übliche Tusch erklingt.

Das Mütterchen klettert mühsam auf die Kanzel. Umständlich schiebt sie sich das Mikrofon zurecht.

»Ich bin ja hier schon länger als deutsche Putzfrau in Kairo tätig!«, beginnt sie mit krächzender Stimme zu sprechen. »Da hab' ich immer gut zu tun.«

»Ist das der Brandner?«, fragt Friedrich Hellberg Peter Scholler.

Der zuckt die Schultern. »Zu klein.«

Rita gähnt. Komisch, dass Max gar nicht da ist.

»Als Erster kam der olle Heinkel. Versprach einen Jagdbomber. Achtzehn Millionen Mark kostete das den ägyptischen Staat. Buchstäblich in den Sand gesetzt.«

Gelächter.

Tusch.

»Und nun sehen Sie sich mal um. Diese ganzen Experten heute. Das wird aber sehr viel teurer. Kein Wunder, dass der Nasser immer so verkrampft lächelt!«

Gelächter. Tusch.

Da! Am Nachbartisch ist jemand aufgesprungen. Oberst Nadims Schnurrbart zittert vor Wut. Die Hände seiner Tischnachbarn drücken ihn wieder auf den Stuhl. Jemand schreit ihm was ins Ohr, ein anderer ruft den Kellner herbei.

»Aber keine Sorge, Herr Nasser. Der Brandner und seine Leute, die sind die russischen Winter gewöhnt. In der Hitze von Kairo werden die völlig willenlos.«

Tusch.

»Ganz anders die Damen. Seien wir doch mal ehrlich. Dieser Gestank, der Lärm, Menschenmassen, die bis in die frühen Morgenstunden auf der Straße herumlungern, jedes Taxi ein Selbstmordkommando, die Aufdringlichkeit der Bettler. Das ist doch nichts für eine gute deutsche Hausfrau. Da hab' ich den Herren einen Plan gemacht, wie man die Gattin von all dem fernhalten kann. Erstens: Lassen Sie sie nachts ankommen. Zweitens: Sorgen Sie dafür, dass sie die ersten drei Tage vollauf mit der Wohnung beschäftigt ist. Drittens: Erzählen Sie ihr so lange von der Schönheit des Landes, der Fröhlichkeit und der Gutmütigkeit seiner Bewohner, bis sie weichgekocht ist. Und erst dann lassen Sie sie vor die Tür, meine Herren!«

Zustimmendes Gelächter.

Tusch.

»Das Problem wäre also gelöst. Schon taucht das nächste auf. Die Größenverhältnisse kommen in der Wüste manchmal abhanden. Besonders den Kollegen in der Fabrik 36. Das Flugzeug ist ja viel zu klein für unsere Triebwerke, werter Kollege Messerschmitt!«

»Frechheit!« Friedrich Hellberg hält es nicht auf dem Stuhl. Er schüttelt die Faust in Richtung der Bütt.

Gelächter. Tusch.

»Vati. Setz dich hin. Bitte.« Rita fuchtelt mit der Zigarettenspitze vor seiner Nase herum.

»Da haben Sie wohl von den Arabern gelernt, werter Kollege. Die sind ja Meister darin, Traumwelten einfach mal eben zur Wirklichkeit zu erheben. Apropos Meister. Ich hab' gehört, die Deutschen suchen dringend Meister für ihre Handwerksbetriebe.

Immer wenn sie einen Ägypter zum Meister ernennen, verlangt der als Erstes einen eigenen Schreibtisch. Da sitzt er dann fortan und rührt keine Maschine mehr an. Und wieder ist ein guter Arbeiter für immer verloren.«

»Recht haben Sie, gute Frau! Nur weiter so!«

Tusch.

»Jaja, so ist das Leben fern der Heimat. Apropos Heimat. Da ist man ja neuerdings auf die Experten nicht so gut zu sprechen. Der Herr Professor Sänger soll eine Rakete für die Ägypter gebaut haben.«

Weiter im Flüsterton. »Und wissen Sie, was der Herr Professor den Zeitungsreportern verrät? Wir bauen eine Wetterforschungsrakete.«

Und wieder in normaler Lautstärke. »Wetter? Also ich bitte Sie, wer will denn hier das Wetter erforschen, wo dreihundertfünfundsechzig Tage im Jahr die Sonne scheint?«

Lautes Gelächter.

Tusch.

Rita kramt in ihrer Tasche nach dem Handspiegel, um ihre Lippen nachzuziehen.

Tusch.

Sie kann erkennen, wie hinter ihrem Rücken jemand die alte Frau von der Bütt hinter die Bühne zieht. Sekunden später tauchen zwei Ägypter in Zivil am Eingang zum Saal auf und blicken sich suchend um.

»Geheimpolizei«, sagt jemand am Nebentisch.

Tusch.

Der Rauch, der mittlerweile zum Schneiden dick über den Tischen hängt, lässt ihre Augen tränen. Jetzt nur kein verwischtes Makeup, das passt nicht zu Miss Golightly. Im Zweifel lieber mal kurz auf die Toilette. Draußen auf dem Flur liegen auf einem Stuhl das Kopftuch und die Kittelschürze der Putzfrau aus der Bütt. Neugierig sieht Rita nach links und rechts, aber es ist niemand mehr zu sehen.

Die Toiletten sind ganz in Rot gehalten, der Duft von frischen Rosenblüten so berauschend, dass sie kurz mit dem Gedanken spielt, für den Rest des Abends dort zu bleiben.

Als sie zurückkommt, ist weder von Oberst Nadim noch von den beiden Geheimpolizisten mehr etwas zu sehen. An den Tischen wird geraucht, getrunken und lauthals gefeiert. Friedrich Hellberg und Peter Scholler sitzen sich mit hochroten Köpfen gegenüber und schreien gegen den allgemeinen Lärmpegel an. Rita vermutet, dass es darum geht, ob das Flugzeug zu klein oder das Triebwerk zu groß ist.

Brigitte sitzt, immer noch im Funkenmariechenkostüm, auf dem Schoß ihrer Mutter und springt auf, um Rita zu umarmen.

»Und, wie findest du's?«

»Tolle Kostüme«, sagt Rita.

»Die Tochter vom Brandner«, sprudelt Brigitte los, »war in Wien am Theater. Die hat uns das Nötigste beigebracht. Die Hüte sind aus Köln, die Stiefel aus Zürich. Die Röcke und die Blusen haben Mama und ich selbst genäht.«

»Ganz schön viel Arbeit für einen Abend.« Rita würde gerne richtig begeistert klingen, schafft es aber nicht.

»Aber das ist doch nicht irgendein Abend!« Brigitte sieht sie verständnislos an. »Das ist Karneval!«

Rita lächelt.

»Ja, so ist es gut. Lach mal, Rita!« Brigitte kneift ihr in die Wange. »Und jetzt wird es richtig lustig. Wart's ab!«

Rita setzt sich und holt eine neue Zigarette aus der Handtasche, solange ihr Vater noch beschäftigt ist. An einem Tisch weiter vorne entdeckt sie die Forschergruppe aus der Fabrik 333. Die hocken hier genauso beisammen wie im Werk. Professor Pilz trägt einen Kittel, eine Brille und hat seine Haare wirr nach oben gebürstet. Wer soll das sein? Albert Einstein? Sie überlegt gerade, ob sie dort mal vorbeigehen soll, als die Musik wieder losdröhnt. Diesmal eine flotte Ballettnummer, Rita tippt auf den Nussknacker von Tschaikowsky. Brigitte macht keine Anstalten, aufzustehen.

Stattdessen kommt eine weitere Reihe Tänzerinnen hinter der Bühne hervor. Sie tragen weiße, glänzende Trikots, kurze Tüllröckchen und Spitzenschuhe. Auf dem Kopf trägt jede ein kleines, silbernes Krönchen. Ihre Bewegungen wirken schleppend und unbeholfen. Etwas stimmt nicht.

Die Ersten haben es kapiert und grölen los. Rita kneift die Augen etwas zusammen, um besser zu sehen. Vieleicht braucht sie doch mal eine Brille. Aber jetzt noch nicht.

Eine der Tänzerinnen, eine Kleine mit Seitenscheitel, zwinkert ihr zu.

Max Fischer.

Da hat er also gesteckt! Hinter der Bühne, in einem Tutu!

Brigitte kriegt sich gar nicht mehr ein vor Lachen.

Der Saal tobt.

Rita fühlt eine Hand an ihrem Arm.

»Solche Geschmacklosigkeiten. Wir gehen!« Friedrich hat die Pilotenkappe abgenommen und sieht wieder aus wie ihr alter Vater. »Und mach die Zigarette aus.«

Rita wirft einen letzten Blick auf die Männer, die sich abmühen, zur Musik eine Pirouette im Passé hinzukriegen.

Schade.

Gerade hat es angefangen, ihr Spaß zu machen.

Sie erhebt sich und geht zwischen den Tischen hindurch zum Ausgang.

Das kleine Schwarze schmiegt sich eng an ihren Körper.

Die Zigarettenspitze glimmt.

Die silbernen Pumps drücken am kleinen Zeh.

Holly Golightly.

Moon River.

Sie würde den Film wirklich gerne mal sehen.

Draußen vor dem Hilton steht der Mond über dem Nil.

Foto, schwarz-weiß:
Rita und Brigitte posieren in Badeanzügen auf der Leiter
eines Sprungturms; hinter ihnen erstreckt sich ein großer
Pool, an der Seite Umkleidekabinen und eine Tribüne.
Bildunterschrift: Club Members, März 1962

»Na los, wir springen!« Rita klettert die Leiter weiter hoch.

»Ich werde den Teufel tun und meine neue Frisur ruinieren!«
Brigitte ist schon wieder auf dem Weg nach unten, wo der Colonel mit Ritas Agfa wartet.

»Nur Mut, meine Damen, ich bin bereit, den historischen Augenblick festzuhalten!« Der alte Mann mit dem betont britischen Akzent streckt die braungebrannte Brust noch ein bisschen weiter heraus und zieht den Bauch ein. Er hat keinen Bierbauch, eher zu viel Freude am guten Essen. Wer wollte ihm das vorwerfen, schließlich ist er stolze dreiundsechzig, ein Jahr älter als dieses Jahrhundert. Auf seine charmante Art hat er dafür immer eine Redensart parat:

»Forgive me, young folks, for not being able to cope with these modern times. I'm an old relict from the last century.«

Der Colonel reicht Brigitte die Hand und hilft ihr die letzten Stufen hinab, dabei wechselt er nahtlos ins Französische. »Bienvenue, Mademoiselle, l'arrière des étoiles sur le terrain profane des faits.«

Rita, die mittlerweile bei der Fünfmeterplattform angekommen ist, sieht von oben, wie er schützend den Arm um Brigittes Schultern legt, sie ein wenig zu fest an sich drückt und zurück zu ihrem Liegestuhl geleitet. Er schiebt Ritas Tasche zur Seite und lässt sich auf dem Stuhl neben Brigitte nieder. Ein Blick zu Rita, er deutet auf die Kamera, die er sich um den Hals gehängt hat. Noch ein Schnappschuss gefällig? Rita schüttelt den Kopf.

Sie schaut nach unten.

Ganz schön hoch.

Vorsichtig setzt sie einen Fuß auf die nächste Holzleiter. Zwei Plattformen noch über ihr. Fünf Meter haben sie auch am Bootshaus am Plöner See gehabt. Sieben Komma fünf ist eine ganz neue Perspektive. Zehn Meter ist Kamikaze.

Rita bleibt einen Moment stehen. Weit über den Pool hinaus erstreckt sich das Gelände des Clubs. Hinter den Liegestühlen erkennt sie das Clubhaus mit der Terrasse, von der aus man über das Kricketgrün blickt. Hinter dem Zaun das Fußballfeld. Tennisplätze bis zum Horizont. Mindestens vier, vielleicht mehr. Dazwischen das Muster der gepflasterten Gehwege. Palmen, die ihren Schatten über leere Sitzgruppen werfen. Eine Leinwand, Plastikstühle.

Rita spürt, wie ein leichter Wind über ihre Haut streicht. Seit Mitte März sind die Temperaturen deutlich angestiegen, aber von der vielbeschworenen Bruthitze ist noch nichts zu merken. Die könnte ruhig mal kommen.

Beschwer dich nicht, Rita, in Hamburg liegt Schnee! Sie räumen noch immer die Trümmer der Sturmflut auf, schreibt Kai, der sich seither alle paar Tage melden muss. Sonst dreht Mutti durch.

»Na, Rita, hast du etwa Angst da oben?« Brigitte hat die Hände zum Trichter geformt. Sie wendet sich lachend dem Colonel zu.

Der Maadi Sports and Yacht Club ist gut besucht an diesem Sonntagnachmittag, wenngleich die anwesenden Mitglieder noch kein Interesse daran zeigen, sich in Badekleidung in den Pool zu stürzen. Aber die Liegestühle sind voll besetzt, und spätestens jetzt sind alle Gesichter ihr zugewandt.

Die Neue.

Schönen Dank auch, Brigitte!

Rita macht einen Schritt nach vorn auf die Plattform, dann wieder zurück.

Den neuen Badeanzug mit weißen Punkten auf Dunkelblau und Rüschen unten hat sie für die Reise mit der Ausonia gekauft. Wer hätte gedacht, du schickes Teil, dass du nun die Mitgliedsnummer dreihundertvierunddreißig des Maadi Clubs in Kairo zierst.

Sie setzt den Fuß mit den frisch lackierten Nägeln auf die nächste Stufe. Zehn Meter.

Der Sonntag hat wie jeder andere begonnen. Friedrich ist im Werk, Ingrid und Pünktchen sind früh zur Messe aufgebrochen. »Wenn du nicht zur Kirche gehst, kannst du Staub wischen.« Von der christlichen Lehre, dass am heiligen Sonntag nicht gearbeitet wird, sieht ihre Mutter gern ab, wenn es ums Saubermachen geht.

Lustlos wischt Rita mit dem Staubtuch über die Regale im Wohnzimmer, als es klingelt. Vor der Tür steht Brigitte mit einer Badetasche. »Komm schnell, das Taxi wartet!«

In drei Minuten hat Rita ihre Sachen gepackt und sitzt neben Brigitte im Auto. »Ich bin noch nicht auf die Badesaison eingestellt«, jammert sie. »Du hättest gestern Bescheid sagen können, dann hätte ich mir wenigstens die Fußnägel –«

»Das kannst du im Club machen lassen«, schneidet Brigitte ihr das Wort ab. »Kostet fast nichts und ist viel bequemer.«

Keine Viertelstunde später stehen sie vor dem schmiedeeisernen Tor mit goldener Aufschrift in arabischen Lettern. Daneben, auf der weißen Mauer, die den ganzen Straßenblock vor den Blicken der gewöhnlichen Passanten abschirmt, entdeckt Rita das Emblem des Clubs. Die athletische Figur mit dem Speer, dahinter die angedeutete Form eines Segelbootes, das Ganze in Grün-Weiß-Gold, gefällt ihr auf Anhieb.

Brigitte liefert sich ein langes Hin und Her auf Arabisch mit dem uniformierten Mann im Torhäuschen.

»Wenn die so streng sind, kann ich auch ein andermal mitkommen«, setzt Rita an, aber Brigitte winkt ärgerlich ab.

»Ich habe das alles vorab geklärt.« Kurzentschlossen macht

sie ihre Handtasche auf und zieht die Geldbörse raus. Ein Schein verschwindet unauffällig in dem Häuschen und schon hält ihnen ein weiterer Mann in Uniform das Tor auf.

»Das geht schneller, als wenn ich den Colonel hole, während du dir die Beine in den Bauch stehst.«

Rita bleibt stehen, um den Eindruck des gepflegten Gartens in sich aufzunehmen. Doch Brigitte ist schon halb die Freitreppe zum Clubhaus hinauf.

»Auch wenn die Zeiten der britischen Herrschaft in Ägypten offiziell vorbei sind, gelten hier drinnen andere Regeln als draußen vor dem Tor.« Der Colonel thront in seinem Büro hinter einem schweren Schreibtisch. Das kurzärmelige Hemd gestärkt, in makellosem Weiß, die Krawatte grüngoldweiß gestreift wie die Farben seines Clubwappens, das hier in Form eines Wimpels auf einem Mahagoniquader steckt.

»Verstanden, Sir.« Rita denkt an das Bakschisch für die Wächter.

Aber der Colonel spricht schon weiter in seinem herrlich altmodischen Englisch. »Ich bin in Maadi geboren und aufgewachsen. Hier lebten Griechen und Italiener, Franzosen und Briten, Syrer, Libanesen und Araber, Juden, Christen und Moslems friedlich als Nachbarn.« Er lehnt sich zurück. »Un monde cosmopolite? C'est Maadi, pflegten wir zu sagen. Als Kind dachte ich, naiv wie ich war, die ganze Welt wäre so wie unser Maadi.«

Rita versucht, sich den Colonel als kleinen Jungen vorzustellen, der durch die Gärten streift, während die Welt in Krieg und Zerstörung versinkt.

»Und dann sind Sie zur Armee gegangen?« Irgendwie passt der Colonel nicht zu den strengen, ernsten Offizieren, die sie manchmal in der Fabrik zu Gesicht bekommt.

»Gott bewahre, nein!« Der Colonel macht ein entsetztes Gesicht. »Ich bin Zeit meines Lebens Kaufmann gewesen. L'importateur. Sie verstehen?«

Verunsichert sieht Rita zu Brigitte, die amüsiert lächelnd, die

Beine übereinandergeschlagen, das Gespräch verfolgt. »Der Colonel ist ein Spitzname«, sagt sie auf Deutsch.

Er hebt den Zeigefinger und droht ihr lächelnd. »Ich verstehe jedes Wort, junges Fräulein!«

Dann wendet er sich wieder Rita zu. »Man nennt mich den Colonel seit den Zeiten, als wir noch mit den Briten Geschäfte gemacht haben. Prächtige Geschäfte! Wir pflegten sie per Handschlag zu besiegeln. Bei Groppi. Später im Nile Hilton. Und hier natürlich, im Club.« Seine Miene verdüstert sich. »Aber seit der Verstaatlichung –«

Das englische Wort hängt im Raum wie ein dicker Rauchschwaden.

Nationalization.

Rita wird es noch oft hören.

Als Erste verlieren nach der Unabhängigkeit die Briten ihre als Kolonialmacht erworbenen Besitztümer in Ägypten. Kurz darauf kommt es zum verhängnisvollen Krieg von 1956, in dem England, Frankreich und Israel sich gegen Ägypten zusammenschließen, um Präsident Nassers Verstaatlichung des Suezkanals mit allen Mitteln rückgängig zu machen. Danach ist es mit der weltoffenen Toleranz, von der der Colonel gerade gesprochen hat, vorbei.

Wer nicht die ägyptische Staatsbürgerschaft hat, soll das Land verlassen. Besitztümer und Vermögen werden konfisziert. Das trifft als Erstes die jüdischen Familien mit ausländischen Pässen. Dann die Griechen. Armenier. Polen. Italiener.

»Aber wo sollen wir denn hin, Miss?« Der alte Herr hat sich in Rage geredet, obwohl er immer noch mit leiser Stimme spricht, als habe er Sorge, dass draußen vor dem Fenster jemand lauscht.

»Amerika?« Er schüttelt den Kopf.

»Israel?« Nochmaliges Kopfschütteln.

»Einen alten Baum verpflanzt man nicht, sage ich immer zu meinem Neffen, wenn er mich fragt, ob ich zu ihm nach Italien ziehen will. Zum Glück bin ich Junggeselle.« Er wirft Brigitte einen Blick zu, der in jüngeren Jahren sicher viele Herzen gebrochen hat.»Kairo ist mein Zuhause. Auch wenn meine Familie einst aus dem heutigen Syrien –«

Kurz entschlossen dreht er einen Schlüssel herum und macht die Schreibtischschublade auf.»Was rede ich, die Damen wollen sich schließlich amüsieren und nicht dem Gejammer eines alten Mannes zuhören.«

Sorgsam zieht er einige Formulare heraus und schiebt sie zu Rita hinüber.»Wollen Sie das bitte mit Füllfederhalter und in Druckbuchstaben ausfüllen? Bei Empfehlungen schreiben Sie bitte den Namen ihrer verehrten Freundin sowie den meinigen hin.«

Er buchstabiert ihr den Namen.

»Und nachdem die Formalitäten erledigt sind, lade ich Sie beide zur Feier Ihres Einstandes zu Sandwich und Limonade ein.«

Rita Hellberg tritt an den Rand des Zehnmetersprungbretts vor.

Palmen.

Das Geräusch von Tennisschlägern. Noch schnell ein gemischtes Doppel nach dem Lunch.

Kinderstimmen. Ein Spielplatz.

Der Ruf des Muezzin.

Vermischt mit Kirchenglocken.

Weht ihr zu.

Soll ich springen?

Oder nicht?

Dass die Unterschrift allein nicht reicht, um in diesem Club dazuzugehören, wird ihr klar, als der Colonel sie wie versprochen zu einem Imbiss auf der Clubterrasse einlädt.

»Sie sind schön, ma chère. Griechin?«

Rita sieht in den Spiegel. Am Waschbecken neben ihr steht eine alte Frau mit blondierten Haaren und malt sich die ohnehin schon grell geschminkten Lippen rot nach. Ihre Augenbrauen über dem hellblauen Lidschatten sind gänzlich mit einem dicken braunen Stift nachgezogen.

»Nein, Madame«, lautet Ritas Antwort. Und dann, so weit es ihr Schulfranzösisch hergibt, »ich bin Deutsche.«

Die Neugier in den Augen erlischt. Die Frau wirkt, als hätte man ihr die Luft abgelassen.

»Natürlich.« Sie nickt und packt eilig ihre Schminksachen weg. »Noch eine.« Mit einem Knall fällt die Tür hinter ihr zu.

Rita wirft einen prüfenden Blick auf ihre Frisur, zieht sich schnell den Lidstrich und die Lippen nach, mehr braucht es nicht. Sie folgt der Frau nach draußen, hört den französischen Wortschwall schon, bevor sie den Tisch an der Balustrade erreicht hat, wo Brigitte und der Colonel sitzen.

Les Nazis.

Sie folgen uns bis in den letzten Winkel dieser Welt.

Du mit deiner Schwäche für Blondinen.

Sie zeigt mit ihrem goldberingten Finger auf Brigitte, die vor Schreck zusammenfährt und sich so weit es geht an die Lehne ihres Stuhls presst. »Hinter jeder deiner Blondinen steht ein Vater. Ein Bruder. Ein arischer Übermensch. Verschone uns damit, Colonel! Sonst wählen wir dich ab.«

Ohne seine Antwort abzuwarten, läuft sie weiter vor sich hinschimpfend zu einem großen Tisch in der Ecke, wo eine Gruppe älterer Leute beisammensitzt. Die Frauen alle in Rock und Bluse, die Männer wie der Colonel mit Krawatte und Strohhut. Dort verliert sich ihre Litanei in einem vielstimmigen Kanon verschiedener Sprachen.

Französisch.

Italienisch.

Arabisch.

Griechisch?

»Ich muss mich für Edyta entschuldigen.« Das makellose Britisch des Colonels holt sie zurück. »Sie ist manchmal etwas empfindlich.«

»Sie kann einem leidtun.« Brigitte versucht, herablassend zu klingen, aber es gelingt ihr nicht. Rita kann sehen, dass es ihr etwas ausmacht.

»Die hatte vielleicht eine Wut.« Rita spürt vor allem Überraschung, wie einen Stromschlag, der einen plötzlich erwischt, wenn man nicht damit rechnet. »Auf mich. Auf uns.«

Sie sieht erst den Colonel an, dann Brigitte. »Wir sind doch viel zu jung.«

Sie nimmt sich ein Gurkensandwich. Es schmeckt herrlich frisch. Dann die hausgemachte ägyptische Limonade. Eiswürfel schwimmen verlockend darin herum.

Mutti sagt, wir dürfen unter keinen Umständen Eis –

Egal jetzt.

»Meine Damen, ich muss mich einstweilen verabschieden. Die Pflicht ruft.« Der Colonel macht eine Verbeugung vor jeder von ihnen, Brigitte haucht er sogar einen Handkuss auf die Rechte. »Nach dem Lunch gehe ich selbstverständlich schwimmen. Wir sehen uns am Pool?«

Brigitte springt auf und küsst ihn auf die Wange. »Wir sehen uns am Pool, Colonel!« Sie salutiert.

Als er weg ist, lässt sie sich wieder in den Korbstuhl fallen. »Ist es nicht herrlich, so zu faulenzen?«

Rita beobachtet die Gruppe an dem Ecktisch. »Die reden über uns.«

»Ach, die.« Brigitte winkt ab. »Die sitzen hier den ganzen Tag und reden über jeden.« Sie saugt nachdenklich an ihrem Strohhalm. »Die brauchen uns doch. Sonst müssen sie den Club bald zumachen.«

»Der Beitrag ist ganz schön hoch.« Rita zieht die Formulare aus der Tasche und breitet sie vor sich aus. »Ich fürchte, ich muss das von meinem eigenen Gehalt abzwacken.«

»Ihr verdient doch wohl mehr als genug!« Brigitte seufzt. »Ich glaube, nach dem Abitur bewerbe ich mich auch im Werk.«

Rita runzelt die Stirn. »Die Männer verdienen gut. Wir Sekretärinnen kriegen nur ein paar ägyptische Pfund. Keine Nummern-konten mit Schweizer Franken. Such dir lieber was anderes.«

Von den Tennisplätzen schallt Lachen zu ihnen herüber. Zwei Paare reichen sich über das Netz hinweg die Hände.

Rita nimmt sich noch ein Stück Gurkensandwich. »Willst du nicht studieren? Du hast doch bald dein Abitur?«

Brigitte schüttelt den Kopf. »Ich will nur mein eigenes Geld verdienen, bis ich heirate.« Sie zuckt die Schultern, beinahe ent-schuldigend. »Meine Eltern haben früh Kinder bekommen. Ich finde, das ist besser.«

Rita stochert in ihren Eiswürfeln herum und beobachtet die Tennisspieler, die jetzt herüberkommen. Einer der Männer wischt sich den Schweiß von der Stirn. Jetzt beugt er sich zu sei-ner Begleiterin und deutet auf Rita. Beide winken ihr zu.

Ein paar Minuten später sitzen die vier Tennisspieler am Ne-bentisch.

»Ich sehe, Sie haben sich schon gut eingelebt, Rita.« Hannelore Wende, im strahlend weißen Dress, nickt Brigitte zu und rückt Professor Wolfgang Pilz den Korbstuhl zurecht, bevor sie sich niederlässt.

Rita überlegt, wo sie den anderen Mann, einen Ägypter, schon mal gesehen hat. Er hat ziemlich helle Haut. Braune Haare, leicht wellig, eine beginnende Glatze auf der Stirn.

»Kellner!«, brüllt er, dass der Schnurrbart vibriert. »Bekom-men wir hier einen anständigen Whisky?«

Der nubische Kellner, der das Rentenalter deutlich überschrit-ten hat, schlurft herbei. »Herr Minister!«

Die junge ägyptische Begleiterin des Whiskytrinkers ver-wickelt ihn in ein langes Frage-und-Antwort-Spiel auf Arabisch.

»Ist das nicht Minister Mahmoud?«, flüstert Brigitte Rita ins Ohr. Ach ja, der war auch in Sahara City dabei. »Der hat fünf Töchter.«

»Minister für was?«, flüstert Rita zurück.

»Kann man die Limonade hier trinken?«, fragt Hannelore

herüber. »Wir spielen normalerweise im Gezirah Club oder Helio Lido.«

»Natürlich können Sie die Limonade bedenkenlos trinken!«, donnert der Minister, der offenbar Deutsch versteht, bevor Rita oder Brigitte antworten können.

Der Ecktisch weiter hinten summt in mehrsprachiger Aufregung. Nationalization, hört Rita mehrfach heraus. Le Dieu est grand. El Hamdulileh.

Und: Les Aryens.

Die Terrasse füllt sich mit steigender Temperatur.

Ägyptische Großfamilien samt Nachwuchs und Kinderwagen.

Männer mit Aktentaschen, vielleicht Ärzte, die gemeinsam ihre Mittagspause verbringen.

Expertenfrauen.

Expertensöhne.

Expertentöchter.

»Hallo, schöne Töchter!« Peter Scholler küsst Brigitte auf die Wange. »Hallo, Rita, muss dein Vater schon wieder am Sonntag raboten?«

Rita sieht ihn verständnislos an.

»Raboten kennst du nicht? Das haben uns die Kollegen in der Sowjetunion beigebracht. Malochen sagt man auf gut Deutsch.«

BND-Akte 24 881_OT

Geheim I

Nr. 200/62 geheim

21. März 1962

4 Ausführungen

2. Ausfertigung

An den Staatssekretär des Bundeskanzleramtes

Herrn Dr. G l o b k e

Es muss in diesem Zusammenhang darauf aufmerksam gemacht werden, daß es dem sowjetischen Geheimdienst nach hier vorliegenden Erkenntnissen gelungen ist, in für ihn interessante Institutionen der Vereinigten Arabischen Republik einzudringen. So sind zum Beispiel auf dem Gebiet des Luftfahrtwesens in der VAR deutsche und österreichische Wissenschaftler beschäftigt, die nach dem Kriege in der Sowjetunion gearbeitet haben und zum Teil auch vom sowjetischen Geheimdienst verpflichtet worden sind.

Peter Scholler ist bester Laune, weil er heute ausnahmsweise den Nachmittag frei hat. Er lädt seine Tochter und Rita zum Mittagessen ein. Danach schlendern die beiden Mädchen zum Schönheitssalon hinüber. Rita bekommt ihre Pediküre, und Brigitte lässt sich die Haare machen.

Der Staatssekretär des Bundeskanzleramtes, Dr. Hans Globke, bei dem alle Informationen des Bundesnachrichtendienstes über die deutschen Experten in Kairo zusammenlaufen, hat derzeit andere Sorgen. In Israel läuft die Berufungsverhandlung gegen Adolf Eichmann. Der Angeklagte äußert den Wunsch, den Staatssekretär Globke als Zeugen vorzuladen. Eine Zeugenaussage vor diesem Gericht, das vor den Augen der Weltöffentlichkeit tagt, könnte die Regierung Adenauer zu Fall bringen.

Zum Ersten.

Oberregierungsrat Hans Joseph Maria Globke. 1938 stellt ihm der Reichsminister des Innern zu seiner Freude ein sehr gutes Zeugnis aus.

Gehört unzweifelhaft zu den befähigtsten und tüchtigsten Beamten meines Ministeriums. In ganz hervorragendem Maße ist er am Zustandekommen der nachstehend genannten Gesetze beteiligt gewesen:

a) des Gesetzes zum Schutze des deutschen Blutes und der deutschen Ehre

b) des Gesetzes zum Schutze der Erbgesundheit des deutschen Volkes

c) des Personenstandsgesetzes

d) des Gesetzes zur Änderung der Familiennamen und Vornamen.

Reichsgesetzblatt, Jahrgang 1938, Teil I.

Zweite Verordnung
zur Durchführung des Gesetzes über die Änderung von Familiennamen und Vornamen.
Vom 17. August 1938.

§ 1

(1) Juden dürfen nur solche Vornamen beigelegt werden, die in den vom Reichsminister des Innern herausgegebenen Richtlinien über die Führung von Vornamen aufgeführt sind.

§ 2.

(1) Soweit Juden andere Vornamen führen, als sie nach § 1 Juden beigelegt werden dürfen, müssen sie vom 1. Januar 1939 ab zusätzlich einen weiteren Vornamen annehmen, und zwar männliche Personen den Vornamen Israel, weibliche Personen den Vornamen Sara.

Zum Zweiten.

Staatssekretär Doktor Hans Joseph Maria Globke. 1953 macht Konrad Adenauer ihn zum mächtigsten Beamten der Bundesrepublik Deutschland. Zum Herrn über das Bundesamt für Verfassungsschutz. Zum Herrn über den Bundesnachrichtendienst. Zum Verbindungsmann für die laufenden Wiedergutmachungsabkommen mit Israel.

Zum Beispiel: 1952, Zusicherung über drei Milliarden Mark von Konrad Adenauer an David Ben-Gurion.

Zum Beispiel: 1957, Vereinbarung über Rüstungsexporte für dreihundert Millionen Mark zwischen Franz Josef Strauß und Shimon Peres (geheim).

Zum Beispiel: 1960, Zusicherung von jährlich zweihundert Millionen Mark von Konrad Adenauer an David Ben-Gurion (geheim).

Das neue Deutschland, das jedenfalls, das sich als offizieller Rechtsnachfolger des deutschen Reiches versteht, strebt nach Wiedergutmachung. Einen so hohen Regierungsbeamten mit dem Makel der Kriegsverbrechen behaftet, kann und will man sich nicht leisten.

»Nach meiner Ansicht«, schreibt der Präsident des Bundes-nachrichtendienstes, Reinhard Gehlen, am 16. März 1962 an seinen Vorgesetzten, Staatssekretär Hans Globke, bezugnehmend auf den Eichmann-Prozess, »kommt es darauf an, daß die israelische Verhandlungsleitung in der bisherigen Weise verfährt und eine Ausweitung zu verhindern trachtet. Entsprechende Maßnahmen sind eingeleitet.«

Eine vielfach erwähnte Akte von Adolf Eichmann mit über vierzig Seiten belastendem Material zu Hans Joseph Maria Globke wird nie veröffentlicht.

Rita Hellberg holt tief Luft und springt ab.

Sie hört den Muezzin nicht mehr.

Sie hört die Glocken nicht mehr.

Sie durchschneidet zischend die Luft wie eine Rakete.

Sie taucht ein.

Stille.

Die Kacheln sind hellgrün.

Foto, schwarz-weiß:
Rita mit Sonnenbrille, Hut und Wanderstiefeln steht mitten in der Wüste und schaut suchend den Horizont ab; neben ihr parkt ein offener Militärjeep im Sand.
Bildunterschrift: Die Archäologin von Gabel Hamsa, April 1962

»Andere suchen hier nach Altertümern!« Rita nimmt die Kamera von Max Fischer entgegen.

»Packen Sie die gut weg. Wenn wir hier beim Fotografieren erwischt werden –«

»Ich weiß, ich weiß, dann landen wir beide in einem finsteren Verlies.« Rita lacht und verstaut die Kamera in ihrer Umhängetasche.

»Rita, Sie sollten das nicht auf die leichte Schulter nehmen.« Max sieht sie ernst an. Die fröhliche Stimmung ist weg. Sie findet allerdings, dass ihm die Ernsthaftigkeit gut steht. Man sieht einen ganz anderen Menschen hinter der Fassade ewigen Sonnenscheins.

Ewiger Sonnenschein.

Wir müssen trinken. Bis zu zehn Liter pro Tag.

»Haben wir noch genug Wasser?«

Jetzt lacht er wieder. »Das fragen Sie mich jetzt zum dritten Mal. Wir haben genug Wasser. Ich fürchte, ich habe Ihnen Angst gemacht.«

Am Abend zuvor fahren sie wie jeden Tag nach Feierabend mit dem Sportwagen durch Heliopolis, das im Licht des Sonnenuntergangs am allerschönsten wirkt. Die Arbeit im Werk, das tägliche Hin und Her, die Abende zu Hause oder im Club: Ritas Leben in Kairo wird langsam zur Routine. Eine Routine, die ihr nicht langweilig wird, dazu gibt es immer noch zu viel Neues und

Unerwartetes an jeder Ecke. Technische Details im Werk, die plötzlich, während sie mitschreibt, Sinn ergeben.

Wir bauen eine Mondrakete!

Ein Eselskarren, auf dem sich frisch geschreinerte Holzmöbel auftürmen. Das Gesicht einer alten Fellachin, die am Straßenrand Limonen und frische Kräuter verkauft. Der Duft der Brote. Eine neue Eissorte bei Groppi. Eine Leuchtschrift auf Arabisch, die nicht mehr wie ein hübsches Muster aussieht, sondern plötzlich eine Bedeutung hat. Ein neues Paar Schuhe.

Noch eins.

»Wollen Sie morgen mit raus nach Gabel Hamsa, Rita?« Max beugt sich an ihr vorbei, um die Autotür zu öffnen. Sein typischer Geruch nach Rasierwasser und Zigaretten, er raucht Florida, ist ihr liebe Gewohnheit wie der Ruf des Muezzin, der pünktlich zum Abendgebet ruft, wenn sie aussteigt, um rüber zur Bahn zu gehen.

Gabel Hamsa.

Das Raketentestgelände in der Wüste.

Natürlich will sie mit.

»Brauchen Sie mich denn?«

»Das lassen Sie mal meine Sorge sein. Dort springen morgen so viele Leute herum, da wird jede Hand gebraucht. Und wenn Sie nur Kaffee kocht.« Er lacht über ihr dummes Gesicht. »Nur ein Scherz, Rita.«

Er will schon losbrausen, sie sieht ihm nach, da setzt er nochmal zurück. »Aber ziehen Sie feste Schuhe an, vergessen Sie Ihren Hut nicht und nehmen Sie eine große Trinkflasche mit. Draußen in der Wüste müssen wir bis zu zehn Liter am Tag trinken. Da schwitzen Sie nicht mal, so schnell verdunstet die Feuchtigkeit auf Ihrer Haut.«

Und weg ist er.

Feste Schuhe.

Große Trinkflasche.

Also gut. Dann eben ins Kaufhaus statt in den Club. Rita hat Pünktchen versprochen, ihr beim Schwimmunterricht zu-

zuschauen. Ihre Schwester geht jetzt zweimal in der Woche nach der Schule mit der Mutter in den Club. Und einmal zur Ballettschule bei einer bekannten italienischen Tanzlehrerin. Die Kleine braucht dringend Abwechslung von ihrem tristen Alltag zwischen Schule und den endlosen Nachmittagen zuhause, an denen Ingrid sie zum Einkaufen schickt oder mit dem Putzlappen durch die Wohnung.

Rita hat ihren Vater beiseitegenommen und ihm gesagt, das sei kein Leben für eine Zehnjährige. Und er hat ihr zugehört wie einem erwachsenen Menschen. Keine Vaterstimme, die immer alles besser weiß.

Mit dem Ergebnis, dass Pünktchen jetzt unter Leute kommt. Nur der Reitunterricht steht immer noch aus. Die Karte von diesem Gestütsbesitzer, der mit seinem Pferd im Hilton war, klemmt seit dem Karneval hinter Vatis Schreibtisch und setzt Staub an.

Über die Osterfeiertage, wo man ja mal hätte ein bisschen im Land herumfahren können, hat Ingrid darauf bestanden, dass sie alle zusammen zu Kai nach Hamburg fliegen. Deutschland wirkt leer, grau und eintönig, wenn man plötzlich den direkten Vergleich hat. Das finden jedenfalls Friedrich und Rita Hellberg. Pünktchen ist Tag und Nacht mit ihrer Freundin auf dem Reiterhof und schläft wahrscheinlich zwischendurch in der Box von Eisblume. Ingrid Hellberg putzt ihr leeres Haus. Kai Hellberg möchte Hamburg gegen keine Stadt der Welt eintauschen. Seine Jazzbands. Seine Uni. Seine Studentenclubs. Alle tragen schwarze Lederjacken, die Haare über die Ohren und sehen mächtig bleich aus, was ja im Hamburger April auch keine Kunst ist. Die Stadt versinkt eine Woche lang im Dauerregen, wie am Ende von Frühstück bei Tiffany, in dieser Szene mit dem Kater. Rita, nach den Monaten des Wartens endlich im Kino, muss weinen und weinen, kann gar nicht mehr aufhören.

Was ist nur los mit mir?

Bei ihrer Rückkehr nach Kairo empfindet sie die warme Luft wie eine Umarmung.

Draußen ist es noch fast dunkel, als Rita vor die Tür der Villa tritt. Das Tor quietscht, die ungeteerte Straße ist nur schemenhaft zu erkennen. Ein leichter Wind streicht durch die Palmblätter. Der Wiedehopf, der vor kurzem im Garten eingezogen ist, beginnt zu balzen. Immer dreimal kurz hintereinander wie eine Hupe. Er hat es offenbar eilig, heute eine Frau zu finden. Da ertönt der Ruf von der Moschee, und immer mehr Gesänge, von nah und fern, stimmen ein. Scheinwerfer kommen um die Ecke und strecken ihre Lichtfinger aus. Rita öffnet die Beifahrertür und steigt ein.

Auf Höhe der Pyramiden geht im Osten die Sonne auf und taucht die drei Gräber in Schattierungen aus Rot und Violett. Kurz dahinter erreichen sie den ersten Kontrollpunkt. Max zeigt dem Soldaten ihre Papiere. Sofort schnellt er in Habachtstellung und salutiert.

»Wir sind wichtige Leute«, grinst Max, als er den Sportwagen beschleunigt, natürlich lauter als nötig. Es macht ihm einfach zu viel Spaß, in diesen Dingen ist er immer noch der kleine Junge aus Bad Tölz.

Diesen Jungen lernt Rita kennen, als sie über die morgendlich leere Wüstenstraße in Richtung Alexandria fahren. Ein Junge, der seinen Vater nie richtig kennengelernt hat, im Krieg verschollen wie Ritas Hamburger Opa. Ein Junge, der mit seiner Mutter und zwei Geschwistern auf dem Milchhof des Großvaters untergekommen ist, wo es immer etwas zu basteln und zu schrauben gibt.

»Mich fand man ölverschmiert unter dem Trecker«, lacht Max. »Der war mein bester Freund, mit dem habe ich stundenlang geredet.«

Der ältere Bruder übernimmt den Hof. Max soll Maschinenbau studieren. Das ist ein Beruf mit Zukunft in der Landwirtschaft, findet sein Großvater.

»Ich will aber Pilot werden«, vertraut Max dem alten Trecker an, der mittlerweile hinter der Scheune seiner Verschrottung entgegenrostet.

Jedoch muss man im Nachkriegsdeutschland, wenn man für die Lufthansa fliegen will, mindestens adelig sein, erzählt er Rita, die sich ihre erste Florida ansteckt. »Und außerdem war ich zu kurz.«

Dann eben höher hinaus! 1955 wird das Forschungsverbot für Raumfahrtsysteme in Deutschland aufgehoben. Max entschließt sich, an der Technischen Hochschule in München eine Ausbildung zum Raketentechniker zu machen.

Er drückt immer noch nicht gern die Schulbank. Den Abschluss schafft er mit Ach und Krach. Sofort bewirbt er sich am Forschungsinstitut für die Physik der Strahlantriebe in Stuttgart. Eugen Sänger, der Erfinder des nie gebauten Antipodengleiters, ist sein Idol. Bei niemandem anders will er lernen, Raketen zu bauen. Die Russen mit ihrem Sputnik haben ja gezeigt, dass es möglich ist.

Statt nach den Sternen zu greifen, mangelt es dem jungen Team in Deutschland an allem. Sie haben keinen Ort für ihre Prüfstände, sie haben kein Geld, schreiben Anträge, stellen Berechnungen auf für Triebwerke, die vielleicht nie gebaut werden.

»Ich hatte Hummeln im Hintern«, sagt Max. »Und als Wolfgang Pilz und Paul Goercke mich gefragt haben, ob ich mit nach Kairo will, habe ich keine Sekunde gezögert.«

Rita nickt. Sie kann es verstehen, dieses Wollen.

»Und raten Sie mal, Rita«, sagt Max und sieht bedeutungsvoll zu ihr rüber. Er hat lustige Grübchen, das ist ihr noch gar nicht aufgefallen. »– wer unserem Professor im Vertrauen gesagt hat, geht nach Ägypten? Jemand von ganz oben.« Er zeigt in den Wüstenhimmel über ihnen. »Der Strauß ist ein Mann mit Visionen. Der glaubt daran, dass es eines Tages eine europäische Rakete geben wird. Und der möchte, dass Deutschland dann dabei ist. Deutsche Wissenschaftler, Techniker und deutsche Unternehmen. Wir lassen den Nasser unsere Entwicklungsarbeit bezahlen. Ein Deal, bei dem niemand verliert.« Max grinst. »Und glauben Sie nicht, ich sage das nur, weil Strauß Bayer ist wie ich.«

»Meine Großeltern leben in Landsberg«, sagt Rita, die schon lange nichts mehr gesagt hat. »Die sind auch für Strauß. Während mein Bruder Kai, der ist gegen Atomraketen, behauptet, der Strauß sei genauso gefährlich wie Hitler. Ich dachte, mein Großvater und Kai gehen aufeinander los, als wir im Dezember da waren.«

»Und Sie, Rita«, fragt Max, »was denken Sie?«

»Ich weiß nicht.« Rita kann ihre Überraschung darüber, dass jemand sich für ihre Meinung interessiert, kaum verbergen. Und jetzt fällt ihr keine ein! Sie beißt sich auf die Unterlippe und schaut in die vorbeifliegende Wüste.

Zu ihrem Glück kommt der nächste Kontrollpunkt. Sie lassen den Sportwagen in der Obhut eines beglückten jungen Soldaten und steigen um in einen offenen Armeejeep.

»Ab hier geht es auf die Pisten«, sagt Max, dessen Laune mit jedem Meter, den sie sich von der städtischen Zivilisation entfernen, besser wird. Kaum sind sie von der Autobahn herunter, umfängt die Wüste sie mit ihrer speziellen Mischung aus stechender Hitze und gleißender Helle. Vergessen sind die kühle Morgenluft und der Fahrtwind.

Max hat Mühe, den Wagen in der Spur zu halten. »Das ist wie Treckerfahren«, sagt er vergnügt. »Wollen Sie es auch mal probieren?«

Rita, der diese aus flüchtigem Sand bestehende Landschaft nach wie vor unheimlich ist, schüttelt den Kopf. Sie versucht, sich ihr Unbehagen nicht anmerken zu lassen. »Und wir haben wirklich genug Trinkwasser dabei?«

»Einen ganzen Kanister voll, Rita.«

Nach ein paar Kilometern, für die sie eine knappe halbe Stunde brauchen, kommt wieder ein Militärposten. Eine kleine Holzhütte, die gerade genug Schatten für eine Person bietet, ein rotweißer Schlagbaum. Dahinter umzäuntes Gelände, Stacheldraht.

»Das ist der Flughafen Kairo West.«

»Noch ein Flughafen?«

»Der wird nur vom Militär genutzt.«

»Fliegen hier auch die Flugzeuge von meinem Vater?«

Max zuckt die Schultern. »Über die Arbeit der anderen Experten wissen wir so gut wie nichts. Ich habe hier noch nie welche gesehen.«

Sie fahren nicht mitten durch das Gelände, sondern auf einer Piste, die am Zaun entlangführt.

Kurz darauf wieder nichts als Wüste.

Rita hat die Orientierung verloren. »In welche Richtung fahren wir? Die Sonne steht schon fast senkrecht.«

»Nach Westen. Wenn wir immer weiterfahren, landen wir in Libyen.«

Libyen klingt nicht wie ein Ort, an dem sie gerne wäre.

»Darf ich Sie was fragen?« Rita muss gegen den Motor anschreien, der brüllend mit dem Sand unter ihnen kämpft.

Max wischt sich mit einem Tuch über die Stirn. »Klar!«

»Wieso haben Sie in Deutschland keinen Ort gefunden, um Ihre Raketen zu testen? Und warum müssen wir so weit nach draußen fahren?«

»Wir wissen nie genau, wo sie runterkommen!«

Ritas entsetzter Blick bringt Max dazu, wieder in lautes Lachen auszubrechen. Der lacht wirklich gern, denkt sie.

»Im Ernst? Ich kann Ihnen das nicht erklären. Sie müssen es selbst erleben. Es ist ein unbeschreibliches Gefühl.« Er hebt entschuldigend die Hände vom Lenkrad, was den Jeep aber sofort zum Bocken bringt. »Oh oh, ruhig, mein alter Freund. Ich glaube, ich gehöre zu den wenigen Menschen, denen ein Raketenstart Freude macht. Mal sehen, wie es Ihnen geht, Rita.«

Um sie herum ist diese helle, heiße Welt, sie sitzt in diesem buckelnden alten Jeep, der klingt, als würde er gleich auseinanderfallen. Und doch fühlt sich Rita eingehüllt von einer samtigen Schicht Wohlgefühl, wie in einer Wanne, deren Wasser genau die Temperatur hat, die Körper und Geist gerade brauchen. Max Fischer, der mit Treckern spricht, der Raketen baut, der rote

Sportwagen durch Kairo und Jeeps durch die Wüste steuert, Max Fischer, der in Frauenkleidern tanzt und der so gerne lacht, interessiert sich anscheinend wirklich dafür, was Rita Hellberg, gerade siebzehn, Stenotypistin ohne Schulabschluss, nicht annähernd so schön wie seine Sonya, also was dieses überaus durchschnittliche Mädchen denkt, was sie fühlt, was sie zu sagen hat. Ein weiteres Wunder, das Ägypten für sie bereithält.

Wieder ein Kontrollpunkt. Diesmal sind es zwei Soldaten mit Maschinenpistolen im Anschlag, deutlich angespannter als die Posten zuvor. Max wird mit einem knappen, aber nicht unfreundlichen »Mister Omar!«, begrüßt, Rita hingegen mit skeptischem Blick gemustert.

»Frauen sind hier nicht so häufig auf dem Gelände«, sagt Max entschuldigend, während einer der beiden mit den Papieren in der Hütte verschwindet, um zu telefonieren. Während sie warten und Wasser trinken, rumpelt wie in Zeitlupe ein Lastwagen heran.

»Darf ich vorstellen: Al Zafir, der Sieger. Unser Vier-Tonnen-Baby. Kleiner Bruder von Al Kaher, dem Eroberer. Zwanzig Tonnen Schub und schon eine ganze Ecke größer.« So viel Stolz und ja, Liebe, klingt aus Max' Stimme, dass man glauben könnte, er spräche wirklich von seinen Kindern, nicht von technischen Fluggeräten mit Triebwerken und Stabilisatoren und Finnen und Treibstofftanks.

Seine Aufregung ist ansteckend, vielleicht auch, weil Rita jetzt endlich zu sehen kriegt, woran im Werk so viele Leute Tag für Tag arbeiten, in den Werkstätten, in den Konstruktionsbüros, in physikalischen und chemischen Laboren, im Office, wo alle eingehenden Waren und Postsendungen kontrolliert werden.

Besorgt verfolgt Max sein vorbeirollendes Wunderwerk. »Vorsicht, Mann, nicht so schnell!«, brüllt er, als ob der Fahrer ihn hören könnte.

»Der Transportweg vom Flughafen, wo die Raketen zusammengesetzt werden, zu den Abschussplätzen hier ist eines unserer größten ungelösten Probleme«, erklärt er Rita. »Das ist

Präzisionstechnik. Wenn sich da auch nur eine Schraube lockert, fliegt uns das ganze Ding wieder einmal um die Ohren.«

Dies ist ein anderer Max Fischer, ein ernsthafter, reizbarer Ingenieur, der keine Nachlässigkeit duldet, wenn es darum geht, sein Ziel zu erreichen. Rita bekommt diesen Max normalerweise nur mit, wenn sie zufällig mit einer Lieferung in eine Besprechung mit seinem ägyptischen Team platzt oder wenn er ein Teil fluchend zurück in die Werkstatt gehen lässt, weil es nicht genau seinen Zeichnungen entspricht.

Endlich haben die Soldaten Ritas Anwesenheit auf dem Testgelände mit ihren unsichtbaren Befehlsgebern geklärt. Max und Rita folgen dem Lastwagen langsam über die letzten Meter der Piste, die sich in leichten Kurven durch die Sanddünen schlängelt. Zwischen dem Sand tauchen weiße Gebäude auf. Der Lastwagen biegt nach links ab.

»Da ist die Montagehalle, falls noch etwas vor Ort nachmontiert werden muss.«

Rita muss plötzlich an das Kinderbuch denken, das ihr Vater ihr zum Geburtstag geschenkt hat, als sie zehn oder elf wurde.

Von der Erde zum Mond.

Jules Verne.

Rita Hellberg und Max Fischer.

Bauen eine Mondrakete.

»Hier gleich rechts kommen die Prüfstände.«

Rita sieht Betonwände, die hoch in den Himmel ragen. Noch eine leichte Kurve, dann öffnet sich das Gelände. Zwischen parkenden Jeeps laufen Techniker und Soldaten hin und her.

»Sehen Sie da hinten den Steilhang? Links davon sind die Abschussplätze. Und das Gebäude dazwischen ist der Kommando- und Beobachtungsbunker. Da müssen wir hin.«

Max parkt den Jeep, sie steigen aus. Ein junger Ägypter im Kittel läuft eilig vorbei.

»Hani, was ist denn heute los?«, ruft Max seinem Assistenten auf Englisch zu. »Warum sind hier so viele Wagen?«

»Sie warten schon auf dich, Max. Hoher Besuch. Feldmarschall Amer und Minister Mahmoud sind da.«

Max überlegt einen Moment, dann nimmt er Ritas Arm. »Sie bleiben immer in meiner Nähe. Dann stellt keiner dumme Fragen.«

Sie betreten das Betongebäude. Von einem Vorraum geht es weiter in eine große Halle mit einem halbrunden Fenster in Richtung der Abschussplätze. Die Abteilungsleiter der Fabrik 333 stehen mit einer Gruppe hoher Militärs zusammen an einem Tisch mit Kaffee, Obst und Gebäck. Anspannung liegt in der Luft. Alle scheinen gleichzeitig zu reden.

»Sonderminister General Mahmoud, Leiter der Entwicklungs- und Forschungsabteilung der ägyptischen Armee, mit direktem Draht zu Nasser.« Max zeigt auf einen Mann in Uniform, in dem Rita erst auf den zweiten Blick den whiskytrinkenden Tennisspieler aus dem Club wiedererkennt. Der mit den fünf Töchtern, von denen eine, oder auch nicht, seine Partnerin beim gemischten Doppel ist.

»Mahmoud ist unser Mann. Der will die echte Revolution, einen auf allen Gebieten, auch in der Rüstungsproduktion, unabhängigen Staat. Während der andere da«, er zeigt auf einen großen, schlanken Mann, der eine Frage nach der anderen in die Runde bellt, »das ist Feldmarschall Amer, Oberbefehlshaber der Armee und dem Rang nach Mahmouds Vorgesetzter. Wenn es nach ihm ginge, würde Ägypten alles im Dutzend billiger bei den Russen einkaufen.«

»Müssen Sie da nicht rübergehen?«, flüstert Rita.

»Warum?« Max grinst wieder wie auf der Fahrt hierher. »Da reden doch schon genug Leute durcheinander!«

Er zeigt zum Fenster. »Außerdem kommt unser Baby gerade angerollt. Kommen Sie, wollen wir doch mal schauen, ob es schon selber laufen kann!«

Es kann.

Keine halbe Stunde später steigt Al Zafir, wenn auch mit leichtem Taumeln, in den knallblauen Himmel auf.

Doch es ist nicht die schlanke, anmutige Silhouette, die Rita für immer im Kopf bleiben wird.

Nicht der Feuerstrahl, der die Rakete emporzutragen scheint.

Es ist der Ton.

»Eine Frequenz, die wir mehr fühlen als hören«, sagt Max.

Sein Mund, ganz nah an ihrem Ohr.

Später suchen Rita und Max wie Archäologen aus einer fernen Zukunft nach den Überresten von Al Zafir, dem Sieger. Fast alle Jeeps sind ausgeschwärmt. Nur wenn möglichst viele Teile gefunden werden, kann man rekonstruieren, was beim nächsten Mal besser gemacht werden muss. Feldmarschall Amer ist mit unbewegter Miene wieder abgefahren. Für heute hat sein Gegenspieler gewonnen. Präsident Nasser wird zufrieden sein.

»Kommen Sie mal hier rüber und helfen Sie mir!« Max kniet am Fuß eines Dünenhangs und gräbt mit beiden Händen im Sand. »Ich glaube, ich habe was gefunden.«

Rita stapft durch den Wüstensand. Ihr Herz klopft, als erwarte es tatsächlich, sie würden ein altes Königsgrab entdecken oder die tönerne Figur eines Pharao. Die Wüste erscheint ihr auf einmal, seit sie dem Menschengewimmel auf dem Testgelände entflohen sind, wie ein magischer Ort, an dem ihr kleines Herz aufblüht.

Hier bin ich! ruft es.

Nicht mehr und nicht weniger.

Kann mich jemand hören?

Max sieht auf, als habe sie es laut gesagt. Lachend zeigt er auf ein Stück Metall, das aus dem Sand ragt. »Wollen Sie mich hier verdursten lassen?«

Nein, das will sie nicht.

Rita Hellberg setzt sich in Bewegung.

Foto, schwarz-weiß:
Pünktchen reitet auf einem schwarzen Araberhengst mit
weißer Blesse, schräg hinter ihr steht ein Mann in Reithose
und Stiefeln mit einer Peitsche in der Hand.
Bildunterschrift: Ausflug zum Reiterhof, Pfingsten 1962

Pünktchen ist zum Heulen.

»Schenkeldruck! So macht er, was er will, nicht, was du willst!«
Ihre Hände zittern. Sie hat nur noch einen Wunsch. Sich
einfach heruntergleiten zu lassen. Den warmen Sand spüren.
Sich unter einer Palme zusammenrollen. Schlafen.

Die Reitpeitsche knallt.

Desert Star trabt an.

»Nein!«, schreit Pünktchen. »Bitte nicht!«

»Hallo, Pünktchen!« Am Gatter ist Rita aufgetaucht.

Hilf mir, Rita, bitte!

»Du siehst toll aus!« Rita winkt ihr zu.

»Sitz gerade!«

Sie fährt zusammen und versucht, den Rücken durchzudrü-
cken. Dieser Mann, Herr Lotz, ist kein Mensch.

»Ich kann nicht mehr.«

»Wann die Reitstunde zu Ende ist, junges Fräulein, entscheide
ich.«

Rita, bitte!

Neben Rita ist Vati aufgetaucht. Die beiden stecken die Köpfe
zusammen, Rita zeigt auf sie.

»Nicht mit den Zügeln lenken!«

Ich will, dass es aufhört.

Ich will nach Hause zu meiner Eisblume.

»Und jetzt Galopp. Haltung, bitte!«

Die Peitsche knallt.

Pünktchen krallt sich fest.

Ich will gar nicht mehr reiten, Vati.

Ich habe kein Gefühl mehr in den Beinen. Nur noch Schmerzen.

Dabei hat alles so schön angefangen.

»Wir machen einen Ausflug?« Pünktchen hält es nicht auf ihrem Platz am Esstisch. Sie springt auf, rennt zu ihrem Vater und drückt ihn, so fest sie kann.

»Hilfe, ich kriege keine Luft mehr!« Er hustet, und sie muss ihm den Rücken klopfen.

Als er wieder atmen kann, wirft er einen Blick in die Runde. »Pfingstsonntag ist frei. Der Familienrat entscheidet, wo es hingeht.«

»Rotes Meer!« Rita ist die Schnellste. »Brigitte sagt –«

»Reiten!«, ruft Pünktchen, und schon steigen ihr die Tränen in die Augen. »Ich will endlich reiten.«

»Bitte Kinder, ich habe Kopfschmerzen.« Ingrid fasst sich an die Stirn. »Diese Hitze wird langsam unerträglich.«

»Entschuldige, Mutti.« Pünktchen setzt sich wieder auf ihren Platz und stochert in den Möhren.

»Weitere Vorschläge?« Friedrich tupft sich den Mund mit der Serviette ab. »Ich bin für alles offen.«

»Du willst doch nicht allen Ernstes in diese Expertenbucht am Roten Meer fahren, Rita!« Ingrid, wie immer, geht sofort zur Anklage über. »Da ist nichts, kein Restaurant, kein Hotel! Kein Schatten! Und ihr wisst, dass meine Haut die Sonne nicht verträgt. Es gibt dort sicher Skorpione. Und Haie. Ich lasse euch nicht ins Wasser. Wir müssen alles vorkochen. Das dauert Tage!« Sie schiebt demonstrativ ihren Teller weg und spielt ihren letzten Trumpf aus. »Und was ist, wenn wir eine Panne haben. In der Wüste?«

»Das ist allerdings ein Problem.« Friedrich schaut Rita fragend an.

»Ich will reiten«, sagt Pünktchen leise, ohne aufzusehen.

Rita hat es gehört. »Schon gut, Kleines.« Ihre Stimme ist ganz weich. »Wir fahren zu dem Reiterhof.«

Friedrich steht auf und holt die Visitenkarte aus seinem Schreibtisch.

»Pferdezucht Wolfgang Lotz«, liest er laut vor. »Hier ist eine Skizze. Die Farm liegt im Nildelta, in der Nähe vom Wadi Natrun. Da können wir bis zur Raststätte auf der Wüstenstraße fahren und uns dann einen Jeep mieten. Und für dich«, so hat er Ingrid schon lange nicht mehr angesehen, »gibt es dort an den Salzseen die schönsten und ältesten Klöster Ägyptens.«

»Mit dem Salz haben die alten Pharaonen ihre Leichen konserviert«, sagt Pünktchen mit vollem Mund.

»Bitte nicht bei Tisch, Petra.«

»Aber wir haben das –«

»Schon gut, Pünktchen.« Friedrich hat genug von dem Geplänkel. »Wer ist dafür?«

Pünktchens Hand schnellt nach oben, Ritas ebenfalls. Er hebt die Hand und sieht Ingrid an. Zögernd hebt sie ebenfalls die Hand.

»Na also, dann wäre das geklärt.« Er wedelt mit der Karte. »Ich rufe da mal an, und dann auf ins Abenteuer.«

Sie fahren am Freitag ganz früh los und kommen gut durch. Rita, die mit Pünktchen hinten sitzt, sieht aus dem Fenster. Hier ist sie vor ein paar Wochen mit Max entlanggedonnert, um einiges schneller als mit dem guten alten Hans Albers.

»Ein ägyptisches Pfund für deine Gedanken.« Pünktchens spitzer Ellbogen bohrt sich in ihre Rippen.

»Geheim«, sagt Rita und wuschelt ihr durchs Haar. Stimmt sogar. Zur Geheimhaltung verpflichtet. So steht es in ihrem Vertrag. Sie darf keine Auskunft geben über die Lage des Testgeländes sowie über Art und Inhalt ihrer Tätigkeit.

»Bist du aufgeregt?«

Pünktchen nickt.

»Und du glaubst, die Gästezimmer sind wirklich annehmbar?«

Ingrids nörgelnder Tonfall macht die Aufbruchstimmung gleich wieder kaputt.

Unwillig trommelt Friedrich auf das Lenkrad. »Das habe ich doch schon hundertmal –« Er bemüht sich um einen netteren Tonfall. »Die Frau sagte, es sei kein Problem. Wenn es dir nicht gefällt, fahre ich euch nachts noch zurück.«

»Wieso mir? Ich bin doch wohl nicht die Einzige, um die es hier geht!«

»Lass gut sein, Mutti.« Rita springt ihrem Vater bei. »Es wird schon gehen.«

»Da kommt die Raststätte.« Pünktchen klingt ganz zittrig. Als rechne sie damit, dass im letzten Moment doch noch etwas dazwischenkommt.

Bis sie die Klöster erreicht haben, ist es schon ziemlich heiß. Der Jeep ist natürlich offen, und die Sonne brennt ihnen unbarmherzig auf die Köpfe. Der Fahrer reicht ihnen lachend ein paar weiße Tücher. Ingrid schüttelt es vor Ekel bei der Vorstellung, dass ihre Haare mit diesem Lappen in Berührung kommen. Lieber hält sie ihren Hut krampfhaft mit beiden Händen fest.

Rita ist der Meinung, ein Kloster weniger hätte es auch getan. Obwohl die Fresken beeindruckend sind. Pünktchen gähnt dauernd, ob vor Aufregung oder vor Müdigkeit, weiß sie vermutlich selbst nicht. Ingrid hat von Pater Ludwig ein Buch ausgeliehen und schreitet die Sehenswürdigkeiten genau nach Plan ab, während Friedrich sich gut gelaunt mit dem Mönch unterhält, der sie herumführt.

Als sie endlich auf einer löcherigen Sandpiste inmitten einer Staubwolke durch das Tor der Farm fahren, ist es bereits später Nachmittag. Weiße, gemauerte Rundbögen, darauf drei Pferdefiguren, beinahe in Lebensgröße, die auf ihren Hinterbeinen stehen. Eines reckt sich den Besuchern entgegen, die anderen beiden nach links und rechts.

Monumentalkitsch, denkt Rita.

»Wie schön«, haucht Pünktchen.

»Hier spielt Geld keine Rolle«, setzt Friedrich anerkennend hinzu. »Allein die Bepflanzung muss ein Vermögen gekostet haben.«

Sie fahren durch eine Allee aus Palmen auf eine grüne Oase zu, die das eigentliche Herz der Anlage bildet. Der Jeep hält im Hof eines weitläufigen Ensembles aus Ställen, Reitplätzen und einem zweistöckigen Wohnhaus. Ein Ägypter in Reitstiefeln kommt aus dem Haus. Er stellt sich als der Verwalter vor.

»Die Herrschaften werden erst spät aus Kairo eintreffen. Aber fühlen Sie sich wie zuhause. Das Abendessen wird um sieben Uhr auf der Veranda serviert.« Wie aus dem Nichts erscheint ein Boy und hilft ihnen mit dem Gepäck.

Friedrich schüttelt dem Verwalter die Hand, bedankt sich und legt einen Arm um die Schultern seiner Frau.

»Na, sieht doch gar nicht so schlimm aus, oder?«

Ingrid lächelt über diese seltene Geste, kann aber nicht umhin: »Erst mal abwarten, wie die Zimmer aussehen«, zu erwidern.

Rita nimmt Pünktchens Hand und folgt ihrem sehnsüchtigen Blick. »Komm, die Ställe können wir uns nach dem Essen ansehen.«

Die beiden einfachen, aber sauberen Zimmer finden Gnade vor Ingrids strengem Blick, der sich bis unter die Betten und in den Papierkorb im Badezimmer erstreckt. Friedrich geht nach draußen, um den Fahrer des Jeeps nach Hause zu schicken. So muss der arme Mann nicht auch noch in seinem Auto übernachten.

Pünktchen atmet auf. »Ich habe so einen Hunger, ich könnte einen ganzen Büffel verspeisen.« Darüber müssen alle, sogar ihre Mutter, lachen.

Erst nach dem Essen geht das Genörgel wieder los. »Ein bisschen seltsam finde ich das ja, seine Gäste hier einfach so allein zu lassen.«

Sie haben alles verputzt, was ihnen die Boys aufgetragen haben. Sogar Ingrid hat den Reis und das Hähnchengeschnetzelte probiert, obwohl sie auswärts so gut wie nie etwas anrührt.

»Wieso?« Friedrich steckt sich eine Zigarette an. Rita hätte auch gern eine, traut sich aber nicht zu fragen. Pünktchen zappelt auf ihrem Stuhl herum, als warte sie nur auf das Signal, endlich zu den Ställen abzischen zu dürfen. »Ich bin ganz froh, dass wir den Abend hier für uns haben. Und es ist doch für alles gesorgt.«

»Kann ich aufstehen?« Pünktchen hält es nicht mehr aus.

Rita erhebt sich auch. »Ich gehe mit ihr die Pferde anschauen.«

»Aber es ist doch schon dunkel.« Ingrid, natürlich.

»In spätestens fünfzehn Minuten sind wir zurück.«

Sie gehen hinüber zu den Ställen. Selbst Rita, die sich für Pferde nicht sonderlich begeistert, hält den Atem an. Ein paar Reiter sind offenbar noch spät aus Kairo angekommen und bewegen ihre Tiere auf dem Reitplatz. Wie Scherenschnitte scheinen sie unter dem Sternenhimmel dahinzugleiten, für einen Moment zu verschmelzen, wenn sie einander begegnen und sich dann in neuer Perfektion zu formieren.

»Das ist das Schönste, was ich je gesehen habe«, flüstert Pünktchen. Zum Glück weiß sie da noch nicht, was der nächste Morgen bringt.

»Schenkel zusammen!«

Es brennt so.

Ich kann nicht mehr, Desert Star.

Es tut mir so leid.

Rita sieht besorgt zu ihrer kleinen Schwester, deren Gesicht zu einer Grimasse aus Schmerz erstarrt ist. Waltraud Lotz, die Frau des Reitlehrers, der Pünktchen jetzt schon seit zwei Stunden malträtiert, lehnt sich neben ihr über das Gatter.

»Pünktchen! Alles in Ordnung?«, ruft Rita über den Platz.

»Was soll denn nicht in Ordnung sein?« Friedrich lächelt die blonde Waltraud für Ritas Geschmack ein bisschen zu lange an.

»Wo ist Mutti?«

»Hat sich hingelegt.«

Waltraud sieht amüsiert vom einen zum anderen. »Und Sie? Möchten Sie nicht reiten lernen?«

»Nein, danke, ich kann mich im Sattel halten.« Rita beobachtet Pünktchen mit zusammengekniffenen Augen. Irgendwas stimmt doch da nicht.

»Ich?« Friedrich lacht auf. »Ich bin doch viel zu alt.«

»Dafür ist man nie zu alt.« Waltraud sieht zu ihrem Mann, der Pünktchen kurze Befehle zuruft.

»Ich glaube, sie hat genug, Vati.« Rita deutet auf Pünktchen.

Waltraud legt ihr beschwichtigend die Hand auf den Arm. »Lassen Sie nur, er weiß schon, wann er aufhören muss.« Sie spricht weiter, jedoch eher zu Friedrich, der ihr seine volle Aufmerksamkeit schenkt. »Wer wirklich reiten können will, muss lernen, über seine Grenzen zu gehen. Mein Mann ist ein strenger Lehrer. Aber der beste, den Sie hier in Kairo finden können.« Sie macht eine ausladende Geste. »Es hat sich herumgesprochen. Wir haben keine Box mehr frei.«

»Madam, Northern Star ist jetzt fertig.«

Ein Boy ist von hinten mit einem schlanken Schimmel an sie herangetreten. Waltraud Lotz dreht sich um und reibt ihre Wange für einen Moment liebevoll an den weichen Nüstern ihrer Stute. Friedrich sieht ihr wie gebannt dabei zu.

»Ich bin der lebende Beweis seines Erfolges«, sagt sie lächelnd. »Als wir hier im letzten Jahr ankamen, hatte ich noch nie auf einem Pferd gesessen. Und jetzt?« Sie klopft ihrer Stute den Hals. Und schon hat sie den Fuß im Steigbügel und schwingt sich in den Sattel. »Warum kommen Sie nachher nicht zum Lunch!« Sie nimmt die Gerte entgegen und lässt das Pferd kurz auf der Stelle tänzeln. »Es werden ein paar nette Leute da sein!«

Bevor Friedrich etwas entgegnen kann, galoppiert sie davon. »Wirklich beeindruckend«, murmelt er und sieht ihr nach, bis er Ritas Hand an seinem Arm nicht mehr ignorieren kann. »Vati, ich gehe da jetzt rüber. Pünktchen sieht aus, als würde sie gleich losheulen.«

»Aber meinst du nicht, der Herr Lotz –«

»Ist mir egal.« Sie klettert, so schnell sie kann, über das Gatter und läuft über den sandigen Reitplatz.

»Was wollen Sie denn hier?«, schreit er sie an, noch bevor sie bei Pünktchen ist.

»Rita! Endlich!« Pünktchen lässt die Zügel los und streckt die Arme nach ihr aus.

Desert Star legt nervös die Ohren an und schnaubt.

»Ruhig, mein Guter.« Der Reitlehrer schnappt sich einen herunterhängenden Zügel. Er sieht Rita von oben bis unten an. Die zornige Falte auf der Stirn verschwindet und macht einem anzüglichen Grinsen Platz. »Und wer sind Sie, dass Sie hier einfach so in meinen Unterricht platzen?«

»Ich bin Rita Hellberg. Und das ist meine Schwester.« Rita deutet auf Pünktchen, der nun tatsächlich eine Träne über die Wange läuft. »Und die möchte jetzt von dem Pferd da runter.«

»Ah, Hellberg. Ihr Vater ist auch hier?«

Rita deutet nach hinten und streckt die Arme aus, um ihrer Schwester aus dem Sattel zu helfen.

»Na, dann werde ich ihn mal begrüßen.« Wolfgang Lotz geht mit dem Pferd zum Gatter, ohne sich weiter um Rita und Pünktchen zu kümmern.

»Meine Beine«, flüstert Pünktchen. »Ich kann nicht mehr laufen. Es brennt so.«

»Ganz langsam«, Rita fasst sie unter. »So ein Schinder.« Wie in Zeitlupe humpeln die beiden hinterher.

Wolfgang Lotz hat das Gatter geöffnet und führt das Pferd hinaus. Friedrich Hellberg geht neben ihm. Er dreht sich um und winkt seinen Töchtern zu. »Bis später!«

»Ich bringe dich erst mal aufs Zimmer«, sagt Rita. »Und dann schauen wir uns deine Beine mal an.«

Pünktchen nickt und beißt die Zähne zusammen. »Hier möchte ich nie wieder reiten.«

Zum Lunch gibt es Club Sandwiches und eisgekühlte ägyptische Limonade. Wer möchte, kann sich von den Boys auch einen Whisky einschenken lassen. Friedrich genehmigt sich einen halben, on the rocks. Bis er wieder hinter dem Steuer sitzt, ist der Alkohol längst verdunstet. Seine Frauen sind alle auf den Zimmern verschwunden. Und er stellt fest, dass er es genießt, mal wieder unter Leuten zu sein.

Nicht die Kollegen im Werk. Nicht die Familie.

Einfach ganz normale Leute eben. So wie Wolfgang und Waltraud Lotz, die wunderbare Gastgeber sind. Was für einen herrlichen Ort sie sich hier geschaffen haben. So kann das sein, wenn Mann und Frau an einem Strang ziehen, das muss er neidlos zugeben.

Normale Leute wie das Ehepaar ihm gegenüber, er ist Vertreter der Firma Mannesmann in Kairo. Sie reitet wie der Teufel und verbringt jede freie Stunde hier draußen. Keine Kinder.

Ein General, Ägypter, dessen Namen er nicht verstanden hat. Wirkt ein bisschen steif, aber scheint mit Lotz bestens befreundet zu sein.

Der Herr Bauch vertritt die Unternehmensgruppe Quandt im Nahen Osten und hat auch sein Pferd hier stehen. Den trifft man bei jeder Gelegenheit, im Werk kursiert der Witz, er sei vom BND. Na ja, wenn er unbedingt spitzeln will, hier hat sicher niemand was zu verbergen.

Vielleicht sollte ich auch Reitstunden nehmen, denkt Friedrich, nimmt sich noch ein Sandwich und streckt genüsslich die Beine unter dem Tisch aus.

»– die besten Lederwaren bekommen Sie nicht auf dem Khan El Khalili«, sagt die Frau gegenüber gerade, »sondern im Hilton Shop.«

»Wirklich?«, hakt Friedrich ein. »Ich brauche dringend eine neue Tasche. Meine fällt auseinander. Zu viele Akten, die ich ständig aus dem Werk nachhause trage.«

Höfliches Lachen allseits.

»Warum?«, fragt der Bauch. »Gibt es Probleme im Werk?«

Ha. So einfach kannst du mich nicht aushorchen, denkt Friedrich. »Keine, die wir Experten nicht lösen könnten.«

»Darauf stoßen wir an.« Lotz hebt das Glas. »Auf den Erfindungsgeist der Experten und die Zukunft Ägyptens.«

Der General nickt und lächelt.

In dem Moment ertönt ein tiefes Grollen, als würde ein Gewitter nahen. Aber das kann wohl kaum der Fall sein, bei dem Wetter hier. Ein Überschalljet kann es auch nicht sein, denn der fliegt noch lange nicht.

Wolfgang Lotz sieht auf die Uhr. Dann erhebt er sich. »Wenn Sie mich bitte für eine halbe Stunde entschuldigen.«

»Natürlich, Liebling.«

Wie sie ihm nachsieht. Friedrich muss sich eingestehen, dass er doch ein bisschen neidisch ist. Hat Ingrid ihm je so einen Blick geschenkt? Und wenn ja, dann ist das schon lange her. Sehr lange.

»Noch ein Sandwich, Herr Hellberg?« Waltraud Lotz reicht ihm die Platte herüber.

»Warum nicht?« Er lächelt sie an und greift zu. Wo bleiben nur Ingrid und die Kinder?

Wolfgang Lotz heißt seit vielen Jahren Zeev Gur-Arieh. Er wählt diesen Namen, als er 1933 mit seiner Mutter nach Israel auswandert. Lotz wird Soldat. Er kämpft auf Seiten der Briten gegen die Deutschen. Vier Jahre davon in Ägypten.

Später, als der israelische Geheimdienst ihn als deutschen Pferdezüchter nach Ägypten schickt, gibt er sich gern als Rommel-Veteran aus. Das kommt bei ägyptischen Militärs wie bei deutschen Experten gleichermaßen gut an. Er spielt seine Rolle so gut, dass nach einer Weile in Kairo das Gerücht kursiert, er sei ein gesuchter SS-Mann, der sich hier vor dem Mossad versteckt.

»Wenn Sie die Identität eines anderen Menschen über Jahre hinweg annehmen«, wird er nach seiner Rückkehr einem Reporter in Tel Aviv auf die Frage antworten, wie das ethisch zu verantworten sei, »und wenn Sie den ganzen Tag mit dieser Identität leben müssen, dann können Sie nur dieser andere Mensch werden, in Ihren Gedanken, Ihren Träumen. Oder Sie können das nicht, und dann sind Sie für diese Rolle nicht geeignet.«

Wolfgang Lotz kann es.

Man sagt über ihn, er habe Nerven aus Stahl.

Man sagt über ihn, er könne dem Teufel ins Auge sehen und das Glas auf sein Wohl erheben.

Narzisst.

Hedonist.

Bigamist.

Zeev Gur-Arieh hat eine Ehefrau und einen Sohn. Sie warten in Paris darauf, dass er von seinen langen Auslandseinsätzen immer mal wieder für ein paar Wochen zu ihnen nach Hause kommt.

Wolfgang Lotz, der sich vor seinem Auftritt in Kairo ein Jahr lang in Deutschland aufgehalten hat, lernt bei einer Bahnfahrt eine junge Deutsche kennen, in die er sich verliebt und sie wenige Wochen später heiratet. Wolfgang Lotz hat nun eine Ehefrau, ein Gestüt im Nildelta und eine Villa in Gizeh. Waltraud Lotz weiß, dass ihr Mann für Israel arbeitet. Das Ehepaar unternimmt fast alles gemeinsam, bis auf die kurzen Europatrips, bei denen Lotz seinen Vorgesetzten in Paris Bericht erstattet.

Am 24. Februar 1965, dem Tag, an dem der Staatspräsident der Deutschen Demokratischen Republik, Walter Ulbricht, zum ersten Mal Ägypten besucht, werden Wolfgang und Waltraud Lotz unter dem Vorwurf der Spionage für Israel verhaftet. Ebenfalls verhaftet, aber nach kurzer Zeit und hektischer diplomatischer Aktivität wieder auf freien Fuß gesetzt, wird der deutsche Unternehmensvertreter Gerhard Bauch.

Nach dem israelischen Sieg im Sechstagekrieg von 1967 werden Wolfgang und Waltraud Lotz gegen Hunderte ägyptischer Kriegsgefangener ausgetauscht und reisen nach Israel. Zeev Gur-Arieh lässt sich scheiden und heiratet seine deutsche Frau Waltraud zum zweiten Mal.

Blick auf die Uhr.

Noch drei Minuten.

Wolfgang Lotz nimmt die Badezimmerwaage, holt aus der Tasche einen Schraubenzieher und dreht zügig, eine nach der anderen, die Schrauben heraus.

Er sieht auf seinen Notizblock.

Neuer Raketentest, vermutlich 20 t Schub, heute 12 Uhr 40.

In der Badezimmerwaage ist ein Sender versteckt.

Aktentasche, notiert Wolfgang Lotz auf seinem Block, als die Badezimmerwaage wieder auf ihrem alten Platz steht.

Noch ein Sohn in Hamburg.

Kontaktaufnahme!

Aus dem Notfalltäschchen ihrer Mutter hat Rita Salbe, Jod und Tupfer geholt und Pünktchens offene Wunden an den Oberschenkeln versorgt.

»Ich möchte nie mehr reiten«, wimmert die Kleine.

»Du wirst wieder reiten«, flüstert Rita und streicht ihr über die Haare. »Aber nicht hier bei diesem Sklaventreiber.«

Pünktchen fallen die Augen zu. »Schlaf ein bisschen«, murmelt Rita. »Mutti schläft auch noch.«

Vielleicht hat sie eine Tablette genommen, um einen Vorwand zu haben, im verdunkelten Zimmer zu liegen.

Rita muss mit ihrem Vater sprechen.

Plötzlich ertönt ein tiefes Grollen. Rita tritt ans Fenster ihres Zimmers, das im Seitenflügel des Wohnhauses liegt.

Unten sitzt die ganze Gesellschaft beim Lunch und lässt es sich gut gehen. Der Sklaventreiber sieht auf die Uhr, steht auf und verschwindet im Haus. Hören die das nicht?

Ein Geräusch, das sie mehr fühlt, mit jeder Faser ihres Körpers, als dass sie es wirklich hört.

Rita sieht über die reich gedeckte Tafel hinweg, über die Ställe und den Reitplatz hinweg, über die Begrünung hinweg bis in die Ferne, wo sich die Pferde auf dem Tor dem Himmel entgegenstrecken. Dahinter liegt die Straße. Und dahinter?

Gleich am Montag früh wird sie Max fragen, ob sie heute wie geplant zum ersten Mal die Triebwerke des großen Bruders, Al Kaher, getestet haben.

Als Rita Hellberg gerade das Fenster schließen will, erhascht sie hinter einer Gardine im Hauptgebäude einen Blick aus Wolfgang Lotz' stahlblauen Augen. Schnell tritt sie zurück in den Schatten.

Der Mann ist ihr unheimlich.

Auf der Fahrt zurück nach Kairo hängen alle schweigend ihren Gedanken nach. Pünktchen kann kaum sitzen, solche Schmerzen hat sie.

Der Montagmorgen nach dem langen Wochenende fühlt sich besser an als die vorherigen. Friedrich Hellberg winkt Peter Scholler zu, der hinter den Toren der MTP verschwindet.

Als Nächstes hält der Bus an der Fabrik 36, seiner Endhaltestelle. Friedrich kann sich Zeit lassen. Vorsichtig zieht er seine Aktentasche unter dem Vordersitz heraus, damit an der Seite, wo sich die Naht gelöst hat, nichts herausfällt. Ingrid behauptet, das Leder sei zu porös, um es nochmal zu nähen.

Den Werksausweis behält er lieber gleich in der Hand. Er nickt dem Busfahrer zu und geht mit schnellen Schritten durch die Hitze, die schon morgens kaum noch auszuhalten ist. Erst im Schatten des Eingangstores bleibt er kurz stehen, um den Ausweis vorzuzeigen.

»Mister Hellberg.« Der Wachtposten salutiert. Friedrich nickt und tritt durch das Tor auf die Hauptstraße, die sich schnurgerade zwischen den Hallen und Bürogebäuden bis zum werkseigenen Flughafen zieht. Weiter rechts sieht man die gewaltigen Prüfstände der Brandner-Truppe.

Er geht schnell, aber nicht so schnell, dass er die Kollegen einholt, die im lockeren Pulk vor ihm laufen und sich nach und nach auf die einzelnen Büros und Werkstätten verteilen. Diesen Moment der Ruhe, bevor das Tagwerk beginnt, genießt er am liebsten allein.

Als Friedrich das Konstruktionsbüro betritt, sitzt Ali, sein Stellvertreter, bereits hinter seinem Schreibtisch. Nicht dass er früher käme, um zu arbeiten. Aber als Vater von zwei kleinen Kindern braucht er auch mal seinen Moment der Ruhe.

»Guten Morgen!«

»Guten Morgen, Doktor!« Für Ali ist jeder deutsche Experte ein Doktor, mit oder ohne Titel. »Für Sie ist schon ein Paket angekommen.«

Friedrich nimmt das Paket von seinem Schreibtisch. Merkwürdig, ohne Absender. Ohne Briefmarken. Mit der Post ist das sicher nicht gekommen.

»Wollen Sie es nicht aufmachen?«

»Ist es durch die Kontrolle gegangen?«

Ali zuckt die Schultern. »Ich schätze schon.«

Was soll's. Entschlossen reißt Friedrich das braune Packpapier auf. Zum Vorschein kommt eine nagelneue hervorragend gearbeitete Aktentasche aus braunem Nappaleder mit einem silbernen Schloss. Der Schlüssel steckt. Vorsichtig dreht ihn Friedrich herum, lässt das Schloss aufschnappen und sieht hinein. Die Tasche ist leer, bis auf einen Notizzettel.

Lieber Hellberg, hier ein kleines Präsent, verbunden mit einer Entschuldigung meinerseits, sollte ich Ihre kleine Tochter zu sehr rangenommen haben. Das Glück der Erde liegt ja bekanntlich auf dem Rücken der Pferde, aber der Weg dorthin ist hart. Mit den besten Wünschen auch von meiner Frau und der Hoffnung, daß Sie uns bald einmal wieder beehren,

Ihr Wolfgang Lotz.

Was für nette Leute, denkt Friedrich Hellberg. Das wäre doch wirklich nicht nötig gewesen.

Foto, schwarz-weiß:
Mehrere Raketen rollen auf Lastwagen montiert über
die Corniche, rundherum wogt ein Meer aus jubelnden
Menschen.
Bildunterschrift: Jahrestag der Revolution, Kairo 1962

Rita lässt die Kamera sinken. Sie muss sich vergewissern, dass es
die Wirklichkeit ist, die sich da vor ihren Augen abspielt.

Selbst Max fällt zur Abwechslung einmal nichts zu sagen ein.
Sie würde ihn auch nicht hören, obwohl sie direkt nebeneinandersitzen. Oder jetzt stehen, denn niemanden hält es mehr auf
den Holzbänken. Ein ungeheurer, beängstigender Jubel brandet
hoch unter das Sonnendach der Ehrentribüne, direkt gegenüber
von Präsident Nasser und seinen Begleitern.

Was wird Kai dazu sagen?, denkt Rita als Erstes, als sie die Raketen, bemalt in den Farben der Vereinigten Arabischen Republik,
auf schweren Militärfahrzeugen unter sich vorbeigleiten sieht.

»Das sind nur Attrappen!«, brüllt Max in ihr linkes Ohr. Rita
schüttelt den Kopf. Egal, was es ist, für die da unten, diese rasende, tobende Menge, sind es echte Raketen. Und zwar keine, die
zum Mond fliegen. Diese Bilder kennt man doch. Aus der Sowjetunion. Aus Amerika.

Bilder des Kalten Krieges.

Am Abend zuvor hat Rita lange mit ihrem Vater auf der Terrasse in Maadi gesessen. Es ist im Juli selbst nach Einbruch der
Dunkelheit noch so warm, dass man es in geschlossenen Räumen kaum aushalten kann. Oben schläft Pünktchen unter ihrem
Moskitonetz bei offenem Fenster. Und nebenan Ingrid, mit laufendem Ventilator, bei geschlossenem Fenster und zugezogenen
Vorhängen.

Rita und Friedrich Hellberg sprechen über ihre Arbeit. Rita

erzählt voll Stolz von dem erfolgreichen Raketentest in Anwesenheit von Präsident Nasser und Vertretern der internationalen Presse. Diesmal konnte sie leider nicht live in Gabel Hamsa dabei sein, als zwei Eroberer und kurz darauf zwei Sieger in den Himmel über der Wüste aufstiegen. Nasser wolle nur ägyptische Kollegen vor Ort haben, heißt es. Manche der Experten, die in der Fabrik 333 zurückbleiben, haben Verständnis dafür. Andere nicht.

»Eins ist jedenfalls sicher. Ohne uns würde es keine Raketen geben«, schließt sie ihren Bericht. Friedrich lächelt über ihre Ernsthaftigkeit. Wer hätte gedacht, dass aus seinem Sorgenkind in so kurzer Zeit eine verantwortungsvolle junge Frau würde? Eine Frau, der er ohne Zögern seine Sorgen anvertraut. Dinge, die er Ingrid niemals erzählen würde, selbst wenn sie auch nur einen Funken Interesse an seiner Arbeit hätte.

Friedrich berichtet. Was zur morgigen Militärparade aus Helwan aufsteigen und in Formation über die Corniche donnern wird, ist weder ein Jäger noch fliegt es Überschall. Der schnelle Abfangjäger ist ein Köder, den der Professor Messerschmitt geschickt vor Präsident Nassers Nase baumeln lässt.

HA 300.

Baureifer Prototyp.

Nur zwölf Mann werden benötigt, um ihn zusammenzubauen.

Kosten für die Grundlizenz: fünfzehn Millionen.

Doch die Baupläne sind wertlos.

Ergänzungen, Erweiterungen werden benötigt.

Der Direktor des Werkes spricht von über hundert Ingenieuren.

Die Ägypter sind verärgert.

Auftritt: Willy Messerschmitt, der Mann, der schon Hitler in den Bann zog. Wenn Nasser sofort ein Flugzeug haben will, dann verkaufen wir ihm erst mal einen zweisitzigen Trainer für die Jet- und Waffenausbildung. In Spanien entwickelt. In Deutschland kein Interesse. Nennen wir sie doch einfach:

HA 200.

Lizenz: vier Komma fünf Millionen.

Lieferung der Vorrichtungen aus Spanien: zehn Millionen.

Fertigungsunterlagen: dreihundertfünfzigtausend.

Nicht einmal dieses Flugzeug wird in Ägypten gebaut. Es werden unter Geheimhaltung ein paar Maschinen in Einzelteilen aus Spanien geliefert, in Helwan zusammengesetzt und mit den Farben der VAR überpinselt. Selbst der Chefpilot ist ein Spanier.

Ein veraltetes Flugzeug mit der Nummer 200.

Und eine Illusion mit der Nummer 300.

Rita hört zu. Ab und zu stellt sie eine Zwischenfrage. Und am Ende die richtige. »Kannst du das mit deinem Gewissen vereinbaren, Vati?«

Hilflos zuckt Friedrich Hellberg die Schultern.

»Ich weiß es nicht, Kind. Ich muss den Sommer in Deutschland damit verbringen, darüber nachzudenken.«

Als Rita hineingeht, um für die Parade ausgeschlafen zu sein, bleibt Friedrich noch auf eine Zigarettenlänge draußen sitzen.

Erstaunlich.

Der Sohn, den er sich immer gewünscht hat.

Ist eine Tochter.

Der zehnte Jahrestag der Revolution verspricht, ein wunderschöner Sommertag zu werden. Der Himmel von strahlendem Blau, der Nil von schillerndem Silber, die Hitze erträglich, zumindest auf der Tribüne.

Unten, wo die Leute in der prallen Hitze dicht an dicht stehen, manche sehen aus, als hätten sie dort übernachtet, um einen Platz ganz vorn zu ergattern, möchte Rita nicht sein. Auch sie musste schon früh am Tahrir-Platz erscheinen, endlose Kontrollen über sich ergehen lassen, bis sie endlich auf ihrem Platz neben Max Fischer saß. Doch für sie gibt es eisgekühlte Getränke und Snacks. Wieder ist es so, dass die ägyptischen Kollegen ganz vorne sitzen, während die Experten sich eher im Hintergrund wiederfinden. Kaum einer hat seine Familie mitgebracht. Die Parade ist ein Pflichtprogramm, das es zu absolvieren gilt. Besser verlebt sich so ein regulärer Feiertag im Club oder gleich am Roten Meer.

Wolfgang Pilz und Paul Goercke machen ernste Gesichter. Als Professoren an der Universität Kairo sind sie die Einzigen, die vor zwei Tagen in Gabel Hamsa dabei sein durften. Vielleicht ist bei dem Raketenstart doch etwas schiefgelaufen, wovon niemand weiß? Die Clique der jüngeren Ingenieure, allen voran Max Fischer, witzelt wie immer herum.

»Treffen sich ein ägyptischer und ein israelischer Satellit im All. Fragt der eine –«

In dem Moment fährt die offene Limousine des Präsidenten vor. Das Ende des Witzes geht im tosenden Applaus der Menge für Gamal Abdel Nasser unter. Es ist neun Uhr fünfundzwanzig.

Einundzwanzig Salutschüsse werden abgefeuert.

Präsident Nasser ist auf seinem Platz angekommen und salutiert der Ehrengarde. Er ist umringt von Offizieren in festlichen Uniformen und Staatsgästen im vollen Ornat.

Es erklingt die Nationalhymne. Tausende, Zehntausende, Hunderttausende Stimmen nehmen die Melodie auf. Die Menge scheint nur aus Mündern zu bestehen.

Jemand hat eine Art Programmheft in englischer Sprache aufgetrieben. Schon beim Lesen der endlosen Abfolge spürt Rita ein Ziehen in den Beinen, als würden ihr gleich die Füße einschlafen, die heute in dunkelgrünen Pumps stecken.

Zuerst kommen die Motorrad-Stafetten.

Dahinter das Camel Corps.

Die Armee-Kamele sehen noch arroganter drein als ihre Kollegen in Zivil, findet Rita. Und die Soldaten darauf deutlich verwegener als die folgende Kavallerie.

Eine Blaskapelle.

Was machen wir eigentlich hier? All das hier dreht sich doch nur um den Krieg. Rita hat keine so klare Meinung wie Kai zu diesem Thema. Aber sie hat genug vom Krieg gesehen. Hamburgs Narben liegen offen.

Unten marschieren Kadetten im Stechschritt.

Sondereinheiten in voller Kampfmontur.

Lastwagen voller Soldaten.

Panzer.

Noch größere Panzer.

Die Menge jubelt. Rita möchte weg aus diesem Spektakel des Krieges, an einen friedlicheren Ort. Sie ist nicht Teil dieser Menschen da unten. Dieses Jubels.

Eine Formation von Flugzeugen donnert über die Corniche. Die HA 200, angeblich in Ägypten produziert. Präsident Nasser deutet nach oben. Die Köpfe der Menschen recken sich gen Himmel, als wären sie Marionetten eines einzigen, gigantischen Puppenspielers. Diese überteuerten, veralteten Flugzeuge sind ein Betrug! möchte Rita hinunterschreien. Aber sie bezweifelt, dass jemand ihr zuhören wollte.

Das Beste hat sich Nasser bis zum Schluss aufgehoben.

Auftritt: Der Sieger. Der Eroberer.

Und nun weiß Rita Hellberg, weiß Max Fischer, wissen Wolfgang Pilz und Paul Goercke, wissen die Experten aus der Fabrik 333, warum sie heute hier sind.

Einige sind sichtlich schockiert.

Andere haben ein zynisches Lächeln um die Mundwinkel.

Rita dreht sich um. Die Chefs müssen etwas gewusst haben. Sie schauen immer noch ernst. Doch dann erhebt sich einer der Experten von seinem Platz und beginnt demonstrativ zu klatschen.

Klapp. Klapp. Klapp.

Ein anderer tut es ihm nach.

Klapp. Klapp.

Noch einer und noch einer fallen ein, geradezu erleichtert, dass sie nun endlich Teil der Menge sein dürfen.

Klapp. Klapp. Klapp.

»Bravo!«, ruft jemand.

»Bravo!«, ruft Max Fischer.

Die ägyptischen Kollegen in den Reihen vor ihnen drehen sich um und lächeln erfreut.

Und noch jemand: »Bravo!«

Mit Erstaunen stellt Rita Hellberg fest, dass die Stimme ihre eigene ist.

Als drüben auf der Präsidententribüne die Reden beginnen, stößt Max Rita an und deutet auf die hoch aufragende Silhouette des Nile Hilton.

»Lass uns von der Terrasse aus weiter zugucken!«, ruft er ihr ins Ohr. Rita lächelt und folgt ihm dankbar zum rückwärtigen Ausgang. »Die Dame muss mal«, erklärt Max dem Sicherheitsoffizier, der sie mit starrer Miene passieren lässt.

Die Terrasse des Hilton ist voll mit Touristen, die Fotos von der Parade gemacht haben. Rita und Max begnügen sich mit einem Tisch in den hinteren Reihen. Das Dröhnen der Lautsprecher dringt herauf, immer wieder unterbrochen durch frenetischen Applaus.

»Nasser hat sein Volk hinter sich, das muss man ihm lassen«, sagt Max, Bewunderung in der Stimme.

Rita ist noch dabei, zu sortieren, was sie erlebt hat. Ihre instinktive Ablehnung vor der Zurschaustellung des Krieges. Das Erschrecken über die Raketen. Und dann plötzlich der Umschwung. Nicht mehr unbeteiligt außen vor stehen wollen.

Unsere Arbeit!

Unser Erfolg.

Wie ein Sog hat es sie mitgerissen in dieses Gefühl der Zugehörigkeit und des Jubels. Noch immer fühlt sie die Hitze, die von innen aufsteigt wie ein Fieber. Ihre Kehle ist ausgedörrt, als wäre sie wieder in der Wüste.

»Ich habe Durst.«

Max sieht sie lächelnd an und winkt dem Kellner.

Als die Reden vorbei sind und die Menge unten sich langsam zerstreut, steht die Sonne schon tief über den Pyramiden. Die Touristen sind vor dem Trubel geflohen, um den Sonnenuntergang heute anderswo zu genießen. Stattdessen strömen mehr und mehr junge Ägypter auf die Terrasse. Ausgelassen, wie berauscht, mit leuchtenden Augen scheinen sie einzelne Sätze aus der Rede des Präsidenten zu wiederholen, einander zuzuwerfen wie Bälle in einem Spiel, das immer rasanter wird. Plötzlich löst sich einer aus dem Pulk, der sich direkt neben Rita und Max zusammengeballt hat. Verschwitzt, mit offenem Hemd, taumelt Hani an den Tisch, Max' Stellvertreter.

»Hey Omar, hast du Sonya gesehen?«

Max schüttelt den Kopf. »Noch nicht. Aber wir wollten später noch ins Belvedere gehen.«

Hani lässt sich auf einen leeren Stuhl fallen. »Ist das nicht ein großartiger Tag?«

Rita sieht ihn neugierig an. Sie kennt Hani Ayad als stillen, schüchternen Techniker, der im Werk nur über seine Arbeit spricht. Mit ihr redet er normalerweise, wenn es sich vermeiden lässt, überhaupt nicht. Doch heute ist kein normaler Tag.

»Hallo, Hani«, sagt Rita.

Er springt auf die Beine und deutet eine Verbeugung an. »Miss Rita!«

»Komm schon, setz dich wieder.« Max deutet auf den Stuhl und wendet sich Rita zu. »Hani ist übrigens Sonyas Bruder. Durch ihn haben wir uns kennengelernt.«

»From the needle to the rocket«, schwärmt Hani. »Wir produzieren alles selbst. Eine neue Zeit bricht an. Für die arabischen Völker. Für ganz Afrika!«

»Jetzt mach mal halblang, Hani«, lacht Max in seiner unnachahmlichen Art, wegen der ihm niemand böse sein kann. »Ein bisschen dürfen wir armen Europäer auch noch mitmischen, oder?« Er winkt dem Kellner. »Wie wäre es zum Beispiel mit einem guten schottischen Whisky?«

Rita sieht nachdenklich von Max zu Hani, während die beiden mit dem Kellner herumalbern. Sie muss zugeben, dass sie Hani Ayad noch nie als jungen Mann betrachtet hat, sondern nur als Schatten, wie die Experten ihre ägyptischen Stellvertreter gerne nennen.

Man weiß nie, ob sie uns über die Schulter gucken, um zu lernen oder um uns zu bespitzeln.

Im Zweifelsfall beides.

Bei den Montagstreffen sind sie nicht dabei.

Man muss ja auch mal unter sich sein.

Sie wäre nie auf die Idee gekommen, dass seine Schwester die schöne Sonya ist. Aber auch sonst hat sie keinen Gedanken daran verschwendet, dass dieser Mensch aus Fleisch und Blut ein Zuhause hat, eine Familie, Träume.

Scham. Das ist es, was sie jetzt fühlt, während sie ihn ansieht.

»Gehen Sie später auch ins Belvedere, Hani?«, fragt sie leise.

Überraschung, Freude, dann Unsicherheit flackern in seinem Gesicht auf. »Warum fragen Sie, Miss Rita?«

»Weil es mich interessiert«, antwortet sie.

Denn das ist die Wahrheit.

Diese neu entdeckte Wahrheit, noch jung und unschuldig, richtet sich auf und reibt sich erstaunt die Augen. Sie gleitet durch die aufgeregten Menschentrauben, schnappt hin und wieder ein Wort auf und schlüpft unbemerkt ins Innere des Hotels. In der oberen Lobby befinden sich die Kabinen mit den internationalen Telefonanschlüssen. Neugierig schwebt sie hinüber, streift an den Türen entlang und hört mit.

»Ägypten feuert 600km-Rakete von Wüstenbasis ab!«, schreit der Korrespondent der Jerusalem Post in den Hörer. Schweißperlen stehen ihm auf der Stirn.

»Präsident Nasser erklärte, dass Angreifer die Vereinigte Arabische Republik nicht länger wehrlos vorfänden.« Der Berichterstatter für die New York Times versucht, sachlich zu bleiben.

»Nasser wettert gegen die Briten.« Der Reporter vom Guardian ist sichtlich aufgebracht. »Untertitel. Prahlerei mit neuen Raketen.«

»Ich diktiere:« Das ist der Mann von der Münchner Abendzeitung. »Streng geheim, Doppelpunkt. Deutsche in Ägypten. Punkt. Sie rüsten für Nasser.«

So verschmilzt die ganz persönliche Wahrheit der Rita Hellberg mit anderen, wird zu einem mächtigen Strom aus Worten, der sich in Schallgeschwindigkeit um die Welt verbreitet. Und den Worten werden Taten folgen.

Der Nachtclub ganz oben auf dem Dach des Nile Hilton bildet den krönenden Abschluss dieses Gebildes aus schimmerndem Glas und funkelnden Lichtern. Der Vorraum hat im Zentrum eine gewaltige Brunnenschale, besetzt mit farbigen Mosaiksteinchen. Auf dem Wasser schwimmen Lotusblüten und Rosen. Eingehüllt in orientalische Duftwolken, geleiten Kellner in türkischen Pluderhosen die Gäste hinein, bis sich über ihnen der Sternenhimmel wölbt und unten in der Tiefe die leuchtende Stadt.

Moon River. Instrumentalversion.

Rita Hellberg tanzt mit Hani Ayad. Die fieberhafte Aufregung des Nachmittags ist einer seltsam feierlichen Ruhe gewichen.

»Ich hätte nie gedacht –«, flüstert Hani.

»Schsch«, macht Rita. »Nicht reden.«

Keine Worte sollen dieses Gefühl zerstören.

Als hätte sie auf einmal eine Pforte entdeckt, in einem Zaun, an dem sie jeden Tag vorbeigeht. Hinter dieser Pforte verbirgt sich ein geheimer Garten. Mit seltenen, unbekannten Pflanzen. Nie gesehenen Farben. Nie gehörten Geräuschen. Nie gerochenen Düften.

Und plötzlich weiß sie, ist sich ganz sicher. Dies ist das eigentliche Ziel ihrer Reise.

Rita Hellberg ist angekommen.

# Blaues Fotoalbum

(August 1962 bis Juni 1963)

Abzug vom Dia, Farbe:
Friedrich und Ingrid sitzen mit ihren drei Kindern Kai, Rita und Pünktchen sowie Friedrichs Mutter Käthe auf der Terrasse eines Restaurants mit Blick über die Elbe. Bildunterschrift: Oma Hamburgs Geburtstag im Louis Jacob, August 1962

»Dat ick dat noch erleven darv!«, seufzt Oma Hamburg.

Friedrich drückt kurz die abgearbeitete Hand mit dem Ehering, der nicht mehr abgeht. Auch wenn er das nicht laut sagen würde, wirkt seine Mutter fehl am Platze unter all den feinen Leuten von der Elbchaussee, die hier Sonntag für Sonntag tafeln. Er hat es sich ja selbst nicht träumen lassen, dass er seine Familie eines Tages hierher ausführen würde. Wo schon Hans Albers und Zarah Leander unter blühenden Linden gesessen haben, vielleicht genau an diesem Tisch.

Und wie zum Beweis dafür, dass sein Lebensweg endlich wieder in die richtige Richtung läuft, liegt direkt gegenüber der Werksflugplatz der Hamburger Flugzeugbau in Finkenwerder. Drei kleine Reisejets stehen da verloren in der Gegend herum. Friedrich ahnt nicht, dass in den Hallen auf der anderen Elbseite längst an der Nullserie der Transall gearbeitet wird, einer militärischen Transportmaschine. Ihm wurde gerade, wie allen in Ägypten tätigen Experten, von offizieller Seite die Freigabe für Geheiminformationen im deutschen Flugzeugbau stillschweigend entzogen.

Kai hat sich zur Feier des Tages in seinen Abituranzug geschmissen. Aber die Haare sind nicht geschnitten. Rita lächelt ihm zu, während Friedrich dem Kellner die Kamera wieder abnimmt. Der verbeugt sich steif.

»Möchten die Herrschaften jetzt bestellen?«

Oma will falschen Hasen essen, die Männer schließen sich an. Ingrid möchte lieber Matjes nach Hausfrauenart, Rita bestellt Toast Hawaii. Pünktchen wird gar nicht gefragt.

Einen Kinderteller, bitte.

Friedrich ordert eine Flasche Müller-Thurgau, halbtrocken. »Heute lassen wir es uns richtig gut gehen.«

Eine knappe Woche hat es Rita in Stade ausgehalten. Das Haus erscheint ihr kleiner als vor ihrer Abreise nach Kairo. Dauernd kommt sie ihrer Mutter in die Quere, die die Hände nicht von Lappen, Schrubber und Feudel lassen kann. Noch ungeöffnete Putzmittel stapeln sich in der Waschküche. Selbst die Fugen im Badezimmer werden mit der Zahnbürste gereinigt. Nur das Arbeitszimmer ihres Vaters ist vor dieser Heimsuchung sicher. Dort sitzt er über seinen Berechnungen, wenn es ihn nicht hinaus zum Segelflugplatz zieht.

Auch Pünktchen verbringt die meiste Zeit in ihrem Zimmer und verschlingt ein Nesthäkchen-Buch nach dem anderen.

Eskapismus für weibliche Teenager.

Überarbeitete Neuauflage auf Grund kriegsverherrlichender Inhalte. Die Autorin hieß Else Ury.

Ab 1941: Else Sara Ury.

Ermordet in Auschwitz.

Pünktchens beste Freundin Nele ist mit den Eltern im Urlaub, der Reiterhof voll belegt mit Sommergästen.

»Warum fährst du nicht trotzdem hin?«, fragt Rita. »Soll ich mitkommen?«

»Keine Lust.« Pünktchen versteckt sich hinter ihren Büchern vor dem herrlichen Sommerwetter, vor den Eltern, sogar vor Rita. Die ahnt, dass Pünktchens kindliche Freude am Reiten für immer verloren ist. Sie traut es sich nicht mehr zu, auf dem Rücken von Eisblume glücklich zu sein.

Rita flüchtet auf einen Liegestuhl im Garten. Doch der winzige Garten in Stade ist nicht der Club. Kein Pool. Keine Limonade, keine eisgekühlte Melone. Die Nachbarn haben sich einen elektrischen Rasenmäher gekauft.

Rita flüchtet nach Hamburg.

Sie schläft auf der Klappcouch bei Oma und Kai in Ottensen, Bezug aus giftgrünem Frotteestoff, durchbrochene Muster im Korbgeflecht der Armlehnen.

Rita und Kai gehen in den Star Club. Kai hat sich verändert, nicht auf den ersten Blick, aber auf den zweiten. Ist weiter weg von Rita, von ihrem gemeinsamen Leben, als vor einem halben Jahr. Grüßt Leute auf dem Kiez, kennt die Türsteher, die Frau hinter der Bar.

Rita tanzt Twist. Es spielen King Size Taylor and the Dominoes.

»Wusstest du, dass Twist zu tanzen in Ägypten polizeilich verboten ist?«

Wusste er nicht.

Kai steht an der Bar, trinkt Bier und redet über Musiker, die sie nicht kennt.

Den einzigen, echten, wahren Jazz.

Um zehn Uhr muss sie den Club verlassen, weil sie noch nicht achtzehn ist. Die Ausweise, bitte.

In Kairo fragt niemand nach dem Ausweis.

»Wir gehen noch woanders hin«, sagt Kai.

Eine Kneipe in Hafennähe. Düster. Eng.

Vier schwarze Musiker spielen Jazz. Kai nennt die ältere Frau hinter der Theke Mutti. Er gibt Rita ein Bier. Sie trinken aus der Flasche. Ein Mann, dem ein paar Zähne fehlen, brüllt ihr ins Ohr, dass er ein Seemann sei.

Ob sie tanzen will.

Sie will nicht.

Es stinkt nach Schweiß und Bier und Zigaretten.

Kais Augen leuchten.

Im hellen Mittagslicht auf der Terrasse des feinen Restaurants wirkt er trotz des Anzugs wie ein bleiches Nachtschattengewächs.

Der Kellner kommt und fragt, ob es geschmeckt hat.

»Der falsche Hase ist richtig«, sagt Oma Hamburg und kichert.

Sie ist ein bisschen duhn, der Müller-Thurgau am Mittag zeigt Wirkung. »So was Feines hatten wir nicht im Krieg.«

Im Krieg ist das Stichwort.

Im ersten Krieg die Kinder gekriegt.

Im zweiten Krieg den Mann verloren.

Das muss man sich mal vorstellen.

»Ich weiß gar nicht, warum die Frauen von heute sich immer so haben. Das ist doch bloß Anstellerei.«

Rita beobachtet, wie ihre Mutter sich unmerklich duckt, als habe sie einen Schlag eingesteckt.

»Nesthäkchen hat auch –«, setzt Pünktchen leise an, aber keiner hört zu.

Die Oma redet weiter.

Friedrich wirft Ingrid einen Blick von der Seite zu. Hat er es auch bemerkt?

Kai raucht und starrt auf seinen fast leeren Teller.

»Darf es noch Kaffee sein?« Der Kellner ist wieder da.

Rita sieht sich um. Die Luft ist erfüllt von sommerlicher Wärme. Der Ausblick auf die Elbe, wo gerade ein Frachter einfährt, überwältigend. Andere Familien, das Klappern von Geschirr, gedämpfte Stimmen.

Menschen, denen es gut geht.

Über ihrem Tisch allein hängt eine drückende Schwere. Als würde gleich ein Gewitter niedergehen.

Rita sieht vom einen zum anderen.

Ihr Vater hat die Stirn gerunzelt. »Eine Kur?«

Ingrid nickt. »Eine moderne Klinik im Allgäu. Doktor Eisele hat sie empfohlen.«

»Du hast mit Doktor Eisele darüber gesprochen, bevor du mir davon erzählst?«

Sie weicht seinem Blick aus. »Damit es wirkt, muss ich mindestens sechs Wochen dortbleiben.«

»Aber der Urlaub auf Sylt ist doch längst gebucht!«, entgegnet er aufgebracht.

»Danach, Friedrich. Ich komme nicht mit zurück nach Kairo.«

Stille. Lang genug, um ein Schiffshorn zu hören, das von der Elbe heraufschallt.

»Wir reden später darüber, Ingrid.« Seine Stimme ist leise, voll unterdrückter Wut. Er winkt dem Kellner.

»Wir haben die Trümmer mit den bloßen Händen weggeräumt.« Das ist wieder die Oma. Pünktchen nickt betreten. Sie ist das perfekte Opfer für Omas weinhaltige Monologe.

Rita stößt Kai unter dem Tisch an.

»Hey, großer Bruder.«

Aber Kai stiert mit düsterem Blick auf die Geldscheine, viele sind es, die aus Friedrichs Brieftasche auf den kleinen Teller mit der Rechnung wandern. Plötzlich springt er auf, mit so einem Ruck, dass sein Stuhl umfällt. Er tritt drei Schritte zurück, schafft Distanz zwischen sich und seinen Vater, der neben ihm gesessen hat.

»Schämst du dich nicht, mit deinem schmutzigen Geld hier herumzuprotzen? Das ist doch einfach widerlich.«

Da ist es. Das Gewitter.

Kai steckt sich eine neue Zigarette an. Hektisch fummelt er mit dem Feuerzeug herum.

»Was fällt dir ein?« Friedrich wird auch laut, ungeachtet der anderen Gäste. Einige drehen sich schon um.

»Was mir einfällt? Du baust wieder Jagdflugzeuge, als sei nichts gewesen. Haben deine Flugzeuge nicht genug Schaden angerichtet? Sollen sie wieder Bomben abwerfen? Atombomben diesmal? Über Israel?«

Die Oma ist verstummt. Vorwurfsvoll sieht sie Kai an. »Min Jung, wie kannst du so mit deinem Vater reden!«

»Lass ihn nur sagen, was er zu sagen hat.« Friedrich ist ebenfalls aufgestanden und mustert seinen Sohn, der ihm über den Kopf gewachsen ist.

Ingrid sieht hinunter zur Elbe.

Pünktchen greift unter dem Tisch nach Ritas Hand.

»Und jetzt ziehst du auch noch Rita da mit rein. Verkaufst deine eigene Tochter an ein paar Nazis aus Peenemünde!«

»Spinnst du?« Rita hört ihre eigene Stimme wie aus einem Lautsprecher.

»Nein, Rita.« Kai sieht zu ihr herüber, eher traurig als voller Zorn. »Ich höre BFBS, schon vergessen? Alle großen englischen Zeitungen haben darüber berichtet. Von wegen Mondraketen.«

Bevor sie etwas entgegnen kann, ist ihr Vater schon an Kai herangetreten. Ganz nah. Zu nah.

»Im Gegensatz zu dir trägt deine Schwester etwas bei.« Kurz denkt Rita, er werde Kai eine Ohrfeige verpassen. Doch er packt ihn nur am Kragen seines Jacketts. »Und jetzt raus hier, Junge. Verschwinde.«

Er lässt so plötzlich los, dass Kai nach hinten stolpert. Ohne ein weiteres Wort dreht er sich um und verlässt das Lokal.

Friedrich geht zur Garderobe und holt den Sommermantel seiner Mutter. »Ich muss mich für Kai entschuldigen«, sagt er und hilft der Oma in den Mantel. »Du verwöhnst ihn aber auch zu sehr.«

»Petra!«

Wie immer erscheint Pünktchen postwendend an Ingrids Seite.

Rita geht als Letzte hinaus.

Englische Zeitungen. Mondraketen. Von wegen.

Kais Worte dröhnen in ihren Ohren.

The Guardian. 23. Juli 1962. Seite 7.

»Wir sind heute stolz darauf, alles selbst herzustellen von der Nähnadel bis zur Rakete. Ich gebe mit Stolz bekannt, dass die Wissenschaftler, die an den Raketen arbeiten, Ägypter sind. Gestern haben wir das Ergebnis gesehen«, erklärte Nasser.

New York Times. 23. Juli 1962. Seite 4.

Präsident Nasser erklärte, Aggressoren würden die VAR nicht länger verteidigungslos vorfinden. Gestern hatte Herr Nasser festgestellt, dass Israel in Reichweite der neuen VAR-Raketen liege.

Jerusalem Post. 23. Juli 1962. Seite 1.

Premierminister Ben-Gurion berichtete gestern dem Kabinett zum Thema der ägyptischen Raketenstarts am Samstag. Der Bericht enthielt eine Einschätzung der militärischen Bedeutsamkeit der Abschüsse sowie Angaben zu den Quellen, aus denen Ägypten einzelne Komponenten der Raketen bezogen hat.

Zu Kaffee und Kuchen geht es zurück nach Ottensen ins Café Hirte. Die verbleibenden Mitglieder der Familie Hellberg stehen mit betretenen Gesichtern um Hans Albers herum, bis Oma Hamburg ausgestiegen ist. Rita hat keinen Appetit auf gedeckten Apfelkuchen mit Schlagsahne. Sie ist in Gedanken bei ihrem Bruder.

Ist euch eigentlich allen egal, was mit Kai ist?

Pünktchen sicher nicht, doch die ist zu jung, um wirklich tätig zu werden.

Rita murmelt eine Entschuldigung und läuft los, ohne eine Antwort abzuwarten. Kai muss das Schiff zurück genommen haben. Sie läuft die Ottenser Hauptstraße runter, dann nach links in Richtung des Fähranlegers. Die Treppen runter.

Die Fähre aus Richtung Finkenwerder kommt gerade.

Lauf schneller.

Atemlos erreicht sie die Brücke, gerade als Kai aussteigt, Bierflasche in der Hand. Er torkelt ein bisschen. Einen oder zwei hat er sich bestimmt noch an Bord hinter die Binde gekippt.

Kurz darauf sind sie bei ihrer Bank in dem kleinen Park oberhalb des Anlegers. Hier haben sie als Kinder gestanden, Kekse von Oma geknabbert und Schiffe gezählt. Als sie größer waren, Geheimnisse ausgetauscht. Oder einfach schweigend nebeneinandergesessen, um der muffigen Enge der Wohnung zu entkommen.

»Verräter!«, sagt Rita und setzt sich neben ihn.

»Du verstehst das nicht«, brummt Kai und trinkt einen Schluck aus seiner Bierflasche. »Ich komm' nicht mit euch nach Sylt. Ich komm' überhaupt nicht mehr. Ich such' mir eine Bude und 'nen Job.«

»Du verstehst das auch nicht«, sagt Rita und zeigt auf die Elbe und den Hafen. »Das hier ist deine Welt.« Sie tippt Kai an die Stirn. »Und da drinnen ist auch deine Welt.«

Sie nimmt ihm die Flasche aus der Hand, trinkt einen Schluck Bier, überlegt. »Aber es gibt andere Welten. Da draußen. Und hier drinnen auch.« Sie tippt an ihren eigenen Kopf.

»Echt jetzt?« Kai sieht sie an. Ein breites Grinsen erscheint auf seinem Gesicht. »Seit wann das denn?«

Rita erzählt. Von Kairo. Von Brigitte, Maadi, dem Club. Von Max und Sonya. Von Aziza und den Pyramiden, Groppi, dem Nile Hilton. Von dem Gefühl, zur richtigen Zeit am richtigen Ort zu sein.

Von Hani sagt sie nichts.

BND-Akte 24 881_OT.

Ausw. Amt -Ref. 114

fernschreiben

nr. 228 06. August 1962 – gewöhnliche dringlichkeit –

an: 24

von: konrad Nr. 461/62 vs- v e r t r a u l i c h

betr.: deutsche raketenspezialisten in der var

die us-presse benennt brandner und pilz als die deutschen wissenschaftler, die neben saenger der var wissenschaftliche hilfe bei raketenentwicklung gegeben haben. koennen namen bestätigt werden? was ist sonst noch dazu zu sagen?

presse versucht, den fall in antideutschem sinne auszuschlachten. umso wichtiger erscheint es mir, dass wir uns von nd zu nd in sorgfaeltig formulierter sprache kooperativ zeigen.

fin+++

Foto, schwarz-weiß:
Blick in eine einsame, wilde Dünenlandschaft im
Abendlicht; Ritas langer Schatten fällt auf Sand.
Bildunterschrift: Das Wüstengespenst von Sylt, August
1962

Where does it lead?

Jeden Abend steigt sie allein die Holztreppe hinter dem Haus
am Süderhörn hinauf und folgt dem hellen Pfad durch die grün
bewachsenen Dünen. Sie läuft, bis sie die Wanderdüne erreicht.
Weil sie dieser Berg aus weißem Sand an die Wüste erinnert?
Eine abgegrenzte, bezähmbare Wüste für Rita Hellberg?

BND-Akte 24 881_OT.

E N T W U R F

23. 8. 62 W 2318

Betr.: Deutsche Raketenexperten in Ägypten.

1. Die Anwesenheit deutscher Experten in Ägypten geht in
ihren Anfängen bis in die Jahre 1950/51 zurück. Bereits ab 1952
bestanden nachstehende Beratergruppen:

a) Militär-Experten-Gruppe (General FAHRNBACHER)

b) Forschungsgruppe Waffen und Munition (Prof. RÖMER)

c) Wehrwirtschaftliche und wirtschaftliche Gruppe (Ehemaliger Wehrwirtschafts- und SS-Führer Dr. VOSS)

d) Raketen-Entwicklungsgruppe (Prof. ENGEL, ehemaliges
SS-Waffenamt)

2. Die Raketen-Entwicklungsgruppe unter Prof. ENGEL hat
sich in erster Linie mit der Entwicklung von kleinen Raketen,
die von Flugzeugen aus abgeschossen werden, oder der Pan-
zerbekämpfung dienen sollten, befasst und nicht mit der Konstruktion von Fern-Raketen.

3. Die Tatsache, daß erneut eine Raketen-Gruppe unter Prof.

SAENGER in Ägypten ist, war pressebekannt. Über ihre Tätigkeit hat die deutsche Botschaft Kairo wiederholt berichtet.

Kai hat sein Wort gehalten. Am Tag nach der Geburtstagsfeier finden sie sein Zimmer bei Oma leer, das Bett ordentlich abgezogen. Auf dem Tisch liegt eine Schallplatte.

Für Rita.

Ohne ein weiteres Wort.

Rita nimmt die Platte mit nach Stade, nimmt sie mit in die Ferien nach List auf Sylt.

Urlaub auf Sylt, das ist für die Hellbergs nicht das mondäne Westerland oder Kampen, das gerade in Mode kommt, sondern die alljährliche Pilgerfahrt zum Seefliegerhorst. Erste Atlantiküberquerung von Ost nach West, der Pilot Walter von Gronau liegt auf dem Dünenfriedhof. List, Außenposten im wilden Norden der Insel, Garnisonsstadt aus rotem Klinker.

Kindheitserinnerung. Rita lernt Fahrradfahren auf dem Ellenbogen, der eigenartig geformten Landzunge, die den Abschluss der Insel bildet. Kai ist viel weiter vorn, der Wind trägt ihr seine Stimme in Bruchstücken zu.

»Pass auf, dass du nicht weggeweht wirst!«

»Warte auf mich, Kai!«

Rita fühlt sich wie auf einem Foto, von dem jemand die Hälfte abgerissen hat. Sie weiß nicht einmal, wohin sie ihm das schreiben soll. Er hat keine Adresse hinterlassen, keine Telefonnummer. Nichts.

Nur Miriam Makeba.

Where does it lead, this strange young love of mine?

Auf Sylt verbringen Friedrich und Ingrid Hellberg die Tage zusammen. Sie muss nicht putzen, das lässt die Wirtin der Pension Heidkieker nicht zu. Er muss nicht arbeiten, das lässt Ingrid nicht zu. Sie sitzen zusammen im Strandkorb, lesen Zeitung, schippen Sand auf den Burgwall, den er nach ihrer Ankunft aufgetürmt hat, früher mit Kai und Rita, jetzt mit Pünktchen. Sie gehen abwechselnd mit den Kindern in die Brandung oder spielen, an seltenen windstillen Tagen, Federball. Sie unterhalten sich. Stunden-lange, tiefschürfende Unterhaltungen sind es nie gewesen, eher ein friedliches Dahinplätschern um vertraute Menschen und Themen. Die Kinder, die Eltern, und wie schön, dass es endlich wieder aufwärts geht.

In diesem Sommer sitzen sie nebeneinander im Strandkorb wie Fremde, die sich plötzlich auf engstem Raum arrangieren müssen.

Du hast es versprochen. Durch dick und dünn. Noch nicht ein Jahr sind wir in Kairo.

Ich habe alles für dich getan. Jetzt muss ich einmal an mich denken.

Dein Sohn. Du hast ihm zu viel durchgehen lassen.

Unser Sohn. Ich will für ihn da sein, wenn er mich braucht.

Denken sie. Und bleiben stumm.

BND-Akte 24 881_OT.

Nr. 1242/62 Geheim.

24. August 1962, 5. Ausfertigung.

An den

Staatssekretär des Bundeskanzleramtes

Herrn Dr. Globke – persönlich –

Betr.: Deutsche Raketenfachleute in Ägypten

Anfang 1960 hielt sich der Vorsitzende des FPS, Dr. ECKERT (DAIMLER-BENZ), in Ägypten auf. Ihm wurde – wie auch anderen Deutschen – die Frage gestellt, welcher deutsche Forscher für den Bau von Raketen in Frage käme. Es handelte sich hierbei um einen weiteren Versuch der VAR, die im Anfang der fünf-ziger Jahre von Dr. Wilhelm VOSS und anderen begonnene For-schungs- und Beratungstätigkeit deutscher Fachleute mit neuen Kräften fortzusetzen. Offensichtlich verwies Dr. ECKERT damals auf einzelne Angehörige des FPS, denn kurze Zeit darauf trat die ägyptische Regierung an Prof. Dr. SÄNGER heran mit dem An-gebot, an der Technischen Hochschule Kairo Vorlesungen über Raketentechnik und Raumfahrt zu halten und sich im Rahmen des Baues von Flüssigkeitsraketen beratend zu betätigen. Geplant war zunächst der Bau einer zweistufigen Höhensonde mit einer Gipfelhöhe bis zu etwa 500 km. Prof. Dr. SÄNGER nahm diesen Vorschlag an. Er und seine Mitarbeiter Dipl.-Ing. PILZ und Prof. GOERCKE sowie Dr. jur. KRUG fuhren in der Folgezeit mehrere Male nach Ägypten.

Pünktchen und Rita machen es sich möglichst weit entfernt von den Eltern in den äußeren Gefilden der Strandburg mit ihren Handtüchern und Büchern unter einem Sonnenschirm bequem. Oder sie verbringen den Tag gleich auf eigene Faust. Rita hat sich vorgenommen, ihrer kleinen Schwester schöne Ferien zu bescheren, koste es, was es wolle. Sie fahren mit dem Ausflugsdampfer raus zu den Seehundbänken. Sie machen die Fahrradtour über den Ellenbogen zum Leuchtturm. Sie gehen baden, obwohl es verboten ist, und werden von riesigen Hummern kreischend an den Strand zurückgetrieben. Sie trinken heißen Kakao in der neuen Strandhalle. Sie kaufen Nordseekrabben vom Kutter und essen sie gleich auf der Hafenmole. Sie machen die Fahrradtour durch die Heide bis Westerland und bummeln durch die Friedrichstraße. Stärken sich mit einem Eis auf den Stufen vor dem historischen Rathaus.

Drinnen sitzt Bürgermeister Heinz Reinefarth, Parteimitglied im Block der Heimatvertriebenen und Entrechteten. Ein Mann der Tat. Kann vermitteln zwischen den vielen Flüchtlingen auf der Insel und den verbliebenen Bewohnern des bei Kriegsende bankrotten Nordseebades.

Mann der Tat. Baut auf. Packt an.

SS-Gruppenführer Heinz Reinefarth, bekannt unter dem Namen Der Henker von Warschau.

Mann der Tat.

Warschauer Aufstand 1944. Hundertfünfzigtausend Opfer.

Zur selben Zeit führt Otto Skorzeny das Unternehmen Panzerfaust in Ungarn durch.

Bis zum Letzten.

Männer der Tat. Amerikanische Kriegsgefangenschaft. Zusammenarbeit mit dem CIC.

Ein neues Leben.

Bürgermeister.

Kreistag.

Schleswig-Holsteinischer Landtag.

Erst 2014, am siebzigsten Jahrestag des Aufstands im Warschauer Ghetto, wird vor dem Rathaus Westerland eine Gedenktafel angebracht. Der Wortlaut ist unter den Einwohnern umstritten.

Beschämt verneigen wir uns vor den Opfern und hoffen auf Versöhnung.

Eines Abends, nach einem endlosen, schmerzhaft schönen Sonnenuntergang über dem Weststrand, kommt Rita herunter von der Düne und sieht ihren Vater allein im Garten sitzen.

Eine Wolldecke über den Knien, seine Aktentasche auf dem Schoß, muss er eingenickt sein. Rita berührt ihn vorsichtig an der Schulter. Er schreckt hoch, versucht sich zu orientieren.

»Vatilein!« So hat sie ihn schon lange nicht mehr genannt. »Willst du etwa hier draußen übernachten?«

Er nimmt ihre Hand von seiner Schulter und hält sie ganz fest.

»Rita.« Mehr sagt er nicht.

Rita denkt an die gemeinsamen Abende im Garten der Villa in Maadi. Sie können doch jetzt miteinander reden. Entzieht ihm sanft ihre Hand, holt sich einen zweiten Liegestuhl und klappt ihn auf.

»Ist dir nicht kalt, Kind?«

»Ich habe genug Sonne getankt.« Rita deutet auf die hohen Dünen, die direkt hinter dem Garten beginnen.

Einen Moment lang herrscht Schweigen. Eine Möwe kreischt.

»Vati, hat Kai recht? Sind Professor Pilz und die anderen Nazis? Hast du davon gewusst?«

Es ist schon so dunkel, dass sie sein Gesicht kaum noch erkennen kann. Ist vielleicht besser so.

»Und was ist mit den Flugzeugen und den Raketen? Wird es wieder Krieg geben?«

»Rita.« Nochmal, aber jetzt mit einer anderen Betonung als vorher. Er ringt um Kontrolle, um die Vaterstimme.

»Ich bin kein Kind mehr«, fügt sie vorsichtshalber hinzu.

»Ich weiß.« Sie hört, wie er sich eine Zigarette anzündet und hätte auch gern eine. »Im Werk und auch sonst, Rita. Ich bin jetzt über ein Jahr in Kairo. Niemals fand eine politische Veranstaltung oder auch nur eine Diskussion statt. Außer uns sind doch auch Österreicher, Spanier, Schweizer dort. Und wir alle leben unser Familienleben und arbeiten Tag für Tag in den Büros und Werkhallen dafür, dass man uns anständig bezahlt. Wir sind doch keine Landsknechte! Keine Verbrecher!« Er zieht an seiner Zigarette.

Rita spürt die Anspannung.

Er spricht zu Kai, denkt sie, zu Kai durch mich.

»Wenn jemand Verantwortung trägt, dann sind es Messerschmitt, Brandner, Pilz und dieser Sänger. Die kennen die großen Zusammenhänge. Aber auch sie berufen sich auf das Wissen und Einverständnis deutscher Regierungsstellen. Was sollen denn wir kleinen Experten da sagen?«

Friedrich drückt seine Zigarette in dem Aschenbecher aus, den ihm die Wirtin vorsorglich auf den Gartentisch gestellt hat. »Dein Bruder und seine Freunde machen es sich zu einfach. Man kann doch nicht unsere ganze Generation für die Verbrechen Einzelner verdammen!«

Er sieht zu seiner Tochter hinüber, die ganz still dasitzt, den Blick auf die ersten Sterne gerichtet, die sich am Himmel sehen lassen. Warum hat er bloß ständig das Gefühl, er müsse sich verteidigen?

»Der Eichmann, das war ein Nazi. Es ist richtig, dass sie ihm den Prozess gemacht haben, dort in Israel. Aber wir Techniker und Ingenieure, wir haben mit der Politik nichts am Hut gehabt. Wir haben für unsere Arbeit gelebt, für den Fortschritt. Und das tun wir heute noch.« Seine Beine fühlen sich bleischwer an, viel zu lange hat er hier gesessen. »Und jetzt hilf mir hoch, Tochter. Es ist spät.«

BND-Akte 24 881_OT.

Nr. 1242 / 62 Geheim.

Fortsetzung.

Am 1. September 1960 gründete der Angehörige des FPS, Dr. KRUG, in Stuttgart die INTRA-Handelsgesellschaft mbH., die ihre Büroräume in den Räumlichkeiten der ägyptischen Fluglinie UAA hat. Über die INTRA-Handelsgesellschaft mbH. sollen u. a. Käufe von Einzelteilen für die Herstellung der geplanten Höhensonde getätigt worden sein.

Es ist der letzte Tag im August. Der letzte Urlaubstag von Familie Hellberg. Morgen wird Hans Albers über den Hindenburgdamm in Richtung Hamburg rollen. Sie werden ihre Sachen packen, ein letztes Mal das Haus in Stade putzen, den Schlüssel bei den Nachbarn abgeben und nach Süden aufbrechen: Ingrid zu ihrer Kur ins Allgäu, Friedrich zu einer Konferenz in München. Rita und Pünktchen werden die Großeltern in Landsberg besuchen, bis es weitergeht nach Venedig, wo Brigitte Scholler an Bord der Ausonia zu ihnen stoßen soll.

Kein Lebenszeichen von Kai.

Die Sonne geht unter. Rita Hellberg steht allein auf der Wanderdüne von List auf Sylt.

Ein Lied von Miriam Makeba im Ohr.

Ein Bild von Hani Ayad vor Augen.

Where does it lead? This strange young love of mine?

Anywhere it takes me I will go.

Foto, schwarz-weiß:
Rita steht mit einem Glas Champagner in der Hand in der
Abflughalle des Flughafens München-Riem.
Abzug vom Dia, Farbe:
Friedrich und Pünktchen lehnen an der Reling der Ausonia,
hinter ihnen das Mittelmeer.
Bildunterschrift: Rückkehr an den Nil, September 1962

Rita sitzt in der Wappenhalle des Flughafens, ganz links auf der
Kunstlederbank, mit Blick auf das Selbstbedienungsrestaurant.
Sie trägt ihre Sonnenbrille, jedoch nicht, weil es hier drinnen so
hell ist.

Max Fischer ist noch nicht da. Auch sonst kein bekanntes
Gesicht. Dabei haben sicher alle dasselbe Telegramm erhalten:

Sofortige Rückkehr nach Kairo erbeten. Stop. Tickets abzuholen im Büro der UAA, München, Schillerstraße 21. Stop.

Zuerst denkt Rita, sie habe sich geirrt. Es ist die Firma INTRA,
bei der sie ständig Teile für die Fabrik nachbestellt, die unter dieser Adresse zu finden ist. Vor dem Haus steht ein Polizeiwagen.
Drinnen belehrt sie ein Schild mit dem Logo der ägyptischen
Fluglinie eines Besseren. Im Wartebereich hängen große Plakate
und werben für die neue Verbindung von München über Athen
nach Kairo.

Buchen Sie Ihre Traumreise ins Land der Pharaonen ab 4. Mai
1962. Jeden Montag ab München.

BND-Akte Nr. 100 614_OT.

Vorläufiger Ermittlungsbericht. Seite 1.

Am 14. Juli 1960 wurde in Stuttgart die Firma INTRA gegründet
und am 1. September 1960 ins Handelsregister eingetragen. Die
Arbeit der Firma wurde mit Handel und Export von Waren aller Art
bezeichnet. Geschäftsführer wurde Dr. Heinz Krug. Er war zugleich

mit Prof. Dipl.-Ing. Wolfgang Pilz und Prof. Paul Goercke Teilhaber der Firma. In der Zeit von Juli 1960 bis Februar 1962 wurde der Geschäftsbetrieb der INTRA durch das Finanzministerium überprüft. Dr. Krug wurde nebenberuflich Direktor der U. A. A. in München.

Rita verspürt ein leichtes Ziehen im Bauch bei der Vorstellung, dass sie am nächsten Tag zum ersten Mal allein ein Flugzeug besteigen soll.

Neugier. Unruhe.

Irgendwas liegt in der Luft.

Ein Knistern.

Sie bekommt ihr Ticket und trifft sich mit ihrem Vater im Palast Hotel am Maximilianplatz. Es ist warm, sie sitzen im Garten. Ein herrlicher Spätsommernachmittag. Friedrich Hellberg vibriert vor Unruhe. Er strahlt dasselbe Knistern aus, das auch Rita verspürt.

Eins kommt zum anderen.

Die Verärgerung über die plötzliche Abreise seiner Tochter auf Befehl aus Kairo. Dann die schlechte Stimmung auf der Konferenz. Er und die anderen Experten werden geschnitten. Von den Kollegen, mit denen sie früher gearbeitet haben bei Bölkow, Heinkel oder der Hamburger Flugzeugbau. Von den Vertretern des Verbandes Deutscher Luftfahrtindustrie.

Jemand behauptet, sie seien mit einem Embargo belegt. Drei Jahre Arbeitsverbot bei der Rückkehr nach Deutschland.

Jemand behauptet, die Clearance für »Geheim« sei ihnen entzogen worden.

Bereits aus Kairo getätigte Bestellungen von wichtigen Teilen werden unter fadenscheinigen Vorwänden storniert.

Noch tiefer sitzt die Enttäuschung darüber, dass Ingrid ihn und die Familie im Stich gelassen hat, um eine Kur zu machen. Ein neues Naturheilverfahren, empfohlen vom Doktor Eisele, der sich mit so etwas offenbar bestens auskennt. Direkt nebenan ein Kloster, damit Ingrid auf ihren geistlichen Beistand nicht verzichten muss.

Und wer leistet ihm Beistand?

Auf der Fahrt von Hamburg in Richtung Süden hängt jeder seinen eigenen Gedanken nach. Friedrich ist es, der das Schweigen bricht, kurz bevor sie Oberstaufen erreichen.

»Wann kommst du nach?«

Ingrid weicht seinem Blick aus. »Kai braucht seine Mutter«, murmelt sie.

»Du weißt ja nicht mal, wo er steckt!«, bricht es aus ihm heraus. Rita und Pünktchen, die hinten im Auto sitzen, werfen sich alarmierte Blicke zu, die ihm im Rückspiegel nicht entgehen.

Kai. Mit dem hat der ganze Ärger angefangen.

Eine flüchtige Umarmung zum Abschied im Allgäu. Er holt die Koffer aus dem Auto. Ingrid verschwindet wortlos im Inneren der Klinik.

Ein Kellner bringt Kaffee und Apfelstrudel. Friedrich sieht seine Tochter an. »Hast du was von deinem Bruder gehört?«

Rita schüttelt den Kopf.

»Und du weißt auch nicht, warum du so plötzlich nach Kairo musst und dein Herr Professor keine fünf Tage länger auf dich warten kann, bis unser Schiff ankommt?«

Nochmaliges Kopfschütteln.

»Weiß denn hier überhaupt jemand, was los ist!«

Die Leute am Nachbartisch gucken rüber.

»Beruhige dich, Vati.« Rita legt ihre Hand auf seine. »Denkst du dran, Brigitte in Venedig vom Bahnhof abzuholen, bevor ihr zum Hafen fahrt?«

»Ja, ja.« Es ist ihm überhaupt nicht recht, dass er jetzt neben seiner Jüngsten auch noch auf Schollers Tochter aufpassen soll. »Warum kann die nicht mit ihrer eigenen Familie fahren?«

»Das hab' ich dir doch schon erklärt.« Rita verdreht die Augen, als sei er ein seniler Greis.

Hat sie es ihm schon gesagt? Er kann sich nicht erinnern. Zu viele Dinge gehen ihm im Kopf herum in diesen Tagen.

»Sie hat in einem Hotel in der Schweiz ein Praktikum als Hauswirtschafterin gemacht. Ihre Eltern und Marcel sind direkt von Köln aus geflogen. Sie wollte lieber mit uns, mit mir mit dem Schiff fahren, und jetzt kann ich gar nicht mit.« Enttäuscht zuckt sie die Schultern.

Trotz des schönen Wetters will keine rechte Stimmung aufkommen, und so gehen Vater und Tochter früh zu Bett. Am nächsten Morgen brechen sie in unterschiedliche Richtungen auf.

Friedrich, um Pünktchen bei den Großeltern abzuholen, und dann weiter nach Venedig zu fahren.

Rita zum Flughafen.

Um sie herum sitzen gut gekleidete Menschen und wirken mächtig entspannt. Und Rita? Die sonst nichts aus der Ruhe bringen kann? Rita fühlt sich wie aus Glas. Sie hat Angst, in tausend Splitter zu bersten, bevor sie Hani wieder fühlen, sehen, seine Stimme hören kann.

»Du lächelst so dümmlich vor dich hin, als hättest du gerade die Liebe deines Lebens getroffen.«

Typisch Max. Erst jetzt merkt sie, wie sehr ihr seine Witze gefehlt haben. Der Sommer war nicht besonders lustig.

»Und du riechst nach Kuhstall.« Sie rümpft die Nase.

»Ich konnte leider nicht mehr duschen.« Er lacht. »Würde ein Glas Champagner dir als Entschuldigung genügen?«

Als er mit zwei Gläsern zurückkommt, hält sie ihm ihre Agfa hin. »Ein denkwürdiger Moment. Mein erster Champagner.«

Er reicht ihr das Glas, und sie stoßen an.

»Gib her.«

Er macht ein Foto von ihr.

Der Flug nach Kairo wird aufgerufen. Rita steht auf und will sich in die Schlange der Fluggäste einreihen, aber Max hält sie zurück.

»Wir Experten haben Diplomatenstatus.« Er nimmt ihren Koffer. »Und du bist meine Begleitung.«

Er führt sie zu einem separaten Durchgang. »Was meinst du, was ich alles dabeihabe: Rum, Whisky, eine Kartusche Munition.«

»Munition?«

»Wir gehen mit den ägyptischen Kollegen auf Entenjagd im Schilf vor Ismailia.«

Sie werden durchgewunken und sitzen kurz darauf in bequemen Sesseln mit Blick auf das Rollfeld. Rita macht ein Foto von der Maschine mit der Aufschrift der United Arab Airlines.

»Das ist eine Comet 3C«, erklärt Max. »Das erste europäische Düsenflugzeug, in England gebaut. Leider ist ihr Ruf nicht der beste. Sie fällt gerne mal auseinander. Besonders in der Luft.« Er lacht. Rita betrachtet das Flugzeug mit gerunzelter Stirn.

BND-Akte Nr. 100 614_OT.

Vorläufiger Ermittlungsbericht.

Seite 1. Fortlaufend.

Es wurde ermittelt, daß die INTRA hauptsächlich für die United Arab Airlines (U. A. A.) Waren liefert.

Die eingekauften Waren bestanden aus: Stahlstäbe, Rohrleitungen, Blechplatten, Aluminiumplatten, Aluminiumstangen, Maschinenteile, Werkzeuge, Pumpen und Kompressoren, stählerne Hochdruckbehälter, elektrische Armaturen, Teile für Fernschreib- und Telegrafenanlagen, Prüfinstrumente sowie optische Geräte und Materialien.

Seite 2. Fortlaufend.

Das erste Geschäftsjahr verzeichnete einen Verlust von DM 30 000, dagegen das darauf folgende Jahr brachte einen Bruttogewinn von DM 400 000. Der gesamte Geschäftsbetrieb wurde vom Finanzministerium als einwandfrei bezeichnet. Es wurden keinerlei Verstöße gegen deutsche Bestimmungen und Handelsgesetze festgestellt.

Rita raucht eine Zigarette. Ein Tanklastwagen hält neben dem Flugzeug. Max holt eine Zeitschrift aus seinem Handkoffer. »Hast du den Bericht im Spiegel gelesen?«

Sie schüttelt den Kopf. »Mein Vater liest den nicht.«

»Das muss ja nicht bedeuten, dass du das auch nicht tust.« Mit einem ironischen Grinsen reicht er ihr die Zeitschrift. »Politisch sind die nicht auf meiner Linie. Aber in der Regel gut informiert.«

Ungeduldig blättert Rita durch das Magazin.

Sie liest.

Und liest.

Der SPIEGEL. Heft Nr. 36, 5. September 1962. Seite 64.

NAHER OSTEN. Rüstung.

Wer in Wahrheit die »Nasser-Zigarren« – so nennt man im Nahen Osten die ägyptischen Raketen – entwickelt hat, weiß das »Strategische Informationsamt« des israelischen Geheimdienstes, das seinerzeit auch Eichmann zur Strecke brachte und jetzt selbst das kleinste Detail der ägyptischen Raketenrüstung registriert. Sagt Geheimdienst-Oberst Amit: »Wir besitzen eine genaue Liste aller an der ägyptischen Raketenkonstruktion beteiligten Ausländer.«

Die wissen alles, denkt Rita Hellberg.

Max redet mit zwei Kollegen, die gerade eingetroffen sind.

Letzter Aufruf.

Alle Passagiere für den Flug der United Arab Airlines von München nach Kairo über Athen werden gebeten, sich umgehend zum Ausgang zu begeben.

Rita und Max laufen bereits über das Flugfeld, da kommt hinter ihnen Professor Joklik angerannt, einer der ganz wichtigen Leute in der Fabrik 333. Er trägt wie immer Anzug und eine dunkle Sonnenbrille. Als Rita die Gangway hochsteigt, spürt sie seinen Atem in ihrem Nacken.

»Nun lächelt doch mal!« Brigitte ist keine geübte Fotografin. Sie braucht ewig, bis sie den Knopf findet, den Friedrich ihr bereits zweimal gezeigt hat. Er legt den Arm fest um Pünktchen, die prompt losprustet.

»Du erdrückst mich ja, Vati!«

»Schon besser.«

Brigitte reicht ihm den Fotoapparat zurück. Der Wind wirbelt ihre langen blonden Haare durcheinander. Sie trägt kein Kopftuch, sondern nur ein dunkelblaues Haarband. Farbe hat sie bekommen von der gesunden Schweizer Bergluft. Nicht so blass wie seine Jüngste. An Pünktchen ist die angeknackste Stimmung zuhause nicht spurlos vorüber gegangen.

»Nun geht schon zum Pool und amüsiert euch!« Er schiebt Pünktchen sanft zu Brigitte. »Würden Sie –«

Sie lacht. »Waren wir nicht schon per du?«

»Würdest du sie im Auge behalten? Sie schwimmt zwar schon ganz gut –«

»Ich habe den Fahrtenschwimmer.« Pünktchen sieht ihn beleidigt an.

»Natürlich passe ich auf.« Brigitte nimmt die Kleine einfach bei der Hand. »Hast du deine Badesachen dabei?«

Pünktchen nickt.

»Dann zeige ich dir meine Kabine.«

Sich weiter an den Händen haltend, verschwinden sie nach drinnen. Friedrich Hellberg bleibt noch einen Moment lang an der Reling stehen. Die Ausonia fährt jetzt mit voller Kraft voraus die Adria hinunter. Kein anderes Meer hat diese unbeschreiblich blaue Farbe. Er seufzt. Wie schön wäre es, diese paar Tage richtig ausspannen zu können. Doch er hat sich vorgenommen, jede freie Minute zu nutzen, um alle Berechnungen der letzten Monate nochmal durchzugehen.

Der neue Werksdirektor in der Fabrik 36 ist ein Österreicher. Die Österreicher, denkt Friedrich, nehmen immer mehr Führungspositionen in Helwan ein. Das hängt sicher damit zusammen, dass sie keine Minderwertigkeitskomplexe mitbringen wie wir Deutschen. Weil hinter ihnen die Regierung steht und es voll und ganz billigt, dass die österreichischen Flugzeugexperten dem ägyptischen Volke helfen.

Das Gerede in München steckt ihm immer noch in den Knochen. Nicht genug, dass offenbar irgendjemand gehörigen Druck ausübt auf die Verbände und die Zulieferer. Der Spiegel, dieses linke Hetzblatt, streut auch noch Salz in die Wunde. Als wären sie allesamt Nazis.

Kais Worte sitzen ihm im Genick wie heiße Nadeln.

Dabei stört in Ägypten nun wirklich niemand die Juden in der Ausübung ihrer Religion. Das kann sich der durchschnittliche Bundesrepublikaner nicht vorstellen. Die Juden haben eine prächtige Synagoge in Maadi, gleich gegenüber dem Haus, in dem Doktor Eisele seine Praxis hat. Jeden Freitagabend sieht man die jüdischen Mitbürger dort hineineilen.

Wende dich praktischen Dingen zu. Das ist von jeher sein Motto gewesen. Friedrich gibt sich einen Ruck und tritt vom sonnenhellen Deck ins Dämmerlicht des Schiffsinneren. Die Kabinen erster Klasse liegen zwei Stockwerke tiefer.

Er wird sich die letzten Zeichnungen des Professors nochmal vornehmen. Wieder einmal sind sie auf Servietten und Speisezettel der Lufthansa gekritzelt. Jedermann weiß, dass der Professor bereits im Flugzeug nach Kairo alle erreichbaren Zettel mit kleinen Zeichnungen bedeckt und dass jede dieser Zeichnungen einen Rattenschwanz an Änderungen nach sich ziehen wird. Das Glück der Konstruktionsmannschaft ist es, wenn bereits wichtige und teure Teile in der Fertigung stehen. Dann ändert er wenigstens den Gesamtentwurf nicht mehr um.

Man sollte meinen, die Konstrukteure seien die Könige unter den Flugzeugbauern von Helwan. Doch Chefkonstrukteur ist und bleibt der Professor. Friedrich und seine Kollegen sind seine ausführenden Organe, vorm Angesicht des Gewaltigen nur noch ein jasagendes Nichts. Willy Messerschmitt verträgt keinen Widerspruch, dann wird er bitterböse und rachsüchtig.

Auf der anderen Seite, das würde jeder im Büro ohne Zögern zugeben, sorgt er dafür, dass die Suppe am Kochen bleibt. Er bringt selbst die Ägypter bis zum Minister Mahmoud in Bewegung, und man könnte sagen, dass er fast die Hälfte der Terminverzögerungen, die er durch seine ständigen Konstruktionsänderungen verschuldet, durch seine Bohrerei bei den höchsten Stellen ausgleicht.

Dabei geht es meist um die Bewilligung von Riesensummen für

Einkäufe aus Europa. Den Kauf der Triebwerke aus England zum Beispiel, denn die Kollegen von der Fabrik 135 sind ja noch lange nicht so weit, oder die Bestellungen der vielen teuren Geräte aus Deutschland und der Waffen aus der Schweiz.

Friedrich schließt die Vierbettkabine auf, die er mit Pünktchen allein bewohnt. Ritas Bett bleibt frei, ebenso das von Ingrid. Was für eine Verschwendung, vor Monaten gebucht, als noch alles anders geplant war.

Er schließt seine Aktentasche auf und holt eine Mappe heraus, in die er die vielen kleinen Zeichnungen gesteckt hat, die ihm der Professor quasi im Vorbeigehen in München in die Hand gedrückt hat.

»Hellberg, wir bauen nicht nur den leichtesten Überschalljäger der Welt. Wir bauen auch die dünnsten Tragflügel der Welt.«

Der Tragflügel ist so dünn, dass er zwar sehr geringen Widerstand hat, aber es dem Konstrukteur fast unmöglich macht, ausreichende Steifigkeit zu erzielen. Friedrich will sich gerade an die Zahlen setzen, als ihm ein Briefumschlag auffällt, der aus der Mappe auf den Boden gerutscht ist. Oder lag der schon hinter der Tür, als er hereinkam?

Ohne Absender. Nur sein Name auf der Vorderseite.

An Herrn Hellberg.

Wir möchten Ihnen mitteilen, daß Sie auf unserer »schwarzen Liste« stehen, welche Namen der Leute enthält, die Ägypten bei der Entwicklung von Massenvernichtungswaffen behilflich sind.

Es ist uns zwar bekannt, dass Sie sich zur Zeit nur mit Flugzeugen beschäftigen, aber diese Tatsache verringert Ihren Anteil an der allgemeinen Sache nicht.

Wir dachten, Ihre Nazi-Vergangenheit wäre genügend, um Ihnen die Augen zu öffnen und Sie von allen weiteren Tätigkeiten in der Kriegsindustrie fernzuhalten. Anscheinend aber muss mit einem Mann wie Ihnen anders gehandelt werden. Es wäre auch ratsam, daß Sie an die Zukunft Ihrer Frau Ingrid, Ihrer Töchter Rita und Petra und die Ihres Sohnes Kai denken, der in Hamburg studiert. Wäre es nicht viel angenehmer für Sie, in Stade zu wohnen und in der kühlen Gegend zu arbeiten? Dieser Brief soll Ihnen Warnung sein und je früher Ihre Teilnahme im ägyptischen Dienst terminiert, desto besser wäre es für Sie.

The Gideonites.

Rita Hellberg sitzt am Fenster der Comet 3C, direkt hinter der Tragfläche. Bisher ist noch nichts auseinandergefallen, zum Glück, denn die Aussicht auf die Alpenlandschaft tief unter ihnen gefällt ihr ebenso gut wie der Martini auf dem Tischchen vor ihr, komplett mit Olive auf einem Zahnstocher.

»Wenn wir so weitermachen, habe ich bis Kairo einen Schwips.«

»Na und? Du wohnst doch bei uns, bis dein Vater kommt.« Max Fischer hält ihr seine Olive hin. »Willst du meine auch haben? Ich brauche kein Grünzeug in meinem Drink.«

Rita nimmt die Olive und beißt hinein. Der Geschmack ist exotisch und neu wie alles in ihrem Leben, seit sie in Ägypten ist. Sie schließt die Augen und überlässt sich Gedanken, die ihr vorauseilen, nach Kairo, in die Villa nach Heliopolis, wo sie ein Gästezimmer beziehen wird.

Auch Hani und Sonya Ayad leben in Heliopolis. Ihre Familie besitzt ein Anwesen, das fast einen ganzen Straßenblock einnimmt. Max war dort schon öfter zu Gast.

»Hast du von Sonya gehört?«

»Ja, sicher.« Er nimmt einen Schluck Martini. »Sie hat mir die Einladung zu ihrer Hochzeit geschickt.«

»Sonya heiratet?« Rita hätte fast den Olivenkern in den Hals bekommen. »Ich dachte, ihr wärt –«

»– ein Paar?« Max lacht. »Du glaubst doch nicht, dass eine Frau wie Sonya so einen dahergelaufenen Typen wie mich heiratet?«

»Wieso denn nicht?«

Erfolgreicher Ingenieur, anständiger Kerl. Rita wüsste nicht, was dagegenspricht.

»Du hast offenbar die ägyptische Lebensart noch nicht verstanden.« Max setzt eine übertriebene Oberlehrermiene auf. »Die wohlhabenden Kopten sind eine eingeschworene Gemeinschaft, genau wie andere exklusive Zirkel überall auf der Welt. Da wird seit Jahrhunderten untereinander geheiratet, Besitz wird angehäuft, Bündnisse zwischen den Familien werden geschmiedet. So eine Hochzeit ist ein gesellschaftliches Ereignis. Monatelange Verhandlungen gehen voraus. Wer bezahlt was, wer gibt wie viel, bis endlich alle zufrieden sind. Am Ende geht es darum, seine Töchter finanziell abzusichern und den Söhnen möglichst gute Verbindungen für den Start im Berufsleben mitzugeben.«

Für einen Moment werden seine Gesichtszüge weicher, als er Rita ansieht. »Und Sonya«, fügt er mit leiser Stimme hinzu, »ist nicht die Frau, die sich diesem System entgegenstellt.«

Nachdenklich kaut Rita auf ihrer Olive herum. Sonya wirkt immer so modern, so selbstbewusst. Wer hätte gedacht, dass sie in Wirklichkeit so –

Ein lautes Gespräch in der Reihe hinter ihnen reißt sie aus ihren Gedanken.

»Verschwunden? Das kann doch nicht sein!« Sie kann die Stimme nicht zuordnen. Der Mann wird immer erregter. »Jemand verschwindet doch nicht einfach so!«

»Doch!« Der andere Mann spricht leiser, fast im Flüsterton. Der österreichische Akzent gehört unverkennbar zu Professor Joklik. »Was meinen Sie, warum wir alle Hals über Kopf nach Kairo müssen?«

»Was weiß ich.«

»Ich weiß es aus erster Hand.« Das ist wieder Joklik.

BND-Akte Nr. 100 614_OT.

Vorläufiger Ermittlungsbericht.

Seite 3. Fortlaufend.

Am 10.9.62 kam Dr. Heinz Krug in Salzburg, Kaiserschützenstr. 6, bei Prof. Otto F. Joklik an. Er hatte sich am Vormittag mit Joklik telefonisch aus Villach-Sattendorf zu einem gemeinsamen Essen verabredet. Die beiden nahmen im Restaurant und Hotel G. ihre Mahlzeit ein. Während dieser Zeit telefonierte Joklik zweimal vom Hotelanschluß aus. (Die Ermittlungen laufen noch). Gegen 16.30 Uhr verließen beide das Lokal und fuhren über die Autobahn nach München. Um 18.35 Uhr betraten Krug und Joklik in München, Gotthardtstraße 81, Krug's Wohnung und machten der dort anwesenden Ehefrau Krug den Vorschlag, gemeinsam zum Abendessen in den Königshof am Karlsplatz zu fahren.

Um 18.50 klingelte das Telefon, am Apparat war eine Männerstimme. Dr. Krug ließ sich den Namen des Anrufers buchstabieren. Dem Gespräch war zu entnehmen, daß der Anrufer, ein Mann namens Saleh el Kaher, noch am gleichen Abend um 21 Uhr im Hotel Ambassador, München, Mozartstraße 4, Tel. 530 740, mit Dr. Krug sprechen wollte. Da der Anrufer mit einem Schreiben aus Cairo als Referenz aufwartete und herzliche Grüße von Oberst Nadim bestellt hatte, beschlossen Krug, dessen Ehefrau und Joklik, zum Ambassador-Hotel zu fahren. Um 20.30 betrat Dr. Heinz Krug das Hotel Ambassador, während vor der Tür im Wagen seine Frau und Joklik warteten. Kurze Zeit später kam Krug wieder zum Wagen. Er zeigte den erwähnten Brief vor, äußerte sein Mißfallen, da seiner Ansicht nach das N bei der Unterschrift des Oberst Nadim eigenartig gezogen war.

Trotz dieses Briefes war Krug skeptisch und versprach seiner Frau am anderen Morgen im Wagen auf dem Weg ins INTRA-Büro, Schillerstr. 21, auf jeden Fall vorsichtig zu sein. Als Krug im Büro war, meldete sich kurz darauf Mr. Saleh. Man begrüßte sich und ging dann in die Tiefgarage des Sonnenhofes. Um 10.25 Uhr fuhr der Wagen in Richtung Sendlinger Torplatz davon.

Rita Hellberg und Max Fischer sehen sich an. Max legt den Finger auf den Mund und deutet hinter sich.

Ruhig bleiben.

Zuhören.

»Sie waren dabei und können darüber nicht reden? Wissen Sie, was ich vermute, Joklik? Sie wollen sich wichtigmachen, weiter nichts!«

In diesem Moment meldet sich der Flugkapitän über den Bordlautsprecher. »Meine sehr verehrten Damen und Herren, wir setzen in Kürze zur Landung an. Bitte schnallen Sie sich an und stellen Sie das Rauchen ein.«

Zwischenlandung in Athen.

Die Ausonia liegt im Hafen von Piräus vor Anker. Friedrich Hellberg ist unruhig. Er hat sich gerade erst in den Liegestuhl am Pool gesetzt. Steht wieder auf, der Stuhl schabt über das Deck. Die Damen unter dem Sonnenschirm gegenüber werfen ihm vorwurfsvolle Blicke zu. Er rückt den Stuhl gerade und steigt noch ein Deck höher. Von hier oben hat er den Pool und den gesamten Hafenbereich im Blick.

Alle können es sein.

Die drei Frauen da unten, die ihn eben so schief angeguckt haben.

Der Steward, der irgendetwas an der Stirnseite des Pools repariert, sich jetzt umdreht und zu ihm hochsieht.

Friedrich wendet sich schnell ab, schaut hinaus ins bunte Treiben am Hafen.

Der grüne VW-Bus fährt aber sehr schnell.

Sein Blick wandert weiter, an der Fassade des Hauses mit der Metaxa-Werbung auf dem Dach entlang zu einem Pavillon aus Stein. Tische und Stühle, voll besetzt.

Friedrich hebt die Hand. Pünktchen, an einem Tisch ganz rechts, springt auf und winkt zurück.

In Sichtweite.

Du bleibst immer in Sichtweite.

Pünktchen nimmt seinen scharfen Tonfall gar nicht wahr in ihrer Vorfreude, endlich an Land zu gehen. Umso mehr Brigitte, die ihn forschend ansieht.

»Ich passe auf sie auf, Väterchen.«

Väterchen. Sie hat es gesagt. Vor Pünktchen.

Ihm wird heiß und kalt.

»Los, ab mit euch. Väterchen muss arbeiten.«

Sie dreht sich nochmal um. Braune Augen.

Haselnussbraun.

Friedrich kann sich nicht mehr erinnern, wie lange er an jenem ersten Abend an Bord einfach dagesessen ist, in der Kabine, den anonymen Brief in der Hand.

Wo zum Teufel steckt Kai?

Haben sie ihn vielleicht schon geschnappt.

Nein, beruhige dich. Denk nach. Die drohen doch nur.

Kai ist erwachsen, der kann tun und lassen, was er will.

Noch wird nichts passieren.

Noch nicht.

Ich brauche Zeit.

Ein Jahr, vielleicht zwei.

Pünktchen kommt hereingestürmt. Nasse Haare, blaue Lippen. Schnattert wie eine kleine Ente.

Brigitte hat. Brigitte sagt.

Er hilft ihr aus den nassen Sachen, holt ein frisches Handtuch.

»Hast du Hunger, Kleines?«

»Aber Vati, wir haben doch schon gegessen.«

Stimmt ja.

Sie will, wie früher, Zähne putzen auf seinem Schoß. Ins Handtuch gekuschelt, schläft sie dort ein. Vorsichtig legt er sie aufs Bett.

Ablenkung.

Ich brauche Ablenkung.

Friedrich Hellberg nimmt die Aktentasche, schaut misstrauisch hinein, als verberge diese Tasche noch mehr unangenehme Überraschungen, und zieht eine schon reichlich zerknitterte Zeitung heraus. Die hat er morgens im Hotel in München eingesteckt und dann vergessen.

Er blättert darin herum.

Contergan. Eine Schande ist das.

Leichtathletik-Europameisterschaften in Belgrad. Endlich Gold für Deutschland.

Friedrich stutzt.

Frankfurter Allgemeine. 17. September 1962. Seite 6.

Interpol fahndet nach Dr. Krug.

Nach dem spurlosen Verschwinden des 49 Jahre alten Raketen-Kaufmanns Dr. Heinz Krug aus München fürchtet nun auch seine Familie um ihre Freiheit. Krugs Frau vertrat am Wochenende die Ansicht, daß ihr Mann entführt worden sei. Sie selbst »traut sich nicht mehr aus dem Hause«, ihre beiden Kinder habe sie in Sicherheit gebracht, »da das Leben der gesamten Familie in Gefahr ist.«

Er liest es nochmal.

Die Angst kommt zurück, stärker als zuvor.

Pünktchen. Da drüben im Bett. In Sicherheit.

Ingrid. In der Kurklinik, unter Aufsicht. In Sicherheit.

Rita. In Kairo. Deshalb die Eile. Sicher gut bewacht. In Sicherheit.

Kai. Wo steckt der Junge? Mit wem treibt er sich herum? So ein Idiot, verdammter! Der soll mal schön auf sich selbst aufpassen.

Kopfschmerzen. Die Gedanken rasen. Die Beine kribbeln. Schmerzen im Arm. Bekommt er einen Herzanfall?

Nur das nicht.

»Bewegung!«, hat der Arzt gesagt. »Sie brauchen Bewegung!«

Also gut. Er zieht die Koffer nacheinander unter dem Bett hervor, leise, um die Kleine nicht aufzuwecken. Im ersten ist sie nicht. Im zweiten auch nicht. Im letzten schließlich findet er seine Badehose und den Bademantel.

Ein bisschen Abkühlung wird ihm guttun.

Er zieht sich um, geht nach draußen, zieht die Kabinentür hinter sich zu und schließt ab. Niemand wird seiner Tochter etwas zuleide tun.

Nicht nachdenken, weitergehen.

Den Flur entlang.

Die Treppen hoch.

In der Bar ist noch ordentlich was los.

Auf Deck geht ein lauer Wind. Mediterrane Nachtluft. Der Sternenhimmel wölbt sich in unendlicher Klarheit über dem Meer. Ein paar Gestalten liegen, in Decken eingehüllt, auf Liegestühlen, unterhalten sich leise oder schauen einfach nur in den Himmel.

Friedrich schleicht vorbei, wirft misstrauische Blicke in Richtung der Gesichter im Halbdunkel.

Wenn jetzt jemand –

Wenn ich hier über Bord gehe –

Auf Nimmerwiedersehen –

Stop.

Er geht weiter.

Da ist das Schwimmbecken, dezent beleuchtet, hinter einem halbrunden Glasvorbau. Nicht allzu groß. Aber schön. Das Wasser leuchtet tiefblau von der Farbe der Wände.

Er setzt zu einem eleganten Hechtsprung an, früher einmal hat er sich im Friesen-Wettkampf versucht. Doch es wird eher ein so schöner Bauchklatscher, dass das Becken fast überfließt. Er beginnt zu kraulen. Plötzlich spürt er mehr, als dass er es sieht, eine Bewegung. Wie ein Fisch gleitet jemand neben ihm ins Wasser. Prustend kommt er hoch, bereit, den Angriff abzuwehren.

Nasse, lange Haare. Junges Gesicht.

»Brigitte!«

Er versucht, Abstand zu schaffen zwischen seiner Panik und dem im Widerschein der Lampen aufleuchtenden Mädchenkörper.

»Kriegst du keine Luft mehr, Väterchen?«

Er versucht, sich zu beruhigen. Väterchen. Was ist denn das für ein Kosename? Sieht er etwa aus wie ein Väterchen?

»Ich bin nicht dein Vater, Brigitte.« Heiser klingt seine Stimme.

Sie legt den Kopf schief. »Nicht böse sein. Ich finde Männer in deinem Alter attraktiv.«

»Was machst du hier so ganz alleine, mitten in der Nacht?« Er versucht, vom Thema abzulenken.

»Es ist gerade mal zehn Uhr.« Sie lacht. »Und die Sterne sind viel zu schön zum Schlafen.«

Wie ein Seehund zieht sie durchs Wasser, von ihm weg, dann wieder zurück. Er hält sich immer noch wassertretend am Beckenrand fest.

»Müde, Väterchen?«

Das will er sich nicht nachsagen lassen, wirft sich nach hinten und zieht Hand über Hand, in Rückenlage quer durchs Becken. Und stößt mit dem Schädel so hart an, dass ihm Hören und Sehen vergeht.

Wie ein geölter Blitz ist sie bei ihm.

Hält ihn von hinten fest, indem sie unter seinen Schultern hindurch zur Stange greift.

So hangelt sie ihn Stück für Stück in Richtung der Leiter.

Er spürt ihren Körper mit jedem Atemzug.

Lässt los. Überlässt sich ihrer Führung.

Lässt sich Schritt für Schritt geleiten, und steigt dann schwer atmend und stöhnend die Leiter hinauf.

Als er oben ist, hat sie schon einen Liegestuhl herangeschoben, seinen Bademantel geholt und als Nackenkissen zusammengerollt. Sie hilft ihm, sich hinzusetzen und drückt ihn sanft mit beiden Händen zurück. Ihm wird wieder schwindelig, aber jetzt wegen ihr. Er schließt die Augen und fühlt ihre besorgt über seine Stirn streichenden Hände. Kräftige schlanke Finger.

»Ich lasse nach dem Schiffsarzt rufen.«

»Nein, lass nur, es geht schon wieder.« Er will nicht, dass sie weggeht.

Ihm wird schwarz vor Augen.

Plötzlich stehen zwei Stewards neben ihm, die sie wohl geholt hat. Sie führen ihn zur nächsten Toilette. Er muss sich übergeben.

»Kabine elf«, murmelt er.

Schwarz.

Er liegt in seiner Kabine. Allein. Seine kleine Tochter stöhnt im Schlaf auf.

Ist das wirklich erst zwei Tage her?

Brigitte und Pünktchen sind endlich fertig mit ihren Eisbechern. Lachend kommen sie über die Straße zurück zur Mole, an der die Ausonia vor Anker liegt. Friedrich steht immer noch auf dem Oberdeck. Seine Beine fühlen sich an wie zwei schwere Klumpen. Die Fingerknöchel sind ganz weiß, so fest hält er die Reling umklammert.

»Vati! Wir kommen jetzt!«

Sie verschwinden aus seinem Blickfeld.

Jetzt müssten sie an Bord sein.

Es wäre ihm lieber, sie würden endlich ablegen. Endlich ankommen. Runter vom Schiff.

Auf der anderen Seite –

– fliegen seine Gedanken immer wieder zurück zu jenem Abend vor zwei Tagen. Er hat Wachträume. Wie früher, als Kind.

Friedrich Hellberg ist ein Junge mit einer blühenden Fantasie. Sie ist so stark, dass er Leute und Ereignisse erfindet und diese in seiner Vorstellung so lebendig werden, als existierten sie tatsächlich. Als Zwölfjähriger erfindet er sich einen Vetter, der Pilot bei einer Luftfahrtgesellschaft in Breslau ist. Er darf oft mit ihm fliegen, wenn er dort seine Ferien verbringt. Durch ihn lernt er alles kennen, was in einem Flugzeug ist. Friedrich beneidet den Vetter, den es gar nicht gibt. Der hat es schon in sehr jungen Jahren geschafft. Braungebrannt. Immer frisch und guter Laune, fliegen ihm die Herzen zu.

Heinz Krug, der spätere Geschäftsführer der INTRA, studiert zu jener Zeit gerade Jura, nebenbei hört er Vorlesungen in Physik und Strahlentechnik. Vor allem aber ist er ein leidenschaftlicher Privatflieger der ersten Stunde.

Gleich zu Beginn des Krieges wird er zur Luftwaffe eingezogen und erhält seine militärische Fluglizenz.

Ab 1941 dient er unter Erwin Rommel.

Mit dem Wüstenfuchs durch Nordafrika.

Manche sagen, er sei zu lässig gewesen. Ein tollkühner Flieger.

Mitglied der NSDAP seit 1933.

In Peenemünde trifft Heinz Krug seinen Jugendfreund Wernher von Braun wieder. Er wird mit der Beschaffung von Raketenteilen aus aller Welt betraut. Auch Wolfgang Pilz und Paul Goercke arbeiten in Peenemünde als Raketentechniker.

Kurz vor Kriegsende taucht Heinz Krug als Pilot im Jagdverband 44, genannt die Experten, auf. Die Experten unterstehen dem direkten Befehl Hermann Görings, der sich von Friedrich Hellberg ein Horoskop anfertigen lässt.

Der eine Pilot, der andere Konstrukteur.

Heinz Krug, der Realität gewordene Held aus Friedrich Hellbergs kindlicher Fantasie, ist heute Geschäftsführer der INTRA und seit knapp zwei Wochen spurlos verschwunden.

Gesprochen haben sie nie miteinander.

Es hat sich nicht ergeben.

Foto, schwarz-weiß:
Rita sieht auf einer Aussichtsplattform durch ein Fernrohr,
hinter ihr der Blick über Kairo, das sich bis an den Horizont
erstreckt.
Bildunterschrift: Rendezvous auf dem Cairo Tower,
September 1962

»Ich sehe das Dach vom Hilton.« Ihre Gedanken springen zurück
zu dem Abend, an dem sie da oben getanzt haben. Ihre Gedanken
springen überhaupt sehr viel an diesem Tag. Unstet und zittrig
sind sie, wie das Bild vor ihrem Auge. Sie tritt zurück, um wieder
Festigkeit zu erlangen, innere und äußere.

»Jetzt bist du dran.«

Rita nimmt Hani die Agfa aus der Hand und bedeutet ihm,
sich ebenfalls näher an das Gitter zu stellen. Aber er bleibt mit
dem Rücken zur Mauer stehen und sieht sie an.

»Was ist schon ein Bild? Eine Erinnerung an jemanden, der ich
schon längst nicht mehr sein werde.«

Hani macht Platz für einen der Wächter in Uniform, der neugierig von Rita zu Hani schaut und lächelt. Ein schneller Wort-
wechsel auf Arabisch, das Lächeln wie weggewischt, der Mann
verschwunden.

Wieder sieht er sie an. Sie fühlt sich schwindelig. Oder
schwankt der ganze Turm?

Was macht er jetzt?

Hani singt.

»Mit meiner Stimme, oh Herr, erreiche ich mein Ziel und meine Wünsche«, übersetzt er für sie.

»Das war schön«, sagt Rita leise.

»Umm Kulthum.« Hani sieht sie an, bemerkt ihre Unsicherheit.
»Du kennst Umm Kulthum nicht? Sie ist –«

Er sucht nach dem richtigen Wort. »Sie ist so etwas wie die Stimme Ägyptens. Des modernen Ägyptens.«

Müssen alle dauernd von Leuten sprechen, die sie nicht kennt? Rita kommt sich dumm und unwissend vor. Schon den ganzen Tag stolpert sie unwissend durch ein Kairo, das sie bisher überhaupt nicht wahrgenommen hat. Als wäre sie blind gewesen, zumindest auf einem Auge.

Es ist Freitag, die Fabrik hat zu, obwohl hinter den Türen der Professoren-Villa in Heliopolis ununterbrochen geredet wird.

Frankfurter Allgemeine. 20. September 1962. Seite 5.

Die Kairoer Zeitung »Al Achbar« machte am Mittwoch den israelischen Geheimdienst und die israelische Zeitung »Haboker« macht den ägyptischen Geheimdienst für das Verschwinden Krugs verantwortlich.

»Al Achbar« berichtet, der israelische Geheimdienst habe den Auftrag, alle an der ägyptischen Raketenproduktion sowie am Flugzeugbau beteiligten Wissenschaftler zu entführen.

In »Haboker« heißt es, ägyptische Agenten hätten Krug entführt, um in letzter Minute zu verhindern, dass Krug seine Münchner Firma an eine israelische Gesellschaft verkaufe.

»So ein Unsinn!«

Schon beim Frühstück in der Villa, die Max Fischer mit einem jungen Ehepaar teilt, der Mann ist ebenfalls Ingenieur im Werk, dreht sich alles um das Verschwinden des Chefs der INTRA. »Warum sollten sie denn hier ein Fahndungsfoto von ihm veröffentlichen, wenn er in Ägypten wäre?«

»Außerdem kommt er doch sowieso dauernd her, um mit dem Professor und Minister Mahmoud unsere Einkaufslisten durchzugehen.«

Max seufzt. »Und dann wird die Hälfte wieder gestrichen.«

»Der Krug«, flüstert die Ehefrau, Rita vergisst dauernd ihren Namen, als sie in der Küche aufräumen, »der hat hier gelebt wie ein König, bevor er nach München zurück ist. Mit eigener Villa,

Privatflugzeug, Dienstboten. Die Kinder haben mit denen von Mahmoud gespielt.«

Der Minister mit den fünf Töchtern.

»Ich bin eigentlich verabredet«, druckst Rita, als Max sich fertig macht, um rüber zum Professor zu gehen. Außerplanmäßige Lagebesprechung.

Max grinst. »Hani?«

Sie nickt.

»Dem wird man dich wohl kaum mitten in Kairo unter der Nase weg entführen.« Max zwinkert ihr zu. »Ich glaube nicht, dass du heute gebraucht wirst. Viel Spaß!«

Es läuft alles anders als gedacht.

Hani hat ein Auto, denkt Rita. Oder wir nehmen ein Taxi.

Stattdessen kommt er mit einem Motorroller. Rita holt sich schnell noch ein Tuch aus der Villa, bindet es sich um den Kopf und steigt hinten auf.

»Wo fahren wir hin?«

»Abwarten.«

Der Fahrtwind macht es schwer, sich zu unterhalten.

In den Club vielleicht. Zu Groppi. Oder ins Hilton.

Zu Ritas Überraschung fahren sie zwar in die Innenstadt, kurven einmal um den Tahrir-Platz, aber dann weiter am Nil entlang. Hani biegt nach rechts auf die Brücke mit den steinernen Löwen ab, die über den Fluss führt. Auf der Nilinsel ein weiterer Kreisel, in der Mitte eine Statue, dann parkt er den Roller vor einem umzäunten Gelände mit einem imposanten Eingangstor, alles weiße Säulen und Bögen.

»Ist das der berühmte Gezirah Club?«, fragt Rita, die in Maadi schon viel über die legendären Sportwettkämpfe zwischen den Clubs gehört hat.

»Nein«, lächelt Hani. »Clubs siehst du genug. Ich will dir etwas anderes zeigen.«

Sie gehen einen langen, überdachten Gang zwischen Pavillons, Freiflächen und Wasserspielen entlang. Es ist nicht viel los am

Freitagmorgen. »Wenn die Moscheen schließen«, erklärt Hani, »dann wird es hier richtig voll.«

Sie betreten den ersten großen Pavillon.

Gleich vorne dreht sich auf einem Podest, mit Seilen abgesperrt, ein Kleinwagen. Darin sitzen Puppen, ein Mann, eine Frau, beide schwarzhaarig. Das Auto ist rot, klein und eckig. Sehr eckig.

Hani sieht Rita erwartungsvoll an.

Rita hat das Gefühl, sie müsse sich beeindruckt zeigen.

»Ramses«, erklärt Hani stolz, »das erste ägyptische Auto.«

Rita nickt. Das Auto kommt ihr bekannt vor, aber sie interessiert sich nicht besonders für Autos.

»Nur der Motor kommt von euch«, fährt Hani fort. »Alles andere wird hier produziert. Von Hand. Deswegen können wir nur fünf Autos am Tag bauen. Die Warteliste ist lang, und ich bin drauf.«

»Kannst du dir das leisten?«, fragt Rita.

»Mein Vater würde mir einen importierten Wagen kaufen. Aber ich will lieber den hier. Sie bieten Ratenzahlung an.«

Wer hätte gedacht, dass der stille Hani andere Anschauungen hat als seine Eltern? Sie gehen weiter. Hinter dem Auto steht eine Reihe Laster, Busse und Transporter.

Autoreifen. Ein Fahrrad. Radios. Fernseher.

Alles made in Egypt.

Sie schlendern von Halle zu Halle. Ritas Staunen wird von Halle zu Halle echter. Möbel, Kühlschränke, Boiler, Küchenherde.

Eine entzückende Nähmaschine in Hellgrün. »Heißt sie wirklich Nofretete?«, fragt Rita, die langsam lernt, Arabisch zu lesen.

Hani nickt.

»So eine möchte ich haben. Als Andenken.«

Hani sagt nichts, geht aber mit schnellen Schritten weiter. Sie könnte sich auf die Zunge beißen. Sicher spart eine ägyptische Hausfrau Jahre, um sich so eine Nähmaschine zu kaufen.

Sie setzen sich draußen auf eine Bank und essen Ful, das ägyptische Bohnenmus, mit Brot. »Guck mal«, sagt Rita, »da steht ja eine unserer Raketen.«

»Das sind die Nachbauten für die Parade«, sagt Hani und reißt sich ein Stück Brot ab. »Die sind überall in der Stadt verteilt. Die Leute sind so stolz darauf. Wir produzieren heute alles selbst, hat der Präsident in seiner Rede zum Jahrestag der Revolution gesagt. Erinnerst du dich?«

Rita erinnert sich. Sie und Max haben sich verdrückt, weil sie den endlosen Reden nicht länger zuhören wollten.

»Von der Nähnadel bis zur Rakete«, fährt Hani mit vollem Mund fort. »Dieser Spruch hat Nasser endgültig unsterblich gemacht.« Er steht auf.

»From the needle to the rocket!«, ruft er und hebt die Hände, als spräche er zu einer unsichtbaren Menge. »This generation has the right to look forward to the responsibilities awaiting them.«

»Bravo.« Rita applaudiert.

»Bist du satt geworden?« Hani nimmt ihr den Teller ab.

Er ist so aufmerksam. Und so schön. Rita möchte ihn stundenlang ansehen.

»Komm«, sagt er. »Wir gehen wieder rein. Es gibt sogar einen Film über unsere Raketen. Und ein Lied.«

Sie sitzen in einem Kino, in dem zu jeder vollen Stunde eine Extraausgabe der ägyptischen Wochenschau für die Industrieausstellung läuft. Weiter hinten sitzt noch ein junges Paar. Vielleicht kommen sie hierher, um mal für sich zu sein.

Trompeten erklingen, dann setzt ein treibender Rhythmus ein. Männerstimmen formen einen Chor. Das Lied geht sofort ins Ohr. Rita kommt es vor, als sähe sie zum ersten Mal eine schwarz-weiße Rakete, die über der Wüste auf einer perfekten Bahn in den Himmel steigt. Dann die Parade. Sie kneift die Augen zusammen. Ist das sie selbst, ganz klein, da unter der Tribüne? Hani übersetzt ihr den Liedtext flüsternd ins Ohr.

Unsere Revolution zeigt Mut.

Beeil dich und hol uns ein, Historie.

Wir haben Atome und Energie, wir sind ins Zeitalter der Raketen eingetreten.

Sie spürt die Berührung seiner Lippen. Es kitzelt ein bisschen.

Wir haben den Sozialismus aufgebaut, um Gerechtigkeit in unserem Land zu schaffen.

Wir haben Raketenbasen gebaut, um die Freiheit zu festigen.

Um unsere Souveränität zu sichern.

Um unseren Willen zu beweisen.

Historie. Historie.

Wie eine Beschwörungsformel klingt es in Ritas Ohren fort.

»Aber was ist mit Israel?«, fragt Rita. »Werden die Raketen gebaut, um Krieg gegen Israel zu führen?«

Sie schlendern am Nil entlang, es ist schön, von der Insel aus auf die Stadt am anderen Ufer zu schauen.

»Israel!«, ruft Hani und schaut sich schnell um, ob niemand in der Nähe ist. »Israel ist ein Produkt des Imperialismus. Israel ist ein Aggressor, gegen das palästinensische Volk wie gegen alle arabischen Völker. Israel spart nicht, um sich mit den modernsten Waffen einzudecken. Israel baut einen Atomreaktor, und das sicher nicht mit friedlicher Absicht. Wir müssen uns verteidigen.«

Rita erschrickt über die Heftigkeit seiner Antwort. Hanis Augen glühen. Sie möchte den höflichen jungen Ingenieur zurückhaben. Doch er ist noch nicht fertig.

»Eines musst du verstehen, Rita. Wir stehen euch nicht mehr allein gegenüber. Wir, ich meine Ägypten, wir haben mit den anderen afrikanischen Staaten die Charta von Casablanca verabschiedet. Wir sind führendes Mitglied der Allianz der Blockfreien. Unsere Forderungen sind das Ende des Kolonialismus, Selbstbestimmung und Unabhängigkeit sowie ein respektvolles Miteinander aller Länder, nicht nur der führenden Industriestaaten.«

Rita lächelt.

»Du lachst?« Er bleibt stehen und funkelt sie an. »Findest du diese Forderungen etwa lächerlich?«

»Nein.« Rita will ihn beruhigen, berührt ihn ganz sacht an der Hand. Er greift zu und hält sie fest. Sie schluckt und spricht schnell weiter. »Ich weiß nicht genau, wovon du redest, Hani. Aber ich möchte es gern verstehen.«

Er dreht sich um und geht weiter. Aber er lässt sie nicht los. Nicht bevor sie sich vom Ufer abwenden und eine belebtere Gegend erreichen.

»Warst du schon mal auf dem Cairo Tower?«

Rita schüttelt den Kopf. Das Gittermuster des schlanken Turms ist sogar von Maadi aus zu sehen, doch der Familienausflug bleibt unter den Top Ten auf Pünktchens Wunschliste. Höhenangst, Platzangst, die Angst vor dem Essen, gezwungen zu sein, sich unter die Einheimischen zu mischen, es gibt genug Gründe für Ingrids striktes Nein.

Jetzt läuft sie mit Hani über den gefliesten Vorplatz auf das schlanke Bauwerk zu und hat ein schlechtes Gewissen.

Pünktchen kommt zum Glück erst morgen an.

Nachdem Rita und Hani eine Runde auf der Aussichtsplattform gedreht haben, sitzen sie eine Etage tiefer im Restaurant, das sich von selbst dreht, während die Besucher in Ruhe Stella Bier trinken und Zigaretten rauchen können. Die Rotation läuft allerdings nicht gleichmäßig, sondern mit einer Art mechanischem Schluckauf, was die Biergläser zum Überschwappen und Rita zum Kichern bringt. Hani tut so, als bemerke er das Geruckel überhaupt nicht.

»Wir nennen den Turm auch al wa'ef rusel, die Roosevelt-Stiftung.« Jetzt kichert Hani. »Man kann es auch mit Roosevelts Erektion übersetzen«, flüstert er Rita hinter vorgehaltener Hand zu.

»Der amerikanische Präsident?«

»Sein Sohn«, flüstert Hani. »Der ist bei der CIA.«

»Und was hat die CIA damit zu tun?« Die Mechanik ruckelt, und Ritas Bier schwappt.

»Die CIA hat, so sagt man, sicherstellen wollen, dass Ägypten dem Westen gegenüber loyal bleibt. Und wie haben sie das wohl gemacht?«

Rita zuckt die Schultern.

»Mit Geld. Für die Amerikaner ist das alles ein Spiel um Geld. Sie haben Präsident Nasser eine Menge Entwicklungshilfe spendiert und dazu noch drei Millionen zu seiner eigenen Verfügung.«

»Dollar?«

»Dollar. Einfach so, in zwei Koffern voller Bargeld, überbracht durch einen Mitarbeiter der CIA. Nasser war so wütend, dass er mit dem Geld diesen Turm gebaut hat. Höher als die Pyramiden. In der Form einer Lotusblüte. Damit die Amerikaner niemals«, Hani haut auf den Tisch, »niemals vergessen, dass man uns nicht kaufen kann!«

»Hey, nicht so laut.« Rita findet, dass der Kellner schon sehr lange zu ihnen hinstarrt.

Hani lehnt sich zurück und holt eine Schachtel Cleopatra aus seiner Hemdtasche. Er winkt dem Kellner und bietet ihm eine an. Der greift erfreut zu, zieht eine Schachtel Streichhölzer hervor und gibt sich und Hani Feuer.

»Die Leute, die hier arbeiten, sind alle vom Mukhabarat.«

»Was ist das?« Rita greift nach der Zigarettenschachtel.

»Der ägyptische Geheimdienst.«

Hani sieht ihr zu, wie sie die Schachtel von allen Seiten betrachtet. »Und? Wie findest du die?«

»Schön!« Rita nimmt eine Zigarette aus der goldenen Packung. Hani greift danach, aber Rita hält sie so, dass er nicht drankommt. »Gib mir Feuer, bitte.«

»Du rauchst?«

Die Art, wie er es sagt, lässt sie aufhorchen.

»Was dagegen?« Es kommt patziger heraus, als sie es beabsichtigt hat.

Hani sagt nichts. Er gibt ihr seine Zigarette, damit sie ihre damit anstecken kann.

Er sieht sie an.

Sie sieht ihn an.

Sie rauchen Cleopatra.

Unter den Augen des ägyptischen Geheimdienstes.

Im Cairo Tower.

Bezahlt vom amerikanischen Geheimdienst.

Rita Hellberg schaut von oben auf eine neue Welt.

Und diese Welt hat Schluckauf.

Frankfurter Allgemeine. 22. September 1962. Seite 17.

Ein amtlicher Sprecher der Kairoer Regierung hat am Freitag versichert, der deutsche Raketen-Kaufmann Heinz Krug befinde sich nicht in Ägypten. Krug, der bei der Beschaffung von Material für die Entwicklung ägyptischer Raketen beteiligt gewesen sein soll, ist spurlos aus München verschwunden.

Abzug vom Dia, Farbe:
An einem weißen Sandstrand hängen Sonnenschutz-Zelte
zwischen Autos; im Vordergrund stehen Rita und
Pünktchen im Badeanzug und Brigitte im Bikini, alle halten
große Muscheln in Richtung der Kamera.
Bildunterschrift: Muschelsammlerinnen am Roten Meer,
September 1962

Sogar durch den Sucher der Kamera erkennt Friedrich, wie gelöst
die Gesichter seiner Töchter wirken. Ein Tag am Meer lässt einen
alle Sorgen vergessen.

»Bist du fertig, Vati?«, ruft Pünktchen.

Er hebt die Hand. »Noch einen Moment.«

Er macht schnell ein Foto von Brigitte. Zu schön ist dieser junge Frauenkörper, um ihn nicht zu verewigen. Als ob sie wüsste, dass er nur sie sieht, stellt sie sich lachend in Pose. Dieses Foto muss er aussortieren. Wenn Ingrid das sieht, ist der Teufel los.

»Wer kommt mit ins Wasser?« Pünktchen hält es nicht mehr am Strand.

Die Dreierkonstellation bricht auseinander, löst sich auf, ein flüchtiger Moment. Friedrich lässt die Kamera sinken und wischt sich über die Stirn.

So muss eine Südseebucht aussehen in ihrer Romantik, dem tiefen Blau des Meeres und ihrer Unberührtheit. Die Experten haben sie Meco-Bucht getauft nach der Schweizer Firma, bei der die Flugzeugbauer angestellt sind. Hier wird gezeltet, getaucht, geschwommen und harpuniert. Hier werden gewaltige Muscheln heraufgeholt und Korallen gebrochen, die wie Stücke aus einer fremden Zauberwelt aussehen.

Plötzlich ergießt sich ein Wasserschwall von hinten über seinen Rücken.

»Du bekommst noch einen Sonnenstich!«

Friedrich dreht sich um. Kurz hat er gedacht, es sei Brigitte, aber es ist Rita. Brigitte hat sich längst wieder mit Pünktchen in die Fluten gestürzt. Hier vor allen Leuten lässt sie sich nichts anmerken, behandelt ihn höflich und respektvoll, wie es sich gehört. Zuhause dagegen, wenn die Mädchen aus dem Haus sind, hat er ein ganz anderes Wesen kennengelernt.

»Vati, du bist ja ganz rot. Trink mal was.« Rita ist neben ihn getreten und reicht ihm eine Wasserflasche. »Ist das nicht herrlich? Und wir hätten uns das auf immer entgehen lassen, wenn Mutti nicht zuhause geblieben wäre. Wir sollten ihr dankbar sein.«

Friedrich legt den Arm um seine Tochter. »Ich höre den Unterton, Rita.«

Lächelnd sieht sie zu ihm hoch. »Komm, lass uns in den Schatten gehen.«

Sie zieht ihn mit sich unter das Sonnensegel, das sie zwischen Schollers Käfer und dem tapferen Hans Albers aufgespannt haben. Die Wagen der Experten stehen in weiten Abständen, es ist genug Platz für alle. Vom Meer weht eine frische Brise, die das Segel strafft und an den Verankerungsseilen zerrt. Rita verzieht sich mit ihrem Buch auf das Handtuch, während Friedrich die Halteleinen prüft. Marlene Scholler kniet neben ihrem Sohn über Korallenstückchen, die sie aneinanderhalten. Peter Scholler sitzt auf seinem mitgebrachten Klappstuhl, ein kaltes Stella neben sich, in die Sportseiten der Bild am Sonntag vertieft, die hier immer mit ein paar Tagen Verspätung eintrifft.

Einen Klappstuhl wird er sich auch anschaffen, nimmt sich Friedrich vor und lässt sich mühsam auf die Decke nieder, die seine Töchter für ihn ausgebreitet haben. Auf dem Boden herumzuturnen, wird immer schwieriger in seinem Alter.

Rita hebt das Buch etwas an und beobachtet ihren Vater. So unbeschwert wie in den letzten Tagen hat sie ihn schon lange nicht mehr erlebt. Es wirkt, als habe er und nicht die Mutter eine

Frischzellenkur gemacht. Vielleicht liegt es daran, dass er nun, wo sogar eine Haushälterin gefunden ist, mal ein bisschen durchatmen kann.

Das Haus in Maadi wirkt ganz traurig und verlassen, als Rita, Pünktchen und Friedrich nach den langen Sommermonaten in der Straße Nummer fünfzehn aus dem Auto steigen. Zwar hat der gute Ali, Friedrichs zuverlässiger Schatten, jemanden beauftragt, der täglich staubwischt und nach dem Rechten sieht, aber das reicht eben nicht.

Pünktchen stürmt voraus und reißt die Tür zum Garten auf. Rita schleppt ihren eigenen Koffer, während Friedrich das restliche Gepäck aus dem Kofferraum holt. Natürlich ist der Kühlschrank leer. Und so findet die erste Lagebesprechung im Clubrestaurant statt, in dem wie jeden Samstagabend alle Tische besetzt sind.

»Putzen können wir zur Not selbst«, sagt Rita und nimmt sich ein Stück Melone, die sie als Vorspeise bestellt hat, weil es an so einem Abend ewig dauert, bis das Essen kommt. »Aber kochen kann ich nicht, das wisst ihr.«

»Stimmt!«, ruft Pünktchen und grinst. »Ich koche besser als Rita.«

Sogar Friedrich muss lachen, obwohl ihm nicht danach ist.

»Lass uns doch einen ägyptischen Diener suchen, wie es alle machen«, meint Rita.

»Deine Mutter wäre nicht einverstanden.«

»Sie muss es doch nicht erfahren.«

Vater und Tochter sehen sich an, Pünktchen sieht vom einen zum anderen.

»Das geht nicht«, murmelt Friedrich. »Es muss eine andere Lösung geben.«

Sie finden keine, nicht an diesem Abend und nicht an den nächsten, die sie zu Pünktchens Begeisterung ebenfalls im Club verbringen.

»Wie lange soll das so gehen?«, fragt Rita ihren Vater.

»Ich find's dufte«, redet Pünktchen dazwischen.

»Ich arbeite an einer Lösung.« Mehr will er nicht verraten.

Am Donnerstagabend verkündet Friedrich Hellberg zur Überraschung seiner Töchter, dass sie am nächsten Tag mit den Schollers ans Rote Meer fahren.

Hektische Vorfreude erfüllt das Haus in Maadi. Badeanzüge und Taucherbrillen werden gepackt, Lebensmittel herbeigeschleppt, Brote geschmiert.

Es ist noch nicht ganz hell, als Hans Albers durch die Stille des Freitagmorgens zu Schollers hinüber rollt. Von Pünktchen mit Begeisterung empfangen, steigt Brigitte zu ihnen ins Auto anstatt zu ihren Eltern in den Käfer. Rita ist irritiert und fragt sich im gleichen Moment, warum. Brigitte ist doch ihre Freundin, und sie haben schon die Schifffahrt miteinander verpasst. Sie dreht sich um und drückt Brigittes Hand.

»Du findest unseren Hans Albers wohl schnittiger als euer Auto!«

»Das Auto nicht«, nimmt Brigitte den Faden auf, »aber ich wollte mal sehen, wer schnittiger fährt.«

Friedrich lacht. »Mit deiner Mutter kann ich nicht mithalten, fürchte ich.«

Sie fahren über Heliopolis auf die Straße nach Suez, immer dem Käfer hinterher.

An der Fabrik 333 vorbei.

Am Villenviertel der Raketenexperten vorbei, versteckt hinter hohen Mauern. Irgendwo da, in einer der Seitenstraßen, wohnt Hani. Rita spürt ein leichtes Flattern im Bauch, das nicht von den starken Bodenwellen kommt.

Plötzlich ist der Käfer in einer riesigen Staubwolke verschwunden, weil vor ihnen ein Armeelaster eingebogen ist.

»Wir müssen irgendwo rechts!«, ruft Brigitte.

Rita holt die Karte aus dem Handschuhfach. Die Straße nach Ain Sukhna führt zweihundertfünfzig Kilometer mitten durch die Wüste. Schon deswegen fahren die Experten lieber in Kolonne, falls einer der Wagen eine Panne hat oder von der Straße abkommt.

»Da vorne rechts, an dem komischen Gestell!«, ruft Pünktchen.

»Das ist ein Wasserbehälter«, sagt Friedrich. »Wasser ist ein kostbares Gut.« Er biegt ab, und ganz in der Ferne sehen sie den Käfer.

»Deine Mutter sollte Rallyes fahren«, kommentiert Friedrich und gibt Gas.

»Ich möchte auch Rallyes fahren, wenn ich groß bin!«, ertönt es von hinten.

»Wenigstens musst du nicht mehr deinen Ehemann um Erlaubnis fragen, um den Führerschein zu machen«, antwortet Rita ihrer Schwester. »Wir leben im Zeitalter des Fortschritts.«

»Deine Mutter hatte nie Ambitionen zu fahren, und wenn, dann hätte ich ihr das natürlich ermöglicht«, glaubt sich Friedrich verteidigen zu müssen.

»Du bist ja auch ein besonders nettes Exemplar der Gattung Ehemann«, sagt Brigitte lachend.

»Darum geht es doch gar nicht!« Rita fühlt sich missverstanden. »Sondern ums Prinzip!«

»Welches Prinzip?« Ihr Vater ist offenbar auch zum Scherzen aufgelegt. »Wer bezahlt denn schließlich das Auto, das die Gattin dann zu Schrott fährt?«

»Mir muss keiner ein Auto kaufen.« Jetzt ist Rita in der Defensive. »Wenn ich mir selbst keins leisten kann, dann brauche ich auch keins.«

»Ach, ich weiß nicht.« Das ist wieder Brigitte von hinten. »Einen schicken Käfer Cabrio in grün metallic würde ich nicht ablehnen.«

Sie sind jetzt auf der Soldatenallee, wie sie von den Experten genannt wird. Die eigentlich zweispurige Straße, auf der der Verkehr aus unerfindlichen Gründen nur auf einer Seite läuft, zieht sich in einem weiten Bogen an Sandhügeln entlang. Links und rechts campieren ganze Einheiten der Armee in endlosen Zeltlagern. Friedrich muss höllisch aufpassen, um nicht eine der abgerissenen Gestalten in Khaki anzufahren, die, ohne nach rechts und links zu gucken, die Straße überqueren.

Die Straße wird schmaler und läuft in einen einzigen Asphaltstreifen aus. Es folgt der Kontrollpunkt, ihre Wagennummer wird notiert und telefonisch zum nächsten Kontrollpunkt durchgegeben. Dann schaltet Friedrich hoch, und sie sind draußen.

Die Wüste lebt in den Farben, die das Licht hervorbringt.

Sie lebt in den Spuren, die der Wind zeichnet.

Sie lebt im Auf und Ab der Dünen.

Rita merkt, dass sie ihr Herz an diese Landschaft verloren hat. An die Wüste und an –

»Brigitte und ich haben einen Plan ausgeheckt.« Friedrich dreht sich kurz um.

Moment mal, denkt Rita und lässt ihre Gedanken zurückschnellen ins Innere des Autos.

Was ist denn hier los?

»Einen geheimen Plan?« Pünktchen liebt Geheimnisse.

»Gleich nicht mehr«, antwortet Brigitte geduldig.

»Ihr wisst ja, dass Brigitte in den Sommerferien ein Hauswirtschaftspraktikum in der Schweiz gemacht hat. Jetzt ist sie eine perfekte kleine Hausfrau.« Friedrich lächelt. »Darum habe ich ihr einen Job angeboten. Sagt man das heute so?«

»Und ich habe angenommen«, fügt Brigitte hinzu. »Natürlich nur, wenn ihr einverstanden seid.«

»Ich dachte, du wolltest dich um eine Stelle im Werk bemühen«, sagt Rita, und es kommt schärfer heraus als beabsichtigt. Zum Glück geht ihr Kommentar in Pünktchens Freudenschreien unter.

»Ins Werk kann ich ja immer noch, wenn eure Mutter zurückkommt«, antwortet Brigitte, nachdem sie sich aus Pünktchens Armen befreit hat. »Ich habe das Gefühl, hier werde ich gerade dringender gebraucht.«

»Und ob du das wirst!« Friedrich dreht sich kurz um, sieht dann hinüber zu Rita. »Pünktchen ist offensichtlich einverstanden. Was meinst du, große Tochter?«

»Meine Meinung ist doch gar nicht mehr ausschlaggebend«, entgegnet Rita schnippisch, besinnt sich dann jedoch eines Besseren. »Natürlich bin ich einverstanden.«

Sie dreht sich um und grinst die Freundin an. »Aber bitte für mindestens einen Monat kein Hühnchen mit Reis mehr. Das Essen im Club steht mir bis hier!«

»Also dann: Abgemacht.« Friedrich streckt seine Hand nach hinten und Brigitte schlägt ein. »Die Einzelheiten besprechen wir in Ruhe mit deinen Eltern, wenn wir zurück sind.«

Rita sieht wieder aus dem Fenster.

Was ist nur los mit mir, denkt sie. Warum bin ich so gemein zu Brigitte? Daran, dass Rita ihre Mutter oder deren Kochkünste vermisst, kann es wohl kaum liegen. Vielleicht, weil es nicht sie war, die mit Brigitte diese Idee ausgeheckt hat? Weil sie die ganze letzte Woche, wenn sie ehrlich ist, mit den Gedanken woanders war. Gefangen in den schillernden, leidenschaftlichen Erzählungen von Hani Ayad.

»Guck mal, da vorne glitzert es wie tausend Sterne in der Wüste!«, ruft Pünktchen.

»Das ist die Raststätte«, erklärt Brigitte.

Als sie näher kommen, erkennt Rita, dass der Wüstensand mit Tausenden und Abertausenden Deckeln von Colaflaschen bedeckt ist, die in der Sonne funkeln.

Das Baden im Meer hat sie schläfrig gemacht. Rita legt das Buch, in dem sie sowieso nicht gelesen hat, neben sich und schließt die Augen. Sie hört das Rauschen der Wellen, das leichte Flattern des Sonnensegels, die Stimmen der Kinder im Wasser.

»Die hier ist noch größer!« Pünktchen hat wieder eine Muschel vom Meeresboden hochgeholt.

»Ach guck mal, hier ist ein Foto von Ritas Chef!« Peter Scholler reicht Friedrich Hellberg die Zeitung.

Bevor er den Aufmacher auf der dritten Seite entdeckt hat, ist Rita schon neben ihm.

»Wo denn, Vati?«

Er breitet die Zeitung vor sich auf der Decke aus, so dass sie beide lesen können.

BILD am Sonntag. 23. September 1962. Seite 3.

Dr. Heinz Krug (49), der vor zwölf Tagen aus München verschwundene deutsche Raketen-Kaufmann, wird mit an Sicherheit grenzender Wahrscheinlichkeit doch in Ägypten festgehalten!

»Israel. Ägypten. Die schreiben jeden Tag was anderes!«, ruft Friedrich.

»Wenn die deutsche Polizei auch so planlos ist, kann man Krug nur noch Glück wünschen«, sagt Peter und hebt sein Bier. »Das ist die reinste Karnevalsposse.«

Rita ist schon zwei Absätze weiter.

Ein geheimnisvoller österreichischer »Geschäftsfreund« Krugs (sein Name ist BILD am Sonntag bekannt) war zum Zeitpunkt der Entführung bei Krug in München. Dieser Mann ist nach den bisherigen Ermittlungen der Polizei seit langem in führender Position im illegalen Waffenhandel mit Ägypten beschäftigt.

»Das ist bestimmt Joklik«, entfährt es Rita. »Der hat auf dem Flug die ganze Zeit so geredet, als sei er dabei gewesen.«

»Wer?« Friedrichs Ferienstimmung ist wie weggeblasen. Ist seine Tochter in etwas verwickelt, von dem er nichts weiß?

»Ach, der ist Chemiker oder Physiker. Ein komischer Kauz, der immer eine Sonnenbrille trägt.« Rita hat sich wieder über die Zeitung gebeugt. Ungeduldig überfliegt sie Zeile um Zeile all dessen, was sie schon weiß, bis sie fast am Ende des Artikels ist.

Die Entführung Krugs ist demnach wohl kaum im offiziellen Auftrag der ägyptischen Regierung erfolgt, sondern Nassers Geheimdienst hat sie »eigenmächtig« inszeniert. Am 11. September wurden die Entführer nochmals gesehen, als sie in München ein Haus mit leichten Damen besuchten. In der Nähe hatten sie zuvor Krugs Mercedes 300 SE abgestellt.

»Leichte Damen«, kichert Rita. Friedrich wirft ihr einen warnenden Blick zu und liest weiter.

Auch mit dem Verschwinden des Stuttgarter Raketen-Ingenieurs Dr. Pilz, der über Dr. Krug einen Wagen gekauft hatte, wollen die Ägypter nichts zu tun haben. Pilz ist jedoch bisher weder in Israel, das vermutlich das Ziel seiner Reise war, noch irgendwo anders aufgetaucht.

»Was soll das denn?« Ritas Überraschung ist echt. »Unser Professor ist in Kairo, wo soll er denn sonst sein?«

»Hast du ihn selbst gesehen?«, fragt Friedrich scharf.

»Natürlich.« Rita braucht nicht lange zu überlegen.

Das Montagsfrühstück nach ihrer Rückkehr ist ein einziges Wirrwarr aus durcheinandergebrüllten Fragen.

Hat Krug mit den Israelis verhandelt?

Werden wir jetzt einer nach dem anderen entführt?

Kann uns der deutsche Staat schützen?

Was wollen die Ägypter tun?

Der Professor wirkt angespannt, aber bemüht, die Lage unter Kontrolle zu behalten. Selbst seine Hannelore hat etwas von der resoluten Freundlichkeit eingebüßt, mit der sie sonst diese Treffen fest im Griff hat. Fahrig leert sie die Aschenbecher in der Küche aus, und auf Ritas Nachfrage, wie es ihr gehe, reagiert sie mit einem hilflosen Schulterzucken.

Als sie zurück ins Wohnzimmer kommen, herrscht plötzlich Stille. Oberst Nadim hat den Raum betreten, offenbar hat ihn der Professor dazugeladen.

»Natürlich«, beginnt er in seinem geschliffenen Englisch, »wird die ägyptische Regierung alles tun, um Sie zu schützen. Sie können sicher sein, dass Ihnen auf ägyptischem Boden keinerlei Gefahr droht. Deshalb haben wir keine Kosten und Mühen gescheut, um Sie schnellstmöglich nach Kairo zurückzuholen.«

Rita beobachtet die Experten um sich herum. Der Oberst ist bei vielen ein beliebter Mann, dem einen oder anderen sogar ein Freund, wie sie von Max weiß. Nur vereinzelte Kommentare schwirren durch die Luft.

»Was ist mit unseren Familien zuhause?«

»Wenn Sie in Sorge sind, holen wir sie ebenfalls nach Kairo.« Er spricht mit fester Stimme und lässt seinen Blick einmal durch den Raum wandern, sieht jeden kurz an. Ein Mann, dessen Wort gilt.

»Wir möchten in unseren Ferien ohne Angst nach Deutschland fahren!«

»Aber meine Herren!« Nadim sieht zu Rita und Hannelore. »Und meine Damen natürlich auch!« Diese Augen. Immer noch umwerfend. Rita versucht mit Mühe, sich auf den Ernst der Lage zu konzentrieren.

»Sie waren doch gerade in den Ferien!«, ruft er und lächelt. Jetzt hat er sogar ein paar Lacher auf seiner Seite. Doch Oberst Nadim wird ernst.

»Die Israelis hörten von unserem Start im Juni und plötzlich wusste die ganze Welt, dass Ägypten nun Raketen hat, die weiter fliegen als die Raketen der Israelis. Schnell haben sie versucht, festzustellen, wer die Teile geliefert hat. Sie stießen auf die IN-TRA in München, und dann überschätzten sie Krugs Tätigkeit, besonders deswegen, weil er ja vorher als Geschäftsführer in der Forschungsanstalt für die Physik der Strahlantriebe bei Professor Sänger gearbeitet hat. In der Eile konnte man nicht mehr feststellen, dass er lediglich Kaufmann ist. Wenn nun alle Welt glaubt, dass Krug in Kairo ist, werden wir ihn nie wiedersehen. Wenn man aber den Finger auf Tel Aviv legt, wird plötzlich ein privater Gangsterstreich daraus gemacht und Krug ist wieder da. Das werden Sie erleben.«

Rita sieht sich um. Die meisten scheinen bereit zu sein, Nadim zu glauben. Da meldet sich Otto Joklik zu Wort, wie immer trägt er auch drinnen seine Sonnenbrille. Er redet leise und schnell und reibt sich dauernd die Handflächen an den Hosenbeinen trocken.

»Und wenn nun bewiesen wird, dass Krug wirklich verkaufen wollte? Zum Beispiel an eine jüdisch-amerikanische Firma namens CUBIC in Rom?«

Erstauntes Gemurmel brandet auf, doch Wolfgang Pilz bringt es mit einer ungeduldigen Handbewegung zum Verstummen.

»Was soll der Unsinn, Joklik? Krug konnte keine Verkaufsverhandlungen führen, ohne uns«, er zeigt auf Paul Goercke und sich selbst, »als Teilhaber um Erlaubnis zu fragen.«

Oberst Nadim stellt sich neben ihn und hebt die Arme. Jetzt hat er Ähnlichkeit mit Präsident Nasser, findet Rita und denkt automatisch an Hani.

»Liebe Experten.«

Kurze Pause, noch ein Blick in die Runde.

»Liebe Freunde des ägyptischen Volkes. Lassen Sie uns Israel und der Weltöffentlichkeit beweisen, dass der falsche Fisch geschlachtet wurde. Gehen wir wieder an die Arbeit. Je schneller die Raketen in Serie gehen, desto schneller ist das Gleichgewicht in der Region wiederhergestellt.«

Komisch, denkt Rita, als sie durch die Rauchschwaden, die wie üblich am Ende des Frühstücks durch den Raum ziehen, nach draußen geht. Niemand redet mehr von Weltraumraketen.

BND-Akte 100 614_OT.

Erklärung zu den Pressemeldungen im Falle Dr. Krug.

Die die Wahrheit entstellenden Pressemitteilungen, die im Zusammenhang mit dem am 11. September d. J. erfolgten Verschwinden von Dr. Heinz Krug, Direktor der United Arab Airlines und Geschäftsführer der INTRA-Handelsgesellschaft – beides München – der Öffentlichkeit angeboten wurden, veranlassen mich, meine Abneigung gegen Kontakt mit der Presse zu überwinden und folgende Erklärung abzugeben:

Es ist nicht wahr, dass ich verschwunden bin (z. B. Abendzeitung München, 18. 9. 62) oder dass ich vermisst bin (z. B. Tagesspiegel, 19. 9. 62) oder am 3. September mit Ziel Israel von München abfuhr (Bild am Sonntag, 23. 9.).

Wahr ist, dass ich seit Herbst 1961 in Cairo lebe, wo ich auf Einladung des Direktors des Nationalen Forschungszentrums eine Lehrtätigkeit ausübe.

Meine Lehrtätigkeit an dem Nationalen Forschungszentrum erstreckt sich selbstverständlich auch auf mein spezielles Berufsgebiet, die Raketentechnik. Ich habe auf diesem Gebiet während des Krieges in Peenemünde gearbeitet, nach dem Krieg kurzzeitig für die amerikanische und für die englische Regierung und etwa 10 Jahre für den französischen Staat. Über diese ausländischen Tätigkeiten gab es niemals Beanstandungen.

Im Jahr 1958 ging ich auf Grund von ministeriellen schriftlichen Zusagen über gesicherte Arbeitsmöglichkeiten mit meinen Mitarbeitern nach Deutschland zurück. Die Versprechen wurden jedoch nicht gehalten, – wir wurden beruflich auf Eis gelegt.

Einzelheiten über die Enttäuschungen und Schwierigkeiten, die uns in dieser Zeit gemacht wurden, habe ich den Herren Bundesministern Erhard, Seebohm und Strauß in einem fünfseitigen Memorandum vom Dezember 1961 geschildert, um ihnen meinen Entschluss, die angebotene Lehrtätigkeit in Cairo wahrzunehmen, verständlich zu machen.

Ich kenne natürlich die ägyptischen Raketen, ich kenne vor allem die Mehrzahl der jungen ägyptischen Ingenieure, die die Raketen entwickelt, gebaut und verschossen haben, und ich freue mich mit meinen Schülern über die anerkennenswerte Leistung, die sie vollbracht haben.

Raketentechnik ist heute ein technisch-wissenschaftliches Fachgebiet wie jedes andere auch. Dass man sie zivil und militärisch verwenden kann, ist keine besondere Eigenart der Rakete. Dies trifft ebenso für das Auto, das Flugzeug, für die Schifffahrt zu. – Warum also diese bewusst negative Darstellung der Presse? Wird hier etwa die deutsche Pressefreiheit für außerdeutsche Tendenzen missbraucht? –

Wolfgang Pilz
Cairo, den 28. September 1962.

Friedrich Hellberg gibt sich mit Ritas lapidarer Auskunft, in Ägypten sei man auf jeden Fall sicher, nicht zufrieden. Er will aber auch seine Tochter nicht ängstigen, der diese ominöse Krug-Entführung weniger ausmacht, als er vermutet hätte.

Sie hat das Buch wieder vor der Nase, doch sicher ist er nicht, ob sie wirklich liest.

»Rita?«

Keine Antwort.

In dem Moment wird er durch laute Rufe abgelenkt.

»Vati!«

Pünktchen. Friedrich ist auf den Beinen, so schnell er kann. Doch es ist Brigitte, die tropfnass unter dem Sonnenzelt steht. Peter Scholler dreht sich um.

»Ja, Schatz?«

»Marcel klettert da hinten in den Bergen herum.«

»Der wollte sich nur mal die Beine vertreten«, murmelt ihre Mutter, die unter einem großen Sonnenhut wohl gerade eingedöst war.

»Ist der wahnsinnig? Da oben ist alles vermint!«

Scholler ist aufgesprungen. Er läuft los, in Richtung der Straße, alle anderen hinterher. Hinter der Straße liegen Geröllhalden, von tiefen Gräben durchzogen. Und gleich dahinter steigt das Gebirge steil an. Friedrich schätzt die Gipfel auf tausendfünfhundert bis zweitausend Meter Höhe.

In kurzer Zeit hat sich eine kleine Menschenmenge versammelt.

»So ein verrückter Kerl! Will anscheinend den Gipfel erklimmen.«

»Das ist militärisches Sperrgebiet, weiß der das nicht?«

Rita versucht, im scharfen Hell und Dunkel der Felsen zu erkennen, wo Marcel ist. Da! Ein winziger weißer Punkt, der sich langsam an einem steilen Abhang emporbewegt.

»Marcel!« Peter Schollers Stimme verklingt in der flimmernden Hitze. Der Punkt bewegt sich unbeirrt weiter.

Brigitte hat einen roten Bademantel in der Hand und beginnt, ihn wild über dem Kopf hin und her zu schwenken.

Keine Reaktion.

Plötzlich fällt Friedrich etwas ein. Er läuft zurück zum Wagen und holt aus dem Handschuhfach seine Neun-Millimeter-Gaspistole hervor, die mit Knallpatronen geladen ist. Man kann ja nie wissen, wer einem auf Kairos nächtlichen Straßen so auflauert oder ob man aus Versehen mal einen Fellachen mit einem Eselsgespann anfährt und sich gegen einen wütenden Mob verteidigen muss.

Zurück an der Straße, bedeutet er Brigitte, nochmal besonders heftig ihren Bademantel zu schwenken, spannt den Abzugshebel und drückt ab. Der Knall erinnert ihn an den Schalldurchgang eines Düsenjägers, nur dass er sich in sechs oder noch mehr Echos an den Gebirgswänden bricht.

Mit zugehaltenen Ohren beobachtet Rita, wie der weiße Punkt stoppt, dann lange bewegungslos dasteht.

Brigitte schwenkt. Ihr Vater winkt mit den Armen. Die Mutter steht daneben, wie erstarrt, die Hände vor den Mund geschlagen.

Plötzlich sehen sie eine Staubfahne, und der weiße Punkt ist verschwunden.

»Er ist abgestürzt!«, ruft Marlene Scholler und zeigt auf Friedrichs Gaspistole. »Wie konntest du nur –«

»Da unten!« Rita hat ihn entdeckt, ganz unten am Berghang. Und er bewegt sich.

Etwas mühsam und schwerfällig, aber eindeutig lebendig.

Friedrich sieht sich um und entdeckt, dass von allen Seiten Experten herbeigeeilt sind, die den Schuss gehört haben.

Leider auch die Ägypter.

In einer Wolke aus Staub kommt ein Jeep angerast und bremst scharf. Drei Gestalten springen heraus.

»Weg mit der Pistole!«, ruft Peter Scholler.

Bevor Friedrich entscheiden kann, wohin damit, hat Brigitte

ihm die Waffe schon aus der Hand genommen und lässt sie in die Tasche ihres Bademantels gleiten.

Einen Moment später sind die drei Ägypter da.

»Who was it?«, brüllt einer, offenbar der Offizier, während die anderen mit ihren Pistolen vor den Nasen der Männer herumfuchteln, die sich schützend vor den Mädchen und Frauen positioniert haben.

»What do you mean?« Das ist Peter Scholler, der zu seiner gewohnten Lässigkeit zurückgefunden hat.

»This bum-bum!« Der Offizier bedeutet seinen Männern, ruhig zu bleiben.

»Ihre Papiere bitte!«, bellt er in abgehacktem Englisch.

Achselzucken bei den Experten. Wer hat schon seinen Pass in der Badehose stecken?

»Passports!«

»We have driving license, Sir.« Das ist wieder Peter. Er deutet zu den Autos. »Da hinten!«

Plötzlich fällt Friedrich ein, dass er mit dem Führerschein und den Wagenpapieren auch den Werksausweis in einer Plastikhülle dabeihat.

»Wait!« Er zeigt auf die beiden bewaffneten Soldaten. »You come with me. I have passport.« Er will diese Waffen weg von den Frauen und Kindern haben.

Langsam und so, dass sie jederzeit sehen, was er tut, zieht er die Sichthülle aus dem Handschuhfach. Den Werksausweis gibt er dem Älteren. Aber der schüttelt den Kopf, vielleicht kann er nicht lesen. Er marschiert zurück zu seinem Vorgesetzten, der dabei ist, die Männer, die sich in einer Reihe aufstellen mussten, abzuschreiten und zu inspizieren. Die Frauen haben sich zu einem eng zusammengedrängten Grüppchen geschart und stehen wartend daneben. Brigitte, den Bademantel unauffällig über dem Arm, haben sie in ihre Mitte genommen.

Der Soldat nimmt Haltung an und übergibt dem Offizier Friedrichs Ausweis. Innerhalb von Sekunden verändern sich dessen

Haltung und Gesichtsausdruck. Er kommt auf Friedrich zu und schüttelt seine Hand.

»Sorry! Sorry! Excuse me«, stammelt er. »You are our friends. Our best German friends.«

Die aufgereihten Experten erwachen aus ihrer Schockstarre. Peter Scholler tritt zu dem Offizier, um ihn von Marcel abzulenken, der jeden Moment aus dem Geröllfeld jenseits der Straße auftauchen kann. »You want a Coca-Cola, my friend?«

Der Mann will unbedingt eine Cola und bellt seinen Untergebenen ein paar harsche Befehle zu. Sie springen in den Jeep und fahren an den Strand in die Nähe des Sonnensegels, unter das ihr Chef gerade entführt wird.

Die Gruppe an der Straße folgt in loser Formation. Rita hat Pünktchen in den Arm genommen, die beim Schnorcheln von all der Aufregung nichts mitbekommen hat und erst am Schluss dazugekommen ist.

Brigitte stellt sich neben Friedrich, der an der Straße geblieben ist, um Marcel abzufangen. »Das hast du gut gemacht, Väterchen«, flüstert sie.

Er spürt, wie ihre Hand unauffällig die seine streift.

»Du aber auch.« Er schaut sich kurz um und drückt ihre Hand. »Mutiges Mädchen.«

Rita und Pünktchen lassen sich am Rande des Geschehens auf ihrer Decke nieder. Der Offizier sitzt auf Peters Klappstuhl. Der drückt ihm eine Cola, die seine Frau aus der Kühltasche geholt hat, in die Hand und stößt mit ihm an. »Auf die deutsch-ägyptische Freundschaft!«

Doch schon nach ein paar Schlucken springt der Mann plötzlich wieder auf.

»Who shot?«, bellt er in die Runde.

Bevor Rita sie davon abhalten kann, ist Pünktchen, immer noch mit Taucherbrille und Schnorchel, die sie über die Stirn hochgeschoben hat, auf den Beinen.

»Hello!«, macht sie sich leise bemerkbar.

Der Soldat und die Umstehenden sehen sie überrascht an. Pünktchen zeigt aufs Meer hinaus.

»Perhaps it was this.« Sie zieht ihre Taucherbrille vor die Augen und mimt einen Taucher, der unter Wasser eine Harpune abschießt.

Das scheint den Offizier zu überzeugen, denn er nimmt lächelnd Haltung vor Pünktchen an.

»Thank you, young Miss.«

Er reicht Peter die halbvolle Colaflasche, macht eine Kehrtwendung und beeilt sich, zurück zu seinen Kollegen zu kommen. Mit durchdrehenden Reifen braust der Jeep davon.

Kaum ist er verschwunden, taucht aus einem der Gräben in dem Geröllfeld Marcels Kopf auf. Vorsichtig sieht er sich um, ob die Luft rein ist. Kurz darauf ist er bei seiner Schwester und Friedrich, das weiße Hemd zerrissen, die kurze Hose notdürftig mit der Hand zusammengehalten.

»Hast du dich verletzt?« Brigitte legt ihm fürsorglich den Bademantel um.

Er schüttelt den Kopf. »Nur ein paar Abschürfungen. Und schöne blaue Flecke werde ich haben.« Ohne zu protestieren, lässt er sich von seiner Schwester zurück zu den Autos am Strand führen. »Ihr habt mich ganz schön erschreckt. Was war denn das für ein Knall?«

Friedrich greift in die Tasche des Bademantels und zieht die Pistole heraus. »Besser dies hier, als dass du auf eine Mine trittst, Junge.«

»Ach, was!« Marcel schüttelt den Kopf und lacht. »Das ist doch alles nur Bluff. Minen. Versteckte Maschinengewehrstände. Dazu hat Nasser weder genug Männer noch das Material. Wenn Israel vom Sinai aus angreift, dann müsste er ja die ganze Küste hier verminen.«

Er hält zu Friedrichs Entsetzen eine Fotokamera hoch, mit der er offenbar auch noch Bilder gemacht hat. »Ich hab' jedenfalls nichts gesehen.«

»Du Abenteurer!« Brigitte wuschelt ihm durch die Haare.

Friedrich bleibt zurück. Vielleicht hat der Junge einfach unwahrscheinliches Glück gehabt. Oder es sind wirklich keine Minen da. Vielleicht haben die Soldaten ihn beobachtet und gewusst, dass er harmlos ist. Vielleicht ist dieser unberührte Strand gar nicht so einsam, wie es auf den ersten Blick scheint.

Es geht das Gerücht um, dass Nassers Geheimdienst die gesamte Gesellschaft durchsetzt. Der Diener, der Taxifahrer, die Gemüsefrau, jeder kann ein Informant sein. Vor den Experten macht diese informationssammelnde Maschinerie sicher nicht halt. Und der Militärjeep kam nur Sekunden nach dem Knall angebraust.

Auf der Rückfahrt nach Kairo geraten sie in einen Sandsturm.

»Alle Luken dicht!«, ruft Friedrich, der die dicken, milchig gelben Schwaden über der Straße zuerst entdeckt hat. Doch schon ist das Wageninnere mit Staub erfüllt. Er hat vergessen, den Ventilator abzuschalten. Alles hustet und schreit durcheinander. Friedrich hat Mühe, den Wagen auf der Straße zu halten. Die Sandwolken treiben von der Seite des Gebirges her in Richtung Meer. Dadurch bekommt er so einen Drall, dass er kaum die Richtung halten kann.

»Vati, fahr an den Rand!« Pünktchens Stimme klingt schrill vor Angst.

»Sollen wir anhalten und abwarten?«

»Da kannst du lange warten!« Brigittes blonder Kopf erscheint zwischen den Vordersitzen. »Manchmal steht an dieser Stelle der Sandsturm stundenlang!«

»Und wenn einer von hinten kommt?« Das ist Rita.

Also weiter. Friedrich beißt die Zähne zusammen und spürt bereits den feinen Sand, der sich in Mund und Nase festsetzt. Er schaltet die Scheinwerfer ein, ohne Effekt, die Sandwolke ist undurchdringlich. Die Straße vor sich erkennt er nur noch in vagen Umrissen. Haarscharf sieht er den Rand des Asphalts rechts vorbeiziehen.

In die Dünen hineinfahren bedeutet festzusitzen im besten, sich zu überschlagen im schlimmsten Fall. Immer neue Schwaden kommen herangewälzt.

Schwefelgelb.

Dunkelorange.

Deutlich hören sie jetzt das Prickeln der Millionen und Abermillionen feiner Körner beim Auftreffen auf das Metall des Wagens.

Friedrich rinnt der Schweiß von der Stirn.

Endlich lichtet sich der Nebel. Vor ihm läuft die Straße in einer engen Kurve, die er sicher übersehen hätte.

Doch welch ein merkwürdiges Bild! Um sie herum türmen sich gelbe Wände, rasen dahin wie in einem Riesenkarussell.

Stille.

Sie befinden sich im Zentrum des Sandwirbels.

Das Auto fährt.

Der Sturm umkreist sie.

Dann treffen sie auf die Gegenseite des Wirbels.

Der Sandsturm kommt jetzt vom Meer her.

Mit großer Gewalt trifft er auf den Wagen. Friedrich versucht mit aller Kraft, ihn in der Spur zu halten.

Urplötzlich kommt ein schwarzer Schatten ihnen direkt entgegen.

Friedrich schert instinktiv nach links aus.

Eine Limousine rauscht auf der falschen Straßenseite in wenigen Zentimetern Abstand rechts an ihnen vorbei.

Oder ist er selbst auf der falschen Seite?

Foto, Farbe:
Auf der festlich erleuchteten Clubterrasse nehmen Rita
und Hani eine Flasche Sekt von einem älteren Ehepaar
entgegen.
Bildunterschrift: Let's Twist Again – die Sieger, Oktober
1962

Rita zieht ihren Mantel aus. Sofort stellt sich das Gefühl ein, sie
wäre darunter nackt. Samir, dem alten Ägypter an der Garderobe
des Clubs, von allen nur Sammy genannt, steht der zahnlose
Mund so weit offen, dass sie ihm bis in den Hals sehen kann.

Was hat sie sich nur dabei gedacht, in Kairo ihre neue Steghose
anzuziehen? Grün-schwarz-rotes Schottenmuster, Verkaufs-
schlager der Herbstsaison auf der Spitaler Straße in Hamburg.

Dabei ist sie so vollständig bedeckt wie sonst niemand hier.
Langärmelige Bluse, breiter schwarzer Ledergürtel. Flache Schuhe. In den Clubs von Kairo trägt die moderne Frau eher weniger
als mehr, am allerwenigsten die Bauchtänzerin.

Nur keine Hose.

Was will ich eigentlich hier?

Fragt sich Rita Hellberg zum gefühlt hundertsten Mal an
diesem Abend, als sie von der Garderobe direkt zur Damentoilette rübergeht, um ihr Make-up zu kontrollieren. Statt in der
Hose hätte sie jetzt hier in dem neuen Rock stehen sollen, mit
Petticoat, silbernen Pumps und allem Drum und Dran. Abende-
lang hat sie mit Brigitte über der Nähmaschine gehangen.

Die deutsche Botschaft veranstaltet einen Tangowettbewerb!

Sie hat sich selbst, Rita Hellberg, mit Max Fischer über die
Tanzfläche gleiten sehen.

Applaus, Applaus!

Ein hübsches Paar.

Aber nein.

Zuerst ist die Physikerin aufgetaucht.

Nein, zuerst passierte die Sache mit Otto Joklik.

Verschwunden, von einem Tag auf den anderen.

Rita spürt sofort, dass etwas nicht stimmt, als sie die Kantine im Werk betritt. Die übliche Geräuschkulisse, das Summen und Brummen, diese ganz besondere Mischung aus Arabisch und Deutsch, klingt anders an diesem Sonntag nach ihrem Ausflug ans Rote Meer. Sie holt sich einen Teller Rindergeschnetzeltes mit Nudeln und geht nach hinten zum Expertentisch. Max deutet auf den Platz neben sich, unterbricht aber seinen Beitrag zur lautstarken Unterhaltung nicht.

»Warum sollte ausgerechnet Joklik zu den Israelis überlaufen? Er war es doch, der überall herumerzählt hat, der Krug habe an diese jüdische Firma verkaufen wollen.« Max steht auf und wirft sich in Pose. »Inzwischen empfehle ich mich, mit vorzüglicher Hochachtung –«

Es sind nicht nur der Akzent und die Stimmlage, der ganze Körper von Max Fischer wird zu der schmächtigen Figur mit der Sonnenbrille.

Ritas Gabel bleibt in der Luft hängen. Ein Bild hat sich vor ihr inneres Auge geschoben. Eine Momentaufnahme, Bruchteil einer Sekunde.

Vielleicht spielt ihr die Erinnerung einen Streich.

Wahrscheinlich schon.

Der Sandsturm, alles von gelblichen Schleiern verhüllt.

Sand in der Nase.

Sand in den Augen.

Einen Wimpernschlag lang hat sie den Österreicher mit der Sonnenbrille gesehen.

Hinter den getönten Scheiben einer schwarzen Limousine.

Auf dem Weg von Kairo Richtung Suez.

Hinter dem Kanal beginnt der Sinai.

Hinter dem Sinai liegt Israel.

Du spinnst doch. Wir sehen schon Gespenster.

Rita Hellberg isst weiter.

Einen Tag später taucht Marietta beim Montagsfrühstück in der Villa auf. Der Professor stellt sie als neue Assistentin der Entwicklungsabteilung vor. Doch ein Blick in ihre vor Selbstbewusstsein funkelnden Augen sagt Rita genug.

Diese Frau ist keine Assistentin.

Diplom-Ingenieur Marietta Löwenberger.

Schulterlange dunkle Haare, sportliche Figur, hellblaue Augen. Trägt Hosen und eine Hemdbluse. Setzt sich neben Paul Goercke und flüstert ihm etwas ins Ohr.

Rita wendet sich zu Max. Will vielleicht zeigen, dass auch sie beide nicht einfach Chef und Sekretärin sind. Doch Max sitzt da wie angewurzelt.

Max und Marietta.

Abends nähen Brigitte und Rita die letzten Säume an die neuen Röcke.

»Ich hätte nicht gedacht, dass es so was gibt«, sagt Rita und versucht, das silbrig schimmernde Garn einzufädeln. »Max behauptet, Marietta sei die Frau seines Lebens, das habe er in dem Moment gewusst. Obwohl sie noch kein Wort miteinander geredet haben.«

»Na und?« Brigitte nimmt ihr die Garnrolle aus der Hand. »Lass mich das mal machen, bei dir ribbelt sich ja alles auf.« Sie schiebt Rita beiseite und fädelt das Garn mit einer einzigen, flüssigen Bewegung ein. »Ich kann mir das schon vorstellen.«

»Sie ist anders«, fährt Rita fort, das Kinn in der linken Hand, aufgestützter Ellbogen. »Und sie ist älter als er. Mindestens drei Jahre. Sie hat im Bodenseewerk amerikanische Raketen nachgebaut, heißt es.«

Die Nähmaschine beginnt gleichmäßig zu rattern. Es ist die unverwüstliche Singer, auf die Ingrid Hellberg auch in Kairo nicht verzichten will. Rita denkt an das zierliche hellgrüne ägyptische Modell mit dem Namen Nofretete.

»Das klingt nach einer richtigen Karrierefrau.« Brigitte dreht den Stoff so, dass die nächste Naht vor ihr liegt. Aus ihrem Mund hört sich das Wort Karrierefrau wie eine unheilbare Krankheit an.

In dem Moment betritt Ritas Vater das Wohnzimmer. Friedrich Hellberg sieht müde aus. Er kommt jeden Tag später aus dem Werk.

»Ich mache dir etwas zu essen warm.« Brigitte springt auf, nimmt ihm im Vorbeigehen das Jackett aus der Hand und verschwindet in der Küche.

Friedrich setzt sich seiner Tochter gegenüber an den Tisch. »Was ist das Hübsches?«, fragt er und deutet auf den schimmernden Stoff.

»Der Rock für den Tangowettbewerb im Club, Vati.« Sie kann ihre Ungeduld nur schwer im Zaum halten. »Am Donnerstag, hast du das etwa vergessen?«

»Ach je.« Er hat es vergessen.

»Ritalein, es tut mir so leid. Professor Messerschmitt kommt. Er wird darauf bestehen, dass kein Abteilungsleiter das Werk vor ihm verlässt. Und anschließend wird er uns beim Whisky an der Bar des Shepheard Hotels zusammenstauchen. Da komme ich nicht raus. Und du musst auf Pünktchen –«

»Vati, nein!« Sie ist so wütend, dass sie den Stoff aus der Maschine und in Fetzen reißen möchte.

»Du kannst hingehen, Rita.« Das ist Brigitte, die mit einem dampfenden Teller Suppe hereingekommen ist. »Ich bleibe bei Pünktchen.«

Friedrich lächelt sie an. »Das würdest du wirklich tun?«

»Aber wir wollten doch zusammen gehen.« Rita verstummt und sieht von ihrem Vater zu ihrer Freundin.

»Ist nicht so wichtig für mich«, sagt Brigitte. »Tango ist sowieso nicht meine Stärke.«

»Also gut.« Rita steht auf. »Dann amüsier’ ich mich eben ohne euch.«

Schon wieder, denkt sie, als die Tür mit einem lauten Knall hinter ihr zufällt. Schon wieder so ein Stich, als wäre sie eifersüchtig. Auf ihren Vater? Auf die Freundin?

Und so ist der Rock im Schrank gelandet, denn Max ist für einen Tango mit Rita wohl kaum noch zu haben. Und die Hose, die nun überhaupt nicht zum Tango, aber umso besser zu Ritas Laune passt, darf in die Kairoer Nachtluft hinaus.

Rita Hellberg tritt auf die Terrasse des Clubs und hält Ausschau nach bekannten Gesichtern. Die Kapelle, die sie schon zu anderen Gelegenheiten im Club hat spielen sehen, ist gerade mit den Instrumentenkoffern zugange. Die drei Jungs mit ihren imposanten Elvis-Tollen spielen so ziemlich alles nach, was die Jugend hören will. Aber Tango?

Links ist ein Buffet mit Erfrischungsgetränken, Wein, Bier und Häppchen aufgebaut. Sogar eine Bowle entdeckt sie, in der interessanterweise Melonenstückchen und rote Kerne vom Granatapfel schwimmen.

»Darf ich Ihnen ein Gläschen einschenken, Fräulein –«

»– Hellberg. Ja, gerne.« Rita sieht hoch und überlegt, wo sie den Mann schon mal gesehen hat. Er erinnert sich offenbar auch nicht.

»Bauch mein Name. Ich vertrete die Firmengruppe Quandt hier in Ägypten.«

Ach ja. Sahara City.

Rolf Steinhauer, der in Wirklichkeit anders heißt. Wie, hat sie vergessen. Und Aziza, das Mädchen, das auf den Tischen tanzt. Und später mit dem Bus nach Hause fährt.

»Prost, Fräulein Hellberg!«

»Was verkaufen Sie denn den Ägyptern, Herr Bauch?« Eine bessere Frage fällt ihr auf die Schnelle nicht ein.

Die von Günther Quandt gegründete Firmengruppe wird in der Zeit des Nationalsozialismus zu einem der wichtigsten deutschen Rüstungskonzerne. Das Unternehmen produziert unter anderem Pistolen, Karabiner und Spezialbatterien.

Batterien für V2-Raketen und Kampfflugzeuge.

Während die Ehefrau von Günther Quandt sich scheiden lässt, um den Propagandaminister Joseph Goebbels zu heiraten, bereichert sich der Ehemann an enteigneten jüdischen Betrieben. In Kreditverhandlungen mit der Deutschen Bank führt er den Einsatz fachlich ungeschulter Zwangsarbeiter als Grund für die Einräumung eines niedrigeren Zinssatzes an.

Über fünfzigtausend Zwangsarbeiter und KZ-Häftlinge arbeiten in den Quandt-Fabriken.

Tausende leben in einem werkseigenen Lager hinter Stacheldraht.

Ausgebeutet, unterernährt, misshandelt von SS-Männern.

Im Lager steht ein Galgen.

Nach zwei Jahren Internierungshaft wird Günther Quandt von den US-Behörden als Mitläufer eingestuft. Das Vermögen der Familie ist gerettet und wartet auf weitere Vermehrung.

Im Winter 1954 will der Patriarch sich endlich einmal eine Pause gönnen und der deutschen Kälte entfliehen. Er macht eine Urlaubsreise nach Ägypten. Einen Tag vor Silvester stirbt Günther Quandt überraschend in einer Suite des Mena Hotels mit Blick auf die Pyramiden. Vielleicht hat er in seinen letzten Augenblicken, prophetisch geradezu, die Stimme der Sphinx vernommen.

Auf Deutsch natürlich.

Vergänglich sind der Menschen Werke, doch ewig ist der Geist, der diese Zeichen schuf.

»Haben Sie Präsident Nassers Rede zum Jahrestag der Revolution gehört?«

Warum antwortet er mit einer Gegenfrage? Rita probiert die Bowle und nickt. Schmeckt exotisch, aber nicht schlecht.

»Dann kennen Sie sicher den berühmten Satz: Wir Ägypter produzieren alles von der Nähnadel bis zur Rakete?«

Worauf will der nur hinaus? Rita nickt noch einmal und reckt den Kopf. Keine Spur von Max, Marietta oder jemandem anders, der sie aus diesem Small Talk befreien könnte.

»Sehen Sie, und wir, die Quandt-Gruppe, liefern den Rest.« Er lacht wiehernd. Hatte der nicht auch irgendwas mit Pferden am Hut? Mit dem schrecklichen Pferdezüchter?

»Unsere Textilfabriken stellen das Garn für die Nähnadel her, unsere Batterien liefern den Strom für die Raketen, und alles andere kann Präsident Nasser in unseren Eisenbahnwaggons durch das Land fahren, bewacht von Soldaten mit unserer Munition.«

Rita lächelt höflich. Was für ein Langweiler. Der interessiert sich nur für seine Werbeslogans.

»Und was hat Sie nach Kairo verschlagen, Fräulein Hellberg?«

Da sich keine Möglichkeit zur Flucht auftut, nimmt Rita noch einen Schluck Bowle und erzählt bereitwillig die Geschichte ihrer väterlichen Entführung nach Ägypten.

Gerhard Bauch, der in Kairo als Vertreter der Quandt-Gruppe auftritt, ist, wie Friedrich Hellberg vermutet hat, der örtliche Resident des Bundesnachrichtendienstes. Im Rang eines Regierungsrates gehört er zu den wichtigsten Aufklärern des BND. In Kairo verfolgt er die zentrale Aufgabe, freundschaftliche Kontakte zum ägyptischen Geheimdienst sowie zum engsten Kreis um Präsident Nasser herzustellen. BND-Chef Reinhard Gehlen will so die ägyptische Annäherung an die Sowjetunion im Auge behalten und notfalls beeinflussen.

Über die Rolle des Pferdezüchters Wolfgang Lotz, der ihm bei seinen Kontaktaufnahmen mit hochrangigen ägyptischen Militärs dauernd in die Quere kommt, ist sich Gerhard Bauch im Unklaren. Er stellt drei Anfragen zur Person Lotz an den BND, erhält aber keine Antwort. Im November 1964 reist er selbst nach Pullach, um Informationen einzuholen.

Ohne Erfolg.

Drei Monate später wird Gerhard Bauch gemeinsam mit Wolfgang Lotz von ägyptischen Sicherheitskräften unter dem Vorwurf der Spionage für Israel verhaftet. Der Vizepräsident des BND kommt persönlich nach Kairo, um Bauchs Freilassung zu verhandeln.

Damit ist Gerhard Bauch als Agent enttarnt.

Kurzerhand steigt er als Geschäftsführer bei der internationalen Waffenhandelsfirma MEREX ein, die Gerhard Mertins, der die ägyptischen Fallschirmjäger zu Trainingszwecken die Pyramide hochgejagt hat, zusammen mit Otto Skorzeny alias Rolf Steinhauer gegründet hat. Gerhard Bauch übernimmt den nordamerikanischen Zweig der Firma, die eng mit der CIA zusammenarbeitet und antikommunistische Gruppen und Regierungen in Mittel- und Südamerika mit Waffen beliefert.

»Interessant«, sagt Gerhard Bauch, als Rita mit ihrer Geschichte am Ende ist. »Darf ich Ihnen den Militärattaché der deutschen Botschaft vorstellen?«

Ein älterer Mann mit kerzengerader, militärischer Haltung ist neben Bauch getreten und deutet eine Verbeugung an. »Fräulein Hellberg?«

Rita nickt.

»Ich kenne Ihren Vater.«

»Er muss leider arbeiten.«

»Ich habe schon gehört, Messerschmitt ist in der Stadt.« Der Oberst lächelt.

Rainer Kriebel ist der Sohn eines Freikorpsführers, der sich 1924 am Hitler-Putsch beteiligt und zusammen mit dem späteren Führer ein Jahr lang in der Festung Landsberg inhaftiert wird.

Der Sohn strebt ebenfalls eine militärische Laufbahn an. 1940 wird er zum Offizier ernannt, zwei Jahre später dient er unter Erwin Rommel in Nordafrika. Als Teile des Militärs sich bereits im Widerstand gegen Hitler zusammenschließen, wechselt Rainer Kriebel zur Waffen-SS in den Rang eines Obersturmbannführers.

Nach Kriegsende folgt die Zusammenarbeit mit den US-Behörden als Analytiker des Afrikafeldzuges.

Entnazifizierung.

Kurz darauf taucht er als Leiter einer Gruppe deutscher Militärberater in Syrien auf, um die dortige Armee im Kampf gegen Israel zu trainieren. Neben Gerhard Mertins und Otto Skorzeny, die ebenfalls zu dieser Zeit in Syrien aktiv sind, lebt auch Alois Brunner, ehemaliger SS-Hauptsturmführer und neben Adolf Eichmann hauptverantwortlich für die Deportation und Ermordung Hunderttausender, in Damaskus.

Am 13. September 1962, nur einen Monat vor dem Tanzwettbewerb, erprobt der israelische Geheimdienst eine neu entwickelte Briefbombe an Alois Brunner. Der Sprengstoff explodiert wie geplant nach dem Öffnen des Paketes. Brunner erleidet Verletzungen im Gesicht und verliert ein Auge, überlebt jedoch den Anschlag. Seinen Hass auf Israel und alles Jüdische trägt er noch Jahrzehnte später in Interviews bereitwillig zur Schau.

Zwei Wochen später schreibt Oberst Kriebel, zu diesem Zeitpunkt Militärattaché an der Deutschen Botschaft in Kairo, einen Brief.

BND-Akte 24 881_OT.

A B S C H R I F T

Kairo, den 28. 9. 1962

Betr.: Deutsche Ingenieure im aegyptischen Flugzeugbau.

Im Laufe der letzten Woche wurde ich von mehreren Ingenieuren aufgesucht, die in der Militaerfabrik 36 im Flugzeugbau der VAR taetig sind.

Sie beklagten sich ueber die in zahlreichen deutschen Zeitungen gegen sie gerichtete Hetze, nach der sie Raketen für die VAR bauen sollten. Sie betonten, dass ihre Aufgabe nur der Bau eines Duesenflugzeuges sei, mit dessen etwaiger militaerischer Ausstattung sie nichts zu tun haetten.

Bei ihrem letzten Heimaturlaub in Deutschland im Juli und August haetten sie wie gewohnt deutsche Firmen der Flugzeugindustrie aufgesucht. Im Gegensatz zu frueheren Besuchen seien sie dort kuehl aufgenommen worden. Alle Herren haetten vor ihrer Ausreise aus Deutschland die Verschlussachengenehmigung »Geheim« innegehabt. Die Herren hatten den Eindruck, dass als Folge der Zeitungskampagne gegen sie, der Verband deutscher Luftfahrtindustrie, Bad Godesberg, die Weisung erhalten habe, ihnen die Clearance für Geheim zu entziehen.

Mir sind die Herren persoenlich bekannt. Aufgrund meiner Nachforschungen halte ich ihre Angaben fuer zutreffend. Ich habe den Eindruck, dass die 3 Herren, die Spitzenpersoenlichkeiten des Flugzeugbaus darstellen, beabsichtigen, ihre Taetigkeit für Aegypten wegen der aus ihrer Taetigkeit wachsenden Nachteile fuer Deutschland aufzugeben. Das Ausscheiden der genannten Ingenieure wuerde wahrscheinlich zum Scheitern des von Prof. Messerschmitt geleiteten Flugzeugbaus fuehren. Bei der gegenwaertigen Lage in den Streitkraeften wuerde sich dies zu Gunsten des Ostens auswirken, der bemueht ist, die VAR in ihrer Ruestung voellig an sich zu binden.

Ich waere dankbar, wenn im Wege der Amtshilfe die zustaendigen Dienststellen von BND und Verfassungsschutz von dieser Sachlage unterrichtet werden koennten.

Rita hat endlich Max und Marietta in einer Gruppe jüngerer Kollegen entdeckt und wartet ungeduldig auf den richtigen Moment, um sich abzuseilen. Sie will diese Männer, die offenbar ihren Vater kennen, nicht brüskieren.

Aber genug ist genug.

Der Oberst zeigt auf ein älteres Paar, das gerade die Terrasse betritt. »Da ist seine Exzellenz, der Botschafter, mit seiner Gattin. Sie werden den Wettbewerb eröffnen.«

»Dann sollte ich mal rüber zu meinen Freunden gehen«, sagt Rita und stellt ihr Bowleglas ab. »Mein Tanzpartner erwartet mich sicher schon.«

Sie schlängelt sich durch die Menschenmenge, die sich um das Podest schart, auf dem die Instrumente und ein Mikrofon für den Sänger bereitstehen. Von den Musikern ist nichts zu sehen.

»Hallo, Max!« Rita sieht neidisch auf Mariettas Kleid. Im Werk trägt sie immer Hosen, aber heute hat sie sich in Schale geworfen. Genau die richtige Wahl für einen Tangoabend.

Die Frau von heute steht ihren Mann und betont ihre Weiblichkeit. Sie ist eine Frau, denkt Rita. Du bist nur ein dummes Mädchen.

Max umarmt sie flüchtig und Marietta gibt ihr die Hand.

Einer der Umstehenden, sie kennt ihn nur vom Sehen, deutet auf ihre Hose und pfeift. »Haben Sie schon einen Partner, Fräulein Rita?«

»Tut mir leid, ich bin verabredet.« Rita sieht sich suchend um.

Brigitte hat ausrichten lassen, dass ihr Bruder Marcel sich in den Kopf gesetzt hat, mit Rita zusammen den Hauptpreis, eine Flasche Sekt, zu gewinnen.

»Als ob der schon Sekt trinken dürfte, und dann noch eine ganze Flasche!« Marcel ist nur ein halbes Jahr jünger als Rita, aber alle in der Familie behandeln ihn wie ein Baby. Kein Wunder, dass er dauernd solchen Unfug macht wie die Kletterei auf den Felsen am roten Meer.

Der Botschafter ist ans Mikrofon getreten und räuspert sich. Ein grauenvolles Pfeifen ertönt. Rita hält sich die Ohren zu und wartet einen Moment, bevor sie die Hände wieder runternimmt.

»– freuen wir uns, dass Sie heute so zahlreich erschienen sind und wünschen Ihnen einen anregenden und erfreulichen Abend, an dem alle Mühen, alle Sorgen einmal außen vor bleiben.«

Ein jüngerer Mann erscheint neben dem Botschafter auf dem Podest und flüstert ihm etwas ins Ohr. Der Botschafter nickt und überlässt ihm bereitwillig das Mikrofon. Er klopft einmal kurz darauf.

»Guten Abend, ich vertrete die Kulturabteilung der Deutschen Botschaft. Wie Sie wissen, war ein Tangowettbewerb geplant. Doch meine Frau –«

Er winkt jemandem zu, den Rita nicht sehen kann. »Meine Frau hat mir heute Morgen beim Frühstück eine kleine Notiz aus der Zeitung vorgelesen.« Mit diesen Worten zieht er einen zusammengefalteten Zettel aus der Brusttasche seines Jacketts. »In der Vereinigten Arabischen Republik darf ab sofort wieder getwistet werden. Die Regierung in Kairo hat das vor einem Jahr verhängte Twist-Verbot aufgehoben. Sie begründete ihren Schritt offiziell mit einem Hinweis auf die Freiheit der Kunst.«

Unter den jüngeren Gästen sind bereits einzelne Jubelschreie zu hören. Der Mann hebt lächelnd die Hand.

»Wir bitten die Älteren unter Ihnen, die sich auf einen gepflegten Tangoabend gefreut haben, um Verständnis. Die Bundesrepublik Deutschland ist ein junges, modernes Land, das nicht hinter der Entwicklung der restlichen Welt zurückstehen will. Und deswegen haben wir kurzfristig die Losung des Abends geändert in: Let's Twist Again!«

Applaus und Jubel branden auf. Die Musiker nehmen ihre Plätze ein. Es scheint ihnen nichts auszumachen, dass sie nun keinen Tango spielen dürfen. Im Gegenteil.

Komisch, denkt Rita. Jetzt liege ich doch richtig mit meiner Kleiderwahl. Sie stellt sich auf die Zehenspitzen, um nach Marcel Ausschau zu halten. Plötzlich spürt sie eine Hand an ihrer Taille. Sie will schon aufschreien, als sie seine Stimme ganz nah an ihrem Ohr hört.

»Darf ich bitten, Rita?«

Sie fährt herum.

»Hani!«

Er lässt sie sofort los und tritt einen Schritt zurück. »Bist du mit jemandem anders verabredet?«

Rita schüttelt den Kopf. »Ich hab' dich nur nicht erwartet.«

»Es ist keine geschlossene Gesellschaft, die ihr hier veranstaltet.« Er zeigt auf die Tanzfläche.

Neben Max und Marietta und einigen anderen Expertenpaaren sind auch ein paar der üblichen Tanzenthusiasten aus dem Club aufgetaucht und warten darauf, ihre Startnummern zugeteilt zu bekommen.

»Ich wusste gar nicht, dass du Mitglied in unserem Club bist.« Rita kann immer noch nicht glauben, dass er einfach so neben ihr steht.

Hani grinst. »Wir sind Mitglieder in jedem besseren Club dieser Stadt.«

Er streckt seine Hand aus. »Möchtest du tanzen?«

Rita verschwendet keinen weiteren Gedanken an Marcel und greift zu.

Come on everybody, clap your hands!

Oh, you're looking good.

Rita überlässt sich dem Rhythmus der Musik.

Who's that flying up there?

Is it a bird?

No!

Is it a plane?

No!

Is it the twister?

»It's a rocket!«, brüllt Max Fischer.

Rita Hellberg und Hani Ayad sehen sich an. Ihre Körper beginnen miteinander zu sprechen. Erforschen einander. Scheinen durch unsichtbare Drähte miteinander verbunden zu sein. Heiße, vor Spannung glühende Drähte.

Intermezzo auf der Damentoilette.

Rita wäscht sich die Hände. Neben ihr betrachtet Marietta Löwenberger sich im Spiegel und zieht mit einem raschen Strich die Augenbrauen nach.

»Eine schöne Kette!«, sagt Rita. »Ist das eine Blume?«

»Nein.« Marietta nimmt den Anhänger in die Hand und hält ihn so, dass sie ihn im Spiegel sehen kann. Als müsse sie selbst nachschauen. »Erkennst du es nicht?«

Rita beugt sich über das Waschbecken. Jetzt sieht sie, dass der Anhänger aus zwei miteinander verschlungenen, abgerundeten Dreiecken besteht. Eines aus Silber, das andere mit kleinen Diamanten besetzt. Sie schüttelt den Kopf.

Marietta sieht nochmal auf den Anhänger. »Es ist ein Davidsstern«, sagt sie nachdenklich. »Eine Erinnerung an meine Tante Sophie.«

»Bist du –« Rita bricht ab. Sag nichts Falsches. Aber was ist richtig?

Marietta steckt den Augenbrauenstift in ihre Handtasche. Der

Augenblick der Nähe ist vorüber. Sie ist wieder Frau Diplom-Ingenieur. »Jüdin? Das ist eine typisch deutsche Frage, oder? Bist du religiös?«

Rita sieht sie überrascht an und zuckt die Schultern. »Meine Mutter geht jeden Sonntag in die Kirche. Mein Vater geht mit, wenn er nicht im Werk ist. Ich gehe höchstens an Weihnachten und Ostern.« Sie lacht.

»Ich komme aus einer Familie von Naturwissenschaftlern«, Marietta lächelt zurück. »Ich bin in Deutschland geboren, nach einer österreichischen Physikerin benannt, in England zur Schule gegangen und habe in Basel studiert. Mein Vater glaubt in erster Linie an die Quantentheorie der kosmischen Strahlung. In letzter Zeit redet er allerdings verdächtig oft über die Natur und das Göttliche. Ich vermute, das liegt an den Schweizer Bergen.«

»Und an was glaubst du?«, fragt Rita.

Marietta wirft einen langen Blick in den Spiegel und berührt noch einmal kurz den Anhänger. »Ich glaube, es muss irgendeinen Sinn haben, dass ich jetzt diese Kette trage. Meine Tante hat sie in einem Wollschal versteckt, den sie mir nach England geschickt hat. Sie wird damals schon gewusst haben, dass sie jeden Moment kommen würden, um sie abzuholen.«

Die Marietta im Spiegel wirft einen kurzen Blick auf Rita vor dem Spiegel. Schließt ihre Handtasche. »Jom Kippur steht vor der Tür, und ich habe nicht mal eine Ahnung, wo ich in Kairo eine Synagoge finde.«

»Es gibt eine.« Rita hält ihr die Tür auf. »Hier in Maadi sogar.«

»Tatsächlich?«

Die Tanzpause ist noch nicht vorbei. Einige Leute sind von der Terrasse hereingekommen und stehen in Grüppchen beieinander. Die Sitzecke nach vorne raus ist von der Gruppe besetzt, deren ganzes Leben sich mehr oder weniger im Club abspielt. Auch Edyta ist da und starrt mit finsterer Miene auf die Invasion der deutschen Experten.

»Die könntest du fragen«, sagt Rita und deutet auf die alte

Frau mit den blondierten Haaren und zu viel Rouge auf den pergamentenen Wangenknochen. »Aber pass auf. Sie hasst die Deutschen. Ich bin gespannt, wie sie mit dir umspringt.«

Rita beobachtet, wie ungezwungen Marietta auf die Frau zugeht, sich vorstellt und offenbar direkt zum Punkt kommt. Edyta fuchtelt aufgeregt mit ihrer Zigarettenspitze herum. Marietta lässt sich davon nicht beeindrucken und redet gleichbleibend freundlich weiter. Als Edytas Blick weicher wird, wendet Rita sich ab und geht zurück auf die Terrasse. Marietta hat wirklich Chuzpe, so sagt man doch, oder?

Hani steht mit den Kollegen aus dem Werk in einer Ecke und raucht. Rita tippt ihm von hinten auf die Schulter.

»Gib mir auch eine, bitte.«

Er zögert, sieht zu den anderen Männern, dann zu ihr. Greift in die Hemdtasche und zieht seine Packung Cleopatra heraus. Rita stellt sich neben ihn und nimmt sich eine Zigarette. Wortlos gibt er ihr Feuer.

Nur ihre Augen sprechen miteinander, während sie schweigend ihre Zigaretten rauchen.

Let's twist again.

Like we did last summer.

Rita schließt die Augen.

Hamburg.

Star Club.

Kai. Wo bist du?

Kai Hellberg sitzt am Tresen und trinkt sich mit voller Absicht einen Rausch an. Eine dritte Nacht im Hinterzimmer der Palette schafft er nur im Zustand der Bewusstlosigkeit, so wie die anderen, die da landen.

Vor drei Tagen ist er aus der Pension am Gänsemarkt geflogen, weil er mit der Miete im Rückstand war.

Zurück zu Oma nach Ottensen? Nie im Leben. Sein Vater wird den Tag nicht erleben, an dem Kai zu Kreuze kriecht.

Lieber in der Gosse landen.

Eine Welle von Selbstmitleid schwappt über ihn.

Er pult sein restliches Geld aus der Tasche. Viel ist es nicht mehr.

Bier oder Frühstück?

Den schlanken Mann, der ihn schon den ganzen Abend über beobachtet, bemerkt Kai erst, als ein frisch gezapftes Bier vor ihm steht.

»Prost. Weißt du nicht mehr, wer ich bin?«

Er nimmt einen Schluck und betrachtet den Typen. Richtig scharf sieht er allerdings nicht.

»Nö.«

»konkret? Die Umfrage?«

Kai ist mit einem Schlag nüchtern.

Na ja, fast jedenfalls.

Die Auflage der Zeitschrift konkret beträgt im Oktober 1962 geschätzte fünfundzwanzigtausend Exemplare pro Ausgabe, sie erscheint monatlich. Gegründet wird die wichtigste Studentenzeitung der westdeutschen Nachkriegsgeschichte sieben Jahre zuvor im Grunde von der kommunistischen Studentengruppe der Universität Hamburg, deren Mitglieder zu dieser Zeit bereits diverse Strafverfahren wegen verbotener Veröffentlichungen und illegaler Annahme von Geldern einer fremden Macht, der DDR, am Hals haben. Direkt aus Ost-Berlin kommt die Direktive, die Zeitung müsse ein Organ der antimilitaristischen Strömungen werden.

Ein Jahr später liest bereits ein Drittel aller Studenten in der Bundesrepublik den Studenten-Kurier. Die Kommunistische Partei Deutschlands wird verboten.

1957 wird die Zeitung in konkret umbenannt. In Göttingen veröffentlichen achtzehn namhafte Physiker und Atomwissenschaftler eine Erklärung, die eindringlich vor der militärischen Nutzung der Atomkraft warnt. konkret sieht sich als publizistisches Flaggschiff der wachsenden Anti-Atomwaffen-Bewegung. Eine wichtige Stimme dieser Bewegung ist die Pädagogikstudentin Ulrike Meinhof. Sie schreibt seit einem Jahr als Chefredakteurin für konkret.

Gegen sie ist eine Klage des Verteidigungsministers Franz Josef Strauß anhängig, über den Ulrike Meinhof einen Leitartikel schrieb, den Kai Hellberg seinem Vater nach Kairo geschickt hat. Dieser hat ihn, wie zu erwarten war, nie gelesen.

Wie wir unsere Eltern nach Hitler fragen, so werden wir eines Tages nach Herrn Strauß gefragt werden.

Rita macht die Augen auf.

Hani.

Wie schön du bist.

Du auch.

Rita.

Eine Stunde später steigen Rita Hellberg und Hani Ayad erschöpft, aber glücklich auf das Podest und nehmen eine Flasche Henkell Trocken aus den Händen des deutschen Botschafters entgegen.

Seine Exzellenz, Botschafter Weber, leitet seit zwei Jahren die bundesdeutsche Vertretung in Kairo. Zuvor war er Gesandter in Syrien.

Walter Weber tritt am 1. September 1937 der NSDAP bei. Ein Jahr später wird er in den Diplomatischen Dienst aufgenommen. Zwischen Berufungen an die Botschaften in London, Oslo und Lissabon ist er auch im Auswärtigen Amt in Berlin tätig. Sein Vorgesetzter ist der Reichsaußenminister Joachim von Ribbentrop.

Von Ribbentrop wird 1946 im Verlauf der Nürnberger Prozesse zum Tode verurteilt und hingerichtet. Seine Ehefrau, Miterbin einer bekannten deutschen Sektkellerei, trägt den Namen ihres Mannes mit Stolz. Per Gericht will sie durchsetzen, dass ihr ältester Sohn Rudolf Joachim zeichnungsberechtigter Geschäftsführer der Firma Henkell wird. Als Anwalt verpflichtet sie Dr. Rudolf Dix, der in Nürnberg Hauptverteidiger des ehemaligen Reichswirtschaftsministers Hjalmar Schacht war. Schacht unterhält, ebenso wie der Flugzeugbauer Willy Messerschmitt, engen Kontakt zu Otto Skorzeny alias Rolf Steinhauer.

1951 kommt es zum Prozess.

Schriftsatz Dr. Rudolf Dix.

Import und Export des deutschen Bundes sowie jeder wirtschaftliche Verkehr der deutschen Wirtschaft mit dem Ausland würde schwer geschädigt, wenn das Ausland erfahren müßte, daß der Sohn des Hitlerschen Außenministers von Ribbentrop in die Leitung und Führung eines deutschen Weltunternehmens aufgenommen worden ist. Auf außenpolitischem Gebiet wird das Beweisthema dahin konkretisiert, daß eine erhebliche Schädigung einer wirksamen deutschen Außenpolitik eintreten würde, wenn solches geschähe.

Erst zwölf Jahre später wird Anneliese Henkell von Ribbentrop gerichtlich durchsetzen, dass ihr zweitältester Sohn Adolf offiziell als Mitinhaber der Firma eingetragen wird.

Anzeige (halbseitig).

Die Welt wird internationaler. Made in Germany hat sich weltweit als Begriff für beste Qualität durchgesetzt. Henkell, die Weltmarke made in Germany, startet eine Karriere als Botschafter des deutschen Sektes.

»Und jetzt lassen wir mit unserem Siegerpaar die Korken knallen!«, ruft der deutsche Botschafter in den Applaus der Menge. »Auf die deutsch-ägyptische Freundschaft!«

Rita Hellberg und Hani Ayad sehen sich an.

Blitzlichter flammen auf.

»Können Sie die Übergabe nochmal nachstellen für die Kameras?«

»Die Flasche ein bisschen höher? Genau so, danke!«

Später, als sie einen Abzug des Fotos auf ihrem Schreibtisch im Werk findet, stellt Rita fest, dass sie eine steile Falte auf der Stirn hat. Sie versucht, sich zu erinnern, was sie in dem Moment gedacht hat.

Haben sie uns deswegen gewinnen lassen?

Weil ich Deutsche bin und er Ägypter?

Oder weil wir so gut tanzen können?

Foto, schwarz-weiß:
Zwei junge Männer, einer mit Jeans, einer in
Cowboystiefeln, stehen vor einer Imbissbude und halten
zusammen ein Plakat in die Kamera, das ihre Gesichter
verdeckt.
Bildunterschrift: Beatniks, November 1962

Krakelige Buchstaben, wie mit dicker schwarzer Tusche über das
Blatt gemalt.
COLTRANE.
»Hey, was macht ihr da?«
Rita nimmt die Kamera runter.
»Was glaubst du denn, was wir machen?«, ruft Kai. »Prelus
schlucken?«
»Du lebst gefährlich, Kai Hellberg.« Das ist Johnny, leiser, aber
sie hat ihn trotzdem verstanden.
Mit einer schroffen Handbewegung nimmt Kai das Poster aus
Johnnys Hand und rollt es wieder zusammen.
»Was kräht ihr hier so rum?« Hinter den beiden erscheint
das Gesicht des Imbiss-Besitzers. »Macht bloß weiter so, dann
machen sie mir die Bude hier in Nullkommanix dicht.«
»Schon gut.« Johnny dreht sich kurz um und winkt ihm zu.
»Dreimal Schaschlik mit Fritten sind fertig!«
Kai geht zur Theke und nimmt die Pappteller mit dem Essen
entgegen. »Komm schon rüber, Rita.«
Rita steckt die Kamera in ihre Tasche und geht über die Straße.
Mit jedem Schritt wird der Geruch nach Bratfett stärker. Zwei, drei
weiße Stehtische, alle besetzt. Ritas Aufmerksamkeit schwenkt
kurz rüber zu einem jungen Araber, der sich rotes Pulver über
seine Bratwurst schüttet. Johnny ist ihr Blick nicht entgangen.
»Algerier«, sagt er im Flüsterton. »hier trifft sich die FLN,
munkelt man.«

»Hier?« Rita sieht sich um.

Novembermorgen am Gänsemarkt. Gleich wird es anfangen zu regnen. Eine alte Frau wirft ihnen von der anderen Straßenseite einen giftigen Blick zu, beschleunigt ihre Schritte und eilt vorbei, den Regenschirm wie ein Bajonett in der Hand.

»Weißt du überhaupt, was das ist, die FLN?«

Hani sei Dank weiß sie das tatsächlich.

»Interessierst du dich für Politik?«

Rita schüttelt den Kopf und versucht, mit der Plastikgabel ihr Schaschlik vom Spieß zu schieben. Die Plastikgabel bricht ab. Und das vor Johnny.

Johnny Schwartz, eigentlich Johannes, aber viele legen sich amerikanische Namen zu, meint Kai. Johnny trägt Schwarz, das sei er seinem Namen schuldig, behauptet er. Lederjacke, enge Hosen, Cowboystiefel.

»Mensch, Rita.« Kai hebt sein Schaschlik hoch und reißt ein Stück Fleisch mit den Zähnen runter. »Wir sind hier nicht bei Mutti.«

Nein, sind sie nicht. Sollten sie aber, wenn es nach Ingrid Hellberg ginge. Am besten links und rechts von ihr auf Omas grünem Sofa.

Genau da sitzt Ingrid vor knapp einer Woche, eine Tasse Kaffee in der zitternden Hand, als Rita nach Hamburg kommt. Die Oma fängt sie schon an der Wohnungstür ab, kaum dass sie auf die Klingel gedrückt hat.

»Komm man rin, min Deern. Sie will nichts essen. Trinkt einen Kaffee nach dem anderen. Wenn sie nicht aufhört, kippt sie aus den Puschen.«

Rita zieht ihren Mantel aus und geht durch in die Stube.

»Mutti, was ist los? Warum bist du nicht in Stade?«

»Keine Sekunde länger wollte ich da alleine bleiben!« Die Kaffeetasse wackelt, Ingrid sieht auf ihre zitternde Hand und lässt los. Scheppernd knallt sie auf die Untertasse und der Kaffee schwappt über.

»Sie hat gesagt, sie will dich in Kairo besuchen!«

»Wer kommt mich besuchen?«

Rita hat Kopfschmerzen. Das Grau vor dem Zugfenster von Frankfurt bis Hamburg und das kalte, düstere Haus in Stade haben ihr den Rest gegeben. Am liebsten wäre sie gleich wieder ins Bett gekrochen, nachdem sie am Morgen per Anruf in Kairo endlich herausgefunden hat, dass Ingrid in Ottensen bei Oma auf dem Sofa sitzt und wirres Zeug redet.

»Fahr bitte sofort los, Rita.« Ihr Vater klingt besorgt. »Und bring deine Mutter so schnell wie möglich hierher. Ihr habt Tickets für Montag.«

Warum kümmerst du dich nicht selber darum?, denkt Rita. Und schämt sich im nächsten Moment dafür. Was kann er schon machen? Er kann ja keinen Tag weg aus dem Werk.

Ingrid hat vor ein paar Wochen ihre Kur beendet, ist nach Stade gefahren und weigert sich standhaft, allein ein Flugzeug zu besteigen. Oder gar eine Schiffsreise zu machen.

»Warum kann sie nicht da bleiben?«, fragt Rita ihren Vater, als sie wieder einmal spätabends zusammen im Garten der Villa in Maadi sitzen. »Wir kommen doch hier ganz gut zurecht.«

Er sieht sie lange an. Dann schüttelt er den Kopf.

»Eine Familie gehört zusammen.«

Es klingt lange nicht mehr so überzeugend wie früher. Eher wie ein Hilferuf.

Rita bekommt eine Woche unbezahlten Urlaub und einen Extraflug mit der United Arab Airlines.

Ihr Plan lautet:

Nach Stade fahren.

Mutti beim Packen helfen.

Sie ins nächste Flugzeug verfrachten.

Und zurück.

Zurück in die Wärme. Zurück zu Hani. Zu den Kollegen im Werk. Zurück nach Hause.

Als das Flugzeug abhebt und Rita von oben auf die Wüste

schaut, wird ihr klar, dass sie schon bald ein Jahr in Ägypten lebt.

Ein Jahr.

Zweite Heimat.

Heimat. Wort ohne Plural.

Sie lässt sich von der Stewardess einen Cointreau und eine Zeitung bringen.

Der sowjetische Präsident Chruschtschow entscheidet, alle Mittelstreckenraketen mit Atomsprengköpfen von Kuba zurück in die Sowjetunion zu verlegen.

Chinesische Truppen treten im Nordosten Indiens –

Rita blättert um.

Bonner Koalitionskrise spitzt sich zu –

Franz Josef Strauß hat den Spiegel bespitzeln lassen. Das hat sogar Rita mitbekommen. Max hat sich unheimlich aufgeregt. »So was macht man nicht! Und wenn, dann lässt man sich doch nicht dabei erwischen!«

Spannungen im Vorfeld des Besuches von Bundestagspräsident Gerstenmaier in Israel. Als Zielsetzung seines Besuches gibt Gerstenmaier an, er wolle das durch den Eichmann-Prozess schwer beschädigte Ansehen Deutschlands –

Rita blättert um.

Henkell Trocken.

Von höchster Reife und Eleganz.

Sie schläft ein.

Der CDU-Bundestagsabgeordnete Franz Böhm, ehemaliger Leiter der BRD-Delegation bei den Wiedergutmachungsverhandlungen mit Israel, schreibt kurz vor dessen Abreise nach Tel Aviv ein Memorandum an den Bundestagspräsidenten Eugen Gerstenmaier.

Memorandum Professor Dr. Böhm.

Anläßlich meines letzten Besuches in Israel fand ich Regierungskreise und Öffentlichkeit sehr beunruhigt über ägyptische Raketenversuche. Am 30. August hat mich der israelische

Außenminister, Frau Golda Meir, gebeten, die Bundesregierung davon zu verständigen, daß die israelische Regierung und Öffentlichkeit aufs tiefste besorgt sei. Es sei ein furchtbarer Gedanke, daß sich so bald nach der Katastrophe der nationalsozialistischen Judenverfolgung schon wieder Deutsche danach drängten, an einem Plan der Tötung von Juden und der Zerstörung jüdischer Städte und jüdischen Landes teilzunehmen. Die israelische Regierung wisse nicht, ob die Bundesregierung die Möglichkeit habe, deutsche Privatpersonen daran zu hindern, sich für das Raketenbauprogramm der ägyptischen Regierung zur Verfügung zu stellen. Es sei der israelischen Regierung aber viel daran gelegen, wenn sich die Bundesregierung in der Lage sehen würde, von diesem Verhalten einer Anzahl von Staatsangehörigen öffentlich abzurücken und, wenn möglich, durch Entziehung von Pässen weiteren Zustrom aus der Bundesrepublik zu unterbinden.

Rita Hellberg geht durch die Passkontrolle.

»Sie haben aber viele Stempel im Pass«, sagt der Zollbeamte am Frankfurter Flughafen und sieht ein paar Mal von dem Foto auf ihr Gesicht und wieder zurück.

»Ich lebe zurzeit in Kairo«, antwortet Rita, ein wenig schnippisch, denn das geht ja den Beamten im Grunde nichts an.

Memorandum Professor Dr. Böhm (Fortsetzung).

Die ägyptische Raketenpolitik richtet sich gegen Israel und nur gegen Israel. Für Israel ist die Errichtung ägyptischer Abschußrampen für Kurzstreckenraketen von 580 km Reichweite nicht weniger lebensbedrohend wie für die USA die Errichtung sowjetischer Abschußrampen für Mittelstreckenraketen in Cuba.

Selbstverständlich denkt die Bundesregierung nicht daran, sich die ägyptische Freundschaft durch eine Preisgabe Israels zu sichern. Aber ich könnte mir denken, daß es die zuständige Abteilung im Auswärtigen Amt für nützlich hält, in Ägypten den Glauben daran lebendig zu halten, daß die Bundesrepublik vielleicht mit den antiisraelischen Zielsetzungen der ägyptischen

Politik insgeheim sympathisieren könnte, wenngleich sie natürlich in der Öffentlichkeit diesen Zielsetzungen widersprechen müßte.

Es gibt zweifellos ›Realpolitiker‹ bei uns, die es für angebracht halten, aus Gründen der Staatsraison Nutzen aus der Beliebtheit Deutschlands in arabischen Ländern zu ziehen, die ihre Ursache in der Judenverfolgung Hitlers hat. Das wäre aber eine sittenlose Außenpolitik, die gerade unser Land nicht treiben dürfte.

Ingrid Hellberg trinkt einen Schluck Kaffee.

»Wer kommt mich in Kairo besuchen, Mutti?«

Rita reibt sich die Schläfen.

»Diese Frau. Diese Journalistin. Sie stand plötzlich vor der Tür. Bei uns zuhause!«

Die Oma kommt herein und räumt die Kaffeetasse ab. »Du hast genug gehabt, Ingrid. Du musst erst mal was essen. Es gibt Labskaus.«

»Ich habe keinen Hunger.« Ingrid überläuft schon bei dem Gedanken an rote Beete, Hering und Rindfleisch ein Schauer.

»Ich schon, bitte mit Spiegelei!« Für Rita ist Labskaus Kindheit, und als Kind war alles einfach. Eltern waren Eltern und nicht solche Nervenbündel wie ihre Mutter auf dem Sofa.

Oma Hamburg verschwindet in Richtung Küche.

»So, Mutti, und jetzt fängst du nochmal ganz von vorne an.«

Ingrid versucht sich zu erinnern.

Es klingelt. Sie denkt zuerst, es sei Rita, die einen Tag früher kommt. Sie hat die Kette nicht vorgelegt, es ist ja heller Tag. Vor der Tür steht eine Frau.

Wie die aussah, will Rita wissen.

Na, so eine große Blondine mit Turmfrisur. Sie hat sich als Journalistin aus Holland vorgestellt.

»Hat sie Deutsch gesprochen?«

Nein, Englisch hat sie geredet.

Nein, Ingrid kann sich nicht an den Namen erinnern.

Die Frau fragt, ob Rita da ist.

»Was hast du geantwortet, Mutti?«

»Noch nicht. Aber du müsstest jeden Moment kommen.« Ingrid schlägt die Hände vors Gesicht.

»Ist ja gut, Mutti. Ist ja nichts passiert. Was hat sie dann gesagt?«

Sie hat nach Ritas Adresse in Kairo gefragt. Um sie zu besuchen, Ende November. Sie wäre interessiert an einer Arbeit in Ägypten.

»Was für einer Arbeit, Mutti?«

Ingrid sieht ihre Tochter zum ersten Mal richtig an. »Natürlich habe ich ihr unsere Adresse nicht gegeben. Ich habe ihr die Tür vor der Nase zugeschlagen.«

Ihr Blick wandert zum Fenster, dann runter auf ihre Hände, die sich ineinander verkrampft haben. Gegen das Zittern.

»Sie war groß.«

Rita merkt, wie die Müdigkeit sie überfällt. Sie möchte sich hinlegen, jetzt gleich, von ihr aus auf dem Fußboden. Dunkelbraune Teppichfliesen.

»Das hast du schon gesagt.«

»Was?«

»Dass die Frau groß war.«

»Ja, aber ich meinte nicht sie.« Ingrid senkt die Stimme, als habe sie Angst, dass jemand zuhört. »Ich meinte ihre Nase. Sie war groß. Außergewöhnlich groß.«

Bedeutungsvoller Blick zu Rita, die keine Ahnung hat, wovon ihre Mutter spricht.

»Du weißt das nicht, Kind. Uns hat man gelehrt, dass man die Juden an ihrer großen Nase erkennt.« Ingrid lehnt sich zurück.

»Das ist doch Unsinn.« Rita springt auf, um ihrer Oma das schwere Tablett mit dem Essen abzunehmen. »Ich hab' auch eine große Nase. Von Vati.«

Leider. Sie verteilt Teller und Besteck auf dem Esstisch.

»Habe ich recht oder nicht?«, fragt Ingrid ihre Schwiegermutter. »Juden erkennt man zuallererst an der Nase.«

»Natürlich«, sagt die Oma und gibt Rita die Kelle rüber. »Nu iss, Deern, bevor es kalt wird.«

Memorandum Professor Dr. Böhm (Fortsetzung).

Welche Möglichkeiten haben wir, die Tätigkeiten der deutschen Spezialisten in Ägypten zu verhindern oder zu erschweren?

Es soll hier nicht die Rede sein von Möglichkeiten, für die wir eine gesetzliche Grundlage erst noch schaffen müssen. Vielmehr soll hier nur danach gefragt werden, welche Möglichkeiten uns *heute bereits zu Gebote stehen*.

Diese Prüfung soll sich auf vier Punkte beziehen:

1. Paßgesetz.

2. Vertragsklauseln in Anstellungsverträgen.

3. Strafrecht.

4. Aktivierung der Beschäftigungsmöglichkeiten im eigenen Land.

Ich habe nach meiner Rückkehr aus Israel dem Herrn Bundesaußenminister Dr. Schröder in einer persönlichen Besprechung Mitteilung gemacht und mit Brief vom 10. Oktober den Herrn Bundeskanzler informiert. Daraufhin erhielt ich am 16. Oktober 1962 folgende Antwort: »Dankend bestätige ich den Empfang Ihres Briefes vom 10. Oktober d. Js. Leider bietet uns unsere Gesetzgebung nicht die Möglichkeit, etwas zu tun. Wir lassen die Betreffenden beobachten. Wenn sie etwas tun, wogegen wir einschreiten können, wird das sofort geschehen.«

Draußen ist es dunkel, das Licht der Straßenlaternen färbt den Regen orange. Rita sitzt neben ihrer Mutter auf dem Sofa. Die Oma hat es sich auf dem Sessel gemütlich gemacht und die Füße in gestopften Nylonstrümpfen auf den Hocker gelegt.

»Ich fahre nicht«, sagt Ingrid in das Ticken der Standuhr hinein.

Ritas Kopfschmerzen sind zu einem Pochen hinter den Schläfen geworden. »Aber Mutti, wir fliegen übermorgen, die Tickets sind gebucht.«

»Ich fahre nicht ohne Kai.«

Die Oma, die kurz eingenickt war, richtet sich auf.

»Kai ruft doch jede Woche an. Sonnabend um sechs, das ist seine Zeit. Da warte ich schon neben dem Telefon.«

»Ach ja?« Ingrids Stimme wird schrill. »Und woher willst du wissen, dass diese Frau nicht neben ihm steht und ihm eine Pistole an den Kopf hält? Woher willst du wissen, dass er wirklich in Hamburg ist? Dass es ihm gut geht?«

»Es geht ihm gut«, sagt die Oma und will ihre Hand auf Ingrids legen, aber die zieht ihre weg. »Es geht ihm gut, er hat ein Zimmer, eine Arbeit. Er geht zur Universität.«

»Du hast ihn immer zu sehr verwöhnt«, sagt Ingrid vorwurfsvoll, als wäre das der eigentliche Grund für Kais Verschwinden.

»Lasst uns das morgen besprechen«, sagt Rita. »Ich muss jetzt wirklich schlafen.«

»Ich bekomme sowieso kein Auge zu«, entgegnet ihre Mutter und macht keinerlei Anstalten, aufzustehen und die Schlafcouch endlich freizugeben.

Rita Hellberg geht zur Post und telegrafiert an die Fabrik 333 wegen der Verlängerung ihres Urlaubs.

Am Samstagabend ruft Kai wie jede Woche bei seiner Oma an.

Ingrid reißt ihrer Schwiegermutter den Hörer aus der Hand, bevor sie etwas sagen kann.

»Kai!«, ruft sie. »Kai! Du musst sofort nach Hause kommen. Sofort!«

Rita, die hilflos danebensteht, ihre Oma ist in die Küche geflüchtet, kann nicht hören, was ihr Bruder antwortet. Sie hört nur das immer heftigere Schluchzen ihrer Mutter.

»Das ist doch jetzt nicht wichtig!«, schreit Ingrid in den Hörer. »Ich brauche dich, Sohn. Wir alle brauchen dich.«

Jetzt mach ihm bloß keine Vorwürfe!, denkt Rita.

Bitte.

»Du denkst immer nur an dich«, jammert Ingrid. »Du und deine Kommunistenfreunde.«

So geht es noch eine Weile weiter, bis sie merkt, dass Kai aufgelegt hat.

Rita holt ihren Mantel.

»Ich gehe ihn suchen.«

Sie fängt damit an, Ottensen abzuklappern.

Die Bank an der Elbe. Den Imbisswagen auf dem Markt. Kais alte Schule. Sankt Marien, die Kirche.

Nichts.

Die Frau im Zigarettenladen schickt sie in die Kneipe gegenüber. Zum gemütlichen Mottenburger.

Fehlanzeige.

In der Spritzenklause ist er auch nicht. Nicht im Dunkelmann. Nicht in der Gaststätte zur Reitbahn. Im Eiscafé Venezia sowieso nicht.

Bei Min Jung räumt die Wirtin gerade auf. Am Abend zuvor hat es offenbar eine Schlägerei gegeben.

»Heute ist Ruhetag!«

»Haben Sie einen Schluck Wasser für mich?« Ritas Füße tun weh. Für ihre Pumps aus Kairo ist das Ottenser Kopfsteinpflaster ein Alptraum. Die Frau hat Mitleid mit ihr. Sie stellt ihr ein Glas Leitungswasser hin und sieht ihr dabei zu, wie sie es gierig leert.

Eine Stunde später steigt Rita am Gänsemarkt aus der U-Bahn. Die jungen Leute mit den langen Haaren, hat sie erfahren, haben heutzutage ihre eigenen Kneipen. Noch bevor sie bei der Palette ankommt, sieht sie eine Menge langhaariger Gestalten auf dem Bürgersteig herumstehen.

Sie versucht es auf die ehrliche Tour, sagt, dass sie aus Kairo hergekommen ist, um ihren Bruder zu suchen.

Kopfschütteln, Schulterzucken.

Viele sehen aus, als seien sie selbst zum ersten Mal hier.

Drinnen machen zwei ältere Typen Andeutungen. Kai, ja, der

war hier. Vor ein paar Tagen. Sie lassen sich von ihr eine Runde Bier nach der anderen bezahlen.

Kurz vor Mitternacht hat Rita es begriffen: Selbst wenn sie wissen, wo Kai steckt, sagen sie es ihr nicht. Sie ist ein Spitzel, eine Weihnachtsgans, die man ausnehmen kann. Die geballte Zugedröhntheit, das Herumgerede, die schlechte Musik und der beißende Zigarettenqualm gehen ihr auf die Nerven.

Am nächsten Tag läuft sie durch die Straßen am Hafen und versucht, die Bar wiederzufinden, in der sie die Jazzmusik gehört haben. Eine schäbige Ecke sieht aus wie die andere. Vorübertorkelnde Männer reißen ihr mit Blicken die Kleider vom Leib.

Sankt Pauli ist nichts für Zimperlieschen, meint die Oma, als Rita nach Hause kommt. In der Küche riecht es nach Grünkohl.

Am Montag steht sie vor der Universität und fragt sich, was sie eigentlich über ihren Bruder weiß. Was genau studiert er nochmal? Sie betritt das Hauptgebäude, setzt sich auf eine Bank neben der Pförtnerloge und beobachtet die Studenten.

Hat Kai Freunde?

Du hast ihm nie richtig zugehört, Rita.

Wieder Palette, dieses Mal sitzt sie still in einer Ecke, um die Zeit zu überbrücken, bis der Star Club öffnet. Jedes Mal, wenn die Tür aufgeht, schlägt ihr Herz schneller.

Kai lässt sich nicht blicken.

Die Schlange vor dem Club ist länger als beim letzten Mal. Alle reden von den Beatles.

Endlich drin. Keine Spur von Kai. Lust zu tanzen hat sie auch keine. Eine schlechte Band spielt einen Twist.

Rita denkt an Kairo, denkt an Hani. Wundert er sich, dass sie nicht zur Arbeit kommt? Bei ihrem Vater in der Villa kann er schlecht anrufen. Max wird er nicht fragen, der ist immerhin sein Vorgesetzter, und vor seinem Spott ist man nirgendwo sicher.

»Wir müssen vorsichtig sein«, flüstert Hani nach dem Tanzwettbewerb, als Rita mit klopfendem Herzen und wehen Füßen im Taxi sitzt, die Flasche Sekt im Arm. »Ich will dich nicht in Schwierigkeiten bringen.«

Aber, denkt Rita, vielleicht will er auch sich selbst nicht in Schwierigkeiten bringen. Sie denkt an Sonya, die am nächsten Wochenende das tun wird, was alle Welt von ihr erwartet.

Was erwartet die Welt von dir, Hani?

Rita Hellberg verlässt den Star Club und geht nach Hause. Giftgrünes Sofa, braune Korblehnen. Kein Licht machen, sonst wacht Mutti auf.

Am Ende ist es der reine Zufall, der ihr Kai vor die Füße wirft.

Dienstagabend, U-Bahnhof Gänsemarkt.

Ritas Füße werden schon auf der Treppe mit jeder Stufe schwerer. Ingrid hat ihr ein paar Scheine in die Hand gedrückt. »Irgendjemand muss doch was wissen!«

Das kann schon sein, denkt Rita. Aber mir sagen sie nichts. Ich bin die Fremde.

Eine Gruppe von Leuten in ihrem Alter, zwei Mädchen, drei Jungen, überholen sie auf der Treppe. Aufgeregte Stimmen.

Jazzband.

Aus Amerika.

Hoffentlich lassen sie uns rein.

Vielleicht aus der Ahnung heraus, Verbündete zu brauchen, lässt Rita sich mitziehen. Sie gehen nicht in Richtung Palette, sondern verschwinden in einer Gasse auf der anderen Seite des Gänsemarktes. Rita folgt ihnen. Sie registriert die feinen Unterschiede: schwarz gekleidet, die Haare glänzend, die Körper straff.

Keine Verlorenen.

Sie verschwinden zielstrebig in den Säulengängen der Kolonnaden. Ihr lautes Lachen ist magnetisch.

Rita hinterher.

Am Türsteher vorbei.

Drinnen eine Bar, viel Rot und Schwarz, Hocker mit hellblauem Stoff bezogen. Dahinter eine kleine Tanzfläche. Ein Saxofonist packt sein Instrument aus, jemand zieht einen Mikrofonständer höher –

»Kai!«

Er sieht hoch, schraubt den Ständer fest.

Verschafft sich Zeit und Überblick.

»Rita. Bist du nicht in Kairo?«

»Nein.«

Sie steht einfach da. Wartet, dass etwas passiert. Dass Kai sie umarmt. Oder wütend wird.

»Ich muss arbeiten«, sagt Kai leise. »Ich kann jetzt nicht reden.«

»Mir egal.« Rita zieht den Mantel aus. »Ich warte, bis du fertig bist.«

»Wie du willst. Kann aber dauern.« Kai deutet auf einen leeren Tisch in einer Nische. »Setz dich da rüber. Und wenn eine Kontrolle kommt, verschwindest du hinten raus, klar?« Rita nickt. Kai berührt sie kurz an der Schulter. »Willst du was trinken?«

»Ich hab' genug Geld.« Rita beugt sich vor, gibt ihm einen flüchtigen Kuss. »Bis später.«

Rita bestellt Martini und beobachtet ihren Bruder. Mit sicherem Griff richtet er Mikrofone ein, setzt hier einen Scheinwerfer und legt dort ein Kabel. Dann verschwindet er hinter einem Mischpult.

Daumen hoch. Sound-Check!

Konzentriert bedient er die Regler, kommuniziert wortlos mit den Musikern, die ihre Instrumente anspielen.

Rita bestellt einen Kaffee und beobachtet ihren Bruder. Die anstrengende, komplizierte Musik bringt ihn zum Schwingen. Leuchtende Augen. Obwohl er nicht mitspielt, ist er Teil der Aufführung. Mit den Ohren. Mit dem Körper.

Rita bestellt noch einen Kaffee und beobachtet ihren Bruder. Jemand sitzt, vielleicht schon eine ganze Weile, an ihrem Tisch und beobachtet Rita.

»Hallo«, sagt er und gibt ihr die Hand. »Ich bin Johnny. Du bist auch wegen Kai hier?«

Rita und Johnny bestellen Kaffee und beobachten Kai.

Als sie zu dritt den Club verlassen, wird es draußen gerade hell.

»Ich muss Mutti anrufen«, sagt Rita. »Sonst dreht sie durch.«

Kai sieht sie fragend an.

Wirst du mich verpetzen? Verraten? Ausliefern?

Rita schüttelt leicht den Kopf.

»Erst mal was essen«, sagt Johnny. »Ich war seit gestern in der Redaktion. Lasst uns Schaschlik essen gehen.«

An einer Litfaßsäule klebt einer Plakate an.

»Kann ich eins haben?«, fragt Kai. »Coltrane?«

»Ich darf nicht«, sagt der Junge.

»Das Konzert ist nächste Woche«, meint Johnny. »Wer jetzt noch keine Karte hat, ist selber schuld.«

»Wie viel?«, hört Rita sich fragen, selbst überrascht von so viel Ägypten in ihrer Art, die Dinge anzugehen. Sie nimmt ein Zweimarkstück aus dem Portemonnaie und hält es dem Jungen vor die Nase. Ohne ein Wort steckt er es ein und gibt Kai das Poster. Sie spürt die Anerkennung der beiden in ihrem Rücken, als sie weitergeht.

Rita sammelt die leeren Pappteller ein und schmeißt sie in den Mülleimer, nicht ohne einen letzten Blick auf den Algerier, der sie schmerzhaft an Hani und die anderen jungen Ingenieure in Kairo erinnert. Ernstes Gesicht, eine Falte auf der Stirn, müde Augen vom nächtelangen Lernen oder von der Revolution, die in seinem Inneren brennt.

Wie in Hanis Herz die Zukunft Ägyptens brennt.

»Kommst du, Rita?«

Kai und Johnny gehen mit hochgezogenen Schultern die ABC-Straße entlang. Es nieselt. Rita läuft schneller, um sie einzuholen.

»Wohin gehen wir?«

»Ich muss ein paar Stunden schlafen, bevor ich zur Uni gehe«, sagt Kai und stupst Johnny an. »Er schläft nie.«

»Ich schlafe jedes Jahr drei Wochen am Stück«, entgegnet Johnny. »Das muss reichen.«

»Und ich?«, fragt Rita.

»Du kommst mit.« Kai wirft Johnny einen Blick zu, den der mit einem leichten Nicken quittiert. »Wir reden zuhause.«

»Ihr wohnt zusammen?«

»Ich habe ihn gefunden«, sagt Johnny, »und mit nach Hause genommen.«

»Ich bin dir zugelaufen«, sagt Kai.

Wieder ein langer Blick.

Rita hat Stiche im Bauch. Langsam gewöhnt sie sich dran.

Erst Brigitte. Jetzt Johnny.

Eine Familie gehört zusammen.

Sind wir einander nicht genug?

Wenn Rita ehrlich ist, und daran führt so früh morgens im nieseligen Hamburger Dämmerlicht wohl kein Weg vorbei.

Nein.

Einsam und allein.

Ganz still und stumm.

Ein Männlein steht im Walde.

Jeder für sich. Auf der Suche.

Pünktchen ist in Schwester Agnes verliebt.

Rita liebt Hani.

»Zwei Nächte habe ich in der Palette geschlafen«, sagt Kai. Er schüttelt sich.

»Ist ja gut«, sagt Johnny und legt den Arm um Kai.

Und den anderen um Rita. Johnny ist sehr groß und sehr dünn. Sie meint, unter der Lederjacke seine Rippen zu spüren.

Sie schlagen einen Bogen, damit Rita die Telefonzelle am Springer-Hochhaus benutzen kann. Während durch den Hörer ein tränenverhangener Monolog ihrer Mutter fließt, beobachtet sie, wie Johnny an einem Kiosk eine Zeitschrift kauft. Sieht aus wie der Spiegel.

»Ja, Mutti, ich höre dir zu.«

Kai und Johnny stecken die Köpfe zusammen, über das Heft gebeugt, Zigaretten rauchend.

»Es geht mir gut. Ich habe bei einer Freundin übernachtet.« Johnny gestikuliert und redet auf Kai ein.

»Ich habe ihn noch nicht gefunden. Tut mir leid.«

Rita hört Ingrid noch eine Weile beim Weinen zu, murmelt einen Abschiedsgruß und hängt ein.

»Was Interessantes?«, fragt sie die beiden aneinandergelehnten, wie zu einem Wesen verschmolzenen Rücken.

Kai richtet sich auf, aber Johnny kommt ihm zuvor. »Interessant nicht.« Er macht das Heft zu. »Aber komplett ausverkauft. Die mussten nochmal nachdrucken. In diesen Tagen will jeder den Spiegel kaufen. Der Spiegel muss durchhalten. Dann sind wir Strauß bald los.«

»Ich weiß nur –«, setzt Rita an.

»Sie weiß doch gar nichts darüber«, unterbricht Kai ungeduldig, für immer großer Bruder. »Vor zwei Wochen hat der Strauß dem Spiegel die Bundesanwaltschaft auf den Hals gehetzt. Seitdem sind die Redaktionsräume versiegelt und Augstein und ein paar andere sitzen im Gefängnis.«

Die Spiegel-Affäre beginnt im September mit der Veröffentlichung eines Artikels über das Herbstmanöver der NATO.

Die Bundeswehr inszeniert den Dritten Weltkrieg. Atomschläge in der Bundesrepublik, England, Italien und der Türkei werden simuliert. Ein sofortiger Gegenschlag kann die sowjetische Aggression nicht stoppen. Nach wenigen Tagen sind England und die BRD fast vollständig zerstört. Man rechnet mit zehn bis fünfzehn Millionen Toten. Die Notstandsplanung der Führungsstäbe in Zusammenarbeit mit zivilen Dienststellen erweist sich als ungenügend. Das Sanitätswesen, das Fernmeldesystem, die Lebensmittelversorgung brechen zusammen.

Fazit: Bundesverteidigungsminister Franz Josef Strauß liegt falsch. Atomwaffen können die Russen auch nicht aufhalten.

Am 26. Oktober 1962 erscheint Siegfried Buback von der

Bundesanwaltschaft, Abteilung Landesverrat, jener Buback, der fünfzehn Jahre später vom Kommando Ulrike Meinhof der Roten Armee Fraktion erschossen wird, mit dem stellvertretenden Leiter der Sicherungsgruppe Bonn des BKA, Theo Saevecke, in der Spiegel-Redaktion.

Theodor Emil Saevecke, SS-Hauptsturmführer.

Erster Einsatz: Polenfeldzug, Bekämpfung reichs- und deutschfeindlicher Elemente.

Zweiter Einsatz: mit Rommel in Afrika, Rekrutierung tunesischer Juden für die Zwangsarbeit.

Dritter Einsatz: Gestapo-Chef in Italien.

Als Otto Skorzeny und Gerhard Mertins in Gran Sasso den italienischen Diktator Mussolini befreien, hat Theo Saevecke sich bereits den Beinamen Henker von Mailand erworben.

Amerikanische Gefangenschaft. Zusammenarbeit mit der CIA.

Entnazifizierung.

Schon 1951 landet er im Bundeskriminalamt, Aufstieg zum Leiter des Referates Hoch- und Landesverrat.

Den Spiegel-Mitarbeitern wird der Zutritt zu ihren Redaktionsräumen verweigert. Fünf Tage später versammelt sich eine über die Spiegel-Affäre aufgebrachte Menge im Hörsaal B der Universität Hamburg. Immer mehr Menschen drängen herein. Um eine Massenpanik zu verhindern, muss die Diskussionsveranstaltung zur Pressefreiheit auf den nächsten Tag verschoben werden. Es folgen Protestkundgebungen in der gesamten Bundesrepublik.

Anfang November kommt es zu tumultartigen Fragestunden im Bundestag. Alle fünf Minister der FDP treten geschlossen zurück. Bundesverteidigungsminister Franz Josef Strauß weigert sich, sein Amt aufzugeben.

»Und die Kollegen von der Presse zeigen beispiellose Solidarität«, flötet Johnny sarkastisch. »Beim stern, bei der Zeit, selbst bei Springer sitzen die übrig gebliebenen Spiegel-Redakteure und machen weiter. Nur bei uns will keiner unterkommen.« Er lacht.

»Bei uns?«, fragt Rita.

»Wir schenken unseren Spiegel dem Herrn Springer, dann ärgert er sich.« Und schon legt er das Heft gut sichtbar auf den Stufen des Hochhauses ab.

»So, ihr Lieben«, sagt Johnny, als sie die Kaiser-Wilhelm-Straße weiter hochgehen. »Einer muss ja arbeiten.« Er hebt die Hand und geht weg, ohne sich nochmal umzusehen.

»Johnny schreibt für die konkret«, sagt Kai, und seine Stimme klingt ehrfürchtig. »Und für andere Zeitungen.«

»Wie habt ihr euch kennengelernt?«, fragt Rita.

»Lustig«, antwortet Kai. »Die haben nach den Semesterferien so eine Leserumfrage gemacht. Worüber man mehr lesen möchte und so. Und was wir für Anregungen haben. Ich hatte die Anregung, dass sie auch mal über Musik schreiben, nicht nur über Kunst, Bücher, Filme und so, du weißt schon. Und weil ich sicher sein wollte, dass sie das auch lesen, hab' ich's persönlich vorbeigebracht. Und Johnny saß da zufällig als Erster herum.«

»Was haben sie zu deinem Vorschlag gesagt?«

Kai zuckt die Schultern. »Keine Ahnung. Die finden Musik unpolitisch, glaube ich.«

»Und dann?«, fragt Rita.

»Haben wir uns zufällig in der Palette wiedergetroffen. Die Leute von konkret hängen da öfter herum.«

Johnny wohnt im Karolinenviertel. Rita sieht schon von weitem den Bunker am Heiligengeistfeld. Wie ein schwarzer Schatten ragt er in jede Erinnerung an die wehenden langen Haare im Kettenkarussell, den Geschmack von schneeweißer Zuckerwatte, das Bauchflattern in der Achterbahn.

Es ist Dom! Wie ein Magnet zieht der leuchtende Eingang zum Jahrmarkt die Hamburger Kinder an.

Krieg! schreit der Bunker den Kindern entgegen. Ihr habt ja keine Ahnung!

Uns egal! schreien die Kinder zurück.

Jedes Jahr von Neuem. Im Frühjahr, im Sommer, im Winter.

Die Straße ist dunkel und still, die Wohnung liegt im Souterrain.

»Bei uns ist immer Dämmerung«, sagt Kai und macht das Licht an. »Ziemlich praktisch, wenn man tagsüber schlafen muss.«

Zwei Zimmer, kleine Küche. Es riecht nach Schimmel und kalter Asche. Kai macht Kaffee, Rita hat Franzbrötchen spendiert. Auf dem Küchentisch liegt die neue konkret.

konkret. Heft Nr. 11, November 1962. Seite 12.

Fellachen und Raketen.

Heute geht es in Kairo ebenso friedlich zu wie in jeder anderen Metropole der Welt. Die Zahl der Bettler ist nicht größer, die der Leuchtreklamen nicht geringer als anderswo. Es gibt ebenso viele überfüllte Omnibusse und Trambahnen wie in London oder New York, und die Taxifahrer betrügen nicht schlimmer als in Athen oder Hamburg.

»Hast du das gelesen?«

»Na klar.« Kai gießt kochendes Wasser in den Filter, ganz langsam. »Ich lese alles über euch.«

»Wieso über uns?«

Er nickt zu der Zeitung und Rita liest weiter, ungeduldig.

Die Art und Weise, mit der es Gamal Abdel Nasser fertigbrachte, Ägypten vom sozial unterentwickelten, wirtschaftlich ausgepowerten und einflußlosen Interessensgebiet europäischer Kolonialmächte in ein selbstständiges Land zu verwandeln, dessen dynamische Aufwärtsentwicklung sich in wachsenden außenpolitischen Einfluß ummünzt, ist wohl eines der interessantesten Lehrstücke moderner Staatskunst.

Auf diesem Hintergrund muß man die Entwicklung Ägyptens seit 1952 sehen. Und man wird verstehen, warum die Fellachen noch immer in unvorstellbarer Armut leben; warum Ägypten eigene Glühbirnen, Elektrogeräte und Arzneien produziert, obwohl die Herstellungskosten über und die Produktionsergebnisse unter Weltmarktniveau liegen; warum Nasser eigene Düsenflugzeuge entwickeln und Raketen bauen läßt, obwohl sie von geringem militärischen Wert sind.

Politik ist im Orient nicht die Sache intellektuellen Kalküls, sondern unvorhersehbarer Emotionen.

»Hat Johnny das geschrieben?« Rita will jetzt nicht weiterlesen. Später vielleicht, wenn das mit Kai geklärt ist. »Was soll denn das heißen: geringer militärischer Wert?«

Kai zuckt mit den Schultern. »Das musst du ihn schon selber fragen.«

»Ist er Kommunist?«

Wieder Schulterzucken. »Sind wir das nicht alle irgendwie, Schwester?«

In der Deutschen Demokratischen Republik stößt die Berichterstattung der konkret auf heftige Kritik. Wir dulden, heißt es aus dem ZK in Ost-Berlin, den Antikommunismus und die Hetze gegen die DDR in einem Blatt von uns nicht. Ihr seid heimliche Anhänger einer jugoslawischen Linie.

Zehn Jahre später wird die jetzige Chefredakteurin Ulrike Meinhof mit eigener Hand, oder auch nicht, darüber gibt es geteilte Meinungen, im Springer-Hochhaus mehrere Bomben deponieren. Die Aktion ist Teil der Mai-Offensive der Roten Armee Fraktion. Siebzehn Arbeiter und Angestellte werden verletzt, die Chefetage dagegen bleibt verschont.

Im Zuge der folgenden bundesweiten Großfahndung unter Leitung des BKA wird Ulrike Meinhof verhaftet und verbringt die wenigen Jahre ihres restlichen Lebens im Hochsicherheitstrakt von Stammheim.

»Ich bin keine Kommunistin.« Rita trinkt einen Schluck Kaffee und beißt in das süße Franzbrötchen. Eine Hamburger Mischung, passend zum feuchtkalten Wetter, die ihr, das muss sie zugeben, gefehlt hat.

»Die Rote Armee hat uns vom Faschismus befreit.« Kai sitzt ihr jetzt gegenüber, seine Augenlider bläulich vor Müdigkeit.

»Die Eltern haben Angst, dass du in falsche Gesellschaft gerätst. Mutti will nicht ohne dich nach Kairo fahren.«

»Das ist ja mal ganz was Neues.« Kai lacht auf, aber die Augen bleiben müde. »Warum muss ich gerade jetzt gerettet werden?«

»Lass die blöden Scherze.« Rita stellt ihre Kaffeetasse lauter ab als beabsichtigt. »Mutti will wissen, dass es ihrem Liebling gut geht.«

Kai betrachtet Rita durch die unsichtbare Scheibe, die zwischen ihnen hochgefahren ist. »Sag' du es ihr doch.«

Mir.

Geht.

Es.

Gut.

Kai will seine Mutter nicht treffen. Es ist besser so, meint er, sonst wird sie versuchen, ihn um den Finger zu wickeln. Und er kann nicht garantieren, dass er dann immer noch nein sagen kann. Das wäre falsch, meint Kai.

Er ist endlich einundzwanzig.

Er kann machen, was er will.

Er will nicht so enden wie Vati.

»Wie denn?«

»Als jemand, der sich selbst belügt.«

Rita versucht, die Tränen, den Ärger oder einfach die Übermüdung mit dem bitteren Rest Kaffee runterzuspülen.

»Komm doch mit«, sagt sie und greift nach Kais Hand, um die Kluft zwischen ihnen ungeschehen zu machen. »Tu es mir zuliebe. Dir zuliebe. Glaub mir, es ist ein besseres Leben als in diesem –« Sie sieht sich um. »Kellerloch.«

Rita erwartet, dass er seine Hand wegzieht, aber stattdessen drückt er ihre und sieht sie voller Ernst an. »Ganz ehrlich, Rita. Was um alles in der Welt soll ich in Kairo? Mein Leben findet hier statt!«

Jetzt ist sie es, die die Intensität seines Händedrucks nicht mehr aushält. Der Ärger macht sich breit.

»Jazzmusik? Nachtleben? Das soll eine Zukunft sein?«

»Warum denn nicht?« Kai steht auf. Er verschwindet kurz im anderen Zimmer und kommt mit einer Rolle Tesafilm wieder. Vorsichtig öffnet er das zusammengerollte Coltrane-Plakat und hält es prüfend an die Wand über dem Küchentisch. Mit der anderen hält er die Tesarolle so, dass er einen Streifen mit den Zähnen abreißen kann.

»Durch den Job lerne ich eine Menge Leute kennen. Und ich lerne, gute Musik von schlechter zu unterscheiden. Und eines Tages, mit ein bisschen Glück, mache ich vielleicht meinen eigenen Club auf. Klein, aber fein.« Er grinst, und zum ersten Mal erreicht die Freude seine Augen.

Rita beschließt, das Thema zu wechseln. »Dein Freund Johnny ist ein interessanter Typ.«

»Stimmt.«

»Wie alt?«

»Sechsundzwanzig.«

»Verlobt? Verheiratet?«

Kai schüttelt den Kopf, wirft einen letzten, kritischen Blick auf sein Poster, setzt sich hin und sieht sie an. »Bist du interessiert?«

»Ich?«

Kai grinst, wie früher, wenn er sie auf die Palme gebracht hat.

»Hör auf damit. Ich meine ja bloß, der lebt hier so allein, mit dir als Untermieter. So wie der aussieht, müssten euch die Mädchen doch die Bude einrennen.«

»Und wie seh' ich aus?«

Kai wird langsam wieder wach. Der Kaffee zeigt seine Wirkung.

Rita betrachtet ihn mit zusammengekniffenen Augen. »Du erinnerst mich vom Aussehen her an meinen Bruder Kai. Aber er ist netter.«

»Also gut.« Kai beugt sich vor. »Dein netter Bruder verrät dir ein Geheimnis.« Er legt den Finger auf die Lippen.

Rita nickt.

»Johnny ist schwul. Homosexuell.«

Rita fühlt, wie ihr das Blut in den Kopf steigt. Sie öffnet den Mund, aber ihr fällt nicht ein, was sie sagen wollte.

Oder vielleicht wollte sie auch nicht.

Sie steht auf.

Kai beobachtet sie. »Setz dich wieder hin. Ist nicht ansteckend.«

Rita setzt sich wieder hin. Das Kichern kommt von tief unten aus dem Bauch. Sie kann es nicht aufhalten.

»Und Mutti«, prustet Rita, »Mutti hat Angst, dass deine Freunde Kommunisten sind!«

Jetzt muss Kai auch lachen.

Das Lachen fliegt zwischen ihnen hin und her.

Ansteckend.

Irgendwann hört es auf.

Stille.

»Hast du was«, fragt Rita leise, »– mit ihm?«

Kai überlegt.

»Und wenn?«, fragt er zurück.

Die Stille breitet sich aus.

Von irgendwoher riecht es nach frischen Bratkartoffeln mit Speck.

»Bleib du doch hier«, sagt Kai. »Platz ist genug. Und Arbeit gibt es auch für alle.«

Sie sehen sich an.

»Du könntest die Schule zu Ende machen.«

Rita schüttelt den Kopf.

»Wegen Pünktchen?«

»Auch. Aber nicht nur.«

Rita kann ihm nicht länger ins Gesicht sehen.

»Oh, no!«, stöhnt Kai. »Bitte kein Raketenforscher.«

»Ägypter«, murmelt Rita. »Und Raketenforscher.«

Kai lehnt sich zurück. Das Grinsen ist wieder da. »Lieber ein ägyptischer Raketenforscher als ein deutscher Nazi.«

»Die sind keine Nazis«, entgegnet Rita matt.

»Dann machen sie es nur des Geldes wegen!«, höhnt Kai, »wie unser Vater.«

»Hani nicht«, sagt Rita leise.

»Entschuldigung«, jetzt nimmt Kai ihre Hand, »er heißt Hani?«

Rita nickt. »Ich weiß nicht, was ich tun soll, Kai.«

Kai steht auf, ohne Rita loszulassen. Er zieht sie sanft um den Tisch herum und mit sich ins Wohnzimmer. Die Couch ist noch ausgeklappt. Kai nimmt mit einer Hand das Bettzeug zusammen, stopft es in den Bettkasten und klappt die Rückenlehne hoch.

»Setz dich hin.«

Auf einem Tisch am Fenster stehen sein Radio und das Tonbandgerät, das ihm die Eltern zum Abitur geschenkt haben. Daneben, in Reih und Glied, sorgfältig beschriftete Pappschachteln. Kai muss einen Moment suchen, dann zieht er eine heraus.

Er holt das Tonband aus der Schachtel, legt es mit ruhiger Hand ein und drückt den Abspielknopf.

»I wish I knew«, sagt er.

John Coltrane spielt Saxofon.

Rita Hellberg schließt die Augen.

Ohne hinzusehen weiß sie, dass Kai an ihrer Seite ist, wenn sie das Bedürfnis hat, sich fallenzulassen.

Egal was du bist.

Egal was ich bin.

I wish we knew.

Knapp drei Wochen später wird im Spiegel, Franz Josef Strauß ist zu dieser Zeit schon nicht mehr Verteidigungsminister, ein Artikel über die Israelreise des Bundestagspräsidenten Gerstenmaier erscheinen.

Der SPIEGEL. Heft Nr. 50, 12. Dezember 1962. Seite 74.

ISRAEL/ ANERKENNUNG

Vor den Gebäuden des Flughafens Lydda bei Tel Aviv drängten sich die Demonstranten. »Die V-2-Männer bauen heute

Vernichtungswaffen für unsere Feinde«, hieß es auf einem ihrer Spruchbänder. Und ein anderes Plakat lautete: »Gerstenmaier, geh nach Hause und sage Deiner Regierung, sie soll die deutschen Raketenforscher aus Ägypten zurückholen.«

Foto, schwarz-weiß:
Halb verkohlte Reste eines Briefes in einer offenen
Männerhand, in die Kamera gehalten, die Schrift ist noch
teilweise lesbar.
Bildunterschrift: Der Anschlag – Beweisfoto, November
1962

Zusatzbestim- --- zu den A. D. S. für ---.
1. --- -ausel.
§ 35 Absatz 1 der ADS wird --- Gefahren des ---.
»Die Versicherung --- -licher Ereignisse --- des Bürgerkrieges
--- Schäden --- diese Gefahren --- durch Handlung --- Einsetzen
des --- andere Sper- --- durch den Krieg --- betreffende Maß-
nah- --- -kannten Macht. Die ---.
Ritas Hand fühlt sich an wie ein tauber Gegenstand außerhalb
ihrer selbst.
»Hast du's?«
Sie kriegt den Auslöser nicht gedrückt.
»Rita, ich kann das nicht mehr lange so halten.«
Die Stimme von Max dringt scharf durch das Piepen in ihrem
Ohr, das nicht weggehen will.
Konzentrier dich, Rita Hellberg.
Drück den Auslöser.
Das Klicken lässt sie zusammenzucken.
»Mach noch eins, zur Sicherheit, los!«
Noch eins machen.
Zur Sicherheit.
Rita bleibt so stehen, die Kamera vor dem Auge. Durch den
Sucher zu gucken ist einfacher, als der Wirklichkeit ins Auge zu
sehen.
Unter dem Tuch.

Die Umrisse ihres Körpers.

Lebt sie noch?

Der Professor kniet neben ihr auf dem Boden und zählt leise den Puls.

»Wo bleibt denn die verdammte Ambulanz?«

»Aus dem Weg, Rita, sie kommen!«

Sie fühlt sich grob am Arm gepackt und zur Seite geschoben. Jemand drückt sie runter. »Nimm die Kamera weg, schnell!«

Sie nimmt die Kamera runter.

Wo ist meine Tasche?

Sie tastet herum. Lederpuff. Sie sitzt auf einem der rot-beigen Lederpuffs mit einem Relief aus Kamelen.

Den Blick auf die Tür gerichtet.

Nur die Tür.

Die Tür geht auf.

Uniformen.

Militär.

Sie schiebt die Kamera halb unter den Puff.

Hier sitzen bleiben.

Bis alles vorbei ist.

Der anhaltend hohe Ton in den Ohren lässt alles um sie herum unwirklich erscheinen. Die herumschreienden Männerstimmen.

Arabisch. Deutsch.

Weit, weit weg.

Hektik. Und gleichzeitig alles wie in Zeitlupe.

Rita Hellberg zieht sich in ihren Kopf zurück, bis sie ein vertrautes Gesicht findet.

Kai.

Zurückspulen.

Hamburg-Fuhlsbüttel. Das Taxi hält mit quietschenden Reifen. Ingrid hat bis zuletzt auf dem Sofa ausgeharrt, sich an der Kaffeetasse festgehalten und an der Hoffnung, dass er noch kommt.

»He kömmt nicht«, sagt Oma Hamburg und geht in die Küche,

um neuen Kaffee aufzubrühen. »He iss een Stuhrkopp as sin Vadder.«

»Er kommt nicht«, sagt Rita und gähnt. Sie holt den Küchenblock und einen Stift, um eine Liste zu schreiben. Fährt nach Stade, packt zwei Koffer für ihre Mutter. Gibt die Schlüssel wieder bei den Nachbarn ab.

Von Hamburg über Frankfurt nach Kairo, Montagsmaschine der UAA. Rita schiebt den Wagen mit den Koffern durch die Schiebetüren. Geschäftsleute drängeln vorbei, müssen ihr Flugzeug kriegen. Ingrid läuft neben ihr her wie ein Kind. In Gedanken führt sie endlose Dialoge mit Kai. Rita kann mit jedem Seitenblick die wechselnden Gefühlszustände in ihrem Gesicht ablesen.

Als sie endlich am Abflugschalter sind, die Flugscheine schon in der Hand, die Koffer bereits weg, steht er plötzlich neben ihr.

Ingrid fällt Kai mit einem Aufschrei um den Hals.

Rita, zuerst erfreut, dann enttäuscht, dass er nicht durchgehalten hat, tritt einen Schritt zurück.

»Mutti!«

Ingrid hört sie nicht.

Erst als Kai sich vorsichtig losmacht, kann sie sein Gesicht sehen.

»Kommst du jetzt doch mit?« Ihre Stimme klingt rau, härter als beabsichtigt.

»Nein«, sagt Kai.

Was er noch sagen will, geht in dem lautstarken Protest seiner Mutter unter. Ingrid schreit, sie bettelt, sie droht. Ohne Erfolg.

»Dann bleibe ich auch hier.« Sie nimmt seine Hand und hält ihn fest.

Rita sieht sie an, unschlüssig, was sie tun kann oder will.

»Möchten Sie stornieren?«, fragt die junge Frau von der Fluggesellschaft, professionelles Lächeln, rot geschminkter Mund. Siegellackrot ist die Farbe der Saison.

»Ja!« Ingrid zieht Kai mit an den Schalter.

»Nein.« Kai wartet ruhig, bis Ingrid ihn ansieht. »Er braucht dich jetzt. Mehr als ich.«

Aha, denkt Rita. Auf einmal interessiert es dich, wie es Vati geht?

Aber es funktioniert, das muss man ihm lassen.

Wie auf Knopfdruck erlöschen Feuer und Tatendrang in Ingrids Augen. »Ja, du hast natürlich Recht.«

»Dann geben Sie bitte den Schalter frei und begeben sich schleunigst zur Passkontrolle«, säuselt die Frau mit dem roten Mund.

Der Durchgang ist gleich nebenan.

Sie stehen alle drei herum.

»Wie war Coltrane?«, fragt Rita, wie um klarzustellen, dass es Dinge zwischen ihr und Kai gibt, von denen Ingrid nichts weiß.

»Eine Naturgewalt.« Kais Augen leuchten sie an. »Der spielt nur, an was er glaubt. Keine billigen Tricks.«

Egal was ich bin.

Egal was du bist.

I wish we knew.

Kai geht als Erster. Ingrid weint leise vor sich hin.

»Grüß Johnny!«, ruft Rita ihm hinterher.

Er hebt die Hand, ohne sich umzusehen.

Kai Hellberg betritt den vollgestopften Zeitschriftenladen im Flughafen. Er giert nach ausländischen Zeitungen. In Hamburg trifft er ständig Leute aus aller Welt. Aber Deutschland? Zu eng. Zu steif. Sie rackern sich ab, die Deutschen, auf der Jagd nach dem großen Geld und dem kleinen Glück. Kai hört amerikanischen Jazz und den britischen Soldatensender, liest französische Literatur, wenn auch nicht im Original. Eine Weile in Paris leben, das wäre schön.

Er greift aus Gewohnheit nach der New York Times, doch gleich daneben, halb versteckt, als schäme man sich des Verkaufs, liegt eine andere Zeitung. Kai zieht sie heraus und geht damit zur

Kasse. Der Mann nimmt sein Geld entgegen und wirft ihm einen scharfen Blick zu. Nicht unfreundlich. Aber auch nicht freundlich.

Kai zieht die Schultern hoch, klemmt die Zeitung unter den Arm und hetzt durch den Nieselregen zur Bushaltestelle.

Versucht, wieder Coltrane zu hören anstatt der Stimme seiner Mutter.

Out of this World.

Funktioniert.

Erst in der S-Bahn fällt ihm die Zeitung ein. Neugierig überfliegt er die Titelseite, blättert weiter.

Jerusalem Post. 26. November 1962. Seite 2.

Der Präsident des westdeutschen Bundestages, Dr. Eugen Gerstenmaier, fasste die Eindrücke seines einwöchigen Aufenthaltes in Israel gestern auf einer Pressekonferenz im Sharon Hotel zusammen. Er sei »glücklich zu sehen, dass Israel genug Raum hätte, um noch Millionen weiterer Bürger aufzunehmen.« Dieser Eindruck sei besonders stark für jemanden, der aus der dicht besiedelten Bundesrepublik komme.

Dr. Gerstenmaier versicherte, dass Deutschland nichts unternehmen würde, um Israels Gespräche mit der Europäischen Wirtschaftsgemeinschaft negativ zu beeinflussen. »Wenn überhaupt, dann sind wir heute vom Antisemitismus zum Philosemitismus übergegangen, was auch Gefahren birgt. Es ist an der Zeit, dass wir Anti- und Philosemitismus hinter uns lassen und die Menschen nehmen, wie sie sind«, sagte er.

Kai denkt an den Zeitungsverkäufer.

Denkt an ein Referat des Juristen Fritz Bauer, das illegal unter den Studenten kursiert, weil der Landesjugendring Rheinland-Pfalz die Broschüre nicht offiziell herausgeben darf.

Die Wurzeln faschistischen und nationalsozialistischen Handelns.

Denkt an seinen Vater.

Denkt daran, dass ihm irgendwer, wer eigentlich, erzählt hat, an der Hamburger Universität würde sich nach Berliner Vorbild eine deutsch-israelische Studiengruppe gründen.

Mal vorbeischauen, kann doch nicht schaden, denkt Kai.

»Ihr Martini, gnädiges Fräulein.«

Rita blättert in der Zeitung. Ingrid hat gleich nach der Zwischenlandung eine Beruhigungstablette genommen oder vielleicht auch zwei. Sie schnarcht leise vor sich hin. Warmes, helles Sonnenlicht strömt durch das Fenster herein.

Frankfurter Allgemeine. 27. November 1962. Seite 3.

Die Tatsache, dass viele KZ-Verbrecher erst jetzt vor Gericht kommen, erklärte Gerstenmaier damit, daß die meisten sich »hervorragend« getarnt hätten. Die deutschen Behörden täten alles, um sie ausfindig zu machen und sie zu bestrafen.

Zur Tätigkeit deutscher Raketenspezialisten für Ägypten sagte Gerstenmaier, es sei nach dem Grundgesetz unmöglich, Bundesbürgern eine Arbeit im Ausland zu verbieten.

Schwarzbild. Ein lauter Knall.

Wir sind gelandet.

Vati und Pünktchen winken hinter der Absperrung.

An Pünktchens Hand.

Brigitte.

Ingrids Lächeln wird zu Stein.

»Max Fischer bittet um deinen sofortigen Rückruf.« Das ist Vati, am Steuer. »Was gibt es denn schon wieder so Dringendes?«

Rückruf.

Was hat Max gesagt?

Erinnerungslücken.

Das Montagstreffen findet ausnahmsweise am Dienstagabend statt.

Aufregung im Werk.

Die Ägypter haben den Bau der dritten Raketenstufe gestrichen.

Keine Satelliten. Keine Weltraumraketen.

»Sie wollen eine bessere Steuerung«, sagt Max. »Jetzt wissen wir wenigstens, woran wir sind.«

Als Kai nach Hause kommt, ist Johnny ausnahmsweise mal da.

»Es gibt Kartoffeln mit Kräuterquark«, begrüßt er ihn. »Was anderes kann ich nicht.«

»Kartoffeln mit Quark sind prima«, sagt Kai, berührt Johnny im Vorbeigehen kurz an der Schulter und setzt sich an den Küchentisch. »Die hat meine Oma immer gemacht, wenn ich krank war.«

»Seit wann liest du die denn?«, fragt Johnny und deutet mit der brennenden Zigarette auf die Zeitung in Kais Hand.

»Keine Ahnung. Seit heute.« Kai seufzt. »Warst du schon mal in Israel?«

Johnny dreht sich weg, ein Hustenanfall.

»Du rauchst zu viel.«

»Warum gerade Israel?«, hustet Johnny.

»Warum nicht?«, fragt Kai aufmüpfig zurück.

»Weil ich mir gerade vorstelle, was dein Vater für ein Gesicht zieht, wenn er in Ägypten Flugzeuge baut und du Ferien in Israel machst.« Johnny drückt seine Zigarette in der Spüle aus. »Oder ist es vielleicht gerade das, worauf du aus bist?«

»Ach Quatsch, mein Vater hat nichts damit zu tun.« Kai merkt schon, während er das sagt, dass es nicht stimmt. Nicht so richtig.

»Alles, was wir machen, hat mit unseren Eltern zu tun«, sagt Johnny, nickt wie ein weiser alter Mann und gießt die Kartoffeln ab. »Zum Beispiel, dass wir jetzt Kartoffeln mit Quark essen.«

Schwarzbild.

Momentaufnahme.

Lieferung von Groppi.

Rita macht die Pappschachteln auf und freut sich, dass sie wieder in Kairo ist. Wer will denn bitte Labskaus essen, wenn er Pastetchen mit Käse und Wasserkresse oder gefüllte Croissants mit Creme Chantilly haben kann?

Hannelore Wende kocht den Kaffee, für den sie unter den Ingenieuren berühmt ist. Rita arrangiert das Essen auf silbernen, kunstvoll gehämmerten Platten aus dem Basar.

Hannelore spricht nie über Privates. Heute lockert die Aufregung ihre preußische Disziplin. »Es ist ein Brief von seinem Anwalt gekommen. Wenn es die Scheidungspapiere sind, können wir endlich –«

Sie spricht nicht weiter, denn Marietta kommt herein und schnappt sich eine Pastete von Ritas Platte. »Ich verhungere gleich.«

Als sie wieder weg ist, zieht Hannelore einen weißen Umschlag aus der Tasche. »Sobald sie wieder ihre Fachgespräche führen, setze ich mich nach nebenan und schaue rein.«

»Ohne Stempel vom Office?«, fragt Rita, auf deren Schreibtisch keine Geschäftspost ohne den riesigen Schriftzug »APPROVED« landet.

»Die Privatpost des Professors gehört nicht unter die Lupe des ägyptischen Geheimdienstes«, sagt Hannelore entschieden. »Die hole ich vorher raus, und da soll mal einer versuchen, mich davon abzuhalten.«

Rita kann sich nicht vorstellen, dass es einer versucht. Sie erwischt einen Rest Creme Chantilly in der Ecke der Pappschachtel und leckt sich schnell den Finger ab, als Hannelore nicht hinsieht. Dann trägt sie die Platten ins Wohnzimmer.

Erinnerungslücke.

»Erst die Steuerung«, sagt der Professor, »dann können wir die dritte Stufe wieder aufs Tablett bringen.«

Graphitruder.

Kreisel.

»Ich baue den Ägyptern eine Kreiselstabilisierung«, wirft Kleinwächter ein, »aber nicht hier. Zuhause in Lörrach habe ich die richtigen Apparate und die richtigen Leute.«

Rita schreibt mit.

Bei dem Wort Telemetrie brechen ihre Notizen ab.

Ein lauter Knall.

Schwarzbild.

Sie sitzt noch auf dem Stuhl.

Aufrecht.

Rita sieht nicht das Blut, das ihre Beine herunterläuft.

Nicht die abgerissenen Fingerkuppen.

Nicht die Metallsplitter in der Tür.

Sie will ihr in die Augen sehen. Ihr sagen, dass alles gut wird. Dass die Scheidungspapiere kommen. Dass ein gutes Leben vor ihr liegt.

Doch die Augen sind nicht mehr da.

Ritas Blick gleitet ab, sucht, auf dem Tisch, unter dem Tisch, unter dem Stuhl.

Kann sich nicht abwenden.

Piepen im Ohr.

Hört nichts.

Sieht alles.

BND-Akte 100 614_OT.

Ell 4

B e r i c h t

Fall 1:

Am 27.11. kam in KAIRO ein beim Postamt in Hamburg aufgegebener Brief – ca. 50 g schwer – an. Der Brief war adressiert an:

Herrn Dipl.-Ing. Wolfgang Pilz

Forschungsinstitut Stuttgart

und darunter:

»Privat« bitte nachsenden

Der Umschlag war weiß, die Adresse mit Schreibmaschine geschrieben. Der Vermerk »Privat« bitte nachsenden, war mit Bleistift unterstrichen und dazwischen stand, ebenfalls mit Bleistift, die Frankfurter Adresse der U. A. A. (United Arab Airlines) am Hauptbahnhof 4.

Auf der vorderen linken Ecke war der Absender aufgedruckt. Die Buchstaben waren schwarz und standen senkrecht. Der Aufdruck bestand aus drei bis vier Zeilen und lautete:

Dr. Handtke

Rechtsanwalt

Hamburg

Straße, Hausnummer.

Mit dem Zeigefinger hat Frau WENDE die längere obere Seite aufgerissen, um den Inhalt herauszuziehen. Der Inhalt war mit einem weißen Saugpostbogen umwickelt und machte den Eindruck eines mehrseitigen Manuskriptes. Als der Inhalt halb herausgezogen war, detonierte eine Sprengladung.

Gegenwart.

Momentaufnahme.

Sie haben sie hinausgetragen.

Marietta lehnt neben Ritas Lederpuff an der Wand und beobachtet die Ägypter bei der Arbeit. Rita beobachtet Marietta. Deren Gesicht verrät nichts als konzentrierte Aufmerksamkeit, als wäre sie in ihrem Labor in der Fabrik.

Nur wir beide sind noch hier, denkt Rita.

Die Männer haben sich längst wieder nach nebenan zurückgezogen und verstecken sich in dichten Rauchschwaden. Sicher fließt auch schon der eine oder andere Whisky. Laute Stimmen dringen herüber.

Als würden wir auf die Reste von Hannelore aufpassen, denkt Rita, auf all das, was nie wieder zu ihr gehören wird.

Zähne.

Knochensplitter.

Finger.

Augen.

Oberst Nadim kommt herein. Bellt seinen Männern kurze Befehle zu. Sofort werden alle Bewegungen im Raum schneller, schärfer. Mit drei Schritten ist er bei Rita und Marietta, schüttelt beiden die Hand.

»Es tut mir sehr leid.«

»Uns auch«, sagt Marietta. »Wo bringen sie sie hin?«

»Ins Krankenhaus von Heliopolis. Man wird dort das Bestmögliche für sie tun.«

»Wann können wir gehen?«

»Bitte bleiben Sie noch. Ich muss mit Ihnen allen sprechen.«
Kein Funken blitzt in seinen dunklen Augen. Sie sind tiefschwarz
und hart wie Glas. »Nichts von dem, was heute hier geschehen ist,
darf jemals nach außen dringen.«

BND-Akte 100 614_OT.

EII 4

B e r i c h t

Fall 1 (Fortsetzung):

Der Vorfall wurde von den Organen der Spionageabwehr der
ägyptischen Armee, Abteilung Luftwaffe, untersucht. Der Vorfall
wurde zum Staatsgeheimnis erklärt. Die Ermittlungen der ägyptischen Behörden verliefen bisher ergebnislos.

Nach den Kartoffeln mit Quark gehen sie noch auf ein Bier,
nicht in die Palette, da sind in letzter Zeit zu viele Möchtegern-
Gammler aus Pinneberg. Sie gehen einfach in die Kneipe an der
Ecke. Die Musikbox dudelt Schlager. Johnny unterbricht die Unterhaltung am Tresen, die sich um den Prozess gegen den Kellner
vom Blauen Peter auf der Großen Freiheit dreht, der beinahe
einen arabischen Studenten erschossen hat. Er kommt mit zwei
Flaschen Bier an den Tisch.

Johnny zündet sich eine Zigarette an und wartet. Dass noch
was kommt, ist klar.

»Weißt du«, sagt Kai, »du hast es gut. Dein Vater war jedenfalls
kein Nazi.«

»Mein Vater ist an den Spätfolgen des Zuchthauses gestorben.
Wäre er Nazi gewesen, würde er vielleicht noch leben.«

»Trotzdem«, beharrt Kai auf seinem Standpunkt. »Du kannst
tun und lassen, was du willst. Ein freier Mensch.«

»Ich bin so frei und gehe wieder nach Kairo«, sagt Johnny. »Im
Januar. Du kannst in der Wohnung bleiben, wenn du willst.«

»Ägypten?« Kai nimmt sich eine Zigarette aus Johnnys
Schachtel, zündet sie an, inhaliert. Reibt sich den Rauch aus
den Augenwinkeln. »Willst du jetzt auch Raketen und Flugzeuge
bauen?«

»Ich schreibe über den Nahen Osten«, sagt Johnny. »Das kann ich auf die Dauer schlecht in Hamburg tun.«

»Und dafür wirst du von wem bezahlt?«, fragt Kai, ohne ihn anzusehen.

»Von diesem und jenem«, antwortet Johnny, »es läppert sich schon.«

»Weißt du«, sagt Kai, und jetzt sieht er Johnny in die Augen, »du bist ein ziemlicher Geheimniskrämer.«

»Geheimnisse machen uns erst interessant, Kai Hellberg.«

Blickduell.

»Wir werden die Sicherheitsvorkehrungen verschärfen. Ab sofort.« Oberst Nadim geht mit großen Schritten auf und ab. »Geben Sie uns ein paar Tage Zeit. Wir werden jeden von Ihnen bestmöglich schützen. Bis dahin möchte ich Sie bitten, vom Werk aus direkt hierherzufahren und die Villen abends nicht zu verlassen.«

»Rita kann bei uns wohnen«, meldet sich Max zu Wort.

Bestmöglich, denkt Rita, was heißt denn das eigentlich? Vor wem denn schützen?

Ihre Gedanken fangen an zu kreiseln.

Vorspulen.

»Du wirst keinen Tag länger dorthingehen!« Ingrid Hellberg ist außer sich. Es ist ihr egal, dass Pünktchen noch am Tisch sitzt, dass Brigitte sie bis in die Küche hören kann. »Friedrich, sag du es ihr!«

Friedrich schüttelt den Kopf. »Du lässt sie ja gar nicht ausreden.«

Rita sieht ihn dankbar an. »Das Team hat sich entschieden, weiterzumachen. Schon für sie. Für Hannelore«, fügt sie hinzu. »Ich werde jeden Tag abgeholt und wieder nach Hause gebracht.«

»Und du willst dein Team nicht enttäuschen?«, fragt ihr Vater. Das Wort klingt fremd aus seinem Mund.

Team.

Rita nickt. »Wir bekommen Pistolen und einen Waffenschein.«

»Waffen kommen mir nicht ins Haus!« Ingrid.

»Vati hat auch eine Waffe. Er hat sie sogar benutzt, als wir am Roten Meer waren.« Pünktchen.

»Wenn ihr mich heute nicht mehr braucht, gehe ich nach Hause.« Brigitte.

Friedrich wirft ihr einen irritierten Blick zu.

»Die haben dich schon auf der Liste. Meine Tochter! Reicht dir das nicht?« Ingrid sieht aus, als würde sie am liebsten auf Rita losgehen. »Erst diese Frau in Hamburg und jetzt eine Briefbombe. Und du hast jeden Tag mit der Post zu tun.«

Rita hat sich das auch schon überlegt. Die erste Nacht im Gästezimmer der Villa wollte kein Ende nehmen.

»Wenn sie es auf mich abgesehen hätten, dann hätten sie mich auch erwischt«, sagt sie und wundert sich, wie ruhig ihr diese Worte über die Lippen kommen. »Der Brief hatte einen Hamburger Absender. Und wenn ich mich nicht täusche«, sie sieht ihre Mutter herausfordernd an, »dann ist er mit uns im Flugzeug nach Kairo gekommen.«

Ingrid schlägt die Hand vor den Mund und verlässt das Esszimmer.

Einen Moment lang herrscht Stille am Tisch.

»Das hätte nicht sein müssen, Rita.« Friedrich sieht seine große Tochter an. »Ich versuche, alles Bedrohliche von ihr fernzuhalten, von euch allen! Und du?«

»Was ist denn noch, Vati?«, fragt Rita misstrauisch.

»Ach, nichts«, Friedrich sieht von ihr zu Pünktchen. »Ein alberner Brief ohne Absender, weiter nichts.«

»Ein anonymer Brief?«, fragt Pünktchen neugierig.

»Etwas in der Art, ja.«

»Kriege ich auch eine Pistole, Vati?«

BND-Akte 100 614_OT.

EII 4

B̲ e̲ r̲ i̲ c̲ h̲ t̲

Fall 2:

296

Am 30.11. kam aus Hamburg ein Luftpostpaket in Kairo an. Das Paket war adressiert an:

An

Director of Military factory 333

K a i r o / Ägypten

Der Absender lautete:

Buchhandlung Konrad W i n t e r

S t u t t g a r t

Königinnenstraße 40.

Der 30. November 1962 ist ein Freitag. Am nächsten Tag fährt Rita Hellberg wieder ins Werk. Die Experten stürzen sich in die Arbeit, denn Arbeit ist bekanntlich die beste Ablenkung.

Das Paket mit Fachbüchern aus Deutschland liegt beim Zoll am Flughafen in Kairo. Eine entsprechende Benachrichtigung der Zollbehörde ans Innenministerium, zur Weiterleitung an den Direktor der Fabrik 333 bestimmt, ist auf dem Weg.

Foto, schwarz-weiß, leicht verwackelt:
Zwei nicht eindeutig erkennbare Personen im Gegenlicht
sitzen eng beieinander am Bug einer altmodischen
Feluke, über ihnen das Gestänge für ein Sonnendach, im
Hintergrund eine Insel im Nil.
Bildunterschrift: Schäferstündchen auf dem Nil, Dezember
1962

Der Felukenkapitän reicht ihr mit seiner faltigen Hand den Fotoapparat zurück, offenbar froh darüber, das kostbare Stück wieder
los zu sein. Er schenkt ihr ein zahnloses Lächeln.

»Perfect, Miss.«

Rita würde ihn gern bitten, zur Sicherheit noch ein Foto zu machen. Aber er steht schon wieder am Ruder und dreht die Feluke
so in den Wind, dass sie Fahrt aufnimmt. Leise beginnt er, vor
sich hinzusingen, seinen Blick auf den Fluss gerichtet.

Sie lehnt sich zurück und sieht nach oben. Das weiße Segel
scheint bis in den Himmel zu ragen. Auch wenn das Boot aus
der Nähe viel größer ist, als sie gedacht hat, ist das Verhältnis
zwischen Schiffskörper und Segelgröße falsch, oder jedenfalls
ungewöhnlich für ihre Begriffe.

Über dem Westufer des Nils, auf der Seite, wo die Pyramiden
sind, macht sich die Abendsonne bereit für einen weiteren,
dramatischen Abschied. Ein verschwenderisches Fest für die
Augen.

Rita denkt an Hannelores verlorene Augen und die ewige
Dunkelheit, von der sie jetzt umgeben ist. Ein Frösteln überläuft
sie trotz der Jacke, die sie am Tag zuvor bei der griechischen
Schneiderin im King Tut Basar abgeholt hat. Die Vorlage aus dem
Hamburger Abendblatt bei ihrer Oma ausgeschnitten.

Nussbrauner Samt, Lederpasse mit angeschnittener Knopf-
leiste, die Ärmel vorn durch breite Lederstreifen unterteilt.

Was ist los mit mir?, denkt Rita. Meine Gedanken springen davon. Hani spürt ihr inneres Zittern und legt den Arm fester um sie.

Sie ist es, die ihn anruft, noch am Abend des Anschlags. Rita fürchtet das Alleinsein im Gästezimmer der Expertenvilla in Heliopolis ebenso wie die Stimme ihrer Mutter am Telefon. Der Vater ist sicher noch im Werk. Also den Anruf zuhause besser aufschieben. Verwundert stellt sie fest, dass sie noch nie mit Hani telefoniert hat. Wer wird den Hörer abnehmen? Seine Mutter? Sein Vater? Ein Boy oder ein Dienstmädchen?

Zu ihrer Überraschung ist Sonya am Apparat.

»Ich dachte, du bist –«

»Verheiratet?« Sonya lacht, und Rita stellt sich vor, wie gut sie dabei aussieht. »Bin ich auch, aber das neue Haus ist noch nicht fertig.«

»Herzlichen Glückwunsch, Sonya.«

»Rita, was ist los? Du klingst so komisch!« Sonya wird ernst. »Ist was mit Hani?«

»Nein.« Rita ist kurz davor, den Mut zu verlieren. »Ist er da?«

»Ich glaube nicht.« Sonya entfernt sich, ruft laut nach ihrem Bruder und kommt nach einem Moment zurück.

»Nicht da.«

Rita murmelt etwas von einer Arbeitsbesprechung, doch Sonya lässt sich nicht mit einer schlechten Lüge abspeisen. »Sag' schon, was los ist.«

»Es hat einen Anschlag gegeben.«

»Max?«, bricht es aus Sonya heraus.

Rita verneint. Sie hört das Aufatmen am anderen Ende. »Ich finde Hani«, sagt Sonya leise.

Eine halbe Stunde später ist er da.

Sitzt neben ihr, als sie ihre Eltern anruft.

Begleitet sie ins Gästezimmer, wo sie sofort von einer schweren, bleiernen Müdigkeit überfallen wird.

Flößt ihr noch einen süßen Pfefferminztee ein.

Schläft auf dem harten Stuhl neben dem Bett, bis es hell wird.

Sieht ihr beim Zähneputzen zu.

»Wie ein altes Ehepaar«, lächelt Rita.

»Macht doch nichts«, lächelt Hani zurück. »Meine Eltern sind ein altes Ehepaar, und sie lieben sich wie am Tag ihrer Hochzeit.«

Hast du es gut, denkt Rita und betrachtet Hanis entspannten Gesichtsausdruck. Das kann sie von ihren Eltern wohl kaum behaupten. Dabei heißt es immer, sie seien so verliebt ineinander gewesen.

»Ist die Ehe deiner Eltern eine arrangierte Ehe?«, fragt sie und denkt an das Gespräch mit Max im Flugzeug.

»Natürlich«, antwortet Hani und sieht sie lange an.

Er ist es, der sie eine Woche später im Werk auf dem Gang vor den Büros anspricht. »Du bist so blass. Es ist, als würdest du mit jedem Tag durchsichtiger.«

»Bei uns zuhause ist wieder mal Ausnahmezustand.«

Ingrid Hellberg hat nur eine Nacht mit der Vorstellung verbracht, eine Bombe in ihrem Flugzeug hätte explodieren können.

Abgerissene Gliedmaßen.

Atemnot.

Eiskalt.

Wrackteile im Mittelmeer.

»Ich habe einen Nervenzusammenbruch«, verkündet sie am nächsten Morgen. »Bitte ruft Doktor Eisele.«

Abends bekommt Rita mitgeteilt, der Doktor habe strikte Bettruhe und spezielle homöopathische Mittel verordnet, die er nur für teures Geld aus Deutschland bestellen kann.

»Ich weiß nicht, ob ich es so lange aushalten kann«, stöhnt Ingrid. Dann beginnen die Vorwürfe.

An allem sei sowieso Rita schuld.

Ob es ihr Spaß mache, Angst und Schrecken zu verbreiten.

Warum sie ihrer kranken Mutter zuliebe nicht die Arbeit aufgeben könne.

Stattdessen eine Fremde im Haus.

»Nein.«

Es hat Rita Jahre harten Trainings gekostet, dieses Nein. Wie eine Leistungssportlerin: Du musst jeden Tag üben, sonst kannst du gleich aufgeben.

Nein.

Rita Hellberg verlässt das Haus.

»Du eiskalte Egoistin!«, ruft ihr Ingrid hinterher.

Vor dem Tor der Villa steht der Wagen von Husseyn, der sie von jetzt an jeden Tag ins Werk chauffieren wird.

Verschärfte Sicherheitsmaßnahmen.

»Aber hier im Werk«, fährt Rita fort, »finde ich auch keine Ruhe mehr. Ich muss mich überwinden, die Geschäftspost zu öffnen. Jedes laute Geräusch lässt mich zusammenfahren.«

»Du musst dich ablenken«, sagt Hani.

»Ich wünschte, das könnte ich.« Ihre Gedanken hängen wie festgenagelt an jenem Dienstagnachmittag.

Am nächsten Abend ruft Hani bei ihr zuhause an. Offenbar hat er sich ein Herz genommen und Max nach der Nummer gefragt. Natürlich ist ihre Mutter dran. Schweigend reicht sie den Hörer an Rita weiter, bleibt aber neben dem Telefon stehen.

»Wir fahren morgen um siebzehn Uhr in den Yacht Club«, sagt Hani. »Lass dich überraschen.«

»Es war ja klar«, jammert Ingrid, »dass du dich früher oder später mit einem Ägypter einlässt. Es würde mich nicht wundern, wenn du eines Tages in einem Harem landest. Aber behaupte dann nicht, deine Mutter hätte dich nicht gewarnt.«

Der nächste Tag ist ein Freitag. Rita will nach dem Frühstück mit Pünktchen in den Club zum Schwimmen gehen und erfährt bei der Gelegenheit, dass Ingrid ihr verboten hat, das Haus zu verlassen. Pünktchen darf nur noch mit dem Bus des Klosters zur Schule nach Babellouk und zurück fahren.

Wütend stürmt Rita ins Arbeitszimmer ihres Vaters.

»Kannst du nicht anklopfen?«, fährt Friedrich sie an, während Brigitte sich schnell eine lose Haarsträhne feststeckt.

Rita sieht von ihrer Freundin zu ihrem Vater. »Aha«, sagt sie. »Hab' ich's mir doch gedacht.«

Brigitte wirft ihr einen schwer zu deutenden Blick zu und verlässt das Zimmer.

»Was hast du dir gedacht?«, brüllt Friedrich. »Kann denn niemand in diesem Haus Rücksicht nehmen? Ich arbeite Tag und Nacht für eure Clubs und eure Kleider, eure Kuren und teuren Arztrechnungen.«

»Und dabei ist dir nicht aufgefallen, dass deine jüngste Tochter lebt wie eine Gefangene? Mit ihrer eigenen Mutter als Wärterin?« Rita möchte am liebsten zu ihrem Vater rennen und sich wieder auf seinem Schoß zusammenrollen, so wie früher, als sie zusammen Horoskope gezeichnet haben.

Aber da hat wohl gerade Brigitte gesessen.

»Sprich nicht so von deiner Mutter.« Friedrich weicht ihrem Blick aus. »Sie ist für Pünktchen verantwortlich, also stellt sie die Regeln auf.«

»Auch wenn diese Regeln falsch sind?« Rita macht einen Schritt auf ihn zu.

»Auch dann!« Er steht auf.

Sie stehen einander gegenüber, zwischen sich das Unausgesprochene, Unsagbare.

Du schläfst mit meiner Freundin.

Ich war einsam und erschöpft. Sie gibt mir wieder Lebensmut.

Sie könnte deine Tochter sein.

Sie ist nicht meine Tochter.

»Aufhören!« Pünktchen steht in der Tür. »Bitte, bitte.«

Rita dreht sich um. »Wir gehen schwimmen.«

»Nein!«, sagt Pünktchen, Verzweiflung in der Stimme. »Ich will gar nicht mehr schwimmen. Ehrlich! Lass uns was zuhause machen. Wir könnten Lampenschirme für den Basar basteln. Bitte, Rita!«

Pünktchen kriegt einen ganz passablen Lampenschirm zustande, indem sie einen Wasserball mit rosa Wolle umwickelt, die sie vorher in eine Mischung aus Bastelkleber und Wasser getunkt hat. Rita versucht erst gar nicht, ihr nachzueifern, sondern begnügt sich mit der Rolle der schweigenden Assistentin. Zu vieles geht ihr im Kopf herum.

Der Vater hat sich wieder in seinem Arbeitszimmer eingeschlossen, Brigitte hat das Essen auf den Herd gestellt und ist nach Hause gegangen. Aus dem oberen Stockwerk ziehen düstere Schwaden, Ausdünstungen des Gemütszustandes ihrer Mutter, durch das Haus. Rita zählt die Minuten, bis endlich die Hupe von Hanis Motorroller ertönt.

»Ich muss los!« Sie gibt Pünktchen einen Kuss.

»Was soll ich sagen, wenn sie fragen, wo du bist?«

Rita überlegt kurz. »Sag ihnen, ich fahre auf den Schießplatz. Erste Übungsstunde.«

Sie hat damit gerechnet, dass Hani einen Tisch am Wasser reserviert hat und sie zum Abendessen im Club einlädt. Aber er geht an den gelben Sonnenschirmen vorbei bis zu dem äußeren Holzsteg, an dem eine einzige Feluke liegt und auf Kundschaft wartet. Die traditionellen Holzboote mit den großen Segeln sind Rita ein vertrauter Anblick, sie gehören zum Nil wie das grüne Papyrusgras an den Ufern. Aber sie ist noch nie auf einer Feluke mitgesegelt.

Natürlich nicht.

Pünktchens ewige Wunschliste.

Punkt sechs.

Hani verhandelt mit dem Fellachen in seiner strahlend weißen Gallabija. Der Alte nickt. Er hilft ihr an Bord. Sie setzen sich ganz nach vorne an den Bug.

»Das Boot ist viel zu groß für uns«, sagt Rita.

»Wir Ägypter haben große Familien«, antwortet Hani und legt seinen Arm um sie.

Der Kapitän steuert sie mit ruhiger Hand in die Flussmitte. Bald ist der Club mit seiner hektischen Betriebsamkeit auf ein paar gelbe Punkte inmitten des grünen Ufers zusammengeschrumpft. Auf der linken Seite ziehen die Inseln im Nil vorbei. Rita sieht einen Esel vor einem Pflug.

»Danke.« Sie richtet sich auf und sieht Hani an. »Es tut gut, ein bisschen Abstand zu haben. Die Anspannung im Werk. Die ständige Bewachung. Nie allein.«

Hani holt seine Cleopatras heraus und zündet sich eine an. Zu Ritas Überraschung bietet er ihr auch eine an.

»Was glaubst du, Rita?« Er zieht an der Zigarette und blickt dem Rauch hinterher. »Werden die Deutschen jetzt endlich abhauen?«

Die letzte Frage hat er auf Deutsch gestellt.

Rita rückt ein Stück von Hani weg. »Du verstehst alles, was wir im Werk reden?«

Er nickt. »Ich habe in Zürich studiert. Mein Onkel arbeitet seit einigen Jahren in Genf für die Firma Esso. Er ist Chemiker.«

Hani raucht einen Moment schweigend, dann fährt er fort. »Wie so viele gut ausgebildete Ägypter findet er hier im Land keine Arbeit. Hast du schon mal vom brain drain gehört?«

Rita schüttelt stumm den Kopf. Vor ihrem inneren Auge spulen sämtliche Situationen ab, in denen die Deutschen im Werk glauben, unter sich zu sein, und frei von der Leber weg sprechen.

»Die Guten gehen weg, und Nasser kann sie nicht halten«, sagt Hani. »Die Kopten, die Juden, die Fabrikanten, die Ärzte. Wir bezahlen für die Verstaatlichung einen hohen Preis.«

Er wirft den Rest einer Zigarette ins Wasser. »Versteh' mich nicht falsch. Ich glaube an den arabischen Sozialismus. Aber nicht als Klassenkampf im marxistischen Sinn. Wir brauchen den gemeinsamen Kampf aller Klassen gegen die Übermacht des kapitalistischen Westens.«

»Ich dachte, Max wäre dein Freund«, entgegnet Rita hilflos.

»Max ist in Ordnung.«

Hani redet kurz auf Arabisch mit dem Kapitän, der mit einer kleinen Bewegung des Ruders vom Wind abfällt. Das Boot wird langsamer.

»Aber die Alten sind Faschisten, das weißt du so gut wie ich. Ich weiß genau, wie sie über uns reden.«

Hani steht auf und hält sich an der Holzstange fest. »Ich kann das nicht so gut wie Max.« Er grinst und wechselt wieder ins Deutsche.

»Den Ägyptern mangelt es nicht am Wissen oder einer ordentlichen Ingenieursausbildung. Mitunter sind sie sogar theoretisch recht tüchtig und begabt. Aber es fehlt ihnen am Talent, aus ihrem Wissen etwas zu machen. Oder, um es mit einfachen Worten zu sagen: am schöpferischen Drang.«

Rita kann nicht anders, sie muss einfach loslachen. Gleichzeitig hört sie ihren Vater reden, fast identischer Wortlaut.

»Schöpferischer Drang!«, deklamiert Hani. »Was für eine überaus deutsche Wortschöpfung!«

Er setzt sich wieder hin.

Wartet schweigend, bis sie ihn ansieht.

»Rita, ich muss wissen, wo du stehst. Ich muss wissen, woran du glaubst. Denn ich werde beweisen, dass wir in der Lage sind, aus unserem Wissen etwas zu machen, wenn man uns endlich lässt. Und zwar bevor Feldmarschall Amer es schafft, das Schicksal unseres Landes vollends in sowjetische Hände zu legen.«

Hani deutet auf den Cairo Tower, dessen Spitze im Abendlicht tatsächlich an eine rosa Lotusblüte erinnert. »Wir haben die Kolonialmacht aus dem Land gejagt, wir haben uns von den Amerikanern nicht kaufen lassen, und wir brauchen keinen großen Bruder. Wir bauen unsere eigenen Raketen.«

Rita fühlt, dass er es ernst meint. »Ich glaube dir«, sagt sie ernsthaft. »Wie willst du das machen?«

»Kreiselstabilisierung«, antwortet Hani. »Ich muss schneller und besser sein als Kleinwächter mit seinem teuren Labor in Deutschland.«

Schweigend beobachten sie, wie der Kapitän vor der Nilbrücke mit den Löwen ein gekonntes Wendemanöver vollführt. Eine dunkle Limousine fährt gerade über die Brücke. Zurück müssen sie flussaufwärts kreuzen. Der Wind frischt auf.

»Ist dir kalt?«, fragt Hani.

Rita schüttelt den Kopf. »Küss mich«, sagt sie leise.

Sie schließt die Augen und spürt das warme, orange Licht durch ihre geschlossenen Augenlider. Als Nächstes fühlt sie Hanis trockene Lippen, die ihre ganz sanft berühren. Wie ein Hauch nur, die Andeutung eines Kusses.

»Rita«, flüstert er, »ich möchte eine Frau an meiner Seite haben, die mich ein Leben lang durch Höhen und Tiefen begleitet.«

Sie öffnet die Augen. Sein Gesicht, ernst und schön, ganz nah an ihrem.

»Bist du diese Frau, Rita Hellberg?«

Rita sieht zum Ufer, wo der abendliche Verkehr über die Corniche braust. Ein dunkles Auto hält sich gleichauf mit der Feluke. Es wird kleiner, wenn sie in die eine Richtung segeln, und wieder größer, wenn sie zurückkommen.

»Siehst du diesen Wagen?«, fragt sie Hani und deutet hinüber. »Ich glaube, er folgt uns.«

Er wirft einen kurzen Blick zur Corniche, dann sieht er sie wieder an. »Lenk nicht ab. Ich habe dich was gefragt.«

Schon wieder, denkt Rita. Schon wieder ist es da.

Das Nein.

Ich bin das Mädchen, das dich küssen möchte, Hani.

Ich möchte mit dir schlafen unter dem Sternenhimmel einer Wüstenoase.

Ich will Auto fahren.

Mein eigenes Geld verdienen.

»Nein.« Rita muss sich überwinden, es auszusprechen. »Nein, Hani. Später vielleicht. Aber erst mal brauche ich meine Unabhängigkeit.«

Bevor er antworten kann, küsst sie ihn.

Und diesmal richtig.

Sollen sie doch denken, was sie wollen.

Der Fellache am Ruder.

Die Leute in dem schwarzen Auto.

Ihre Mutter.

Ihr Vater. Der sowieso.

»Lalalalalaaa«, summt Rita leise. Dann fällt ihr der Text ein. »Autos bleiben stehn. Leute drehn sich um. Versunken ist die Stadt um unser großes Glück herum. So verrückt bin ich nach dir, mon amour. So verrückt bist du nach mir, mon amour.«

»Tout autour de nous. Les gens sont jaloux.« Hani nimmt die Melodie auf. »Ils me reprochent surtout. D'avoir pour toi des yeux trop doux.«

»Wusstest du, dass Dalida aus Kairo stammt?«

Weiß sie nicht. Oder doch? Auf dem Internat hat sie alles über Dalida gelesen. Das Mädchen Rita Hellberg liest eine Zeitschrift auf dem Bett. Wie lange ist das her!

Hani lächelt. »Mein Onkel ist vor ein paar Jahren bei einem Amateurwettbewerb aufgetreten. Er spielt Akkordeon. Nach ihm trat eine unbekannte Sängerin mit dem Namen Iolanda Gigliotti auf. Jetzt ist er bei Esso, und sie ist ein Weltstar. Weggegangen sind sie beide. Armes Kairo.«

Eine letzte Wende, und sie segeln direkt auf den Anleger des Yachtclubs zu. Ritas Magen zieht sich zusammen, schon bei der Aussicht, wieder an Land zu gehen.

Lautes Knirschen, Holz auf Holz, zurück in die Welt.

Als sie aus dem Tor kommen, parkt auf der gegenüberliegenden Straßenseite das schwarze Auto. Hani geht, um seinen Roller zu holen. Rita überlegt einen Moment, dann nutzt sie eine Lücke im Verkehr und überquert die Straße. Sie wartet, bis eine getönte Scheibe herunterfährt.

»Woher wussten Sie, dass wir mit dem Boot fahren?«, fragt sie den Mann mit der Sonnenbrille, der im Fonds des Wagens sitzt. Er hat kurzes lockiges Haar und einen Schnurrbart. Gepflegte Erscheinung.

Er seufzt. »Miss, lassen Sie uns bitte unseren Job machen, es ist zu Ihrem Schutz.«

»Woher?«

»Von mir.« Hani ist mit dem Roller direkt hinter ihr zum Stehen gekommen. »Darf ich dir Captain Diya vorstellen?«

Rita dreht sich um und sieht ihn an.

»Willst du mich beschützen oder willst du mir Angst machen?«

Der Mann im Auto, unter den leitenden Angestellten der Fabrik 333 als Captain Diya bekannt, ist Offizier, vermutlich beim militärischen Geheimdienst. Kurz nach dem Anschlag wird er von Sonderminister Mahmoud persönlich mit einer Mission betraut: ein Sicherheitskonzept zum Schutz der deutschen Experten und der ägyptischen Angestellten der Fabriken 333, 135 und 36 zu entwickeln. Das Projekt untersteht höchster Geheimhaltung. Erst viele Jahre später wird er sein Schweigen brechen.

Bericht von Muhammad Diya'i Nafi'.

Vor langer Zeit begann ich darüber nachzudenken, die Geschichte der ägyptischen Raketen- und Flugzeugentwicklung niederzuschreiben. Stimmen Sie mir nicht zu, geneigter Leser, dass die meisten Jüngeren es lächerlich fänden, wenn ich beginne, über Raketen und Flugzeuge zu sprechen, wo wir hier nicht mal ein Auto oder einen Kühlschrank herstellen können?

Ehrlich gesagt, kann ich Sie dafür nicht verurteilen, denn die Medien waren gleichsam abwesend in jenen Jahren, weit entfernt davon, ein realistisches Bild davon zu geben, was die Ägypter damals taten.

Die Stärke einer Nation wird nicht länger durch die Anzahl ihrer Soldaten oder Panzer bestimmt. Ein deutliches Beispiel ist die Beendigung des Zweiten Weltkrieges durch die US-Bombardierung von Hiroshima und Nagasaki. Ohne die mit schweren Raketen bestückten Flugzeuge hätte der Krieg vielleicht Jahre länger gedauert.

Und so schließen wir daraus, dass in der zweiten Hälfte des

letzten Jahrhunderts moderne Armeen vor allem von Flugzeugen und Raketen abhingen, ob Kurz- oder Langstreckenraketen.

Und obwohl ich weiß, dass, wenn ich dieses Kapitel wieder aufschlage, keines der Projekte zu neuem Leben erwachen wird, so wird es doch zumindest eine Lehrstunde für zukünftige Generationen sein.

Vergebe Gott denen, die dieser Industrie ein Ende bereitet haben.

Foto, schwarz-weiß:
Pünktchen steht breit grinsend mit einer Meerkatze auf dem
Arm im Garten des Klosters in Maadi.
Bildunterschrift: Pünktchens Freundin Cleo, Dezember
1962

»Sie mag dich«, stellt Schwester Agnes fest, nimmt die Kamera
runter und nickt zur Bestätigung. »Und sie ist wählerisch, was
ihren Umgang angeht, unsere kleine Prinzessin.«

Cleo beginnt leise zu schnattern und steckt ihre winzigen
Finger in Pünktchens kurze Haare.

»Das kitzelt!« Pünktchen versucht trotzdem ganz still zu stehen und hält das kleine Äffchen mit beiden Armen fest, als wäre
es aus Porzellan.

»Du kannst dich ruhig bewegen.« Schwester Agnes lacht. »Sie
ist zwar noch klein, aber sie ist robust.«

Sie sieht auf ihre Armbanduhr, kommt zu Pünktchen und
steckt die Kamera in die Schultasche, die auf der Bank zwischen
den Tiergehegen steht.

Wenn die Busse mit den Schülerinnen aus Babellouk im Kloster eintreffen, rennen die Mädchen wie junge, wilde Pferde in alle
Richtungen davon. Nur Pünktchen darf nicht alleine nach Hause
gehen, sondern muss warten, bis sie abgeholt wird. Manchmal
wartet sie lange.

Weil Ingrid beim Arzt ist.

Weil es ihr nicht gut geht.

Weil sie das Haus nicht verlassen kann, sondern erst ihr Mittel
nehmen muss.

Pünktchen macht es nichts aus, wenn ihre Mutter nicht pünktlich kommt. Sie mag die Stille in dem von Mauern umschlossenen
Klostergarten. Sie geht zwischen den Gemüsebeeten spazieren.
Und sie besucht die Tiere.

Zuerst die beiden Papageien in ihrem Pavillon. Die Zwergkaninchen, die einen großen Laufstall mit einem richtigen kleinen Holzhaus drin haben. Den Pfau, der hinter eitlem Getue seine Traurigkeit versteckt, findet Pünktchen.

Und seit heute ist Cleo da.

»Sie saß zwei Tage lang unter dem Avocadobaum und ließ sich einfach nicht verjagen. Ich glaube, ihre Mutter hat sie verlassen. Oder ihr ist etwas zugestoßen.«

Schwester Agnes versucht, Cleo vorsichtig aus Pünktchens Armen zu nehmen, doch die krallt sich in den Haaren fest.

»Aua!«, brüllt Pünktchen, lässt aber nicht los.

»Sie will bei dir bleiben«, stellt Schwester Agnes fest und lächelt. Und Pünktchen strahlt vor Glück, kann es nicht fassen, dass dieses kleine Wesen sie liebt.

»Komm mit in die Küche«, sagt die Schwester, schon im Gehen. »Es ist Zeit für ihre Milch.«

Und Pünktchen mit Cleo auf dem Arm trottet immer noch grinsend hinter ihr her.

Lieber Gott, bitte mach, dass Mutti jetzt nicht kommt.

»Kommt deine Mutter heute wieder später?«, fragt Agnes über die Schulter.

»Keine Ahnung.« Ist nicht gelogen, denkt Pünktchen. Vielleicht hat sie auch nicht richtig zugehört beim Rausgehen heute früh.

Pünktchen hat sich Ritas Kamera ausgeliehen, um die Aufführung des Schultheaters zu fotografieren. Der letzte Tag vor den Weihnachtsferien ist immer eine große Sache. Viele Eltern kommen in die Schule, um die Aufführung zu sehen, dieses Jahr ein Stück nach Motiven der Kurzgeschichte Die drei dunklen Könige von Wolfgang Borchert. Pünktchen darf nicht in der Theatergruppe mitmachen, weil die Proben nach Schulschluss stattfinden und sie dann keiner abholen kann. Als Fotografin ist sie wenigstens beschäftigt, statt sich allein ans Ende einer Bank zu quetschen in der Hoffnung, niemand würde merken, dass aus ihrer Familie keiner da ist.

Mutti kann nicht, weil sie krank ist.

Vati ist im Werk.

Nicht mal Rita kommt. »Tut mir leid, Pünktchen, dieses Mal klappt es leider nicht.«

Sie hat ein schlechtes Gewissen, das sieht Pünktchen. Sie vermutet, dass ihre große Schwester einen Freund hat. Aber aus Rita ist nichts herauszukriegen. Seit sie allein mit dem Flugzeug nach Kairo fliegen durfte, ist sie komisch, macht total auf erwachsen und erzählt gar nichts mehr. Wenn bloß Schwester Agnes ihre richtige Schwester sein könnte und nicht nur die Lieblingslehrerin.

Und Nonne. Das heißt, sie ist mit Gott verheiratet.

Die weiße Tracht raschelt vor Pünktchen her, so schnell läuft die Schwester. Sie läuft immer sehr schnell. Schwester Agnes ist supersportlich, obwohl sie eine Nonne ist. Sie unterrichtet sogar Turnen und das, findet Pünktchen, gar nicht mal schlecht.

Pünktchen muss traben, um mitzuhalten. Cleo scheint das Geschaukel zu gefallen. Vergnügt krallt sie sich noch fester in Pünktchens Haare.

»Aua, ich bin doch kein Baum!«, schreit Pünktchen. Aber es fühlt sich gleichzeitig ganz toll an.

Schon ist die Schwester die Stufen hoch zur Veranda gelaufen und auf dem Weg in die Küche. Pünktchen war erst ein Mal in der großen Klosterküche, um sich ein Glas Wasser zu holen, weil ihr auf der Rückfahrt von der Schule schlecht geworden ist. Die Küche hat zwei Türen, eine zur Veranda und eine nach innen auf den Flur, wo die Kapelle und der Essraum für die Schwestern sind. Der Fußboden ist mit schwarzen und weißen Fliesen ausgelegt, und auch bis zur Hälfte der Decke hoch sind die Wände gefliest. Alles ist in warmes, gelbes Licht getaucht. Und es riecht schön. Eine Mischung aus Lebkuchen und irgendwas anderem.

Eine deutsche Schwester sitzt vor einem riesigen Steinkrug und weint.

»Schwester Benedikta!«, ruft Agnes und läuft rasch zu ihr hin.

»Nur die Zwiebeln, nur die Zwiebeln!« Sie wischt sich mit dem Ärmel ihrer Tracht über die Augen. »Und bring mir nicht wieder dieses Tier in die Küche, Agnes.«

Pünktchen bleibt mit Cleo auf dem Arm in der Tür stehen. Agnes legt der anderen Schwester eine Hand auf die Schulter und geht zum riesigen Herd, um einen kleinen Topf mit Milch aufzusetzen. Daneben brodelt es in einem riesigen Kochtopf.

Wie ein Hexenkessel, denkt Pünktchen. Und diese Benedikta ist sicher eine Hexe, die sich als Nonne verkleidet hat.

Sie streichelt Cleos weiches Fell. Während das Äffchen Schwester Agnes nicht aus den Augen lässt, beobachtet Pünktchen, wie die Hexe einen gewaltigen Berg Zwiebelringe von einem Brett aus in den Krug schüttet. Dann zieht sie mit der Hand einen Eimer mit grünen Gurken zu sich ran und legt sie vorsichtig hinein. Zum Schluss folgt ein grünes Kraut.

Vorsicht, Agnes! möchte Pünktchen ihrer geliebten Lehrerin zurufen. Sie tut Hexenkräuter in den Zaubertrank!

Aber Agnes lächelt nur. »Soll ich dir mit dem Topf helfen, Benedikta?«

Die Schwester erhebt sich von ihrem Schemel, drückt die Hände ins Kreuz und geht zum Herd. Gemeinsam heben sie den brodelnden Kochtopf herunter und schleppen ihn rüber.

»Auf drei«, murmelt Benedikta und beginnt leise zu zählen.

Oh nein!, denkt Pünktchen. Ein Zauberspruch!

Bei drei kippen die beiden Nonnen vorsichtig die Zauberbrühe über die Zwiebeln, die Gurken und das Hexenkraut. Es dampft ganz gewaltig.

»Ist das nicht zu schwer für dich, Schwester?«, fragt Agnes und wischt sich über die Stirn.

Schwester Benedikta guckt sie vorwurfsvoll an. »Wir sind deutsche Schwestern«, sagt sie und setzt sich wieder hin. »Wir legen Gurken ein.« Sie rührt mit einem großen Holzlöffel in dem dampfenden Sud.

Mit fünfzehn, uneheliche Tochter eines schlesischen Gutsbesitzers und einer Magd, gibt ihre Mutter sie bei den Nonnen im Kloster Trebnitz ab. Um Schlimmeres zu verhindern, sagt sie. Es droht Krieg, doch das meint die Mutter nicht. Sie meint den Vater der Benedikta, die damals noch Freya heißt. Der sie mit düsteren Blicken verfolgt, wenn sie über den Hof ins Hauptgebäude läuft.

Bei den Schwestern hört das Mädchen Freya zum ersten Mal von den deutschen Schulen in Ägypten, die der Orden betreibt. Doch sie zieht es nicht in die Ferne. Sie ist zufrieden mit dem ruhigen, gleichförmigen Leben im Kloster und der Arbeit im Krankenhaus, das im Nordflügel untergebracht ist.

Lass mich für immer hierbleiben, betet sie am Hedwigsgrab in der Kapelle.

Doch Gott hat andere Pläne.

Als die ersten Verletzten von der Ostfront eintreffen, wird aus Freya, der Novizin, Benedikta, die Gesegnete. Aus Zufriedenheit wird Berufung, die ohne die stumme Dankbarkeit aus den hohlen Augen der Männer keine Erfüllung findet.

Der Krieg zu Ende.

Die Schwestern davongejagt.

Nur zwei von ihnen, die Mutter Oberin und eine ältere Schwester, bleiben zurück bei den Alten und Kranken, die nicht mit auf die Flucht gehen können. Die Oberin, im Pfarrhaus erschossen. Die Schwester erschossen, auf dem Weg zur Kirche.

Benedikta erreicht das Kloster in Görlitz. Aus der Gesegneten ist eine Getriebene geworden.

Die Roten haben uns alles genommen.

Der Hass und die Angst treiben sie weiter gen Westen.

Ein neues Mutterhaus im Sauerland. Doch Benediktas Güte ist erloschen. Die Patienten nörgeln. In ihren Augen glüht nicht mehr der Hunger nach dem nackten Überleben.

Benedikta treibt es weiter fort, auf die Experia von Genua nach Alexandrien. Dasselbe Schiff, auf dem sich drei Jahre zuvor der Arzt Dr. Hans Eisele vor der deutschen Justiz in Sicherheit gebracht hat. In seinen Augen findet Benedikta, die Gesegnete, endlich wieder, wonach sie gesucht hat.

Ihre Bestimmung.

Pünktchen, die sich von der Hexe beim Anstarren ertappt fühlt, drückt Cleo an ihre Brust und setzt sich draußen auf die Bank.

»Du siehst traurig aus, Petra. Stimmt etwas nicht?« Schwester Agnes ist mit der Milchflasche in der Hand auf die Veranda getreten. Sie zeigt Pünktchen, wie sie die Flasche halten muss. Cleo beginnt, gierig zu trinken, ohne Pünktchen loszulassen.

»Blöde Weihnachtsferien«, murmelt Pünktchen. »Da kann ich nicht kommen und Cleo besuchen.«

Schwester Agnes schaut sie an. »Warum denn nicht?«

»Ich darf doch nicht.«

Sie lächelt ihr Gute-Fee-Lächeln, das einem eine schlechte Zensur oder den Ärger zuhause einfach wegzaubert.

»Ich rede morgen nach der Weihnachtsmesse mit deinen Eltern, Petra. Dieses kleine Affenmädchen braucht eine Bezugsperson. Offenbar hat sie dich dafür ausgesucht. Wir haben hier viel zu viel zu tun. Und –«, fügt sie mit ernster Miene hinzu, »junge Menschen brauchen Verantwortung. Es wird dir guttun, für sie zu sorgen.«

»Danke!« Pünktchen springt auf, um Schwester Agnes zu drücken. Cleo greift in ihre Haare, um sich festzuhalten. Die Milchflasche kullert auf den Boden.

In diesem Moment tritt Brigitte durch das Tor.

»Brigitte!« Pünktchen winkt und rennt mit dem Äffchen im Arm die Veranda entlang, die Stufen herunter und zu Brigitte. »Guck mal, das ist Cleo. Ist sie nicht süß?«

Brigitte lacht und sieht zu Schwester Agnes. »Entschuldigung. Frau Hellberg hat mich eben erst informiert, dass sie Pünktchen heute nicht abholen kann.«

»Macht doch nichts.« Die junge Nonne hebt die Milchflasche auf. »Bringst du Cleo noch zurück, Petra?«

»Natürlich.« Eifrig zieht Pünktchen Brigitte hinter sich her zu den Gehegen, wobei sie ihr alles nochmal erklärt, was Schwester Agnes über Cleo gesagt hat.

Als sie zurück zum Haupthaus kommen, steht die junge Nonne in der offenen Küchentür. Pünktchen will ihr einen Abschiedsgruß zurufen, aber Brigitte schüttelt den Kopf und legt den Finger auf die Lippen. Schwester Agnes hat das Radio eingeschaltet und hört zu. Eine Männerstimme schreit laut auf Arabisch.

»Aus dem Kampf von Port Said und aus dem Herzen des Feuers kamen die Beschlüsse zur Nationalisierung der Wirtschaft, und aus ebendiesem Herzen, aus diesem Feuer, entstand auch der erste Plan zur Industrialisierung. Für die Kräfte der Arbeiterschaft, dem arbeitenden Volke zuliebe. Für ebendas Volk, das sich selbst opferte und für die Heimat und die Freiheit des Vaterlands.«

Die Angestellten des Clubs sitzen in einer Traube um das Transistorradio herum. Ingrid Hellberg würde sich vor dem monotonen Sprechgesang des ägyptischen Präsidenten gern auf die Terrasse zurückziehen, aber sie fürchtet, dass zum Abend die Mücken herauskommen, denn am Nachmittag hat es geregnet und die Luft ist zum Schneiden dick. Also sitzt sie in möglichst weiter Entfernung vom Radiogerät und seinem Publikum, das ab und an seiner Zustimmung lautstark Ausdruck verleiht.

Ingrid hat Brigitte angerufen und sie gebeten, Pünktchen abzuholen, weil sie beim Arzt länger brauche. In Wirklichkeit sitzt sie hier seit Stunden, vor sich einen Block und ihren Füllfederhalter. In Kairo kann sie sich niemandem anvertrauen, selbst Pater Ludwig, ihrem Beichtvater, nicht. Zu groß ist die Scham, die ganze Affäre einfach unaussprechlich peinlich.

Hierher hat sie kommen müssen, wie ein geprügelter Hund aus dem eigenen Haus getrieben, um ihren Gefühlen Ausdruck zu verleihen. Sie schreibt an ihren Jugendfreund, den Geistlichen, dem sie sich in ihrem Leben immer anvertraut hat, wenn es anscheinend keinen Ausweg gab.

In Briefen, die nie abgeschickt werden.

Ingrid sieht auf die Uhr, die ihr Friedrich zum Geburtstag geschenkt hat. Schon fünf Uhr vorbei.

Sie beginnt zu schreiben. Gott, warum erlegst du mir fortwährend solche Prüfungen auf?

Stockt. Streicht den ersten Satz.

Beginnt von Neuem.

Seit Ende November bin ich wieder in Kairo bei meinem Mann und den Töchtern. Es gab vor und nach der Abreise meines Mannes sehr starke seelische Konflikte, die auch noch stärker wurden, als ich mich durch Zureden meiner erwachsenen Kinder – mein Sohn Kai studiert in Hamburg Musik – entschloß, nach Kairo zurückzureisen. Und nun gibt es auch hier in Kairo starke Belastungen unserer Ehe. Ich habe gekämpft, um sein Verstehen, seinen Schutz und seine Liebe. Mein Mann ist zu leichtgläubig: Auf der einen Seite denjenigen gegenüber, die ihm versichern, uns könne hier nichts geschehen – trotz schlimmer Vorfälle, über die ich nicht einmal dir berichten darf. Auf der anderen Seite unserer neuen Hausangestellten gegenüber.

Mein Mann liebt mich wohl und meint stets das Beste getan zu haben, auch in meinem Interesse. Und doch übersieht er meine Krankheit und auch mein Wesen an sich. Ich brauche Liebe und Anerkennung im Zusammenleben, aber auch Freiheit und völlige Offenheit. Ich fühle mich ständig kontrolliert durch unsere Hausangestellte, kritisiert und oft auch maßlos verletzt durch ihre krankhafte Ich-Bezogenheit, alles besser zu können und sich lieb Kind zu machen. Jede Bitte, jede Frage kann falsch ausgelegt werden und wird es auch. Ich bin voller Minderwertigkeitskomplexe und Angst.

Lauter Beifall aus der anderen Ecke stört Ingrid auf. Einer der Clubangestellten, ein zahnloser Alter, deutet mit seinem schmutzigen Finger zu ihr herüber. Macht man sich etwa auch hier schon über sie lustig? Schnell nimmt Ingrid den Stift zur Hand und schreibt weiter.

Sie hat viel zu viel Familienanschluß und erfährt zu viel. Da sich besonders mein Mann um sie kümmert, kann sie sich stundenlang bei ihm aussprechen, während sie mich von solchen Berichten ausschließt, ja ihn sogar bittet, mich dies und jenes nicht wissen zu lassen. Daraus ist eine Rivalität entstanden, wie sie unmöglich ist zwischen Hausfrau und Hausangestellter. Ich fühle mich an die Wand gedrückt in meinem eigenen Haus und wie fremd.

Entweder drehen sie das Radio immer lauter, oder der Präsident spricht mit immer lauterem Pathos. Und sie hängen an dem Kasten dort drüben, als würden sie am liebsten hineinkriechen. Plötzlich sehen alle wie auf Befehl zu ihr, zehn, fünfzehn Paar neugierige dunkle Augen.

Ingrid klappt den Block zu, fühlt sich ertappt, als habe sie etwas Verbotenes getan. Hektisch winkt sie dem Kellner, um ihren Tee zu bezahlen. Unerträglich langsam kommt er angeschlurft und sieht sie prüfend an.

»Die Rechnung, bitte.«

»Kommt sofort, Madam.«

Ingrid fühlt sich seinen Blicken ausgeliefert. Werden hier in Ägypten nicht alle Ausländer generell bespitzelt?

Kurzentschlossen legt sie einen Schein auf den Tisch, steht auf und verlässt den Club.

Hinter ihr her dröhnt die Stimme aus dem Radio.

»Der Sozialismus respektiert Religion, Familie und Recht. Genauso respektiert er das Recht der Familie und das bürgerliche Recht, das Recht des Bürgers in seinem Land, und das Recht des Bürgers am Wohlstand des Landes, das Recht auf wirtschaftliche Unabhängigkeit und Gerechtigkeit. Der Sozialismus toleriert keine Diskriminierung, er respektiert die Menschenwürde des Einzelnen.«

Friedrich Hellberg und seine Tochter, er im Anzug, sie in dem silbernen Rock mit passender Bluse, der seinerzeit nie zum Einsatz kam, stehen vor einer Tür im sechsten Stockwerk eines modernen Wohnhauses in Zamalek, nicht weit vom Gezirah Sports Club. Weswegen der Presseattaché der deutschen Botschaft sich wahrscheinlich für diese Adresse entschieden hat, vom direkten Nilblick mal ganz abgesehen.

Durch die Tür ist, wie auch schon unten aus der Nische des Portiers, von dem nichts zu sehen war, die Rede des Präsidenten zum Jahrestag des Sieges von 1956 zu hören.

»Sozialismus meint soziale Gerechtigkeit und das Ende der Ausbeutung: die politische, wirtschaftliche und gesellschaftliche Befreiung.«

»Ich glaube, die haben hier die ganze Etage gemietet«, flüstert Friedrich gerade seiner Tochter ins Ohr, als die Tür mit einem Ruck von innen aufgerissen wird.

»Herzlich willkommen!«, ruft der Hausherr, den Friedrich erst ein Mal zuvor gesehen hat. »Und entschuldigen Sie mich bitte. Mein Beruf zwingt mich, Nassers Rede zu Ende zu hören, bevor ich mich voll und ganz meinen Gästen widmen kann.«

»– die Zukunft und die Zeit werden niemals auf Israels Seite sein«, übertönt ihn der Genannte voller Inbrunst, »sondern auf der Seite der Araber!«

Er weist einen langen Flur entlang, der mit Teppichen ausgelegt ist. »Legen Sie einfach ab und gehen Sie schon durch. Meine Frau wird Sie mit dem Nötigsten versorgen.«

»Und diese Raketen, die wir produziert haben, entwickeln wir auch weiter!«, donnert Nassers Stimme durch den Flur.

»Hätten Sie etwas dagegen, wenn ich mithöre?«

Rita, die seit ein paar Wochen nach der Arbeit in einem stillen Winkel des Heliopolis Clubs mit Hani Arabisch lernt, möchte ihre Sprachkenntnisse testen. Und sich Hani näher fühlen, der bestimmt ebenfalls mit seinen Freunden vor einem Radio sitzt.

»Natürlich, wenn ein hübsches junges Fräulein wie Sie Interesse an solch langweiligen politischen Dingen hat.« Der Gastgeber hält ihr eine Tür auf und Rita tritt in sein Arbeitszimmer. Dreht sich nochmal um.

»Vati?«

»Geh nur!« Er winkt ihr zu.

Friedrich zieht sich den Mantel aus und hängt ihn an die bereits volle Garderobe. Überrascht von Ritas Ansinnen, sich ein bisschen verloren fühlend ohne eine Frau an seiner Seite, geht er durch den Flur.

Wie gewonnen, so zerronnen.

Froh und erleichtert war er, dass Rita ihn begleiten wollte. Mit Ingrid kann man in diesen Tagen nicht rechnen, und Brigitte hätte er ja schlecht bitten können, an seiner Seite zu diesem Weihnachtsempfang zu gehen. Friedrich fehlen die langen Gespräche mit seiner Ältesten im Garten der Villa. Seit ihrem Auftritt in seinem Arbeitszimmer, wo sie ihn ja quasi in flagranti mit Brigitte erwischt hat, reden sie kaum mehr als das Nötigste miteinander.

Zwischen den Jahren will er einmal in Ruhe mit ihr sprechen, das steht ganz oben auf seiner Liste. Über die Briefbombe im Raketenwerk. Auch über Brigitte. Bei einem Stück des herrlichen Kuchens von Groppi wird ihm das leichter fallen.

Die Frau des Gastgebers, ein von und zu, dessen Namen er sich einfach nicht merken kann, kommt ihm entgegen. »Willkommen, Herr –«

»Hellberg, Konstrukteur im Flugzeugwerk. Ich komme in Vertretung meines Abteilungsleiters, der über Weihnachten nach Deutschland zu seiner Familie geflogen ist. Er bittet ausdrücklich darum, Ihnen seine besten Grüße zu übermitteln.«

»Wir danken, Herr Hellberg. Darf ich Ihnen etwas zu trinken holen?«

Er tritt hinter ihr in ein großes Wohnzimmer mit einer durchgehenden Fensterfront und offenen Türen zu zwei Balkonen.

Die Frau folgt seinem Blick. »Wir hatten Glück. Der Besitzer hat beide Wohnungen auf der Etage zusammengelegt. So haben wir genug Platz für uns und die Bediensteten. Ein Bier?«

Friedrich nickt.

Der Raum besteht vor allem aus Couchgarnituren, dazwischen Tische mit üppigen Blumenarrangements. In einer Ecke thront, wahrhaftig, ein Flügel. Überall stehen Grüppchen beisammen, viele Herren kennt er aus dem Werk oder vom Sehen. Dazwischen ein paar Ägypter, diese jedoch ausnahmslos ohne weibliche Begleitung.

»Herr Hellberg, wir haben Sie vermisst! Hat Ihre Tochter etwa das Reiten aufgegeben, oder hat Ihnen die Aktentasche nicht gefallen?«

Mit einem entwaffnenden Lächeln kommt der Pferdezüchter auf ihn zugeeilt, in der Hand ein Glas Champagner. Seine beeindruckende Frau im Schlepptau.

»Nein, nein«, beeilt sich Friedrich zu versichern. »Die Tasche ist wundervoll, ich benutze sie jeden Tag.«

Er wäre gerne wieder dorthin gefahren. »Die Arbeit im Werk lässt mir kaum noch Freizeit.«

»Ach wirklich? Kommen Sie, setzen Sie sich zu uns und erzählen Sie. Ich verstehe zwar nichts von Flugzeugen –« Wolfgang Lotz winkt ihn zu einer Sitzgruppe zwischen den beiden Balkonen, von wo aus man den Raum bestens überblicken kann.

Der Attaché sitzt konzentriert vor dem Radio und macht sich Notizen. Gamal Abdel Nasser setzt zum letzten Akt seiner nun schon mehr als einstündigen Rede an.

»Die Herausforderung besteht darin, das Lehmhaus, das wir aus dem Zeitalter des Feudalismus geerbt haben, ein einfaches Bauernhaus, die Entfernung zwischen diesem Haus und dem Atomkraftwerk so schnell wie möglich zurückzulegen.«

Rita, ernüchtert davon, dass sie immer noch nur einen Bruchteil des Gesagten versteht, steht leise auf und geht hinaus. Ihr Vater wird sicher schon ungeduldig sein. Schließlich soll er bei diesem Empfang seinen Chef vertreten und war mächtig aufgeregt.

Sie tritt ins Wohnzimmer und wird, noch bevor sie einen weiteren Schritt tun kann, von einer üppigen Frau mit Turmfrisur abgefangen.

»Willkommen, Fräulein –«

»Rita Hellberg, ich bin mit meinem Vater gekommen.«

»Ach, der sitzt dort hinten und ist längst in Fachgespräche vertieft. Kommen Sie, ich führe Sie herum. Darf ich Sie Rita nennen?«

»Natürlich.«

Die Frau winkt einem Boy, der ein Tablett mit Gläsern herumreicht. »Nehmen Sie doch ein Glas Champagner, das erfrischt!«

Rita, die nicht besonders erpicht darauf ist, ihrem Vater bei dem schrecklichen Reitlehrer Gesellschaft zu leisten, nimmt sich ein Glas und folgt ihr nach draußen auf den Balkon.

»Na, ist das ein Ausblick?«

Das ist es, tatsächlich. Tief unter ihr umfließt der Nil die Insel. Am gegenüberliegenden Ufer leuchtet das Gras im Abendlicht, dahinter erstrecken sich Felder und Palmenhaine bis zu den Pyramiden.

Rita ärgert sich, dass sie Pünktchen ihren Fotoapparat ausgeliehen hat. Vertieft in das Panorama, nimmt sie kaum wahr, dass ihre Gastgeberin schon wieder davongeflattert ist, um die nächsten Gäste zu begrüßen. Sie beugt sich über das Balkongeländer, um das diesseitige Ufer zu sehen. Unten stehen die Limousinen aufgereiht. An einer lehnt, eine Zigarette rauchend, der unermüdliche Captain Diya. Er sieht zu ihr hoch und nickt zum Gruß.

Rita grüßt zurück. Mittlerweile hat sie sich an seinen Anblick gewöhnt. Schläft er eigentlich jemals, fragt sie sich. Hat er eine Frau, die auf ihn wartet? Kinder?

Rita nimmt aus dem Augenwinkel wahr, dass links neben ihr zwei Männer auf den anderen Balkon treten. Einer ist der Oberst von der Botschaft, den sie beim Twist-Wettbewerb kennengelernt hat. Er winkt herüber. Der Reitlehrer, der saß doch eben noch bei ihrem Vater, prostet ihr zu.

»Ein prachtvoller Abend, nicht wahr, Fräulein Hellberg?«

»Ist es wahr, Lotz«, hört Rita den Oberst fragen, »dass Sie in der 15. Panzerdivision unter Rommel gedient haben?«

Die Antwort des Pferdezüchters hört sie nicht, aber er wird wohl zugestimmt haben.

»Seltsam«, fährt der Oberst fort. »Ich war Stabsoffizier in der Division, kann mich aber gar nicht an Sie erinnern.«

Die Unterhaltung wird durch das neuerliche Erscheinen der Gastgeberin unterbrochen, die fragt, ob noch Getränke gewünscht werden.

Rita tritt ein und sieht ihren Vater in angeregter Unterhaltung mit der Frau von Lotz auf dem Sofa sitzen.

Es klingelt.

Auftritt: Ferdinand Brandner, ungekrönter König der Fabrik 135, gefolgt von seinen Abteilungsleitern, einer straff geführten Truppe.

»Der wohnt auch hier im Haus, ganz oben«, flüstert jemand.

Friedrich versteift sich. Die Probleme zwischen den rivalisierenden Ingenieuren aus den Fabriken 36 und 135, Flugzeughülle und Triebwerk, haben sich in den letzten Wochen verschärft. Und sein Chef ist nicht hier.

»Da ist Hellberg!« Einer der Neuankömmlinge hat schon ein Auge auf ihn geworfen. »Müsst ihr heute keine Überstunden machen?«

Wie gerufen erscheint Rita an seiner Seite.

»Na, wo hast du gesteckt, Tochter?«

Er will Rita in das Gespräch mit Frau Lotz einbeziehen, aber die ist verschwunden.

»Ich habe die Aussicht genossen.«

Friedrich beobachtet mit Sorge, wie sich die Spannung im Raum erhöht. Ein paar seiner Kollegen werfen ihm verzweifelte Blicke zu.

Wir sind unter Beschuss.

Die Brandner-Truppe ist auf Krawall gebürstet.

Nur gut, dass Peter Scholler nicht dabei ist. Das fehlte noch, dass er hier vor allen Leuten einen Streit mit Brigittes Vater vom Zaun bricht.

Kurzfristige Ablenkung entsteht durch den Gastgeber, der zwei neue Gäste mit hereinbringt.

Professor Wolfgang Pilz, ernster Gesichtsausdruck.

»Versuchen Sie, zu entspannen, Pilz. Trinken Sie ein Bier. Ich bin gleich für Sie da.« Pilz wird von seiner Frau übernommen, die beiden Gastgeber spielen ein perfektes Doppel.

Der andere Gast, den der Presseattaché freundlich mit Herr Kollege anredet, ist ein schmächtiger alter Mann mit spitzer Nase. Er sieht ein wenig verwirrt aus und sucht mit tief liegenden, flinken Augen den Raum ab, als müsse er sich absichern.

»Wer ist das denn, Vati?«, entfährt es Rita.

»Von Leers«, murmelt ihr Vater.

»Heil Hitler«, grüßt der alte Mann ungeniert in die Runde.

Johann von Leers, Doktor der Rechtswissenschaften, tritt 1926 ins Auswärtige Amt ein, um eine Diplomatenlaufbahn einzuschlagen. Sein offener Antisemitismus und seine Nähe zur NSDAP sind einer solchen Karriere zunächst jedoch abträglich.

Von Leers arbeitet eng mit dem späteren Propagandaminister Joseph Goebbels zusammen. Er schreibt für die Zeitung Der Angriff und gilt als begehrter Redner für Parteiversammlungen. Dort lässt er seinen Fantasien über einen universellen Kampf zwischen dem Weltjudentum und der arischen Rasse freien Lauf.

Mit Heinrich Himmler, dem Reichsführer SS, teilt von Leers das Interesse an agrarpolitischen Themen und einer Verherrlichung des Bauernstandes, der dem Diktat des internationalen jüdischen Börsenkapitals unterworfen sei.

Die Zeiten ändern sich, und seine ausgezeichneten Beziehungen bilden den Grundstein für eine glänzende akademische Karriere. Johann von Leers wird Professor für Geschichte auf rassischer Grundlage an der Universität Jena.

Täter.

Schreibtischtäter.

Nach Kriegsende taucht er unter, lebt unter falschem Namen. Ausreise nach Argentinien.

An Weggefährten mangelt es ihm in Buenos Aires nicht, darunter der später in Israel zum Tode verurteilte Adolf Eichmann. Johann von Leers sitzt wieder am Schreibtisch. Er schreibt antisemitische Artikel für die Zeitschrift Der Weg.

Sturz des argentinischen Diktators Peron. Umzug nach Ägypten. Konvertierung zum Islam. Johann von Leers sitzt wieder am Schreibtisch. »Unser Platz, als eine unterdrückte Nation unter dem grässlichen, vom Westen kolonisierten Bonner Regime, muss an der Seite des arabischen nationalen Aufstands gegen den Westen sein.«

Er schreibt antisemitische Hetzartikel für die Zeitschrift Der Quell.

Er schreibt für den Bundesnachrichtendienst, der ihn von 1957 bis 1959 und ab 1961 als Mitarbeiter führt, wenn auch die fehlende Ergiebigkeit der Quelle moniert wird.

»Heil Hitler«, grüßt der alte Mann nochmals in die Runde.

»Wie schön, Sie zu sehen, Herr von Leers!« Das ist Lotz, der Rita zunehmend unsympathischer wird. »Darf ich Ihnen etwas zu trinken holen?«

»Mein Arzt hat mir geraten –« setzt der alte Mann an, doch Lotz unterbricht ihn.

»Der braucht ja nichts davon zu erfahren!«

Der Abend schreitet fort.

Der Alkohol fließt in Strömen.

Einer setzt sich an den Flügel.

Unsere Fahne flattert uns voran.

In die Zukunft ziehen wir Mann für Mann

Viele der Anwesenden singen mit. Summen mit. Vatis Augen leuchten, denkt Rita. Und sie spürt, dass auch er einst jung war. Ein junger Mann mit einem Traum vom Fliegen.

Die Melodie wechselt übergangslos zum Fliegerlied.

Der am Klavier trinkt jetzt aus der Flasche.

Rita guckt sich um. Lotz ist verschwunden. Ebenso der kranke alte Mann. Neugierig steht sie auf, sammelt als Vorwand ein paar leere Gläser ein und macht sich auf die Suche. In der Küche stehen die beiden Boys herum, denen schon die Augen zufallen trotz des Lärms aus dem Wohnzimmer. Leise stellt Rita die Gläser ab und geht weiter durch den langen Flur.

In dem Arbeitszimmer, in dem sie vorhin war, sitzen Professor Pilz und der Presseattaché.

»– wegen der Nachrichtensperre der Ägypter«, sagt der Attaché gerade. »Aber vielleicht können wir sie überzeugen, einen Verbindungsmann zum Bundesnachrichtendienst zu akzeptieren.«

»Ich wüsste da jemanden. Einen Freund.« Das ist Pilz.

»An wen denken Sie?«

»Einen Reporter vom stern –«

Die Tür wird von innen geschlossen.

Rita geht weiter. Zur Not kann sie immer sagen, sie habe nach der Toilette gesucht.

Noch eine Tür.

»Ich erinnere mich sehr gut an Sie, Herr Obersturmbannführer.« Das ist die zittrige Stimme des alten Mannes.

»Wirklich? Das freut mich.« Lotz.

»Sind wir uns nicht auf einer Konferenz am Wannsee begegnet, gegen Kriegsende? Sie sahen sehr gut aus in der Uniform des Obersturmbannführers. Ich bin froh, dass Sie einer der Unsrigen sind –«

Rita hat genug gehört.

Dieser Wolfgang Lotz ist ein richtiger Nazi. Kein Wunder, so wie der Pünktchen behandelt hat.

Als sie zurück ins Wohnzimmer kommt, singt niemand mehr.

Stattdessen brüllen sie sich an.

»Sprit in den Rumpfraum!« Brandner steht direkt vor ihrem Vater, hochroter Kopf. »Durch dieses bisschen Platz müssen die

Leitungen und das Gestänge für die Triebwerksbedienung durch. und Sie wollen da Sprit reinfüllen?«

»Auf der letzten Konferenz –«, setzt ihr Vater an, doch weiter kommt er nicht.

»Konferenzen, so ein Quatsch. In meiner Fabrik gibt es keine Konferenzen. Da bestimmt nur einer, und zwar ich. Der Herr Messerschmitt hat seine Leute nicht im Griff!«

Triumphierend sieht er sich um.

»Aber, aber, meine Herren, mäßigen Sie sich.« Der Gastgeber ist wieder da. »Ich habe hier einen späten Gast mitgebracht. Doktor Eisele brauche ich den meisten Anwesenden wohl kaum vorzustellen.«

Interessiert betrachtet Rita den groß gewachsenen Mann im Fischgrätanzug. Die Haare an der Seite gescheitelt, nur an den Schläfen etwas grau. Dunkle, ein wenig schwermütige Augen.

Friedrich Hellberg wendet sich dankbar dem Doktor zu, er hat genug von den Streitereien. »Doktor Eisele, darf ich Ihnen meine Tochter Rita vorstellen?«

Nicht unsympathisch, denkt Rita, die den Arzt ihrer Eltern heute zum ersten Mal trifft.

»Fräulein Rita.« Er deutet auf altmodische Weise einen Handkuss an. »Wie kann es sein, dass wir uns erst jetzt begegnen?«

»Ich war, seit ich hier bin, noch keinen Tag krank«, stellt Rita zu ihrem eigenen Erstaunen fest.

»Beneidenswert«, antwortet der Arzt und erkundigt sich nach dem Befinden ihrer Mutter. Das zu beschreiben, überlässt Rita lieber ihrem Vater.

Sie tritt noch einmal hinaus auf den Balkon, wo es mittlerweile dunkel geworden ist. Die Lichtshow bei den Pyramiden ist in vollem Gange. Tief unten fließt schwarz der Nil. Rita kann nicht erkennen, ob Captain Diya immer noch auf seinem Posten ausharrt.

»Ein so schönes Mädchen, und ganz allein hier draußen?«

Ausgerechnet! Dieser Lotz scheint überall gleichzeitig zu sein. Rita kann nicht an ihm vorbei.

»Was ist los mit Ihnen, Sie haben doch nicht etwa Angst vor mir?«

Sie schüttelt den Kopf.

»Dann lassen Sie uns auf diesen wundervollen Abend anstoßen!« Er winkt einem Kellner.

Dem Pferdezüchter Wolfgang Lotz ist nach Feiern zumute. Johann von Leers hat ihm soeben dank einer Verwechslung eine perfekte Legende geliefert, die er von nun an nicht einmal mehr selbst verbreiten muss. Wenn man ihn für einen unter Decknamen lebenden SS-Mann hält, schafft das gleichermaßen Vertrauen bei den Deutschen wie bei den Ägyptern, die er aushorchen soll. Die monatlichen Abrechnungen, die er dem israelischen Geheimdienst Mossad schicken muss, werden immer höher. Dafür muss er gute Ergebnisse liefern. Hinter den verschlossenen Türen des Mossad wird er bereits der Champagnerspion genannt.

Handbuch für Spione von Wolfgang Lotz.

Was – so wird der Leser mit Recht fragen – gibt Wolfgang Lotz, alias Major (i. R.) Zeev Gur-Arieh den Mut bzw. die Frechheit, ein Handbuch oder Nachschlagewerk über Spionage herauszugeben als Anleitung für zukünftige Generationen von Geheimdienstlern? Was qualifiziert ihn dazu?

Gute Frage. Die Antwort: viel praktische Erfahrung. Über zehn Jahre lang war ich Geheimagent – oder Spion, wenn Sie den Ausdruck vorziehen. Als Agent des israelischen Geheimdienstes unter der Tarnung eines wohlhabenden Pferdezüchters mit leicht unappetitlicher Nazi-Vergangenheit operierte ich im damaligen Feindgebiet Ägypten.

Selbst die Ägypter bescheinigten mir außerordentliche Erfolge. Reporter und Journalisten der Weltpresse behaupteten einstimmig, ich wäre der erfolgreichste Geheimagent gewesen, der je im Mittleren Osten zum Einsatz kam. Und – in aller Bescheidenheit sei es gesagt – wer bin ich schon, um den Weisen der Weltpresse zu widersprechen?

»Eben war es einundzwanzig Uhr dreißig mitteleuropäischer Zeit. Hier ist Kairo, ein Sender der Vereinigten Arabischen Republik, auf Kurzwelle einunddreißig Komma sechs Megaband bei neuntausendfünfundsiebzig Kilowatt und fünfundzwanzig Komma achtzehn bei elftausendneunhundertfünf begrüßen wir Sie zu diesem Programm auf deutscher Sprache.«

»Mann, Johnny! Was ist das für ein kaputtes Rauschen!« Kai steckt den Kopf zur Küchentür hinein. »Kannst du überhaupt irgendwas hören?«

»Klar!« Johnny sitzt am Küchentisch, das Kofferradio ganz nah am Ohr, Stift in der Hand. »Das ist mein Beruf. Ich muss informiert sein. Koste es, was es wolle.«

Kai grinst und macht die Tür zu. Er verzieht sich in sein Zimmer und greift in die Aktentasche für die Uni. Er hat eine neue Mappe angefangen, eine grüne, mit den Unterlagen der DIS. Grün ist die Farbe der Hoffnung, und allein nach diesem Prinzip existiert die Hamburger deutsch-israelische Studiengruppe. Von Gruppe kann kaum die Rede sein, es sind eigentlich nur zwei Leute, die sich alle vierzehn Tage dienstagabends treffen. Joachim, Theologie und Englisch, von der Kirchlichen Hochschule Berlin nach Hamburg gewechselt. Ein Hundertprozentiger, denkt Kai schon beim ersten Treffen. Der weiß immer genau, was richtig ist. Seine Überschwänglichkeit, was alles Jüdische angeht, mag andere mitreißen, doch Kai liegt das nicht. Joachim war schon mehrere Male in Israel und unterhält dort Brieffreundschaften.

Isabell dagegen gefällt Kai von Anfang an. Ein kluges Mädchen, das voller neugieriger Fragen steckt, die ständig aus ihr heraussprudeln. Sie hat ein ansteckendes Lachen.

Die beiden können sich nicht gut leiden, was die Aktivitäten der Hamburger Gruppe im letzten Sommersemester auf quasi null reduziert und vermutlich auch weitere Mitglieder in die Flucht getrieben hat, sollte es sie denn je gegeben haben. Seit Kai dabei ist, scheint wieder neuer Enthusiasmus zu gedeihen. Ein gutes Zeichen.

Er geht zu seiner Plattensammlung und zieht den Soundtrack des Films Fahrstuhl zum Schafott von Miles Davis heraus. Eine Platte, die ihn gleichzeitig anregt und beruhigt.

Kai öffnet die grüne Mappe.

1) Zwei Hefte der Zeitschrift DISkussion.

2) Satzung des Bundesverbandes deutsch-israelischer Studiengruppen mit aktuellen Änderungen der Mitgliederversammlung vom November 1962.

3) Entwurf für ein Grundsatzprogramm von der Studiengruppe München.

Ziel und Aufgabe

Die DIS ist eine Vereinigung deutscher Studenten mit konkreter politischer Zielsetzung. Ihre Aufgaben sieht die DIS im Kampf gegen rassische Vorurteile und totalitäre Bestrebungen, die als Ursachen der historischen und gegenwärtigen Tragödie des deutschen und jüdischen Volkes anzusehen sind.

Menschliche Beziehungen und persönliche Gespräche sind die besten Mittel zur Überwindung von Vorurteilen und Haß.

Kai seufzt. Soll er wirklich nach Israel fahren?

Die bevorstehende Reise, die der BDIS seinen Mitgliedern in ganz Deutschland anbietet, besteht aus zwei Teilen.

Vier Wochen Mitarbeit im Kibbuz.

Drei Wochen Rundreise.

Gespräche mit Studentenvertretern, Journalisten und Mitgliedern der politischen Parteien der Knesset.

Diese Entscheidung zu treffen, bedeutet mehr, als nur gegen den Vater zu rebellieren.

Niemand hat gesagt, dass es leicht wird.

Sagt Isabell.

Isabell.

Fährt auch mit.

Die Musik gibt ihm Mut und Kraft.

Kai lehnt sich zurück und schließt die Augen.

Erst als die Nadel auf die Auslaufrille trifft, steht er auf. Packt seine Hefte zusammen. Nimmt die Platte vom Teller, schiebt sie zurück in die Hülle und sortiert sie wieder ein.

Er horcht an der Küchentür.

Stille.

Leise öffnet er die Tür.

Johnny sitzt einfach da, über seine Notizen gebeugt, und starrt in die Luft.

»Und was sagt der Präsident heute?«, fragt Kai.

Johnny sieht nicht auf. Leise beginnt er, aus seinen Notizen zu lesen.

»Es wird gearbeitet, am Aufbau des Sozialismus, am Aufbau der sozialen Gerechtigkeit, an der Erschaffung einer Gesellschaft, die sich an Religion und Moral hält. Eine ehrbare Gesellschaft, in der Chancengleichheit herrscht. Dieses Volk, das diese Zivilisation hervorgebracht hat, die Geschichte hervorgebracht hat, wird auch die Zukunft bauen, mit Gottes Hilfe. Gottes Segen sei mit euch.«

Johnny schließt seinen Block und sieht auf.

»Amen.« Kai lehnt in der Tür. »Fröhliche Weihnachten.«

»Gehen wir auf den Kiez?«, fragt Johnny und steht auf.

»Nur wenn wir wetten.« Kai gibt den Weg nach draußen noch nicht frei. »Wie viele Weihnachtsmänner?«

»Oh nein, nicht die schon wieder.« Johnny versucht, Kai zur Seite zu schieben. Doch der gibt nicht nach.

»Komm mir bloß nicht zu nahe, Kai Hellberg«, murmelt Johnny. »Sonst könntest du es später bereuen.«

»Wie viele?« Kai weicht keinen Zentimeter zurück.

»Drei«, sagt Johnny. »Drei verdammte, besoffene Weihnachtsmänner auf Sankt Pauli.«

»Ich tippe auf fünf«, sagt Kai und gibt endlich den Weg frei. »Die Wette gilt.«

Foto, schwarz-weiß (Doppelbelichtung durch
Transportfehler in der Kamera):
Rita und Hani sitzen nebeneinander in Korbstühlen auf einer
Terrasse, die in einer Baumreihe endet, im Hintergrund ein
See; darüber verwirbelte, transparente weiße Schlieren, so
dass die Personen kaum zu erkennen sind.
Bildunterschrift: Die Gestrandeten von El-Fayoum,
Dezember 1962

»Das Beweisfoto«, meint Sonya spöttisch und reicht die Kamera
über den Tisch zurück an Rita. »Die Gesuchten befinden sich bei
bester Gesundheit an einem geheimen Ort in Krokodilopolis.«

Rita macht noch ein Foto von Sonya, die vor der Kulisse des alten Jagdschlosses so wirkt, als sei sie einem der Filmplakate entstiegen, die über der Rezeption hängen. Die Terrasse des Hotels
Auberge du Lac ist ziemlich leer, obwohl es ein Freitag ist.

Freitag nach Weihnachten.

Das Weihnachten der Experten allerdings nur, denn die
koptischen Christen, wie Rita neuerdings weiß, feiern das Fest
erst Anfang Januar. Hingegen fällt in diesem Jahr Mohammeds
Himmelfahrt, eine der fünf heiligen Nächte des Islam, auf den
vierundzwanzigsten Dezember. Und in Maadi brennen hier und
dort achtarmige Leuchter in den Fenstern, denn die Juden feiern
das Chanukka-Fest. Rita nennt das für sich den herrlichen ägyptischen Mischmasch.

»Krokodilopolis«, wiederholt sie spöttisch, »ihr wollt mich
wohl auf den Arm nehmen?« Vielmehr möchte sie das sagen,
aber ihr fällt der englische Ausdruck nicht ein.

Irgendein anderes Körperteil.

»Pull your leg?«, fragt Hani grinsend und streicht Rita sanft
über die Wange. »Niemals würden wir das tun, oder, Schwester?«

Der nubische Kellner in einer Art weißem Kleid mit breitem roten Gürtel und schwarzem Fez erscheint, um das Frühstücksgeschirr abzuräumen. Gefolgt von Sonyas Mann Raouf, der aussieht, als käme er gerade vom Golfspielen, wenn man mal von den ölverschmierten Händen absieht, die er energisch mit einem Papiertuch bearbeitet.

»Irgendein Witzbold hat wohl gestern an der Benzinpumpe herumgefummelt«, brummt er. »Jetzt läuft er wieder.«

»Wenn ich meinen Bruder nicht besser kennen würde, hätte ich Verdacht geschöpft«, sagt Sonya und nimmt Raouf das Tuch ab, um es mit Wasser anzufeuchten und dann ihrerseits an seiner Hand herumzurubbeln, als wären sie seit Jahrzehnten miteinander verheiratet. »Aber Hani ist so unverbesserlich ehrlich.«

Im Gegensatz zu mir, denkt Rita triumphierend.

Ich bin ein hinterlistiges Biest.

Wie heißt es noch gleich im Spionagejargon?

Mission erfüllt. Erfolgreicher Abschluss eines vierstufigen Plans.

Stufe eins: Verschaffe dir einen Vorteil.

Auf der Rückfahrt vom Weihnachtsempfang bei dem Mann von der Botschaft bedankt sich ihr Vater ungewohnt herzlich dafür, dass sie ihn begleitet hat. So groß ist seine Dankbarkeit, dass er eine Einladung zu Groppi in Aussicht stellt. Rita nutzt die Gunst der Stunde.

»Vati, ein Kollege aus dem Werk würde morgen Nachmittag kurz vorbeikommen, um mir ein Buch zu bringen. Ich lerne Arabisch, weißt du.«

Überrascht sieht er sie an. »Arabisch? Warum das denn?«

»Fahren Sie bitte etwas langsamer«, sagt Rita auf Arabisch in Richtung des Taxifahrers.

Der nickt und drosselt das halsbrecherische Tempo, mit dem er die Corniche in Richtung Süden herunterdonnert.

»Darum«, sagt Rita, jetzt wieder auf Deutsch.

»Ich bin beeindruckt.« Friedrich ist, wenn er ehrlich ist, neidisch. Jung müsste man sein. Und nicht immerzu so müde und abgeschlagen. »Aber muss dein Arabischlehrer ausgerechnet am Heiligen Abend vorbeikommen?«

»Für die Ägypter ist es ein ganz normaler Arbeitstag«, sagt Rita. Nur die Experten haben einen Tag Sonderurlaub. »Und er ist Kopte. Sein Weihnachten ist erst in zwei Wochen.«

»Na gut«, murmelt Friedrich, dem schon die Augen zufallen. »Aber wir können ihn nur für einen Moment hereinbitten. Sonst gerät deine Mutter mit ihrer Weihnachtsplanung durcheinander.«

Und so fährt der Motorroller am Heiligabend offiziell vor der Villa in Maadi vor. Pünktchen muss schon oben am Fenster Wache geschoben haben, denn sie ist noch vor Rita an der Haustür.

»Petra, komm sofort wieder rein«, ruft Ingrid sie mit schriller Stimme zurück. Pünktchen zieht die Schultern hoch und verschwindet nach oben. Offenbar wird sie auf ihr Zimmer verwiesen, denn für die Dauer von Hanis Besuch bleibt sie unsichtbar.

Auf Ritas ausdrückliche Bitte hat Hani ihr den Roman Die Kinder unseres Viertels von Nagib Mahfus mitgebracht, natürlich auf Arabisch. Für alle gut sichtbar trägt sie das Buch vor sich her bis ins Wohnzimmer. Friedrich und Ingrid Hellberg stehen dicht nebeneinander vor dem mit falschem Raureif geschmückten falschen Weihnachtsbaum, der in diesem Jahr noch gespenstischer aussieht als im vorigen.

Rita bemerkt zu ihrer Verwunderung, dass ihre Mutter die Haare frisch frisiert und sogar etwas Schminke aufgelegt hat. Plötzlich wird ihr bewusst, wie selten sie Gäste haben. Es ist ein Jammer.

Die Konversation verläuft stockend.

Das Englisch ihrer Mutter ist grausig.

Rita wird kurzzeitig nervös.

»Gibst du mir eine Cleopatra?«, bittet sie Hani.

»Ich glaube nicht«, antwortet er mit einem Seitenblick auf ihre Eltern.

»Warum nicht?«

»Du solltest nicht rauchen«, sagt Hani. »Es ist ungesund.«

»Du rauchst doch auch?«

»Das ist etwas anderes.«

Ihre Eltern sehen von einem zum anderen, als wären sie Zuschauer eines Ping-Pong-Spiels.

»Warum?«, fragt Rita.

»Ich bin ein Mann.« Hani ist der Gesprächsverlauf sichtlich unangenehm. »Ich muss rauchen, wenn ich nachdenke.«

»Und woran arbeiten Sie, junger Mann?«, fragt Friedrich dazwischen.

»Heißt das, ich muss nicht nachdenken?« Rita lässt nicht locker. »Das darf er nicht sagen, Vati, oder?«

»Natürlich denkst du nach«, gibt Hani irritiert zu. »Aber nicht so.«

»Wie denn? Glaubst du, eine Frau kann nicht arbeiten, wenn sie will?«

»In Deutschland haben Männer und Frauen jetzt die gleichen Rechte«, pflichtet Friedrich seiner Tochter bei.

»Aber wir sind hier in Ägypten«, wendet Hani ein, der sich unerwartet in der Defensive sieht.

Da schaltet sich Ingrid ein. »In Amerika ist es andersherum. Der Mann muss die Hausarbeit machen, sich um die Kinder kümmern. Und die Frauen rauchen, gehen ins Kino und reden den ganzen Tag mit ihren Freundinnen.«

»Dort regieren die Frauenclubs«, brummt Friedrich. »In Deutschland heißt es eher: Miteinander durch dick und dünn, in guten wie in schlechten Zeiten. Ist der Mann krank, arbeitet eben die Frau.«

Ingrid wirft ihm einen scharfen Blick zu.

Rita geht skrupellos dazu über, Stufe zwei einzuleiten.

»Ich würde gern einmal eine ägyptische Familie besuchen«, sagt sie einlenkend. »Vielleicht werde ich ja eines Besseren belehrt.«

»Du bist jederzeit willkommen in unserem Haus.« Hani ist zu gut erzogen, um nicht den Gesetzen der Gastfreundschaft zu gehorchen. »Sie alle natürlich.«

»Oh, ja!« Rita tut so, als würde sie sich für den Plan erwärmen. »Gleich morgen?«

»Du weißt, dass wir morgen Abend in die Messe gehen«, sagt ihr Vater.

»Ich nicht.« Rita sieht zu Hani, der langsam kapiert, was sich vor seinen Augen abspielt.

»Rita kann gerne zu uns kommen. Ich lebe mit meinen Eltern und Großeltern sowie meiner Schwester in einem Haus. Ihr kann nichts passieren.«

Er lacht sein unbeschreiblich schönes Lachen.

Das Eis ist gebrochen.

»Wenn Sie sie um Punkt zehn nach Hause bringen«, entgegnet Friedrich schwach.

Stufe zwei: Wiege den Gegner in Sicherheit.

Auch wenn er nur Mittel zum Zweck sein soll, ist Rita vor dem Besuch bei Hanis Familie schrecklich aufgeregt. Besonders, als sie aus Husseyns klappriger Kiste steigt und feststellt, dass die Villa wirklich einen ganzen Straßenblock einnimmt.

»Ich warte hier.« Husseyn gähnt und steckt sich eine Zigarette an.

»Jemand fährt mich nach Hause«, sagt Rita auf Arabisch. »Fahr zu deiner Familie. Ich verrate Captain Diya nichts.« Husseyn sieht sie zweifelnd an, aber die Müdigkeit siegt. Scheppernd zieht er von dannen.

Ritas Herz klopft.

Bin ich zu fein angezogen? Oder nicht gut genug?

Zu altmodisch? Zu neumodisch? Zu burschikos? Zu bieder?

Los jetzt.

Sie klingelt.

Ein Hausmädchen öffnet. »Wen darf ich anmelden?«

Zehn Minuten später sitzt sie in einem Salon mit Blick auf

einen Garten mit alten Bäumen und prächtigen Sträuchern, dazwischen akkurat gestutzter Rasen und ein Springbrunnen aus hellem Stein.

Ein Diener reicht Süßigkeiten herum, die wie Sahne auf der Zunge schmelzen.

Rita zählt über zwanzig Personen im Raum, darunter ein paar Kinder, die mit zusammengesteckten Köpfen etwas abseits hocken und sich flüsternd unterhalten.

Ich hätte Pünktchen mitnehmen sollen, denkt Rita.

Wieder mal.

Rabenschwester.

Egoistin.

Die Giftpfeile ihrer Mutter treffen ins Ziel und bleiben stecken.

Rita sitzt zwischen Hani und Sonya, daneben Raouf.

Hanis Eltern. Wie aus einem Magazin: Modern. Sportlich. Weltgewandt.

»Wir sind beide auf dem Victoria College gewesen, er in Kairo, ich in Alexandria.«

Der Vater ist Chirurg.

Man legt Wert auf einen gesunden Lebensstil.

»Spielen Sie Tennis, Rita?«

»Nein, leider nicht.«

»Wie schade.«

Hanis Großeltern, väterlicherseits.

»Sie haben ein großes Stück Land in Oberägypten. Als Kinder durften wir bei der Baumwollernte helfen. Nur zum Spaß natürlich.« Sonya.

»Natürlich. Die harte Arbeit überlassen wir von jeher den anderen.« Hani.

»Enteignungen sind keine Lösung.« Raouf. »Sie haben viel für das Land getan. Nasser lässt es verkommen.«

»Als Anwalt verdienst du doch gut daran.« Hani. »Raouf vertritt viele der Großgrundbesitzer.«

Es summt in Ritas Kopf. Arabisch. Englisch. Französisch.

Ein italienischer Architekt. Mit Gattin.

Ein Schweizer Bankier. Mit Gattin.

Hanis Onkel, ein erfolgreicher Geschäftsmann.

»Ich empfehle euch, Aktien zu kaufen. Amerikanische.«

»Und wenn es wieder einen Börsencrash gibt?«

»Wir haben unsere Köpfe. Wir müssen zukünftig auf Bildung setzen.«

»Was sagen Sie dazu, Fräulein Rita?«

»Das deutsche Wirtschaftswunder spricht doch für sich.«

»Was sagen Sie dazu, Fräulein Rita?«

»Jetzt lasst sie doch mal in Ruhe.« Sonya.

»In Deutschland sind Männer und Frauen gleich.« Hani.

»Das gefällt mir.« Hanis Mutter. »Erzählen Sie doch mal, Rita.«

»Gott schütze uns.« Hanis Vater. Augenzwinkern. »Wie unromantisch.«

Allgemeines Gelächter.

»Man muss ja den Europäern nicht alles nachmachen.« Raouf.

Das Gespräch wandert weiter.

Der Staudamm von Assuan.

Der Suezkanal.

Der Anfang allen Übels. Verstaatlichung. Sowjetischer Einfluss.

Sehe ich anders.

Natürlich. Hani, unser Salon-Kommunist.

»Psst, seid leise.«

Ein Diener reicht Süßigkeiten herum.

Stille.

»Wir vermuten, er ist ein Spitzel.« Hani, auf Deutsch.

»Früher waren die Hausangestellten ausschließlich Leute aus unserem Dorf in Oberägypten, müssen Sie wissen, Rita.« Die Großmutter.

Die Zeit vergeht wie im Flug.

»Waren Sie schon in Alexandria, Fräulein Rita?«

»Ismailia?«

»Luxor?«

»Assuan?«

»El-Fayoum?«

»Meine Mutter reist nicht gern.« Rita. »Ich würde sehr gerne mal nach Fayoum. Ich war noch nie in einer Oase.«

Hervorragendes Weinanbaugebiet.

»Wussten Sie das, Fräulein Rita?«

Auberge du Lac. Churchill.

Wie hieß noch der Film mit Salah Zulficar?

Jemand sieht lieber amerikanische Filme.

Doris Day.

»Was mögen Sie für Filme, Fräulein Rita?«

»Frühstück bei Tiffany.«

»Machen wir doch einen Ausflug und zeigen Rita Fayoum.« Sonya.

Am Freitag?

Abgemacht.

Na endlich. Die Vorlage für –

Stufe drei: Täusche höhere Gewalt vor.

Ritas Mutter versucht bis zum Schluss, ihr berühmtes Veto einzulegen. »Du kannst sie doch nicht mit diesen wildfremden Leuten –«

»Ingrid, wir haben ihn doch kennengelernt.« Friedrich kann es nicht leiden, wenn einmal getroffene Entscheidungen ständig wieder in Frage gestellt werden. »Die ägyptischen Ingenieure stammen durchweg aus guten Familien. Hanis Schwester ist auch dabei.«

»Dann nimm wenigstens du auch deine Schwester mit.«

»Ich will gar nicht.« Pünktchen ist für diesen Fall, den Rita ebenfalls bedacht hat, bereits instruiert. Bestochen mit dem Versprechen, bei Sednaoui das entzückendste Puppengeschirr der Welt für ihr Äffchen zu kaufen, und zwar ungeachtet des Preises. »Cleo wird im Moment von der Milchflasche entwöhnt. Ich muss ihr Haferbrei kochen.«

Die letzten Zweifel schwinden, als Hani, Sonya und Raouf in dessen Mercedes vorfahren.

»Ein Hundertneunziger SL.« Friedrich pfeift anerkennend. »Da würde ich auch nicht nein sagen.«

»Vati! Wenn Hans Albers dich hört!«, ruft Pünktchen.

Hoffentlich sieht der Mercedes unter der Haube nicht anders aus als der Sportwagen von Max, denkt Rita.

Der Wagen schnurrt an den Pyramiden vorbei auf die Straße nach Alexandria, dann geht es links ab. Kurze Zeit später fahren sie auf einer Sandpiste mitten durch die Wüste.

»Die sehen ja aus wie Pilze!« Rita deutet auf eine Gruppe von Gesteinsformationen, die im Sand neben der Piste stehen und liegen, als hätte ein gewaltiger Riese damit Kegeln gespielt.

»Wir sind als Kinder immer da raufgeklettert, weißt du noch, Sonya?«

»Halt mal an, Liebling.« Schon ist Sonya aus dem Auto und auf dem Weg nach oben, mit Pumps und allem.

Hani springt aus dem Auto. »Ich hol dich ein!«

Rita sieht zu Raouf, der ihr aufmunternd zunickt. »Wenn du bei der Hitze unbedingt Sport machen willst, tu dir keinen Zwang an!«

Hani und Sonya sitzen bereits oben auf einem der Felsen. Rita sucht nach einer Lücke im Stein und stellt ihren Fuß hinein.

»Los, komm, ich helfe dir hoch.« Hanis Hand erscheint über dem Rand.

Rita greift zu. Es fährt ihr in den Arm wie ein elektrischer Stromschlag. Auch Hani muss das gespürt haben. Er zieht sie kurz in seine Arme und drückt sie an sich.

Dich kriege ich, denkt Rita. Heute Nacht.

Raouf erscheint unten und macht ein Foto. »Ihr seht aus, als säßet ihr auf einem versteinerten Atompilz«, sagt er. »Die letzten Überlebenden der Menschheit.«

»Stellt euch vor«, sagt Sonya. »Die Erde ist verseucht. Wir haben nur noch wenige Tage zu leben. Was würdet ihr machen?«

»Wenn es nach unserem Präsidenten geht, sieht bald ganz Israel so aus.« Hani wird ernst. »Habt ihr die Rede von Port Said gehört?«

Raouf nickt. »Sich mit Israel anlegen, heißt, sich mit den USA anzulegen. Das ist der falsche Weg. Und deine russischen Freunde warten mit offenen Armen.«

»Hört auf, über Politik zu reden.« Sonya zieht ihre dünne Strickjacke enger um sich, trotz der Hitze.

»Das sind nicht meine Freunde!« Hani lässt sich direkt von oben in den Sand fallen und breitet die Arme aus.

Rita springt hinein.

121. Memorandum of Conversation. Palm Beach, Florida, December 27th, 1962, 10 a. m.

SUBJECT:

Conversation with Israel Foreign Minister Meir.

PARTICIPANTS:

The President

Foreign Minister Golda Meir of Israel

Mit allem Respekt für Ägypten, sagte Frau Meir, glaube sie, dass Israel jede Form von Bereitschaft gezeigt hat, mit der ägyptischen Führung über die gemeinsamen Probleme zu reden. Sie selbst habe es wiederholt versucht. Bisher ohne Ergebnis.

Dann gäbe es noch die Frage der Aufrüstung in den arabischen Ländern, speziell in Ägypten.

Israel weiß, dass die Ägypter neuerdings viele Waffen von den Sowjets bekommen, insbesondere seit Beginn des Jemen-Krieges.

Israel weiß, dass Ägypten mit deutscher Hilfe seit 1960 Boden-Boden-Raketen baut.

Nun hat man in Israel erfahren, und das war vor ein oder zwei Monaten noch nicht bekannt, dass die Ägypter Vorbereitungen zur Herstellung von Kernwaffen treffen. Die Sprengköpfe werden mit Material gefüllt, das das Land über etliche Jahre verseuchen würde.

Dies, fuhr Frau Meir fort, sei das Leben des israelischen Volkes. Die Israelis seien weder ängstliche noch panische Menschen, aber sie seien sich ihrer Sicherheitsprobleme sehr bewusst.

Medinet El-Fayoum ist eine grüne Stadt inmitten der Wüste, durchzogen von einem Fluss. Sie spazieren den Uferweg entlang, beschließen, ein einfaches Mittagessen zu sich zu nehmen.

Wo, wenn nicht hier, denkt Rita. Die anderen glauben, sie sei auf der Toilette. Sie baut sicher und schnell das Relais der Benzinpumpe aus, wie sie es von Max gelernt hat, der so seinen Sportwagen auf unbewachten Parkplätzen vor Diebstahl schützt.

Der Mercedes springt nicht an.

»Das gibt's doch nicht!« Raouf dreht wieder und wieder den Zündschlüssel um. »Das hat er noch nie gemacht.«

»Irgendwann ist immer das erste Mal«, bemerkt Hani nüchtern von hinten.

Raouf steigt aus und öffnet die Motorhaube. Ratlos blickt er hinein. Paragrafen sind offenbar eher seine Sache als Motoren.

»Soll ich mal gucken?« Hani ist die Schwachstelle in Ritas Plan. Er ist schließlich Ingenieur. Auf der anderen Seite sind Autos und Raketen nicht dasselbe.

Hani steigt aus und stellt sich neben Raouf.

Die Rettung kommt in Form eines Polizeijeeps, der in einer Staubwolke neben ihnen zum Stehen kommt.

Der Polizist hat offenbar aus Kairo die Instruktion erhalten, von wichtigen Stellen, wie er mehrfach betont, ein Auge auf den Mercedes und seine Insassen zu haben. Danke, Captain Diya!, denkt Rita. Wer hätte gedacht, dass sie ihm je dankbar sein würde.

Offenbar ist die Langeweile des Polizisten in der Wüstenoase so groß, dass er jede Unterbrechung seiner Routine begrüßt. In Nullkommanichts hat er ein paar Leute zusammengetrommelt, die den Wagen auf den Hof der Polizeiwache schieben, wo er erst einmal sicher ist. Den Automechaniker könne er zwar erst am nächsten Morgen bestellen. Es wäre ihm jedoch eine Ehre, die

Damen und Herren Experten persönlich bis zum See und sicher in die Auberge du Lac zu bringen.

»Sehr gerne«, sagt Rita. »Aber dürften wir vorher noch Ihr Telefon benutzen?«

Anrufe bei besorgten Eltern und Kollegen im Club werden unter größtem Bedauern getätigt und Zimmer im ehemals königlichen Jagdschloss am Birket Qarun, dem Wüstensee, reserviert.

Ein Doppelzimmer, zwei Einzelzimmer. Wie es sich gehört.

Kurze Zeit später sitzen sie im Polizeijeep, Tücher um den Kopf gewickelt wie die Beduinen, und holpern wieder durch die Wüste. Vergessen das Grün und Blau der Oasenstadt.

»Wollen Sie vor dem Abendessen noch die versunkene Stadt und den Tempel besuchen?«, fragt der Polizist, der sich nun offenbar als Fremdenführer bemüßigt fühlt, seine Gäste zu unterhalten.

»Warum nicht?«, antwortet Sonya. »Wenn schon Abenteuer, dann richtig.«

Die Stadt Dionysias kann man nur noch erahnen, versunken im Sand, aus dem sie einst erbaut wurde, um für die Karawanen durch die westliche libysche Wüste den letzten Außenposten der Zivilisation zu bilden.

Einzig der Tempel steht noch. Nicht groß. Nicht besonders schön. Aus gelblichem Kalkstein.

»Die Leute glauben, es gebe hier böse Geister«, bemerkt Khalil, der Polizist, gut gelaunt. »Gehen Sie ruhig hinein. Ich passe auf.«

Beim Näherkommen ragt der Tempel als große rechteckige Struktur vor ihnen auf, die Seitenlinien leicht konisch zulaufend.

»Historisch uninteressant«, murmelt Raouf, tritt aber dennoch als Erster in die Dunkelheit.

Das Innere des Tempels ist ein Gewimmel aus Gängen und engen Kammern, aus Treppen nach unten in die Grüfte und nach oben ins Dachgeschoss.

Die Luft ist stickig. Rita wird schwindelig. Sie greift nach Hanis Hand.

»Lasst uns hochgehen«, sagt er. »Von da oben kommt ein bisschen Licht.«

Durch ein Loch im Mauerwerk haben sie einen guten Blick auf die alte Stadt. Wie ein Gerippe wölben sich ihre Überreste unter dem Sand. Erst als sie sich umdrehen, um wieder runterzugehen, entdeckt Rita das Relief.

»Wer ist das?«, fragt sie und deutet auf den Gott, dessen Kopf kaum noch zu erkennen ist.

Hani tritt ganz nah heran. »Ich glaube, es ist Sobek-Re«, flüstert er. »Er ist der Gott der Fruchtbarkeit, der Erschaffer des Nils, doch auch der Auslöser der Überschwemmungen. Die Menschen haben Angst, in seinen Fangzähnen das Leben auszuhauchen.«

Für einen Moment herrscht Stille.

»Ach, hab' ich das geliebt!«, ruft Hani, jetzt plötzlich mit seiner normalen Stimme. »Mister Martins, unser Lehrer für Altertumsgeschichte, konnte so herrlich gruselige Geschichten erzählen. Und jetzt muss er in England bei schlechtem Wetter Rosen züchten, weil Nasser ihn rausgeworfen hat.«

»Für uns hatte er eine andere Geschichte, euer Mister Martins«, lacht Sonya. »Weißt du noch, der Garten, der zwischen dem Schulhof der Mädchen und dem der Jungen lag? Wenn er uns da erwischt hat, hieß es immer: Versteckt euch nicht im Grün, denn grün ist die Farbe von Sobek-Re, dem Tobenden. Der Grünfedrige holt sich die Mädchen und Frauen, wann immer es sein Wunsch ist.«

Hani und Sonya setzen sich kichernd in Bewegung, während Raouf Rita leise ins Ohr flüstert. »Mach dir nichts draus, ich war auch nicht auf der English Mission School.«

Trotzdem atmen alle auf, als sie wieder draußen sind. Khalil sitzt am Steuer seines Jeeps und pfeift fröhlich vor sich hin.

Eine halbe Stunde später setzt er sie am Hotel ab und verspricht, am nächsten Morgen wiederzukommen.

»Seht mal her!« Auf dem Weg vom Speisesaal zu ihren Zimmern kommen sie durch die Bibliothek. In einer Vitrine liegt ausgestellt ein alter Kupferstich. Rita beugt sich darüber. »Das ist doch der Tempel, wo wir waren. Qasr Qarun. Seht nur, vier Leute gehen hinein, genau wie wir. Und ihr Führer bleibt draußen.«

»Französische Expedition siebzehnhundertachtundneunzig bis neunundneunzig« liest Raouf vor. »Das war vor fast dreihundert Jahren. Wie konnte der Zeichner wissen, dass mein Auto heute kaputtgeht?«

Vorwurfsvoll schaut er in die Runde. Alle drei lachen gleichzeitig los.

Stufe vier: Wähle den richtigen Moment für den Angriff.

Rita Hellberg wartet. Als sie sicher ist, dass Hani nicht kommen wird, wirft sie ihren Mantel über und geht über den Flur zu seinem Zimmer. Es hat ein Fenster zum See hin. Im Mondlicht sieht sie Hunderte Wasservögel, die auf der silbrigen Fläche schaukeln.

Rita zieht wortlos ihre Unterwäsche aus und bleibt vor Hanis Bett stehen.

»Du hast die Benzinpumpe ausgebaut«, sagt Hani und sieht sie an. »Ich habe mich schon gefragt, was du damit bezweckst.«

»Was machen denn die Mädchen«, antwortet Rita, »wenn sie wollen, dass der Gott mit dem Krokodilskopf, wie heißt er noch?«

»Sobek-Re.«

»Wenn es ihr Wunsch ist, dass er sie holt?«

»Ich schätze, in der Regel heiraten sie.«

»Dafür hab' ich keine Zeit«, flüstert Rita und steigt zu Hani ins Bett. Für einen Moment fürchtet sie, er werde sich von ihr abwenden, zurückweichen vor diesem Überfall. Doch dann öffnet er seine Arme und zieht sie zu sich herunter.

Endlich.

»Komisch ist das schon«, beharrt Raouf am nächsten Morgen und entzieht seine ölverschmierte Hand dem Rubbeln seiner Ehefrau. »Das Relais lag direkt neben der Pumpe. Ich könnte schwören, dass es gestern nicht da war.«

»Lass doch.« Sonya setzt ihre Sonnenbrille auf und sieht wieder aus wie ein Filmstar. »Ich glaube, keiner hier ist allzu betrübt über die Verzögerung. Oder seht ihr das anders?«

Hani grinst, Rita schüttelt den Kopf und Raouf lacht. »Du hast immer Recht, Habibi.«

Auf dem Rückweg hören sie im Radio Umm Kulthum.

»Nasser nennt sie neuerdings die vierte Pyramide.« Sonya deutet auf die Umrisse der Pyramiden von Gizeh am Horizont. Hani übersetzt das Lied für Rita. Seine Lippen kitzeln an ihrem Ohr.

Was ich gesehen habe.

Bevor meine Augen dich sahen.

Ist ein verschwendetes Leben.

Keine vierundzwanzig Stunden später sitzen sie einander gegenüber in der Kantine der Fabrik 333.

»Weißt du noch, was ich dir gesagt habe?«, fragt Hani mit vollem Mund. So aufgeregt, dass er seine gute Erziehung vergisst. »Auf der Feluke?«

Rita sieht sich um. Noch ist kaum jemand zum Mittagessen da. »Das mit der Kreiselstabilisierung?«, flüstert sie.

»Genau. Und jetzt hör zu. Ich glaube, dass Kleinwächter im November, als er das letzte Mal hier war, ein paar Bücher zu diesem Thema aus Deutschland bestellt hat. Die Bücher kamen nicht an, er ist zurückgefahren, hat's vergessen und zieht den Auftrag jetzt ganz in sein Labor. Und ich erfahre heute früh, dass ein Paket mit Büchern seit einem Monat am Flughafen beim Zoll festhängt, weil es angeblich keiner bestellt hat.«

»Hast du bei Kleinwächter angerufen und dir das bestätigen lassen?«, fragt Rita.

»Hab' ich versucht. Das Labor ist bis Anfang Januar geschlossen.«

»Und jetzt?«

»Das werden wir sehen. Was mich aufregt, ist diese Schlamperei. Keiner fühlt sich verantwortlich. Alles bleibt liegen.« Hani ist laut geworden.

Rita legt ihre Hand auf seine. »Psst.«

Die Tischreihen beim Eingang füllen sich nach und nach mit Ägyptern. Die Deutschen verziehen sich nach hinten in ihre Ecke.

Rita und Hani sitzen einander gegenüber, allein, wie auf einer Insel. Beobachtet von beiden Seiten.

Rita Hellberg nimmt ihre Hand weg und beginnt zu essen.

Nudeln mit Rindfleisch, Karotten und brauner Soße.

Schon wieder.

Max Fischer und Hani Ayad testen ein Steuerungselement. Dafür haben sie einen Erprobungswagen gebaut, mit dem sie das Steuerungselement ohne die Rakete selbst ausprobieren können.

»Ich hole den Wagen«, sagt Hani und geht hinaus. Rita blickt von ihrem Schreibtisch hoch und sieht ihm nach. Max ist über irgendwelche Zahlen gebeugt und murmelt vor sich hin.

Ein lauter Knall.

Wie von Geisterhänden eingeschlagen, gehen alle Fensterscheiben ihres Büros gleichzeitig zu Bruch.

»Mist!« Max springt auf. »Die Salpetersäure im Wagen.«

Mit drei Schritten ist er bei der Tür, Rita hinter sich.

Die Tür geht nicht auf.

Max schiebt.

Vor der Tür liegt ein Körper, der Rücken aufgerissen.

»Drüben beim Wareneingang!«, ruft Max. »Schnell!«

Rita sieht nach links. Nach rechts.

Kein Hani. Kein Wagen.

Sie rennen über den Weg zwischen den Baracken.

Helles Sonnenlicht.

Schwarzbild.

BND-Akte 100 614_OT

EII 4

B e r i c h t

Fall 2 (Fortsetzung):

Das Paket wurde am 30. 12. 1962, nachdem es zunächst auf dem Flugplatz von KAIRO beim Zoll liegengeblieben war (es hatte keiner bestellt) von einer fünfköpfigen Kommission im Werk 333 geöffnet. Der Inhalt sollte wie üblich registriert werden. Das Paket enthielt eine Sprengladung, die in der Buchsendung eingebaut war. Die Ladung detonierte.

Es gab fünf Tote, sechs Schwerverletzte und erheblichen Gebäudeschaden. Die Leichen waren bis zur restlosen Unkenntlichkeit zerstückelt. Körperteile und Gliedmaßen waren in den Wandputz eingedrungen.

»Rita, komm raus hier!«

Hinter ihr. Max.

Hani ist da irgendwo.

Er holt den Wagen.

Ich muss ihn finden.

Da bist du ja.

Sie hockt sich hin, streicht ihm über die Wange. Tastet an seinem Körper entlang.

Alles noch da.

»Hani! Wach auf. Komm schon!« Sie rüttelt sanft an seiner Schulter. »Komm schon! Don't pull my leg!« Sie lächelt bei der Erinnerung an den Scherz.

Körperteile.

Ihr wird schlecht.

»Rita! Wo bist du?« Wieder Max.

»Hani, bitte, das ist nicht lustig!« Sie rüttelt ein bisschen stärker. Ein dünner, roter Faden beginnt aus Hanis Ohr zu laufen.

Schwarzbild.

Als sie wieder klar sehen kann, sitzt sie an ihrem Schreibtisch.

Alles nicht passiert.

Max kommt herein, reicht ihr ein nasses Tuch. »Leg dir das auf die Stirn.«

Doch. Doch passiert.

Die Tür wird aufgerissen. »Habt ihr schon gehört? Wieder

ein Anschlag!« Max und Rita sehen auf. Einer der Kollegen, der normalerweise in der Montagehalle draußen beim Flughafen arbeitet. »Wir haben Glück gehabt. Diesmal hat es nur Ägypter erwischt.«

Rita hat ihre Handtasche wie immer über den Stuhl gehängt. Mit einem Griff hat sie ihre Pistole in der Hand.

Steht auf. Geht auf den Mann in der Tür zu.

Entsichert.

Sieht, wie er den Mund aufreißt.

Zielt.

BND-Akte 100 614_OT

EII 4

B e r i c h t

Fall 2 (Fortsetzung):

Die Schwerverletzten wurden im Heliopolis-Hospital untergebracht. Auch Vorfall 2 wurde streng geheim gehalten und von den gleichen Organen behandelt. Die Ermittlungen verliefen bisher ergebnislos.

Foto, schwarz-weiß:
Johnny, ganz in Schwarz, und Rita in Hose und weißer
Bluse stehen auf einem Balkon mit schmiedeeisernen
Gittern, je einen Arm ausgestreckt, als hielten sie eine dritte
Person zwischen sich, dahinter Dächer und Fassaden.
Bildunterschrift: Der unsichtbare Dritte (Kai), Februar
1963

Er gibt Rita die Kamera zurück.

»Danke, Ahmed.«

»Mein Name ist Vidhyadhar. Ahmed ist tot.«

»Kann ich mir nicht merken.«

»Du kannst mich Ganesh nennen.« Er schaut Rita fragend an,
doch sie schüttelt den Kopf. »Du kennst den Hindu-Gott mit dem
Elefantenkopf nicht? Ganpathi?«

Er hält die Balkontür auf und lässt ihr den Vortritt wie ein Gentleman.

»Lass sie in Ruhe!« Johnny kommt ebenfalls herein und
schließt die französische Tür. Das Zimmer ist sofort in angenehmes Halbdunkel getaucht, die harten Kontraste verschwunden.
»Wo gehen wir heute hin, um unser Geld und unser Leben zu verschwenden?«

Rita lacht.

Es fühlt sich immer noch falsch an.

Ihre Gesichtsmuskeln scheinen es verlernt zu haben.

Aber immerhin. Ihr wiedergefundenes Lachen hat sie diesen
beiden Hochstaplern zu verdanken.

Die Tage nach dem Unfall: Ein neues Jahr beginnt.

Keine Spur von den Bombenlegern.

Keine Spur von dem entführten Heinz Krug.

BND-Akte 100 614_OT.

Anlage Nr. 2
Waren-GmbH/31
Tgb. Nr. 30/763/62
4.1.1963
M B K
z. Hd. v. Herrn Dr. Hermsdorf.
Betr.: Hinweis auf eine Spur des vermißten Raketenspezia-
listen Dr. Krug.
Aus einer SV zum BKA / SG wurde hier zum Betreff folgendes
bekannt:
Der Waffenhändler Helmut H. MÜLLER, Frankfurt a. M., hat
sich gemeinsam mit dem Redakteur des »Stern«, LÖHDE, be-
müht, den Aufenthalt des Dr. KRUG festzustellen.
Grund für die Nachforschungen: Die in München lebende
Ehefrau des Dr. KRUG hatte für die Klärung des Falls eine Be-
lohnung von DM 200000,– ausgesetzt. Es wird vermutet, dass
dahinter in Wirklichkeit die ägyptische Regierung steht.
Es haben dann Treffs stattgefunden zwischen MÜLLER, LÖH-
DE und einem Israeli aus Paris (vermutlich von der dortigen Bot-
schaft). Demnach soll Dr. KRUG über die Israelische Botschaft
Paris nach Tel Aviv geschafft worden sein.
Ein neues Jahr beginnt. Die deutschen Raketenforscher ma-
chen unter strengsten Sicherheitsvorkehrungen eine Reise nach
Luxor auf Kosten der ägyptischen Regierung, in Begleitung von
Captain Diya und seinen Männern.
Rita sitzt im Garten der Villa. Will nicht essen. Will nicht trin-
ken. Will nicht denken. Will die vielen Fragen ihres Vaters nicht
beantworten.
Was ist los mit dir? Ist irgendwas passiert? Kind, was hast du
nur?
»Alles gut, Vati.«
Hört doch einfach auf, zu fragen.
Bitte.
Zu Ritas Verwunderung ist es ihre Mutter, die sie schweigend

mit dem Nötigsten versorgt. Hier und da eine Geste der Zuneigung.

»Brauchst du etwas, mein Kind?«

Ich brauche ihn, Mutti. Jede Faser meines Körpers braucht ihn. Aber nicht so. Der Körper atmet. Das Gehirn ist tot.

»Irreparable Schäden«, erklärt Sonya ihr am Telefon.

»Ich möchte ihn besuchen.«

Schweigen.

»Ich glaube nicht, dass das eine gute Idee ist.«

»Warum nicht?«

»Meine Eltern –«

Schweigen.

»Für sie ist es so schwer, Rita. Sie dürfen mit niemandem reden, dürfen nicht trauern. Sie wissen nicht, wohin mit ihrer Wut. Also geben sie Nasser die Schuld. Der Fabrik. Euch.«

»Uns?«

»Nicht dir. Den Deutschen. Sie denken, das Paket war für einen von euch bestimmt.«

Rita möchte widersprechen. Stattdessen beginnt sie zu weinen.

»Ich rufe dich an, wenn keiner von der Familie im Krankenhaus ist«, sagt Sonya und legt auf.

Ihrem Vater erzählt Rita, der Hani kommt nicht mehr zu Besuch. »Wir haben uns getrennt.«

Liebeskummer, denkt Friedrich Hellberg, das hat uns gerade noch gefehlt in diesem Tollhaus.

Ihrer Schwester sagt sie, es wird schon wieder. Sie gehen zusammen hinüber ins Kloster und streicheln Cleo, die jetzt ein wildes Teenager-Affenmädchen ist. Sie schnattert von morgens bis abends und jagt mit weiten Sprüngen durch ihr Gehege oder springt auf Pünktchen herum.

»Petra hat eine Aufgabe gefunden«, sagt Schwester Agnes. »Das hilft ihr.«

Eine Aufgabe.

Zuhause liegt das Programmheft vom Deutschen Kulturinstitut am Tahrir-Platz herum. Aufgrund der großen Nachfrage werden Abendkurse angeboten. Rita beschließt, wieder Arabisch zu lernen.

Max Fischer ruft an. »Komm zurück, Rita. Wir brauchen dich hier.«

Schweigen.

»Die Sache mit der Pistole ist erledigt, Rita. Wir haben das unter uns geregelt.«

Unter uns.

Rita Hellberg beschließt, wieder zur Arbeit zu gehen.

Husseyn, ihr freundlicher, schweigsamer Chauffeur, steht vor der Tür. Mit herzlichen Grüßen von Captain Diya.

Hani. Erinnerungen.

Die Tränen kommen wie ein Schwall.

Husseyn sieht kurz zu Boden, dann wendet er sich ab, geht zum Wagen und hält ihr die Tür auf.

»Was ist los, Schwesterchen?«, schreibt Kai. »Wieso lässt du nichts von dir hören? Lässt dieser Hani dir nicht mal genug Zeit, um deinem Bruder zu schreiben? Ich vergehe hier vor Einsamkeit im Hamburger Schneeregen. Johnny ist seit zwei Wochen in Kairo. Hat er sich schon bei dir gemeldet? Er wohnt im Lotus House Hotel.«

Hat er nicht.

Der interessiert sich nur für Kai, denkt Rita. Nicht für seine langweilige, kleine Schwester.

Es wurmt sie.

Nach dem Arabischunterricht, donnerstags von fünf bis sechs, erklärt sie Husseyn, dass sie mit ihren Mitschülern zu Groppi geht und anschließend jemand mit nach Maadi nimmt.

»Fahren Sie nach Hause zu Ihrer Familie«, sagt sie.

Und könnte schon wieder anfangen zu heulen.

Husseyn nickt.

Statt zu Groppi läuft sie die paar Meter zum Lotus House an einem kleinen Park vorbei. Der Eingang ist dunkel im Kontrast zum gleißenden Weiß der Fassaden. Über dem Fahrstuhl hängt ein ovales Schild des Hotels mit Nofretete darauf.

Die Nähmaschine.

Allein im Fahrstuhl, beobachtet Rita im Spiegel, wie ihr die Tränen über die Wangen laufen.

Das Hotel ist modern. Keine Barockmöbel, kein Plüsch.

Grünes Leder.

Allein die Farbe Grün macht sie traurig.

»Wohnt hier ein Johannes Schwartz?«

Der livrierte Typ hinter der Rezeption mustert sie dreist von oben bis unten und nimmt den Telefonhörer ab.

»Besuch für Sie«, sagt er hinein, ohne den Blick von ihr zu lassen.

Fünf Minuten später steht Johnny neben ihr, wie immer schwarz gekleidet. Noch ganz bleich vom Winter in Deutschland.

»Rita.« Er schaut sie lange an. »Endlich.«

Er geht zum Tresen und schiebt dem jungen Mann ein paar Scheine zu, sagt etwas auf Arabisch.

»Malesh«, sagt der und zwinkert Rita zu.

»Was hast du ihm gesagt?«, fragt sie und ärgert sich, dass sie nichts verstanden hat.

Johnny legt ihr sanft eine Hand auf den Rücken und schiebt sie weg von dem Mann und seinen Anzüglichkeiten. Sie gehen einen langen Flur herunter. Er öffnet mit einem Schlüssel und hält ihr die Tür auf.

»Danke, Rita.« Er grinst. »Du hast meine Reputation hier auf Jahre gerettet. Eine Frau in meinem Zimmer. Und was für eine!«

Rita überlegt, ob es falsch war, hierherzukommen. Eigentlich kennt sie Johnny gar nicht. Auf der anderen Seite ist er ein Freund von Kai. Vielleicht sein einziger Freund.

»Keine Sorge«, deutet Johnny ihre Befürchtungen richtig. Er geht zur Balkontür und lässt das goldene Abendlicht herein. »Setz dich erst mal.« Er greift nach ein paar Kleidungsstücken, die auf dem Sessel liegen, und schmeißt sie lässig in die Ecke.

Rita sieht sich um. Eine richtige Schriftstellerbude hat er hier. Ungemachtes Bett. Großer Schreibtisch mit einer schweren alten Olivetti. Ein Grundig-Radio. Zeitungen. Papiere. Bücher. Voller Aschenbecher. Leere Flaschen.

Rita sitzt auf dem Sessel, Johnny auf dem Schreibtischstuhl, Lehne nach vorn.

Sie nimmt ihre Sonnenbrille ab.

»Du hast geweint.«

Sie nickt.

Johnny wartet.

Fragt nicht.

Sitzt einfach da, sieht sie an und wartet, bis die Worte von selber kommen. Sie stürzen heraus. Ein schönes Durcheinander ist das, aus Raketen und Bomben und Feluken und Pistolen.

Johnny hört zu.

Fragt nicht.

Sitzt einfach da, sieht sie an.

Der geborene Journalist.

»Oh, nein!« Rita springt auf. »Ich hätte dir das alles gar nicht erzählen dürfen.«

»Beruhige dich.« Johnny ist schon bei ihr und drückt sie sanft wieder in den Sessel. »Auch unter Journalisten gibt es so etwas wie eine Schweigepflicht. Ich verspreche dir, dass nichts in die Zeitung kommt, was du nicht willst.«

Er reicht ihr die Hand.

Sie schlägt ein.

»Und sie lassen dich weiter da arbeiten, obwohl du auf einen Kollegen schießen wolltest?«

»Ich konnte nicht abdrücken. Ich habe mich bei ihm entschuldigt.« Rita zuckt mit den Schultern. »Ich bin sogar befördert worden.«

»Inwiefern?«

»Ich arbeite jetzt für Professor Pilz. Seine Sekretärin ist ja –«

Blind.

Verstümmelt.

Am letzten Sonntag hat Sonya angerufen.

»Sie sind alle weg«, flüstert sie. »Du hast den ganzen Nachmittag. Die Schwester weiß Bescheid.«

Rita fährt wie in Trance.

Mit der Metro. Mit der Tram. Mit dem Taxi.

Das Krankenhaus der Luftwaffe in Heliopolis ist ein moderner Gebäudekomplex. Menschen wimmeln durcheinander, Kranke und Gesunde, ihre Stimmen prallen alle gleichzeitig auf Ritas Ohren. Die Schwester an der Rezeption spricht nur Arabisch. Ungeduldig lauscht sie Ritas leisen Worten, die in Zeitlupe über die Zunge holpern.

Kopfschütteln.

Sie versucht es auf Englisch.

Kopfschütteln.

Erst als sie aus Mangel an Einfällen das Zauberwort zum Besten gibt, erntet sie ein verständnisvolles Lächeln.

Sie bekommt einen Zettel, irrt damit durch Flure und Treppenhäuser und landet schließlich in einem abgelegenen Flügel im dritten Stock. Vor der Tür steht ein Soldat.

»German expert«, sagt Rita noch einmal.

Und wieder funktioniert das Prinzip: Sesam, öffne dich.

Hinter der Glasfront ein Flur, sechs Türen. Die plötzliche Stille ist schrecklicher als jedes Geschrei in der Halle unten. Eine Schwester huscht über den Gang, sieht Rita und kommt eilig auf sie zu. Sie spricht fließend Englisch.

»Hier können Sie nicht rein.«

»Ich arbeite in der Fabrik 333, ich möchte zu –«

»Ah, zu Frau Wende?«

Sofort überfällt Rita das schlechte Gewissen. Nicht ein einziges Mal hat sie Hannelore besucht. Nicht einmal daran gedacht.

»– zu Hani Ayad. Dann zu Frau Wende.«

»Sie sind das?« Neugierig mustert die Schwester sie. Offenbar hat sie jemanden anders erwartet, nachdem Sonya sie angekündigt hat.

Eine Ägypterin.

Rita nickt.

»Zimmer vier. Und Frau Wende ist in Zimmer fünf, gleich gegenüber.«

Hani liegt ganz still. Zerbrechlich, wie aus Glas. Beinahe durchsichtige Augenlider, lange Wimpern über geschlossenen Augen.

Rita hat Beatmungsgeräte und Schläuche erwartet.

Doch Hani atmet selbst.

Die Brust hebt sich.

Die Brust senkt sich.

Ein.

Aus.

Mehr.

Nicht.

Rita ist nicht vorbereitet. Weiß nicht, was sie sagen soll. Kein Buch dabei.

Vorsichtig nimmt sie seine Hand.

Und sitzt einfach da.

Spürt seinen Herzschlag und ihren eigenen.

Atmet mit ihm.

Ein.

Aus.

Sie küsst seine Hand und steht auf. »Ich komme wieder.«

Geht über den Flur.

Klopft an.

Hannelores Zimmer ist leer. Eine Tür zum Balkon steht offen. Ein leichter Wind weht herein und bauscht die Vorhänge.

Rosen.

Nicht ein Strauß.

Viele Sträuße in unterschiedlichen Stadien der Verwelkung und Frische.

Der Duft liegt schwer im Raum.

357

Rita geht durch und späht vorsichtig durch die Tür.

Hannelore sitzt auf einem Stuhl, aufrecht wie immer. Sie trägt ein gestreiftes Kleid im Hemdblusenstil. Das Gesicht nach draußen, der Sonne zugewandt.

Dunkle Brille.

Ein weißer Stock lehnt neben ihr am Stuhl.

Plötzlich scheint sie die Anwesenheit eines anderen Menschen zu spüren.

»Wolfgang?«

»Ich bin es. Rita Hellberg.« Rita tritt vorsichtig durch die Tür. Kann Hannelores Erschrecken darüber, dass jemand in ihre Privatsphäre eingedrungen ist, nicht mildern.

Sie dreht sich herum, kommt halb hoch, tastet nach dem Stock.

»Bleiben Sie sitzen, bitte.« Rita fühlt sich hilflos, traut sich nicht, die Frau zu berühren.

Das eine Auge ist weg. Das andere milchig und stumpf.

Tiefe Narben, über dem fehlenden Auge und links davon.

Kleinere Löcher, wie Krater über das Gesicht verteilt.

»Ich wollte nur einmal hereinschauen«, sagt Rita leise.

»Wir werden endlich heiraten.« Hannelore ringt sich ein mühsames Lächeln ab. Rita sieht, dass mehrere Zähne fehlen.

»Herzlichen Glückwunsch!« Sie hofft, dass es so klingt, wie es gemeint ist.

Ehrlich.

»Sie müssen lauter reden. Meine Trommelfelle sind zerplatzt.« Ihre Stimme ist die gleiche wie vorher. Die einer jungen Frau, die weiß, was sie will.

»Das tut mir leid«, sagt Rita laut. Es klingt falsch.

»Ich kann nicht riechen und nicht schmecken.«

Rita beginnt zu weinen. Still, damit sie es nicht hört.

»Sie sehen«, fährt Hannelore mit einem bitteren Lächeln fort, »es gibt sehr viele Schwierigkeiten noch, und auch sehr viele, die bleiben werden.«

»Es tut mir so leid!«, sagt Rita mit erstickter Stimme.

»Alles Gute.« Hannelore tastet nach dem Stock, steht auf und reicht ihr die Hand. »Sie brauchen nicht wiederzukommen. Ich habe alles, was ich brauche.«

Rita nimmt die Hand, drückt sie kurz und geht, rennt fast durch das Zimmer.

Die Rosen, der schwere Duft.

Kann sie nicht sehen.

Nicht einmal riechen.

Am nächsten Tag wird sie ins Chefbüro gerufen. Professor Pilz steht hinter seinem Schreibtisch. »Möchten Sie ab jetzt für mich arbeiten?«

Rita kann ihre Überraschung nicht verbergen.

»Hannelore –, Frau Wende hat es vorgeschlagen. Eine sehr vernünftige Idee. Sie kennen das Werk, die Abläufe, den Zwang zur absoluten Geheimhaltung.«

»Und Max Fischer?«

»Der kann sich eine Sekretärin mit Fräulein Löwenberger teilen. Wir haben sowieso die Ansage von den Ägyptern, weniger Teile aus Deutschland zu bestellen.«

»Du bist jetzt also Chefsekretärin?« Johnny steckt sich eine Zigarette an.

»Wenn du so willst, ja.«

Rita sieht, dass seine Augen leuchten. Wer hätte gedacht, dass Johnny so ein warmer, mitfühlender Mensch ist.

»Das muss gefeiert werden. Komm, wir gehen in die Bar.«

Die Polo Bar ist ganz oben, mit einem grandiosen Blick über die Stadt, die in der blauen Stunde gerade zu funkeln beginnt. Sie sitzen in einer Nische auf grünen Ledersesseln. Rita trinkt Martini. Johnny trinkt Whisky. Der dicke Barkeeper lächelt ihnen freundlich zu, während er seine Gläser putzt.

Johnny erzählt von seiner Arbeit. Es hat es schwer, sich als Freischaffender einen Namen zu machen. Einen Namen, der wichtig genug ist, um auch von den größeren Zeitschriften bezahlt zu werden. Dem man das erste Interview gibt und nicht das letzte, wenn die anderen schon ihre Schlagzeilen drucken.

»Die Konkurrenz ist groß«, sagt Johnny.

»Auch hier in Kairo?« Rita erinnert sich vage an ein paar Reporter, die auf dem Weihnachtsempfang des Presseattachés mit gierigen Augen den Streit zwischen Brandner und ihrem Vater verfolgt haben.

»Gerade hier in Kairo.« Johnny lacht und ordert mit einer einzigen Handbewegung noch eine Runde. »Hier hat mittlerweile jedes Provinzblatt seinen Korrespondenten. Das hat Nasser immerhin geschafft. Kairo ist ein zentraler Punkt auf der Weltkarte von 1963.«

»Und worüber schreibst du, worüber die anderen nicht schreiben?«

»Mein letzter großer Artikel handelte vom Sozialismus, made in Egypt.«

Rita denkt an ihr Gespräch mit Kai am Küchentisch.

»Bist du Kommunist, Johnny?«

»Wahrscheinlich schon.« Johnny zeichnet die Rechnung für die neuen Drinks ab. »Aber einer, der das Denken nicht verlernt hat.«

Er nimmt einen Schluck, überlegt. »Wie soll ich das erklären? Ich bin nicht auf Linie. Wäre ich das, könnten mir die sowjetischen Genossen vielleicht sogar die eine oder andere Tür in Kairo öffnen. Aber ich arbeite lieber allein.«

Die Bar füllt sich. Ägyptische Geschäftsleute. Eine Gruppe jüngerer Leute, darunter zwei Mädchen. Ein paar Europäer, durchweg Männer mittleren Alters.

»Wenn nur der Kollege vom stern nicht wäre. Der hat mir hier im letzten Jahr dauernd dazwischen gefunkt.«

»Der stern-Reporter? Wolfgang Löhde?«

»Kennst du den?«, fragt Johnny schnell.

»Nein, ich doch nicht.« Rita lächelt. »Ich habe nur einen Brief an ihn getippt. Von Professor Pilz.«

»Oh. Weißt du noch, was drinstand?« Johnnys zitternde Hand, mit der er sich eine Zigarette anzündet, verrät ihn.

»Johnny! Du hast es versprochen.«

»Schon gut.«

Sie trinken schweigend und beobachten die anderen Gäste. Rita ist ein bisschen schwindelig. Vom Martini. Vom Wiedersehen mit Johnny. Sie denkt an Kai, der jetzt allein in der düsteren Wohnung im Karolinenviertel sitzt.

»Johnny, darf ich dich was fragen?«

Er sieht sie an und nickt.

»Hast du mit Kai –«

Rita greift nach Johnnys Zigaretten. Er gibt ihr schweigend Feuer. »Ich meine, seid ihr –, ist er –«

»Schwul?«, fragt Johnny leise. Gefährlich leise. »Du bist seine Schwester. Du solltest das besser wissen als ich. Du kennst ihn, seit du auf der Welt bist.«

»Kai?« Rita schüttelt den Kopf. »Natürlich nicht. Der war immer ganz normal.«

»Normal?«

»Ja.« Rita ist gereizt. Wo führt dieses Gespräch gerade hin? »Ein normaler Junge. Kein Draufgänger. Einer, der lieber Musik mag als Fußball. Der vielleicht zu schüchtern ist, um Mädchen anzusprechen. Aber normal. Jedenfalls, bis er dich getroffen hat.«

Sie ist zu weit gegangen.

Johnny beißt die Zähne zusammen, schluckt. Trinkt. Sieht sie an. »Bis ich ihn umgedreht habe? Wolltest du das sagen?«

Sie nickt.

Was ihr eben noch wie der erste schöne Abend vorkam seit Hanis Unfall –

Nicht dran denken.

Die Tränen kommen schon wieder.

»Möchten Sie noch etwas trinken?« Ein junger Kellner im weißen Jackett ist an ihren Tisch getreten, der Barkeeper hat offenbar Verstärkung bekommen.

»Danke, Ahmed!« Johnny sieht ihn kaum an. »Die Rechnung, bitte.«

Rita sieht schweigend zu, wie Ahmed mit der Rechnung zurückkommt. Johnny zieht ein paar Scheine aus der Tasche. Er steht auf und flüstert dem Kellner etwas ins Ohr. Der nickt und verschwindet.

Immer noch schweigend gehen sie die Treppe hinunter, durch eine Art Salon. Auf einem Holztisch ein gehämmertes Messingtablett mit einem Strauß rötlichgelber Calla.

Rita erwartet, dass Johnny ein Taxi ruft und sie nach Hause bringt. Stattdessen setzt er sich hin, schlägt die Beine übereinander und zündet sich eine Zigarette an.

Rita steht unschlüssig herum.

Eine Tür geht auf.

Sie sehen beide nach oben. Die Treppe herunter kommt Ahmed, der Kellner. Er lächelt Rita kurz an, geht zu Johnny und bleibt neben seinem Sessel stehen.

Sehr nah.

Johnny legt seinen Arm wie zufällig um Ahmeds Hüfte.

»Ich habe es nicht nötig, jemanden umzudrehen«, sagt er und sieht Rita in die Augen.

Sie kann ihn nicht ansehen.

Kann die beiden nicht ansehen.

»Ich möchte bitte nach Hause«, sagt Rita.

»Da ist die Rezeption«, sagt Johnny und deutet mit der Zigarette den Gang hinunter. »Sie rufen dir einen zuverlässigen Taxifahrer. Oder du rufst gleich deine Freunde vom Geheimdienst an. Die sind sicher noch wach.«

Rita dreht sich um und rennt weg, ohne sich umzudrehen.

Ein paar Tage später findet sie beim Nachhausekommen eine Postkarte auf der Kommode hinter der Tür. Ein Zeppelin über den Pyramiden von Gizeh.

Es tut mir leid.

Keine Unterschrift.

Am nächsten Donnerstag nach der Arabischstunde geht sie wieder ins Lotus House.

Warum, weiß sie selbst nicht genau.

Wegen Kai? Aus Neugier?

Oder einfach.

Weil sie einen Freund braucht.

»Sie hat es geglaubt! Ahmed!« Er lacht. Bei ihrem zweiten Besuch sitzt er auf Johnnys Balkon, die Füße auf dem Geländer, und liest ein Buch. Das weiße Dinnerjacket hängt über der Lehne seines Stuhls.

»Hey, beautiful!« Er winkt Rita zu. Und überlässt es Johnny, ihr zu erklären, dass er nicht Ahmed, der Kellner ist. Sondern Vidhyadhar, der Sohn eines Konsularbeamten an der Botschaft der Republik Indien. Der sich als Kellner verkleiden muss, um Johnny zu besuchen.

»Damit es keinen Ärger gibt«, sagt Johnny. »Und glaub' nicht, dass ich nichts mit einem Kellner anfangen würde.«

»Oder mit einem Taxifahrer!« ruft es von draußen herein.

Rita versucht tapfer, nicht schockiert auszusehen.

»Und was Kai betrifft: Mach dir keine Sorgen. Der ist ein Spätzünder. Wenn die Richtige kommt«, Johnnys Stimme trieft vor Sarkasmus. »Hochzeitsglocken, Babygeschrei, Ende gut, alles gut. Komm, lass uns ein Foto für ihn machen. Damit er weiß, was er verpasst.«

Der Januar geht zu Ende.

Rita Hellberg schreibt mit.

Herrn Wolfgang Löhde. Verlag Henri Nannen.

C., 2. 2. 1963

Lieber Löhde!

Hast du eigentlich meinen letzten Brief (vor ca. 2 Wochen) mit der Zusammenstellung der »Bedrohungsbesuche« bei den Angehörigen unseres Teams bekommen? In den nächsten Tagen wird sich u. U. ein Herr Valentin an dich wenden, der von Mr. M. mit der Klärung des Falles Dr. K. beauftragt worden ist. Er könnte dir im Bedarfsfalle eine Kopie der obigen Liste mitbringen.

Sollte Dich einer Deiner interessanten Wege mal wieder über C. führen, könnten wir beide – glaube ich – recht aufschlußreiche Gespräche führen.

Mit herzlichen Grüßen

»Bedrohungsbesuche?« Rita sieht von ihrem Stenoblock hoch. Wolfgang Pilz schaut sie irritiert an. »Ja, warum?«

»Meine Mutter hatte auch Besuch. Im November –«

»Sie auch?« Er runzelt die Stirn. Schließt die Schublade auf. Holt ein zweiseitiges Papier heraus. Schließt wieder ab. Steckt den Schlüssel in seine Hemdtasche.

»Geben Sie das dem Sicherheitsbeauftragten, er kommt später vorbei.«

Sobald er den Raum verlassen hat, überfliegt sie das Papier. Fast alle Experten aus der Fabrik 333 und ihre in Deutschland lebenden Angehörigen haben in den letzten Monaten anonyme Anrufe erhalten oder überraschende Besucher gehabt. Wiederholt tauchen eine große blonde Frau, die sich als Journalistin ausgibt, und ein Mann mit ovalem Gesicht und rötlichem Schnurrbart in den Berichten auf.

Rita überlegt, ob sie die ganze Liste nochmal abtippen und ihren eigenen Besuch der blonden Dame hinzufügen soll.

Werde ich dann besser geschützt?

Komme ich in die Zeitung?

Bevor sie eine Entscheidung treffen kann, was ihr in letzter Zeit generell schwerfällt, fliegt die Tür auf. Herein kommt forschen Schrittes –

Die Gänsehaut ist sofort wieder da.

»Hermann Adolf Valentin mein Name.« Erst kurz vor ihrem Schreibtisch bleibt er stehen.

Blinzelt einmal, zweimal. Vielleicht ist er kurzsichtig.

»Wir kennen uns doch! Wie war noch Ihr Name?«

»Hellberg. Rita Hellberg.«

»Sie haben es also bis ins Vorzimmer vom Chef gebracht. Alle Achtung.«

»Wie geht es Herrn Steinhauer?«

»Der hat eine Menge Ärger.« Er kommt noch einen Schritt näher und beugt sich weit über den Schreibtisch. Sie kann seinen Atem riechen.

Pfefferminze.

Es geschah am helllichten Tage.

»Die Österreicher suchen ihn per Haftbefehl. Einreiseverbot in Irland. Die Amerikaner gehen auf Distanz. In Deutschland wollen sie seine Bücher verbieten. So behandelt man heute den Befreier Mussolinis! Überall sitzen sie und ziehen ihre Strippen.«

»Wer?«, fragt Rita, irritiert über die Heftigkeit seiner Worte.

»Die Juden, Mädchen, wer sonst?«

Sie weicht unmerklich zurück.

»Wo ist diese Liste, ich hab's eilig.« Er grinst. »Meine Vorstellungsrunde im letzten Jahr zahlt sich aus. Ich bin jetzt offizieller Sicherheitsbeauftragter der ägyptischen Regierung für die Experten und ihre Familien in Deutschland. Wenn Sie also einmal in Schwierigkeiten sein sollten –«

Klebriges Grinsen.

Sie reicht ihm die Liste. Er blättert sie durch, schon im Gehen, und murmelt leise vor sich hin.

»– auch immer dreister«, versteht Rita noch, bevor die Tür hinter ihm zufällt.

Ausatmen.

Abzug vom Mittelformatnegativ, schwarz-weiß:
In einer Sitzecke des Direktionsbüros der Fabrik 36 sitzen
(von links nach rechts, siehe Aufschrift Bildrückseite):
stern-Reporter, Sekretärin, Ingenieur Scholler, Minister
Mahmoud, Ingenieur Hellberg, Oberst Nadim.
Abzug vom Mittelformatnegativ, schwarz-weiß:
Unter einem Sonnenschirm im Heliopolis Sporting
Club sitzen (von links nach rechts, siehe Aufschrift
Bildrückseite): stern-Reporter, Professor Pilz, Sekretärin.
Bildunterschrift: Im Rampenlicht, Februar 1963

In der Fabrik knistert es vor Aufregung hinter verschlossenen
Türen. Ein drittes Paket sei aus Deutschland eingetroffen, brodelt
die Gerüchteküche. Es wurde anscheinend durch Spezialkräfte
geöffnet, und zwischen sieben Büchern versteckt habe man eine
Sprengladung gefunden.

Rita stellt dringende Telefonate aus Deutschland durch. Ein
grimmig dreinschauender Beamter aus dem ägyptischen Innenministerium taucht in ihrem Vorzimmer auf und verlangt, sofort
den Professor zu sprechen.

Erst am Abend dieses langen Tages erscheint Wolfgang Pilz
höchstpersönlich bei Rita. Er sieht müde aus, und die Fältchen
um die Augen sind zu tiefen Falten geworden in den letzten Wochen.

»Ich fahre zum Flughafen und hole unseren Freund Löhde
ab«, informiert er sie knapp. »Würden Sie solange das Telefon
hüten?«

Rita würde ihm gern etwas Nettes sagen, aber ihr fällt nichts
ein. Die üblichen Floskeln erscheinen ihr fehl am Platze.

BND-Akte 100 614_OT
EII 4

B e r i c h t

Am 19.2. flog der Zeuge mit der Maschine der UAA nach KAIRO und traf um 19.40 Uhr im Hauptquartier der ägyptischen Armee, Abteilung Abwehr, ein.

Zugegen waren:

a) Minister M a h m o u d,

b) Sekr. S e l i m,

d) Oberstleutnant N a d i m,

e) Hauptmann S a m i r,

f) Professor P i l z.

Der Zeuge wurde mit den Vorfällen vertraut gemacht und erhielt an den darauf folgenden Tagen Gelegenheit, die möglichen Beweisstücke zu sichten und die in Frage kommenden Personen zu befragen.

Friedrich Hellberg schwitzt, obwohl das Direktionsbüro von Messerschmitt auf höchstens zwölf Grad heruntergekühlt ist. Der Fotograf reicht ihm ein Taschentuch, wartet, bis er sich die Stirn abgewischt hat. Dann macht er noch ein Foto.

Donnerstags kommt Friedrich immer sehr spät nach Hause, damit er die Stunden kompensieren kann, die er sonntags verliert, um seine Frau zur Messe zu begleiten. Das ist die offizielle Version, die er seiner Familie auftischt, um jeden Donnerstag die zweite Tageshälfte mit Brigitte, die ihren freien Abend dementsprechend gelegt hat, zu verbringen.

Brigitte kommt meistens mit dem Taxi und steigt vor dem Werk um zu Hans Albers, den Friedrich donnerstags mit zur Arbeit nimmt. Manchmal fahren sie über den Fluss, um den Sonnenuntergang bei den Pyramiden von Sakkara zu erleben, oder hoch auf die Anhöhe von Mokkatam, von wo aus man einen herrlichen Blick über Kairo hat. Oder sie verbringen einen ruhigen Abend zu zweit im Nile Hilton, das sie selbstverständlich getrennt betreten, um sich dann auf dem Zimmer wieder zu treffen.

Nicht so an diesem Donnerstag.

Morgens kommt Friedrich ins Büro, das er mit Ali Mansur, seinem Stellvertreter, teilt. Das Telefon klingelt, Ali hebt ab. Friedrich hat es sich abgewöhnt, ans Telefon zu gehen, denn neunzig Prozent aller Gespräche sind von einem anderen Ägypter für seinen Ägypter.

Ali legt auf. Er lächelt. Ali lächelt sehr viel. »Bitte, wollen Sie auf den Flugplatz kommen. Gleich wird dort die HA 200 ihren Erstflug machen.«

Ein solches Ereignis ruft alle auf den Flugplatz, der sich hinter den Werkhallen bis zum Nil hinunter erstreckt.

Ali wird von seinen Freunden abgeholt. Ägypter sind immer zu zweien. Oder zu dreien. Sie sind keine Einzelwesen wie wir, denkt Friedrich. Und sie sind von Natur aus neugierig. Bestimmt ist der Platz hinter der Landebahn bereits voll.

Er blättert nochmal in seinen Berechnungen. Sein Blick fällt auf eine Aktennotiz, die heute Morgen gebracht wurde:

Von Kontrolle an Technische Leitung. Solange die Liste der Beanstandungen, die seitens der Kontrolle gemacht werden mussten, nicht als beseitigt gemeldet ist, kann eine Freigabe der HA 200 für das Einfliegen nicht erteilt werden.

Sein Blick geht hinaus durch schmutzige Scheiben auf den Fabrikhof. Nichts ist schwieriger, als zu erreichen, dass die Fenster geputzt werden. Er öffnet sie, und sofort kommen ganze Fliegengeschwader herein. Es macht ihn verrückt, dieses Gebrumme. Die Fliegen setzen sich auf Gesicht und Hände. Kommen vielleicht gerade aus dem schmutzigen Araberdorf auf den Sandhügeln. Er schließt seine Akten weg und macht sich langsam auf den Weg zum Flugplatz. Unterwegs begegnet er seinem Kollegen aus der Aerodynamik.

»Verstehen Sie das?«, fragt der blonde Hüne ihn mit gerunzelter Stirn.

Friedrich schüttelt den Kopf. »Hoffentlich spielt man uns nicht wieder Theater vor.« Wie im letzten Jahr bei der Parade mit den Prototypen aus Spanien.

»Sehen Sie? Das wird ein Volksfest!« Die Miene des Kollegen

verfinstert sich noch weiter. »Nichts als Neugier und Sensationslust!«

Friedrich möchte widersprechen, lässt es dann aber. Für solche Diskussionen ist jetzt keine Zeit. Dicht um das Flugzeug, das ganz neu in seinem Aluminium-Kleid blitzt, hat sich ein Ring gebildet, in dem nur einige Monteure arbeiten. Friedrich gesellt sich zu einer Gruppe Kollegen, die etwas außerhalb des Menschengewühls stehen. Auch die leitenden ägyptischen Herren sind dabei und begrüßen ihn noch herzlicher als sonst. Der Stolz steht ihnen ins Gesicht geschrieben. Dahinter, abseits und allein, steht der Leiter der Fertigung, Claus Mahrenholz. Wie immer laufen ihm die Schweißtropfen über das breite Gesicht. Friedrich geht zu ihm.

»Wieso ist die Kiste heute schon startklar?«

»Ist sie ja gar nicht«, antwortet der dicke Mahrenholz und wischt sich mit einem Taschentuch über das Gesicht. »Aber wir haben die Kontrolle überstimmt.«

»In solchen Sachen kann man doch nicht abstimmen!«, protestiert Friedrich entrüstet. In diesem Moment kommt der spanische Chefpilot, der im Werk gefeiert wird wie ein Filmstar, auf den Platz. Unter seiner gelben Fliegermontur trägt er einen Anzug und eine knallbunte Krawatte. Friedrich deutet auf den Piloten, der unter lautem Gejohle ins Cockpit klettert. »Und was sagt unser geschätzter Pilot?«

»Der sagt: Malesh. Inschallah. Ich fliege.« Der Fertigungsleiter sieht ihn an. »Mensch, verstehen Sie nicht, dass es hier um mehr geht als um ein paar Sicherheitsvorschriften? Wir müssen einfach den Ägyptern endlich zeigen, dass sie was können. Nicht dass wir etwas können, das wissen sie, deswegen sind wir hier. Sie brauchen Beweise ihrer Fähigkeit, ihrer Regierung gegenüber, die sonst die riesigen Geldsummen sperrt, die dieses ganze Projekt kostet. Sonst können wir alle unsere Köfferchen packen.« Tiefe Erregung spiegelt sich auf seinem Gesicht.

Er hat ja recht, denkt Friedrich. »Und wen beißen die Hunde?«

»Mich natürlich!«, grinst Mahrenholz.

Ob sie nicht eigentlich längst per du sind, daran erinnert sich Friedrich gerade nicht.

Drüben zücken die Werkspolizisten ihre Gewehre und treiben ihre Landsleute unter Riesengeschrei vom Cockpit weg. Das Flugzeug steht jetzt allein auf der Fläche. Der Pilot stülpt sich einen knallblauen Sturzhelm über den Kopf und winkt in die Menge. Mit Schwung lässt er sich in den Sitz fallen, schon wird die Haube geschlossen. Das hohe Geräusch des Anlassers ertönt.

Erst die eine Turbine.

Dann die andere.

Friedrich merkt, wie er die Luft anhält.

Die Drehzahlen gehen rauf, der ganze Vogel zittert. Die Auspuffstrahlen der beiden Düsen schieben Wolken von Sand über die Betonfläche.

Und schon rollt die Maschine ganz selbstverständlich davon, verschwindet hinter ein paar Sandhügeln zum Anfang der Startbahn. Spannung liegt über der Zuschauermenge.

Ein Aufheulen der Düsen lässt alle Gespräche verstummen.

Und da rast auch schon der Silberpfeil über die Piste. Jetzt ist er frei vom Boden, blitzartig das Fahrwerk verschwunden. In einem übersteilen Winkel schießt das Flugzeug in den Himmel. Für Sekunden sieht keiner mehr den Vogel. Danach ist er schon zu einem winzigen Punkt geworden, der fern über den Nil dahinjagt.

»Ein toller Bursche, dieser Spanier«, murmelt Mahrenholz.

Der ägyptische Fabrikdirektor kommt zu ihnen herüber, das zerfurchte Gesicht zeigt eine seltsame Mischung aus Lächeln und Sorge. »Der Start war sehr gut! Wo bleibt er jetzt?«

Vielleicht macht er eine Zwischenlandung bei den Pyramiden, denkt Friedrich. Oder er drückt Heliopolis an, dass dem Präsidenten die Fensterscheiben zerplatzen.

In dieser Sekunde sieht er in kaum vorstellbarem Tempo ein Blitzen aus der Sonne herunterstoßen, geradewegs auf sie zu.

Riesengroß huscht ein Schatten über ihre Köpfe. Eine betäubende Schallflut folgt.

Friedrich sieht, wie sich einige Ägypter zu Boden werfen.

Dann ist es vorüber. Diese Überraschung ist dem Piloten gelungen! Tieffliegerangriff aus der Sonne heraus!

Jubelgeschrei ertönt.

Friedrich spürt wieder, was er nun schon mehrfach erlebt hat. Er möchte sich mitreißen lassen vom Jubel dieser Menschen.

Der Spanier fliegt eine Kurve und drückt noch einmal auf sie zu. Der Fabrikdirektor erstarrt. Unwillkürlich zieht auch Friedrich den Kopf ein. So dicht schießt der Vogel über sie hinweg.

Dann kommt er zum dritten Mal heruntergeschossen. Diesmal langsamer, die Bremsklappen draußen.

Die Ägypter rasen vor Begeisterung.

»Wo ist eigentlich der Sonderminister Mahmoud?«, ruft Friedrich dem Direktor ins Ohr, der immer noch neben ihm steht.

Der verzieht das Gesicht. »Wir haben ihn erst informiert, als es an den Start ging«, gibt er zu. »Er müsste jeden Moment hier sein.«

Das silberglänzende Flugzeug rollt langsam heran. Die Masse der Arbeiter drängt auf das Rollfeld hinaus. Da fahren zwei Wagen vor. Einer hält in sicherem Abstand, der andere fährt direkt vor den Düsenjäger. Leute springen heraus. Friedrich erkennt eine Fotokamera. Irgendetwas wird herangeschleift und erscheint kurz darauf oben auf dem Flugzeug. Plötzlich gibt es kein Halten mehr.

Die Masse bricht einfach durch.

Es geschieht, was jeden Flugzeugkonstrukteur das kalte Grausen lehrt. Mindestens zwanzig Leute steigen auf Tragflächen und Rumpf des Flugzeugs herum. Und hundert weitere schieben es an den Tragflächen anpackend herein auf den Platz.

Das Fahrwerk bricht nicht ab.

Die Tragflächen biegen sich nicht nach vorn.

Das Flugzeug verschwindet fast unter einer breiten Blumengirlande. Und ganz oben vor der Frontscheibe thront ein farbiges Bild des Staatspräsidenten.

Tiefe Ergriffenheit.

Dann orkanartiger Gesang der Nationalhymne.

Oben aus dem Cockpit erhebt sich nun das dunkel gerötete Gesicht des spanischen Piloten. Er versucht einen Fuß nach unten zu bringen. Doch da hat man ihn schon gepackt und auf die Schultern geladen. Im wahren Triumphzug schwebt er über die Menge weg der Halle zu.

Friedrich sieht auf die Uhr.

Ach du liebe Güte! Brigitte müsste jeden Moment da sein. Er versucht, sich heimlich aus dem allgemeinen Gewusel zu verdrücken. Doch er hat nicht mit dem Direktor gerechnet.

»Jetzt wird gefeiert!«, ruft er und zieht Friedrich gleich mit sich in sein Direktionsbüro, wo auch die anderen Abteilungsleiter und leitenden Ingenieure, Deutsche und Ägypter durcheinander, nach und nach eintreffen. Friedrich traut seinen Augen nicht. Auf einem langen Tisch stehen Flaschen über Flaschen des besten Whiskys in Reih und Glied. Soda gibt es nicht.

Wie komme ich hier bloß schnellstens raus?, denkt er, während die Gläser reihum gefüllt werden. Alles schreit und redet durcheinander.

Plötzliche Stille unterbricht seine Fluchtgedanken.

»Mister Moustache«, flüstert jemand hinter ihm.

Da ist er schon: Minister Mahmoud, und ihm wie so oft auf dem Fuße folgend Oberst Nadim. Dann der Fotograf und ein hochgewachsener, schlanker Mann mit dunklen Haaren, den Friedrich zum ersten Mal sieht. Dann Peter Scholler.

Was macht der denn hier? Schickt die Fabrik 135 einen Delegierten zum Feiern? Und hinter ihm kommt, Friedrichs Herz vollführt einen schnellen Salto, Brigitte durch die Tür.

»Friedrich!«, ruft Peter Scholler. »Du trinkst dir hier einen an, während meine Tochter herbeieilt, um dir deine Medikamente zu bringen?«

Brigitte. Du wunderbare Lügnerin.

Sie tauschen einen langen Blick aus.

Doch der Minister höchstpersönlich schiebt sich dazwischen. Sie schütteln einander die Hand. Mahmoud deutet auf den Unbekannten. »Darf ich Ihnen den Reporter vom stern vorstellen?«

Nochmaliges Händeschütteln.

»Der Presseattaché der deutschen Botschaft hat Sie mir als Gesprächspartner empfohlen, da Professor Messerschmitt als Chefkonstrukteur selbst nicht hier ist.« Der Mann hat eine angenehme Stimme.

»Hellberg!«, ruft Peter Scholler dazwischen. »Wir sind die Opferlämmer. Brandner ist in Indien. Und Messerschmitt? Unter spanischer Sonne?«

»Lassen Sie uns in sein Büro gehen.« Der Minister dirigiert die kleine Gruppe in Richtung Ausgang durch die feuchtfröhliche Siegesfeier.

Peter Scholler schließt neben Friedrich auf, als sie durch die leeren Gänge laufen. »Wolfgang Löhde ist ein alter Freund«, flüstert er. »Ob du es glaubst oder nicht, wir sind zusammen auf der Padua um Kap Horn gesegelt.«

Donnerwetter. Auf dem letzten Handelssegler um die halbe Welt. Friedrich pfeift anerkennend. Und das noch vor dem Krieg, denn die Padua ging als Reparation an die Russen. Schade drum.

Der Minister Mahmoud schließt höchstpersönlich das Büro von Professor Messerschmitt auf und schaltet als Erstes die Klimaanlage ein. Er deutet auf eine Sitzecke, mit Teppich und allem. Friedrich kennt das Büro nur aus den gefürchteten Sitzungen, in denen der Professor seinem Team erläutert, dass alles nun doch wieder ganz anders werden soll und muss.

»Erst das Foto!«, sagt der Minister. »Der Oberst und ich müssen uns nochmal unten sehen lassen. Und Sie können das Gespräch in aller Ruhe auf Deutsch führen.«

Ihr wollt auch was von dem Whisky, denkt Friedrich. Allah drückt heute offenbar beide Augen zu.

Der Fotograf arrangiert sie alle, inklusive des Reporters, in der Sitzecke.

»Komm, Brigitte!« Der stern-Reporter winkt sie zu sich. Er spricht ihren Namen französisch aus, wie Brigitte Bardot. Lachend setzt sie sich neben ihn und macht keine Anstalten, sich zu wehren, als er kurzerhand den Arm um ihre Schultern legt und sie an sich drückt. Friedrich spürt den Stachel der Eifersucht im selben Moment wie die Abneigung gegen den jüngeren Mann. Eingequetscht zwischen dem Minister und dem Oberst grinst er dämlich in die Kamera.

»Prima. Das reicht.« Der Fotograf nimmt die Kamera vom Stativ und notiert die Namen der Anwesenden. »Einen Abzug lassen wir Ihnen selbstverständlich zukommen.«

Ein paar Minuten später sind nur noch Peter Scholler, seine Tochter, der Reporter und Friedrich Hellberg im Raum. Selbst der Fotograf hat mit einem Augenzwinkern vorgeschlagen, noch ein paar Schnappschüsse an der Bar zu machen.

Der Reporter wird ernst. Ob es in letzter Zeit Probleme gegeben habe. Drohungen. Verleumdungen.

»Bei uns nicht.« Peter Scholler schüttelt den Kopf.

»Doch.« Friedrich Hellberg nickt.

Der anonyme Brief. Die mysteriöse Besucherin. Die Aufhebung seiner Clearance in Deutschland. Stornierungen. Unschöne Presseartikel. Vorwurfsvoll sieht er den Reporter an.

»Sie können offen sprechen, Herr Hellberg.«

Lass Brigitte in Ruhe, du Schnösel!, denkt Friedrich. Und entschließt sich kurzerhand, seinem Ärger Luft zu machen. Sollen sie ihn doch beim Wort nehmen!

»Die Politiker und die Leitartikler in Deutschland nehmen sich heraus, die hier tätigen deutschen Techniker und Wissenschaftler zu verdammen und zu beschimpfen. Wer aber berichtet wahrheitsgetreu, wie es zu dieser Hilfe für Nasser kam?«

Der Reporter nickt ihm zu. Nur weiter so.

»Wer gab denn damals diese Anzeigen in den großen deutschen Tageszeitungen auf? Die Zentralstelle für Arbeitsvermittlung in Frankfurt. Eine offizielle Bundesstelle, die sehr genau darüber wacht, dass nur einwandfreie Stellen vermittelt werden. Mussten wir nicht der Überzeugung sein, dass diese Vermittlung in den ägyptischen Flugzeugbau der Bundesregierung bekannt war und von dieser als politisch erwünscht und zulässig angesehen wurde?«

Peter Scholler sieht ihn überrascht an. So kenne ich dich gar nicht, sagt ihm dieser Blick anerkennend.

»Messerschmitt selbst, aber das haben Sie nicht von mir, beruft sich immer wieder darauf, dass damals der Bundesverteidigungsminister Franz Josef Strauß seinen Segen dazu gegeben hat. Und zur gleichen Zeit schließt der Bundeskanzler, vermutlich um sein Gewissen zu beruhigen, wie wir heute wissen, mit Israel ein Geheimabkommen über Zahlungen von zweihundert Millionen Mark.«

Brigitte lächelt ihn an. Ich liebe es, wenn du dich aufregst, Väterchen.

»Und gibt es«, fragt Friedrich, »vielleicht noch einen Grund, der Franz Josef Strauß damals veranlasst hat, seine Zustimmung zu geben, als wir in Ägypten begannen, einen Hochgeschwindigkeitsjäger zu bauen? Ich glaube, es gibt einen sehr gewichtigen Grund! Deutschlands Flugzeugentwicklung ist durch Zusatzabkommen zum Deutschlandvertrag so eingegrenzt, dass wir bis heute weder schnelle Jäger noch Bomber bauen dürfen. Und der Bundestag sorgt alljährlich bei der Haushaltsberatung dafür, dass der deutsche Flugzeugbau sich kümmerlich von Lizenzbauten ernähren muss und keine Mittel für große Neuentwicklungen bekommt. Was bleibt da einem erfahrenen Flugzeugexperten übrig, als ins Ausland zu gehen?«

Das war's. Mehr hat er nicht zu sagen.

»Du magst Recht haben, Friedrich«, fügt Peter Scholler hinzu. »Von hoher Politik verstehe ich nicht allzu viel. Aber für uns war damals, als Brandner herumfragen ließ, wer mitkommen wollte, noch etwas anderes wichtig: Das ist doch eine faszinierende, verantwortungsvolle Aufgabe. Eine ganze Luftfahrtindustrie nach neuesten Gesichtspunkten zu planen und zum Leben zu bringen! Wir haben hier auf dem Sand ein vollkommen neues Werk hingesetzt, Kraft- und Lichtstrom, Trink- und Nutzwasser installiert, ein vierstöckiges Bürohaus und vier Triebwerkprüfstände gebaut. Wir haben eine Schmiede, eine Härterei, einen Hochvakuumlötofen aus den USA.«

Peter hat sich nun ebenfalls in Rage geredet.

»Ich gebe zu, es war auch ein bisschen Abenteuerlust dabei. Und natürlich eine Bezahlung, wie man sie in Deutschland vergeblich sucht.«

»Aber du regst dich auch immer auf«, mischt sich Brigitte plötzlich ein, »dass die deutsche Botschaft für uns Expertenfamilien kein offenes Ohr hat.«

»Das stimmt, mein Schatz.« Peters Gesicht verfinstert sich. »Wie viele sind wir alle zusammen, Friedrich? Mit Frauen und Kindern sicher zwei- bis dreitausend Seelen. Und wenn wir unsere Botschaft aufsuchen, weil wir etwas brauchen, einen Rat oder ein wichtiges Papier, behandelt man uns wie stinknormale Touristen. Manch einer dort tritt uns sogar mit offener Antipathie entgegen! Die ziehen ihre politischen Rückschlüsse, und wir müssen es ausbaden.«

»Das reicht fürs Erste.« Der Reporter sieht auf seine Uhr. »Ich danke dir, Peter und Ihnen, Hellberg, für eure Offenheit.« Er wolle darum auch offen sein, sagt er. Es sei nicht abzusehen, ob das, was sie heute hier besprochen wurde, jemals an die Öffentlichkeit gehe.

Darüber entscheide nicht er, nicht einmal seine Chefs in den Redaktionsstuben. Diese Entscheidungen laufen auf höchster Ebene.

In Kairo.

In Bonn.

»Eines jedoch dürfte mittlerweile klar sein. Sie alle sitzen hier auf einem Pulverfass, das jederzeit hochgehen kann.«

Friedrich Hellberg spürt, wie Adrenalin durch seine Adern schießt. Mit dem Alter hat ihn der Mut verlassen. Vielleicht, als er Ingrid zuliebe das Fliegen aufgegeben hat. Als die Kinder kamen. Als die körperlichen Beschwerden zunahmen und die Erkenntnis der eigenen Sterblichkeit. Es jagt ihm eine Heidenangst ein, sich und seine Familie ein weiteres Mal im Brennpunkt eines Krieges zu finden.

Zu seiner eigenen Überraschung jedoch ist es ihm völlig egal, ob Ingrid dieses Foto von ihm und Brigitte im stern sieht. Er sehnt sich sogar insgeheim nach Entdeckung. Soll es doch alle Welt sehen und hören!

Brigitte. Mit dir an meiner Seite fühle ich mich endlich wieder lebendig.

BND-Akte 100 614_OT.

Aktennotiz zum Fall Sprengstoffpakete etc.

Vom 19.2. bis 25.2.1963 war ich auf Einladung der ägyptischen Regierung in Kairo und hatte mehrere Besprechungen mit seiner Exzellenz Minister I. Aldin Mahmoud, der für die auswärtigen Programme der ägyptischen Regierung verantwortlich ist. Ihm unterstehen u.a. die Projekte:

1. Brandner-Gruppe, Triebwerksbau.

2. Messerschmitt-Gruppe, Flugzeugbau.

3. Pilz-Gruppe, Raketenbau.

Minister Mahmoud bat mich mehrere Male ausdrücklich, wenn möglich zu veranlassen, dass zuständige Beamte der Staatsanwaltschaft und Polizei zwecks Untersuchungen aller Vorgänge in Ägypten, zwecks Sicherstellung von Beweismaterial, zwecks Befragung von Zeugen und zum Entschärfen von Sprengstoffpaket usw. nach Kairo kommen.

Ein offizielles Ersuchen über die deutsche Botschaft an das Auswärtige Amt bezeichnete Minister Mahmoud erfahrungsgemäß deswegen als selbstmörderisch, weil alle Vorgänge dann automatisch über Korrespondenten, Kontaktleute und Pressestellen etc. einem großen Personenkreis bekannt werden.

Dieses jedoch muss auf alle Fälle verhindert werden, damit die Gegner nicht wissen, ob und mit welchem Erfolg oder Misserfolg ihre Aktionen abgelaufen sind. Aus diesem Grunde ist auch alles, was in Ägypten passiert ist, zum Staatsgeheimnis erklärt worden.

Durch meine persönliche Bekanntschaft mit Minister Mahmoud wurde ich als Kurier benutzt. Er bat mich dringend, von meinem Wissen auf keinen Fall publizistischen Gebrauch zu machen, was ich in Kairo versprochen habe.

In Kairo ist man der festen Überzeugung, dass der Gegner mit einer groß angelegten Kampagne anfangen wird, allen diesen drei Projekten systematisch den Kopf abzuschlagen. Entsprechend der Wichtigkeit hat man bei der Pilz-Gruppe begonnen. Man weiß in Kairo, daß von Deutschland aus operiert wird. Und wartet nun auf Nachricht von mir, wann endlich deutsche Dienststellen die Ermittlungen beginnen, damit in Deutschland nicht das passiert, was in Kairo passiert ist.

Hamburg, den 28. 2. 1963

Wolfgang Löhde

Diese Clubs sehen alle gleich aus, denkt Rita, während sie die mit hellen Kacheln gefliste Allee aus sorgsam gestutzten Bäumen entlangläuft. Die Kacheln kühl, die Bäume schattig, links und rechts die obligatorischen Korbstühle. In der Ferne leuchtet schon das vielversprechende Blau des Sport-Pools. Unser Wappen ist hübscher, denkt Rita und stellt fest, dass sie bereits die Konkurrenz darum, welcher Club schöner, größer und exklusiver ist, verinnerlicht hat.

Sie befiehlt sich zum wiederholten Male, nicht daran zu denken, wie sie mit Hani hier Arabisch geübt hat. Rita hofft, dass seine Eltern jetzt am Nachmittag noch nicht im Club sind. Gleichzeitig hofft sie, seiner Mutter, seinem Vater, seiner Schwester zu begegnen, denn in jedem von ihnen steckt ein Teil von ihm.

Lenk dich ab.

Ist es die Suche nach Ablenkung, die Rita jeden Donnerstagabend nach dem Arabischkurs ins Lotus House treibt? Oder ist es die Faszination Johnnys, der Dinge sagt und tut, die Rita fremd sind? Der sie immer wieder mit seiner direkten, offenen Art vor den Kopf stößt. Und den sie zugegebenermaßen nicht so einfach um den Finger wickeln kann. Nicht als Frau.

Lenk dich ab.

Sie ist am Pool angekommen und blickt sich suchend um. Es sind nicht alle Tische besetzt. Das Wasser glitzert verlockend, es ist noch nicht zu voll. Ein paar Schwimmer ziehen ihre Bahnen. Ein junges Mädchen auf dem Dreimeterbrett springt ab und taucht wie ein Vogel ins Wasser ein.

Ganz hinten, halb verdeckt von einem dunkelblauen Sonnenschirm, sieht sie schließlich ihren Chef mit zwei unbekannten Herren sitzen, die ihrer Blässe nach zu urteilen vor kurzem aus Deutschland eingetroffen sind.

Rita bleibt kurz stehen und zieht eine Mappe aus ihrer Tasche.

Nutzt den Moment, um zu überlegen, welcher von beiden wohl der stern-Reporter ist, den Wolfgang Pilz persönlich vom Flughafen abholt und der Johnny das Leben so schwer macht.

Als sie näher kommt, merkt sie, dass die Unterhaltung mit erregten Stimmen geführt wird.

»– gerade erst erfahren. Es grenzt an ein Wunder, dass er noch am Leben ist.«

»Der erste Schuss verfehlte ihn so knapp, dass die Kugel durch seinen Schal ging. Dann hatte die Pistole wohl Ladehemmung und er konnte sie beiseite schlagen, bevor der zweite Schuss losging. Darauf sind sie abgehauen.«

»Irgendwelche Hinweise darauf, wer es war?«

»Die Autos waren gemietet, es wurden ägyptische Ausweise vorgelegt.«

»Das kann nicht sein!« Wolfgang Pilz springt auf. Sein Blick fällt auf Rita, die stumm mit der Mappe in der Hand neben dem Tisch steht.

»Hat Kleinwächter angerufen?«, bellt er ihr entgegen, ohne weitere Begrüßung.

»Ja, aber Sie waren schon weg.«

»Was hat er gesagt?«

»Nur, dass Sie bitte zurückrufen möchten.«

Ein untersetzter Mann im Anzug steht plötzlich mit gezogener Waffe am Tisch. »Alles in Ordnung?«

Das bringt den Professor wieder zu sich. Er winkt ab und setzt sich. Der Mann verschwindet. Das war einer von Captain Diyas Männern, denkt Rita. Die sind überall.

Sie sieht sich um. Die zwei dahinten beim Sprungturm, die so angestrengt herüberschauen, gehören sicher auch dazu.

»Setzen Sie sich, Fräulein Rita, und entschuldigen Sie meinen Tonfall. Haben Sie alles?«

»Ihr Vertrag.« Sie schiebt ihm die Papiere zu. »Und das Foto.«

Es ist ein Abzug von dem Bild, das Rita direkt nach der Explosion von den Papierfetzen gemacht hat.

Der Reporter drückt ihr kurz die Hand. Er sieht eigentlich ganz nett aus.

»Darf ich?« Er greift nach dem Foto und hält es dicht vor die Augen, um zu entziffern, was noch lesbar ist.

Professor Pilz blättert unterdessen in seinem Vertrag. »Hier ist es.«

Wolfgang Löhde legt das Foto beiseite, nimmt den Vertrag und liest. Nach einer Weile sieht er auf. »Tatsächlich, schwarz auf weiß. Und das wissen die in Bonn?«

Pilz nickt. »Natürlich, ich habe ja Memorandum über Memorandum verschickt. Sie haben unsere Arbeit hier gerne stillschweigend hingenommen, bis die israelischen Zeitungen angefangen haben, mit dem Finger auf uns zu zeigen.«

Er rauft sich die weißen Haare. »Verstehst du? Und wir sollen jetzt den Preis dafür bezahlen? Womöglich mit dem Leben?«

»Lass uns später weiterreden.« Löhde wirft einen Blick auf Rita. Die fühlt sich ertappt und steht auf.

»Wenn Sie mich hier nicht mehr brauchen –«

»Warten Sie!« Der andere Mann hat bisher noch gar nichts gesagt. Er hebt kurz die Kamera an, die vor ihm auf dem Tisch liegt. »Wir brauchen noch ein Foto. Am besten mit dem Pool im Hintergrund. Und wenn es Ihnen nichts ausmacht, Fräulein –«

»Hellberg.«

»– dann hätte ich Sie gern als Blickfang mit im Bild. Die Leute mögen das.«

»Muss das jetzt sein?«, fragt der Professor ungeduldig.

»Bitte, Wolfgang.« Der stern-Reporter setzt sich links neben den Professor. »Wenn wir damit doch irgendwann rauskönnen, brauchen wir Bilder, das weißt du so gut wie ich. Und dann schwöre ich dir: Ich bekomme meine Story und ihr hier die Gelegenheit, eure Version der Geschichte zu erzählen.«

Er deutet auf die andere Seite des Professors. »Möchten Sie bitte dort drüben Platz nehmen?«

Rita setzt sich hin.

Der Fotograf macht sich ans Werk.

»Darf ich das behalten?«, fragt der Reporter, als die Bilder endlich im Kasten sind. Er zeigt auf den Abzug von Ritas Aufnahme. »Sie bekommen auch die Fotos von heute, wenn Sie möchten.«

»Ja, natürlich.«

Er nimmt das Foto und holt einen Umschlag aus seiner Tasche, der bereits prall gefüllt ist. Als er ihn öffnet, fallen ein paar kleinformatige Passbilder heraus.

Rita hebt die Fotos auf. Sie sind jeweils auf der Rückseite beschriftet.

Völlig zerfetzt.

Kopf abgerissen.

Tot, verbrannt.

Da ist es, im Bruchteil einer Sekunde wahrgenommen: ein Foto von Hani. Sie dreht es um.

Gehirnschäden.

Sie möchte schreien.

»Danke vielmals«, sagt der Mann vom stern und packt die Fotos wieder ein.

BND-Akte 100 614_OT.

Sicherungsgruppe E II 4

z. Zt. Hamburg, den 28. Februar 1963

VS-Vertraulich!

5 Ausfertigungen:

1. Ausfertigung

Hiermit

beginnt ein neues

E r m i t t l u n g s v e r f a h r e n

gegen

U n b e k a n n t

wegen Mordes, versuchten Mordes,

Verstoßes gegen das Gesetz gegen den verbrecherischen und gemeingefährlichen Gebrauch von Sprengstoffen,

Verkehrsgefährdung pp,

und Verdacht eines Vergehens gem. §§ 128, 129 StGB.

Nach der Rückkehr des stern-Reporters aus Kairo kommt in der Bundesrepublik tatsächlich Bewegung in die Sache. Die Ermittlungen zu den Sprengstoff-Attentaten übernimmt die Sicherungsgruppe des BKA, zuletzt im Zusammenhang mit der Spiegel-Affäre in den Schlagzeilen. Deren Chefermittler Theo Saevecke, in Italien per Haftbefehl gesucht, hat derzeit allerdings andere Sorgen. Seine Karriere ist Gegenstand einer Fragestunde des deutschen Bundestages am 6. März 1963.

Abgeordneter Sänger (SPD): War der Bundesregierung bei der Einstellung des Regierungskriminalrates Theo Saevecke in das Bundeskriminalamt bekannt, dass Herr Saevecke nicht nur den Rang eines SS-Sturmführers, sondern vorher bereits den eines SA-Sturmführers z. b. V. bekleidet hat?

Bundesinnenminister Höcherl: Ich darf die Frage mit ja beantworten.

Die Sicherungsgruppe, in dem von mehrheitlich ehemaligen

Nationalsozialisten geformten Apparat des BKA eine Eliteeinheit nach dem Vorbild des früheren Reichssicherheitsdienstes, ermittelt im Auftrag der Generalbundesanwaltschaft, die im März 1963 ganz ohne Chefermittler dasteht. Der letzte Generalbundesanwalt, Wolfgang Fränkel, wurde 1962 bereits nach wenigen Monaten im Amt in den einstweiligen Ruhestand versetzt.

Seit 1933 NSDAP-Mitglied.

Langjährige Tätigkeit bei der Reichsanwaltschaft.

Mitwirkung an mindestens vierunddreißig Todesurteilen.

Die Generalbundesanwaltschaft, so wird viele Jahrzehnte später eine Studie feststellen, besteht 1963 etwa zur Hälfte aus ehemaligen NSDAP-Mitgliedern.

In der Sicherungsgruppe des BKA bilden diese sogar die geschätzte Mehrheit.

Im Fadenkreuz der gemeinsamen Ermittlungen beider Behörden liegt zunächst die Jagd auf Kommunisten sowie auf Spione der DDR und der Sowjetunion. Später wird dieser Fokus um die Ermittlungen gegen die Rote Armee Fraktion ergänzt, zu deren Gründungsmitgliedern die frühere Chefredakteurin der Zeitschrift konkret, Ulrike Meinhof, gehört.

Im Fall der mit Sprengstoff versehenen Sendungen nach Kairo ermitteln fortan zwei Beamte der Sicherungsgruppe, die Kriminalobermeister Lemmer und Scherrer, die ihre akribisch verfassten Schriftstücke immer gemeinsam mit Nachnamen unterzeichnen. Ihre Nachforschungen in Hamburg, München und Lörrach laufen parallel zu den Privatermittlungen von Hermann Adolf Valentin, dem Sicherheitsbeauftragten der ägyptischen Regierung und der Firma Kleinwächter in Lörrach.

Amtshilfe erfolgt durch den Bundesnachrichtendienst.

Foto, Farbe:
Kai Hellberg, schulterlange Haare, in einem
dreckverschmierten Overall, sitzt grinsend auf einem
alten Traktor zwischen Orangenbäumen, den Arm um die
Schultern einer jungen Frau gelegt, die Hosen, schwere
Arbeitsschuhe und einen Strohhut trägt.
Bildunterschrift: Der verliebte Kibbuznik, März 1963

Kai springt vom Trecker und reicht Isabell die Hand. Die wirft ihm einen spöttischen Blick zu.

»So sportlich wie du bin ich schon lange!« Sie springt selbst herunter. »Hier ist eine Frau genauso viel wert wie ein Mann.«

Joachim kommt dazu und gibt Kai die Kamera. »Ich glaube, dein Film ist bald voll.«

»Danke.« Kai versucht, gegen die Abendsonne zu erkennen, bei wie vielen Bildern der Zähler steht. Joachim hat Recht. Vor der Rundreise muss er in Tel Aviv noch einen Fotoladen ausfindig machen.

»Lasst uns rüber zu Giora gehen.« Isabell zieht ihn am Ärmel. »Die anderen warten bestimmt schon.«

Die zehn Mitglieder der BDIS-Reisegruppe, zu der auch die drei Hamburger gehören, haben den ganzen Vormittag damit zugebracht, unter strenger Anleitung von Giora, dem Koch, ein koscheres Buffet vorzubereiten und den Gemeinschaftsraum neben der Küche zu schmücken.

Ein gut gestalteter Abschiedsabend ist Pflicht! So steht es im letzten Rundbrief des Bundesverbandes mit Anregungen für Israelreisen.

Kai tätschelt wehmütig die rostige Motorhaube des Treckers. Er wird sie vermissen, die harte Arbeit in der Orangenplantage und auf den Feldern. Wer schuftet, kommt weniger ins Grübeln.

Sich zu bewegen, im Einklang mit den geschmeidigen Bewegungen der selbstbewussten jungen Männer und Frauen aus dem Kibbuz, hat Kais Unbehagen wenigstens tagsüber zum Verstummen gebracht.

Denn das Unbehagen kam schon bald, allzu bald nach der Euphorie der Landung auf dem Flughafen Lod.

»Wir sind in Israel!« Isabells Lächeln überstrahlt alles, auch seine eigenen Schmetterlinge im Bauch.

Sie sind am Ziel. Der Weg dahin war langwierig und nervenaufreibend. Joachim und die Leute vom Bundesvorstand kennen das schon. Anfragen schreiben:

ISSTA. Israel Student and Travel Association.

NUIS. National Union of Israel Students.

Israel Mission, Köln.

»Habt ihr euch verabredet?«, scherzt die Dame am Telefon der Israel-Mission mit Kai. Dann wird sie ernst. »Es gibt nicht viele Kibbuzim, die Deutsche aufnehmen. Nicht mal für ein paar Wochen. Zehn, vielleicht zwölf machen das. Höchstens.«

Schweigen.

»Die Anfragen gehen in die Hunderte.«

»Wir sind eben eine neue Generation«, sagt Kai.

Offener Brief. DIS Tübingen.

Neunzehn Jahre nach dem Untergang der nationalsozialistischen Herrschaft und sechzehn Jahre nach der Entstehung des Staates Israel weigert sich die Bundesregierung noch immer, mit der israelischen Regierung diplomatische Beziehungen aufzunehmen.

Die Situation ist grotesk: Die Opfer des nationalsozialistischen Terrors sind bereit zu verzeihen, aber diejenigen, die sich als Rechtsnachfolger jenes Deutschlands der Konzentrationslager bezeichnen, scheuen sich vor unliebsamen Konsequenzen und wirtschaftlichen Verlusten.

Wenn hier die politische verantwortliche Führung wieder einmal versagt, dann kommt es für uns als Angehörige der jüngeren Generation, die mit Hitler nichts zu tun hatten, aber die unvermeidlichen Konsequenzen seines Systems zu tragen bereit sind, darauf an, dieses Mal unzweideutig klarzumachen, welche Haltung wir einnehmen.

Eine Woche später.

»Haben Sie wirklich gar nichts für uns?«, fragt Kai die nette Dame am Telefon.

»Ich habe nochmals nachgefragt, aber es bleibt beim Nein. Sie müssen das verstehen. Für die Überlebenden des Holocaust war es ein Schock. Noch eine Gruppe ist für sie nicht zumutbar.«

»Bitte«, sagt Kai. »Es ist sehr wichtig für uns.«

Die Frau seufzt.

Zwei Tage später kommt eine Zusage. Selbst Joachim, der sonst immer alles besser weiß, schenkt Kai ein anerkennendes Nicken. Und Isabell, die ihre Gefühle nie versteckt, macht ihm an diesem Abend ein noch viel größeres Geschenk. Sie haben die Wohnung ganz für sich allein.

Kai ist so verliebt.

Er starrt auf Isabells braun gebrannte Beine, die vor ihm her-laufen auf dem Pfad zurück in die Siedlung. Ein warmer Wind weht vom Meer herauf. Das Meer ist hier vom intensivsten Blau, das er je gesehen hat, fast Türkis. Jemand hat ihm erzählt, dass sie vor Urzeiten an dieser Küste Purpurschnecken gefunden haben, aus deren Sekret die wertvollste aller Farben hergestellt wurde.

Blau. Türkis. Purpur.

Grüner Rasen.

Orangen.

Das ganze Land ist wie der Farbfilm, den er im letzten Moment in Hamburg gekauft hat. Viel zu teuer eigentlich, aber das war ihm egal.

In diesem Moment wünscht sich Kai nichts leidenschaftlicher, als mit Isabell in einem einfachen, weiß verputzten Haus mit blauen Fensterläden zu wohnen.

Und doch wird er morgen wieder mit seinem Rucksack auf die

386

Ladefläche eines LKW klettern und nach Haifa fahren, zurück in die Zivilisation der Städte.

Ein paar Tage in Tel Aviv. Treffen mit Studentenvertretern. Zehn Tage Rundreise. Zurück nach Deutschland. Wo alles so grau, so steif, so alt und eingesessen ist. Für Deutschland reicht immer noch ein Schwarz-Weiß-Film. Wo ist da Platz, um Neues zu bauen? Wo Platz, um kollektiv das Land zu bewirtschaften? Wo Platz, um blühende Zukunft zu erschaffen?

Und doch wird er zurückfahren.

Die erste Begegnung in Israel, am Tag nach ihrer Ankunft.

Martin Buber, der berühmte alte Philosoph, stellt klar: »Niemand von außen kann und darf euch dabei helfen. Setzt euer ganzes Wollen daran und lehrt, erklärt, erzieht und versucht, eine neue Entmenschlichung zu verhüten!«

Kai hat es sich notiert, noch am selben Abend.

Rita schreiben.

Noch ist er nicht dazu gekommen.

Der Gemeinschaftsraum liegt verlassen da. Geschmückt, bereit zum Empfang der Gäste. Und keiner ist da.

»Wo sind sie alle?« Isabell steht die Enttäuschung ins Gesicht geschrieben.

»Hört mal!« Kai hat gute Ohren, geschult durch die Arbeit mit den Musikern. Sie folgen der hebräischen Stimme in Richtung der Küche. Da sitzen sie, Deutsche und Israelis, um das Radio versammelt. Fragende Blicke von den einen, ernste Gesichter bei den anderen.

»Was ist los?«, fragt Joachim auf Englisch. Viele hier im Kibbuz verstehen Deutsch, aber gesprochen wird es nur hinter verschlossenen Türen im Privaten.

»Ruhig.« Eine Handbewegung von Giora bringt ihn zum Schweigen.

Warten.

Als es vorbei ist, schaltet Giora das Radio aus. Er steht auf und wirft einen Blick in die Runde. Kein Scherzen mehr, keine spöttischen Witze über die ungeschickten Hände der männlichen Besucher aus Deutschland, die es nicht gewohnt sind, Essen zuzubereiten.

»Es hat den Anschein«, sagt Giora auf Englisch, »dass deutsche Wissenschaftler den Ägyptern helfen, Waffen herzustellen, die nach internationalem Recht verboten sind.«

Atomwaffen.

Sagt er nicht.

Schon wieder.

Sagt er nicht.

Denken tun es alle.

Schweigen.

Rita tritt aus dem Aufzug. Es ist Montag, nicht der übliche Tag für ihren Besuch im Lotus House. Aber heute hat sie ein besonderes Geschenk für Johnny, das nicht warten kann.

»Herr Schwartz ist nicht da.« Hinter der Rezeption sitzt wieder der Mensch, den sie nicht leiden kann. So ein Typ, wie es sie zu Hunderten in Kairo gibt. Je schlechter man sie behandelt, desto klebriger werden sie.

Ohne ihn weiter zu beachten, setzt sich Rita in einen der grünen Ledersessel. Sie holt eine Mappe aus der Tasche, öffnet sie und betrachtet zufrieden ihre Beute. Frisch aus dem Fernschreiber.

Bitte in drei Ausfertigungen, Fräulein Hellberg!

Wird gemacht. Und eine vierte für Johnny: der Artikel für den stern. Vorab zur Kenntnisnahme.

stern. Druckfreigabe zum 19. März 1963. Seite 12 ff.

Raketenforscher leben gefährlich. Raketen können Macht und militärische Stärke bedeuten. Damit geraten diese Männer ins Kreuzfeuer der Geheimdienste. Einige deutsche Forscher, die an ägyptischen Projekten mitarbeiten, bekamen dies in den letzten Monaten zu spüren; ihnen drohte Mord und Entführung.

Die mehrseitige Reportage beginnt groß aufgemacht mit dem Mordanschlag auf Kleinwächter. Der stern-Reporter überführt die Täter geschickt der Lüge: Der fingierte Ausweis eines Ägypters am Tatort kann nicht auf den Schuldigen hinweisen, heißt es triumphierend, denn dieser, Hauptmann der ägyptischen Spionageabwehr, schrieb am Tag des Überfalls eine Widmung unter ein Foto von ihm selbst und dem Reporter. Das wird natürlich abgedruckt, die Bildunterschriften sind bereits eingefügt.

Das Foto mit Rita ist nicht dabei. Keine Bilder von Unbeteiligten, hat der Reporter in seinem Anschreiben vermerkt. Man wolle niemanden unnötig gefährden.

Rita liest.

Die von den Deutschen in Kairo konstruierten Raketen eignen sich nicht für militärische Einsätze, sie dienen angeblich nur der Erforschung der oberen Luftschichten. Ägypter bauten die Raketenwaffen. Trotzdem machen Agenten eines Geheimdienstes Jagd auf die deutsche Gruppe.

Sie blättert um. Als Nächstes kommt Hannelore, mit Foto. Fast über die ganze Seite. Opfer eines Anschlags: blind und verstümmelt.

Weiterlesen.

Wer immer für die Kairoer Raketen arbeitet, muß auf alles gefaßt sein. Nach einem Generalstabsplan des Terrors wird eine Stelle nach der anderen aufs Korn genommen.

Rita bekommt eine Gänsehaut.

Es folgt ein Verweis auf den Ausspruch des israelischen Geheimdienstchefs, der letztes Jahr schon im Spiegel stand: Wir besitzen Listen aller Ausländer.

Halt.

Ein Nachsatz, mit der Hand hinzugekritzelt. Rita beugt sich über den Durchschlag, der ihr nicht besonders gut geraten ist.

Haftbefehl gegen Otto Franz Joklik (42). Festgenommen in Zürich. Israelischer Begleiter. Auslieferungsverfahren.

»Hallo, Rita!« Johnny ist unbemerkt aus dem Fahrstuhl zu ihr getreten. »Was verschafft mir die Ehre am Montag?«

Rita ist nicht zu Floskeln aufgelegt. »Können wir zu dir gehen?«, fragt sie und steht auf.

»So eilig?«, fragt Johnny und nimmt sie am Arm, nicht ohne dem Rezeptionisten zuzuzwinkern.

»Was soll das?«, fragt Rita und macht sich los, als sie um die Ecke sind.

»Mein Ruf.« Johnny zuckt entschuldigend mit den Schultern. »Wenn ich nicht dran arbeite, landen Ganesh und ich im Gefängnis.«

Rita sieht ihn erschrocken an.

»Nett, dass du dir Sorgen machst.« Johnny schließt auf. »Aber ich kann schon auf mich aufpassen.«

Kaum im Zimmer, legt Rita den Durchschlag auf den Schreibtisch. »Für dich.«

Johnny nimmt die Papiere, zündet sich eine Zigarette an und beginnt zu lesen. »Der geht ja in die Vollen«, murmelt er.

Rita beobachtet ihn ungeduldig.

»Das Gekritzel da unten verstehe ich nicht«, sagt sie, als er anscheinend endlich fertig ist.

Johnny blickt sich im Zimmer um. Quer über das Bett, Stühle und den Schreibtisch verteilt, liegen wie immer Seiten aus der Tageszeitung Al Ahram. Er dreht eine nicht besonders gekonnte Pirouette und greift nach einer Titelseite.

»Gestern habe ich das hier gefunden.«

Ritas Arabisch ist immer noch zu schlecht, um eine ganze Zeitung zu lesen. Aber mit ein bisschen Mühe schafft sie mittlerweile einen Artikel.

Al Ahram. 18. März 1963. Seite 1.

Israel attackiert die Schweiz wegen Verhaftung israelischer Geheimagenten – In Israel ist die Angst vor den Raketen der VAR neu erwacht.

»Was soll das denn heißen?«, fragt Rita, die sich nicht sicher ist, ob sie die Wörter richtig zusammengesetzt hat.

Johnny macht seine abgewetzte Ledertasche auf und zieht

einen Packen Zeitungen heraus.»Ich habe den ganzen Morgen bei den Kollegen von der dpa vor dem Fernschreiber gehangen. Dann bin ich zu Lehnert und Landrock gegangen, wo am Nachmittag die aktuellen Zeitungen aus dem Ausland angeliefert werden.«

Er schlägt die Zeitungen mit geübter Hand auf und verteilt sie über das Bett.»Ihr habt es auf die zweite Seite der New York Times geschafft. Herzlichen Glückwunsch!«

Rita liest.

»Nukleare Sprengköpfe?«

»Lies!«

New York Times. 18. März 1963. Seite 2.

Die Vereinigte Arabische Republik versucht nach Angaben hiesiger Quellen einen Nuklearsprengkopf für ihre Raketen herzustellen. Der Europa-Korrespondent von Radio Kol, dem israelischen Staatssender, behauptete gestern, dass deutsche Wissenschaftler an der »Produktion und Fertigstellung von Waffen arbeiteten, die nach internationalem Gesetz verboten und verdammt sind«. Es wird angenommen, die Wissenschaftler arbeiteten mit den Ägyptern an der Entwicklung eines Kobalt-Sprengkopfes. Die Kobaltbombe würde radioaktive Partikel über große Gebiete verstreuen.

»Was soll das?«, fragt Rita ungeduldig. »Warum kommt das gerade jetzt?

»Hier, die Schweizer.« Johnny deutet auf die Zeitung mit dem Titel Blick.»Und die Frankfurter Allgemeine.«

Rita liest.

Blick. 18. März 1963. Seite 1.

Zu weltweiter Bedeutung ist am Wochenende die Verhaftung israelischer Agenten in der Schweiz gekommen. Die Einzelheiten, die am Wochenende bekannt wurden, genügten, um in Israel, Deutschland, Oesterreich und Aegypten die Fernschreiber und Telefone heisslaufen zu lassen.

Über die Ereignisse vom 2. März, die zur Verhaftung der beiden Agenten führten, gibt es verschiedene Versionen. Fest steht, dass sich an jenem Tag die Tochter Prof. Goerckes, die 25jährige Gerichtsassessorin Heidi Goercke aus Freiburg im Breisgau, im Basler Hotel »Drei Könige« mit den beiden Männern getroffen hat.

Nach israelischer Darstellung sind die beiden Männer unschuldig in eine Falle getappt.

Fortsetzung Seite 3.

Hastig blättert Rita um.

Nach einer anderen Version sollen die beiden Agenten zuerst den Kontakt aufgenommen haben. Bei dem Gespräch in Basel sollen sie von Heidi Goercke verlangt haben, sich mit ihrem Vater in Verbindung zu setzen und ihn zu veranlassen, Kairo zu verlassen.

Rita greift nach der anderen Zeitung.

Frankfurter Allgemeine. 18. März 1963. Seite 3.

Um die ausländischen Mitarbeiter an der ägyptischen Raketenforschung hat sich eine neue Entführungsaffäre zugetragen.

Weiter unten.

Der namentlich nicht genannte Israeli und der 42 Jahre alte österreichische Radiologe Professor Joklik wurden in einem Baseler Hotel bereits am 2. März verhaftet.

»Joklik!« Rita sieht zu Johnny. Der nickt ihr zu.

»Lies weiter.«

1962 soll Joklik mit israelischen Stellen in Deutschland Kontakt aufgenommen und erklärt haben, er habe erst nachträglich erkannt, wie gefährlich seine Arbeit in Ägypten sei. Aus moralischen Erwägungen sei er »abgesprungen« und habe es angesichts der besonderen Gefahr der ägyptischen Pläne für Israel für möglich gehalten, auch einige Mitglieder der deutschen Arbeitsgruppen zum »Abspringen« zu bewegen.

»Der und moralische Erwägungen!« Rita glaubt kein Wort von dem, was sie da liest.

»Warum auch immer«, sagt Johnny spöttisch. »Er hat's gemacht. Und ist aufgeflogen.«

»Und was passiert jetzt?«

»Morgen früh nehme ich die erste Maschine nach Zürich.« Johnny grinst. »Nochmal lasse ich mich von dem nicht abhängen.«

Dienstag.

Ingrid Hellberg rührt das Gulasch um. Friedrich ist seit kurzem zuckerkrank. Doktor Eisele sagt, das wäre klimatisch bedingt. Er braucht Diät. Er braucht meine Hilfe.

Brigitte hat sie nach oben geschickt, um Friedrichs Hemden aufzubügeln. Aus den Augen, aus dem Sinn.

Sie muss den Dornenwald in ihrem Inneren bekämpfen. Diesen furchtbaren Aufruhr aus Zorn, Eifersucht und Neid, der in ihr brennt. Täglich versucht sie, Mut und Kraft zu finden im Gebet. Sonntags bei der heiligen Messe und in der Kommunion.

Das Telefon klingelt.

Ihre Schwiegermutter. Auch das noch.

»Geht es euch gut?«

»Friedrich ist noch im Werk, Rita auch. Petra müsste jeden Moment –«

»Sei ruhig, Deern. Ich lese vor.«

Hamburger Abendblatt. 19. März 1963. Seite 3.

Aus Hamburg sind an Raketenfachleute in Ägypten »Pakete mit explosivem Inhalt« geschickt worden. Dies hat die Hamburger Polizei heute vormittag mitgeteilt.

»Und hier unten steht noch was. Hör zu.« Friedrichs Mutter klingt ganz zittrig.

Das Paket sei von einer Sekretärin geöffnet worden, die bei der Explosion der Schreckladung das Augenlicht verloren haben soll.

»Ich lese das heute früh und denke, das ist unsere Rita!«, beschwert sich die Schwiegermutter. Ingrid fühlt, wie die Schwäche wieder von ihr Besitz ergreift.

»Mutter, bitte.« Sie hält den Hörer zu und ruft Brigitte nach oben zu, sie möge bitte das Gulasch umrühren. »Hör' auf damit. Es ist so schon schlimm genug hier.«

Die Schwiegermutter ist sofort beleidigt. Sie wird später wieder anrufen, wenn Friedrich zuhause ist.

Das Telefon klingelt.

»Kind! Seid ihr in Sicherheit?« Ingrids Vater ist am Apparat.

»Ja, Vater. Was gibt es denn?«

»Willst du wissen, was heute in der Zeitung steht?«

Nein, das will sie nicht. Aber sie kann förmlich sehen, wie er die Zeitung aufschlägt und die Lesebrille aufsetzt.

Münchner Abendzeitung. 19. März 1963. Seite 2.

Von israelischen Regierungskreisen wurden gestern »schockierende Enthüllungen« über die Tätigkeit ausländischer Wissenschaftler für die ägyptische Rüstung angekündigt.

»Was soll das bedeuten, Ingrid? Hat dein Mann etwas damit zu tun?«

»Nein, Vater, natürlich nicht«, antwortet Ingrid mit matter Stimme.

»Weißt du, was sie diesem Mädchen gedroht haben?«

»Nein, Vater.«

»Ihrem Vater wird etwas passieren, wenn er weiter für Nasser arbeitet. Das haben sie gesagt, Ingrid. Ich möchte, dass du das wortwörtlich deinem Ehemann mitteilst. Und sagt später nicht, wir hätten euch nicht gewarnt!«

»Das Gulasch hat etwas angesetzt.« Brigitte steht plötzlich neben ihr. Wie immer hat sie sich auf leisen Sohlen angeschlichen.

Dauernd prallt man aufeinander, denkt Ingrid, ohne einander ausweichen zu können.

Sie tritt einen Schritt zurück. »Geh nach Hause, Brigitte, und sieh nach, ob bei euch alles in Ordnung ist. In Deutschland spielen die Zeitungen verrückt.«

Verschwinde aus meinem Haus.

Ehebrecherin.

Kai und Isabell sitzen im Sammeltaxi von Haifa nach Tel Aviv, in den Ohren die Musik vom Abend zuvor. Den Besuch des Konzertes im jüdisch-arabischen Kulturzentrum von Haifa haben sie schon im Kibbuz geplant. »Ein Ort der Verständigung«, hat Giora gesagt, als er ihnen vorschlug, dorthinzugehen. »Damit ihr seht, dass wir nicht nur Krieg gegen die Araber führen.«

Giora mit dem Schalk im Nacken. Als sie nach dem verdorbenen Abschiedsfest in aller Frühe aufbrechen, kommt er nicht mal, um auf Widersehen zu sagen.

Die Musik hilft Kai wie schon so oft, sich wieder zu beruhigen. Klarzukriegen, was ihm Isabell die ganze Nacht eingetrichtert hat.

Du bist nicht dein Vater.

Ich bin nicht mein Vater.

Der überlange schwarze Sedan ist bis auf den letzten Platz besetzt. Ein orthodoxer Jude mit seinem kleinen Sohn. Ein junges Paar, mit sich beschäftigt. Vorn neben dem Fahrer ein alter Mann mit Bart und Brille, sicher ein Gelehrter. Er liest ein Buch.

Kai beugt sich über die schlafende Isabell und zieht die Zeitung heraus, die er vor der Abfahrt gekauft und noch schnell unter die Schnallen seines Rucksacks geklemmt hat.

Er braucht nicht danach zu suchen.

Jerusalem Post. 19. März 1963. Seite 1.

Die israelischen Behörden verhandeln noch über eine Veröffentlichung der Tätigkeit von fast 400 deutschen Wissenschaftlern, die von Ägypten zur Entwicklung von nichtkonventionellen Waffen verpflichtet wurden.

Die Forschung, die zur Zeit unter ihrer Mithilfe in Ägypten stattfindet, beinhaltet Giftgas, radioaktive Strahlung und bakteriologische Kriegsführung. Es herrscht die Meinung vor, dass eine Veröffentlichung des Materials die öffentliche Meinung in Deutschland dahingehend beeinflussen würde, offiziellen Druck auf die deutschen Forscher auszuüben, ihre Zusammenarbeit mit der ägyptischen Armee zu beenden.

Ja, denkt Kai. Das würde diesem ganzen, verdammten Alptraum endlich ein Ende bereiten. Er liest weiter.

Die deutsche Regierung hat behauptet, keine rechtliche

Handhabe zu besitzen, um die Aktivitäten ihrer Bürger im Ausland zu kontrollieren.

Natürlich nicht, denkt Kai. Ihr wollt es euch mit den Arabern nicht verderben!

Kai stößt Isabell an. »Wach auf.«

Verschlafen macht sie die Augen auf und versucht sich zu orientieren. Doch Kai lässt ihr keine Zeit. »Lies mal. Es wird noch schlimmer.«

»Halten Sie bitte an!« Der Orthodoxe tippt dem Fahrer von hinten auf die Schulter.

Kai sieht aus dem Fenster. Links Berge. Rechts Felder bis zum Meer. Wo wollen die hin?

Das Taxi bremst und hält am Straßenrand.

Der Mann dreht sich zu Kai und Isabell. »Ich werde nicht im selben Auto mit Deutschen fahren«, sagt er leise und auf Deutsch. Er schickt sich an, den Jungen, der Kai wütend anschaut, aus dem Auto zu schieben.

»Warten Sie!«, ruft Kai nach vorn zum Fahrer. »Es tut mir leid! Wir steigen aus.«

Unter den schweigenden Blicken der Mitreisenden steigen Kai und Isabell aus dem Taxi. In einer Staubwolke fährt es davon.

Sie stehen am Straßenrand und sehen sich an.

Die Sonne brennt.

Mitten im Nichts.

Mittwoch.

Rita sitzt im Auto. Sie fahren die Corniche hinauf. Der Verkehr staut sich hinter einem umgekippten Eselskarren. Melonen liegen auf der Straße. Husseyn greift nach der Zeitung, die jeden Morgen neben ihm auf dem Beifahrersitz liegt.

»Gibt es was Neues?«, fragt Rita, der das Schweigen heute weniger friedlich vorkommt als sonst. Vielleicht liegt es an der bedrückenden Atmosphäre zuhause. Es geht wieder mal darum, dass Ritas Mutter am liebsten sofort zurück nach Hause möchte. Und ihr Vater sagt, das ginge nicht. Wir haben kein Geld. Ich habe einen Vertrag bis Ende nächsten Jahres. Undsoweiterundsoweiter. Pünktchen hat geweint, und Rita hat sie ins Bett gebracht und ihr vorgelesen wie früher.

»Jetzt weiß es die ganze Welt«, sagt Husseyn plötzlich und deutet auf die Tageszeitung neben sich. Rita beugt sich nach vorn. »Was denn?« Sie greift nach der Zeitung.

Husseyn nickt und gibt Gas, um sich mit Begeisterung dem täglichen Gedrängel auf dem Tahrir-Platz anzuschließen.

Rita buchstabiert lautlos Wort für Wort, während sie dauernd von einer Wagenseite zur anderen rutscht.

Al Ahram. 20. März 1963. Seite 1.

Schweizer Justiz enthüllt die furchtbaren Verschwörungen Israels

Die Presseagentur United Press übernimmt zum Teil fragwürdige Informationen, die Israel verbreitet. Zum Beispiel, neben anderen Dingen, dass die VAR die deutschen Experten mit finanziellen Mitteln in Höhe von Millionen Dollar ausstattet.

Donnerstag.

»Wie geht das hier?« Kai reicht dem Obstverkäufer auf dem Karmel-Markt einen Granatapfel. Er versucht, seinem Englisch einen amerikanischen Unterton zu geben. Der nimmt ein Messer und deutet vier Schnitte an. »So kannst du die Kerne am besten rausbekommen.«

»Ich nehme zwei.«

Kai bezahlt, nimmt die Tüte mit den Früchten und läuft den anderen hinterher. Den orientalischen Markt um sich herum, die Farben, die Gerüche aus den Säcken mit Gewürzen, die verwitterten Gesichter der alten Händler, nimmt er kaum wahr.

Ihr für heute angesetztes Treffen mit Vertretern des israelischen Studentenbundes: abgesagt.

Treffen mit einem Journalisten: abgesagt.

Sie können froh sein, dass das Hotel sie nicht rauswirft. Ganz diskret hat der Mann von der Rezeption sie gebeten, nicht in der Lobby herumzusitzen und laut auf Deutsch zu sprechen. »Es tut mir leid«, fügt er entschuldigend hinzu. »Andere Gäste drohen bereits damit, abzureisen.«

Sie beschließen, obwohl ihnen gar nicht danach ist, an den Strand zu gehen.

Es ist ein herrlicher Tag. Sie ziehen sich um und lassen sich auf ihren Handtüchern im warmen Sand nieder.

»Lies mal vor!«, sagt einer aus Köln zu Isabell, die eine Zeitung mitgebracht hat. Alle wissen, was er meint. Gestern Abend hat Golda Meir eine Rede vor der Knesset gehalten.

Kai zieht sein Taschenmesser heraus und versucht, den Granatapfel genauso einzuritzen, wie es der Mann auf dem Markt gemacht hat.

Jerusalem Post. 21. März 1963. Seite 1.

Außenminister Golda Meir gab gestern eine Erklärung im Namen der Regierung ab. Sie forderte von der westdeutschen Regierung, die Aktivitäten deutscher Wissenschaftler zur Entwicklung von Offensivwaffen mit dem Ziel der Zerstörung Israels zu unterbinden.

Vorsichtig nimmt Kai die Frucht in beide Hände und bricht sie einmal, dann noch einmal auseinander. Ein dünner Faden roten Saftes fließt über seinen Handballen, während er Isabell zuhört.

Frau Meir sagte: »Es gibt keinen Zweifel, dass die Motive dieser feindlichen Gruppe auf der einen Seite Gewinnsucht ist, auf der anderen jedoch eine Neigung der Nazis zum Hass gegen Israel und zur Auslöschung der Juden. Bis zurück in die Tage Hitlers sind die engen Bande zwischen Kairo und den Nazis wohlbekannt und es ist kein Geheimnis, dass Kairo heute als ein wichtiges Zentrum und Asyl für Nazis dient.«

Kai greift sich eine Seite der Zeitung, auf der nur Werbung für eine amerikanische Fluglinie abgedruckt ist, die fünfmal wöchentlich Flüge zwischen Tel Aviv und New York anbietet. Vorsichtig nimmt er das erste Viertel und drückt es so nach oben, dass die roten Kerne auf das Papier purzeln. Dann beginnt er, die restlichen Kerne einzeln herauszulösen. Isabell blättert um.

»Die deutsche Regierung kann nicht über die Tatsache hinwegsehen, dass 18 Jahre nach dem Fall des Hitler-Regimes, das zur Vernichtung von Millionen von Juden geführt hat, wir heute wieder Angehörige dieses Volkes finden, verantwortlich für Aktivitäten, die zur Vernichtung des Staates Israel bestimmt sind, in dem sich die Überlebenden des Holocaust zusammengefunden haben.«

Geduldig wiederholt Kai die Prozedur mit den übrigen drei Teilen der Frucht, bis auf dem Papier vor ihm nur noch die Kerne liegen. Sein Taschenmesser, das ebenso wie seine Hände vom Saft rot gefärbt ist, wischt er mit einem Papiertaschentuch ab.

»Wir verlangen, dass die deutsche Regierung den Aktivitäten dieser Wissenschaftler Einhalt gebietet, und wenn dafür rechtliche oder gesetzliche Maßnahmen nötig sind, dann verlangen wir, dass die Maßnahmen sofort ergriffen werden, um einen sofortigen Stopp der Kooperation zwischen deutschen Bürgern und der ägyptischen Regierung zu erreichen.«

Für einen Moment herrscht Schweigen in der Gruppe. Kai sieht auf den kleinen roten Berg vor sich, der in der Sonne funkelt. Dann beginnt er, in die Hände zu klatschen. Die anderen stimmen ein.

Isabell bleibt weiter hinter der Zeitung verborgen. »Die Knesset hat nach dieser Rede eine Resolution ohne Gegenstimmen verabschiedet. Sie hat in etwa denselben Inhalt, etwas gemäßigter formuliert.«

»Kannst du mir die ausschneiden?« Kai reicht ihr das Schweizer Messer, das auch eine Schere hat. Geschenk seines Vaters zum achtzehnten Geburtstag.

Das hilft dir in allen Lebenslagen, mein Junge!

Im Moment hilft es mir nicht besonders, Vati!, denkt Kai am Strand von Tel Aviv.

»Oho«, sagt Isabell. »Der Abgeordnete Begin vom Herut hat noch nachgelegt. Er wirft Ben-Gurion vor, die bekannte Tätigkeit der Raketenforscher nicht ernst genommen zu haben und damit eine Mitschuld zu tragen zugunsten von wirtschaftlichen und militärischen Interessen.«

Die anderen nicken.

»Der polemisiert«, sagt Manfred von der DIS Tübingen. »Die Opposition nutzt die Situation, um Ben-Gurion zu stürzen.«

»Wir müssen was tun!«

»So darf es nicht weitergehen!«

Alle reden plötzlich durcheinander, die Anspannung macht sich Luft. Eine Erklärung! Wir melden uns zu Wort. Ein Telegramm an den Bundeskanzler.

»Wer kommt mit ins Wasser?«

Kai Hellberg steht bis zur Hüfte im Mittelmeer. Noch bevor er sich in die Fluten stürzen kann, merkt er, wie die starke Strömung ihm buchstäblich den Boden unter den Füßen wegreißt. Die Welle schlägt über ihm zusammen, nimmt ihn mit sich und spuckt ihn auf den Strand wie ein Stück Treibgut.

»Hey, Buddy«, sagt der Rettungsschwimmer, der kurz darauf neben ihm steht. »Dich hat's aber erwischt!«

An den Herrn

Bundeskanzler Dr. Konrad Adenauer

Germany

53 B o n n

from: Bund Deutsch-Israelischer Studiengruppen

z. Zt. Tel Aviv/ Israel, P. O. B. 8344

Sehr geehrter Herr Bundeskanzler,

die Delegation des Bundes Deutsch-Israelischer Studiengruppen, die sich zur Zeit auf einer Studienreise in Israel befindet, haelt es fuer ihre Pflicht, zu der Tatsache der Beteiligung deutscher Wissenschaftler an der Entwicklung aegyptischer Vernichtungswaffen Stellung zu nehmen.

Bedenken von seiten der Bundesregierung, sie koenne aus formaljuristischen Gruenden hier nicht einschreiten, muessen den Eindruck erwecken und den Verdacht bestaerken, dass sie die Arbeit der Wissenschaftler billige. Damit wird jeglicher Wille, zu einem besseren Verhaeltnis zwischen Israel und Deutschland zu gelangen, unglaubwuerdig.

Die besondere Schuld unseres Volkes gegenueber dem juedischen verpflichtet die deutsche Regierung in einer derartigen Situation unverzueglich zu einem Appell an das Verantwortungsgefuehl derer, die durch ihre Arbeit bewusst oder unbewusst dazu beitragen, dass die Existenz Israels gefaehrdet wird. Darueberhinaus fordern wir konkrete Massnahmen, die kuenftig verhindern helfen, dass sich deutsche Wissenschaftler in dieser Weise betaetigen.

Mit vorzueglicher Hochachtung

1. . . . . . . . . . . . . . . . . . . . . . .
2. . . . . . . . . . . . . . . . . . . . . . .
3. . . . . . . . . . . . . . . . . . . . . . .
4. . . . . . . . . . . . . . . . . . . . . . .
5. . . . . . . . . . . . . . . . . . . . . . .
6. . . . . . . . . . . . . . . . . . . . . . .
7. . . . . . . . . . . . . . . . . . . . . . .
8. . . . . . . . . . . . . . . . . . . . . . .
9. . . . . . . . . . . . . . . . . . . . . . .
10. . . . . . . . . . . . . . . . . . . . . .

Freitag.

Das Telefon klingelt.

Pünktchen geht ran.

»Hier spricht Hamburg!«, dröhnt es ihr entgegen. Sie hält den Hörer weiter weg.

»Oma?«

»Ja, min Deern. Geht es dir gut?«

»Du brauchst nicht so zu schreien, Oma!«

»Ist dein Vater im Haus?«

Pünktchen legt den Hörer zur Seite und geht zur Gartentür. Er liegt auf der Liege und hat die Augen geschlossen. Vorsichtig nähert sie sich und rüttelt sanft an seiner Schulter.

»Vati!« Er schreckt hoch, als hätte er ein Gespenst erblickt. »Die Oma will dich sprechen. Es ist dringend!«

Friedrich, noch verschlafen, greift zum Telefonhörer.

»Heute sind es drei Artikel, Friedrich!«

Seine Mutter spricht so laut, als müsse ihre Stimme ohne technische Hilfsmittel direkt bis nach Kairo durchdringen. Ein stechender Schmerz fährt ihm in die rechte Stirnseite.

»Steht was Neues drin oder wieder nur das Übliche?«, fragt er und reibt sich die Stelle, wo es wehtut.

»Ein großer auf Seite eins. Die ägyptische Regierung hat gestern offiziell in Abrede gestellt, dass deutsche Experten, wie Israel behauptet –«

»Ja, Muttern, das weiß ich schon. Mein Stellvertreter hat es im Radio gehört.«

»Also gut.« Sie klingt verschnupft. »Dann interessiert es dich wahrscheinlich auch nicht, was die Zeitung HaTzofe in Israel schreibt.«

»Nein.«

»Der Leitartikel?«

»Ja, Muttern, in Gottes Namen. Wenn es deine Telefonrechnung nicht in astronomische Höhen treibt.«

»Junge, das ist keine Lappalie. Unsere Nachbarn von oben, du weißt doch, er ist Studienrat. Sie haben mich gestern drauf angesprochen. Ist Ihr Sohn nicht in Ägypten tätig, Frau Hellberg?«

Sie beginnt zu weinen. Auch das noch.

»Du darfst das nicht so an dich ranlassen, Muttern«, sagt er mit weicher Stimme. »Nun lies schon vor.«

Hamburger Abendblatt. 22. März 1963. Seite 2.

Die Israelis suchen die Bundesrepublik ins Unrecht zu setzen. Sie gehen sogar so weit, die Arbeit deutscher Raketenforscher in Ägypten und für Ägypten mit altem Hitler-Geist in Verbindung zu bringen. Wir sind den Juden gegenüber schuldig geworden. Das wird uns aber nicht dazu bringen können, dort eine Schuld auf uns zu nehmen, wo keine ist.

Friedrich horcht auf. Endlich mal jemand, der ihm aus der Seele spricht. Und das beim Abendblatt!

Wir sind überzeugt, daß die Bundesregierung alles tun wird, um den Beschwerden Israels abzuhelfen. Aber in einem Rechtsstaat hat sie die Hände nicht frei. Nun sagen die Israelis, die Ägypter bauten unkonventionelle Waffen. In diesem Fall seien auch unkonventionelle Mittel der Abwehr erlaubt.

»Bist du noch dran, Friedrich?«

»Ich höre zu, Muttern. Lies weiter.«

Für die Bundesregierung wäre es recht gefährlich, sich diese These von den unkonventionellen Methoden zu eigen zu machen. Deutschland war in einer Zeit, an die die Israelis mit Bitterkeit denken, kein Rechtsstaat. Jetzt ist die Bundesrepublik ein Rechtsstaat und kann seinen Bürgern gegenüber nur handeln wie ein Rechtsstaat.

Das wird einer Menge Leuten nicht gefallen, denkt Friedrich. Aber die Wahrheit schmeckt oftmals bitter.

»Bist du noch dran, Friedrich?«

»Wir müssen auflegen, Muttern, dat wart to düer. Lesen deine Nachbarn das Abendblatt?«

»Natürlich.«

»Dann wird es gut, Muttern. Mach dir keine Sorgen.«

Samstag.

Kai kommt aus einem kleinen Fotoladen gegenüber vom Hotel. Er hat das Bedürfnis, eine Weile für sich zu sein. Kurzentschlossen wendet er sich nach links, statt über die Kreuzung zurückzugehen. Ein ruhigeres Wohnviertel, die Häuser strahlen weiß in der Mittagssonne. Die Vorgärten sind üppig überwuchert mit Sträuchern, die er nicht kennt. Rote und orange Blüten. Hier und da ragt der faserige Stamm einer Palme in den knallblauen Himmel.

Auch in Tel Aviv hat Kai das Gefühl, die Frische und den Schwung der Stadt einzuatmen zu müssen, um das Gefühl der Enge loszuwerden, das seine Brust wie ein Gürtel umspannt.

Er schlendert weiter, noch nicht in der Stimmung, sich niederzulassen und einen Brief an seine Schwester zu schreiben. Das

Lachen eines einzelnen Kindes schallt zwischen zwei Häusern hervor. Eine ältere Frau tritt durch ein Tor, die Einkaufstasche am Arm, und sieht ihn misstrauisch an.

Ja, schau nur, denkt Kai. Recht hast du.

Er hält sich intuitiv nach rechts, hinter dem Viertel muss der Rothschild Boulevard liegen mit seinen schattigen Bäumen und Bänken, auf denen man sitzen kann. Und dann ist er wieder draußen aus der Stille, taucht ein in den Verkehrslärm, überquert die Straße und läuft den Mittelstreifen entlang, auf der Suche nach einer Bank. Findet schließlich eine mit Blick auf ein kleines Eiscafé, wo ein lebhaftes Kommen und Gehen herrscht. Das ist der richtige Platz, hier ist er für sich und doch mittendrin im Geschehen.

Kai holt nacheinander den Umschlag mit den Fotos, einen Schreibblock, seinen Federhalter und den Zeitungsausschnitt mit der Knesset-Resolution aus seiner Tasche. Einen Briefumschlag hat er auch schon besorgt.

Kai schreibt.

Liebe Rita, du wirst nicht glauben, wo ich bin. Obwohl du es ja vielleicht schon an der Briefmarke gesehen hast. Falls du den Brief nicht gleich voller Ungeduld aufgerissen hast. Ja, ich bin in Israel. Warum? wirst du fragen. Die Antwort darauf würde Seiten füllen, oder sie lautet einfach: weil ich muss. Nicht weil es mich drängt, um Versöhnung zu bitten. Oder weil ich hier als Botschafter eines anderen, eines neuen Deutschlands auftreten will. Das mag zu Beginn sicher eine Rolle gespielt haben. Doch hier wirklich zu sein, im Kibbuz die Erde umzugraben, arabischer Musik zu lauschen, am Strand von Tel Aviv zu liegen, die skeptischen Blicke der Älteren zu ertragen und die neugierigen der Jüngeren, all das hat mich dazu gebracht, nur zu hören, zu sehen, aufzunehmen und mich selbst bereitmachen zu lassen für meine Aufgabe. Und die liegt nicht in Israel, sondern in Deutschland.

Kai sucht nach seinem Notizbuch und überträgt die Worte

Bubers in den Brief an Rita. Er lässt seine Gedanken noch einmal zurückwandern zu jenem ersten Tag in dieser Stadt. Wie aufgeregt sie waren und wie naiv.

Er beobachtet eine junge Frau mit Zopf und roter Brille, die genüsslich ihr Eis leckt. Eine Studentin vielleicht oder eine Sekretärin, die gerade Mittagspause macht. Hinter einer Litfaßsäule, bunt beklebt mit Filmplakaten und Werbung, stehen ein paar Freunde zusammen, die sich bestimmt schon ewig kennen. So vertraut sind sie miteinander. Eine Handbewegung unterstreicht das Gesagte. Die Geste erinnert ihn an Johnny. Es wäre schön, wenn sie jetzt hier zusammensitzen, ein Eis essen und ihre endlosen Diskussionen fortsetzen könnten. Aber Johnny gibt sich, was Israel angeht, bedeckt. Er hat eben ein Faible für alles Arabische.

Kai schreibt weiter.

Wenn ich außerdem noch einigen Leuten hier in Israel ein Fünkchen Hoffnung geben könnte, daß die neue Generation in Deutschland anders ist, dann wäre das ein großes Geschenk für mich.

Er sucht das Foto heraus, das ihn und Isabell auf dem Trecker zeigt. Lächelnd schiebt er es in den Umschlag. Daran wird Rita zu knabbern haben: Wer ist die unbekannte Schönheit neben meinem Bruder? Den Zeitungsausschnitt und den gefalteten Brief legt er dazu. Es fällt ihm schwer, seine Gedanken in Worte zu fassen.

Es ist, als ob die Gegenwart der Vergangenheit hier um ihn herum allgegenwärtig sei. Und doch ist alles auf die Zukunft ausgerichtet. Eine Zukunft jenseits eines einzelnen, unbedeutenden menschlichen Lebens.

Kai steht auf.

Es ist Zeit, zurück zu den anderen zu gehen.

Sonntag.

Sonya hat wieder angerufen, und Rita hat sich davongeschlichen. Obwohl ihre Mutter sie gebeten hat, das Bad nochmal richtig durch zu putzen. »Brigitte ist einfach zu oberflächlich.« Sie wirft einen Seitenblick auf Friedrich. Der tut so, als würde er es nicht hören.

Statt zu putzen, sitzt sie jetzt an Hanis Bett. Dasselbe Bild. Er sieht weder kränker aus noch gesünder als beim letzten Mal. Er atmet.

Rita hat beim Umsteigen am Tahrir-Platz im Nile Hilton eine Zeitung gekauft.

Sie liest Hani daraus vor.

Observer. 24. März 1963. Seite 1.

Es ist äußerst unwahrscheinlich, dass die Ägypter ihre eigenen Raketen bauen, außer vielleicht in den weniger hoch-spezialisierten Arbeitsbereichen, sagte ein Experte in München, wo die Westdeutschen ihr Raketen-Forschungszentrum haben. Er kommentierte die Aussage von Professor Wolfgang Pilz, dem Leiter des westdeutschen Raketenteams in Ägypten, wonach seine Gruppe nur an der Erforschung der höheren Atmosphäre und nicht an militärischen Waffen arbeitet, die ausschließlich von Ägyptern hergestellt würden.

Rita sieht Hani an.

Weniger hochspezialisierte Arbeitsbereiche. Das wird dir nicht gefallen.

Was wolltest du erforschen, Hani? Wir haben nie darüber ge-sprochen. Wolltest du eine Mondrakete bauen? Einen Satelliten hochschicken? Den Mond auskundschaften?

Oder hast du von einer Rakete geträumt, die Israel den Atom-tod bringt?

So antworte doch. Ich muss es wissen.

Rita liest weiter.

Westdeutsche Branchenkenner sind skeptisch, dass Prä-sident Nassers Interesse an der höheren Atmosphäre so groß ist, dass er ein Team ausländischer Experten angeheuert hat, um sie zu erforschen.

»Ich will dich nicht langweilen, Hani, hier geht es wieder

um die Zahlen. Wie viele von uns arbeiten hier und woran? Elf? Fünfzig? Hundert? Als ob das wirklich einen Unterschied macht.«

Die Münchener Experten ziehen vorsichtig den Schluss aus all dem, dass entweder Nassers Raketenentwicklung bereits viel fortgeschrittener ist als allgemein vermutet oder dass die Westdeutschen in Ägypten zumindest mit der möglichen Verwendung eines atomaren Sprengstoffes experimentieren.

»Das macht mir Angst«, sagt Rita leise und greift nach Hanis Hand. »Nimm mich in den Arm, bitte.« Dann besinnt sie sich, dass sie mit einem Mann spricht, der im Koma liegt. »Entschuldige.«

Die einen behaupten dies, die anderen das.

Rita schlägt die Zeitung zu und stopft sie wieder in ihre Tasche. Sie legt ihren Kopf auf die Decke, so dass ihre Wange auf Hanis Hand liegt.

»Ich bin so müde, ich könnte ewig schlafen.«

Was rede ich hier? Rita kommt wieder hoch und betrachtet Hani. Wird er irgendwann wieder aufwachen? Sich strecken und fragen: Wie lange habe ich eigentlich geschlafen?

Sonya sagt, es gebe keinerlei Anzeichen für eine Änderung seines Zustandes.

Wirst du ewig schlafen, Hani?

Montag.

Das Telefon klingelt.

Rita ist dran.

»Rita? Hier spricht Hamburg!«

Rita schreit zurück. »Ich bin nicht taub, Oma! Rede ein bisschen leiser!«

»Gut, dass ich dich dran hab', Deern. Ihr seid wieder auf Seite eins!« Rita hört, wie ihre Oma die Zeitung aufschlägt.

»Kein deutscher Forscher arbeitet in Ägypten an aggressiven Waffen, Atombomben oder bakteriologischen Kriegsmitteln. Das versicherten der deutsche Raketenforscher Pilz und der Triebwerksbauer Brandner in einem Gespräch mit dem Kairoer Vertreter des Hamburger –«

»Ich weiß das, Oma!«, unterbricht Rita den Lesefluss. »Ich war dabei.«

In der Fabrik kommt kaum noch jemand zum Arbeiten. Der Professor hat einen Pressetermin nach dem anderen. Lieferungen werden tagelang festgehalten, um sie gründlich auf Sprengladungen zu untersuchen. Andere wurden von den Lieferanten gestoppt und zurückbeordert.

»Aber das hier weißt du noch nicht, Deern. Hör mal to.«

Hamburger Abendblatt, 25. März 1963. Seite 1.

Jedermann ist sich im klaren darüber, daß die Arbeit der deutschen Forscher in Ägypten angesichts der Belastung des deutsch-jüdischen Verhältnisses durch die Hitler-Zeit ein zweischneidiges Schwert ist. Trotzdem darf nicht vergessen werden, dass dabei auch andere Gesichtspunkte eine Rolle spielen und spielen müssen. Kreisen der deutschen Botschaft und den diplomatischen Vertretungen der Westmächte ist die Arbeit hochbezahlter deutscher Fachleute wohlbekannt. Und im Stillen wird diese Mitarbeit sogar begrüßt, weil damit sichergestellt ist, daß die in Frage kommenden Positionen nicht durch Fachleute aus der Sowjetunion oder anderen Ostblockstaaten besetzt werden.

»Ja, das Argument bringt Vati auch immer«, sagt Rita matt.

»Und recht hat er!« Die Oma ist nicht zu bremsen. »Die Roten sind es, vor denen wir Angst haben müssen. Das habe ich meinen Nachbarn auch gesagt. Sag deinem Vater, er soll weitermachen. Und dass ich stolz auf ihn bin.«

»Mach ich«, sagt Rita. Doch Oma Hamburg hat schon aufgelegt.

Zur selben Zeit, am Abend vor dem Beginn der geplanten Rundreise, kommt Kai in sein Hotelzimmer und findet dort zwei Männer vor. Beide haben sich so im Licht der hereinscheinenden Abendsonne positioniert, dass er ihre Gesichter kaum erkennen kann. Der Jüngere spricht zuerst.

»Wir könnten Sie jetzt verschwinden lassen, Herr Hellberg. Wir könnten Sie so lange unter Druck setzen, bis Sie Ihren Vater überzeugen, aus Kairo nach Deutschland zurückzukehren. Haben Sie keine Angst?«

Der Ältere neigt leicht den Kopf, wie um seine Reaktion genau zu studieren.

»Ich bin nicht mein Vater«, wiederholt Kai, was er sich immer wieder vorbetet, Tag für Tag. »Ich bin hier, weil ich –«

»Wir wissen das«, unterbricht ihn der Jüngere. »Wir wissen, dass Sie und all die anderen jungen Menschen aus Deutschland hierherkommen, um die Vergangenheit zu bewältigen. Und dann kehren Sie zurück in heller Begeisterung über den Aufbau dieses Landes. Doch den Preis dafür zahlen wir, Tag für Tag. Niemand wird Ägypten davon abhalten, Nuklearwaffen zu entwickeln. Nasser wird seine Raketen damit bestücken, vielleicht nicht heute oder morgen, aber in fünf Jahren oder zehn. Und wir müssen dafür sorgen, mit allen uns zur Verfügung stehenden Mitteln, dass Israel niemals in Rückstand gerät. Niemals. Verstehen Sie das?«

Kai nickt. Der Alte nickt ebenfalls.

»Die Studentenverbände, der Verband der Opfer von NS-Verbrechen, alle haben für die kommende Woche zu Massendemonstrationen aufgerufen. Die Emotionen kochen hoch, Herr Hellberg. Es fällt uns schwer, Ihre Sicherheit zu garantieren.«

»Sie wollen uns vorzeitig nach Hause schicken? Aber wir haben doch noch die Rundreise vor uns!« Kai merkt, wie das flaue Gefühl der ersten Tage mit voller Macht zurückkommt. Es fühlt sich an wie ein Schlag in die Magengrube.

»Nicht alle«, sagt der Ältere mit leiser Stimme. »Nur Sie.«

Dienstag.

Zurück in Hamburg. Kai Hellberg läuft wie im Traum durch das abendliche Karolinenviertel. Die bunten Farben: nur noch flüchtige Erinnerung. Stattdessen alter deutscher Film, harte Kontraste, gestochene Sprache. Jedes Wort, im Vorbeigehen aufgeschnappt, klingt wie ein Befehl.

Der Bunker, schwarz aufragend. Der Himmel, dunkelgrau. Weiße Möwen.

Zwielicht. Souterrain.

Moment mal.

Da ist doch jemand. Das Licht brennt.

Vorsichtig drückt Kai die Türklinke runter. Es ist nicht abgeschlossen.

»Kai, bist du das?«

Johnny. Was macht der hier in Hamburg?

Kai könnte heulen, vor Erschöpfung, auch vor Erleichterung, Johnnys Stimme zu hören. Nicht allein zu sein mit seinem Schock und der plötzlichen Trennung von Isabell. Er schluckt, stellt seinen Rucksack im Flur ab und geht durch in die Küche.

Da sitzt Johnny am Küchentisch, Zigarette in der Hand. Schiefes Lächeln.

»Was machst du hier?«, fragt Kai.

»Ich war in Zürich. Dachte: Wenn ich schon in der Gegend bin, schau ich mal nach dem Rechten. Kaffee ist gleich fertig. Du siehst ja kaputt aus.«

Kai lässt sich wortlos auf die Bank fallen. »Ich hab' die Nacht im Flugzeug und den halben Tag im Zug verbracht. Hiermit.«

Er holt einen Packen aus seiner Tasche. Jerusalem Post. Frankfurter Allgemeine. Der Spiegel.

»Die haben mich aus Israel rausgeschmissen. Per Direktflug nach Frankfurt und Erster-Klasse-Ticket zwar, aber Rauswurf bleibt Rauswurf.«

Er vergräbt das Gesicht in den Händen.

Scham. Wut. Die Müdigkeit. Alles wirbelt durcheinander.

»Warum?«

»Weil sie nicht für meine Sicherheit garantieren wollen, wenn es herauskommt, während ich durch Israel reise. Dass mein Vater einer der deutschen Experten ist. Wegen denen Adenauer im Urlaub Ministerkonferenzen abhält und Ben-Gurion seinen Urlaub abbricht.« Kai deutet auf die Zeitungen. »Warum machen die überhaupt Urlaub? Sind Staatsoberhäupter nicht immer im Dienst?«

»Hör auf, dich zu bemitleiden, Kai.« Johnny steht auf und gießt das kochende Wasser durch den Filter langsam in die Kanne. »Ich finde, sie haben richtig gehandelt.«

»Wieso sollte es denn rauskommen?«, fragt Kai verzweifelt. »Ich würde das doch niemandem auf die Nase binden.«

»Deine Reisegruppe?«

»Isabell? Niemals.« Kai überlegt. »Sie behält es für sich, das hat sie mir versprochen.«

»Eifersucht? Eine kleine Meinungsverschiedenheit?«

Kai ist verunsichert. Johnny wendet sich ab, holt eine Tasse aus dem Schrank und gießt ihm einen Kaffee ein. »Trink. Wird dir guttun.«

Kai nimmt einen Schluck. Heiß und stark. Der bittere Geschmack haut ihn fast um. »Am Bahnhof gab es den neuen Spiegel« sagt er, um das Thema zu wechseln, »frisch aus der Druckerpresse.«

Johnny zieht das Heft zu sich ran, studiert das Inhaltsverzeichnis und blättert nach hinten.

Der SPIEGEL. Heft Nr. 13, 26. März 1963. Seite 68 ff.

Heidi und die Detektive.

Unter den Tischen klebten winzige Mikrofone. Kriminalbeamte, als Kellner verkleidet, eilten geschäftig durch die Räume, getarnte Polizisten stellten einen Teil der Gäste.

»Wie ein Romananfang!« Johnny nickt anerkennend.

Der Agentenkrieg um die Raketen, die der ägyptische Staatschef Nasser mit ausländischer Hilfe bauen lässt, um sich ein entscheidendes Übergewicht gegen Israel zu sichern, brach aus, nachdem Nasser im Juli 1962 seine Raketen »El-Kahir« und »El-Safir« erstmals öffentlich vorgeführt hatte. Nasser verdankt seine neue Waffe deutschen und österreichischen Wissenschaftlern, die über eine Vermittlungsstelle in der Schweiz für hohe Gagen an den Nil gelotst wurden.

»Ausgezeichnet recherchiert.« Johnny blättert um.

Tappten die Behörden bisher im Dunkel, da die an den Tatorten dieser Verbrechen auffällig zurückgelassenen Spuren mehrmals auf ägyptische Täter deuteten, so wurde durch die Verhaftungen in der Schweiz klar, daß die Anschläge auf das Konto Israels gehen.

»Gut geschlussfolgert.« Johnny sieht zu Kai, der ihn zunehmend misstrauisch beobachtet.

»Wenn Israel gezwungen wird, unkonventionelle Maßnahmen anzuwenden, um sich gegen die Bedrohung durch unkonventionelle und grausame Waffen zu wehren«, verteidigte die liberale Zeitung »Hareetz« die Aktionen des israelischen Geheimdienstes gegen Nassers Raketenbauer, »so liegt die wirkliche Verantwortung auf den Schultern der Bundesrepublik.«

»Fulminanter Schlussakkord.« Johnny schlägt die Zeitschrift zu. »Aus den Bösen werden die Guten und umgekehrt. Das nenne ich gekonnten Journalismus!«

Er grinst.

»Hast du das geschrieben?«, fragt Kai.

Johnny schüttelt den Kopf. »Du weißt doch, dass der Spiegel seine Autoren nicht beim Namen nennt.«

Berufsgeheimnis.

Kai gähnt. »Der Kaffee hilft auch nichts. Ich muss ins Bett.« Er steht auf. »Bis morgen.«

»Wenn du wach wirst, sitze ich schon in der Maschine nach Kairo.« Johnny lächelt, doch in seinen Augen spiegelt sich Besorgnis. »Kommst du klar hier?«

»Und wenn nicht?« Kai winkt ab. »Du bist ja schlimmer als meine Mutter.«

Und nimmt das Gefühl, am Ende mit sich und seinen Sorgen sowieso immer allein zu bleiben, wie einen kalten Luftzug im Rücken mit in sein Zimmer.

Wenn nur Isabell hier wäre.

Mittwoch.

Rita ist extra früher ins Büro gekommen, um die Protestnote, die ihr Chef und seine Kollegen gestern Abend fabriziert haben, abzutippen und über den Fernschreiber zu verschicken.

»Es ist immens wichtig«, hat ihr Wolfgang Pilz gestern noch per Telefon mitgeteilt, »dass das Schreiben über den Ticker geht, bevor in Bonn die Amtsstuben öffnen.«

Heute ist nämlich Kabinettssitzung, weiß Rita vom gestrigen Anruf ihrer Oma aus Hamburg. Jeden Abend Punkt sechs klingelt das Telefon. Manchmal auch um sieben gleich noch einmal. Dann haben auch die bayerischen Großeltern Abendbrot gegessen und greifen zum Telefonhörer.

In der Villa in Maadi geht neuerdings ein Spuk um. Punkt sechs lösen sich sämtliche Familienmitglieder, die das Haus verlassen können, in Luft auf. Womit die Telefoniererei meistens an Ritas Mutter hängen bleibt. Es sei denn, sie kann rechtzeitig einen Migräneanfall ins Feld führen und jemanden anders abkommandieren, den Apparat zu hüten.

Rita tippt.

Erklärung von Paul Goercke, Hans Kleinwächter, Wolfgang Pilz.

Die Behauptung, daß wir an der Entwicklung nuklearer und bakteriologischer Waffen arbeiten, ist eine grobe Lüge.

Unsere Arbeit hier in Ägypten beschränkt sich auf die Unterrichtung und Ausbildung junger ägyptischer Ingenieure in den Fachgebieten Raketentechnik, Erforschung der höheren Atmosphäre, Allgemeine Elektronik, Mathematik und Physik.

Rita macht eine kurze Pause und geht rüber in die Teeküche, um sich ein Glas Wasser zu holen. Die Boys sind so früh noch nicht da, und so wird es keiner als Beleidigung empfinden, wenn sie zur Selbstbedienung greift. Manchmal ist das Leben in Kairo wirklich kompliziert!

Stimmt das, was ich da verschicke?, fragt sich Rita. Was ich da verschicke an das Büro des Bundestagspräsidenten, ans Bundeskanzleramt, an die Ministerien der Verteidigung, des Inneren, das Wirtschaftsministerium und das Auswärtige Amt. An die dpa.

Rita liest die Erklärung bis zum Schluss.

Die drei Wissenschaftler haben allen Grund, sich zu beschweren, daran zweifelt sie nicht. Wolfgang Pilz wird sich scheiden lassen und eine Frau heiraten, die nichts mehr mit der Person gemein hat, in die er sich verliebt hat. Hans Kleinwächter wird sich immer wieder fragen, was geschehen wäre, hätte die Pistole keine Ladehemmung gehabt oder hätte er nicht an jenem Abend diesen Schal getragen. Paul Goercke hat gerade seine Frau und seine Kinder hierher nach Kairo geholt, um sie vor dem in Sicherheit zu bringen, was ihnen in Deutschland womöglich hätte geschehen können.

Und doch.

Rita Hellberg tippt die Erklärung zu Ende, den letzten Absatz auf das vorbereitete Blatt mit den Unterschriften der drei Männer.

Sie drückt eine Taste. Der Fernschreiber summt. Die Maschine fertigt einen Lochstreifen an. Mit diesem kann sie die Nachricht mehrmals verschicken, sobald die Kolleginnen unten in der Vermittlung die Verbindungen hergestellt haben.

Und doch.

Rita Hellberg sieht sich um. Aktenordner. Reihe um Reihe.

Warenausgang.

Wareneingang.

Bestellungen.

Lieferungen.

Sie zieht wahllos einen Ordner heraus und beginnt darin zu blättern.

Donnerstag.

Hotelbar. Zigarettenrauch. Martinigläser, die wie von selbst erscheinen, wenn die vorherigen leer sind. Rita und Johnny streiten. Ganesh hört zu.

»Sie haben das Märchen mit den ABC-Waffen erfunden, um

darüber hinwegzutäuschen, dass sie Anschläge verüben und Briefbomben verschicken!« Rita hört ihren eigenen Worten nach und denkt: Ich rede wie alle in der Fabrik. Sind das meine eigenen Gedanken?

»Woher willst du das wissen?«, fragt Johnny. »Meinst du, die Ägypter oder deine Chefs würden es einfach ausplaudern, wenn es solche Waffen gäbe?«

»Eins zu eins.« Ganesh winkt dem Kellner. »Noch eine Runde, bitte.«

»Und was macht den Unterschied?«, legt Johnny nach. »Ob es sich um unkonventionelle oder konventionelle Waffen handelt? Dass sie für einen Krieg gegen Israel gedacht sind, wird von niemandem mehr angezweifelt.«

»Kein Deutscher arbeitet in Ägypten an aggressiven Waffen.« Rita überlegt verzweifelt, wo sie das gelesen hat, um ihr Argument zu untermauern.

»Und was sind nichtaggressive Waffen, bitte?« Johnny hält ihr die Zigarettenschachtel hin. Seit wann raucht er Cleopatra? Ein Stich fährt Rita mitten ins Herz. Schnell greift sie nach der Zigarette.

»Überschalljäger? Boden-Boden-Raketen? Die sind doch wohl nicht nur zur Verteidigung da!«

»Wenn wir es nicht machen –«, beginnt Rita und muss husten. So stark hat sie den Rauch eingeatmet.

»– machen es die Russen«, beendet Johnny ihren Satz und sieht zu Ganesh.

»Kein Punkt«, antwortet der Inder. »Man kann auch neutral bleiben und das als politischen Standpunkt vertreten. Indien. Die Schweiz.«

»Aber das Gute ist doch«, sagt Rita, »dass wir in einem freien Land leben. Möchtest du, Johnny, dass der Staat dir vorschreibt, wo du zu arbeiten hast und mit wem?«

»Der zählt«, sagt Ganesh und macht mit dem Bleistift, den er sich vom Kellner geliehen hat, einen weiteren Strich auf der Papierserviette.

»Es braucht keine neuen Gesetze.« Johnny beugt sich vor. »Kennst du das Grundgesetz, Rita? Ich habe es tatsächlich nochmal gelesen. Artikel 26. Ich zitiere.«

Artikel 26 Grundgesetz für die Bundesrepublik Deutschland.

(1) Handlungen, die geeignet sind und in der Absicht vorgenommen werden, das friedliche Zusammenleben der Völker zu stören, insbesondere die Führung eines Angriffskrieges vorzubereiten, sind verfassungswidrig. Sie sind unter Strafe zu stellen.

(2) Zur Kriegsführung bestimmte Waffen dürfen nur mit Genehmigung der Bundesregierung hergestellt, befördert und in Verkehr gebracht werden. Das Nähere regelt ein Bundesgesetz.

»Aber die Experten sind Wissenschaftler! Sie bilden ägyptische Ingenieure und Techniker aus.«

»Obwohl sie wissen, dass mit diesem Wissen Waffen für einen Angriffskrieg hergestellt werden.«

Ganesh sieht unentschlossen vom einen zum anderen. »Könnt ihr mal eine kurze Pause einlegen?«

»Nein.« Zweistimmig.

Rita und Johnny starren sich an.

»Können wir uns darauf einigen«, fragt Johnny, etwas versöhnlicher, »dass diese Geschichte für Israel eine existentielle Bedrohung darstellt?«

Rita zuckt die Schultern. »Für Ägypten vielleicht nicht?«

»Nein«, antwortet er entschieden. »Nasser will Israel von der Landkarte radieren. Umgekehrt ist das nicht der Fall.«

»Und was ist mit Palästina?«, fragt Ganesh dazwischen.

»Das lassen wir jetzt mal kurz außen vor.« Johnny wirft ihm einen strengen Blick zu, den Ganesh mit einem spöttischen Lächeln quittiert. »Machst du es dir nicht –«

»Lass mich nur meinen Gedanken zu Ende formulieren. Ist es nicht falsch, einem existentiellen Problem Israels von deutscher Seite mit juristischen Argumenten zu begegnen?«

Johnny erkennt den Zweifel in Ritas Herzen vielleicht noch

ehe er ihr selbst bewusst wird. Sein Blick wird eindringlich. »Ein Abgeordneter im israelischen Parlament hat es so formuliert: Und wenn die deutsche Regierung versagt, warum gibt es keinen öffentlichen Aufschrei im ›neuen‹ und ›anderen‹ Deutschland?«

Er macht eine Pause.

»Deutschland schweigt, Rita. Wir alle hüllen uns in betretenes Schweigen.«

Rita öffnet ihre Tasche und zieht einen Briefumschlag heraus. »Einer nicht«, sagt sie und reicht Johnny den Brief. »Mein Bruder. Er ist in Israel.«

Johnny betrachtet schweigend das Foto, das zwischen den Seiten herausgefallen ist.

»Kai sieht so glücklich aus«, sagt er nachdenklich.

Schweigend sehen sie sich an.

Freitag.

»Die Stimme der Vernunft!« Friedrich blickt in die Runde. Seine Frau und seine Töchter sehen ihn an. Endlich haben sie wieder einmal einen Tag zusammen verbracht, mit einem Ausflug zu den Pyramiden von Sakkara. Nun sitzen sie beim Abendessen, hungrig und müde. Friedrich deutet auf die Zeitung, die neben seinem Teller liegt. Er wischt sich mit der Serviette den Mund ab. »Wenn ihr nichts dagegen habt, lese ich euch daraus vor.«

Rita steht auf und räumt die Teller zusammen. Ihre Mutter hat denselben gequälten Gesichtsausdruck wie jeden Freitag, wenn alle dem Vater auf einen Kilometer gegen den Wind ansehen können, dass er den Abend zuvor mit Brigitte verbracht hat. Alle außer ihm selbst natürlich.

Er spricht ganz anders. Er verteilt liebevolle Gesten. Er wirkt jünger, weniger abgehetzt. Keine Spur von Diabetes und Venenleiden. Herzanfällen. Magenbeschwerden.

Pünktchen kann die allwöchentliche Verwandlung des Vaters als Einzige genießen. Rita beobachtet ihren Vater mit Interesse, mal freut sie sich für ihn, mal findet sie, er könne sein Glück etwas diskreter zur Schau stellen.

Die Mutter kann einem ja fast leidtun.

Rita trägt die Teller hinaus. Als sie zurückkommt, hat er bereits die Zeitung aufgeschlagen und die Lesebrille aufgesetzt. Ingrid und Pünktchen haben sich in ihr Schicksal gefügt und sitzen in stummer Erwartung am Tisch. Rita setzt sich dazu.

Die Zeit. Nr. 13, 29. März 1963.

Wenn man in Israel an Deutschland denkt, dann denkt man an das Deutschland von 1933 bis 1945. Wenn wir Deutschland sagen oder denken, dann meinen wir die Bundesrepublik nach 1945. Die Bilder decken sich also nicht. Mit anderen Worten: Es ist schwer, sich miteinander zu verständigen, und es ist fast unvermeidlich, daß jedes in Erregung gesprochene Wort den anderen hart und vielleicht auch an der falschen Stelle trifft.

Friedrich sieht über den Rand seiner Brille. »Hätte jemand vermutet, dass eine Frau so schreiben kann?« Ingrid schüttelt stumm den Kopf. Rita schaut trotzig drein. Bevor sie etwas entgegnen kann, fährt er fort.

Alle offiziellen Äußerungen in Israel aber unterstellen, Bonn könne, und sie verlangen, Bonn müsse die deutschen Raketentechniker, die in Ägypten arbeiten, kurzerhand zurückbeordern. Die Bundesregierung hat keine Möglichkeit, ihren Bürgern vorzuschreiben, wo sie arbeiten sollen und wo nicht, weil das mit dem Grundgesetz unvereinbar ist.

»Aber das Grundgesetz –« beginnt Rita.

»Unterbrich mich nicht!« Friedrich irritieren die Widerreden, die seine Älteste in letzter Zeit ständig auf der Zunge hat. »Ich möchte das zu Ende lesen.«

Unter normalen Umständen könnte, müßte man zu diesen Anschuldigungen allerlei sagen. Aber schon die Vorstellung von normalen Umständen ist in diesem Fall abwegig. Handelt es sich doch wirklich um die Überlebenden eines durch die halbe Welt gejagten, systematisch dezimierten Volkes, das in Israel endlich Zuflucht gefunden hat.

Pünktchen gähnt laut. Rita legt ihr den Arm um die Schultern. Was ist nur los mit den Kindern von heute?, denkt Friedrich. »Könnt ihr nicht mal fünf Minuten ruhig zuhören?«

Erzürnte Nachbarn? Kein Wunder, sagen manche: Wer hat eine Million Araber aus Palästina herausgetrieben? Wer hat 1956 die Ägypter überfallen und einen Aggressionskrieg vom Zaun gebrochen? Nun, wir sollten auf der Hut sein, uns in die arabisch-jüdische Auseinandersetzung zu mischen – sie ist nicht unsere Sache.

»Endlich sagt einmal jemand, wie es ist.« Friedrich nimmt die Brille ab. »Außerordentlich kluge Frau. Sie bemängelt die Wildwest-Methoden des israelischen Geheimdienstes und fordert zum Schluss die Errichtung einer atomwaffenfreien Zone im Nahen Osten. Das nenne ich vorausschauendes Denken. Seinen Verstand einzusetzen, ohne sich von Gefühlen leiten zu lassen.« Er sieht von einer Tochter zur anderen. »Das solltet ihr euch als Motto fürs Leben hinter die Ohren schreiben. Alle beide.«

»Ja, Vati«, sagt Pünktchen. Er lächelt ihr zu.

Rita sieht ihn an. Steht auf, geht zum Sofa und kommt mit der ägyptischen Tageszeitung zurück, die außer ihr niemand im Haus entziffern kann, worauf sie sich eine Menge einbildet. »Wenn ihr nichts dagegen habt, lese ich euch jetzt mal was vor.«

»Nur zu.« Friedrich lehnt sich zurück und verschränkt die Arme vor der Brust. »Hier herrschen Demokratie und Meinungsfreiheit.«

Al Ahram. 29. März 1963. Seite 1.

Unser Militärkorrespondent berichtet, dass die VAR mit größter Aufmerksamkeit den psychologischen Krieg verfolgt, den Israel gegen das arabische Raketenprogramm führt. Israel hat wahrhaftig diese Kampagne gestartet, um größtmögliche Aufregung um folgende Punkte zu erzeugen:

Die deutschen Experten seien Nazis, die schon Hitler bei der Produktion seiner Raketen geholfen haben.

Diese Wissenschaftler testeten jetzt in der VAR Waffen, um den Beginn einer deutschen Wiederbewaffnung mit unkonventionellen Waffen entgegen den Kriegswaffenverträgen einzuleiten. Israel glaubt, damit Druck auf die öffentliche Meinung in den USA und Europa gegen das Raketenprogramm auszuüben und gleichzeitig den Spendenfluss in Richtung Israel zu erhöhen.

Das arabische Raketenprogramm wurde jedoch auf doppelte Produktionsgeschwindigkeit verstärkt und wird durch keine psychologische Kriegsführung aufzuhalten sein. Der Erfolg ist so überwältigend, dass dieses Programm nun aus der Testphase in die akute Einsatzbereitschaft übergeht.

»Wisst ihr, wonach das für mich klingt?«

Alle sehen Rita an.

»Nach Krieg. Und Kai ist in Israel.«

Die Stille am Tisch fühlt sich an wie das Zentrum des Sandsturms am Roten Meer.

Es folgen:

Ein erstickter Aufschrei von Ingrid. Sie schlägt die Hände vor den Mund.

Pünktchen, besorgt: »Ist das schlimm?«

Friedrich Hellberg bleibt sitzen, die Brille noch in der Hand. Sein Blick, erst ungläubig auf Rita, huscht über seine Frau und verliert sich in der Ferne. Die geschlängelte Ader an der rechten Schläfe beginnt zu pochen.

Zufrieden mit der Wirkung ihrer Worte nimmt Rita Pünktchen noch ein bisschen fester in den Arm. »Wollen wir oben noch eine Runde Scrabble spielen?«

In diesem Moment klingelt es.

Alle sehen sich an.

Friedrich runzelt die Stirn, steht auf und geht langsam aus dem Zimmer.

Leise Männerstimmen an der Haustür.

Lange dauert es nicht.

Bis er wieder hereinkommt.

»Eine Vorladung«, sagt er leise. »Rita und ich müssen am nächsten Dienstag Punkt neun im Innenministerium erscheinen.«

Foto, farbig:
Kai und Rita, mit Pünktchen zwischen sich, sitzen auf einer weißen Bank in der Spitaler Straße in Hamburg, vor ihnen auf dem Boden stehen mehrere Einkaufstaschen. Bildunterschrift: Die drei Musketiere – endlich wieder vereint, April 1963

»Ich weiß nicht, ob es was geworden ist.« Ingrid gibt Kai seinen Fotoapparat zurück. »Dieses Herumgejage macht mich ganz nervös. Wenigstens den Tüll haben wir schon und die Oberhemden für Vati.«

»Nur das Kleid fehlt.« Pünktchen, die mit den Beinen gebaumelt hat, springt von der Bank. »Ich will das mit den Streifen und dem Bolero.«

»Ich weiß nicht«, antwortet Ingrid zweifelnd. »Das ist doch etwas zu weltlich für den Anlass. Wenn nur euer Vater hier wäre.«

Kai verzieht sofort das Gesicht. Dann wäre ich nicht hier, sagt seine Miene. Rita wirft ihm einen beruhigenden Blick zu.

»Ich will zu C&A«, sagt Pünktchen und zieht an der Hand ihrer Mutter. »Das mit dem Bolero.«

»Ich streike.« Rita deutet auf die Taschen. »Geht nur, ich warte hier.«

»Ich leiste dir Gesellschaft.« Kai streckt die langen Beine aus. »Endlich lässt es sich draußen wieder aushalten.«

»Ihr streikt, und die Arbeit bleibt wieder mal an mir hängen.« Ihre Mutter schafft es, aus allem einen versteckten Vorwurf zu fabrizieren.

»Komm, Mama!«, bettelt Pünktchen, bevor Rita etwas erwidern kann. Die beiden verschwinden im Gewühl der Einkaufswütigen.

»Ich hole kurz ein Abendblatt«, sagt Kai und geht rüber zum Zeitungsstand. Rita beobachtet ihn, wie er schon beim Zurückkommen durchblättert.

Mit einem Seufzer lässt er sich auf die Bank fallen. »Nichts.«

Er reicht ihr die Zeitung. Ritas Blick wird für einen Moment von einer Anzeige für die aktuellen Kostüme bei C&A abgelenkt. Recht bieder kommt ihr das alles vor.

»Jeden Tag verschlingst du die Zeitung, als würde morgen der dritte Weltkrieg ausbrechen. Sei doch froh, dass die Geschichte mal ein Ende hat.«

»Sie ist nicht zu Ende«, murmelt Kai düster. »Für mich nicht.«

Rita rückt ein bisschen näher und lehnt ihren Kopf an die Schulter ihres Bruders. Die Sonne wärmt schon ein bisschen, oder vielleicht bildet sie sich das nur ein? Kai tut ihr leid, wie er so vor sich hinbrütet. Aber der Einzige ist er nicht, dem das Leben gerade viel Geduld abverlangt.

Dienstag letzter Woche.

Rita und Friedrich Hellberg betreten um fünf Minuten vor neun ein unauffälliges Gebäude in einer Seitenstraße der Salah Salem Street, die vom Stadtzentrum bis hinaus nach Heliopolis führt. Ein bewaffneter Soldat in der Uniform der Luftwaffe durchsucht ihre Taschen und begleitet sie zum Lift. Oben werden sie von einem Mann in Empfang genommen, der sich als Büroleiter von Sonderminister Mahmoud vorstellt.

Vor der Tür des Ministers liegen zwei Schäferhunde und hecheln. Reinrassig, denkt Rita, die armen Viecher mit ihrem dicken Fell in der Hitze von Kairo.

Die Tür öffnet sich, und heraus tritt zu ihrer Überraschung der schöne Oberst Nadim. Er führt sie in eine Art Besprechungszimmer.

Man habe eine Benachrichtigung aus dem Informationsministerium erhalten. Post an Rita Hellberg aus Israel. Routinemäßig werde solche Post selbstverständlich überprüft.

Undsoweiter.

»Langer Rede kurzer Sinn«, sagt der Oberst auf Deutsch und lacht.

Rita ist zuerst dran. »Ihre Mitarbeit in der Fabrik 333 ist ein Sicherheitsrisiko, das wir nicht länger eingehen können. Es steht Ihnen jedoch frei, weiter mit der Familie in Kairo zu leben.«

Dann ist Friedrich an der Reihe. »Ihr Vertrag, Herr Hellberg, läuft ja noch bis«, hier schaut der Oberst einmal in die Unterlagen, die er mitgebracht hat, »Ende März des nächsten Jahres. Selbstverständlich werden wir nicht vertragsbrüchig. Wir bitten Sie jedoch um Verständnis dafür, dass wir uns gezwungen sehen, Sie fortan in weniger verantwortungsvoller Position zu beschäftigen.«

Als Assistent seines bisherigen Stellvertreters. Kleinere Konstruktionszeichnungen. Beratende Tätigkeit.

Rita sieht ihren Vater an. Die Ader an der Schläfe pocht. Sieht aus wie ein sich windender Flusslauf, denkt Rita. Der Nil vielleicht.

»Selbstverständlich steht es Ihnen frei, Ihrerseits das Arbeitsverhältnis zu beenden«, schließt der Oberst mit seinem berühmten Lächeln. »Jedoch würden wir dann wegen Vertragsbruches alle Zahlungen und Bonusleistungen mit sofortiger Wirkung einstellen.«

Noch ein blitzendes Lächeln, ein fester Händedruck. Ein tiefer Blick in Ritas Augen.

»Wir bedanken uns für Ihre ausgezeichneten Dienste. Ich hoffe, Sie nehmen es nicht persönlich, Fräulein Hellberg.«

»Nein.«

Wie soll sie es denn sonst nehmen?

Husseyn, der sie hingefahren hat, wartet unten im Auto und liest die Zeitung.

Rita klopft an die Scheibe. »Sie müssen mich nicht mehr fahren, Husseyn. Ich arbeite nicht mehr in der Fabrik.«

Vielleicht wusste er es schon, vielleicht auch nicht. Aber sein Bedauern wirkt echt. »Ich fahre Sie bis nach Hause, Miss Rita.«

Rita schiebt ihren Vater, der den Eindruck macht, als wäre er gerade aus einem schlechten Traum erwacht und könne sich kaum zurechtfinden, in den Fond des Wagens und steigt dann selbst ein.

Friedrich Hellberg spricht während der ganzen Rückfahrt kein Wort.

»Steht was Interessantes in der Zeitung, Husseyn?«, fragt Rita wie an jedem Morgen, wenn sie zusammen nach Heliopolis gefahren sind.

»Nichts von Bedeutung«, sagt Husseyn meistens.

Heute nicht.

»Der Präsident hat gesprochen«, verkündet er. »Und die Israelis zittern. Die haben den Chef des Mossad gefeuert.«

Er reicht Rita die Zeitung nach hinten.

Al Ahram. 2. April. Seite 1.

Nasser: Wir müssen eine nationalistische Front aller fortschrittlichen Kräfte bilden, um die Einheit zu wahren.

Rita schüttelt den Kopf. Präsident Nassers Pathos ist wahnsinnig anstrengend, wenn man nicht gut Arabisch kann. Die Sätze schlängeln sich von Zeile zu Zeile wie Bandwürmer. Sie versucht, den Artikel zu verstehen, indem sie einzelne Wörter herauspickt.

Gefährliche Geheimnisse.

Entführung.

Schwäche.

Sieg.

Führungsstärke.

Angst.

Das funktioniert so nicht. Rita seufzt und macht sich daran, Wort für Wort laut weiterzulesen.

Dann stellte Präsident Nasser klar, dass das Raketenprogramm nicht veröffentlicht werden konnte, bevor es in allen Grundlagen fertiggestellt war. Die Rolle der Experten war einzig auf Ausbildung und technische Unterstützung begrenzt. Nasser fügte hinzu, was die Israelis noch beschäftige und in wahre

Panik versetze, sei das Projekt der VAR-Kampfjets. Wir haben begonnen, sagte er, Jets mit doppelter Schallgeschwindigkeit zu produzieren.

»Hörst du, Vati? Es geht um deinen Überschalljäger!«

»Ja«, sagt ihr Vater und schaut weiter aus dem Fenster, als ginge ihn jeder Eselskarren draußen auf der Straße mehr an als die HA 300.

Rita runzelt die Stirn und blättert zurück. Irgendetwas an dem, was sie nur überflogen hat, irritiert sie.

Das entscheidende Geheimnis lautet: Israel ist es gelungen, sechs Ägypter mit einer Briefbombe zu töten.

Darüber ist sie gestolpert. Zum ersten Mal werden die Toten aus Ägypten öffentlich benannt. Namenlose Opfer in einem schmutzigen Krieg.

Fünf Männer sind gestorben.

Einer liegt im Koma.

Hani.

Für den ägyptischen Präsidenten Gamal Abdel Nasser, den er verehrt hat, dessen Vision er zu seiner eigenen gemacht hat, den er verteidigt hat vor Freunden und Familie, ist Hani Ayad bereits tot.

Mittwoch (Abend).

Kai Hellberg kann nicht schlafen. Morgen erst, noch eine Ewigkeit weit ist das hin, wird Isabell zurück sein. Zurück in Hamburg. Zurück in Kais Leben.

Leben in Farbe.

Kai geht seine Plattensammlung durch. Und landet auf derselben Platte wie schon in den Nächten zuvor. Esther Ofarim singt.

Es gibt Nächte, an die ich mich immer erinnern werde.

Hayu Leilot.

Doch heute hat dieses Lied nichts Tröstliches für Kai. Eine kaum aushaltbare Unruhe hat von ihm Besitz ergriffen. Plattenspieler aus. Radio an. Suchlauf: BFBS. Suchlauf: AFN.

Nachrichten aus Deutschland in englischer Sprache.

Bonn. Die New York Times berichtet. Carlo Schmid, einer der Vizepräsidenten des westdeutschen Parlamentes und ein Gesetzesexperte, erklärte heute, dass westdeutsche Forscher, die der Vereinigten Arabischen Republik bei der Entwicklung von Rüstungsgütern helfen, der westdeutschen Verfassung zuwiderhandeln.

Carlo Schmid. Einer, dessen Wort Gewicht hat. Kai steht auf. Kommt jetzt doch nochmal Bewegung in die Angelegenheit?

Jacke anziehen. Rausgehen. Kann sowieso nicht schlafen.

Lichter. Warmer Nieselregen.

Laufen.

Donnerstag.

Rita fährt mit dem Taxi ins Werk, um ihre Sachen abzuholen und sich zu verabschieden.

»Das tut mir leid, Rita.« Marietta schüttelt ihr die Hand. Schwer zu erkennen, ob sie es nur aus Höflichkeit sagt.

»Einfach rausgeworfen?« Max regt sich auf, will sich beschweren. »Das können die nicht machen!«

»Lass gut sein«, sagt Rita.

Max sieht sie an. »So einfach kommst du mir nicht davon.« Er grinst. »Ausstand. Heute Abend im Nile Hilton. Meine Rechnung.«

Rita lächelt.

Professor Pilz steckt seinen Kopf aus dem Büro, als sie gerade ihren Schreibtisch leerräumt.

»Fräulein Hellberg, könnten Sie gerade mal –«

Rita lächelt. »Wissen Sie noch nicht Bescheid?«

Er winkt ab. »Doch, doch. Was für ein Unsinn. Kommen Sie bitte, es ist eilig. Danach dürfen Sie gehen.«

Drinnen sitzen sie wieder einmal beisammen, wie so oft in diesen Tagen.

Rita Hellberg schreibt mit.

Erklärung von Paul Goercke, Hans Kleinwächter, Wolfgang Pilz.

Wir verlangen von Israel Entschädigung für unser Leid, das wir bis jetzt durch kriminelle Anschläge gegen uns durch den israelischen Geheimdienst erfahren haben. Wir verlangen weiterhin von Israel, dass es alle kriminellen Anschläge und Drohungen gegen Deutsche und ihre Familien einstellt.

Wir fordern die israelische Regierung auf, alle falschen Anschuldigungen, die Wissenschaftler entwickelten atomare, bakteriologische oder chemische Waffen zum Einsatz gegen Israel, zurückzunehmen.

»Das muss schnellstens raus, Fräulein Hellberg.«

»An wen?«

»Ans Redaktionsbüro von Al Ahram, die werden das abdrucken, und an die Israel-Mission in Köln. Haben Sie da eine Nummer?«

»Die finde ich raus.«

Der Professor sieht sie an.

»Worauf warten Sie noch, Fräulein Hellberg?«

Ein nettes Abschiedswort? Ein Dankeschön?

Sekretärin. Unsichtbar. Austauschbar.

Blick über den Nil bis zu den Pyramiden. Sonnenuntergang. Rita, Max, Marietta und Johnny. Vier junge Menschen in Kairo, die ein unbeschwertes Abendessen auf der Dinner Terrace des Hilton genießen.

»Was soll das heißen?«, fragt Max. Sein Blick zu Rita fragt noch etwas: Warum hast du diesen verdammten Pressefuzzi mitgebracht?

»Ich kann es gerne nochmal wiederholen«, sagt Johnny. Leise, freundlich, keine Spur von Ungeduld oder gar Provokation. »Ägyptens außerordentliches Bemühen, wissenschaftliche und technische Überlegenheit gegenüber Israel zu demonstrieren, ohne überhaupt noch den militärischen Vergleich zu suchen, zeigt einen Paradigmenwechsel an. Und diese neue Leitlinie erinnert an das strategische Denken im Hitlerdeutschland der letzten Phase des Zweiten Weltkrieges.«

Er nimmt einen Schluck Wein. »Ausgezeichnete Wahl, Herr Fischer.«

»Sprechen Sie weiter, Herr Schwartz«, sagt Marietta.

»Wirklich?« Johnny sieht zu Max, der lässig abwinkt.

»Von mir aus. Wenn ihr solchen Unsinn hören wollt.«

»Israel hat eine hohe Bevölkerungsdichte. Wenn diese Bevölkerung nun zum Ziel wird anstelle einer Konfrontation mit dem israelischen Militär, dann ist ein Erfolg um ein Vielfaches wahrscheinlicher. Das wäre dann ein –«

»– Völkermord«, sagt Marietta, ohne dass man ihrem Gesicht ansehen könnte, was sie denkt.

»Richtig.« Johnny nimmt noch einen Schluck. »Und wie anders sollte man den enormen ökonomischen Aufwand deuten, den Nasser betreibt, um Boden-Boden-Raketen zu entwickeln? Eine Waffe, die ihrer Natur nach eine Angriffswaffe ist, besonders wenn sie mit chemischen, biologischen oder radioaktiven Sprengköpfen ausgerüstet ist.«

»Die Rechnung, bitte!« Max winkt dem Kellner. »Ich muss mir das nicht länger anhören.«

»Warum nicht?«, fragt Marietta. »Ich habe heute im Radio gehört, dass John F. Kennedy gesagt hat, nur ein Kräftegleichgewicht zwischen Israel und Ägypten könne den Frieden im Nahen Osten garantieren. Und jeder weiß, dass Israel in Dimona keine Textilfabrik betreibt, wie man der internationalen Gemeinschaft weismachen wollte, sondern einen Atomreaktor.«

Nicht nur Rita, auch Max sieht Marietta überrascht an.

»Richtig«, sagt Johnny. »Und es gab nicht wenige Wissenschaftler in Israel, die ganz entschieden gegen die staatliche Nutzung der Atomenergie protestiert haben.«

»Und Sie schlagen vor, dass wir als Wissenschaftler eine ähnliche Haltung vertreten sollten?«

»Ich möchte Ihnen nichts vorschreiben, Frau Löwenberger.« Johnny legt ein paar Scheine auf den Tisch, um ja nicht Max dazu zu nötigen, ihn einzuladen. »Aber ein bisschen Haltung hat noch niemandem geschadet, finden Sie nicht?«

Israelisches Staatsarchiv. Memorandum FMRG 4326/16.

Während eines Besuches des israelischen Außenministers Shimon Peres beim Präsidentenberater Myer Feldman im Weißen Haus am 2. April 1963 bittet Präsident John F. Kennedy sie spontan ins Oval Office.

Gesprächsdauer: 5 Minuten.

Kennedy: Was für Raketen gibt es heute in der Region?

Peres: Ägypten hat vier Arten von Raketen. Zuletzt wurden Raketen auf Torpedoboote montiert. Zusätzlich haben sie Luft-Luft-Raketen und Boden-Luft-Raketen von den Russen. Und die vierte Sorte sind Boden-Boden-Raketen.

Kennedy: Die haben sie aber nicht von den Russen.

Peres: Wir haben keinen Beweis, dass die Russen ihnen solche Raketen liefern. Sie werden mit westdeutscher Hilfe entwickelt.

Kennedy: Westdeutschland hilft ihnen?

Peres: Nicht die Regierung; deutsche Techniker und Wissenschaftler. Im Moment ist diese Rakete am zielgenauesten. Sie hat eine Reichweite von 500 Kilometern.

Kennedy: Wie viele haben sie und wann werden sie einsatzbereit sein?

Peres: Sie haben heute 30, und sie werden in anderthalb Jahren einsatzbereit sein.

Kennedy: Um beim Thema Raketen zu bleiben: Der Punkt ist doch nicht, welche zu haben, sondern sie mit nichtkonventionellen Sprengköpfen zu bestücken. Stimmen Sie mir zu, dass die Sprengköpfe wichtiger sind als die Raketen?

Peres: Die Haupteigenschaft einer Rakete ist, dass sie unbemannt ist. Sie sät Terror und erhöht den Machtgewinn derer, die sie einsetzen, weil es keine effektive Abwehr dagegen gibt.

Kennedy: Das stimmt. Aber wie Sie wissen, sind die Atomsprengköpfe gefährlicher als die Raketen. Sie wissen, dass wir mit großem Interesse jeden Fingerzeig verfolgen, der auf die Entwicklung einer atomaren Bedrohung in der Region hinweist. Diese würde eine sehr gefährliche Situation schaffen. Deswegen haben wir auch Ihre atomaren Bemühungen sorgfältig im Blick. Was können Sie mir darüber sagen?

Peres: Ich kann ihnen offen mitteilen, dass wir keine atomaren Waffen in der Region einführen werden. Wir werden ganz sicher nicht die Ersten sein, die das tun.

Kennedy: Wie lange bleiben Sie?

Feldman: Er ist hier wegen der Verhandlungen über die Hawks (Falken), darüber wird er morgen im Pentagon vorsprechen.

Peres: Ich vertrete ein Land voller Tauben, das gekommen ist, um Falken zu bekommen.

Am Ende bekommt Shimon Peres, weswegen er in die USA gereist ist: fünf Batterien Hawks Boden-Luft-Raketen. Doch die Bedeutung seines erfolgreichen Waffen-Deals reicht viel weiter. Von nun an werden die USA zum wichtigsten Lieferanten Israels für moderne Waffensysteme.

Am selben Abend fährt Kai Hellberg zum Hauptbahnhof. Er ist viel zu früh dran. Der Zug aus München kommt erst in einer Stunde. Er schlendert durch den Bahnhof, bleibt vor dem Laden mit internationaler Presse stehen. Kurz entschlossen geht er hinein. »Haben Sie die Jerusalem Post?«

Wieder so ein Blick. Der Mann zeigt auf ein Regal mit ausländischen Zeitungen. »Da müsste noch eine von gestern liegen.«

Kai versteht selbst nicht genau, warum er immer noch nach jeder israelischen Zeitung greift, die er in die Finger kriegt. Wem er eigentlich was beweisen will. Sich selbst? Den Israelis? Isabell?

Er zahlt und setzt sich auf die nächste Bank. Schlägt die Zeitung auf wie ein Süchtiger. Süchtig nach Schlagzeilen. Braucht nicht lange zu suchen.

Knesset beschließt Extrasitzung am kommenden Sonntag. Kai hat keine Geduld mehr für Details. Rücktritt des Geheimdienstchefs. Regierungskrise. Abwendung der Vertrauensfrage. Peres eröffnet Gespräche über Hawks-Raketen in Washington. Nasser: Deutsche Hilfe ist rein technisch.

Das haben wir doch alles schon gelesen, denkt Kai. Und findet, wie so oft, am Ende doch Puzzlestücke, die noch fehlten.

Jerusalem Post. 3. April 1963. Seite 1.

In Augsburg, Westdeutschland, hat die Flugzeugfabrik Messerschmitt abgestritten, jemals irgendwelche Geschäftsbeziehungen zur ägyptischen Regierung oder einer ägyptischen Einrichtung oder Firma gehabt zu haben.

Das ist glatt gelogen, denkt Kai. Und statt Messerschmitt kommt jetzt Scheel.

Der westdeutsche Entwicklungshilfeminister, Walter Scheel, gab am Montag bekannt, dass sein Land Ägypten ein Darlehen von 230 Millionen DM (ca. 170m IL) für noch festzulegende Projekte gewährt. Scheel, der Ägypten vom 5. bis 16. April für Gespräche über wirtschaftliche Zusammenarbeit besuchen wird, fügte hinzu, dass das Darlehen, wenn möglich, an westdeutsche Lieferungen gebunden sein wird.

Er betonte auf Nachfrage, dass sein Besuch in Ägypten in keiner Weise mit der Tätigkeit deutscher Forscher in dem Land zu tun habe. Seine Reise könne als »überzeugender Beweis« gewertet werden, »dass Deutschland in diesem Punkt ein reines Gewissen hat«.

Vorsicht ist geboten, denkt Kai, wenn Deutsche beteuern, ein reines Gewissen zu haben.

Über den Lautsprecher dröhnt die Ansage des Fernschnellzuges Blauer Enzian aus München auf Gleis fünf. Vorsicht bei der Einfahrt des Zuges.

Nervös versucht Kai, die Zeitung zusammenzufalten, aber die Knicke wollen nicht mehr passen. Also klemmt er sie irgendwie unter den Arm und läuft zwischen den Geschäften hindurch zu den Treppen. Als er unten ankommt, fährt die Diesellok gerade an ihm vorbei.

Kai bleibt stehen. In welchem Wagen sie sitzen, weiß er nicht. Kein Anruf. Keine Postkarte. Nun, Post kann verloren gehen. Vielleicht hat sie versucht, ihn zu erreichen.

Die Türen klappen schwerfällig auf, Reisende klettern aus dem Zug und sehen sich um.

Wiedersehensszenen. Menschen fallen einander in die Arme.

Da hinten! Zuerst kommt Joachim. Dann hilft er Isabell die Stufen hinunter. Sie lacht.

Kai geht auf sie zu. Nein, er rennt den Bahnsteig entlang.

»Isabell!«

Er breitet die Arme aus.

»Kai.«

Isabell bleibt stehen. Sieht zu Joachim. Warum guckt sie Joachim an?

»Kai. Du hättest nicht kommen sollen.«

»Warum nicht?« Er sieht von Isabell zu Joachim.

»Kai«, sagt Joachim. »Das war ein starkes Stück für Isabell. Dass dein Vater einer von denen ist, du weißt schon. Das hat uns allen einen ziemlichen Schock versetzt, nachdem du abgehauen bist.«

»Abgehauen?« Kai geht einen Schritt auf Isabell zu. Sie geht einen Schritt zurück und sieht zu Boden.

Joachim schiebt sich dazwischen. »Lass sie erst mal in Ruhe, Mann. Merkst du nicht, was los ist?«

Wäre Kai ein anderer Mann, würde er Joachim jetzt einen Faustschlag verpassen. Doch Kai tritt stumm zur Seite.

Der Pfiff des Schaffners übertönt alles.

»Vorsicht bei der Abfahrt!«

Die Türen knallen zu.

Seltsamerweise beginnt in seinem Kopf Duke Ellingtons mitreißende Nummer. Daybreak Express. Er kann die schneller und schneller werdende Musik nicht nur hören.

Er kann sie schmecken.

Er kann sie fühlen.

Es fehlte nicht viel, und seine Beine würden anfangen herumzuspringen.

Auf dem Bahnsteig.

Steht Kai.

Und sieht Isabell zu, die an ihm vorbeigeht. Die Treppen hoch. Verschwindet zwischen den Menschen. Verschwindet aus seinem Leben.

Die Musik bleibt. Sie füllt den Kopf aus.

Wild und schön.

Am selben Abend stehen Rita und Johnny in der Lobby des Nile Hilton. Pharaonenrelief. Prachtvolle Blumenarrangements. Ledersessel. Fernsehgeräte.

Max und Marietta sind mit dem Aufzug nach oben ins Belvedere entschwunden. Rita, die sich nicht vorstellen kann, dort mit jemandem anders als mit Hani zu tanzen, hat Kopfschmerzen vorgeschoben.

Der Protest fällt lau aus. Max ist verstimmt. Johnny hat ihm den Abend verdorben.

»Warum musstest du ihn so provozieren?«

»Psst. Komm mit.« Johnny zieht Rita am Arm zu einer Sitzgruppe vor dem Fernseher. »Guck mal, wer da spricht.«

Professor Wolfgang Pilz schaut gerade in die Kamera, so intensiv, dass sich Rita fühlt wie ein Kind, das beim Lauschen ertappt wurde. Neben ihm sitzt eine junge Frau im kurzen schwarzen Kleid mit einer auffälligen, mehrreihigen Halskette.

»Leila Rustum«, murmelt Johnny. »Sie ist eine bekannte Fernsehmoderatorin.«

Ein weiterer Mann und eine junge Frau sitzen im Fernsehstudio mit dem Rücken zur Kamera, so dass ihre Gesichter nicht zu erkennen sind. Paul Goercke, denkt Rita. Und die Frau könnte Heidi sein, seine Tochter. »Heidi Goercke ist in Kairo?«

»Bist du sicher, dass sie es ist?«, fragt Johnny.

Rita schüttelt den Kopf.

»Was würden Sie tun, wenn Deutschland Sie an Ihrer Arbeit hindert?«, fragt Leila Rustum Professor Pilz.

Der Professor lächelt. Dann sagt er vor laufenden Kameras, dass er sich in diesem Fall überlegen würde, die deutsche Staatsbürgerschaft aufzugeben. Außerdem behalte er sich vor, gegen die Bundesrepublik wegen verfassungsrechtlicher Fehler zu klagen. »Die Ägypter haben uns freundlicherweise die hiesige Staatsbürgerschaft angeboten«, lächelt der Professor. »Und wir deutschen Wissenschaftler lieben dieses Land, die Leute, das Klima und unsere Arbeit hier. Warum kann man uns nicht in Ruhe lassen?«

Die Spitaler Straße füllt sich mit Menschen, die ihre Mittagspause nutzen, um die erste Frühlingssonne zu genießen oder Einkäufe zu erledigen.

»Er würde die ägyptische Staatsbürgerschaft annehmen?« Kai sieht Rita an und schüttelt den Kopf. »Kaum zu glauben.«

Rita sieht auf die Uhr. »Wo bleiben die nur? Es kann doch nicht so schwer sein, einem einzigen Kind ein Kommunionkleid zu kaufen.«

»Mutti ist wieder das reinste Nervenbündel«, konstatiert Kai düster, ohne direkt auf Ritas Bemerkung einzugehen.

»Kein Wunder.« Rita steht auf. »Vati ist seit Montag unterwegs auf Jobsuche. Bei Messerschmitt wollte man ihn nicht mal zum Personalchef vorlassen.«

»Die streiten jegliche Verbindung zu Ägypten ab«, sagt Kai. »Da werden sie Vati nicht gerade mit offenen Armen empfangen.«

»Er glaubt langsam an Verschwörungstheorien.« Rita beugt sich vor und flüstert in Kais Ohr. »Dass alle, die in Ägypten waren, nach ihrer Rückkehr mit einer fünfjährigen Berufssperre belegt werden.« Sie spricht in normaler Lautstärke weiter. »Er kann einem richtig leidtun.«

»Mir tut er nicht leid.« Kais Gesichtsausdruck wechselt zu unerbittlich.

»Ist ja gut.« Rita legt ihm beschwichtigend die Hand auf den Arm. »Guck mal, sie kommen!«

Zuerst erscheint Pünktchen mit triumphierender Miene. »Ich hab' den Bolero!«, verkündet sie stolz.

Ingrid Hellberg kommt erschöpft hinterher. »Mir ist ganz schwindelig! Ich brauche dringend eine Stärkung.«

»Wir gehen zu Daniel Wischer«, sagt Rita. Weiter kommt sie nicht, denn Pünktchen bricht in Jubelschreie aus.

Fischfrikadellen mit Kartoffelsalat und Fassbrause. Wie früher, als sie noch klein waren. Weiße Tischdecken. Holzstühle. Erste Frühlingsblumen auf dem Tisch.

»Ihr seid eingeladen.« Rita winkt dem Kellner.

»Ich dachte, du hast gerade deine Arbeit verloren?« Kai stößt ihr scherzhaft den Ellenbogen in die Rippen. Selbst in ihm scheint das Ambiente wieder den kleinen Jungen hervorzubringen. »Und jetzt gibst du hier mit deiner dicken Geldbörse an?«

»Gut, dass du es ansprichst.« Ingrid wirft Kai einen dankbaren Blick zu. »Ich gehe davon aus, dass wir spätestens zum Sommer nach Deutschland zurückkehren werden. Gott sei es gedankt.« Sie sieht kurz nach oben.

»Rita, du könntest gleich hierbleiben und das Haus in Stade für unsere Rückkehr vorbereiten. Und Kai wäre nicht mehr so alleine.«

»Und ich?«, ruft Pünktchen. »Ich will auch nicht alleine sein! Und Rita muss zu meiner Kommunion kommen. Das neue Kleid!« Sie wirft entsetzte Blicke um sich.

»Ich bin gern allein. Und Oma ist ja auch noch da.« Das kommt von Kai.

»Schön, dass ihr mich auch mal fragt, was ich will!«, spottet Rita. »Ich werde in dieser Familie hin- und hergeschoben, wie es euch gerade passt.«

»Rita, Kind –« beginnt Ingrid, doch Kai legt den Finger auf den Mund.

»Und was sind deine Pläne, liebe Schwester?«

»Ich gehe zurück nach Kairo.« Rita sieht Pünktchen an, auf deren Gesicht ein breites Grinsen erscheint. »Ich will dein neues Kleid sehen. Und ich habe einen neuen Job.«

»Was für einen Job?« Ingrid spricht das amerikanische Modewort aus, als wäre es ein Kraftausdruck. »Und wieso hat mir dein Vater nichts davon gesagt?«

»Weil er noch gar nichts davon weiß. Mit sofortiger Wirkung suche ich mir selbst meine Arbeit.«

Zu guter Letzt gibt Rita Kai den Rippenstoß zurück. »Dein Freund Johnny ist offenbar gut im Geschäft. Ich kann direkt nach Ostern bei ihm anfangen.«

Abzug vom Dia, Farbe:

In der Bildmitte steht Pünktchen im weißen Kleid, ein Kranz aus weißen Blumen im Haar, in der rechten Hand eine lange Kerze, links neben ihr Brigitte im geblümten Sommerkleid, rechts hinter ihr Rita in einem grünen Taftkleid, schräg davor Ingrid im dunkelblauen Kostüm; im Hintergrund das Schulgebäude.

Bildunterschrift: Pünktchens Kommunion in Babellouk, April 1963

Friedrich Hellberg blickt noch einen Moment lang durch den Sucher, obwohl er den Auslöser schon gedrückt hat. Was für ein Gruppenbild von Weiblichkeit, wie sie unterschiedlicher nicht sein könnte!

Da ist zunächst mal Petra, sie verkörpert die Unschuld in Weiß. Aber die Augen! Um wie viel älter wirken sie in dem zarten Kindergesicht. Prüfend sind sie auf die Kamera gerichtet.

»Vati, was machst du da?«

Schnell löst er seinen Blick und nimmt die Kamera runter. Fühlt sich ertappt von seiner Jüngsten. Als wisse sie, dass seine Gedanken, sein Herz einer anderen gehören, selbst an ihrem großen Tag.

Brigitte. Auch sie umgibt ein Hauch von unschuldiger Frische, doch ist sie eine erwachsene Frau in der Fülle ihrer Blüte. Sich ihrer Wirkung voll und ganz bewusst. Die großen Blüten auf Weiß, die schimmernde Perlenkette. Alles an ihr leuchtet und strahlt.

Rita wirkt dagegen hoch aufgeschossen, viel zu schmal, seine Große. Die Haare etwas zu leger drapiert hinter dem fransigen Pony, darunter ein ironisches Lächeln, gepaart mit diesem aufmüpfigen Blick, der ihr in den letzten Monaten zum Markenzeichen geworden ist.

Und Ingrid. Warum machst du dich älter, als du bist? Die graue Dauerwelle, das dunkle Kostüm. Als wolltest du in deiner Biederkeit noch betonen, dass du es nicht nötig hast, etwas aus dir zu machen. Der bittere Zug um den Mund steht im Kontrast zu den leuchtenden Augen, voller Erwartung dessen, was nun kommt.

Petras heilige Kommunion.

Friedrich sieht sich um. Der Schulhof füllt sich langsam mit den weiß gekleideten Kindsbräuten Jesu und ihren Familien. Es ist kurz nach neun, aber die Sonne brennt schon auf sie nieder. Der erbarmungslose ägyptische Sommer naht.

Gift für seine Krampfadern. Gefahr für sein schwaches Herz. Verwünscht sei der Tag, an dem er sich entschieden hat, in diese staubige, heiße Stadt zu gehen, um sein Glück zu suchen. Nun sitzt er in der Falle. Kann nicht vor und nicht zurück.

Dem Vorankommen im Weg steht Ali Mansur, sein früherer Schatten, nun sein Chef. Zuerst war es ihm noch ein bisschen peinlich, doch mittlerweile genießt er es, Friedrich kurz angebunden irgendwelche Befehle zu geben. Er redet darüber am Telefon mit seinen unzähligen Freunden. Auch wenn Friedrich die Sprache nicht versteht, so kann er es doch an den Blicken ablesen, die Ali ihm zuwirft.

In den ersten Tagen hat er versucht, die Arbeit mit Ali zu diskutieren, doch das hat er aufgegeben. Nun stellt er sinnlose Berechnungen an oder tut so, als fertige er Konstruktionszeichnungen, während er wartet, bis endlich wieder ein Tag vorüber ist.

Zurück führt auch kein Weg, denn in Deutschland hat er das unausgesprochene Embargo zu spüren bekommen, das jeden trifft, der aus Ägypten kommt und um gute, ehrliche Arbeit bittet.

Schlechte Auftragslage.

Genügend gut ausgebildetes Fachpersonal.

Das sind die fadenscheinigen Begründungen, die darüber hinwegtäuschen sollen, dass das Bundeskanzleramt Ägypten offiziell als einen Staat des Ostblocks bezeichnet. Heißt: Wer dort tätig war, darf die nächsten fünf Jahre nicht für einen NATO-Staat im militärischen Bereich arbeiten.

Und das, obwohl Strauß höchstpersönlich gesagt hat: Geht nach Ägypten, sonst machen es die Russen! Wie oft hat Professor Messerschmitt sich damit gebrüstet! Und jetzt hält er die Füße still und hofft, dass der Sturm der moralischen Entrüstung über ihn hinweggeht. Während seine eigenen Leute, die ihm in die Wüste gefolgt sind, den Gegenwind mit voller Breitseite aushalten müssen.

Nicht mal vorgelassen zum Personalchef haben sie Friedrich bei seiner Stippvisite im Augsburger Hauptwerk. Derzeit keine Termine. Kommen Sie in einem Monat wieder. Oder besser in zwei. Ihre Unterlagen können Sie gern hierlassen.

Seine Gereiztheit kann er kaum noch im Zaum halten. Es reicht ein falsches Wort, wie an diesem Morgen. Ein Riesenkrach entsteht aus einer Lappalie.

Es ist noch früh, eine kühle Stille liegt über dem Garten. Friedrich liest die Stellenanzeigen in der Zeit, Ingrid den Osterbrief von Pater Ludwig. Die Kinder sind noch oben.

»Wieder nichts für mich dabei«, murmelt Friedrich und legt die Zeitung weg.

»Ich lese dir vor«, sagt Ingrid und beginnt, ohne seine Antwort abzuwarten: »Für uns gläubige Menschen hat die Zukunft, eine überselige Zukunft, am Ostermorgen mit der Auferstehung unseres Herrn bereits begonnen.«

»Ach ja? Davon habe ich noch nichts gespürt.« Friedrich ist nicht in der Stimmung für fromme Worte.

»Ich meine unsere gemeinsame Zukunft!« Ingrid sieht ihn erwartungsvoll an. »In unserem Zuhause. Ohne den Staub und die Hitze. Ohne lästige Dienstboten.«

Er nimmt den Seitenhieb zur Kenntnis.

»Brigitte ist keine Dienstbotin. Sie ist ein vollwertiges Mitglied unserer Familie geworden. Sie steht uns bei. Dir auch. Gerade dir! Wie würdest du ohne sie zurechtkommen? Sie kauft ein, sie holt deine Tochter von der Schule ab, unternimmt etwas mit ihr.«

Ingrid sieht ihn an, als habe er den Verstand verloren. »Willst du damit sagen, ich vernachlässige meine Pflichten als Hausfrau und Mutter?«

»Natürlich tust du das. Wenn auch nicht freiwillig«, fügt er hinzu, um die Schärfe etwas abzumildern. »Und nun lass uns aufhören. Brigitte kann jeden Moment hier sein.«

»Hier?« Sie tritt einen Schritt zurück. »Du willst doch nicht behaupten, dass sie mit zur Messe kommt?« Ihre Stimme wird mit jedem Wort schriller. »Willst du mich in aller Öffentlichkeit demütigen?«

»Psst.« Friedrich deutet nach oben. »Petra hat sie eingeladen. Finde dich damit ab.«

Seine Laune ist dahin. Kann man nicht einmal eine halbe Stunde in Frieden verbringen?

»Hast du ihr das eingeredet?«, keift Ingrid.

»So ein Unsinn!« Langsam reicht es ihm. »Wie käme ich dazu? Auf mich hört doch schon lange keiner mehr in dieser Familie! Du hast als Mutter vollkommen versagt. Kai hast du so lange verhätschelt, bis er ein verweichlichter Kommunist geworden ist. Rita hast du in die Rebellion getrieben. Sie würde jede Arbeit annehmen, um aus dem Haus zu kommen. Selbst für diesen halbseidenen Journalisten arbeitet sie lieber, als hinter dir herzuputzen. Und Petra? Die bringst du noch so weit mit deiner Frömmelei, dass sie ins Kloster geht.

»Hallo!« Wie aufs Stichwort streckt Pünktchen ihren Kopf aus dem oberen Fenster. »Mutti! Ich finde meinen Schleier nicht!«

»Den habe ich im Badezimmer über dem Spiegel drapiert!«, ruft Ingrid.

»Wofür braucht sie einen Schleier?«, fragt Friedrich irritiert.

»Ich bin die Braut von Jesus Christus!«, ruft Pünktchen voller Inbrunst herunter.

»Meine zwölfjährige Tochter trägt keinen Brautschleier. Für niemanden!«, brüllt Friedrich und stapft ins Haus.

Schwester Agnes eilt von Grüppchen zu Grüppchen über den Schulhof und scheucht die Leute mit sanften Gesten in Richtung Eingang. »Es geht gleich los. Gehen Sie doch bitte in die Kapelle.«

»Fast alle haben einen Schleier«, schmollt Pünktchen. »Nur ich nicht.«

Friedrich wirft ihr einen warnenden Blick zu. Und spürt fast im selben Moment wie einen Hauch Brigittes zarte Finger über seine Hand streifen.

»Lass sie.« Nur ein Flüstern. Doch er fühlt, wie seine Nerven sich sofort beruhigen. Als wäre er ein Vogel, dem jemand sanft über das Gefieder streicht.

»Kommt ihr?« Rita hat sich umgedreht. Wieder dieser Blick. Noch immer ist er nicht dazu gekommen, mit ihr in Ruhe zu sprechen. Von Monat zu Monat wird es schwieriger.

»Guten Morgen allerseits.« Hinter ihm ist Doktor Eisele mit seiner Frau aufgetaucht. Das Gemurmel um sie herum wird um eine Schattierung leiser. Oder bildet er sich das nur ein? Es gibt nicht wenige Landsleute in Kairo, die den Doktor und seine Familie schneiden. Brigittes Vater hat Marcel den Umgang mit dem Sohn verboten, obwohl sie in dieselbe Klasse gehen. Peter Scholler ist und bleibt ein Sozi, wenn nicht Schlimmeres. Friedrich hat sich schon gefragt, ob die ganze Clique um Brandner wohl für den Osten spioniert. Lange genug in Russland waren sie ja alle.

»Wie war noch mal dein Spruch?«, fragt Rita ihre kleine Schwester, als sie nach der Messe im Hof an langen Tafeln sitzen.

»Lass dich nicht verwirren: Was ist falsch? Was ist echt? Menschen können irren. Gott hat immer Recht!«, rattert Pünktchen herunter. »Friedrich Morgenroth.«

»Sehr passend!« Rita legt einen Arm um Pünktchen. Ihnen gegenüber die Eltern, der Vater beugt sich gerade herüber, um Brigitte, die an Pünktchens anderer Seite sitzt, Kaffee einzuschenken, während ihre Mutter sich umsieht, ob das jemand beobachtet. Wie ein Geist aus der Flasche erscheint hinter Ingrid der dicke Pater Ludwig in seiner braunen Kutte.

»Frau Hellberg, Ihr Kuchen ist wie immer vorzüglich!«

»Siehst du, wie er ihr ins Ohr spuckt!«, flüstert Pünktchen und schüttelt sich.

Ritas Blick wandert weiter die Tafel hinab. Die Schwestern aus dem Kloster eilen hin und her, bringen neuen Kaffee oder tauschen leere Kuchenplatten gegen volle aus.

»Wie heißt nochmal diese bleiche Schwester, die immer so streng aussieht?«

»Schwester Benedikta.« Pünktchen kommt mit ihrem Mund ganz nah an Ritas Ohr. »Sie ist eine Hexe.«

Neugierig betrachtet Rita die Schwester und fragt sich, wie Pünktchen zu dieser Feststellung kommt. Die Nonne bleibt neben Doktor Eisele stehen und hebt die Kaffeekanne. Er wendet sich ihr zu und sagt etwas. Die Veränderung ist kaum wahrnehmbar, doch auf einmal bekommen die Wangen der Frau etwas Farbe und die Augen einen hellen Glanz.

Interessant, registriert Rita. Die Menschen um sich herum beobachtet hat sie schon immer gern. Jetzt hat sie den Auftrag.

Sieh genau hin.

Achte auf Details.

Stelle Zusammenhänge her.

»Wir gehen anders vor als der Mann vom stern«, sagt Johnny, als sie zu ihrem ersten Arbeitstag nach Ostern im Lotus House erscheint. »Wir werden nicht so tun, als wären wir die besten Freunde der Experten. Wir werden nicht ihre Saufgelage in Sahara City oder im Löwenbräu bezahlen.«

Rita hört vor allem das Wir und wundert sich.

»Wir werden Dingen auf den Grund gehen und Zusammenhänge herstellen.«

Wir.

Ihr Herz macht einen Hüpfer.

»Wir brauchen einen Schreibtisch für dich. Einen richtigen Stuhl. Und eine Schreibmaschine.«

Noch ein Hüpfer.

»Bis ich das organisiert habe, kannst du dich schon mal einlesen.« Ein dicker Packen aus Zeitungen und Zeitschriften landet neben ihr auf dem Bett.

Rita liest. Deutsch. Englisch. Arabisch so gut sie kann.

Johnny hämmert auf seine Olivetti ein.

»Wo ist eigentlich Ganesh?«

»Mit seinen Eltern in Ladakh. Es soll schön sein um diese Jahreszeit im Himalaya.«

Johnny raucht. Rita raucht.

»Warum fragst du?«

»Ich weiß nicht. Nur so.«

Johnny denkt nach. Rita denkt nach.

Zwischendurch gehen sie nach oben, etwas essen.

»Hast du mal was von Kai gehört?«

»Nein. Du?«

Dann ist Rita mit dem Lesen in der Gegenwart angekommen. Frankfurter Allgemeine. 17. April 1963. Seite 4.

Ben-Gurions Eingreifen verhindert eine Krise.

Ganz langsam ebbt die Erregung in Israel ab. Der Tatbestand, der sie ausgelöst hat, besteht weiter; die deutschen Techniker und Ingenieure haben ihre Arbeit in Ägypten nicht unterbrochen. Die Gefahr, in der sich Israel befindet, ist um nichts geringer geworden.

Stimmt, denkt Rita. Und der Einzige, den das noch interessiert, ist mein Bruder. Wahrscheinlich liest er auch gerade diesen Artikel. Sie erlaubt ihren Gedanken einen kurzen Ausflug über den Ottenser Markt und weiter bis zu ihrer Bank mit Elbblick, bevor sie weiterliest.

Daß gerade Deutsche im Jahre 1963 sich an der von Nasser geplanten Auslöschung des Judenstaates beteiligen, ist für Israel eine makabre, gespenstische Erscheinung. In Israel setzte sich dann aber Ben-Gurion gegen alle Widerstände durch, und die Deutschen in Ägypten wurden immer mehr als das bezeichnet, was sie in der Tat sind: willfährige Instrumente in der Hand eines potentiellen Angreifers.

In Israel kam es infolge des verspäteten Eingreifens Ben-Gurions fast zu einer parlamentarischen Krise. Der Chef der Sicherheitsdienste trat demonstrativ zurück, nach amtlicher Darstellung stimmte seine Beurteilung der politischen Situation mit den Ansichten Ben-Gurions nicht überein.

Rita sieht auf. Mittlerweile sitzen sie und Johnny einander gegenüber, an zwei Schreibtischen, vor sich jeder eine Schreibmaschine. Zwischen ihnen türmen sich Stapel von Papier. Die Luft ist dick vom Zigarettenrauch.

»Dieser Chef der Sicherheitsdienste, der zurückgetreten ist.«

Johnny sieht hoch und zieht an seiner Zigarette. »Ja, was ist mit dem?«

»Der wird überall erwähnt, aber nicht sein Name.«

»Die Köpfe des Mossad bleiben anonym. Niemand weiß, wer sie sind. Fast niemand.« Johnny grinst.

»Du kennst ihn?«

»Wie sollte ich?« Er blättert in irgendwelchen Unterlagen. »Hast du die Summe parat, die unser Bundesminister für wirtschaftliche Zusammenarbeit gerade an die Ägypter verteilt?«

»Walter Scheel?« Rita runzelt die Stirn. »Sechshundertsechzig Millionen? Aber frag mich nicht, wo ich das gelesen habe.«

»Notiere immer deine Quelle«, sagt Johnny, »sonst ist die Information nichts wert.«

Er runzelt die Stirn und zündet sich eine Zigarette an. »Die Stimmung kippt. Das State Department hat eine Erklärung herausgegeben. Alles halb so schlimm, ist die neue Richtlinie. Schlimmer wäre es, wenn die deutschen Experten durch Personal aus dem Ostblock ersetzt würden. Damit vertreten sie genau die Linie des Auswärtigen Amtes.«

»Welche Linie?« Rita fühlt sich noch nicht imstande, Linien zu erkennen. Ihr Kopf fühlt sich eher an wie ein Gestrüpp aus Informationen, Meinungen, unterschiedlichen Auffassungen darüber, was wahr ist und was nicht.

Johnny lächelt. Rita findet, dass er sich ziemlich viel Mühe gibt, ihr die Dinge zu erklären, die sie tun.

Die Wir tun.

»Unser Außenministerium vertritt die Auffassung, dass eine Krise in den deutsch-arabischen Beziehungen, hervorgerufen durch einen Rückruf oder gar eine Bestrafung der Experten, zu einer Schwächung der gesamten westlichen Position und einem weiteren Vordringen des Ostblocks in den strategisch wichtigen Nahost-Raum führen würde. Und das läge wiederum nicht im Interesse Israels, weil die Ostblockstaaten den gegen Israel gerichteten arabischen Nationalismus vorbehaltlos unterstützen.«

»Klingt logisch.« Rita fühlt, wie das Gestrüpp noch ein bisschen dichter wird. »Je nachdem, was ich gerade lese, klingt es immer logisch.«

»Die Welt wird komplizierter«, sagt Johnny. »Am Ende hast du fünf verschiedene Wahrheiten und musst entscheiden, welche du zu deiner machst.«

»Darf ich Ihnen Kaffee nachschenken?«

Rita schreckt aus ihren Gedanken hoch. »Ja, bitte.« Schwester Benedikta steht zwischen ihr und Pünktchen, die den Kopf eingezogen und die Augen geschlossen hat. Fehlt nur noch, dass sie einen Zauberspruch gegen Hexen vor sich hinmurmelt. Rita nimmt einen Schluck Kaffee. Noch lieber hätte sie eine Zigarette.

Von den Männern haben sich die meisten eine angesteckt. Die Frauen rauchen heimlich, zu Hause oder im Club. Nicht in der Öffentlichkeit. Sie denkt an Hanis Besuch zu Weihnachten. Ich bin ein Mann. Ich muss rauchen, wenn ich nachdenke.

Denk an was anderes. Deine Arbeit. Johnny.

»Wir brauchen Beweise!« Johnny tigert in seinem Hotelzimmer auf und ab. Rita schaut ihm dabei zu.

»Die Israelis haben sich weit aus dem Fenster gelehnt mit ihrer Behauptung, die Experten würden hier an ABC-Waffen arbeiten.«

»Ich kann das immer noch nicht glauben«, murmelt Rita.

»Deine Chefs streiten es ab. Die ägyptische Regierung. Die deutsche Botschaft. Alle mauern.«

»Woher willst du denn wissen, dass es stimmt, was die Israelis behaupten?«

Johnny wirft ihr einen Seitenblick zu. »Okay, lass uns nochmal zusammen durchgehen, was wir haben.«

A. Atomare Waffen.

Die Ägypter haben zu diesem Zeitpunkt einen einzigen Forschungsreaktor. Es ist fraglich, ob sie damit überhaupt spaltbares Material herstellen können. Die israelische Behauptung, der deutsche Atomphysiker Otto Hahn leite diese Einrichtung, ist nicht nachweisbar. Folglich müssen sie radioaktives Material nach Ägypten importieren. Uran wird ihnen kaum jemand verkaufen. Was aber ist mit Strontium? Kobalt?

»Ich bin die Ordner durchgegangen«, sagt Rita leise. »Da waren Bestellzettel, Rechnungen. Aber ich kann mich nicht mehr erinnern, wofür.«

B. Biologische Waffen.

Über deutsche Experten aus dem Bereich der Medizin oder Schädlingsbekämpfung, die in Ägypten tätig sind, ist nichts bekannt.

C. Chemische Waffen.

Es ist seit kurzem erwiesen, dass Ägypten chemische Kampfstoffe im Jemenkrieg einsetzt. Senfgas? Lost? Vergleichsweise altes Zeug. Die Amerikaner operieren bereits mit neuen Mitteln. VX oder Napalm.

»Ich kann mich nicht an Einzelheiten erinnern«, sagt Rita.

»Wir müssen dich nochmal einschleusen«, sagt Johnny lachend.

Wir.

Rita Hellberg denkt über dieses Wir nach, das ihr mit jedem Tag besser gefällt. Um sie herum toben die Kindsbräute, die es nicht länger auf den Stühlen hält. Die ersten Erwachsenen sind schon im Aufbruch.

»Wir sehen uns später im Club.«

Ihr Vater sitzt jetzt weiter unten am Tisch und unterhält sich mit dem Doktor. Frau Eisele hat sich dafür neben ihre Mutter gesetzt. Sie redet mit leiser, sonorer Stimme in einem fort darüber, was besser ist in Deutschland.

Das Obst. So knackige Äpfel finden Sie hier nicht.

Das Brot. Eine zünftige dunkle Kruste. Da braucht man das richtige Mehl.

Das Wetter. Eine Weile hat man ja morgens noch aus dem Fenster geschaut. Wie ist denn das Wetter heute? Das machen wir jetzt nicht mehr. Es ist doch immer das gleiche.

Tagein. Tagaus.

Ingrid hört schweigend zu, nickt hin und wieder zustimmend. Dabei lässt sie Brigitte nicht aus den Augen, die neben Schwester Agnes steht. Beide sehen zu Pünktchen, die etwas abseits des wilden Knäuels aus Schleiern und weißen Röcken von einem Bein aufs andere tritt. Sie sprechen leise miteinander.

Rita hat, wie so oft, den Impuls, ihre Schwester aus dem Kokon der sie umschließenden Einsamkeit zu erlösen, sie in den Trubel hineinzuziehen.

»– da steht dieser Journalist immer noch in meinem Wartezimmer.« Doktor Eisele erhebt selten die Stimme, darum fällt es ihr auf. Rita hört hin. »Der wollte tatsächlich meine Patienten aushorchen, nachdem ich ihn abgewimmelt habe. Ich musste ihn unter Androhung der Polizei des Hauses verweisen.«

Friedrich sieht zu Rita hinüber, die schnell den Blick abwendet. »Hat er sich vorgestellt?«, fragt er den Arzt.

Der schüttelt den Kopf. »Den Namen habe ich mir nicht gemerkt. Das ist doch alles unwichtig. Ich will mit der Presse nichts mehr zu tun haben.«

Johnny, denkt Rita. Ihr Vater denkt dasselbe, lässt es aber auf sich beruhen.

Wir brauchen Beweise. Wir stellen Zusammenhänge her.

Bei Johnny gibt es eine Akte über den Doktor. Sie enthält Augenzeugenberichte von Überlebenden: aus dem Konzentrationslager Buchenwald, aus dem Konzentrationslager Natzweiler, aus dem Konzentrationslager Dachau. Die Berichte handeln von chirurgischen Operationen, die nicht nötig sind. Sie handeln von Todesspritzen. Jüdische Häftlinge betreten die Krankenstation und kommen nie wieder heraus.

Rita Hellberg steht auf und schlendert zum unteren Tischende. Setzt sich neben ihren Vater.

»Sie sollten sich keine Gedanken darüber machen«, sagt er gerade. »Ihre Patienten werden jederzeit bestätigen, was für ein ausgezeichneter Arzt Sie sind. Und als Werksarzt sind Sie doch über jeden Zweifel erhaben.«

»Was macht eigentlich ein Werksarzt?«, fragt Rita interessiert. »Behandeln Sie nur die Angestellten oder arbeiten Sie auch in der Forschung?«

Ihr Vater schaut überrascht. Der Doktor schaut misstrauisch.

»Wozu wollen Sie das wissen, Fräulein Rita?«

»Ich dachte, ich hätte Sie einmal gesehen, draußen auf dem Raketenabschussgelände, bei einem Teststart.«

»Das muss ein Irrtum sein.« Er sieht sie lange an, dann verliert sich sein Blick in einer unsichtbaren Ferne, als wäre sie plötzlich durchsichtig. »Ich bin ein gläubiger Mensch und folge nur dem Gebot Gottes, zu helfen. Das ist mir Herausforderung genug.«

Einen Moment lang herrscht Schweigen.

Rita würde gern noch weiter mit dem Doktor sprechen, aber ihr Vater wirft ihr einen warnenden Blick zu und sieht auf die Armbanduhr. »Ich muss später noch ins Werk. Wir sollten aufbrechen.«

Doktor Eisele sieht ihn an, wieder ganz der besorgte Hausarzt. »Herr Hellberg, Sie wissen, was wir besprochen haben. Sie können jederzeit zu mir kommen.«

»Danke, ich werde sicher auf Ihr Angebot zurückkommen.«

Zwei Tage nach der Kommunionsfeier platzt Johnny mit dem neuen stern ins Hotelzimmer und knallt die Tür hinter sich zu. Rita müht sich gerade damit ab, Artikel aus Al Ahram zu sortieren und nach Stichwörtern abzulegen.

Al Ahram. 10. April 1963. Seite 2.

Deutsche Wissenschaftler schreiben Protestnote an Adenauer.

Erschrocken fährt sie hoch.

»Die Deutschen sind an allem schuld!« Er knallt ihr die Zeitschrift vor die Nase. So hat sie ihn noch nie erlebt. Spöttisch, ja. Voll beißender Ironie, oft. Aber wütend? »Was ist denn das für eine Überschrift!« Er drückt eine Zigarette aus und steckt sich sofort die nächste an. »Wir haben nichts gewusst. Wir können nichts dafür. Warum sind wir immer schuld? Revisionismus nenne ich das!«

»Revisionismus?«

»Ja, ja. Immer erst mal alles abstreiten.« Johnny kommt direkt vor Rita zum Stehen. »Der Zweite Weltkrieg? Uns trifft keine Schuld.« Beißender Rauch steigt ihr in die Augen. »Holocaust? Kann es gar nicht gegeben haben.«

Rita hustet.

Johnny macht kehrt und reißt die Balkontür auf. »Entschuldige, aber das macht mich rasend.«

Er bleibt so stehen, ihr den Rücken zugewandt. »Und dann noch den Vertrag als Aufmacher«, fügt er leise hinzu.

Rita liest.

stern. Heft Nr. 17, 23. April 1963. Seite 15.

Als der deutsche Raketenforscher Professor Wolfgang Pilz in die Dienste des ägyptischen Staatschefs Nasser trat, wurden in seinen Vertrag folgende Punkte aufgenommen:

Die von den deutschen Raketenfachleuten in Ägypten erzielten Forschungsergebnisse stehen jederzeit der deutschen Bundesregierung zur Verfügung.

Die ägyptischen Schießplätze in der Sahara können auf Verlangen auch von der deutschen Bundeswehr benutzt werden.

»Wie sollen wir da jemals mithalten?«, fragt Johnny.

Wir.

Ein schmaler Rücken, schon jetzt leicht gebeugt vom ewigen Hocken über seiner Olivetti. Sie verspürt den Impuls, sanft über diesen Rücken zu streichen, bis er sich aufrichtet. Gleichzeitig fällt ihr auf, wie wenig sie über Johnny weiß.

»Hast du eigentlich eine Familie?«, fragt sie vorsichtig.

»Natürlich.« Johnny hat sein spöttisches Lächeln wiedergefunden. »Wer hat das nicht?«

»Entschuldige.« Rita weicht seinem Blick aus. »Du sprichst nie darüber.« Verwundert stellt sie fest, wie viel er dagegen über ihre Familie weiß.

»Du hast ja Recht!« Johnny wird ernst. Er sieht sie an, forschend und mit solcher Intensität, dass sie spürt, wie ihr das Blut in die Wangen steigt.

»Kann ich bitte eine Zigarette haben?«

Er gibt ihr Feuer, dann zündet er sich selbst eine an. »Meine Mutter lebt in West-Berlin, zusammen mit ihrer älteren Schwester. Mein Vater ist tot.«

»Das tut mir leid.« Warum hat sie nur damit angefangen? »Ist er im Krieg –«

»Nein«, sagt Johnny abrupt, steht auf und geht zum Fenster. Ohne sie anzusehen, spricht er weiter. »Mein Vater war Atheist«, sagt er leise, »er wurde mit achtzehn Mitglied der Freidenkerjugend, später auch der Sozialistischen Deutschen Arbeiterpartei. Er war Tischler im Krematorium in Berlin. Die Feuerbestattung war damals von den Kirchen verboten. Die Familie meiner Mutter hatte eine kleine Schneiderei in der Müllerstraße, gleich um die Ecke. So haben sie sich kennengelernt.«

Der Verband deutscher Freidenker wird am 17. März 1933, keine zwei Wochen nachdem die NSDAP die letzten freien Reichstagswahlen gewonnen hat, zerschlagen. In den Räumlichkeiten richtet die evangelische Kirche mit Unterstützung der Nationalsozialisten die sogenannte Reichszentrale zur Bekämpfung des Gottlosentums ein.

»Schon am 3. Mai wurde mein Vater verhaftet«, sagt Johnny. »Er kam ins Gefängnis und wurde zu zweieinhalb Jahren Haft verurteilt. Er kam als kranker Mann wieder raus, aber sein Widerstandswille war ungebrochen. Er hat sich sofort wieder mit den Genossen zusammengeschlossen, die noch in Freiheit waren. 1936 wurde ich geboren. Zwei Jahre später hat er endlich eingesehen, dass es keine andere Möglichkeit mehr gab, als Deutschland zu verlassen. Wir sind zuerst nach Holland und dann mit der Patria nach Amerika gefahren. Was für ein Name für ein Flüchtlingsschiff!« Ein sarkastisches Lachen entfährt ihm. Rita fällt es schwer, seinem Blick standzuhalten.

»Meinem Vater hat es drüben überhaupt nicht gefallen. Ein überzeugter Sozialist wie er in New York, dem lodernden Höllenpfuhl des Kapitalismus! Sobald es ging, ist er als Übersetzer für die amerikanischen Truppen nach West-Berlin zurückgekehrt. Alles, was ich mitgebracht habe, ist mein Spitzname: Johnny.«

Rita nickt. »Aber einen amerikanischen Akzent hast du zum Glück nicht, wenn du Englisch redest.«

In Johnnys Gesicht blitzt etwas auf, Anerkennung vielleicht? »Den habe ich mir schnellstmöglich wieder abtrainiert.«

Nach der Schule beginnt Johnny eine Druckerlehre beim Ullstein Verlag. Sein Vater stirbt, zu bald schon nach der ersehnten Rückkehr. Johnny flüchtet sich ins Lesen. Und ins Schreiben. Nach Abschluss seiner Lehre fängt er als Volontär bei der Morgenpost an. Abends lernt er Englisch, Französisch, und einen Sommer lang bei einem Jesuitenpater in Beirut Arabisch.

»Als Ullstein die Morgenpost an Axel Springer verkauft hat, bin ich nach Hamburg gekommen«, schließt Johnny seine Erzählung. »Lieber wollte ich als freier Journalist vom kargen Zeilenhonorar leben, als für diesen durch und durch kapitalistischen Monopolisten zu arbeiten. Das bin ich meinem Vater schuldig.«

Johnny sieht plötzlich sehr jung aus, und zum ersten Mal kann Rita sich vorstellen, dass er jemandes Sohn ist, dass er einen Vater hatte, den er bestimmt vermisst.

Sie fasst einen Entschluss. »Wo ist Ganesh?«

Er sieht auf, ein kurzes Lächeln. »Du willst mich ablenken.«

»Nein.« Sie bleibt ernst.

»Ganesh ist in Indien. Die haben dauernd irgendwelche Feiertage, zu denen sich die ganze Familie trifft. Das wäre nichts für mich.« Johnny schüttelt sich. »Warum?«

»Ganesh riskiert viel für dich. Ich wollte ihn fragen, ob ich dir trauen kann.«

Johnny sieht sie überrascht an. »Frag doch Kai.«

»Kai ist mein großer Bruder«, sagt Rita. »Ich frage ihn, welche Musik ich hören soll oder welches Buch ich unbedingt lesen muss. In Sachen Menschenkenntnis ist er eine Niete.«

»Danke vielmals.« Johnny grinst.

»So war das nicht gemeint.« Rita fühlt, wie sie rot wird. Sie steht auf. »Ist es in Ordnung, wenn ich zuhause weitermache? Meine Mutter fühlt sich nicht wohl, Brigitte hat eine Woche Urlaub, und ich muss meine Schwester abholen.«

»Klar.« Sein Blick wird durchdringend. »Aber ich verstehe immer noch nicht ganz –«

»Schon gut«, sagt Rita und packt hastig ihre Sachen zusammen. »Wir sehen uns morgen.«

Jetzt ist sie es, die die Tür hinter sich zuknallt.

Das Gesicht des Sicherheitsmannes taucht vor ihrem inneren Auge auf: Herrmann Adolf Valentin. Er darf nie herausfinden, was sie vorhat. Sie geht schnell, fast rennt sie zum Fahrstuhl. Der unangenehme Mensch hinter der Rezeption wirft ihr einen neugierigen Blick zu. Als sich die Fahrstuhltür schließt, greift er zum Telefonhörer.

Am nächsten Morgen kommt Rita punkt neun zur Arbeit. Sie

hat kaum geschlafen, fühlt sich erschöpft und gleichzeitig aufgedreht vom Adrenalin. Johnny trinkt gerade seinen ersten starken Mokka.

»Du siehst aus, als könntest du auch einen gebrauchen.« Er ruft beim Zimmerservice an und bestellt eine weitere Kanne, ohne ihre Antwort abzuwarten.

Rita holt einen Umschlag aus der Tasche, wie man ihn im Fotoladen bekommt. Vorsichtig legt sie ihn neben Johnnys Kaffeetasse. Der zieht den Umschlag zu sich heran, Zigarette im Mundwinkel.

»Pass auf, dass du sie nicht verbrennst. Wir können sie nicht nachmachen lassen.«

Wir. Jetzt ist es an ihr, das zu sagen.

Johnny sieht auf, dann legt er die brennende Zigarette im Aschenbecher ab und öffnet den Umschlag. Er ist prallvoll mit Schwarzweißfotos von Dokumenten. Johnny lässt sie herausgleiten und verteilt den Haufen mit der Hand, als wolle er ein neues Kartenspiel probieren.

»Was ist das?«

»Das«, sagt Rita und wartet eine Sekunde, um den Effekt nicht zu verderben, »sind die abfotografierten Ordner Bestellungen und Wareneingang aus der Fabrik 333, von Februar 1962 bis Februar 1963.«

Johnny nimmt wortlos eines der Fotos und hält es sich ganz nah vor die Augen. Dann zieht er die Schreibtischschublade auf und holt eine Lupe heraus. Lange betrachtet er ein Foto, dann ein weiteres, dann noch eines.

»Rita Hellberg, du bist ein As.« Er sieht sie fragend an. »Oder bist du vom Mukhabarat und willst mir eine Falle stellen? Auf dass ich für immer hinter ägyptischen Gefängnismauern verschwinde?«

Rita schüttelt langsam den Kopf. »Inventur.«

»Inventur?«

»Der Professor und seine deutschen Mitarbeiter machen jedes

Jahr im Februar Inventur. Alle Wareneingänge und Bestellungen werden mit dem Bestand abgeglichen. Macht man das nicht so?«

Johnny fängt an zu lachen. »In Deutschland macht man das so, ja. Aber hier? Ich lach mich tot. Die deutsche Gründlichkeit kennt keine Grenzen.«

»Er sagt, das sei seine Versicherung den Ägyptern gegenüber. Wenn was wegkommt, wird man ihn dafür verantwortlich machen. Also habe ich alles abfotografiert und ihm die Abzüge gebracht.«

Johnny deutet auf die Fotos. »Und dann?«

»Er wollte nur die Negative haben.« Rita zündet sich eine Zigarette an. Ihre Hand zittert. Schon der Gedanke an den Professor macht sie kribbelig.

»Die Abzüge stecken Sie bitte ganz schnell in den Aktenvernichter, hat er gesagt. Und sorgen Sie dafür, dass man nichts mehr erkennt.«

»Und du hast das nicht gemacht?«

»Nein.«

Johnny wartet einen Moment ab, ob Rita ihm eine Erklärung für ihr Verhalten gibt.

Doch Rita schweigt.

»Also gut.« Er nimmt einen letzten Zug von der Zigarette, die im Aschenbecher fast heruntergebrannt ist. »Dann mache ich mich mal an die Arbeit, damit dein Vertrauen sich auszahlt.«

Foto, schwarz-weiß:
Walter Scheel sitzt auf einem Kamel vor der
Cheopspyramide, er blickt in die Kamera, als wolle er der
Fotografin gerade einen Scherz zurufen, das Kamel wird
an einer Leine von einem Mann in traditioneller Kleidung
geführt, dessen Gesicht abgeschnitten ist.
Bildunterschrift: Der Bundesminister in Kairo, Mai 1963

Rita betrachtet das aufgeschlagene Magazin. »Es ist drin! Mein Foto!«

»Mit den besten Grüßen aus Hamburg.« Johnny wuchtet seinen Koffer auf das Bett und beginnt, auszupacken.

»Du warst in Hamburg?« Rita sieht irritiert auf. Johnny ist dauernd unterwegs, manchmal nur für ein paar Tage, diesmal waren es fast zwei Wochen. Immer gibt er ihr kleine Aufgaben wie den Lokaltermin an den Pyramiden, oder er schickt ihr Notizen zum Abtippen über den Ticker im dpa-Büro. Wenn es besonders dringend ist, auch als Telegramm. Wo genau er sich herumtreibt, erfährt sie entweder hinterher oder gar nicht.

»Hast du Kai getroffen?«

Johnny schüttelt den Kopf, wirft einen prüfenden Blick auf ein schwarzes Hemd und wirft es auf den Boden zu dem Haufen für die Hotelwäscherei. »Auf dem Küchentisch lag ein Zettel: Bin in Paris.«

»Paris! Was will er denn da?«

»Na, was alle wollen. Paris ist die Sonne, um die wir alle kreisen.« Ein ironisches Lächeln trifft sie. »Guck nicht so! Kai ist erwachsen.«

Rita schüttelt den Kopf. »Die Sache mit diesem Mädchen hat ihn ziemlich mitgenommen.«

»Ein Grund mehr, nach Paris zu fahren. Jetzt lies schon.« Er deutet auf die Meldung unter dem Foto.

456

Rita Hellberg liest.

Der SPIEGEL. Heft Nr. 19, 8. Mai 1963. Seite 110.

Personalien.

Walter Scheel, 43, Bundesminister für wirtschaftliche Zusammenarbeit, konnte während seines kürzlichen Ägypten-Aufenthaltes nur mit Mühe von dem Kamel »Bismarck« absitzen, das ihn um die Pyramiden von Gizeh getragen hatte, weil das Tier sich durch heftige Abwehrbewegungen dem Abstieg des Bonner Kreditverteilers widersetzte.

Rita fühlt, wie sie rot wird. »Ich dachte, das war nur eine Übung?«

»Ich weiß auch nicht, wer die an den Spiegel geschickt hat«, schmunzelt Johnny. »Offenbar dachten die, sie stamme von einem ihrer Korrespondenten. Die Namen werden ja nicht genannt.«

Rita schlägt das Heft zu und sieht erst jetzt das Titelbild. Al-Kaher, der Eroberer, steigt steil in den Himmel.

»Wir haben eine Titelstory?«

Johnny grinst. »Der Spiegel hat eine Story. konkret übrigens auch. Das ärgert beide.« Er reibt sich zufrieden die Hände. Rita blättert schnell zum Inhaltsverzeichnis und dann weiter zum Artikel.

Deutsche Raketen für Nasser.

Wo vor Jahrtausenden ein namenloses Heer von Sklaven zum Ruhm der ersten Pharaonen die Pyramiden bauten, fertigen heute knapp 500 hochbezahlte deutsche Waffenschmiede die Rüstung für den neuen Pharao der farbigen Welt: Düsenflugzeuge und Raketen für Gamal Abdel Nasser.

Rita sieht kurz auf. »Du gehst –, ich meine, die gehen ja ganz schön ran.«

Johnny zuckt mit den Schultern. »Das baut vielleicht ein bisschen Druck auf.«

»Druck inwiefern?«

»Druck auf die bundesdeutsche Allgemeinheit. Die geneigte

Leserschaft. Das Volk. Nenn es, wie du willst.« Noch ein schwarzes Hemd landet auf dem Haufen. »Die haben sich gerade noch am Wirtschaftswunder satt gefressen, und schon sitzen sie wieder da und haben keine eigene Meinung. Wie die Schafe. Warten, dass der Sturm vorüberzieht. Und sie in Ruhe weiter grasen können.«

»Mähhh«, blökt Rita. »Ich bin auch so ein Schaf. Ich werde meine Stimme nicht mehr erheben, bis ich zu Ende gelesen habe.«

Ein paar Minuten später sieht sie auf. »Was ist los?«, fragt Johnny. »Du bist nicht einverstanden, das sehe ich.«

»Der Artikel ist gründlich«, antwortet Rita, doch eine steile Falte steht auf ihrer Stirn.

»Und?«

»Kein und.«

»Doch«, sagt Johnny ruhig. »Und es interessiert mich.«

»Du hast keine der Bestellungen erwähnt«, antwortet Rita zögernd. »Dabei sind wir doch sicher, dass es sich um Beweise dafür handelt –«

Johnny ist aufgesprungen, blättert ein paar Seiten zurück und zeigt auf einen Absatz.

»Das ist der Grund. Offizielle Redaktionslinie.«

Rita Hellberg liest nochmals.

An ABC-Kampfmitteln – Waffen der atomaren, biologischen und chemischen Kriegsführung – arbeitet hingegen kein Deutscher in Ägypten.

Am Freitagmorgen sitzt Familie Hellberg beim gemeinsamen Frühstück. Normalerweise genießt er diesen freien Tag, im Ohr noch zärtliche Worte, auf der Haut noch eine sanfte Berührung von Brigitte, und lässt sich von seinen Lieben zuhause gerne umsorgen. Doch an diesem Freitag ist Friedrichs Laune bereits dahin, seit er auf seinem Liegestuhl im Garten, wo er gewöhnlich die erste halbe Stunde des Tages verbringt, den neuen Spiegel gefunden hat. Von seiner Großen wohl platziert, die neuerdings besser auf dem Laufenden ist als die Presseabteilung der deutschen Botschaft.

»Dass der Brandner gern mit der Presse redet, ist ja eine Sache«, schimpft Friedrich. »Aber dass er denen gleich einen ganzen Plan seiner Fabrik zum Abdruck gibt. Der unterliegt doch dem Militärgeheimnis! Was die Ägypter dazu sagen, will ich gar nicht wissen. Dieser eitle Gockel bringt uns alle in Gefahr!«

»Woher weißt du, dass der Plan von ihm stammt?« Während Pünktchen angestrengt auf ihren Teller guckt und Ingrid warnend den Kopf schüttelt, schlägt Rita gut gelaunt ihr Ei auf.

»Wer sonst sollte diesem kommunistischen Hetzblatt solche Informationen frei Haus liefern? Brandner oder einer aus seiner Truppe. Das macht kaum einen Unterschied. Die haben alle nach dem Krieg für die Russen gearbeitet, da wird schon der eine oder andere der Gehirnwäsche erlegen sein.«

»Aber Vati!« Rita ignoriert die Blicke ihrer Mutter und knufft Pünktchen liebevoll in die Seite. »Die Gruppe Brandner wird in dem Artikel als die genannt, die am tiefsten in der braunen Vergangenheit steckt.«

»Das ist doch alles nur Tarnung«, brummt Friedrich, aufgebracht über den Tonfall seiner Tochter. »Und der Doktor wird auch wieder knietief durch den Dreck gezogen. Der Mann ist doch geschlagen genug mit seinem Schicksal.«

Ingrid steht auf. »Ich rufe Frau Eisele an. Gott steh' ihr bei, die arme Frau.«

Wie auf Kommando klingelt das Telefon. »Das wird sie sicher schon sein.«

Doch stattdessen wird Rita ans Telefon gerufen.

»Max hier.« Kein freundliches Wort, keine lustige Bemerkung. »Warst du das, Rita?«

»Was meinst du, Max?« Rita wickelt die Telefonschnur um ihren Zeigefinger. Sie hätte jetzt gern eine Zigarette und Johnny an ihrer Seite.

»Hast du dem Spiegel unsere Namen genannt? Ich meine nicht Pilz und Goercke, die kennt ja jeder. Ich meine die Namen des gesamten Teams.«

»Ich weiß nicht, wovon du redest, Max.«

»Ich glaube, das weißt du ganz genau. Und dein neuer Journalistenfreund auch. Wir sind es zigmal durchgegangen. Nur du kannst es gewesen sein.«

»Kannst du das beweisen, Max?«

»Das brauche ich nicht, Rita. Du weißt es, und ich weiß es auch. Du hast uns alle in Gefahr gebracht. Ich frage mich, wie du mit diesem Gedanken ruhig schlafen kannst.«

»Glaubst du etwa, die Israelis kennen eure Namen nicht? Erinnerst du dich noch an diesen Geheimdienstchef, der im Spiegel mit seiner Liste geprahlt hat? Du hast mir das Heft selbst gegeben. Nicht immer auf deiner Linie, hast du gesagt, aber in der Regel gut informiert.«

»Ich will jetzt keine Einzelheiten mit dir diskutieren, Rita.« Max unterdrückt ein Gähnen. »Ich habe die ganze Nacht am Schreibtisch gesessen und muss nach Gabel Hamsa. Das ganze Team steht unter einem wahnsinnigen Druck.« Für einen Moment scheint er vergessen zu haben, weswegen er angerufen hat. Der Müdigkeit kann selbst seine Wut nicht standhalten.

»Das tut mir leid, Max«, antwortet Rita leise.

»Wir reden ein anderes Mal weiter. Aber halte dich fern von den üblichen Kaschemmen. Die anderen sind nicht gut auf dich zu sprechen.«

»Danke, Max.« Sie hört eine weibliche Stimme im Hintergrund, wahrscheinlich Marietta. Dann hat er aufgelegt.

Rita bleibt einen Moment lang stehen, die Schnur um den Finger gewickelt, mit dem Rücken an die Wand gelehnt.

Sie richtet sich auf.

Fasst einen Entschluss.

Wählt eine Nummer, die sie auswendig weiß.

»Zimmer acht, bitte.«

Sie wartet.

Johnny meldet sich, verschlafene Stimme. Auch er hat wohl die ganze Nacht am Schreibtisch gesessen.

»Du wolltest doch einen Raketenstart sehen.«

»Ja, natürlich.« Er klingt sofort wacher.

»Wir treffen uns morgen früh um sechs vor dem Hotel. Du besorgst einen Wagen. Es ist nur eine Vermutung. Keine Garantie!«

»Danke, Virginia.«

»Wer?«

»Virginia Hall. Die Nazis hielten sie für die gefährlichste Agentin der Alliierten in Frankreich.«

»Amerikanerin?«

»Weltbürgerin. Sie hat sich als junge Frau in der Türkei bei der Vogeljagd ins Knie geschossen.«

»Oh.«

»Seitdem trägt sie eine Prothese, der sie den Namen Cuthbert gegeben hat.«

»Wie niedlich.«

»Sie ist jetzt ein hohes Tier bei der CIA.«

»Du weißt alles.«

»Nein, leider nicht. Bis morgen.«

Rita legt auf.

Verräterin.

Reporterin.

Spionin.

Als die Sonne aufgeht, sind sie bereits am ersten Kontrollpunkt.

»Wohin so früh?«, fragt der Soldat, als er ihre Pässe zurück zum Auto bringt.

»Zu den Klöstern im Wadi Natrun«, antwortet Johnny knapp.

»Alles klar.« Der Mann grinst, tippt mit dem Finger an seine Mütze und winkt sie durch.

Rita lehnt sich zurück. Der Geländewagen, den Johnny über Nacht organisiert hat, ist zwar nicht der schnellste, aber er ist gut gefedert. Sie macht die Augen zu. Diese Nacht hat sie zur Hälfte am Schreibtisch verbracht. Vor sich die Karte ihres Vaters.

Die Wüstenstraße.

Wadi Natrun.

Das Gestüt von Wolfgang Lotz.

Alles noch markiert von ihrem letzten Ausflug.

Sie geht im Kopf die Fahrt nach Gabel Hamsa mit Max Fischer durch.

Wo sind wir abgebogen? Wo haben wir die Autos gewechselt? Wo genau sind die Kontrollpunkte?

Schließlich zieht sie mit dem Zirkel einen Kreis.

Der Flughafen Kairo West.

Das Testgelände.

Am besten kommen sie vermutlich von hinten ran, ungefähr dort, wo sie mit Max nach den Raketenteilen gesucht hat.

Sie macht ein Kreuz mit dem Bleistift, nimmt mit Erstaunen zur Kenntnis, wie nah es bei dem Kreuz ist, das ihr Vater im letzten Jahr gemacht hat.

Zieht eine Linie durch die Wüste.

Ein Plan nimmt Gestalt an.

»Schnell, Fenster zu!«

Rita schreckt hoch. Johnny hat sich über sie gebeugt, um das Fenster hochzukurbeln, während er mit der anderen Hand weiter lenkt. »Was ist los?«

Er deutet nach vorn. Eine Kolonne aus fünf oder sechs Jeeps und einer Limousine biegt in schnellem Tempo von der Wüstenstraße ab auf die Sandpiste. »Staubwolke.«

Er hat Recht. Eine dichte Wolke aus Sand erhebt sich von der Piste und kommt direkt auf sie zu. Doch Rita erkennt die dunkle Limousine trotzdem. Zu oft hat sie in ihrer Nähe geparkt, vor dem Yacht Club, unten auf der Straße vor dem Haus des Presseattachés.

Captain Diya.

Sie duckt sich unmerklich tiefer in den Sitz. Schlagartig wird ihr klar, dass dies kein Spiel ist. Sie will sich nicht vorstellen, was der freundliche, leise Mensch mit den müden Augen mit ihnen anstellt, wenn er sie in der Nähe der Abschussbasis erwischt.

Johnny und Rita fahren von der Wüstenstraße ab in Richtung des Klosters. Die Stoßdämpfer ächzen schon nach wenigen Metern unter den tiefen Schlaglöchern der Sandpiste. Staub quillt aus den Lüftungsschlitzen ins Innere des Wagens.

»Wie hast du dir das vorgestellt?«, fragt Johnny, die Zähne zusammengepresst vor Anstrengung, den Wagen in der Spur zu halten. »Wie sollen wir denn so näher an das Gelände herankommen? An den Zufahrtswegen werden sie überall Posten haben.«

»Das wirst du gleich sehen.« Rita hat ihre Sonnenbrille aufgesetzt und bindet sich einen Schal um Mund und Nase. Dann zieht sie ein geblümtes Halstuch aus der Tasche. »Willst du auch eins?«

Johnny grinst und hustet. »Auch wenn ich gerne mal so einen hübschen Fummel tragen würde, ist dies vielleicht der falsche Ort dafür.«

Rita zuckt die Schultern. »Dann musst du leiden, armer Mann.«

Sie nähern sich dem Kloster.

»Da lang«, Rita deutet auf eine Sandpiste, die noch vor den alten Sandsteinmauern, die die Oase umschließen, abzweigt. Johnny wirft ihr einen fragenden Blick zu, folgt jedoch der Anweisung. Erst als sie unter dem protzigen Tor mit den Pferdefiguren durchfahren, steigt er abrupt auf die Bremse.

Der Wagen kommt mit einem leichten Schlingern zum Stehen.

Johnny sieht Rita an. »Setz doch mal kurz diese Brille ab.«

Sie nimmt die Sonnenbrille ab.

»Was hast du vor? Gehe ich richtig in der Annahme, dass du mich gerade auf die Farm von diesem Pferdezüchter schleppst, den du nicht leiden kannst?«

Rita nickt. »Ich möchte, dass du dir den mal genauer ansiehst. Aber erst, nachdem wir den Start gesehen haben. Über den lässt sich sicher was finden. Es macht mich ganz krank, dass der hier in aller Ruhe so ein Luxusleben führt. Dagegen ist unser Doktor ein kleiner Fisch, darauf wette ich.«

»Die Wette gilt«, murmelt Johnny. »Und du meinst, dieser fiese Typ kennt einen geheimen Zufahrtsweg durch die Wüste?«

»Es gibt keine Straße«, antwortet Rita und setzt die Sonnenbrille wieder auf.

»Oh nein.« Johnny lässt den Motor wieder an. »Ich ahne Fürchterliches.«

»Reiten kann jeder«, entgegnet Rita und sieht lieber nach vorn durch die Windschutzscheibe auf die Allee, die zum Anwesen führt.

Kurze Zeit später stehen sie am Zaun der Reitbahn und sehen zu, wie Wolfgang und Waltraud Lotz ihre morgendlichen Trainingsrunden im Schatten der Palmen drehen.

»Schöne Pferde«, sagt Johnny anerkennend, »aber ziemlich groß.«

Rita muss zugeben, dass sich die beiden Reiter und ihre Tiere in perfekter Harmonie bewegen. Sie nimmt ihre Kamera aus der Tasche. Als sie wieder vorbeitraben, ruft Wolfgang Lotz ihr etwas zu. »Bei der nächsten Runde kriegen Sie Ihr Foto, Fräulein Hellberg, aufgepasst!«

Wolfgang und Waltraud Lotz reiten Hand in Hand im Galopp auf die Kamera zu.

Rita Hellberg macht ein Foto.

»Und vergessen Sie nicht, uns einen Abzug zu schicken«, sagt der Gestütsbesitzer zu Rita und hebt drohend den Zeigefinger. Sie haben sich bei den Ställen wiedergetroffen, wo ein Diener die beiden verschwitzten Araberpferde in Empfang genommen hat.

Rita nickt. Es fällt ihr schwer, ihre Abneigung zu verbergen. Johnny scheint es ebenso zu gehen. Seit der kurzen Begrüßung, bei der er einer eingehenden Musterung unterzogen und offenbar für harmlos befunden wurde, hält er sich schweigsam im Hintergrund und überlässt Rita die Verhandlungen über die Anmietung zweier Pferde.

»Und bitte geben Sie uns ruhigere Tiere«, sagt Rita leise und deutet unauffällig hinter sich.

Er mustert Johnny nochmal abschätzig von oben bis unten. »Normalerweise sehe ich mir die Leute, die meine Pferde mieten, erst mal für ein paar Runden hier auf dem Platz an, um sicherzugehen.«

»Jetzt lass sie doch.« Waltraud Lotz zeigt ein Herz für zwei junge Menschen, die unter sich sein wollen. »Was soll denn schon passieren?«

Eine dreiviertel Stunde später erreichen sie auf zwei geduldig nebeneinander durch den Sand stapfenden Schulpferden, die ihre wilden Jahre hinter sich haben, den Kamm einer hohen Düne. Rita deutet auf einen Stacheldrahtzaun, der am Horizont in der flimmernden Morgensonne zu sehen ist. »Wir müssen uns parallel dazu halten. In dieser Richtung.« Sie deutet nach rechts. »Wenn hinter der nächsten Düne ein Kontrollpunkt kommt, dann sind wir richtig.«

»Aber wenn wir sie sehen, dann sehen sie uns auch«, merkt Johnny an, der sich inzwischen damit abgefunden hat, dass seine Cowboystiefel endlich mal zum Einsatz kommen.

»Dann sind wir eben ein Liebespaar auf Abwegen.« Rita, immer noch in ihrer selbstgebastelten Beduinenmontur, winkt ihm zu. »Das kriegen wir doch hin, oder?«

Schweigend reiten sie weiter. Wieder einmal spürt Rita, wie sie der Zauber der Wüste umfängt. Für einen Moment vergisst sie vollkommen, warum sie hier sind, und überlässt sich dem Rhythmus des Tieres, der Stille und dem ganz besonderen Licht.

Plötzlich scheut ihr Pferd. »Aufpassen!«, kann sie gerade noch rufen, bevor ein Rudel wilder Hunde über den Kamm eines Sandhügels geschossen kommt und unter Gebell und Gehechel an ihnen vorbei in Richtung der Farm verschwindet. Johnny krallt sich in die Mähne seines Pferdes, das die Ohren angelegt hat und nervös mit den Hufen stampft. Schnell reitet sie zu ihm und greift nach dem Zügel.

»Was war das?«, fragt Johnny kurzatmig.

»Ich habe keine Ahnung.« Rita treibt ihr Pferd an und zieht seines hinter sich her. Hinter dem nächsten Kamm erstreckt sich unter ihnen in einer Senke das Testgelände Gabel Hamsa.

Johnny liegt neben Rita auf dem Bauch und sieht durch ein Fernglas. »Das ist wirklich eine fantastische Aussicht.« Er wirft ihr einen anerkennenden Blick zu.

Selbst mit bloßem Auge kann sie erkennen, wie die Rakete für den Start aufgerichtet wird. Die Experten und ein paar Männer in Uniform bewegen sich auf den Beobachtungsbunker zu.

Johnny pfeift durch die Zähne. »Ganz schön viel Lametta. Die haben hohen Besuch.«

Rita macht ein Foto. Sie meint, Max Fischer zu erkennen, der stehen bleibt und einen prüfenden Blick auf die Rakete wirft. Die Arbeiter bewegen sich langsam aus der Sicherheitszone heraus und sammeln sich hinter der Absperrung. Auf einem hölzernen Beobachtungsturm richten ein paar Fotografen ihre Objektive auf die Rakete. Auch eine Filmkamera wird in Position gebracht.

Alles folgt einer wohldurchdachten Choreografie.

In der Ferne ertönt der Countdown.

Rita betätigt den Schalter, der das Negativ im Inneren ihrer Agfa um ein Bild weiterschiebt.

Sieben. Sechs. Fünf.

Sie blickt durchs Objektiv und hört, wie Johnny neben ihr scharf einatmet.

Drei.

Zwei.

Eins.

Das tiefe Grollen ertönt. Die Rakete startet ihren vertikalen Himmelsflug.

Doch schon nach wenigen Sekunden folgt ein lauter Knall.

Rita und Johnny sehen sich an.

Die beiden Pferde, die jedes ein Säckchen Heu um den Hals tragen, aus dem sie gerade gefressen haben, schnauben nervös und legen die Ohren an.

»Schnell! Wenn die Pferde abhauen, sind wir geliefert!« Rita ist bereits auf den Beinen. Gerade als Johnny neben ihr erscheint, ertönt eine weitere, gewaltige Explosion.

Erst als sie die Tiere halbwegs beruhigt haben und die Zügel sicher in der Hand halten, wagen sie einen Blick nach hinten. Über der Wüste steht eine riesige Wolke aus schwarzem Qualm.

»Als hätten die Hunde es geahnt«, murmelt Rita, während sie langsam nebeneinander herstapfen, die Pferde am Zügel. Keiner von beiden macht Anstalten, in den Sattel zu steigen. Ritas Beine fühlen sich so weich an wie der Boden unter ihren Füßen. Ihre Gedanken sind bei den Männern auf dem Testgelände.

Bei Max.

Die Tage nach dem Unfall haben etwas Unwirkliches. Rita und Johnny versuchen mit allen ihnen zur Verfügung stehenden Mitteln herauszufinden, was vorgefallen ist. Aber sie stoßen überall auf eine Mauer aus Schweigen.

Keine Presseerklärungen.

Keine Meldungen der deutschen Botschaft.

Selbst im Löwenbräu, wo sie ein schlechtes Abendessen und ein paar Drinks an der Bar zu sich nehmen, werden nur vage Gerüchte aus zweiter oder dritter Hand ausgetauscht.

Technikfehler!

Sabotage!

Verletzte unter den Experten!

Rita plagt ein ungutes Gefühl. Am zweiten Abend nimmt sie ihren Mut zusammen und ruft Marietta Löwenberger an. Sie wohnt mittlerweile in derselben Villa wie Max, wenn auch bisher noch in getrennten Zimmern.

Als Rita ihren Namen nennt, folgt langes Schweigen.

»Starkes Stück«, sagt Marietta, »dass du dich traust, hier anzurufen.«

»Ist was mit Max?«, fragt Rita. »Geht es ihm gut?«

Sie hört, wie Marietta sich eine Zigarette anzündet.

»Er liegt im Krankenhaus. Es geht ihm nicht gut.« Sie zieht an der Zigarette. »Aber er wird wieder. Unkraut vergeht nicht.«

»Ein Anschlag?«, fragt Rita leise.

»Ein Unfall.« Marietta lacht auf, es klingt bitter. »Offizieller Wortlaut.«

»Kann ich ihn besuchen?«

»Ich frage ihn, ob er dich sehen will«, sagt Marietta und legt auf.

Am nächsten Tag, als sie abends nach Hause kommt, findet Rita einen Zettel, auf dem ihre Mutter die Adresse des Krankenhauses und die Zimmernummer notiert hat.

Die Adresse braucht sie nicht.

Luftwaffenhospital Heliopolis. Langsam können sie dort eine eigene Station aufmachen für die Patienten aus der Fabrik 333.

Rita geht durch die langen Flure.

Ob Hannelore noch hier drinnen ist, oder schon zuhause in der Villa des Professors?

Rita hat sie nie wieder besucht.

Auch Hani hat sie seit ihrer Rückkehr aus Deutschland nicht gesehen.

»Nur wenn ich dich anrufe.« Sonya hat die Regeln aufgestellt, die Rita befolgen muss.

Aber jetzt, wo sie schon mal hier ist. Nur für ein paar Minuten seine Nähe spüren! Die Hand bereits auf der Türklinke, hört sie eine leise Frauenstimme und erstarrt. Vorsichtig drückt sie ein Ohr an die Tür. Hanis Mutter liest ihm auf Französisch etwas vor. Einen Moment lang hat sie den Eindruck, es sei Der Kleine Prinz.

Vielleicht aber auch nicht.

Es fällt ihr unsagbar schwer, an seiner Tür vorüberzugehen.

Die schweren Lider mit den langen Wimpern.

Der weiche Mund.

Einmal ihre Hand in seine legen.

Und hoffen, dass er ihr ein Zeichen gibt. Ein winziges Zeichen, dass er lebt und denkt.

468

Doch Rita geht weiter und betritt das Krankenzimmer von Max Fischer auf demselben Flur, drei Türen weiter.

»Na, treibt dich das schlechte Gewissen her?« Er zieht sich mit schmerzverzerrtem Gesicht an seinem heilen Arm nach oben, um aufrecht sitzen zu können. Max sieht plötzlich sehr jung aus in dem Krankenbett. Der Arm in Gips, Verbrennungen dritten Grades an der Hand und an der Schulter.

»Ich wollte sehen, wie es dir geht.« Rita weiß nicht recht, wo sie sich hinsetzen soll. Sieht keinen Stuhl. Die Bettkante zu vertraulich.

Max beobachtet sie mit seinem wohlbekannten Grinsen, das er zum Glück nicht verloren hat. »Der Stuhl steht draußen auf dem Balkon. Ich kann ja schlecht hier drinnen rauchen.«

Rita holt den Stuhl herein und setzt sich in sicherer Entfernung hin. Sie holt eine Papiertüte mit Datteln aus ihrer Tasche. »Die Sorte magst du doch, oder?«

Max verdreht die Augen. »Alle bringen mir Obst und Datteln. Lauter gesundes Zeugs. Eine Flasche Whisky wäre mir lieber!«

Rita fragt ihn, was genau passiert ist.

Max wird ernst. »Ich rede nur mit dir, wenn das hier strikt unter uns bleibt. Keine Plaudereien mehr. Auch nicht mit deinem neuen Auserwählten.«

»Er ist nicht mein Auserwählter.«

»Das kann ich nur hoffen.« Sein Gesichtsausdruck wird weicher. »Ich weiß, du hast eine harte Zeit hinter dir. Die Sache mit Hani, dein Rauswurf. Aber lass dich nicht voreilig zu etwas hinreißen, das du später bereust.«

»Danke, Vati.« Rita hebt die Hand. »Ich schwöre, dass ich schweige wie ein Grab und mich nicht zu etwas hinreißen lasse. Und nun erzähl schon, was los war!«

»Ein Behälter ist zusammen mit einem Triebwerk explodiert. Die Rakete kommt runter, der Behälter fliegt durch die Luft und ich natürlich sofort raus aus dem Bunker, um mir das genauer anzugucken.«

Rita lächelt. »Du alter Draufgänger.«

»Genau in dem Moment, als ich dort an dem Behälter stehe, kommt von der anderen Seite ein Feuerwehrmann in voller Montur. Und was macht der Idiot? Er spritzt Wasser in den Säurebehälter. Salpetersäure ist hoch rauchend, da fliegt natürlich das ganze Ding auseinander. Und mich hat's voll umgehauen. Filmriss.«

»Und der Unglücksrabe, der den Unfall verursacht hat?«

»Ja, den Unfall –«, Max sieht Rita an. »Wenn es denn ein Unfall war. Denn später konnte mir niemand sagen, wer dieser Unglücksrabe, wie du ihn nennst, eigentlich war. Niemand konnte sich überhaupt erinnern, ihn in dem Durcheinander nach der Explosion noch einmal gesehen zu haben.«

Max verzieht das Gesicht. In der Aufregung hat er den eingegipsten Arm bewegt.

»Ich hab' ja hier genug Zeit zum Grübeln, Tag und Nacht. Immer wieder lasse ich die Szene ablaufen, aber ich sehe nur den Helm, eine Schutzmaske, kein Gesicht.«

»Ich bin froh, dass dir nichts Schlimmeres passiert ist«, sagt Rita und meint es auch so. Max weiß, dass sie an Hani denkt, und nickt. Nur um gleich wieder sein bekanntes Grinsen aufzusetzen.

»Seit heute früh habe ich allerdings eine Ahnung«, flüstert er und sieht sich um, als halte er Ausschau nach verstecken Mikrofonen. Rita sieht sich ebenfalls um. So ganz von der Hand zu weisen ist der Verdacht ja nicht.

»Es war Marietta«, flüstert Max.

»Was?« Vor Ritas innerem Auge läuft ein Film ab. Marietta mit dem Davidsstern um den Hals, Marietta, die eine Synagoge sucht. »Wie kommst du denn darauf? Bist du sicher?«

»Ja«, sagt Max zufrieden. »Sie hat mich erst ausgeschaltet und dann hat sie meine Wehrlosigkeit ausgenutzt, um mir einen Heiratsantrag zu machen.«

Während in Heliopolis Rita Hellberg am Krankenbett von Max Fischer sitzt, der für zwei Monate ausfallen wird und damit Nassers Lieblingsprojekt erheblichen Schaden zufügt, sitzt in Bonn der unermüdliche CDU-Abgeordnete Franz Böhm an einem neuen Entwurf für ein zweites Ausführungsgesetz zu Artikel sechsundzwanzig, Absatz zwei des Grundgesetzes. Der Entwurf sieht ein Verbot für Deutsche vor, sich im Ausland an der Herstellung und Verbreitung von ABC-Waffen und Raketen zu beteiligen. Eine Ausnahmegenehmigung kann ausschließlich für Produktion in NATO-Staaten erteilt werden, die friedlichen Zwecken dient. »Denn diese Staaten«, schreibt Böhm, »dürften normalerweise bei der Inanspruchnahme deutscher Experten bei weitem nicht in dem Grad interessiert sein wie die neutralistischen Entwicklungsländer mit ihrem zuweilen hektischen Bedürfnis nach atomaren Sprengköpfen und militärisch verwendbaren Raketen.«

Dass es auch in der Bundesrepublik eine hitzig geführte Debatte um den Bedarf an Atomwaffen gibt, erwähnt Franz Böhm nicht. Für das Streben nach Wiederbewaffnung, Aufrüstung und aktiver Teilnahme am kalten Krieg steht in Bonn immer noch ein Name.

Franz Josef Strauß.

Infolge der Spiegel-Affäre aus Bonn nach Bayern ins heimische Exil verwiesen, benötigt der ehemalige Bundesverteidigungsminister dringend Schlagzeilen, die ihn wieder dorthin befördern, wo er sein möchte: ins Zentrum der politischen Macht. Eine Einladung, die seinerzeit an den Minister erging, liegt noch in der Schublade. Es ist an der Zeit, alte Schulden einzufordern.

In Israel.

Foto, schwarz-weiß:
Ein glückliches Paar vor der Villa der deutschen Botschaft:
Max im dunklen Anzug mit Krawatte, den Gipsarm im Ärmel
versteckt, locker eingehakt Marietta in weißer, ärmelloser
Bluse, schmal geschnittenem Rock und Hut, in der linken
Hand eine einzelne Rose, neben ihr steht ein älterer Herr in
einem grauen Sakko.
Bildunterschrift: Hochzeit in Kairo, Juni 1963

»Das war kurz und schmerzlos!«, ruft Max und lacht in die Kamera. »Und jetzt gehen wir über zum romantischen Teil der Angelegenheit.«

Er drückt Marietta einen schnellen Kuss auf die Wange. »Lasst uns nach Hause fahren, wo uns keiner zuschaut«, fügt er mit einem Augenzwinkern zu Rita hinzu.

Marietta lacht, und Rita drückt nochmal auf den Auslöser. Als wolle sie sichergehen, dass niemand sie für eine Braut hält, die jungfräulich unter dem Schleier errötet, hat sich Marietta die Haare raspelkurz geschnitten. Das betont ihre offenen, klaren Gesichtszüge. Dazu das Ensemble aus Bluse und Rock, das bei näherem Hinsehen dezent mit schimmernden Perlen bestickt ist, und der keck in den Nacken geschobene weiße Hut, der an einen Bowler erinnert. Lange weiße Handschuhe und Pumps mit messerscharfen hohen Absätzen runden das Bild ab.

Marietta lässt keinen Zweifel daran, dass sie eine Frau ist, die weiß, was sie will. Rita kommt sich wieder einmal unpassend mädchenhaft vor in ihrem ausgestellten dunkelroten Taftrock und weißer Bluse mit Volant, die Haare zu einer Farah-Diba-Frisur aufgetürmt.

Am Tag zuvor hat sie Johnny von ihrem Besuch bei Max im Krankenhaus berichtet.

»Erst bezichtigt er dich des Geheimnisverrats und dann fragt er dich, ob du seine Trauzeugin sein willst?«Johnny zieht spöttisch die rechte Augenbraue hoch, sein Markenzeichen.

»Ich habe ihm gesagt, dass es nichts zu verraten gab, was die nicht schon wissen.«

»Aha.« Johnny beugt sich tief über seine Olivetti. Nur um sich gleich wieder eine Zigarette anzuzünden. »Franz Josef Strauß trampelt durch Israel wie ein Elefant im Porzellanladen, und ich kriege hier nichts mit.« Johnny beschwert sich zunehmend darüber, dass er in Kairo keine israelischen Zeitungen mehr bekommt. Er muss sich mit dem zufrieden geben, was er aus der internationalen Presse erfährt und was ihm auf dem Umweg über Deutschland zugetragen wird.

Er lehnt sich zurück. »Warum Strauß überhaupt wie ein Staatsgast empfangen wird, ist mir ein Rätsel. Er ist kein Regierungsmitglied mehr. Haben die das nicht mitbekommen? Die Minister Shimon Peres und Moshe Dayan aufgereiht an der Landebahn, fehlt nur noch Ben-Gurion selbst.

»Moshe Dayan?«, fragt Rita. »Ist das nicht der, mit dem du das Interview für den Spiegel –«

»Ich?«, fragt Johnny und grinst. Nur um gleich wieder eine finstere Miene aufzusetzen. »Da steckt bestimmt mehr dahinter. Für mich sieht das aus wie ein offizielles Dankeschön für geheime Waffenlieferungen oder etwas in der Art.«

Die Geschichte der drei Männer auf dem Flughafen in Lydda, Franz Josef Strauß, Shimon Peres und Moshe Dayan, beginnt über fünf Jahre zuvor, am 27. Dezember 1957. Ein streng geheimes Treffen in Deutschland ist geplant, doch der Plan fliegt auf und führt zu einer Regierungskrise in Israel. Dayan muss zuhause bleiben, Peres und Strauß treffen sich dennoch wie geplant. Shimon Peres will via Frankreich deutsche U-Boote kaufen und Franz Josef Strauß will von den Israelis lernen, wie man sich wirksam gegen russische Waffen verteidigt. Doch die Diskussion verlässt schon bald die rein pragmatische Ebene und gerät ins Visionäre. Was wäre, wenn die Bundesrepublik Deutschland Israel langfristig Militärhilfe leistete?

Unter strengster Geheimhaltung liefert die Bundesrepublik ab 1959 Waffen an Israel, die offiziell als Leihgabe deklariert sind. Flugzeuge, Düsentrainer, Hubschrauber, Lastwagen, vollautomatische Luftabwehrgeschütze mit elektronischen Steuerungsanlagen, lenkbare Panzerabwehrraketen.

Der stellvertretende israelische Verteidigungsminister Shimon Peres und der bundesdeutsche Verteidigungsminister Franz Josef Strauß halten diese Transaktionen geheim, um innenpolitische und außenpolitische Komplikationen zu umgehen.

Es kommt jedoch immer wieder zu Pannen. Eine Ladung Panzer bleibt in einem Tunnel stecken, in Italien tauchen undeklarierte Waffen mit Bestimmungsort Israel in einer versehentlich gelöschten Schiffsladung auf, fehlende Bestände der Bundeswehr werden bei der Polizei als vermisst gemeldet. Gerüchte flackern auf, Anfragen aus beiden Parlamenten müssen durch Geheimhaltungsverpflichtungen im Keim erstickt werden. Es ist ein politisch riskantes Unternehmen mit dem Wissen und der Unterstützung der Regierungschefs David Ben-Gurion und Konrad Adenauer.

Am 25. Mai 1963, zwei Tage vor der Ankunft von Franz Josef Strauß in Israel, schickt die palästinensisch-arabische Delegation bei den Vereinten Nationen ein Telegramm an den deutschen Bundeskanzler, in dem der Bundesrepublik Deutschland nicht nur vorgeworfen wird, NATO-Waffen an Israel zu liefern, sondern darüber hinaus das Land bei der Entwicklung atomarer Waffen zu unterstützen. Tatsächlich haben Konrad Adenauer und David Ben-Gurion 1961 bei ihrem Treffen im New Yorker Hotel Waldorf Astoria einen Kredit über fünfhundert Millionen US-Dollar für die Erschließung der Negev-Wüste vereinbart. Das Geld fließt in jährlichen Raten. Im Negev liegt der Ort Dimona, wo unter strengster Geheimhaltung ein Atomreaktor und eine Wiederaufbereitungsanlage entstehen, die 1966 einsatzbereit sein werden. Im selben Jahr wird die erste israelische Atombombe zündfähig.

»Die spielen mit dem Feuer«, sagt Johnny. »Und hinter ihnen ziehen die Studenten durch Tel Aviv. Go away, Amalek! rufen sie. Strauß raus!«

»Was bedeutet Amalek?«, fragt Rita.

»Feind des Volkes Israel.« Johnny steht auf. »Wenn du morgen zur Botschaft gehst, versuch doch mal herauszufinden, ob es da schon eine Reaktion gibt.«

»Worauf genau?«

Johnny wühlt in den Papieren, die sich auf seinem Schreibtisch türmen. »Strauß hat noch auf der Landebahn herumposaunt, dass der Bundestag ein Gesetz vorbereitet, das es deutschen Raketenexperten verbietet, im Ausland zu arbeiten.«

Am Sonntagmorgen macht sich Rita früh auf den Weg nach Dokki. Nach einigem Hin und Her an der Pforte der deutschen Botschaft, ob sie nun Trauzeugin oder Journalistin sei, steht sie im Vorzimmer des Presseattachés, der sich selbstverständlich an die charmante Expertentochter erinnert, die in seinem Arbeitszimmer ihre Arabischkenntnisse an einer endlosen Rede des Staatspräsidenten Nasser erproben wollte.

»Der Botschafter tobt!«, stöhnt er, als Rita ihn nach dem Strauß-Besuch in Israel fragt. »Die heikle Frage nach den Experten gleich vorwegzunehmen, ist eine Sache. Aber gestern hat Strauß offen gefordert, die Beziehungen zu Israel schnellstmöglich zu normalisieren. Das heißt nichts anderes als diplomatische Anerkennung. Dann können wir hier morgen einpacken. Für wen arbeiten Sie jetzt, sagten Sie?«

»Johannes Schwartz.«

»Aha, unser Idealist. Das muss man sich ja auch erst mal leisten können.«

Er nimmt ein langes Telex vom Schreibtisch seiner Sekretärin. »Sie können sich Notizen machen, aber ich brauche das zurück. Die Kollegen von Al Ahram werden nicht lange auf sich warten lassen.«

Wie auf Kommando klingelt das Telefon. Er nimmt das Gespräch an, bittet um einen Moment Geduld und verzieht sich in sein eigenes Büro.

Rita Hellberg liest.

Jerusalem Post. 28. Mai 1963. Seite 3.

»Ich bin der israelischen Regierung zutiefst dankbar für die Einladung und bedaure sehr die Schwierigkeiten und Missverständnisse, die darum entstanden sind«, sagte Dr. Strauß. »Die Vergangenheit liegt wie ein Schatten zwischen unseren beiden Nationen.« Herr Strauß fügte hinzu, dass die Deutschen vollstes Verständnis für Israels Sicherheitsprobleme und seine Sorgen darum hätten, genau wie für seine Hoffnungen. »Dem deutschen Verteidigungsministerium war und ist es verboten, sich an der Entwicklung oder irgendeiner anderen Form der Aktivität im Zusammenhang mit Raketen zu beteiligen. Es kann daher auch nicht für die Aktivitäten deutscher Raketenexperten zur Verantwortung gezogen werden.«

Rita notiert sich den genauen Wortlaut und geht hinaus, um Max Fischer zu begrüßen, der gekommen ist, um zu heiraten.

Denkt an ihre erste Fahrt nach Gabel Hamsa.

Der Strauß ist ein Mann mit Visionen.

Wir lassen Nasser unsere Entwicklungsarbeit bezahlen.

Die Zeremonie ist sachlich und kurz, dann müssen alle unterschreiben. Der Konsularbeamte sieht freundlicherweise darüber hinweg, dass Rita noch nicht volljährig ist und damit eigentlich auch keine Ehe bezeugen kann.

Eine halbe Stunde später fahren das Hochzeitspaar und die Trauzeugen, auf Mariettas Seite hat das der Brautvater übernommen, durch das von zwei Soldaten bewachte Tor der Expertenkolonie in Heliopolis. Die Posten salutieren.

Max lässt es sich nicht nehmen, die Hupe des 1958er Cadillac Cabrio, cremefarben mit roten Ledersitzen, zu betätigen, den er für diesen Anlass Gott weiß woher angemietet hat. Fahren tut ihn allerdings Marietta, die sich strikt geweigert hat, einem Chauffeur mit Gipsarm in Kairo das Steuer zu überlassen.

Auf dem Hof stehen die Kollegen Spalier, von oben aus dem ersten Stock regnet es Rosenblüten auf das Brautpaar. Rundherum drängt sich eine bunte Mischung aus Expertenfamilien, ägyptischen Offizieren und den jüngeren Ingenieuren wie Hani.

Die Terrasse der Villa ist ein einziges Blumenmeer.

Für einen Moment stellt sich Rita vor, es wäre ihre Hochzeit.

Rita Hellberg und Hani Ayad.

Ein flüchtiges Bild, schon jetzt verblasst wie eine fahle Erinnerung. Überlagert vom grellen Weiß der Laken seines Krankenbetts.

In der Mitte des Buffets, das mit den zu erwartenden Köstlichkeiten von Groppi bestückt ist, thront eine dreistöckige Hochzeitstorte mit einer schwarzweißen Rakete oben drauf.

Herzlichen Glückwunsch.

Max & Marietta.

Schon beim Cocktail merkt Rita, dass sich die Grüppchen der Kollegen und ihrer Ehefrauen, sobald sie sich nähert, wie von selbst auflösen.

Es fällt kein lautes Wort.

Keine Geste offener Ablehnung.

Doch sie bleibt allein.

Die Verräterin.

»Die haben das jahrelang geübt«, ertönt eine Stimme neben ihr. Rita ist überrascht, Edyta aus dem Maadi Sports Club hier zu sehen. »Erst haben sie nur die Straßenseite gewechselt, dann haben sie unseren Leuten den gelben Stern angeheftet.«

Wie immer hat Edyta kreisrunde Flecken aus Rouge aufgelegt, dazu türkisfarbenen Lidschatten und schwarz gemalte Augenbrauenstriche unter blondiertem Haar. Dazu trägt sie schweren alten Goldschmuck und eine Chiffonbluse, die dem knochigen Körper eine ungewohnte Weichheit gibt. Doch ihr Verstand hat nichts von seiner üblichen Schärfe eingebüßt. »Und was hast du verbrochen, Kindchen? Hast du dich mit dem falschen Mann eingelassen?«

Rita schüttelt den Kopf. Doch Edyta erinnert sich offenbar bestens an den Tanzwettbewerb. »Wenn du einen Ägypter heiratest, gewöhn dich lieber gleich dran. Das wird von keiner Seite gern gesehen.«

In diesem Moment erklingt ein feines Läuten, jemand schlägt mit einem Löffel an ein Glas.

»Mariettas Vater«, raunt jemand hinter Rita. »Löwenberger, der Physiker.«

Der freundliche alte Herr, der sich bei der Trauung still im Hintergrund gehalten hat, räuspert sich.

»Der ist Professor in Zürich«, flüstert jemand anders. »Quantenmechanik. Reine Fiktion, keine Physik ist das.«

»Er hat das Unheil vorausgeahnt.« Das ist Edytas Stimme, nah an Ritas Ohr. »Er wusste, dass er unter den Nazis als Jude galt. Also packte er Frau und Tochter ein, Marietta war gerade erst geboren, und ging nach England.«

»Liebes Brautpaar, liebe Gäste. Ich bin Physiker und kein Experte für Liebesdinge. Ich kann Ihnen erklären, wie ein Atom funktioniert, aber nicht eine glückliche Ehe. Dennoch verspreche ich, Sie heute nicht mit physikalischen Gleichungen zu behelligen, sondern ich möchte stattdessen ein paar Überlegungen zum Verhältnis von Mensch und Wissenschaft anstellen.«

Marietta lächelt, als hätte sie mit etwas in der Art gerechnet. Sie bewundert ihren Vater, denkt Rita. Sehr sogar.

»Ich gebe dir fünfzehn Minuten, Schwiegervater«, witzelt Max und deutet auf die Raketentorte. »Sonst geht der ganze Laden hoch.«

»Geschmacklos«, sagt jemand hinter Rita. »Nach allem, was vorgefallen ist.«

Doch Professor Löwenberger lässt sich nicht aus der Ruhe bringen. Er holt eine Brille aus der Brusttasche, setzt sie umständlich auf und beginnt von seinen Notizen abzulesen.

»Die Wissenschaft greift heute weitreichender und tiefer in das menschliche Leben ein als in früheren Zeiten. Es reicht uns nicht mehr, die Natur zu beobachten, zu analysieren und zu verstehen. Wir sind zur Ausbeutung übergegangen.«

Rita unterdrückt ein Gähnen. Das bringt das moderne Leben nun mal mit sich, denkt sie.

»Man versucht, uns täglich davon zu überzeugen, das grenzenlose Wachstum anzubeten wie einen Gott. Aber wie kann Wachstum grenzenlos sein? Unsere Welt bietet nicht unendlich viel Platz, nicht unendlich viele Rohstoffe und keine unendlich wachsende Tier- und Pflanzenwelt. Wollen wir diese Welt sehenden Auges vernichten?«

Unwille macht sich hörbar Luft. Rita fängt an, sich dafür zu interessieren, was der alte Mann zu sagen hat. Es ist kein Hochzeitsständchen, das er da vorträgt.

»Die Wissenschaft übernimmt immer stärker die Kontrolle über unser alltägliches Leben. Statistische und technische Methoden bestimmen Wirtschaft und Politik. Riesige Elektronengehirne berechnen den möglichen Verlauf denkbarer Kriege in geheimen Rechenzentren der Großmächte. Und neuerdings ist sogar davon die Rede, das genetische Erbgut des Menschen durch chemische Selektionsprozesse zu optimieren.«

»Fragt sich nur, wer darüber entscheidet, was selektiert wird«, murmelt Edyta mit düsterem Gesichtsausdruck.

»Kann so eine Forschung noch ernsthaft den Anspruch erheben, neutral zu sein? Es gilt doch nach wie vor die Annahme, Forschung und Wissenschaft seien neutral und über jegliche moralische oder ethische Bewertung erhaben!«

»Das ist korrekt!«, ruft jemand dazwischen. »So sehen wir das hier auch, oder?«

Zustimmendes Gemurmel weht durch den Garten. Der alte Mann schaut irritiert über den Rand seiner Lesebrille und dann sofort wieder auf seinen Zettel.

»Und doch müssen wir mit Schrecken erkennen«, fährt er fort, »dass bestimmte wissenschaftliche Errungenschaften eine ungeheure Zerstörungskraft besitzen. Und ich spreche nicht nur von der Atombombe.«

»Sag' ich doch«, meint Edyta. »Hitlers Rassenkunde war auch eine Wissenschaft.«

»Psst«, macht jemand weiter vorne, der das offenbar nicht hören mag.

»Ich möchte sogar die Behauptung wagen, dass ein größerer Teil heutiger Forschung lebensfeindlich ist. Wir nehmen die Zerstörung von Lebenswelten in Kauf und fügen uns selbst damit Schaden zu. Wir müssen also nach der Motivation solcher Forschung fragen!«

Suchend blickt er durch den Raum, doch nun herrscht ausnahmsweise Stille.

»Was bedeutet eigentlich der sogenannte technische Fortschritt? Die Vermehrung unseres Komforts? Oder geht es noch viel profaner zu, geht es den Forschern in erster Linie um persönliches Fortkommen und materiellen Gewinn?«

»Was ist denn daran profan?« Max kann nicht mehr an sich halten. Marietta boxt ihm in die Rippen.

»Noch fragwürdiger erscheinen mir angeblich altruistische Motive wie nationaler Ehrgeiz. Wie kann denn wissenschaftliche Erkenntnis an den Grenzen der Nationalstaaten haltmachen? Ich glaube, dass eine solche Behauptung nur den Materialismus dahinter verschleiert.«

Rita beobachtet, wie einige der anwesenden Ägypter erstarren. Einer greift sogar unter seine Uniformjacke, als wolle er die Waffe ziehen und den alten Mann auf der Stelle erschießen. Doch der spricht ungerührt weiter.

»Noch nie zuvor hatten wir Menschen so viel Macht über das Leben. Wir haben die Macht, die Grundlage unseres eigenen Lebens und allen anderen Lebens auf dem Planeten zu verändern oder gar zu vernichten. Und ich betone, dies ist zuerst einmal eine moralische Vernichtung, der die physische der Logik entsprechend folgen muss.«

Wieder brandet Gemurmel auf.

Die Leute hier wollen das nicht hören, denkt Rita.

»Ich bin gleich fertig, keine Sorge.« Der Professor nimmt die Brille ab und spricht jetzt direkt zu seiner Tochter. »Was halten wir, was haltet ihr, liebe Marietta, lieber Max, in den Händen, um dem entgegenzuwirken? Um eure Zukunft und die Zukunft eurer Kinder zu sichern? Es ist das einmalige, überaus wertvolle Gut des Humanismus. Es muss immer wieder von Neuem mit Ideen, Gedanken und Taten angereichert werden, damit es nicht erlischt. Dass ihr dazu einen Beitrag leisten könnt, das wünsche ich euch heute.«

Marietta geht zu ihrem Vater, umarmt ihn und flüstert ihm etwas ins Ohr.

Ansonsten herrscht peinliche Stille.

Edyta beginnt zu klatschen. Rita stimmt ein.

»Danke«, sagt der alte Physiker und lächelt zu ihnen herüber. »Aber ich habe hier nicht gesprochen, um Applaus zu ernten.«

»Du wolltest uns den Mund wässerig machen«, witzelt Max ein bisschen verzweifelt. »Das Buffet ist hiermit eröffnet.«

Erleichtert machen sich die Gäste über das Essen her.

Rita stellt sich hinten an und nimmt artig von Marietta ein Stück Torte entgegen. Für einen Moment treffen sich ihre Blicke.

Als sie zurück zu ihrem Platz kommt, sitzt der Professor neben Edyta. »Ich werde Ihnen einen schönen Teller zusammenstellen«, sagt sie und eilt davon. Rita ist erstaunt, wie liebenswürdig die Frau sein kann.

»Gehen Sie ruhig und amüsieren Sie sich.« Mariettas Vater deutet auf die Terrasse, die bereits zum Tanzen freigeräumt wird. »Verschwenden Sie Ihre Zeit nicht mit den Alten.«

Rita kommt nicht mehr dazu, ihm zu antworten, denn in diesem Moment lässt Marietta einen Teller fallen.

Marietta Löwenberger, die selbstbewusste, kluge, moderne Frau, gebildet und ihrem Mann in jeder Hinsicht ebenbürtig, sieht aus, als hätte sie ein Gespenst erblickt. Rita, und mit ihr die meisten anderen Gäste, folgen ihrem Blick.

In der Tür steht, verlegen an ihrer Handtasche nestelnd, Sonya

Ayad. Überwältigend schön, verzweifelt über die Auswirkung ihrer Schönheit.

»Scherben bringen Glück!« Max hat die Situation mit einem Blick erfasst. Er nimmt Marietta am Arm und geht mit ihr zu seiner ehemaligen Freundin. »Sonya, welch Ehre, dass du mit deiner Anwesenheit das Fest erleuchtest. Darf ich dir meine Frau vorstellen?«

Gerade nochmal gut gegangen, denkt Rita. Doch Max hat sich schon suchend nach ihr umgedreht. »Rita, würdest du dich darum kümmern, dass es Sonya an nichts fehlt?«

Es gibt nichts, was sie lieber täte. Seit Hanis Unfall haben sie nur am Telefon miteinander gesprochen.

»Alles erscheint mir unpassend in dieser furchtbaren Situation«, sagt Sonya leise, als sie sich mit zwei Gläsern Wein in eine Ecke verzogen haben. »Mich mit dir zu verabreden. Auszugehen. Ein Fest zu besuchen.«

Sie deutet auf die ersten Paare, die die Tanzfläche gestürmt haben. Max hat eine brandneue Stereoanlage aus Deutschland einfliegen lassen und seine Ingenieurskollegen haben sie mit zwei großen Lautsprechern verbunden, die den Garten bis in den letzten Winkel beschallen. »Jedes Mal sehe ich in das Gesicht meiner Mutter und bleibe lieber zuhause.«

»Aber davon wird Hani doch auch nicht wieder gesund.«

»Ich weiß.« Sonya tupft sich eine Träne ab und setzt schnell ihre Sonnenbrille auf. »Raouf sagt dasselbe. Manchmal glaube ich, es wäre für uns alle einfacher –«

Sie spricht den Satz nicht zu Ende.

»Wenn er tot wäre?« Ritas Stimme klingt schriller als beabsichtigt. »Für mich nicht. Ich bin froh, wenn ich seine Hand halten oder mein Ohr an sein Herz legen kann. Du kannst ihn immerhin so oft besuchen, wie du willst.«

Sonya nickt, doch ihre Gedanken sind ganz woanders.

»Wir fahren zusammen mit meinen Eltern nächste Woche für ein paar Tage nach Alexandria. Es hat mich Wochen gekostet, meine Mutter davon zu überzeugen, dass Hani gut versorgt ist. Unsere Familie hat eine Wohnung dort.«

Und eine Strandhütte in Muntaza, direkt am Mittelmeer. Hani hat oft davon gesprochen. Die kleine Bucht, der Leuchtturm, zu dem er als Kind mit seinen Cousins um die Wette geschwommen ist. Er wollte mit ihr hinfahren.

»Sobald es wärmer wird, Nixe.« Sie hat ihm erzählt, wie gern sie im Meer schwimmt. »Nur du und ich.«

Sie hat nicht gehört, was Sonya gerade gesagt hat. Geduldig wiederholt sie die Frage. »Würdest du, wenn wir fort sind, einmal am Tag nach ihm sehen? Ich kann das zwar meiner Mutter nicht sagen, aber es würde mich beruhigen.«

»Natürlich.«

Johnny wird das schon verstehen. Sie kann die fehlenden Stunden sicher irgendwie ausgleichen.

»Ich muss dir noch etwas sagen.« Sonya nimmt die Sonnenbrille ab. »Raouf hat die Möglichkeit, an der Brown University seinen Doktor in internationalem Recht zu machen. Wir werden im Juli nach Providence umziehen.«

Wieder laufen die Tränen, und diesmal lässt sie sie einfach laufen.

Rita nimmt vorsichtig Sonyas Hand.

»Es bricht mir das Herz, meine Eltern und Hani hier so zurückzulassen, aber ich muss mein eigenes Leben beginnen.«

Rita nickt. »Ich verstehe.«

Der nächste Gedanke trifft sie unvermittelt.

Wenn Sonya nicht mehr in Kairo ist, wird sie Hani nicht mehr besuchen können.

»Hast du seit Sonntag durchgefeiert?« Johnny wirft Rita nur einen kurzen Blick zu, als sie am Dienstag nach Pfingsten das verrauchte Zimmer im Lotus House betritt.

Rita schüttelt den Kopf und geht zur Balkontür, um frische Luft hereinzulassen. Sie setzt sich an ihren Schreibtisch, holt die Notizen heraus, die sie in der Botschaft gemacht hat, und schiebt sie zu Johnny hinüber.»Strauß hat gefordert, umgehend diplomatische Beziehungen zu Israel aufzunehmen. In der Botschaft ist der Teufel los.«

»Franz Josef Strauß benutzt Israel als Bühne für seine Rückkehr zur Macht. Die israelische Regierung steht am Rand und gibt ihm die passenden Stichworte. Und die Weltpresse sorgt dafür, dass die Show jeden Abend ausverkauft ist.« Johnny hat sichtlich schlechte Laune.»Ich war heute früh schon bei der dpa. Strauß hat in einem Interview den Spiegel als die neue Gestapo bezeichnet. Der Mann hat keinerlei Skrupel.«

Frankfurter Allgemeine. 4. Juni 1963. Seite 3.

In einem Interview mit einer israelischen Zeitung bestritt Strauß energisch, nach dem Bundeskanzleramt gestrebt zu haben.»Ich bin nicht populär«, erklärte er.»Die Leute mögen mich nicht. Das ist mein Schicksal.« Der Grund sei vielleicht, »daß ich manchen anderen um fünf Jahre voraus war«. Strauß verteidigte seine Aktion gegen den »Spiegel«, den er als »die deutsche Gestapo von heute« bezeichnete. Der »Spiegel« besitze Tausende von Personalakten, und wenn man an die Nazi-Vergangenheit denke, habe »fast jeder Deutsche irgend etwas zu verbergen«. Dies gebe der politischen Erpressung weitesten Spielraum.

»Die Frage ist nur«, sagt Johnny, »was Strauß selbst eigentlich zu verbergen hat.«

Franz Josef Strauß, geboren als Sohn eines Münchener Fleischers, studiert bei Ausbruch und im Laufe des Zweiten Weltkrieges Geschichte, Staatswissenschaften und Germanistik auf Lehramt und dient mit Unterbrechungen zunächst in der Wehrmacht und später als Offizier bei der Luftwaffe. Die letzten Kriegsmonate verbringt er als Oberstleutnant an der Luftwaffen-Flakschule IV in Schongau im Allgäu. Nach kurzer Kriegsgefangenschaft wird Strauß als »politisch unbedenklich« eingestuft und vom US-amerikanischen Militär als Übersetzer herangezogen. 1946 setzen ihn die amerikanischen Besatzungstruppen als stellvertretenden Landrat im Landkreis Schongau ein. Von hier aus startet Strauß eine steile politische Karriere in der CSU, die ihn bald als Abgeordneten in den Deutschen Bundestag führt. Der für seine mitreißenden Reden bekannte Politiker wird als bis dahin jüngster Bundesminister mit dem Ressort »besondere Aufgaben« in das Kabinett Adenauer berufen. Zwei Jahre später übernimmt er das neu gegründete Bundesministerium für Atomfragen und noch ein Jahr danach das Bundesverteidigungsministerium, wo er sich stark für die militärische Nutzung von Atomwaffen in der Bundesrepublik einsetzt. Darüber hinaus vertritt er vehement die militärische Unterstützung des Staates Israel.

Im Mai 1963, zwei Tage nach der Ankunft von Franz Josef Strauß zu seinem rein privaten Besuch in Israel, stellt ein israelischer Anwalt im Namen zweier Mandanten, die Mitglieder der Kommunistischen Partei Israels sind, Strafanzeige gegen Strauß wegen Verbrechen gegen das jüdische Volk, gegen die Menschlichkeit und wegen Kriegsverbrechen. Der Vorwurf lautet, Strauß habe im April 1945 den Befehl gegeben, tschechische, polnische und jüdische Zwangsarbeiter erschießen zu lassen. Der Anwalt beantragt die sofortige Verhaftung des Besuchers aus Deutschland. Strauß bezeichnet die Vorwürfe als lächerlich.

Trotz andauernder Proteste in Israel, bei denen zahlreiche Demonstranten und Polizisten verletzt werden und es zu mehreren Festnahmen kommt, kann er seine Reise ungestört fortsetzen und wird zum Abschluss von Premierminister David Ben-Gurion zu einem Gespräch empfangen.

Zur Tätigkeit deutscher Wissenschaftler in Ägypten erklärt Strauß abschließend, deren Arbeit habe das Kräfteverhältnis im Nahen Osten nicht verändert. Die Kenntnisse und Methoden dieser Wissenschaftler seien längst überholt.

Foto, schwarz-weiß:

Porträtaufnahme von Hani mit geschlossenen Augen, ein leichter Bartschatten auf den Wangen, auf weißen Kissen schlafend, nur durch eine schwache Lichtquelle von links angeleuchtet, das Zimmer liegt im tiefen Schatten.

Bildunterschrift: حياتى لما Juni 1963

»Rita, kannst du ein paar Nachtschichten für mich einschieben?«

Rita steht im Flur der Villa in Maadi. Die Junisonne schickt schon früh am Morgen harte Strahlen durch das schmiedeeiserne Gitter der Haustür über den Steinboden mit dem langen Teppichläufer.

»Ich hatte dir doch gesagt, dass ich ein paar Tage im Krankenhaus –«

»Ach ja«, unterbricht er sie, »das trifft sich doch gut. Wenn du im Hotel übernachten willst, nimm dir das Zimmer neben meinem und lass es auf die Rechnung setzen.«

Laute Stimmen sind im Hintergrund zu hören. Die Leute sprechen nicht Arabisch, stellt Rita fest. »Von wo aus rufst du eigentlich an?«, schreit sie gegen den Lärm an.

»Ich bin in Basel. Habe ich dir das nicht gesagt?« Johnny klingt überrascht.

»Nein, hast du nicht.«

So weit geht das Wir dann doch nicht, denkt Rita, dass du mich in deine Pläne einweihst. Johnny muss am Tag zuvor abgereist sein. Rita hat sonntags frei, damit sie ihre Mutter und Pünktchen zur Messe begleiten kann. Ihr Vater hat das Privileg des freien Sonntags mit seiner Stellung als Abteilungsleiter verloren, und die Mutter verlässt das Haus schon lange nicht mehr allein.

Direkt nach der Messe in Babellouk kehrt sie in die Villa zurück, um eigenhändig den Sonntagsbraten zuzubereiten, während Rita und Pünktchen den Nachmittag meistens im Club verbringen.

Abends sitzen alle schweigend und müde um den Esstisch und kauen auf dem Rindfleisch herum, das nicht selten so lange im Ofen geschmort hat, bis es trocken und faserig schmeckt.

»Entschuldige«, Johnny ist offenbar in Eile, »ich muss in fünf Minuten wieder rein. Der Prozess gegen Otto Joklik und Josef Ben-Gal fängt an. Du weißt schon, diese Erpressungsgeschichte mit der Tochter von Paul Goercke.« Rita hört das Rascheln von Papier. »Du kannst dir nicht vorstellen, was hier los ist. Ich lese es dir schnell mal vor.«

Rita nimmt den Telefonapparat hoch, streift die Pumps ab und setzt sich auf den Boden, mitten auf den Läufer. Das Sonnenlicht streichelt ihre Beine. Darin tanzen winzige Staubkörnchen, die der gestrigen Putzaktion ihrer Mutter entkommen sind.

Neue Zürcher Nachrichten. 10. Juni 1963. Seite 1.

Diesem Prozess, auch wenn es sich objektiv um keine schwerwiegende Anklage handelt, kommt trotzdem eine große Bedeutung zu. Er wird Licht ins Dunkel des Agentenkrieges werfen und in diesem Zusammenhang vielleicht auch deutlich die skandalöse Tatsache ins Rampenlicht stellen, dass offenbar deutsche Raketen-Spezialisten im Dienste Nassers nach dem Zusammenbruch des Nazi-Reiches an der »Endlösung der Judenfrage« ungestraft weiterarbeiten und auf Grund der deutschen Gesetzgebung noch geschützt werden müssen. Und möglicherweise wird auch abgeklärt werden können, ob tatsächlich Schweizer Firmen sich an der Aufrüstung Ägyptens zum Schaden Israels beteiligen.

»Bist du noch da?«, fragt Johnny.

»Ja, bin ich.« Rita beobachtet, wie Pünktchen in ihrer Schuluniform die Treppe herunterkommt. Ingrid geht hinter ihr und zupft unsichtbare Fusseln von der Jacke. Pünktchen dreht sich kurz um und winkt Rita zu.

Rita winkt zurück.

Johnny redet unterdessen weiter.« – bestimmt dreißig Journalisten aus Deutschland, Österreich, der Schweiz, aus Israel natürlich, England und Amerika. Es wird so eng an den Pressetischen im Gerichtssaal, dass jeder von uns nur exakt fünfzig Zentimeter Schreibfläche bekommt.« Sie hört ihn lachen. »Sogar dieses Telefonzimmer mit direkter Auslandsverbindung haben sie extra eingerichtet.«

»Und was soll ich machen?«

Rita beobachtet weiter, wie ihre Mutter die Tür hinter Pünktchen schließt.

»Ich rufe dich jeden Abend nach Gerichtsschluss an und diktiere dir meine Notizen. Dann kann ich nachts noch die Presse durchgehen und vielleicht sogar das eine oder andere Interview führen.«

»Musst du nicht schreiben?«, fragt Rita, während Ingrid ihr einen abschätzigen Blick zuwirft.

Auf dem Boden herumzusitzen ist keine Art, sagt dieser Blick, und schon gar nicht in Ägypten. Rita wickelt die Telefonschnur um den Zeigefinger, auch das kann ihre Mutter nicht leiden, und erwidert den Blick ruhig, ohne Anstalten zu machen, aufzustehen.

»– Hintergrundberichte für ausländische Zeitungen«, sagt Johnny gerade, als sie wieder zuhört. »Mit dem Zeilenschinden in der Tagespresse müssen wir uns zum Glück nicht mehr herumschlagen.«

Wir. Da ist es wieder.

»Ich muss jetzt rein«, sagt Johnny und legt auf.

»Natürlich kann ich länger bleiben«, sagt Rita in die tote Leitung, ohne den Blick von ihrer Mutter abzuwenden, die immer noch wie festgeschraubt an der Tür steht. »Die Arbeit geht schließlich vor.«

Sie legt den Hörer auf die Gabel, steht auf und stellt das Telefon wieder an seinen Platz.

»Ich bleibe für ein paar Tage in der Stadt«, sagt sie und geht an Ingrid vorbei die Treppe hoch, um ihre Tasche zu packen.

»Und du hältst es nicht für nötig, deine Mutter um Erlaubnis zu fragen?«, ruft Ingrid hinter ihr her.

Rita antwortet nicht.

»Ich kann meine Mutter einfach nicht mehr ernst nehmen«, sagt sie zwei Stunden später, als sie es sich auf einem Stuhl neben Hanis Krankenbett gemütlich gemacht hat. »Entweder sie ist krank und spielt die Hilflose, oder sie putzt wie eine Irre hinter uns her und tut so, als opfere sie sich für uns auf. Und wenn sie redet, dann meistens vom Herrgott oder dem Jesuskind.«

Sie sieht den schlafenden Hani an. Dann steht sie auf und öffnet das Fenster, in der Hoffnung auf ein bisschen Wind, der die stickige Luft aus dem Zimmer treibt.

Rita schüttelt den Kopf. »Du verstehst das nicht«, antwortet sie, als hätte er in der Zwischenzeit etwas gesagt. »Deine Mutter ist eine moderne Frau. Für Sonya und dich ist sie eher wie eine Freundin oder eine Vertraute.«

Sie geht zurück zum Bett, sieht nach, ob aus dem Tropf auch wirklich Flüssigkeit in den schlafenden Körper rinnt. Sie füllt die Schale auf dem Nachttisch mit Wasser, befeuchtet einen Waschlappen und tupft Hani damit die Stirn. »Ist das angenehm? Es ist so heiß heute.«

Als sie wieder auf ihrem Stuhl sitzt, greift sie nach ihrer Tasche und holt ein paar Zeitungen heraus. »Soll ich dir was vorlesen? Ich hätte hier Al Ahram, aber mein Arabisch wird nicht besser, wenn du nicht mit mir redest. New York Times oder die Frankfurter Allgemeine, du könntest deine Deutschkenntnisse auch mal wieder aufpolieren.«

Sie wartet einen Moment ab. Dann packt sie alle drei Zeitungen wieder weg.

»Keine Politik?« Sie denkt einen Moment nach. »Einen Roman habe ich nicht dabei.«

Sie greift nach seiner Hand.

»Meine Familie? Möchtest du das wirklich? Die sind eigentlich furchtbar –«

Rita sucht nach dem richtigen Wort.

Durchschnittlich? Langweilig? Uninteressant?

Nichts von alldem trifft den Punkt.

»Weißt du«, ihr Blick geht zum Fenster, als läge die Antwort dort draußen. »Bei uns ist es anders als bei euch.«

Jeder
lebt
in seiner
eigenen
Welt.

Pünktchen. Kleine Schwester.

Möchte seit kurzem Petra genannt werden. Der Name geht auf den heiligen Apostel Petrus zurück.

Pünktchen sitzt im Kartenraum vor dem alten Globus. Der Unterricht fällt heute wegen der mündlichen Abiturprüfungen aus. Zuhause bleiben wollte sie nicht, darum hat sie so getan, als hätte sie es vergessen. Schwester Agnes hat sie sicher durchschaut, aber nichts gesagt, und so ist Pünktchen einfach mit den älteren Schülerinnen in den Schulbus gestiegen.

»Ich glaube, Schwester Maria Felicitas kann ein bisschen Hilfe gebrauchen«, sagt Schwester Agnes, als alle ausgestiegen sind. Pünktchen lächelt sie dankbar an und rennt sofort hoch in den Kartenraum. Dort sitzt tagein, tagaus die dicke, alte Schwester Felicitas, Herrin über die herrlichste Schatzkammer, die man sich vorstellen kann. An den Wänden sind ringsum ganz oben Metallbögen angebracht, an denen die zusammengerollten Karten hängen. Wenn man eine anschauen oder überprüfen möchte, ob sie noch heil ist, muss man sie vorsichtig abnehmen, zur Stirnseite des Raumes tragen, dort an einen Haken hängen, das Band lösen und sie dann ganz langsam abrollen. Und als ob das für den kleinen Raum noch nicht genug wäre, zieht sich quer hindurch ein hohes Regal, auf dem die merkwürdigsten Kuriositäten aufgereiht sind, die sich im Laufe der Jahre angesammelt haben, von kleinen Skarabäen bis zu Büsten aus Gips.

Weil Schwester Felicitas am liebsten in ihrem breiten Drehstuhl sitzt, die Lupe, Kleber und ihr Papiermesser in Griffweite, muss Pünktchen ab und zu eine Karte, die gerade sorgsam geklebt wurde, zurückbringen und eine neue aufhängen. Dafür darf sie die restliche Zeit in ihrer Lieblingsecke sitzen und vor sich hinträumen. In dieser Ecke steht der große alte Globus, der nicht mehr ganz rund läuft und deswegen ausgemustert wurde, um eines Tages repariert zu werden.

Pünktchen schließt die Augen und dreht. Der Globus rumpelt. Sie legt den Zeigefinger auf die Kugel und öffnet die Augen.

Mitten im Pazifik.

Nochmal.

Rumpel. Rumpel.

Italien. Rom.

Pünktchen kichert. Gott führt meine Hand. Mindestens jedes dritte Mal tippt sie auf Rom. Sie steht auf und holt die Statue der heiligen Petronella aus dem Regal.

Petrustochter Petronella. Als sie verheiratet werden soll, bittet sie Gott um eine dreitägige Frist, weil sie lieber sterben will, als ihr Keuschheitsgelübde zu brechen. Am zweiten Tag empfängt sie das Abendmahl. Am dritten Tage stirbt sie.

Pünktchen drückt die kleine Statue an ihr Herz. Schwester Maria Petra hat sie vergessen, als sie in das Konvent nach Jerusalem abberufen wurde. Oder vielleicht hat sie sie auch absichtlich hiergelassen, damit Pünktchen, die schließlich auch Petra heißt, sie eines Tages entdeckt.

Sie dreht den Globus weiter, bis sie Jerusalem gefunden hat. Die Heilige Stadt. Einige der älteren Schwestern haben lange dort gelebt. Sie berichten davon, wie man Ihm auf Schritt und Tritt begegnet. In Bethlehem. Am See Genezareth.

Eines Tages werde ich auch dort sein, denkt Pünktchen. Und ich werde Ihm nah sein wie nie zuvor.

Sie stellt die Statue vorsichtig wieder zurück und nimmt einen ausgestopften Vogel in die Hand.

Eine Meise.

Es klingelt.

»Ich muss jetzt zuschließen«, sagt Schwester Felicitas und erhebt sich ächzend aus ihrem Sessel.

Pünktchen rennt durch den Flur, die Stufen hinunter, über den verlassenen Schulhof zum Wohnhaus der Schwestern. Es ist sehr alt und soll in den Sommerferien abgerissen werden. Was dann aus dem Zaubergarten wird, weiß noch niemand so genau. Pünktchen wird es nie langweilig, zwischen den gewaltigen Agaven, den Kräutern und den Blumen herumzuwandern. Die Laube im Schatten der hohen Bäume ist ihr Geheimversteck. Man kann sich herrlich weit weg träumen, mitten in fantastische Geschichten hinein.

Ich bin Konstanze. Entführung aus dem Serail.

Ich bin Dornröschen.

Ich bin Alice im Wunderland.

Manchmal benutzen die Schwestern die Gartenlaube als Sprechzimmer. Die armen Leute aus der Nachbarschaft kommen ins Kloster, wenn sie kein Geld für den Arzt haben.

Eine junge Frau mit einer Brandwunde. Das heiße Fett. Eine Pfanne ist umgekippt.

Eine Mutter, deren Kind Durchfall hat. Seit zwei Wochen schon.

Ein Alter, den Schmerzen in den Gelenken plagen. Kann den schweren Karren nicht mehr ziehen.

Wenn es eine nette Schwester ist, darf Pünktchen still dabeisitzen und ihr eine Pinzette oder das Verbandszeug reichen. Sie stellt sich vor, dass sie es ist, die den Kranken hilft. Die Schwesterntracht frisch gestärkt und makellos.

Petra, die Barmherzige.

Erfüllt ihr Gelübde mit Hingabe und Selbstlosigkeit.

In Demut.

Amen.

Rita schließt leise die Tür zu Hanis Zimmer. Wie schnell, zu schnell, der Tag vergangen ist. Ihr Mund fühlt sich trocken an, obwohl sie nicht laut gesprochen hat. Doch etwas in ihr hat sich gelöst. Erst als sie das Salz auf der Zunge schmeckt, bemerkt sie, dass ihr die Tränen über die Wangen laufen.

Hani.

Es tut gut, mit dir zu sprechen.

Schlaf, mein Liebster. Morgen früh komme ich wieder.

Im Hotel. Das Telefon klingelt.

Johnny redet so schnell, dass sie selbst im Steno kaum hinterherkommt.

»Die Leute prügeln sich hier um die Leitungen.«

Protokoll-Abschrift

der

Sitzung des Strafgerichts Basel-Stadt

vom 10.-12. Juni 1963.

Verlesung der Anklageschrift.

Angekl. 1 / Ben-Gal schildert sein Vorleben.

»Jetzt wird es interessant«, sagt Johnny.

Rita Hellberg schreibt mit.

Angekl. 2 / Joklik schildert sein Vorleben.

Seit 1954 befasste ich mich mit Strahlentechnik. Dann, 1961, ging ich nach Italien und war in der Abteilung für Atomtechnik des italienischen Forschungsinstitutes für Elektronik und Kernkraft in Rom tätig. Ich publizierte verschiedene Artikel über Atomfragen.

1962 ging ich nach Ägypten. Ich sollte zunächst auf freiem chemischen Sektor arbeiten. Es hatte nichts mit militärischen Dingen zu tun. Erst nachher wurde mir eine Beratung für die militärische Nutzung der Atomenergie (Februar) übertragen. Über das Ziel dieser Arbeit möchte ich keine Auskunft geben. Ich arbeitete ausschließlich an der Nutzung der Atomenergie. Ein Projekt bezog sich auf die Verwendung radioaktiver Elemente und das andere auf die Anreicherung von Uran. Herr Pilz ist an mich herangetreten; er interessierte sich um meine Arbeiten für seine Raketen.

»Hat er das wortwörtlich so gesagt?«

»Ja«, sagt Johnny, »unter Eid.«

»Dem würde ich auch zutrauen, unter Eid zu lügen.«

»Ich auch«, antwortet Johnny, »fragt sich nur, ob Pilz, Goercke und Kleinwächter glaubwürdiger sind. Eine Seite lügt mit Sicherheit. Ich hab' noch was für dich.«

Angekl. 2 / Joklik: Was ich in Ägypten zusammen mit anderen getan habe, bedeutet eine Gefährdung der Israelis. Sie und andere Staaten sind lebensgefährlich bedroht. Meine Tätigkeit habe ich in Kairo und auf Reisen ausgeübt. Ich beschaffte auf den Reisen Materialien, insbesondere radioaktives Material, Kobalt 60, Strontium 90. Sie sind in mittleren Mengen und für ca. 1 Million Dollars eingeführt worden. Das ursprüngliche Projekt beschränkte sich auf Granaten mit radioaktivem Material. Nachdem sich Herr Pilz für die Beförderung eines nuklearen Sprengkopfes in einer Rakete interessiert hat, wurde es darauf ausgedehnt.

Die Pläne der Ägypter überschritten das Maß einer Verteidigung weit. Es wurden mir Pläne eines israelisch-englischen Angriffsplanes vorgelegt. Es kam erst nach einigen Monaten aus, dass dies nicht stimmt.

Am 20. Oktober 1962 teilte ich den ägyptischen Botschaften in Wien und in Deutschland mit, dass ich nicht mehr in Ägypten arbeiten werde.

»Das kommt hin«, murmelt Rita, die sich plötzlich vorkommt, als würde sie ihr eigenes Leben mitstenografieren.

»Joklik hat ausgesagt, er sei von zwei Israelis in Salzburg aufgesucht worden. Einer habe eine Pistole unter dem Mantel getragen. Sie sagten, er habe eine Offensivhandlung gegenüber Israel begangen. Sie seien eine private Organisation ehemaliger KZ-Häftlinge, die ähnliche Vorkommnisse wie im Dritten Reich verhindern soll.«

»Du sagst das, als würdest du ihm nicht glauben«, sagt Rita und hört auf, zu schreiben.

»Klingt wie ein Gangsterfilm, findest du nicht?«, fragt Johnny zweifelnd.

»Das mit den Atomwaffen auch.«

»Du hast Recht. Wir überlegen uns das später.«

Wir.

Johnny berichtet ihr weiter vom ersten Prozesstag. Draußen, vor der geöffneten Balkontür des Lotus House wird es langsam dunkel. Die ersten Neonreklamen leuchten auf. Johnny ist ein guter Erzähler.

Rita sieht vor sich, wie der sympathische Josef Ben-Gal und der schmierige Otto Joklik ihre erste Begegnung schildern.

Wie Ben-Gals Verteidiger einen Beweis nach dem anderen vorlegt, um die Gefahr nachzuweisen, die vom ägyptischen Raketenprogramm ausgeht.

»Neunhundert Raketen?« Sie kann das nicht glauben. Will es nicht.

»So viele Satelliten kann nicht mal Nasser gebrauchen, selbst wenn er jeden einzelnen Ägypter überwachen will«, kommentiert Johnny sarkastisch.

Draußen ist es dunkel. Rita hat beim Zimmerservice ein paar Sandwiches bestellt, das Licht angemacht und die Vorhänge zugezogen, damit keine Mücken hereinkommen.

Johnny erzählt.

Rita schreibt mit: Wie die Angeklagten aus ihrer Sicht die Begegnung mit Heidi Goercke im Hotel Drei Könige schildern.

Angekl. 1/Ben-Gal: Ich kam zu der Unterredung mit dem Gefühl, dass Fräulein Goercke als junge Generation und als Juristin sich vollkommen bewusst ist, dass ihr Vater an einer unhumanen Sache tätig ist. Ich dachte, Fräulein Goercke habe guten Willen und werde ihren Vater, der schon früher seine Tätigkeit aufgeben wollte, zur Aufgabe der Tätigkeit bewegen. Es war unglaublich, dass ein Mann, der kein Nazi ist, nur um des Geldes willen eine solche Tätigkeit ausübt.

Was ist mit meinem Vater, denkt Rita. Wann habe ich zuletzt

mit ihm geredet? Habe ich versucht, ihn zur Aufgabe seiner Tätigkeit zu bewegen?

Rita sieht vor sich, wie die Fotoreporter, die stundenlang draußen vor dem Baseler Gericht herumgelungert haben, plötzlich wie auf Kommando aufspringen. Unter höchsten Sicherheitsvorkehrungen werden Heidi Goercke und ihr Bruder Rainer in den Gerichtssaal gebracht.

Wie Heidi Goercke den Zeugenstand betritt, blass und gezeichnet von einer Magenerkrankung, begleitet von einem ägyptischen Leibarzt, über den der Richter lakonisch sagt, er habe sicher noch andere Aufgaben als nur medizinische.

Zeugin Heidi Goercke: Ben-Gal sagte, wenn mein Vater nicht zurückkomme, passiere ihm etwas. Ben-Gal sagte: »Wir haben die Macht und die Mittel.« Er habe es eilig, weil die Raketen am 23. Juli vorgeführt werden sollten.

Ich erklärte mich bereit, nach Kairo zu fliegen. Ich hatte Angst um meinen Vater, dass ihm etwas passiere.

Ben-Gal sagte, die Familie habe auch Schlimmes zu befürchten, wenn mein Vater nicht zurückkomme. Der Ton war leise, im Laufe des Gespräches wurde er lauter.

Es ist spät geworden, in Kairo wie in Basel. »Ich bin der Letzte hier im Presseraum«, sagt Johnny. Rita hört, wie er sich eine Zigarette anzündet. Sie holt sich ebenfalls eine Cleopatra aus der Packung, die sie gekauft hat, als sie aus dem Krankenhaus kam.

»Ich würde dir jetzt gern einen Martini ausgeben«, sagt Johnny leise.

»Das wäre schön.«

»Zwei Randnotizen noch, die ich dir erzähle, damit sie nicht verloren gehen.«

»Ich höre.«

»Joklik sprach von einem Leibwächter, den die Ägypter dem Ingenieur Kleinwächter nach dem Attentat beschafft haben. Er soll früher bei der Gestapo gewesen sein. Da zeigt der Anwalt von

Ben-Gal in den Zuschauerraum. Und es erhebt sich ein riesiger Mensch, der ganz offen eine schwere Armeepistole am Gürtel trägt, und verbeugt sich grinsend vor dem Publikum. Sein Name ist –«

»– Valentin«, beendet Rita den Satz. »Hermann Adolf Valentin.«

»Du kennst den, das habe ich befürchtet. Die zweite Notiz betrifft den Bruder. Moment –«

Rita hört, wie Johnny in seinem Notizblock herumblättert. »Hier ist es.«

Rita sieht vor sich, wie der Richter den Zeugen Rainer Goercke fragt, woran er denn erkannt haben will, dass sich noch weitere Israelis in der Hotelhalle aufhielten. Und der Junge antwortet, an der Hand habe er den Juden erkannt.

»Das sagt ein Mensch in deinem Alter, der Hitler nur vom Hörensagen kennt«, beschwert sich Johnny. »Ist das etwa das neue Deutschland, von dem wir alle reden?«

Rita liegt noch lange wach in ihrem Hotelzimmer.

Was ist los mit uns?, denkt sie. Unsere Generation will doch etwas Neues aufbauen. Will heraustreten aus dem Schatten der Älteren. Und doch scheint uns etwas aufzuhalten, als steckten wir mit einem Fuß in der Vergangenheit der Eltern fest und kämen nicht vorwärts.

Hani ist es, der ihr gezeigt hat, wie man frei nach vorne schaut. In eine zukünftige, bessere Welt.

Die Hochzeitsansprache von Mariettas Vater kommt ihr in den Sinn. Noch Stunden danach haben sich die Gäste darüber aufgeregt. Der hat wohl zu lange in ein schwarzes Loch gestarrt! Nestbeschmutzer. Miesepeter.

Wie kann ich denn dafür verantwortlich werden, dass nicht alles mit Tod und Vernichtung endet? fragt sich Rita. Ich habe deine Zukunft gesehen, Hani. Aber meine sehe ich noch nicht.

Über diesem Gedanken schläft sie ein.

Am nächsten Tag sitzt Rita wieder an Hanis Krankenbett. Sie

hat ihm aus dem King Tut Basar gegenüber vom Hotel etwas mitgebracht. Ein winziges Henkelkreuz, dessen unebene Konturen die Mühe erahnen lassen, die es vor Jahrtausenden gekostet haben muss, es zu bearbeiten. Ablagerungen und Korrosion lassen es in bunten Farben schillern. Sie legt es in Hanis linke Hand, die sich wie von selbst darum schließt.

»Fühlst du das Ankh?«, fragt Rita leise. »Es möge dir ewiges Leben schenken.«

Eine Krankenschwester steckt den Kopf zur Tür herein und lächelt. »Die Nachtschwester lässt Ihnen ausrichten, der Patient habe selten so eine ruhige Nacht gehabt. Sie möchten bitte genauso weitermachen wie gestern, was immer Sie getan haben.«

Rita nickt. Als die Tür zu ist, wendet sie sich wieder dem Schlafenden zu. »Also gut. Mit wem wollen wir weitermachen?« Sie nimmt Hanis andere Hand in ihre. Sie ist warm und trocken. »Wenn du möchtest«, sagt sie, »dann will ich dir heute von meinen Eltern erzählen.«

Ingrid Hellberg. Meine Mutter.

Ingrid kommt schwer atmend mit einem Wäschekorb in die Küche, wo Brigitte gerade das Frühstücksgeschirr spült.

»Sie sollten nicht so schwer tragen«, sagt Brigitte, trocknet sich die Hände und macht Anstalten, ihr den Korb abzunehmen.

»Die Bettwäsche ist wieder nicht trocken geworden«, beklagt sich Ingrid und stellt den Korb mit einem Seufzer auf die Küchenbank. »Sie müssten sie bitte trockenbügeln. Am besten jetzt gleich.«

»Wäre es nicht einfacher, wir hängen sie im Garten auf?«, sagt Brigitte und wendet sich wieder dem Spülbecken zu. »In der Sonne trocknet sie ganz schnell, so machen wir es zuhause auch.«

»Auf keinen Fall!« Ingrid wischt sich über die Stirn. »Schon der Gedanke daran, diesen Staub auf den Laken zu haben, lässt mich Ausschlag bekommen. Auch wenn Ihnen der Gedanke nicht gefällt: Sie bügeln, meine Liebe!«

Brigitte zuckt mit den Schultern. »Mir soll es egal sein. Dann machen Sie hier weiter, ja?«

Ohne die Antwort abzuwarten, nimmt sie den Korb schwungvoll auf die Hüfte und geht nach oben ins Bügelzimmer. Ingrid hört, wie sie das Bügelbrett aufstellt und dabei fröhlich vor sich hinsummt.

Als das Geschirr endlich sauber und poliert im Schrank steht, holt Ingrid etwas übrig gebliebenes Weißbrot aus dem Brotkasten und weicht es in einer Schüssel mit Wasser ein. Sie wird Frikadellen machen, auch wenn sie kein Schweinefleisch bekommen wird, um gemischtes Hack durch den Wolf zu drehen. Und Hamburger Kartoffelsalat mit Äpfeln, Gurke und selbstgemachter Mayonnaise, wie es Friedrich am liebsten mag. Ein Glas Gewürzgurken hat sie noch vom letzten Klosterbasar im Keller stehen.

Als Brigitte endlich wieder herunterkommt, weiß der Herrgott, was sie da oben so lange getrieben hat, ist Ingrid bereits mit der Einkaufsliste fertig.

Brigitte wirft einen kurzen Blick darauf. »Ihr Mann wünscht sich paniertes Kalbsschnitzel zum Abendessen, hat er Ihnen das nicht gesagt? Dazu lauwarmen Kartoffelsalat, wie ihn meine Mutter macht, nur mit Essig und Öl. Die Mayonnaise sei nicht gut für sein Herz.«

Scheinheilig wedelt sie mit dem Einkaufszettel vor Ingrids Gesicht herum und macht ein zerknirschtes Gesicht. »Es tut mir leid. Wenn Sie möchten, kaufe ich natürlich ein, was Sie möchten, Frau Hellberg.«

Ingrid presst die Zähne zusammen. »Nein, machen Sie nur!«, murmelt sie und schafft es mit Mühe, die Fassung zu wahren, bis das Luder endlich im Flur ist, um sich zum Ausgehen fertig zu machen. Ihr Blick fällt auf das eingeweichte Brot. Kurz entschlossen nimmt sie die Schüssel und öffnet den Schrank unter der Spüle.

Ihr Schrei holt Brigitte augenblicklich zurück.

»Frau Hellberg! Was ist passiert?«

Ingrid steht vor der geöffneten Schranktür und schüttelt stumm den Kopf. Brigitte sieht die Kakerlake, nimmt die Fliegenklatsche vom Haken, tötet das Insekt und wirft es in den Mülleimer. »Ich bringe neues Insektenspray mit«, sagt sie und geht wieder hinaus.

Als die Haustür endlich hinter ihr ins Schloss gefallen ist, lässt Ingrid sich auf die Küchenbank fallen. Sie faltet die Hände.

Lieber Gott, wie viele Prüfungen willst du mir noch auferlegen? Sie glaubt, alles besser zu können und höher in seiner Gunst zu stehen als ich. Meines eigenen Ehemannes! Sie macht ihn zu ihrem Werkzeug! Was soll ich nur machen, gütiger Gott. So sprich doch zu mir!

Einen Moment lang bleibt sie noch sitzen, die Hände gefaltet, den Kopf gesenkt. Dann steht sie auf.

Sie weiß jetzt, was zu tun ist.

Rita hat sich von der Schwester ein frisches Tuch und einen neuen Krug mit Wasser besorgt. Sanft wischt sie Hani über die Stirn.

Friedrich Hellberg. Mein Vater.

Friedrich hat sich nach dem Mittagessen ordnungsgemäß bei Ali Mansur abgemeldet. Ein dringender Arzttermin. Nun sitzt er im Wartezimmer des Doktors in Maadi. Er ist bereit für das, was er schon vor Wochen hätte tun müssen. Aber ein anständiger Mensch bleibt eben ein solcher durch und durch, in guten wie in schlechten Zeichen.

Außer ihm sitzen noch zwei Frauen, ein junges Mädchen und ein Mann im Wartezimmer, den er flüchtig aus dem Bus kennt. Einer von Brandners Leuten. Der sieht kerngesund aus, will wahrscheinlich nur ein paar Tage früher in die Ferien.

Wenn Friedrich ehrlich mit sich ins Gericht geht, dann wurmt ihn am meisten, dass der Brandner Recht hatte, damals bei ihrem Streit vor Weihnachten. Diese verdammte Idee mit dem Tankraum. Um da Sprit reinzufüllen, müssen alle Durchleitungen dicht sein. Alle Nietungen müssen dicht sein. Der Vorversuch einer Tankfüllung mit Wasser verlief noch einigermaßen glimpflich. Doch Kerosin verhält sich anders als Wasser, es kriecht durch die allerfeinsten Ritzen. Die Folgen waren katastrophal. Beim Einlassen von Kerosin strömte der Treibstoff schneller aus tausend Öffnungen, als man nachfüllen konnte. Und sein Nachfolger steht mit offenem Mund daneben und staunt Bauklötze.

Eine hausgemachte Pfuscherei ist das!, denkt Friedrich und erschrickt, denn ganz sicher ist er nicht, dass er nicht doch laut vor sich hingeschimpft hat. Aber niemand sieht zu ihm herüber.

Da kommt die ägyptische Arzthelferin und ruft ihn nach oben. Sie ist eine unscheinbare Frau mittleren Alters mit Kopftuch, Doktor Eisele aber vermutet auch in ihr einen von Nassers Spionen, wie er Friedrich anvertraut hat. Höflich hält sie ihm die Tür zum Sprechzimmer auf. Der Doktor steht am Fenster und sieht hinaus. Als Friedrich sich räuspert, kommt er auf ihn zugeeilt, begrüßt ihn mit seinem gewohnt herzlichen Händedruck und schaut noch einmal durch die geöffnete Tür, bevor er sie leise schließt.

»Wie geht es Ihnen, Herr Hellberg?«

»Entschuldigen Sie, Herr Doktor, wenn ich so unangekündigt hereinplatze, ich wollte nun doch –«

Friedrich weiß nicht, wie er sich am besten ausdrücken soll, aber der Doktor versteht ihn auch so. »Ich hole nur schnell die Unterlagen. Nehmen Sie doch so lange Platz.« Er deutet auf den Besucherstuhl und verlässt den Raum.

Kurz darauf kommt er zurück. »Die Untersuchungsergebnisse sind da.« Friedrich kann sich nicht erinnern, welche Laborergebnisse noch ausstehen, so oft war er im letzten halben Jahr beim Doktor. Der lässt sich hinter dem großen Schreibtisch nieder, zieht seinen Block heran und beginnt zu schreiben.

Friedrich wartet. Diesen Sommer will, nein, muss er nutzen, um seine Zukunft zu planen. Beruflich und privat. So geht es jedenfalls nicht weiter. Er hat das Gefühl, sehenden Auges in ein Unwetter zu fliegen, ohne funktionierende Steuerung und ohne Rettungsschirm.

Doch zunächst braucht sein Körper einmal eine komplette Generalüberholung. Mit dem Doktor hat er schon darüber gesprochen. Eine Kur in Sankt Peter-Ording würde ihm sehr zusagen. Soll Ingrid doch wieder in den Süden ziehen und auf ihre Schrothkur setzen. Friedrich möchte lieber barfuß durchs Watt laufen. Am liebsten Hand in Hand mit –

»So.« Der Arzt reißt ein Blatt von seinem Notizblock ab und reicht es ihm.

Friedrich liest.

Ärztliche Bescheinigung.

Nach einer Thrombophlebitis stellte sich Herr Dipl. Ing. Hellberg einer Gesamtkontrolluntersuchung, bei der auch Stoffwechselanomalien festgestellt wurden, deren Einstellung 14-21 Tage dauern wird. Während dieser Zeit ist Herr Hellberg arbeitsunfähig.

Darunter die eigenwillig unleserliche Unterschrift von Hans Eisele. Die Bescheinigung ist im Querformat ausgestellt. Der Block jedoch, ursprünglich für hochformatige Notizen gedacht, hat linkerhand den Aufdruck:

Dr. med. Hans Eisele

prakt. Arzt

München

Und mit der Hand hinzugefügt: z. Zt. Cairo

Wie seltsam, denkt Friedrich, es sieht so aus, als rechne er jeden Moment damit, zurückzukehren in seine Münchener Praxis.

Der Doktor sieht ihn erwartungsvoll an, legt den Finger auf den Mund und deutet dann in den Raum.

Sind hier etwa Abhörmikrofone versteckt?

»Ich danke Ihnen«, sagt Friedrich etwas verunsichert.

»Kopf hoch«, sagt der Doktor. »Mit ein wenig Geduld sind Sie bald wieder auf dem Damm, Herr Ingenieur.«

Rita ist eingeschlafen. Mit dem Kopf auf Hanis Hand, die das Ankh immer noch fest umschlossen hält. Ganz still ist es im Krankenzimmer.

Familie Hellberg sitzt beim Abendessen. Friedrich wirkt endlich einmal weniger angespannt, obwohl ihn Ritas wiederholte Abwesenheit sichtlich irritiert. »Und sie hat dir nicht gesagt, wann sie nach Hause kommt?«

Ingrid schüttelt den Kopf, faltet die Serviette auseinander und legt sie sorgsam über ihren Rock. »Mit mir spricht sie ja kaum noch. Ich dachte, sie hätte es mit dir abgesprochen.«

Friedrich runzelt die Stirn und faltet nun auch seine Serviette auf. »Petra, möchtest du das Tischgebet sprechen?«

Pünktchen strahlt.« Komm, Herr Jesus –«

»Aber nun warte doch auf Brigitte!«

Ingrid wirft ihm einen scharfen Blick zu. Brigitte kommt mit einer Platte Schnitzel und einer großen Schüssel Kartoffelsalat herein.

»Ah, herrlich«, seufzt Friedrich.

»Komm, Herr Jesus, sei unser Gast«, sagt Pünktchen, »und segne, was du uns aus Gnaden bescheret hast. Amen.«

Als alle ihr Amen gesagt haben, beginnt Ingrid, reihum das Essen aufzugeben. Dann öffnet sie für Friedrich ein kaltes Bier und schenkt Pünktchen Wasser ein.

Sie essen schweigend, bis Friedrich einen Blick in die Runde wirft. »Ich will euch nicht länger auf die Folter spannen«, sagt er, »wir fahren schon nächste Woche in die Sommerferien.«

Seine Frau sieht ihn erschrocken an.

»Ich dachte, du zumindest freust dich darüber!«

»Friedrich, ich glaube, ich sehe ein Haar in deinem Kartoffelsalat«, sagt Ingrid.

Friedrich sieht auf seinen Teller. Tatsächlich, da steckt ein dickes schwarzes Haar im Salat. »Da hat wohl der Gärtner Haarausfall«, sagt er schmunzelnd und zieht an dem Haar. Doch daran hängt, und es ist ihr Fühler, eine tote Kakerlake.

Ingrid und Brigitte springen gleichzeitig auf. Pünktchens Gabel fällt auf den Teller. Fassungslos starrt sie auf das Insekt in der Hand ihres Vaters.

»Fräulein Scholler«, sagt Ingrid, ohne die Genugtuung in ihrer Stimme zu verbergen, »Ich glaube, Sie sind uns eine Erklärung schuldig.«

Brigitte ist ganz blass geworden, das ist sonst gar nicht ihre Art. »Ist schon gut«, sagt sie leise. »Ich kündige mit sofortiger Wirkung.«

»Nein!«, rufen Friedrich und Pünktchen im Duett.

Aber da ist sie schon halb aus der Tür.

Friedrich läuft ihr hinterher. Die Haustür fällt hinter ihr ins Schloss. Er kommt zurück, lässt sich schwer auf den Stuhl fallen.

»Was ist?«, fragt Pünktchen.

Friedrich schüttelt den Kopf.

»Wir werden schon zurechtkommen, das haben wir immer getan.« Ingrid ist hinter ihn getreten und legt ihm die Hand auf die Schulter. »Gott wird uns leiten, auf allen unseren Wegen.«

Ihr zufriedenes Lächeln sehen weder Friedrich noch Petra, die auf ihren Teller starrt.

Als Rita in ihrem Stuhl neben Hanis Bett wach wird, ist es schon dunkel. Leise steht sie auf, macht die Nachttischlampe an und wendet sich zum Gehen. An der Tür dreht sie sich noch einmal um, holt die Kamera aus der Tasche.

»Hast du etwas dagegen?«

Rita wartet einen Moment, dann macht sie ein Foto.

Kaum hat sie im Hotelzimmer ihre Sachen abgelegt, klingelt das Telefon. »Den ganzen Vormittag lang haben wir Heidis Tante und den Polizisten zugehört«, sagt Johnny. »Das hätte ich mir sparen können.«

»Warum?« Sie sucht unter Papieren, bis sie ihren Notizblock gefunden hat.

»Die haben alle im Grunde überhaupt nichts mitbekommen

von dem Gespräch zwischen den Geschwistern Goercke, Otto Joklik und Josef Ben-Gal.«

»Ich dachte, die Polizei hat das Gespräch mitgeschnitten.«

»Ob ja oder nein, ist hier nicht die Frage.« Johnny lacht. »So oder so wäre es illegal.«

»Hier nicht«, sagt Rita.

»Nein«, antwortet Johnny. »Für Nasser spielen die Schweizer Vorstellungen von Anstand und Moral keine Rolle.«

»Meinst du, dein Zimmer ist auch verwanzt?« Rita sieht sich um. Die winzigen Dinger können überall stecken.

»Ich glaube nicht. Die können ja nicht jedes Hotelzimmer in ganz Kairo verwanzen, so viel Geld hat nicht mal Nasser. Aber den Typen von der Rezeption habe ich schon ein paar Mal sehr nah an der Tür erwischt. Also pass auf, was du sagst.«

»Und sonst gab es nichts Interessantes heute?«, fragt Rita.

»Doch. Plädoyer der Anklage. Der Staatsanwalt war nicht schlecht. Er hat den Prozess mit einem Eisberg verglichen, von dem man nur die Spitze sieht. Die restlichen acht Neuntel liegen unter Wasser. Damit meint er die gefährlichen Hintergründe.«

Rita gähnt und öffnet ihren Block. »Hast du noch etwas zum Diktieren?«

»Natürlich! Ich lasse dich ja nicht umsonst im Hotel herumsitzen.«

Rita schreibt mit.

St. A.: Ben-Gal hat aus Motiven gehandelt, die sicher nicht als ehrlose bezeichnet werden können. Von seinem Standpunkt aus, muss man ihm Verständnis entgegenbringen. Feststellen, dass der Einsatz deutscher Forscher in Aegypten grösste Sorge erwecken muss. Wir können uns nicht isolieren; dies geht nicht nur Israel und Aegypten etwas an. Es muss die ganze Welt mit grösster Besorgnis erfüllen. Man muss also Ben-Gal zubilligen, dass er aus aufrichtiger Sorge um seine Heimat gehandelt hat. Landläufig lag ein gewisser Notstand vor.

»Und Otto Joklik?«, fragt Rita. »Hat er zu dem auch was gesagt?«

St. A.: Nicht für sein eigenes Land gehandelt. Hat vor allem persönlichen Vorteil erstrebt. Ist mit allen möglichen Wassern gewaschen. Schreckt vor Waffenhandel nicht zurück.

»Der kann einem ja fast leidtun«, sagt Rita und denkt an den schmächtigen Mann mit der Sonnenbrille.

»Mir nicht«, sagt Johnny. »Ich muss Schluss machen. Ganesh ist gerade mit seinem Vater in Genf. Er kommt gleich vorbei.«

»Na dann, habt einen schönen Abend.«

Rita legt auf. Sie tritt hinaus auf den Balkon. Tief unter ihr rauscht das seit Jahrtausenden pulsierende Leben von Kairo, beleuchtet vom Neon der Reklameschilder. Doch Rita ist fern von alldem. Sie zündet sich eine Cleopatra an. Die Einsamkeit drückt sie vom Geländer weg, an die kühle Wand. Oder ist es der heiße Wind, der über die Pyramiden hinweg aus der libyschen Wüste bis in die Häuserschluchten der alten Stadt zieht?

Wieder sitzt sie an Hanis Bett. Außer dem Soldaten, der diesen Flügel des Krankenhauses Tag und Nacht bewacht, ist ihr niemand begegnet.

Hanis Augen sind geöffnet. Er atmet ruhig.

Was siehst du?, denkt Rita. Sie legt ihre Hand auf das Laken, ungefähr dorthin, wo sein Herz schlägt. Das Herz schlägt. Schneller jetzt, als spüre er die Berührung. Schnell zieht Rita ihre Hand zurück.

»Hani?«

Keine Antwort.

Nur das leise Tröpfeln der Flüssignahrung ist zu hören, die Hani Tag für Tag am Leben erhält.

»Also gut.« Rita macht es sich wieder mit untergeschlagenen Beinen in ihrem Stuhl bequem. »Wenn dir nicht nach reden zumute ist, dann spreche ich weiter.«

Sie neigt den Kopf. »Ja, genau. Es fehlt noch einer.«

Mein Bruder Kai.

Das Tonstudio in der Rue d'Université ist für Kai Hellberg wie eine Höhle aus den Erinnerungen seiner Kindheit.

Schon mit vier Jahren, im Haus der Großeltern in Landsberg, breitet er sämtliche Wolldecken über Tische und Stühle und zieht sich in die Dunkelheit darunter zurück. Stundenlang harrt er so aus, lässt sich mit Mühe dazu überreden, durch mütterliche oder großmütterliche Hände Nahrungsmittel entgegenzunehmen, kann sich jedoch in unbändige Wut hineinsteigern, wenn jemand es wagt, die provisorischen Wände einzureißen. Sein Vater macht das einmal, nur um unter dem riesigen Deckenhaufen einen rot angelaufenen, brüllenden und um sich schlagenden Jungen vorzufinden, der sich nicht beruhigen lässt, bis seine Mutter kommt.

Der kleine, dunkle Raum hinter der Orgel der Kirche Sankt Marien in Ottensen ist auch so eine Höhle.

Die Palette in der ABC-Straße, auf andere Weise.

Die Souterrainwohnung im Karolinenviertel.

Und jetzt Paris.

Paris ist nicht das Ziel für Kai. Es ist der Ursprung: Existentialismus. Bohème. Jazz. Einfach alles.

Kai, dem die Sache mit Isabell nachhängt, geistert durch die Hamburger Universität wie ein Ballon, den niemand mehr festhält. Er hängt unter der Decke, vollkommen losgelöst, und starrt auf die Welt unter sich, auf den Körper, der einmal Kai Hellberg war und mit dem ihn nichts mehr verbindet. Selbst sein Groll ist da unten zurückgeblieben, auf seinen Vater, auf Deutschland im Allgemeinen, die Schmach seines Rauswurfs aus Israel.

Egal.

Bis eines Tages einer seiner Dozenten zufällig nach oben schaut, die Schnur ergreift und daran zieht. Einer, der im Hauptberuf für den NDR arbeitet und den Kai von den Jazz-Workshops kennt. Der kurzerhand einen Tapetenwechsel verordnet, ein paar Anrufe macht und den Luftballon nach Paris zu den Kollegen von Radio France schickt.

Dreimonatige Hospitanz.

Kai landet in einer schäbigen Pension im Quartier Latin, sechs Treppen hoch, mit Toilette und Badezimmer auf dem Gang. Seine in langen Hamburger Nächten erarbeiteten Geldreserven schmelzen mit jedem Tag, doch gleichzeitig taut sein vereistes Herz auf. Der Ballon sinkt leise auf die ausgetretenen Pflaster von Paris, reiht sich ein in das rhythmische Vibrieren von Körpern, die er bisher nur dem Namen nach kannte.

Thelonious Monk.

Juliette Greco.

Sammy Davis Junior.

Und eines Abends. Im Blue Note Jazz Club.

Setzt Chet Baker, der gerade wegen einer Drogensache aus Italien ausgewiesen wurde und nach Paris zurückgekehrt ist, seine Trompete an den Mund.

Chet Baker spielt.

Bis Kai nichts anderes mehr denken kann als die Töne in seinem Kopf.

Als er in dieser Nacht den Club verlässt, um zu Fuß nach Hause zu gehen, hört Kai Hellberg endlich wieder die Stimmen der Menschen um sich herum. Er hört sie reden, streiten, lachen, weinen. Er hört Autos hupen. Hunde bellen. Als hätte jemand in einem Stummfilm den Ton zugeschaltet.

Er wird beim Radio von Abteilung zu Abteilung durchgereicht, beobachtet und macht sich nützlich, so weit es seine schlechten Französischkenntnisse hergeben. Schließlich landet er bei der GRM, der Groupe des Recherches Musicales, gegründet von Pierre Schaeffer, dem legendären Erfinder der Musique Concrète. Es ist, als würde sich eine Tür nach der anderen öffnen. Kai tastet sich vor, Schritt für Schritt, in ein neues, unbekanntes Land. Es gibt keinen Grund, sich umzudrehen und zurückzublicken.

In den Studios des Radiosenders wissen sie bald sein feines Gehör, sein Gespür für diese neue Art von Musik zu schätzen, die nichts mit den klassischen Harmonien zu tun hat.

Und immer wieder: Chet Baker.

Der amerikanische Avantgardemusiker Terry Riley holt das Chet Baker Quartett ins Studio von Radio France, um ein Stück einzuspielen. Kai erkennt es sofort.

So what. Von Miles Davis.

Sie nehmen jedes Instrument einzeln auf, dann die ganze Gruppe. »Und jetzt«, sagt Terry, »verbinden wir zwei Tonbandgeräte. Das erste spielt ab, das zweite nimmt auf. Das Band führen wir über beide Köpfe. Wenn jetzt das zweite Gerät aufnimmt, erzeugt es ein Feedback zum ersten, das dieses Feedback wiederum abspielt. So bauen wir einen völlig neuen Klang auf.«

Kai sitzt im Studio und hört zum dritten Mal die Aufnahmen vom heutigen Tag. Er ist mit den Musikern rausgefahren zu einem Schloss, das ein anderer Amerikaner gemietet hat. Sie proben dort für ein Stück, das bei einem Theaterfestival aufgeführt werden soll. Die Schauspieler fliegen auf einem gigantischen, beweglichen, aus Stahl geschweißten Ding, das entfernt an ein Flugzeug erinnert, über die Bühne und müssen dabei verflixt aufpassen, dass sie nicht die Musiker umreißen, die direkt darunter spielen. Chet Baker spielt live gegen seine eigenen, vom Tonband in unendliche Schleifen gedrehten Töne an.

Kais Finger gleiten wie von selbst über die Geräte. Er legt ein Tonband ein, führt es gekonnt unter einer Schiene zu einer weiteren Spule. Drückt einen Knopf. Lehnt sich zurück.

Hört.

Stop.

Nochmal.

Seine Mutter hat im Hotel eine Nachricht hinterlassen.

Bitte dringend um Rückruf.

Wir kommen diesen Sommer früher nach Hause.

Doch Kai will noch nicht nach Hamburg.

Ich bleibe hier.

Wenigstens bis zur Premiere. Vielleicht länger.

Nochmal.

Start.

Kai Hellberg hört zu.

Rita steht auf dem Balkon und raucht in den Sonnenuntergang. Für einen kurzen Augenblick hat sie das Gefühl, die Klänge einer Trompete wehten zu ihr hinauf, als würde jemand bei offenem Fenster üben.

Vielleicht ist es nur Einbildung.

Sie denkt an den Moment, als sie dachte, Hanis Herz würde plötzlich schneller schlagen.

»Das hat keine Bedeutung«, sagt die Schwester mit traurigem Gesicht. »Wir erleben das öfter bei Angehörigen.«

Das Telefon klingelt. Johnny ruft an.

»Das Urteil ist gefällt.«

Rita macht sich bereit. »Schuldig oder nicht schuldig?«

»Schuldig. Aber das ist nicht so relevant. Das Strafmaß ist lächerlich. Zwei Monate für jeden der beiden Angeklagten, durch die Sicherungshaft bereits getilgt.«

Johnny klingt gut gelaunt. Das mag mit Ganeshs gestrigem Besuch zusammenhängen oder auch mit dem Prozess. Rita ist des abendlichen Frage- und Antwortspiels am Telefon müde. Sie würde lieber wieder einmal richtig ausschlafen.

»Interessant ist die Begründung des Urteils.«

»Ja, ich höre.« Sie nimmt ihren Stift zur Hand.

Strafgericht Basel-Stadt

U r t e i l

vom 12. Juni 1963

Tatsächliches und Rechtliches

I. Versuchte Nötigung, evt. Beihilfe dazu

(Täter: Josef Ben-Gal, Otto Joklik)

1. Allgemeines

a) Der Anklagepunkt der versuchten Nötigung weist einen politischen Aspekt auf. Wenn das Gericht auch kein politisches Urteil zu fällen hat, so kann es angesichts des vorliegenden Sachverhalts doch den politischen Hintergrund nicht ganz beiseitelassen.

Es ist gerichtsnotorisch und auch sonst allgemein bekannt, dass zwischen Aegypten und Israel seit langem ein ernsthafter Konflikt besteht.

Es muss festgestellt werden – denn diese Feststellung ist für die Beurteilung des vorliegenden Falls von Bedeutung –, dass von hohen und höchsten aegyptischen Stellen Drohungen gegen Israel ausgestoßen wurden, die darin gipfelten, dass der Staat Israel in seiner heutigen Form vernichtet werden soll. Offensichtlich ist, dass Aegypten diesen Drohungen dadurch Nachdruck verleiht, dass es rüstet und den Einsatz von Raketen gegen Israel in Aussicht stellt. Bei der Herstellung moderner Waffen in Aegypten spielen die dort tätigen deutschen Wissenschaftler nach allgemeiner Ansicht eine nicht unbedeutende Rolle.

»Und dann« sagt Johnny, »zitiert der Richter im Urteil den Brief von Pilz an den Fabrikdirektor Azab bezüglich Material für neunhundert Raketen. Er zitiert Franz Josef Strauß, der zugibt, dass deutsche Wissenschaftler an militärischen Aufgaben arbeiten. Er stellt fest, dass Deutschland unter dem Druck der Anschuldigungen Maßnahmen ergreift, um die Wissenschaftler zur Arbeit an friedlichen Aufgaben nach Deutschland zurückzuholen.«

Friedliche Aufgaben, denkt Rita. Was soll denn das sein?

Passagierflugzeuge mit Überschalltechnik?

Mondraketen mit Atomsprengköpfen?

Johnny redet weiter, und sie hat nicht aufgepasst.

»– insbesondere nicht eindeutig erwiesen ist, so der Richter, ob die dem vom Verteidiger Ben-Gals vorgelegten Privatgutachten zugrundeliegenden, sich vor allem aus Rechnungen und Lieferscheinen ergebenden Mengen von radioaktiven Stoffen Ägypten wirklich geliefert worden sind, so kann doch zum Mindesten als erwiesen gelten, dass Ben-Gal überzeugt ist, sein Vaterland stehe einer tödlichen Gefahr gegenüber.«

»Entschuldige, ich habe den Anfang nicht mitbekommen?«

»Wenn auch dem Gericht Beweise für die Schlagkraft der ägyptischen Waffen fehlen und insbesondere –«

»Das habe ich.«

»Danke, Rita. Kannst du mir das noch schnell abtippen und mit den Notizen der letzten Tage hinlegen? Ich komme morgen Abend zurück.«

Sie verabschieden sich. Rita setzt sich an die Schreibmaschine.

Am nächsten Morgen packt sie Johnnys Kofferradio ein und legt ihm die Notizen mit einem Zettel hin.

Radio ausgeliehen. Bringe es heute Abend wieder.

Überall in der Stadt hängen Plakate. Schlagzeilen auf den Titelseiten der Zeitungen.

Umm Kulthum singt Amal Hayati.

In Anwesenheit des Staatspräsidenten.

Cinema Qasr el Nil.

Live im Radio und im Staatsfernsehen.

Rita fährt mit dem tragbaren Radiogerät nach Heliopolis. Der wachhabende Soldat grüßt sie freundlich. »Was haben Sie da in der Tasche?«

Rita zeigt ihm das Radio. »Ich möchte meinem Verlobten das Konzert vorspielen.«

»Eine gute Idee.« Er lächelt und lässt sie passieren.

Rita geht durch den Flur.

Sie öffnet die Tür zu Hanis Zimmer.

Das Zimmer ist leer.

Das Bett ist abgezogen.

Der Ständer mit dem Tropf verschwunden.

Der Boden frisch gewienert.

Sie muss aufgeschrien haben, denn eine Schwester steht plötzlich neben ihr. »Es tut mir leid«, sagt sie. »Der Patient ist letzte Nacht verstorben.«

Foto, schwarz-weiß:
Selbstporträt von Rita Hellberg, fotografiert im
Badezimmerspiegel von Johnnys Hotelzimmer; hinter ihr
erkennt man, dass Papiere und Kleidung über den Boden
verstreut sind.
Bildunterschrift: Das Ende der Hoffnung, Juni 1963

Du bist die Hoffnung meines Lebens.
Das Publikum schreit auf. Ekstatisch.
Rita lässt die Tür hinter sich zufallen.
Nicht hören. Sie will nicht hören, was seit ein paar Minuten
aus allen Radio- und Fernsehgeräten der Stadt ertönt.
Amal Hayati.
Meine Hoffnung.
Mein Leben.
Selbst durch die geschlossene Tür kann sie es hören. Der Mann
an der Rezeption hat das Radio voll aufgedreht. Sie hält sich die
Ohren zu.
Umm Kulthum singt in ihrem Kopf.
Wiederholt dieselben Zeilen. Immer und immer wieder.
Mein Geliebter!
Sprich zu mir und sag mir
welcher Traum sollte unerfüllt bleiben,
wenn ich in deinen Armen liege?
Lenk dich ab. Steh nicht herum. Es wird aufhören. Sie öffnet
den Reißverschluss der Tasche. Holt Johnnys Radiogerät heraus,
um es wieder an seinen Platz zu stellen.
Umm Kulthum singt.
Das Radio schwebt wie in Zeitlupe zu Boden. Vielleicht hat sie
es absichtlich fallen lassen. Die Chromverkleidung des Gerätes
mit dem Namen Grundig Universal-Boy geht scheppernd ab.

Statt der Lautsprechermembran befindet sich dahinter ein Gerät von der Größe einer Zigarettenschachtel in einem braunen Lederetui. Das Leder hat Löcher wie für einen Lautsprecher und weiter oben eine Aussparung für eine Art Sendersuchlauf unter Glas. An der Seite steckt ein weißes Kabel mit Ohrstöpseln.

Rita geht in die Knie. Schüttelt das Radio.

Ein weiteres Lederetui, kleiner und fast quadratisch, kommt zum Vorschein. Darin ein Gerät, das wie ein winziges Mikrofon aussieht.

Rita steht auf und sieht sich um.

Sie beginnt systematisch, Johnnys Zimmer auseinanderzunehmen. Wirft seine Kleider aus dem Schrank. Bücherstapel fallen. Papiere segeln durch das nächtliche Zimmer.

Sie macht die Schreibtischlampe an. Ihre Notizen, Blatt für Blatt. Zerreißen.

Plötzlich hält sie inne. Ein Papierfetzen. Text, von ihr selbst getippt: – ob die dem vom Verteidiger Ben-Gals vorgelegten Privatgutachten zugrundeliegenden, sich vor allem aus Rechnungen und Lieferscheinen ergebenden Mengen von radioaktiven Stoffen Ägypten wirklich geliefert worden sind –

Er hat es ihr gestern diktiert.

Rita sitzt bewegungslos auf dem Bett. Umm Kulthum singt.

Lass mich träumen. Lass mich!

Sie steht auf, langsam jetzt und zielgerichtet, geht hinter Johnnys Schreibtisch und öffnet das Fach mit der Hängeregistratur. Register, die sie selbst beschriftet hat: New York Times. Frankfurter Allgemeine. Al Ahram. Jerusalem Post.

Sie zieht die Mappe heraus. Artikel, nach Datum geordnet, ordentlich abgeheftet. 25. November, eine Randnotiz: Wir gedenken des Untergangs der MS Patria vor Tel Aviv.

Rita geht ins Bad. Sie öffnet den Schrank.

Fläschchen bersten.

Eine Schere. Sie nimmt eine Strähne ihres langen Haars und schneidet.

Schwarze Haare fallen ins Waschbecken, mischen sich mit braunen Glassplittern und einer rötlichen Tinktur.

Noch eine Strähne. Und noch eine.

Ich hoffe, die Zeit wird mich nie wieder aufwecken!, singt Umm Kulthum.

Rita geht aus dem Bad und kommt mit ihrer Tasche zurück. Die Kamera. Sie fotografiert eine Fremde. Eine Medusa mit zerlaufenem Mascara. Mit abgeschnittenem Haar.

Sie kramt ihren Lippenstift heraus und schreibt.

حياتى امل

~~Hoffnung meines Lebens.~~

Plötzlich erscheint neben der geisterhaften Rita im Spiegel eine weitere Gestalt. Das Gesicht ist hinter ihrer Schmiererei nicht zu erkennen.

Hani!

Und im selben Moment.

Kann nicht sein.

Hani ist tot.

Klar zu erkennen ist hingegen, dass die Gestalt eine Pistole in der Hand hält, die auf Rita gerichtet ist.

»Die Hände so, dass ich sie sehen kann, und langsam umdrehen«, sagt eine Männerstimme auf Englisch.

Sie dreht sich langsam um.

»Rita, was ist mit dir passiert?« Johnny ist zurück, wie angekündigt. Sie hat es vergessen. Es ist unwichtig.

Er deutet auf das Durcheinander im Zimmer, ohne die Pistole runterzunehmen oder sie aus den Augen zu lassen. »Warst du das?«

Rita nickt. »Dein Radio ist kaputt.«

Es liegt direkt hinter ihm.

Er geht ein paar Schritte rückwärts, sieht die verstreuten Teile, beginnt zu verstehen. Die Pistole bleibt, wo sie ist.

»Für wen arbeitest du«?, fragt Rita. Ihre eigene Stimme kommt ihr rau und fremd vor. »Die Patria, mit der du angeblich nach New

York gefahren bist, ist nie auf der Amerika-Linie gefahren. Sie ist 1940 vor Tel Aviv gesunken. Die Überlebenden konnten sich nach Israel retten.«

»Rita!« Sein Blick wird weicher. Er setzt zu einer Erklärung an, doch sie unterbricht ihn.

»Du spionierst für die Israelis, stimmt das? Du hast mich für deine schmutzigen Geschäfte benutzt, du hast die Lieferscheine und Rechnungen mit nach Basel genommen, damit dieser Anwalt sie dort vorbringen konnte. Stimmt das?«

»Ja, aber können wir das in Ruhe besprechen?« Johnny hat die Pistole runtergenommen, bleibt aber wachsam. Rita fragt sich, ob er das erste Mal in so einer Situation ist.

»In Ruhe?« Wie Blasen steigt die Erkenntnis an die Oberfläche ihres Bewusstseins, die für einen Moment in der Tiefe verschwunden war. »Hani ist tot.«

Johnny sieht sie an, lässt seinen Blick durch das verwüstete Zimmer schweifen und scheint jetzt endlich zu begreifen, was es damit auf sich hat. Zögernd macht er einen Schritt auf sie zu, doch Rita hebt die Hand.

So stehen sie voreinander, und die Stille zwischen ihnen dehnt sich aus ins Unendliche.

Stille.

Etwas fehlt.

Die Stimme von Umm Kulthum.

Ist verstummt.

Johnny hat es auch bemerkt. Er legt den Zeigefinger auf die Lippen und deutet zur Tür.

Rita bewegt sich nicht von der Stelle, beobachtet, wie er geräuschlos auf die Tür zugeht, seine Hand auf die Klinke legt.

Dann geht alles sehr schnell.

Mit einem Ruck fliegt die Tür auf. Der Mann von der Rezeption, der direkt dahintergestanden haben muss, fällt ins Zimmer und über Johnnys ausgestrecktes Bein. Johnny richtet die Pistole auf ihn.

»Steh auf!«

Der Ägypter kommt langsam auf die Knie und hebt die Hände.

Im selben Moment, keiner der beiden achtet auf sie, greift Rita nach ihrer Tasche und rennt aus dem Zimmer.

Den Flur entlang.

Zum Fahrstuhl.

Die Türen gehen zu.

Soll Johnny doch sehen, wie er aus dem Schlamassel allein wieder rauskommt.

Das Wir ist Geschichte.

Zwei Tage später besteigt Familie Hellberg in Alexandria die Esperia, die sie in die Sommerferien nach Europa bringen wird.

Sie stehen nebeneinander an der Reling.

Sie sehen die Menschen, die sich wie jeden Nachmittag auf der Terrasse des Greek Club versammeln, um sich selbst, das Leben und die Schönheit ihrer Stadt zu feiern.

Doch dem aufmerksamen Beobachter entgeht nicht, dass der Putz von den Fassaden Alexandrias bröckelt. Dass der unverwechselbare babylonische Vielklang beinahe verstummt ist. Dass am Hafen die leeren Wagen zurückbleiben, auf denen einmal mehr eine jüdische Großfamilie ihr ganzes Hab und Gut zum Schiff transportiert hat. Einer ungewissen Zukunft entgegen, nach Israel oder nach Amerika.

Rita legt einen Arm um Pünktchen. Die Eltern rücken etwas näher heran, Friedrich an seine Große, Ingrid an ihr Nesthäkchen. Es wird kühler auf dem offenen Meer.

In Genua werden sich ihre Wege trennen.

Friedrich Hellberg wird seine Frau nach Oberstaufen bringen und fährt weiter nach Sankt Peter-Ording. Dort hat er telefonisch ein weiteres Zimmer für eine junge Frau bestellt, die einige Tage nach ihm eintreffen wird und mit der er vorhat, lange Wattspaziergänge zu machen.

Pünktchen und Rita werden der guten Bergluft wegen nach Berchtesgaden fahren, wo eine Freundin ihrer Großmutter eine

Pension betreibt. Die Großeltern erwarten sie bereits. Pünktchen wäre lieber nach Rom gefahren, um die Statue der heiligen Petronella im Original anzuschauen. Rita vielleicht zu Kai nach Paris. Oder auch nicht. Es ist ihr egal.

Am selben Abend, an dem die Esperia aus Alexandria ausläuft, tritt nach sechzehn Jahren als Regierungschef der israelische Premierminister David Ben-Gurion zurück. Über die Gründe seines Rücktritts wird im Speisesaal der Esperia und auf der ganzen Welt spekuliert. Seine deutschlandfreundliche Politik habe am Ende keine Mehrheit mehr gehabt, sagen die einen. Er sei der ständigen Querelen mit der Opposition einfach müde gewesen, sagen die anderen. Die kritischen Stimmen zu der von ihm angeordneten Einstellung israelischer Geheimdienstoperationen gegen die deutschen Raketenwissenschaftler wollten nicht verstummen.

Familie Hellberg überquert das Mittelmeer bei ausnehmend schönem Sommerwetter. Rita hat sich einen Liegestuhl am Bug weitab vom Rummel gesucht, den sie nur zu den Mahlzeiten und zum Schlafen verlässt.

Sie liest.

Al Ahram. 14. Juni 1963. Seite 1.

Befremdliche Haltung der Schweizer Justiz gegenüber israelischen Geheimagenten und ihren Verbrechen gegen deutsche Wissenschaftler und ihre Familien.

Gerichtspräsident bezeichnet Täter als patriotisch und ehrenwert. Die Aussagen der Opfer hingegen wurden angezweifelt.

Dreimonatige Strafe für Verbrechen, auf die zwanzig Jahre Gefängnis stehen.

Solch schwache Urteile erregen Verdacht.

Sie schläft.

Sie träumt.

Lass mich träumen. Lass mich!

Ich hoffe, die Zeit wird mich nie wieder aufwecken.

Eine letzte, flehende Geste ins Publikum. Umm Kulthum, die

große ägyptische Diva, nimmt den nicht enden wollenden Applaus entgegen. Sie ist auf der Höhe ihrer Karriere, ein Weltstar der arabischsprachigen Kultur.

Am 25. Juni 1963 erhebt der Bundesminister für wissenschaftliche Forschung, Hans Lenz, schwere Bedenken gegen den von dem parteiübergreifenden Bundestagsausschuss um Franz Böhm vorgelegten Gesetzesentwurf zu Artikel sechsundzwanzig, Absatz zwei des Grundgesetzes. Lenz begründet seinen Einwand mit den zu erwartenden negativen Konsequenzen für die Förderung der Kernforschung, der Kerntechnik und der Weltraumforschung zu friedlichen Zwecken, da kaum mehr Wissenschaftler und Ingenieure zu gewinnen sein würden, um eine moralisch verurteilte Tätigkeit auszuüben.

Einen Tag später wird ein Antrag aller im Bundestag vertretenen Parteien, nun die Regierung mit der Vorlage eines Gesetzesentwurfes zu beauftragen, einstimmig angenommen. Mit dieser wohlwollenden politischen Geste gegenüber Israel verabschiedet sich das bundesdeutsche Parlament in die Sommerpause.

# Dunkelrotes Fotoalbum

(August 1963 bis Februar 1970)

Foto, Farbe:
Blick von oben auf den Fähranleger Neumühlen mit
Rückenansicht einer schmalen Frau, kurze schwarze Haare,
hellgrüner Trenchcoat, sie steht nah am Wasser und hält
den Kopf gesenkt; im Hintergrund sind Hafenkräne zu
sehen.
Bildunterschrift: Das Leben geht (nicht) weiter, August 1963

Sie sind um elf beim Bootsanleger verabredet. Kai, den die Unruhe viel zu früh aus dem Haus getrieben hat, raucht noch eine Zigarette auf der Parkbank mit Hafenblick. Er beobachtet einen südamerikanischen Frachter, der in Richtung Überseekai geschleppt wird. Die Sonne bricht durch die Wolken und zaubert einen hellen Glanz auf die Wellen. Er holt seine Kamera aus der Tasche, doch der magische Augenblick ist schon wieder vorbei. Kai versucht, eine hoch am Himmel kreisende Möwe im Sucher zu behalten, wie er es als Junge mit den Segelflugzeugen geübt hat, in denen sein Vater saß. Bis er plötzlich den Anleger im Bild hat und beinahe unbewusst ein Foto macht.

Ist das Rita?

Kai lässt die Kamera sinken. Eine unerklärliche Angst packt ihn im Nacken. Seine Beine wie an der Bank festgeklebt. Egal wie schnell er rennt, er wird nicht rechtzeitig unten sein.

Das leere Bild.

Holzplanken. Weiß gestrichenes Geländer. Leichter Geruch nach Ölfarbe und Karbolineum. Elbwasser, grünlich.

In Ritas Kopf tobt die Stimme von Nina Simone.

The sun is falling and it lies in blood.

Old black swan.

Where – oh, where is my lover now.

Rita und Pünktchen stellen ihre Koffer ab. Die Nachbarin, die einmal pro Woche nach dem Rechten sieht, hat die Post auf die Treppe gelegt. Die Schallplatte steckt in einer festen braunen Hülle, abgestempelt in Paris.

In den Bergen sind sie den ganzen Tag draußen gewesen. Sind drauflosgewandert. Haben für Pünktchen ein Herbarium mit Heilpflanzen angelegt. Albert Schweitzer gelesen.

»Es ist uns, als ob wir träumten«, liest Rita, während Pünktchen mit glänzenden Augen auf dem Kissen liegt. Von draußen scheint der Mond herein. In der Ferne leuchten die Gletscher auf den Bergspitzen. »Vorsintflutliche Landschaften, die wir als Phantasiezeichnungen irgendwo gesehen, werden lebendig. Kannst du noch?« Pünktchen nickt.

Es ist spät. Die Großeltern im Nebenzimmer schlafen längst.

»Da, ein Irrtum ist unmöglich!«, liest Rita. »Vom Palmbaum hängt's herunter und bewegt sich: zwei Affenschwänze! Nun werden auch die dazugehörigen Besitzer sichtbar. Jetzt ist's wirklich Afrika.«

»Cleo«, murmelt Pünktchen und dreht sich auf die Seite.

Rita gibt ihr einen Kuss, bleibt noch einen Moment so sitzen, das Buch auf den Knien.

Zurück in Stade, in dem Haus, das kein Zuhause mehr sein kann, weil das nun die Villa in Maadi ist, geistern sie durch die leeren Zimmer wie Fremde.

Rita macht Abendbrot. Pünktchen bezieht ihre Betten.

Schweigend essen sie Käsebrote mit Scheibchen von Gewürzgurken belegt.

Rita sitzt an Pünktchens Bett und schlägt das Buch auf. Albert Schweitzer hat mittlerweile erste Illusionen abgelegt und hadert mit dem anstrengenden Alltag als Urwalddoktor. »Alle werden wir vom Ingrimm gegen die faulen Schwarzen ergriffen«, liest Rita. »In Wirklichkeit liegt aber nur vor, dass wir sie nicht in der Hand haben, weil sie nicht auf Verdienst bei uns angewiesen sind.«

»Warum könnt ihr sie denn nicht einfach in Ruhe lassen?«, fragt Pünktchen und stützt sich auf ihren Ellbogen.

»Der Reichtum des Landes«, liest Rita weiter, »kann nicht ausgebeutet werden, weil der Neger nur ein geringes Interesse daran hat. Wie ihn zur Arbeit erziehen? Wie ihn zur Arbeit zwingen?«

»Gar nicht!« Pünktchen regt sich in letzter Zeit schnell auf, wenn ihr etwas gegen den Strich geht. Sie wird langsam erwachsen, denkt Rita. Wir können sie nicht länger mit billigen Ausreden abspeisen.

»›Schaffen wir möglichst viele Bedürfnisse, so wird er möglichst viel arbeiten‹, sagen der Staat und der Handel miteinander.« Rita schlägt das Buch zu. »So funktioniert unsere moderne Welt, Schwesterchen. Und jetzt wird geschlafen. Gute Nacht.«

Missmutig dreht sich Pünktchen herum und zieht die Decke bis unters Kinn. »Dann funktioniert sie eben falsch.«

Gerade wolltest du noch Nonne werden, denkt Rita und streicht sanft über die Decke, und nun schon Revolutionärin. In Pünktchens Alter fegen Erkenntnisse über die Welt wie Sturmwolken am Himmel durch den Kopf.

Rita sitzt im Wohnzimmer. Kaum eine Stunde hat sie geschlafen, dann haben verworrene Bilder sie aus dem Bett gescheucht. Die Prophezeiungen von Mariettas Vater folgen ihr bis in die dunkelsten Winkel der Nacht.

Unbegrenztes Wachstum in einer begrenzten Welt.

Vernichtung.

Massenvernichtung.

ABC. Massenvernichtungswaffen.

Rita holt die Schallplatte aus der Verpackung, typisch Kai, kein Brief dabei. Sie setzt die Nadel auf die Rille.

I had given him a kiss of fire.

Der Schmerz bricht hervor wie heiße Lava.

Endlich.

Ich lebe.

Nochmal.

Black Swan. Sie spielt den Song so oft, bis das Vinyl mit ihrem Kopf verschmolzen ist. In den die Nadel die Stimme von Nina Simone hineinfräst. Rille für Rille.

Oh, oh black wave.

Take me down with you.

Take me down with you.

Schwarzes Wasser. Der Schimmer eines schwarzen Flügels.

Take me down.

With you.

»Rita!«

Sie wird an den Schultern zurückgerissen. Ihr erster Impuls ist Abwehr. Schrei!

Er dreht sie zu sich herum. »Ich bin's! Kai.«

»Was soll denn das?«

»Ich dachte, du –« Er schüttelt den Kopf.

»So ein Quatsch!« Rita lacht. Zu schrill. Zu laut.

Der Elbdampfer kommt. Eine Familie mit zwei Kindern, es gibt viele Touristen in diesem Sommer, steigt aus. Kai geht als Erster über die Planken und löst zwei Fahrkarten bis Teufelsbrück. Schweigend klettern sie hintereinander die Treppe zum Oberdeck hoch. Gehen ohne ein Wort der Absprache an den Bug und stellen sich an die Reling.

Vergangene Ausflüge zum Flugzeugwerk Finkenwerder.

Immer nur Flugzeuge.

Rita starrt hinunter auf die Bugwelle. Tiefe Ringe unter den Augen.

Take me down with you.

Kai wirft ihr einen Blick von der Seite zu. »Dieser Hani. Es war was Ernstes, oder?«

Rita nickt, fast unmerklich.

»Ich hätte ihn gern kennengelernt.«

Sie wirft ihm einen kurzen Blick zu, als sei sie nicht sicher, ob er es ernst meint.

Seit vorgestern ist Kai zurück aus Paris. Voll bis zum Rand

mit Zukunftsplänen. Doch Johnny, der sonst immer ein offenes Ohr für Kai hat, will nichts davon hören. Er steht unter Hochspannung. Also ruft Kai bei Rita in Stade an.

Sie starrt auf die Bugwelle.

»Hast du gewusst, dass dein Freund Johnny ein Spion ist?« Zum ersten Mal sieht sie ihn richtig an. Ihre Augen sehen riesig aus in dem schmalen Gesicht.

»Was ist los, Rita?«

»Hast du es gewusst oder nicht?« Unvermittelt gibt sie ihm mit der Hand einen Stoß vor die Brust. Er muss sich an der Reling festhalten, um das Gleichgewicht wiederzufinden. Worte und Gedanken wirbeln durch seinen Kopf. Einer ist lauter als die anderen.

Hat er es gewusst?

Die ersten Zweifel kamen ihm Wochen nach seiner Ankunft in Paris. Eines Nachts hat er Isabell angerufen. Ferngespräch. »Hast du es irgendjemandem gesagt? Das mit meinem Vater? Damals in Israel, bevor sie mich nach Hause geschickt haben?«

Er muss es wissen. Ja oder nein.

»Hab' ich nicht, Kai.«

Er legt auf, bevor sie fragen kann, wie es ihm geht.

In seinem Kopf steckt ein Bild fest wie in einem Diaprojektor, dessen Magazin klemmt: das Eiscafé in Tel Aviv. Drei junge Menschen, halb verdeckt hinter der Litfaßsäule. Einer erinnert ihn an Johnny.

Wie hat der Mossad so schnell herausgefunden, dass Kai der Sohn eines Experten ist? Es gibt doch Hunderte von ihnen, und zig Reisegruppen aus Deutschland, die Israel besuchen.

»Ich war mir nicht sicher –«

Kai hebt die Hände.

»Das bist du ja nie.« Beißender Sarkasmus in Ritas Stimme. Sie wendet sich ab und geht nach unten.

Anleger Finkenwerder. Umsteigen.

»Warte doch!«, ruft Kai.

Aber Rita ist schon auf der Fähre nach Teufelsbrück. Kai bleibt nichts anderes übrig, als ihr zu folgen.

Menschen in Sonntagslaune. Sonnenschein.

Schweigend warten sie, bis das Schiff auf der anderen Elbseite festmacht. Sie steigen als Letzte aus. Die anderen Passagiere verschwinden im Grünen. Rita geht vom Anleger rüber zu der halbrunden Steinmauer mit den Bänken. Kai sieht sich um. Kein Mensch zu sehen. Rita klettert auf die Balustrade. »Weißt du noch? Das haben wir früher immer gemacht.« Langsam balanciert sie los.

Verliert fast das Gleichgewicht.

Kai schließt die Augen. So hoch ist das ja nicht.

»Warum hast du mir die Platte geschickt?«

»Welche Platte?«

»Diese Frau. Nina Simone. Woher wusstest du, dass Hani tot ist?«

Kai schüttelt den Kopf. »Das habe ich erst gestern von Mutti gehört.«

»Die Platte ist von mir.«

Rita zuckt zusammen. Kai springt nach vorn und zieht sie am Arm zu sich runter.

»Spinnst du?«, fährt er Johnny an, der plötzlich weiß Gott woher aufgetaucht ist. Der hebt beschwichtigend die Hände und macht einen Schritt auf ihn zu, aber Kai weicht zurück. Er legt den Arm um Rita. So stehen sie schweigend da und sehen sich an.

An derselben Stelle begegnet vier Monate später, im November, der Journalist Peter Miller einem alten Mann namens Marx. Dessen Vorname ist unbekannt. Nach anfänglichem Misstrauen lässt sich Marx überreden, Peter Miller den Grund für den Selbstmord seines besten Freundes anzuvertrauen. Der hat vor kurzem einen Mann aus der Hamburger Oper kommen sehen, in dem er einen gesuchten NS-Verbrecher erkannt hat.

»Warum ist er nicht zur Polizei gegangen?«, fragt Peter Miller.

Der alte Marx winkt ab. »Das hat er getan. Er hat's sofort gemeldet. Aber auf der Polizei haben sie gesagt, das wäre kein Beweis. Deshalb hat er sich das Leben genommen. Er hatte erkannt, dass er auf die ODESSA gestoßen war.«

»Die ODESSA?«, fragt Peter Miller erstaunt.

Cut! Der Regisseur reibt sich die Hände. Jemand bringt den beiden Schauspielern eine Tasse heißen Tee. Sie drehen hier in Hamburg einen Film. Der Film mit dem Titel Die Akte ODESSA basiert auf dem gleichnamigen Roman des britischen Schriftstellers Frederick Forsyth. Die Handlung des Films beginnt jedoch nicht in Hamburg, sondern in der Wüste.

Untertitel: Israel 1963.

Ein Mann in Uniform winkt einen Zivilisten in ein Zelt. »Was ich dir jetzt sage, ist streng geheim, David, es muss unter uns bleiben.«

David nickt ernst.

»Die Ägypter haben modernste Raketenwaffen bei Helwan. Die Ziele sind Akkum, Haifa, Tel Aviv und Jaffa. Das wäre der erste Schlag. Der zweite Schlag würde dann das restliche Land treffen. Die Raketen werden mit Spezialsprengköpfen ausgestattet. Das heißt also, die Ägypter haben die Möglichkeit, unser Land vollkommen zu zerstören. Es wäre das Ende Israels. Darüber müssen wir uns im Klaren sein.«

Kurz darauf erscheint eine Texttafel, während im Hintergrund Panzer durch die Wüste fahren.

Der Film basiert auf einer sorgfältig dokumentierten Nachforschung. Es gab tatsächlich eine geheime Organisation namens ODESSA, die ehemalige Mitglieder aus Hitlers mörderischer SS verband.

Nasser wollte einen Angriff mit 400 Raketen starten, um Israel dem Erdboden gleichzumachen. Seine wichtigsten Wissenschaftler kamen aus Hitlers Raketenprogramm.

Aus ersichtlichen Gründen wurden einige Personennamen und Orte abgeändert. – Frederick Forsyth –

Der erste Gedanke, der Kai in den Kopf kommt: Wir spielen in einem Film. Das hier passiert nicht wirklich.

Rita bricht das Schweigen. »Du bist also heil rausgekommen?«, fragt sie Johnny.

»Wenn nicht, wäre ich jetzt tot«, antwortet er lakonisch.

»Hast du ihn auch umgebracht?«

»Kann mir mal jemand erklären, was hier los ist?«, fragt Kai. Keiner beachtet ihn.

»Natürlich nicht«, sagt Johnny. »Ich habe nur dafür gesorgt, dass ich ein paar Stunden Vorsprung habe.«

»Was heißt hier: auch umgebracht?« Kai lässt sich nicht einfach aus dem Film rausschreiben.

»Er hat Hani umgebracht«, sagt Rita, ohne den Blick von Johnny abzuwenden. »Du bist schuld, dass er tot ist. Und die anderen aus dem Werk. Und wer weiß, wer noch.«

»Ich bin Journalist«, sagt Johnny, erstaunlich ruhig, jedenfalls nach außen hin. »Ich habe niemanden umgebracht.«

Wir sind in einem Film, denkt Kai. Das hier ist nicht echt.

»Was willst du jetzt machen?«, fragt Johnny.

»Ich rufe beim BKA an«, sagt Rita. »Jetzt, wo ich weiß, dass du in Deutschland bist, werde ich dich anzeigen. Wir wissen ja, dass ein Ermittlungsverfahren wegen Mordes bei der Sicherungsgruppe läuft.«

»Warum hast du das nicht in Kairo gemacht? Da könntest du ziemlich sicher sein, dass ich das Gefängnis nicht überlebe.«

Sie schüttelt den Kopf. »Ich bin nicht wie du.«

»Ey, sagt mal, spinnt ihr?« Kai hat endlich seine Sprache wiedergefunden. »Rita, die Sicherungsgruppe des BKA ist ein Haufen alter Nazis. Das sind überzeugte Antikommunisten, die machen Hackfleisch aus ihm.«

Dann wendet er sich an Johnny. »Und du? Was willst du denn eigentlich von uns? Du hast mich überredet, Rita hierherzubringen.«

»Ich wollte mit euch reden.« Johnny zuckt die Schultern. »Euch sagen, dass ihr mir mehr bedeutet als nur ein Auftrag.«

»Und was ist mit Hani?«, fragt Rita. »Wolltest du uns das auch erklären?«

»Wenn ich euch erzähle, was genau und warum ich das mache, dann habt ihr mich in der Hand. Dann kannst du immer noch zur Polizei gehen, Rita.«

Kai nickt. »Okay, ich würde es gerne hören.«

Rita sagt nichts.

»Können wir uns vielleicht hinsetzen?«, fragt Johnny.

Alle setzen sich vorsichtig in Bewegung. Kai und Rita landen nebeneinander auf der Bank, Johnny ihnen gegenüber auf der Brüstung.

»Im August 1938 hat mein Vater endlich zugestimmt, mit der jüdischen Familie meiner Mutter nach Palästina auszuwandern.«

»Du bist in Israel aufgewachsen?«, fragt Kai. Er hat für einen Moment vergessen, dass es kein gewöhnliches Gespräch unter Freunden ist, das sie hier führen.

Johnny nickt. »Damals noch Palästina. Wir gingen nach Tel Aviv. Meiner Mutter hat es gefallen. Aber mein Vater hatte Heimweh, praktisch vom ersten Tag an. Sobald meine Großeltern kurz nacheinander gestorben waren, hat er damit angefangen, dass er wieder zurückmöchte. Auch wenn meine Mutter lieber dortgeblieben wäre, eine Scheidung wollte sie nicht.«

»Und du?«, fragt Kai.

»Ich war von einem Tag auf den anderen ein Ausgestoßener. Mit Leuten, die nach Deutschland zurückwollten, wurde in Israel nicht besonders freundlich umgegangen. Ich bin meinen Freunden hinterhergelaufen wie ein kleines Hündchen. Eines Tages saß ich in einem Café auf dem Rezhov Dhizengoff. Die anderen hockten am Nebentisch und würdigten mich keines Blickes. Ich hätte alles getan, um wieder dabei sein zu dürfen. Da trat ein älterer Mann an meinen Tisch und fragte höflich, ob noch ein Platz frei sei.«

Der Mann gibt dem sechzehnjährigen Johnny, was er sich in diesem Moment am meisten wünscht: einen Sinn hinter dem für ihn unverständlichen, egoistischen Wunsch seines Vaters, ihn in ein Land zu verfrachten, das er nicht kennt und das in seinen Vorstellungen die Hölle auf Erden ist.

»Warum ich?«, fragt Johnny ihn.

»Wer sich von sich aus für uns interessiert, den stellen wir nicht ein«, lautet die Antwort, »und wir beschäftigen uns ausgiebig mit den Menschen, für die wir uns interessieren.«

Wir haben dich ausgesucht. Und wir brauchen dich.

Johnny hört nur dieses Wir, das seine Freunde ihm verweigern.

Der Mann gibt ihm einen Brief von seiner Tante aus Berlin. Tante Anna, die Schwester seiner Mutter, hat einen Polizisten geheiratet und ist zum katholischen Glauben übergetreten. So war das damals: Die politischen Kampflinien verliefen quer durch die Familien. Der Mann von Tante Anna ging zur SS und verschwand in den Wirren des Krieges.

Tante Anna schreibt, vor kurzem sei bei ihr ein Mann aufgetaucht, der für ein Institut zum Schutz der Juden vor Verfolgungen arbeite. Er wollte wissen, ob sie wiedergutmachen wolle, was sie durch ihre Ehe verbrochen habe. »Natürlich will ich das«, schreibt Tante Anna. »Er gab mir den Auftrag, mich bei den Freunden deines Onkels nach einer Organisation namens ODESSA umzuhören. Außerdem bot er mir an, einen Brief an dich mitzunehmen.«

Als Johnny den Brief zu Ende gelesen hat, ist der Mann weg. Auf dem Tisch liegt ein Zettel mit einer Telefonnummer.

Zwei Tage später wählt er die Nummer.

»Ihr Ziel war es«, erzählt Johnny, »ein weltweites Netzwerk aufzubauen, das sie langfristig und überall einsetzen können und das einzig und allein dem Überleben des Staates Israel dient. Es sollte aus sehr jungen Menschen bestehen, aus Russen, Engländern, Polen, Franzosen und Deutschen.«

Zurück in Berlin, hört er jahrelang nichts aus Tel Aviv.

»Bis hierhin hätte ich genauso gehandelt«, sagt Kai.

Rita wirft ihm einen Seitenblick zu.

Du Überläufer!, sagt dieser Blick.

Rückgratloser Opportunist.

Johnny seufzt. »Ich konnte es kaum erwarten, dass man mich endlich zu Taten rufen würde«, sagt er. »Ich wollte beweisen, dass sie sich nicht in mir getäuscht hatten.«

Johnny bekommt seinen Ruf im Sommer 1962, wenige Tage nachdem Nasser die Raketen gezündet und verkündet hat, sie reichten bis südlich von Beirut. Sein Ausbilder und direkter Vorgesetzter wird ein Mann mit dem Decknamen Samuel, den er regelmäßig in Paris trifft. Erst viele Jahre später wird er dessen richtigen Namen erfahren.

Jitzchak Schamir ist der siebte israelische Ministerpräsident. In Polen geboren, wandert er 1935 mit neunzehn Jahren nach Palästina aus. Sein Vater verspricht, mit der Mutter und den beiden Schwestern so bald wie möglich nachzukommen. Schamir schließt sich der Stern-Gruppe an, die mit allen Mitteln die Vertreter der britischen Mandatsregierung bekämpft. Nach der Staatsgründung Israels wechselt er zum Geheimdienst.

Im Sommer 1962 leitet er eine sogar innerhalb des Mossad geheim gehaltene Einheit für gezielte Tötungsaktionen mit dem Namen Mifratz. Im September verschwindet der INTRA-Geschäftsführer Heinz Krug. Im November werden von Hamburg aus ein Brief und zwei Pakete mit Sprengstoff an verschiedene Adressaten in der Kairoer Raketenfabrik 333 geschickt. Im Februar 1963 wird auf Hans Kleinwächter in Lörrach ein Pistolenattentat verübt. Der ihm von seinen ägyptischen Auftraggebern zur Seite gestellte Sicherheitsexperte Hermann Adolf Valentin hat jedoch geahnt, dass Kleinwächter zum Ziel eines Angriffs wird, und rüstet ihn mit einer ägyptischen Armeepistole aus, mit der der Ingenieur seine Angreifer in die Flucht treibt.

Jitzchak Schamir gilt als entschiedener Gegner des Friedensprozesses mit den Palästinensern. Im Jahr 1989, während einer

Gedenkstunde für die Opfer des Holocaust im israelischen Parlament, spricht er zum ersten Mal über das Schicksal seiner Familie. Der Vater entkam von einem Transportzug und konnte in sein polnisches Heimatdorf flüchten. Er wurde von den Freunden seiner Kindheit zu Tode gesteinigt. Die Mutter und eine Schwester starben im Konzentrationslager. Die andere Schwester wurde von Nationalsozialisten erschossen.

»Ich bringe niemanden um«, sagt Johnny. »Ich bringe Sachen in Erfahrung und gebe Informationen weiter.«

»Und wegen dieser Informationen werden Leute umgebracht«, sagt Rita.

»Jetzt nicht mehr«, sagt Johnny. »Der Geheimdienstchef ist zurückgetreten. Die Aktion wurde gestoppt.«

»Das macht Hani und seine Kollegen nicht mehr lebendig und Hannelore nicht weniger blind.«

Johnny nickt. »Niemand konnte ahnen, dass sie seine Privatpost öffnen würde. Wolfgang Pilz war der eigentliche Adressat. Du weißt mittlerweile so gut wie ich, was er vorhatte. Oder immer noch vorhat.«

Rita nickt.

»Was Hani angeht«, sagt Johnny nachdenklich, »gibt es für mich offene Fragen: Warum lag das Paket so lange im Zoll? Hat da niemand reingeschaut? Warum wurde es dann schließlich an Hani ausgegeben statt an den Adressaten? Hatte jemand Interesse an seinem Tod? Du hast mir erzählt, er wollte ein eigenes Steuerungssystem entwickeln, sozusagen in Konkurrenz zu Kleinwächter?«

»Du willst nur von euch ablenken«, sagt Rita.

Kai blickt verzweifelt zwischen ihr und Johnny hin und her, als müsse er sich sofort zwischen dem besten Freund und seiner Schwester entscheiden.

»Hast du dir mal überlegt, dass es auch innerhalb des ägyptischen Militärs einen prorussischen Flügel gibt, der kein Interesse an einem Gelingen des Raketenprojektes hat? Und was ist mit dem BND? Wie steht die Bundesrepublik da, wenn Nassers Raketen und Flugzeuge tatsächlich eines Tages am Himmel über Israel auftauchen?«

»Ein Alptraum«, sagt Kai, dem allein die Vorstellung eine Gänsehaut macht. »Aber eines verstehe ich nicht, Johnny. Wie kannst du es als Journalist, der eine unabhängige Presse vertritt, mit deiner moralischen Überzeugung vereinbaren, gleichzeitig einem Staat zu dienen?«

Johnny lacht auf. »Sehr nobel, deine Ansichten, Kai Hellberg. In der Praxis ist es aber so, dass viele Journalisten einer nebenberuflichen Tätigkeit nachgehen. Der Mann vom stern«, Johnny sieht zu Rita, »Wolfgang Löhde, arbeitet für den BND, mein Kollege Frederick Forsyth von Reuters für den MI6. Um nur mal zwei zu nennen.«

Frederick Forsyth. Noch ist der ehemals jüngste Jetpilot der Royal Air Force ein sogenannter Läufer im Pariser Büro der britischen Nachrichtenagentur. Doch schon in wenigen Wochen wird er einen Zug besteigen und das Büro von Reuters in Ost-Berlin übernehmen. In den kommenden Jahren wird er in der Deutschen Demokratischen Republik immer wieder von einer Organisation namens ODESSA reden hören.

Organisation Der Ehemaligen SS-Angehörigen.

1972, auf der Suche nach einer Geschichte für seinen zweiten Roman, erinnert Forsyth sich an die ODESSA. Er beginnt nachzuforschen und gerät an den bekannten Wiener Publizisten Simon Wiesenthal, der ein Archiv aufgebaut hat, in dem er akribisch jeden noch so kleinen Hinweis auf NS-Verbrecher sammelt, die unbehelligt in Freiheit leben. Simon Wiesenthal bestätigt dem britischen Schriftsteller, dass es Netzwerke gibt, die sich bis in die kleinste bundesdeutsche Polizeidienststelle, bis ins höchste Richteramt, bis tief in die Bundeswehr und quer durch alle Bundestagsparteien erstrecken. Frederick Forsyth fährt zurück nach Deutschland und notiert, was er sieht, was er hört. Im selben Jahr erscheint sein Roman: Die Akte ODESSA.

»Wir dienen doch alle irgendwem«, sagt Johnny. »Folge einfach dem Geld. Die konkret-Redaktion dient dem Politbüro in Ostberlin, die Spiegel-Leute Rudolf Augstein, von Springer brauchen wir gar nicht zu reden. Vielleicht wollen sich einige von uns einen letzten Rest an Selbstachtung erhalten. Oder sich wichtigmachen. Das entscheidet am Ende jeder für sich.«

»Und?«, fragt Kai. »Was machen wir jetzt aus all dem?«

Johnny sieht von ihm zu Rita. »Ich gehe wieder nach Ägypten«, sagt er vorsichtig.

Zwei Jahre zuvor, ungefähr zu der Zeit, als Kai seine Schwester Rita im Internat besucht, findet in Pullach bei München ein geheimes Treffen statt.

Deutschland leidet seit Wochen unter starken Niederschlägen, viele Flüsse sind über die Ufer getreten. Lichter tauchen in der Dunkelheit auf, hohe weiße Mauern links und rechts der Straße, dahinter identische Häuser, wie aufs Reißbrett genagelt.

Kontrollposten.

Reichssiedlung Rudolf Heß, im Volksmund der Sonnenwinkel genannt. Bauliche Umsetzung nationalsozialistischer Utopie. Siebenundzwanzig Bungalows, in jeder Doppelhaushälfte eine arische Familie. Politisch zuverlässig. Mindestens zwei Kinder. Konfessionslos. SS-Mitgliedschaft erwünscht. Artgerechte Tierhaltung, biologisch-dynamischer Gemüseanbau.

Leben nach Modell.

Elektrozäune. Stacheldraht. Kontrollposten.

Der Chef des israelischen Mossad denkt an Konzentrationslager.

Im nächtlichen Regen erscheinen die Umrisse einer Villa. Das Herzstück der Anlage, von hohen Bäumen umstanden. Bronzefiguren schimmern auf, eine Wasserfläche. Im Obergeschoss lebt nach der Fertigstellung Martin Bormann, Reichsleiter NSDAP, Adolf Hitlers Privatsekretär. Freund und Vertrauter bis zum Ende. Schöpfer und Herrscher über den Sonnenwinkel.

Martin Bormann, in Abwesenheit zum Tode verurteilt, wird in

Südamerika vermutet. Der israelische Besucher, der mit seinen Agenten den Kriegsverbrecher Adolf Eichmann aus Argentinien entführt und nach Israel gebracht hat, hat eine Liste. Martin Bormanns Name steht ganz oben darauf.

Doch seine Villa ist längst die Zentrale des Bundesnachrichtendienstes, kurz BND, geworden. Hinter einem Schreibtisch sitzt der Chef des westdeutschen Auslandsgeheimdienstes, über Papiere gebeugt. Die kommunistische Bedrohung duldet keinen Feierabend.

Reinhard Gehlen. Militärische Offizierslaufbahn, Generalstabsoffizier der Wehrmacht. Nach Beginn des Russlandfeldzuges wird er Leiter der Aufklärungsabteilung Fremde Heere Ost. Niemand verfügt über mehr Informationen, was sich an der Ostfront abspielt.

Die Massaker. Die Transporte in die Konzentrationslager. Davon will er nichts gewusst haben.

Als der Krieg verloren ist, bringt Reinhard Gehlen fünfzig Kisten mit geheimen Unterlagen über die Rote Armee in Sicherheit und ergibt sich den Amerikanern. Überzeugt, dass man schon bald Verwendung für ihn und seine Kisten finden wird. Kurz darauf ist er zurück, mächtiger denn je, baut seine eigene Organisation auf. Sammelt ehemalige Mitarbeiter um sich. Sammelt Informationen.

Im Osten. Über den Osten.

Organisation Gehlen.

Der Kalte Krieg hat begonnen.

Die Limousine fährt vor.

Zwei Geheimdienstchefs reichen einander die Hände.

Reinhard Gehlen ist der Meinung, die historisch gewachsene Freundschaft der Araber sei für den Wiederaufbau Deutschlands wichtiger als offizielle Beziehungen zu Israel. Jedoch ist gerade einer seiner engsten Mitarbeiter als sowjetischer Spion enttarnt worden. Sein weit verzweigtes Agentennetz hinter dem Eisernen Vorhang ist zusammengebrochen. Er braucht zuverlässige Informationen, und der Mossad verfügt über die besten Agenten im Osten.

Sein Besucher, dessen Name zu diesem Zeitpunkt nur wenigen Menschen auf der Welt bekannt ist, ist der Meinung, wenn es um die Sicherheit des Staates Israel geht, sei ein Pakt mit dem Teufel akzeptabel. Der Teufel, das ist ein deutscher Geheimdienst, durchsetzt mit ehemaligen Nationalsozialisten. Viele Agenten des Mossad, in Deutschland oder Österreich geboren, kann man problemlos für deutsche Staatsbürger halten. Der BND versorgt sie mit falschen Identitäten aus Gegenden, in denen die Melderegister während der Bombenangriffe verloren gegangen sind. Unter diesen Identitäten leben sie unbehelligt in Damaskus, in Beirut oder in Kairo.

»Ich bekomme eine neue Identität«, sagt Johnny. »Wir könnten dort weitermachen, wo wir aufgehört haben.«

Wir. Ritas Gedanken bleiben an diesem Wort kleben.

»Warum sollten wir?« Sie fummelt eine zerdrückte Zigarettenpackung aus der Jackentasche und zündet sich eine an.

Raucht. Schweigt.

Kai und Johnny zünden sich auch eine an.

Alle rauchen. Keiner sagt etwas.

Rita wirft den Rest ihrer Zigarette auf den Boden und tritt sie aus. »Wir machen also weiter. Nichts ändert sich.« Sie steckt die Hände in die Taschen ihres Mantels. Tut so, als denke sie darüber nach. »Ich kann leider nicht mehr für dich arbeiten, Johnny. Mein Herr und Gebieter, bis ich einundzwanzig bin, unser Vater«, ein schneller Blick zu Kai, »hat befohlen, dass ich wieder putzen darf, bis wir nächstes Jahr nach Deutschland zurückkehren.«

»Was?« Kai steht auf und fasst Rita an die Schultern, als wolle er sie wachrütteln. »Das kann er nicht machen. Das geht doch keine Woche gut, zwischen dir und Mutti.«

»Wir können uns heimlich treffen«, mischt sich Johnny ein. »Ich gehe nach Maadi.«

»Was soll das denn?«, fährt ihn Rita an.

»Kann ich mich darauf verlassen, dass das alles hier unter uns bleibt?«, fragt Johnny.

»Das fällt dir aber früh ein«, sagt Rita, doch Kai legt ihr eine Hand auf den Arm.

»Natürlich«, sagt er.

»Der neue Leiter des Mossad verfolgt eine andere Linie. Sie wollen das Raketenprojekt von innen unterwandern. Wie genau, weiß ich nicht. Meine Aufgabe ist es, Material über den Mann zu sammeln, dem man am liebsten schon morgen in Israel den Prozess machen würde.« Johnny macht eine Pause. »Doktor Hans Eisele.«

»Ist das nicht euer Hausarzt?«, fragt Kai irritiert.

Rita nickt. »Er hat im Krieg als Arzt in den Lagern gearbeitet. Aber ich finde ihn weniger gruselig als diesen Lotz, der sich damit brüstet, bei der SS gewesen zu sein.« Sie sieht Johnny an. »Den solltest du dir mal genauer vornehmen, das habe ich dir doch gesagt.«

»Das brauche ich nicht«, sagt Johnny leise. Die Fähre ist schon wieder auf dem Rückweg von Finkenwerder. Gleich wird sie anlegen. Rita und Kai werden einsteigen. »In Israel nennt man ihn den Champagnerspion.«

Rita sieht ihn ungläubig an. Johnny hat die Stirn gerunzelt. Ihr wird klar, dass er gerade etwas verraten hat, das weit über seine eigene Person hinausreicht.

Er wirft alles in die Waagschale, denkt sie.

Für Kai?

Für mich?

Um seine Haut zu retten?

»Überleg dir, wo du stehst, Rita.« Mit diesen Worten wendet er sich ab und marschiert los in Richtung Blankenese, ohne sich umzudrehen.

Eine Stunde später sitzen Kai und Rita im Min Jung in Ottensen. »Anni!«, ruft Kai der Kellnerin zu. »Machst du noch zwei?«

Kai findet es unfassbar, dass seine ganze Familie in Kairo zu einem Arzt geht, der in Deutschland wegen Kriegsverbrechen gesucht wird. »Das könnt ihr doch nicht machen!«, fährt er Rita an. »Du musst ihn davon abbringen.«

Ihn bedeutet natürlich: den Vater.

»Mach's doch selber.« Rita zündet sich noch eine Zigarette an. »Du sitzt hier in Hamburg, hörst Musik und schmiedest Pläne für die Zukunft. Warum fährst du eigentlich nicht mit nach Kairo? Warum hilfst du deinem Freund Johnny nicht, die Welt von den Nazis zu befreien? Warum lässt du mich nicht einfach in Ruhe?«

Rita merkt, dass die Tränen wieder laufen. Schnell wischt sie sich mit dem Ärmel über die Augen. Ob die Wimperntusche verläuft oder nicht. Egal.

Kai sieht sie erschrocken an. »Ich?«

»Ja, du!« Sie stößt ihn nochmal vor die Brust, wie vorhin, doch jetzt sitzt er ja zum Glück.

»Rita!« Er will ihr über die Wange streichen, aber sie wischt seine Hand weg.

»Ich kann das nicht«, sagt er sanft. »Du bist doch die Starke von uns beiden. Die laut ihre Meinung sagt, wenn es ungerecht zugeht. Die sich mit Gott und der Welt anlegt, wenn es sein muss.«

»Die bin ich nicht mehr.« Sie nimmt seine Hand und hält sie an ihre Wange.

Lange sitzen sie so.

Auf einmal fängt Kai an, eine Melodie zu summen.

»Weißt du«, sagt er nach einer Weile, »in den Radiostudios lassen dauernd Leute irgendwelche Sachen liegen. Zettel mit Notizen. Texte von Songs. Demobänder. Irgendwann habe ich angefangen, diese Sachen zu sammeln. Das meiste davon ist totaler Mist. Und dann liest du einen Text, hörst einen Song, der haut dich um. Weil er voll ins Schwarze trifft.«

»Okay«, Rita versucht ein Lächeln, »lass hören.«

»Yes, the gal I got«, brüllt Kai mit ungewohnt hoher Stimme los, »She wants me to be a hero so she can tell all her friends.«

»Hör auf!« Jetzt kommt das echte Lachen. Endlich. Rita prustet los. Kai tut so, als halte er eine Mundharmonika vor den Mund, produziert ein paar schräge Töne und singt weiter.

»Aufhören!«, brüllt jemand quer durch den Raum.

»Ruhe da hinten!«, brüllt Rita zurück. »Mein Bruder kann singen, so viel er will.«

»Der Typ heißt Bob Dylan!«, setzt Kai hinterher. »Merk dir den Namen. Wirst du noch von hören.«

Kai und Rita Hellberg sehen sich an.

Wer von uns geht raus und kämpft?

Schon klar.

Abzug vom Dia, Farbe:
Rita mit ärmelloser grauer Bluse, schwarzer Hose und
Schürze, Kopftuch und Besen in der Hand, und Pünktchen
in ihrer Schuluniform mit einer Schwesternhaube auf dem
Kopf, stehen vor der Eingangstür der Villa in Maadi und
schauen ernst in die Kamera.
Bildunterschrift: Barmherzige Schwestern, August 1963

Rita hockt in der Küche, eine Zigarette im Mundwinkel, und
blickt gelangweilt auf den handgeschriebenen Zettel, der auf
dem Tisch liegt. Vor ein paar Minuten erst sind alle weggegangen.

Zuerst ihr Vater, in besserer Laune hat man ihn kaum los-
fahren sehen, seit er kein leitender Konstrukteur mehr ist. Über
Pünktchens Maskerade hat er sich dermaßen amüsiert, dass er
nochmal zurück ins Haus gegangen ist, um seinen Fotoapparat
zu holen und einen Schnappschuss zu machen.

Dann Mutter und Schwester. Ingrid hält neuerdings, seit sie
Brigitte nicht mehr auf Schritt und Tritt kontrollieren muss,
ein Schwätzchen mit der Oberin im Kloster, wenn Pünktchens
Schulbus abgefahren ist. Oder sie geht auf einen Kaffee rüber zu
Frau Eisele.

Selten ist es harmonischer zugegangen in der Villa.

Doch auf wessen Kosten? fragt sich Rita.

Sie hat eine Abmachung mit ihrem Vater getroffen. Bis die
Familie im März nach Stade zurückkehrt, hilft sie ihrer Mutter
im Haushalt. Nach den Osterferien darf sie in Hamburg zur
Schule gehen und bekommt ihre eigene Bude und ein bisschen
Haushaltsgeld dazu. Danach Studium oder Ausbildung, zu den
gleichen Konditionen wie Kai, mit freier Berufswahl. Für ein
Mädchen von neunzehneinhalb sind das im Jahr 1963 keine

schlechten Aussichten, wenngleich überschattet von einer endlosen, finsteren Gegenwart.

Ihr Motto: Augen zu und durch.

Jeden Tag von Neuem.

Der Zettel, hinterlassen von Brigitte, einst verfasst nach den strikten Anweisungen der Hausfrau.

| ½ 7-7 | Frühstück Vati und Mutti, danach Abwasch |
| 8-¾ 9 | W-Zimmer anfangen |
| ¾ 9-¼ nach 9 | Frühstück Petra |
| ¼ nach 9 | Frühstück |
| ¾ 10-12 | Zimmer beenden |

Das ist die Morgenroutine.

Es folgt die Zubereitung eines leichten Mittagessens, vorzugsweise Omelett oder eine Suppe, und Einnahme dessen gemeinsam mit ihrer Mutter, die danach von eins bis drei Mittagsruhe hält. In dieser Zeit, die meisten Geschäfte sind über Mittag geschlossen, bleibt Rita nichts anderes übrig, als in aller Stille Nötiges zu verrichten wie Bügeln, Sockenstopfen, Fenster putzen oder Abstauben. Eines hassenswerter als das andere.

Nach halb vier kommt sie endlich aus dem Haus. Auf der Rückseite des Zettels hat Brigitte eine Skizze angefertigt, auf der die Läden der neunten Straße mitsamt ihrem jeweiligen Angebot akribisch aufgeführt sind.

Wäscherei (Hochhaus)

Obst und Gemüse

Blumen

Strümpfeparadies

nochmal Obst und Gemüse (dick umrandet, zu bevorzugen)

Lebensmittel (Marmelade)

Apotheke

Friseur

Grieche

Haushaltswaren

nochmal Apotheke

Schlagsahne
nochmal Obst und Gemüse
Lebensmittel
Werkzeug
Metzgerei

Gibt es eine schlimmere Ödnis als diesen Zettel?, denkt Rita.

Ein Blick auf die Küchenuhr zeigt ihr, dass sie die Zeitspanne für ihr eigenes Frühstück vertrödelt hat und jetzt schnellstens loslegen muss, damit sie bis zwölf mit den Zimmern fertig ist. Ingrid Hellberg macht ihren täglichen Kontrollgang vor dem Mittag, und Rita weiß mittlerweile, dass sie immer etwas zu beanstanden findet. Das wird dann abends brühwarm dem Vater mitgeteilt, kaum dass er in der Tür steht.

Das Abendessen bereitet ihre Mutter selbst zu, es sei denn, sie hat Migräne oder einen Schwächeanfall oder die Hitze macht ihr zu schaffen oder sie hat ein Treffen für den Kirchenbasar oder Pater Ludwig hält eine Abendandacht in der Klosterkapelle. Braucht Rita im ersteren Fall nur stumpfsinnige Aufträge wie Kartoffelschälen und Gemüsewaschen auszuführen, kämpft sie sich an den meisten Abenden durch das Rezeptbuch, das in kaum lesbarer Sütterlinschrift verfasst ist.

»Die Mehlschwitze hat Klümpchen.«

»Die Bratensoße hat Haut.«

»Das Fleisch ist zäh.«

»Der Kartoffelmus ist nicht sämig genug.«

Die nörgelnde Stimme verfolgt sie bis in den kurzen Schlaf der Erschöpfung, der sie allabendlich spätestens um zehn Uhr heimsucht.

Streifen auf der Fensterscheibe.

Falten in Vatis Oberhemden.

Nachts liegt sie wach.

Versucht sich an Hanis Gesicht zu erinnern.

Die letzten Worte, die sie gewechselt haben.

Vergessen. Panik.

Mit jedem neuen Tag füllt sich Ritas Kopf mehr mit einer Art klebriger Watte. Die wenigen Gedanken, die sich noch hervortrauen, kleben daran fest und verschwinden auf Nimmerwiedersehen. Sie weiß jetzt, was der Ausdruck: tödliche Langeweile bedeutet.

Kein Entkommen.

Kein Fernseher. Wozu auch, die Eltern verstehen ja kein Arabisch. Nicht einmal eine Tageszeitung, denn wer hat schon Zeit, sie zu lesen?

Rita versucht verzweifelt, sich an Gespräche mit Johnny zu erinnern. An Zeitungsartikel, die sie gelesen hat. Abgetippt hat. Die Geschäftsbriefe, Bestellzettel, Wareneingangsbestätigungen im Werk.

Festgeklebt. Verschwunden.

Sie versucht, sich an die Worte des neuen israelischen Ministerpräsidenten im Fernsehen zu erinnern. Keine zwei Wochen ist das her, am Abend vor ihrer Rückkehr nach Kairo.

Weltspiegel / ARD. 16. August 1963. Interview mit Levi Eshkol.

Wer den Feinden Israels hilft, ihren Plan zur Vernichtung unseres Staates zu verwirklichen, macht sich der Teilnahme an einem Verbrechen schuldig. Wenn aber Söhne des deutschen Volkes, auf dem die Verantwortung für den Mord an sechs Millionen lastet, dies tun, dann ist dieses Verbrechen noch unendlich größer und wiegt unendlich schwerer.

Wer sind die Söhne des deutschen Volkes? Und was ist mit den Töchtern? Das ewige Wenn und Aber ihres Vaters hängt ihr zum Hals heraus:

Wir Ingenieure tun nur unsere Arbeit.

Wir glauben an den Fortschritt.

Uns trifft keine Schuld.

Wenn wir es nicht tun, dann tun es andere.

»Die Böden wischen sich nicht von selbst, Rita!«

Mutti ist zurück.

Weitermachen.

Kaum aus dem Schulbus geklettert, rennt Pünktchen direkt hinüber zu den Tiergehegen. Der Affenkäfig ist leer. Die Tür steht offen. Cleo ist ein kluges Affenmädchen. Während Pünktchens Sommerferien hat sie sich offenbar so gelangweilt, dass sie gelernt hat, von innen den Riegel zu öffnen, der sie von der Außenwelt trennt. Vermutlich streift sie schon seit Wochen auf dem Klostergelände herum, kehrt jedoch immer zu den Fütterungszeiten in ihren Käfig zurück, so dass die Schwestern bis zu Pünktchens Rückkehr gar nichts davon mitbekommen haben. Und Pünktchen bringt es nicht übers Herz, Cleo zu verpfeifen. Petzen bleibt Petzen, egal ob Mensch oder Tier.

Sie beginnt, langsam das Areal um die Gehege abzuschreiten. Dabei schnattert sie leise vor sich hin, wie sie es von Cleo gelernt hat. Vorne am Rondell ist eine Menge Betrieb. Seit der Kindergarten hinter dem Schwesternwohnhaus untergebracht ist, hallt der früher so stille Klostergarten bis weit in den Nachmittag hinein vom Gelächter der Kleinen wider. Dazwischen die Stimmen der Mütter, die nach ihren Töchtern rufen.

Von hinten, aus Richtung der Krankenstation, klingt lautes Hämmern herüber.

Bis vor den Ferien gab es für Pünktchen eine unsichtbare Linie, die sie um nichts in der Welt überschritten hätte.

Die Nervenklinik.

Woran merkt man eigentlich, ob die Nerven krank sind?

Sind die Frauen, deren Schreie sie manchmal gehört hat, verrückt? Ist ihre Angst echt?

Was tut der Doktor, wenn die Frauen verrückt sind?

»Die Mutti ist krank.«, erklärt der Vati ihr, als Brigitte weg ist und Pünktchen sich oben eingeschlossen hat. »Es ist eine Krankheit, wenn jemand zum Beispiel so viel Wert auf Sauberkeit legt, dass er einen Weinkrampf bekommt, wenn noch irgendwo Schmutz ist. Oder wenn jemand sich nicht aus dem Haus traut, weil die Angst vor dem Staub und Dreck draußen zu groß ist.«

»Muss die Mama dann nicht in die Nervenklinik?«, fragt Pünktchen. »Damit der Doktor ihr helfen kann?«

»So schlimm ist es nicht«, lautet die Antwort. Doch Vati hat eine Falte auf der Stirn, an der Pünktchen sehen kann, dass er vielleicht etwas anderes denkt, als er sagt.

»So, und jetzt schlaf, mein Kind.«

Das sagen sie immer, wenn sie nicht wollen, dass man weiterfragt.

Sogar Rita.

Während der Sommerferien sind die übrigen Schwestern aus Babellouk hierher nach Maadi ins Kloster umgezogen und mit ihnen der Kindergarten. Aber es ist noch etwas geschehen. Etwas viel Besseres.

Die Nervenklinik gibt es nicht mehr. Die Frauen sind weg.

Keine Schreie mehr.

»Zwei Patientinnen haben sich mit gefährlichen Bakterien angesteckt. Eine ist gestorben. Wir mussten die Klinik schließen. Wir haben einfach nicht die Kapazitäten, um zu gewährleisten, dass so etwas nicht nochmal passiert.« Schwester Agnes ist die Einzige, die Pünktchen nicht wie ein Kind behandelt, sondern wie eine Erwachsene.

»Und was passiert jetzt mit der Klinik?«

»Wir bauen um.« Schwester Agnes lächelt. Es gefällt ihr, wenn man die Dinge anpackt. »Wir bauen eine Ambulanz, ähnlich der, die wir in der Schule hatten.«

Das ist ganz nach Pünktchens Geschmack. Zwar bauen sie keine Klinik mitten im Urwald wie Albert Schweitzer, aber doch so etwas Ähnliches, für die Armen der Nachbarschaft.

»Cleo und ich helfen mit«, erklärt Pünktchen.

»Dafür bist du noch zu jung«, erklären ihr die Erwachsenen dauernd, aber nicht Schwester Agnes. Sie drückt Pünktchen einen Karton mit frisch aus Deutschland eingetroffenem Verbandsmaterial in die Hand. »Trag das rüber«, sagt sie.

Als die Mutti an diesem Tag kommt, um Pünktchen abzuholen,

gibt ihr Schwester Agnes feierlich die weiße Haube mit dem roten Kreuz darauf. »Du bist jetzt meine Hilfsschwester.«

Pünktchen ist stolz und probiert die Haube sofort auf.

Darum hat sie jetzt keine Angst mehr vor der hinteren Ecke des Gartens. Und vermutlich gilt das auch für Cleo, denn meistens verschwindet sie dorthin oder in die Bananenstauden. Aber wenn Schwester Benedikta gerade erntet oder die Gemüsebeete wässert, gibt es richtig Ärger.

»Cleo!«, ruft Pünktchen leise und macht wieder das Schnattern des Äffchens nach. Sie hat eigentlich keine Zeit, so lange nach ihr zu suchen, denn sie wollte noch die Schränke putzen, die gestern für die neue Ambulanz geliefert worden sind. Andererseits ist sie immer unruhig, wenn sie das geliebte Affenmädchen nach ihrer Rückkehr aus der Schule noch nicht zu Gesicht bekommen hat.

Zum Glück ist Schwester Benedikta nicht mehr so oft da. »Sie ist nachmittags freigestellt, um dem Doktor weiter bei der ambulanten Versorgung der Patientinnen zu helfen, die wir zurück zu ihren Familien schicken mussten«, hat Schwester Agnes ihr erklärt.

Keine Spur von Cleo.

Pünktchen schlendert langsam zur Ambulanz hinüber. Sie geht in den Vorraum, der später einmal das Wartezimmer werden soll. Nimmt ihre Schürze und die Haube vom Haken. Will gerade weiter zur Kammer mit den Putzsachen gehen, als sie leises Schnattern von draußen hört.

»Da bist du ja, kleiner Schlingel!« Ihr Herz schlägt schneller, wie immer, wenn sie ihr Äffchen endlich wieder in den Armen halten darf. Sie geht hinaus und sieht sich um. Doch Cleo kommt nicht wie erwartet auf ihren Arm gesprungen. Stattdessen muss Pünktchen dem leisen Schnattern zur Rückseite der Baracke folgen. Da hockt sie ja.

In ihren eigenen Exkrementen.

Und schaut Pünktchen aus großen Augen an.

Rita steht im Flur und überlegt, ob sie den Staubsauger rausholen oder lieber fegen und wischen soll. Mit dem Staubsauger geht es zwar schneller, aber es gibt kaum etwas Schlimmeres, als den Beutel herauszufummeln, auszuleeren und wieder einzusetzen. Normale Menschen würden den Beutel wechseln, wenn er voll ist, aber ihre Mutter rückt die Ersatzbeutel nicht heraus, vor lauter Angst, irgendwann ganz ohne dazustehen.

Also doch fegen?

Ihre Gedanken bleiben an den kleinsten Entscheidungen hängen. Wenn es so weitergeht, wird sie irgendwann zur Wachsfigur werden. Rita muss kichern bei der Vorstellung, sie würde ausgerechnet so, mit Schürze und Besen, im Hamburger Panoptikum landen.

Ich werde noch verrückt.

Komme ich eigentlich eher nach Mutti oder nach Vati? Im Moment wüsste Rita kaum noch, was ihr lieber wäre.

Kai, Mamakind. Rita, Papakind. Pünktchen, Allerkind.

Wer sind wir? Wer können wir sein?

Pünktchen hat die ganze Nacht im Schlaf gestöhnt. Rita musste neben ihr im Bett schlafen, sonst hätte sie keine Ruhe gefunden. Und das nur, weil ihr kleines Äffchen krank ist. Woher hat dieses Mädchen ihr grenzenloses Mitgefühl? Es ist, als sei sie hundert Prozent durchlässig für die Sorgen und die Leiden anderer. Ein seismografisches Wesen. Kann jederzeit auseinanderbrechen.

Rita fährt zusammen. Ein schabendes Geräusch hat sie aus ihren Gedanken gerissen. Jemand hat einen dicken Umschlag durch den Briefschlitz in der Haustür geschoben.

Eine Bombe.

Ihr erster Gedanke.

Nein.

Der zweite.

Nicht ich.

Nicht wir.

Das würde Johnny nicht zulassen.

Vorsichtig geht sie auf die Haustür zu. Geht um den großformatigen, braunen Umschlag herum. Öffnet die Tür.

Sieht hinaus.

Nichts. Niemand ist zu sehen.

Schließt die Tür.

Geht in die Knie. Der Umschlag liegt verkehrt herum.

Fasst sich ein Herz. Dreht ihn schnell herum.

Buchstaben. Mit einem dicken Filzschrift geschrieben.

RITA.

Sonst nichts.

Rita atmet einmal tief durch. Johnny hat wirklich Nerven! Was, wenn jemand anders als sie selbst den Brief gefunden hätte? Oder weiß er genau, dass sonst niemand zuhause ist? Lässt er sie beobachten?

Sie steht auf und geht zum Fenster über der Treppe. Späht vorsichtig über den Spitzenstore.

Nichts zu sehen.

Sie setzt sich auf die Treppe und öffnet den Umschlag.

Zwei Fotos fallen heraus. Auf einem erkennt sie den Doktor, auf dem anderen Rolf Steinhauer oder wie er heißt. Beide, deutlich jünger, scheinen als Angeklagte vor einem Gericht zu stehen. Auf der Rückseite der Fotos hat jemand Datum und Ort notiert: Nürnberg, 1946.

Der Umschlag enthält drei Registermappen wie die, die sie täglich während ihrer Arbeit für Johnny angelegt und aufgefüllt hat. Die erste trägt die Aufschrift:

Dr. Hans Eisele (ab 1958).

Zusammengeheftete Zeitungsausschnitte.

Süddeutsche Zeitung. 8. Juli 1958.

Er scheint flüchtig gegangen zu sein, der einstige KZ-Arzt und SS-Führer Dr. Hans Eisele, der von einer Reihe honoriger Zeugen in dem Sinne schwer bezichtigt worden war, er habe unzählige Häftlinge durch brutales »Abspritzen« ermordet.

Alliierte Gerichte richteten damals, nach Kriegsende, aus-

schließlich Taten an alliierten Opfern. Das Interesse, sich solche Herrschaften rechtzeitig nochmal auf Taten gegen Deutsche anzusehen, scheint ziemlich minimal gewesen zu sein.
Süddeutsche Zeitung, 10. Juli 1958.
Wie die Nachrichtenagentur dpa aus Kairo berichtet, soll Dr. Eisele dort beabsichtigen, um politisches Asyl zu bitten. Die Nachricht von dem Auftauchen Eiseles in Ägypten hat bei den Münchener Strafverfolgungsbehörden wie eine Bombe eingeschlagen. Der Münchner Polizeipräsident nahm gestern zu den Vorwürfen Stellung:»Den Beamten der politischen Abteilung kann ich den Vorwurf nicht ersparen, dass sie die Staatsanwaltschaft zu spät verständigt haben.«
Süddeutsche Zeitung, 11. Juli 1958.
Der des mehrhundertfachen Mordes glaubwürdig bezichtigte KZ-Arzt Dr. Eisele ist nach Ägypten entflohen. Das beabsichtigte Auslieferungsbegehren des Auswärtigen Amtes findet hoffentlich in Kairo dergestalt Anklang, dass blanke Mordtaten nicht als »politische« Kavaliersdelikte behandelt werden.
Süddeutsche Zeitung, 14. Juli 1958
Über das Asylgesuch Eiseles hat Innenminister Zakaria Muhieddin persönlich zu entscheiden. Es besteht jedoch die Möglichkeit, daß auch Präsident Nasser eingeschaltet wird.
Der Arzt, der am Sonntag von Beamten der ägyptischen Kriminalpolizei vernommen wurde, beklagte sich vor Journalisten: »Ich bin ein Opfer jüdischer Verfolgung. Teilen Sie bitte der Welt mit, daß ich unschuldig bin.«
Rita blättert weiter.
Bonner Beschwerde in Kairo. Und dann?
Nichts.
Ein einziges Blatt ist noch angeheftet, diesmal aus einer anderen Zeitung.
Die Tat. Wochenzeitung der Deutschen Widerstandsbewegung. Interessenorgan der Hinterbliebenen und Opfer des NS-Regimes. 13. Dezember 1958.

Wie lange noch Nazi-Geheimbund?

Der niedersächsische Justizminister hat die Vermutung ausgesprochen, daß in der Bundesrepublik eine Organisation bestehen müsse, die dem Münchner KZ-Arzt Eisele zur Flucht ins Ausland verholfen hat.

Es folgt ein langer Artikel, in dem Johnny eine Stelle eingekreist hat.

– eine Äußerung des KZ-Arztes Eisele, die dieser gegenüber einem süddeutschen Pressekorrespondenten machte, der Eisele in dem Militärhospital Salbien-fet in Baharia (250 km von Kairo) aufgestöbert hat. Demnach äußerte der KZ-Arzt:»Wie mir die Flucht gelungen ist, darüber können sich die Superschlauen in der Bundesrepublik noch lange die Köpfe zerbrechen. Wenn die wüßten, über welche Verbindungen ich hier verfüge, die würden sich wundern.«

Rita schiebt die Ausschnitte zurück in die Mappe und legt sie zur Seite. Eine dumpfe Müdigkeit drückt ihr auf die Augenlider. Wie kann es sein, dass solch ein Mensch der Hausarzt ihrer Familie ist? Und warum verspürt sie keine Wut? Keine Empörung?

Ratlos nimmt sie die nächste Mappe zur Hand.

Aufschrift: Otto Skorzeny alias Rolf Steinhauer.

Diese Blattsammlung enthält keine Zeitungsausschnitte, sondern kopierte Akten. Wo hat Johnny die her? Viele Stellen sind geschwärzt, andere wie oben eingekreist oder unterstrichen.

2. April 1953.

C / III

AZ: 12 h

Br. B. Nr.: 4799

V-11 728 erfährt von einem ehemaligen Kriegskameraden des Mussolini-Befreiers Otto S K O R Z E N Y, dass dieser – entgegen anderslautenden Pressemitteilungen – sich in Ägypten befindet. S K O R Z E N Y habe für ägyptische Offiziere und Mannschaften einen Sonderlehrgang auf dem Gebiete ABWEHR II durchgeführt.

8. April 1953.

Betr. S K O R Z E N Y

Sein Ziel sei lediglich, die Verbindung mit alten, verlässlichen Kameraden nicht zu verlieren, sondern sie zu sammeln, damit sie für den Ernstfall, der nach seiner Meinung unausbleiblich sei, bereit seien.

26. August 1953.

Dabei haben Remer und Skorzeny geäußert, dass sie in Westeuropa genug Mitläufer hätten, um eine Pan-Europa-Aktion unter neo-nazistischen Vorzeichen aufzuziehen. Es wurde auch beschlossen, im Nahen und Fernen Osten, in den USA, in Argentinien und Nordafrika sowie in Pakistan Stützpunkte zu schaffen, die einem künftigen Nachrichtendienst als Basis dienen sollten.

27. Januar 1960.

Betr. Otto SKORZENY

1.) Obwohl Otto SKORZENY im gegenwärtigen Zeitpunkt keine aktive Parteipolitik betreibt, gehört er zu den tätigsten Wegbereitern einer neuen faschistischen Epoche in EUROPA. In diesem Sinne arbeitet er mit spanischen und französischen Rechtskreisen sowie ungarischen, rumänischen und ukrainischen Emigranten zusammen.

30. April 1962.

2.) skorzeny ist in letzter zeit wieder sehr aktiv geworden, nachdem er laengere zeit recht zurückgezogen gelebt hatte. er nimmt an veranstaltungen politischer art teil, zeigt sich viel in gesellschaft und beteiligt sich auch an veranstaltungen oesterreichischer und deutscher vereine.

Süddeutsche Zeitung. 4. Februar 1963.

Die österreichischen Behörden haben gegen den Mussolini-Befreier Otto Skorzeny, der österreichischer Staatsbürger ist, am Samstag einen Haftbefehl erlassen. Ihm wird Beihilfe zum Mord in zahlreichen Fällen vorgeworfen. Skorzeny soll gegen Kriegsende eine Giftpistole entwickelt und ihre Erprobung an

Häftlingen des Konzentrationslagers Sachsenhausen angeordnet haben. Dabei sollen zahlreiche Gefangene ums Leben gekommen sein.

Rita kann seine Hand noch auf ihrem Rücken spüren. Ein geübter Tänzer. Sie fröstelt. Als Letztes enthält die Akte eine Meldung der Presseagentur dpa vom Juni, also gerade einmal vor zwei Monaten.

koeln, 10. juni 63 dpa – zwei buecher des ehemaligen ss-obersturmbannfuehrers und mussolini-befreiers otto skorzeny, die im ringverlag helmut cramer, niederpleis (reg.-bezirk koeln), erschienen sind, wurden am montag auf beschluss des amtsgerichts koeln im ganzen bundesgebiet mit der begruendung beschlagnahmt, ihr inhalt sei staatsgefaehrdend. die buecher haben den titel »lebe gefaehrlich, kriegsberichte der waffen-ss« und »wir kaempfen – wir verloren, kriegsberichte der waffen-ss«.

Die letzte Mappe trägt die Aufschrift: Dr. Heinrich alias Helarion Gompf. Eine kurze Zeitungsmeldung liegt lose obenauf.

Al Ahram. 11. Juli 1963. Seite 1.

Der deutsche Geheimdienst überwacht die deutschen Experten in der VAR.

Ein aufsehenerregendes Geheimnis wurde gestern in Karlsruhe während eines Prozesses gegen zwei deutsche Agenten enthüllt, die Geheimnisse an Russland verraten haben. Dabei kam zur Sprache, dass eine Anzahl deutscher Agenten auf die Beobachtung der deutschen Wissenschaftler angesetzt sind, die in der VAR arbeiten.

Darunter findet Rita eine zusammengeheftete Personalakte. Sie stammt vermutlich aus der gleichen Quelle wie die Informationen über Skorzeny.

183 / Op-I

Tgb. Nr. 1275

2-03-1/4K

An

1 0 6 / II

Stellungnahme zur Bezugsanfrage:

1.) Auskunft über Dr. GOMPF

GOMPF (M) HEINRICH, alias HELARION

Waffenhändler, Industrieberater und Vertreter

Geboren am 17. 2. 1898, verheiratet, 3 Kinder

Anschrift seit Juli 1961

KAIRO, 8 Salah Saleh Street, Garden City

1922 Hochschulstudium mit Abschluss als Dr. rer. pol., Angestellter der Deutschen Volkspartei und des Deutschen Handwerkerbundes

ab 1932 Leiter der FAD-Schule, Bezirk Siegen.

1935-1940 VM des SD.

FAD = Freiwilliger Arbeitsdienst, hat Johnny an den Rand gekritzelt. VM = V-Mann, Spitzel; SD = Sicherheitsdienst des Reichsführers SS.

1945-1947 US-Kriegsgefangenschaft und Internierung. Dr. Heinrich Gompf arbeitet als Holzfäller und Waldarbeiter, dann als Betriebsleiter einer amerikanischen Autofirma in Hessen.

Ab 1959 Mitarbeiter der Firma PATVAG-Patent-Verwertungs-AG, Zürich. Dr. G. bereiste für diese Firma Europa und den Vorderen Orient.

PATVAG hat Johnny doppelt unterstrichen und mit einer Anmerkung versehen: Ende März 63 berichtet die israelische Zeitung Maariv, daß sich die Patvag als Agent der ägyptischen Raketenindustrie betätigt und Atom- und Elektronik-Sachverständige angeworben habe. Weiterhin soll Patvag 5 Tonnen (!) Napalm nach Ägypten geliefert haben.

1951 – Mitte 1961 Mitarbeiter und Vertreter der Firma DIMEX, Walter Heck KG, Karlsruhe.

Dimex hat die Anmerkung: Geschäftsführer der Patvag bestätigt, 25 Tonnen (!) Opalm (Napalm Granulat), hergestellt durch die Firma Dimex, nach Ägypten geliefert zu haben.

seit Mitte 1961 Chefeinkäufer und technischer Berater für das Raketenprogramm der VAR mit Sitz in KAIRO. Nachfolger des entführten Dr. KRUG, Heinz. GOMPF hatte 1954 angeblich Verbindung zu SKORZENY und wurde in Verbindung mit KLEIN-WÄCHTER und VALENTIN genannt.

Rita ist schwindelig. Hat Johnny nicht behauptet, Napalm wäre ein neuer chemischer Kampfstoff, den die Amerikaner erfunden haben? Sie blättert um. Die letzte Seite enthält nur einen kurzen Absatz.

Am 23. 4. 1961 wird Dr. G. erstmals offiziell zur Mitarbeit für den Dienst angesprochen und verpflichtet. Dr. G. ist seit Jahren mit V-19 752 bekannt. Anlässlich eines privaten Besuches entwickelte sich eine privat-dienstliche Verbindung. Es entstand der Fall »HOMÖOPATHIE« (Erfassung von Erkenntnissen des Dr. G. auf militärischem und wirtschaftlichem Sektor aus dem Vorderen Orient – Schwerpunkt Ägypten – und der BRD).

Rita schaut in den Umschlag. Sonst ist nichts darin. Kein Anschreiben. Kein Gruß. Sie schließt die Augen. Versucht, sich zu erinnern. Sie muss doch diesen Dr. Gompf getroffen haben.

Nichts.

Der Schwindel bleibt. Ihr Kopf, der das Denken nicht mehr gewöhnt ist, wehrt sich gegen die Informationen, mit denen er vollgestopft wird.

Was willst du mir sagen, Johnny?

Dass unser Arzt ein gesuchter Mörder ist?

Dass er zu einem Netzwerk von Nazis gehört, die überall auf der Welt darauf warten, die Macht zu übernehmen?

Dass der deutsche Geheimdienst die Produktion von chemischen Waffen in Ägypten steuert?

Und das alles mit dem Ziel, Israel zu vernichten?

Am nächsten Tag schwänzt Pünktchen die Schule mit inoffizieller Duldung von Schwester Agnes. Sie hat ihren alten Puppenkinderwagen aus Korb bis in den Klostergarten gerollt und in den Schatten der großen Palme hinter den Tiergehegen geschoben. Aus dem Vorratsraum des Kindergartens hat ihr Agnes zwei Stoffwindeln gegeben. Mit einer hat sie Cleo so gewickelt, wie sie es früher mit ihrer Puppe Thea gemacht hat. Cleo liegt apathisch im Wagen, ihr Zustand ist seit gestern unverändert. Pünktchen hat ihr Haferbrei gekocht, sie hat ihr aus der Speisekammer der Villa die letzte Packung des guten deutschen Zwiebacks mitgebracht und ihr von der Staude im hinteren Garten eine Banane gepflückt. Diese Nahrungsmittel bietet sie ihr in kleinen, appetitlichen Portionen abwechselnd an. Doch Cleo weigert sich, zu essen. Ab und zu trinkt sie ein paar Schlucke Wasser oder Tee aus der Nuckelflasche, doch das meiste kommt sofort am anderen Ende wieder raus. Pünktchen wäscht geduldig die Windel aus und bringt eine neue von der Leine hinter dem Haus. Das Äffchen gibt ab und zu ein leises Schnattern von sich, doch meistens sieht es Pünktchen nur mit matten Augen an.

Aus dem Kindergarten ertönt ein deutsches Lied.

Kommt ein Vogel geflogen.

»Soll ich dir was vorlesen?«, fragt Pünktchen. »Pippi Langstrumpf vielleicht?« Sie hat das Buch vorsorglich eingesteckt, in der Hoffnung, Cleo könnte sich in den putzigen Herrn Nilsson ebenso gut reinversetzen wie Pünktchen in Pippis Nachbarsmädchen Annika. Aber Cleo hält nichts vom Vorlesen. Sie hört gar nicht richtig zu. Pünktchen streichelt ihr vorsichtig über den Kopf.

»Geht es dir nicht gut? Soll ich dich ein bisschen herumfahren?«

Pünktchen steht auf und schiebt den Wagen langsam durch den Klostergarten. Dabei spricht sie leise auf das Äffchen ein. Redet einfach drauflos, was ihr gerade in den Sinn kommt.

»Weißt du«, sagt sie, als sie an den hoch aufschießenden Bohnenranken vorbeikommen, »ich erzähle dir ein Geheimnis, das du niemandem weitererzählen darfst. Letzte Woche, als Rita mich nochmal losgeschickt hat, um Brot zu kaufen, habe ich Brigitte getroffen. Und rate mal, wo sie jetzt arbeitet.« Pünktchen deckt Cleo noch ein bisschen weiter mit der Puppendecke zu. »Richtig, das errätst du nie!«

Sie sind bei den Melonen angekommen, die in diesem Jahr prächtig aussehen. »Im Mena Hotel! Kannst du dir das vorstellen? Ich meine, dort zu arbeiten, jeden Tag? Das ist doch ein Traum!« Sie überlegt kurz. »Wenn du wieder gesund bist, können wir sie vielleicht besuchen gehen. Der Garten wird dir gefallen. Aber das ist noch nicht alles.«

Pünktchen senkt ihre Stimme zu einem leisen Flüstern, obwohl sie hier, ganz am Ende des Weges, völlig ungestört sind. »Vati hat mir doch letzten Freitag einen kleinen silbernen Skarabäus geschenkt. Der war in einer Tüte aus dem Andenkenshop im Mena Hotel. Ich hab' es sofort erkannt. Und was sagt Vati? Den hätte er im King Tut Basar gefunden, als sie am Abend vorher eine geschäftliche Besprechung im Cosmopolitan Hotel hatten. Kannst du dir das vorstellen? Dass der Vati lügt, glatt heraus?«

Schweigend fährt sie mit dem Puppenwagen eine Kurve an der hinteren Gartenmauer entlang. Da hat sie Cleo gestern gefunden, auf der Rückseite der Baracke, unter dem kleinen Fenster.

»Was hattest du eigentlich dahinten zu suchen, Cleo?«, fragt Pünktchen streng.

Sie lässt den Puppenwagen auf dem Weg zurück und geht zu dem Fenster. Es liegt so hoch, dass sie nicht hineinsehen kann. Pünktchen schaut sich um. Kein Baum in der Nähe, auf den sie klettern könnte. Ihr Blick fällt auf eine Schubkarre, die die Schwestern benutzen, um Laub wegzufahren. Mit Mühe schiebt sie das rostige alte Ding zur Hauswand und klettert hinein. Ganz schön wackelig. Sie muss sich immer noch auf die Zehenspitzen stellen, um durch die Fensterscheibe sehen zu können.

Eine Hupe ertönt vor dem Tor. Schnell klettert Pünktchen aus der Schubkarre und läuft zurück zum Wagen.

»Cleo? Bist du etwa eingeschlafen? So langweilig sind meine Geschichten?« Vorsichtig schiebt sie den Wagen in Richtung des Rondells, wo gerade die Schulbusse ankommen. Aus einem steigt Schwester Agnes, sieht sich um und kommt wie immer mit energischen Schritten und einem Lächeln auf sie zu.

»Petra! Wie geht es unserer kleinen Patientin?«

Pünktchen legt den Finger auf den Mund. »Sie schläft«, sagt sie leise.

Doch Schwester Agnes lächelt nicht mehr. Sie runzelt die Stirn, legt eine Hand auf Cleos Stirn und zieht dann sanft ihr eines Augenlid nach oben. »Ich glaube, es wäre besser, wenn du schnell mal mit ihr zum Doktor rübergehst.«

Ritas Vormittag hat wieder einmal mit einem Schwall von Vorwürfen geendet. Ingrid erkennt mit einem Blick, ob gründlich geputzt wurde oder ob Rita nur oberflächlich durch die Zimmer gegangen ist.

Willst du uns alle umbringen?

Womit vertrödelst du deine Zeit?

Du denkst, du kannst mich vor deinem Vater demütigen, aber darin hast du dich getäuscht, Fräulein!

Erwartest du etwa, dass ich hinter dir herputze?

Stummes Mittagessen. Vorwurfsvolle Blicke.

Treppe rauf. Schlafzimmertür zu. Das Geräusch der Vorhänge. Verdunklung.

Mittagsruhe.

Als Rita zum Einkaufen aus dem Haus kommt, atmet sie einmal tief durch. Die Enge, die Stille, die generelle Leblosigkeit, das alles schnürt ihr die Brust ab. Sie spürt, wie der Sauerstoff in jede Zelle ihres Körpers strömt.

Sie hört einen Vogel. Autos. Menschliche Stimmen.

»Rita! Nicht erschrecken.«

Johnny wartet an der Ecke auf sie. Seine plötzliche physische Präsenz, hier in Maadi, geht ihr durch und durch. Seit der Begegnung an der Elbe haben sie sich nicht wiedergesehen.

Für einen Moment stehen sie schweigend voreinander.

Dann fangen sie gleichzeitig an zu reden.

»Du hast mich nicht angezeigt«, sagt Johnny.

»Warum hast du mir die Sachen durch die Tür gesteckt?«, fragt Rita. »Wie in einem schlechten Kinofilm.«

Wieder sehen sie sich an.

»Ich arbeite nicht mehr für dich«, sagt Rita und hebt kurz ihren Einkaufskorb an. »Ich habe schon einen Job.«

»Du hast nicht offiziell gekündigt«, sagt Johnny. »Deine letzten beiden Monatslöhne liegen bei mir in der Schreibtischschublade. Du musst die Kündigungsfrist einhalten. Sie beträgt vier Wochen.« Er grinst vorsichtig.

Rita schüttelt den Kopf. Sie hat eine Abmachung getroffen, aus der es kein Zurück gibt. Trotz der ständigen Auseinandersetzungen mit ihrer Mutter. Trotz der nagenden Angst, auch so zu enden, krank vor Hysterie. Sie fühlt sich festgezurrt in diesem nervenaufreibenden Alltag.

»Hast du die Sachen gelesen?«

»Natürlich«, murmelt Rita.

»Und dann willst du noch wissen, warum ich sie dir geschickt habe?«

»Damit ich dir glaube.«

Geht es im Grunde nicht immer darum? Dass einer dem anderen glaubt? Man kann für die verrücktesten Sachen Beweise vorlegen. Akten zusammenstellen. Zeugen auftreiben. Und am Ende steht die Frage, ob der andere dir glaubt.

»Nein«, sagt Johnny und sieht sich um. Niemand ist zu sehen. Es könnte keinen friedlicheren Ort geben als diese schattige, von grünen Bäumen und Büschen umstandene Straßenecke in Maadi am Montagnachmittag.

»Ich wollte deine Meinung hören. Otto Skorzeny, den du als Rolf Steinhauer kennengelernt hast, gehört zu einem Netzwerk europäischer oder weltweit agierender Faschisten. Er ist 1953 hier in Kairo als Militärberater aufgetreten, das war kurz nach der Revolution und noch bevor Nasser sich selbst zum Präsidenten gemacht hat. Er liefert spätestens ab 1956 Waffen in den gesamten afrikanischen Kontinent über die Drehscheibe Ägypten. Obwohl er offiziell keine Stellung hat, taucht er dauernd in Geschäftsangelegenheiten hier auf. Es liegt also auf der Hand, dass er inoffiziell direkt in Nassers Diensten steht oder mit dem ägyptischen Geheimdienst kooperiert. Mit welchen noch, CIA, OAS, BND, interessiert mich gerade nicht. Sind wir uns so weit einig?«

Rita nickt. »Soll das hier eine Geschichtsstunde unter freiem Himmel werden?«

Johnny versucht es nochmal mit seinem Lächeln. Diesmal wird er mit der Andeutung einer Erwiderung belohnt.

»Beginnen wir nochmal mit dem C. Interessant für uns sind die aktuellen Lieferungen von Napalm aus Deutschland. 25 Tonnen! Wofür sind die gedacht? Krugs Nachfolger Heinrich Gompf wurde hier mehrfach mit einem Napalm-Experten der ägyptischen Armee auf einem Militärflughafen, vermutlich in Helwan, dabei beobachtet, wie er mit Brandbomben experimentiert hat. Kennst du ihn?«

Rita schüttelt den Kopf. »Ich habe versucht, mich zu erinnern. Ich glaube nicht.«

»Das wundert mich.« Johnny nagt an seiner Unterlippe. »Das hieße ja, der Mann steht total unter Verschluss.«

»Mach schon, ich muss weiter.« Rita wird unruhig, weil sie schon jetzt eine Ewigkeit hinter dem Zeitplan hinterherhängt.

»Also gut. Was das A angeht, gab es nach dem Krieg eine Gruppe um Otto Skorzeny, die geheime Uranbestände aus Deutschland verkaufen wollte. Zu dieser Gruppe gehörte auch ein Heinrich Gompf. Zufall?«

Rita zuckt die Schultern.

»Erinnerst du dich an den Namen der Operation, für die Gompf zuständig ist? HOMÖOPATHIE. Und wer ist bekannt für seine homöopathischen Mittel? Na?

»Findest du das nicht weit hergeholt?«

»Dass Otto Skorzeny und Hans Eisele sich kennen, können wir als sicher annehmen. Spätestens während ihrer Internierung in Dachau müssen sie sich über den Weg gelaufen sein. Otto Skorzeny hat Adolf Eichmann, Otto Ernst Remer und vielen anderen hohen Nazis als Fluchthelfer gedient. Dass Eisele sich in der Not an dieses Netzwerk gewandt hat, ist wahrscheinlich.«

Rita nickt.

»Nun ist die Frage: Wofür braucht Nasser euren Doktor? Als Hausarzt für seine Experten? Oder für etwas anderes? Was hat Eisele kurz nach seiner Ankunft in einem Militärhospital zu suchen? Hat es etwas mit dem Buchstaben B zu tun?«

»Er ist nicht unser Doktor.«

»Doch. Dein Vater geht mehrmals die Woche zu ihm. Und deine Mutter besucht die Frau.«

»Woher weißt du das?«

»Komm mit.« Johnny dreht sich um und geht voraus. Er ist sicher, dass sie mitkommen wird. Mit einem Seufzer stellt Rita ihren leeren Einkaufskorb auf der Steinmauer des Eckhauses ab. Die Neugier hat gesiegt. Schweigend gehen sie weiter. Immer geradeaus, bis es nicht mehr weitergeht. Dann nach links, und wieder rechts.

Johnny klingelt an einer Pforte. Nach einer Weile kommt ein älterer Mann und schließt auf. Er scheint Johnny zu kennen und nickt ihnen freundlich zu.

»Der alte Hausmeister«, sagt Johnny. »Er wohnt mit seiner Frau hier auf dem Gelände und sieht nach dem Rechten.«

Sie treten in einen verwilderten großen Garten. Hinter den Bäumen erhebt sich ein großes Gebäude aus braunem Stein. Es hat eine Kuppel. Der Eingang sieht eher aus wie eine Kirche.

Rita erkennt Schriftzeichen, die sie nicht entziffern kann. Der Mann geht nicht zum Haupteingang hinauf, sondern zu einer kleineren Tür an der Längsseite. Darüber ein rundes Fenster mit dem Davidsstern.

Meyr Biton. In lateinischer Schrift.

»Was ist Meyr Biton?«

»Der Mann, der diese Synagoge erbauen ließ.«

Die Synagoge von Maadi.

Natürlich! Rita hat sie bisher nur von der anderen Seite aus gesehen, verborgen hinter dichten Büschen und hohen Bäumen.

Das Innere wirkt verlassen. Staubkörner tanzen im einfallenden Sonnenlicht.

Johnny bemerkt Ritas Zögern. »Komm ruhig rein. Die Synagoge steht mehr oder weniger leer. Man braucht zehn Männer jüdischen Glaubens, um den Kaddisch zu lesen. In Downtown ist das noch kein Problem. Aber hier in Maadi nimmt man es mit dem Glauben offenbar nicht so streng. Zumindest diejenigen, die überhaupt noch hier sind.«

Obwohl er sie vermutlich nicht versteht, lächelt der alte Hausmeister melancholisch und nickt. »Ich gehe jetzt«, sagt er auf Französisch. »Sagen Sie mir Bescheid, wenn Sie hier fertig sind.«

Als er weg ist, senkt sich die Stille noch drückender auf Rita und Johnny.

»Was tun wir hier?«, fragt Rita.

Johnny deutet nach oben auf eine Art Empore, die sich halb um den Saal zieht und jeweils rechts und links neben dem runden Fenster über dem Eingang endet. Über eine enge, dunkle Treppe steigen sie hoch und gehen in den linken Flügel. Vorsichtig öffnet Johnny das Fenster am Ende. Von hier aus sieht man, wenn man ganz nach links schaut, durch die Bäume über die Mosseri Avenue direkt auf die Villa der Eiseles, ungefähr auf Höhe des oberen Stockwerks.

»Und was jetzt?«, fragt Rita.

»Geduld«, sagt Johnny und sieht auf seine Armbanduhr.

Kurz darauf öffnet sich ein Fenster, vermutlich das Sprechzimmer. Der Doktor lehnt sich hinaus. Mit düsterem Blick schaut er auf die Synagoge.

Rita zieht schnell den Kopf zurück. »Hat er uns gesehen?«

Johnny zuckt mit den Schultern. »Ich glaube nicht. Er starrt jeden Tag stundenlang hier herüber. Ich bin schon ein paar Tage hier und beobachte das Kommen und Gehen da drüben.«

Rita schaut noch einmal nach draußen. Ihr fällt ein, was sie gerade gelesen hat.

Ich bin ein Opfer jüdischer Verfolgung.

Der Doktor wirft einen letzten Blick auf die Synagoge und schließt das Fenster.

»Man erwartet von mir eine Einschätzung, wer gegenwärtig der gefährlichere Mann ist: Heinrich Gompf oder Hans Eisele. Was denkst du?«

Rita überlegt. »Dieser Gompf? Er ist viel näher dran am Raketenprojekt.«

Kurz darauf öffnet sich unten die Haustür. Die Sprechstundenhilfe schiebt einen Kinderwagen hinaus.

Nein. Einen Puppenwagen?

Unser Puppenwagen.

Die Frau dreht sich um, sagt etwas in barschem Tonfall, das Rita nicht verstehen kann.

Jemand hinter ihr tritt auf die Straße.

Eine kleine Person. Ein Kind.

Pünktchen hält Cleo fest im Arm. Tränen laufen ihr über das Gesicht. »Nein!«, schreit sie. »Nein! Nein! Nein! Sie ist nicht tot.«

Mehr braucht Rita nicht zu hören.

Zurück. Die Treppe runter.

Wo ist der Ausgang?

Ich muss zu ihr. Sofort.

Foto, schwarz-weiß:
Ein kleiner Erdhaufen und ein schlichtes, weißes Holzkreuz,
darauf steht in ordentlicher Kinderschrift: CLEO; neben
dem Grab steht Pünktchen mit ernstem Gesicht in dunkler
Kleidung, hinter ihr die Eltern, je eine Hand auf ihrer
Schulter.
Bildunterschrift: Cleos Beerdigung, September 1963

»Nein, wir möchten kein Foto!« Marietta winkt den Kellner weg
und lächelt ironisch. »Wer weiß, in welcher Zeitschrift das Bild
landet, wenn ich mich mit dir zusammen fotografieren lasse.«

Rita seufzt. »Ich arbeite nicht mehr für Johnny, das wisst ihr
doch.«

»Klar, Mata Hari!« Marietta nimmt die Sonnenbrille ab. Um
diese Zeit, zwei Stunden vor Sonnenuntergang, ist es noch relativ leer im Tea Garden. Die Leute krabbeln wie Ameisen auf den
Pyramiden herum.

Rita ist schon lange nicht mehr im Mena Hotel gewesen. Der
Zauber der Königsgräber und der nahen Wüste im weichen Nachmittagslicht ist ungebrochen. Ihre Kamera hat sie nicht dabei.
Der Film ist voll mit den Bildern von Cleos feierlicher Beisetzung
am Morgen.

Zu Ritas Erstaunen nehmen alle Familienmitglieder echten
Anteil an Pünktchens Trauer um ihre Gefährtin. Es ist der erste
Freund, den die Kinderseele verloren hat. Sie blickt zitternd in
den Abgrund, der sich vor ihr auftut. Ein Abgrund, in dem Rita
selbst noch immer den Flügelschlag des schwarzen Schwans verspürt, der sie in die Tiefe zieht.

Friedrich Hellberg baut eine alte Obstkiste zu einem kleinen
Sarg mit Deckel um und hilft seiner Tochter, das Kreuz zurecht-
zusägen und zu lackieren. Ingrid näht aus einem Stück Satinstoff

ein Kissen und eine Decke. Rita hebt mit dem Spaten in der hinteren Gartenecke eine Grube aus. Die körperliche Arbeit tut ihr gut.

Pünktchen legt einen Blumenkranz auf das Grab. Dazu ein großes Bananenblatt mit Cleos Lieblingsessen: eine Banane, ein paar Nüsse und eine Handvoll Granatapfelkerne. Dann sprechen sie gemeinsam das Vaterunser. Rita denkt an Hani, dessen Grab sie nie besuchen wird. Sie weiß nicht einmal, wo es ist.

»Hier ist das Buch. Papa lässt grüßen.« Marietta reicht ihr ein dünnes dunkelgrünes Buch, das schmucklos als Band einhunderteinundzwanzig der Reihe Wissenschaft gekennzeichnet ist.

»Ich hätte nicht gedacht, dass ihm überhaupt jemand zugehört hat. Die haben alle auf das Buffet gestarrt wie die Kriegskinder.« Marietta lächelt. »Wie geht es dir, Rita? Du siehst irgendwie anders aus.«

»Die Haare?« Auch Marietta trägt ihre immer noch kurz, wie bei der Hochzeit.

»Nein, das ist es nicht.« Sie schüttelt den Kopf und sieht sie prüfend an. »Etwas in deinem Gesicht. Aber ich bin keine Psychologin. Zum Glück.«

Typisch Marietta.

Das Buch ist nur ein Vorwand, um sich mit ihr zu verabreden.

»Wir müssen nochmal mit einem der Experten reden«, hat Johnny gesagt, »über die Raketen und ihre Sprengköpfe. Und über Heinrich Gompf.«

Johnny und Rita treffen sich im Garten von Edytas Villa. Seit dem Tod ihres Mannes, eines wohlhabenden Bankiers, vermietet sie das obere Stockwerk, in dem Johnny sein neues Hauptquartier eingerichtet hat. Das Haus ist im Vergleich zu anderen Villen in Maadi klein, aber der Garten erstreckt sich über den halben Block, mit verschlungenen Wegen zwischen hohen Büschen voller Blüten und einem Pavillon aus Holz.

Johnny hat eine Registermappe dabei, in der er abfotografierte Zeitungsausschnitte zum diesjährigen Jahrestag der Revolution gesammelt hat, als er und Rita bereits in Deutschland waren. »Die habe ich aus dem Archiv gefischt.« Er gibt Rita die Fotos und seine Lupe. »Es ist schwer abzuschätzen, was davon Propaganda ist und was wirklich stattgefunden hat.«

Rita Hellberg liest.

Al Ahram, 24. Juli 1963. Seite 1.

Al Ra'ed – Eine neuartige mehrstufige Rakete wurde bei der gestrigen Parade vorgestellt.

Sieben neue Waffen wurden in der Parade vorgestellt, die meisten zur Luftverteidigung, dazu ein U-Boot und ein Amphibienpanzer. Hauptattraktion war die Rakete Al Ra'ed, bekannt als mehrstufige Rakete, die die Atmosphäre verlassen und einen Satelliten in den Erdorbit befördern kann. Diese Rakete wurde von arabischen Ingenieuren, Wissenschaftlern, Technikern und Arbeitern entwickelt und wurde in den vergangenen Monaten mehrfach erfolgreich getestet. Die Rakete hat eine Reichweite von bis zu 1000 Kilometern.

Al Ra'ed. Der Pionier.

Rita überlegt, wie sie das Gespräch auf Mariettas Arbeit lenken kann.

Der Kellner bringt ägyptischen Mokka. Der Tea Garden ist neuerdings ganz im Stil der Schweizer Alpen mit rotweiß karierten Tischdecken ausgestattet.

»Wie läuft es in der Fabrik?«, fragt Rita. »Habt ihr die Raketen-Stufen endlich zusammenbekommen? Ich habe ein Foto von der Parade gesehen«, fügt sie schnell hinzu, damit Marietta nicht den Eindruck hat, sie wolle irgendwelche Geheimnisse aushorchen.

Marietta lacht auf. »Das waren dieselben Attrappen wie im letzten Jahr, nur ein bisschen verlängert.« Sie wird ernst. »Präsident Nasser braucht sichtbare Erfolge. Sonst wird die sowjettreue Fraktion unter den Offizieren immer stärker.«

»Ist denn immer noch die Steuerung das Problem?«

Rita nimmt einen Schluck von dem starken Mokka. Die Erinnerung an einen anderen Mokka in Korbsesseln an einem lang vergangenen Nachmittag in Fayoum trifft sie aus heiterem Himmel. »Hani hat daran gearbeitet, das hat er mir erzählt.«

Marietta erwidert Ritas Blick, nickt und rührt schweigend in ihrer Tasse. Dann wartet sie, bis der Kaffeesatz sich gesetzt hat. So lange, dass Rita schon befürchtet, sie würde gleich aufstehen und einfach davongehen.

»Die Raketen fliegen so lange nicht ins Ziel, wie wir es nicht zulassen«, sagt sie leise.

Rita glaubt zuerst, sie habe sich verhört.

»Bist du etwa –«

»Nein.« Marietta schneidet ihr mit einer entschiedenen Geste das Wort ab. »Ich bin für niemanden. Ich bin in erster Linie Forscherin. Basta.«

»Aber warum arbeitet ihr dann weiter hier in Ägypten, du und Max?«

»Max und ich sind zwei verschiedene Menschen, auch wenn wir jetzt verheiratet sind.« Marietta lächelt wieder. »Was Max angeht, so will er erstens genug Geld verdienen, damit wir uns nach unserer Rückkehr ein Haus mit Garten und ein schönes Auto leisten können. Zweitens ist er ein Sturkopf, der einen einmal geschlossenen Vertrag nicht einfach bricht. Und drittens, aber das würde er nicht zugeben, reizt ihn das Abenteuer. Nach wie vor.«

»Und du?«, fragt Rita, nun wirklich so neugierig, dass sie Marietta nichts mehr vorspielen muss.

»In der Wissenschaft gibt es immer noch wenige Frauen«, sagt Marietta und sieht zu den Pyramiden hinüber, als könnten ihr die toten Pharaonen erklären, woran das liegt. »In der Raumfahrt sind sie fast überhaupt nicht vertreten. Auch wenn wir in der Bundesrepublik im Moment noch keine Raketen bauen dürfen, wird es irgendwann ein europäisches Projekt geben, bei dem wir mitmachen. Und ich schwöre dir, dann werde ich dabei sein.«

Ihr Blick fokussiert sich wieder auf Rita. Messerscharf. Rita merkt, wie sie eine Gänsehaut bekommt, trotz des heißen Nachmittags. Marietta entspannt sich ein wenig und trinkt ihren Mokka in einem Zug aus.

»Ich brauche so viel praktische Erfahrung, dass sie mir beim Deutschen Institut für Luft- und Raumfahrt einen Posten als leitende Entwicklerin anbieten müssen«, sagt sie. »So lange bleibe ich hier.«

»Und die ABC-Sprengköpfe?«, fragt Rita. »Allein der Gedanke daran würde mich um den Schlaf bringen.«

»Solange wir keine Beweise haben –« beginnt Marietta, wird aber durch eine Frau in Hoteluniform unterbrochen, die unbemerkt an ihren Tisch getreten ist.

»Rita?«

»Brigitte! Was machst du denn hier?«

Marietta sieht mit hochgezogenen Augenbrauen von einer zur anderen.

»Ich arbeite hier. Ich wollte euch nicht stören, aber es ist dringend. Dein Vater hat angerufen, Rita.«

»Was ist passiert?« Sie ist schon halb aus dem Stuhl heraus, ihr innerer Alarm sofort aktiviert. »Ist was mit Mutti?«

Brigitte schüttelt den Kopf. »Nein, es ist Pünktchen. Sie hat plötzlich hohes Fieber bekommen. Du sollst bitte sofort nach Hause kommen.«

Rita wechselt sich mit ihrem Vater an Pünktchens Bett ab. Ingrid wäscht, putzt und kocht, aber das Krankenzimmer betritt sie nicht. Die Angst vor dem, was in Pünktchens Körper wütet, sitzt ihr im Genick und erlaubt ihr den Schritt über die Türschwelle nicht.

Das Fieber steigt über vierzig.

Pünktchen stöhnt. Sie schreit. Sie ruft wimmernd nach Cleo. Rita muss sich die Ohren zuhalten, so schwer fällt es ihr, das auszuhalten. Sie füttert ihre Schwester mit Brei und Suppe, wäscht sie und leert ihre Bettpfanne. Sie wischt ihr den Schweiß von der Stirn.

Nachts löst Friedrich sie für ein paar Stunden ab, damit sie kurz ausruhen kann. Doch auch er braucht Schlaf, um die Arbeitstage durchzuhalten.

Doktor Eisele kommt jeden Tag, oft begleitet ihn Schwester Benedikta. Sie tragen Mundschutz und Handschuhe, ermahnen Rita und ihre Eltern zur absoluten Hygiene.

Ingrid lässt sich das nicht zweimal sagen. Sie schrubbt, bis ihre Finger wund sind. Als könne ihre Tochter davon gesund werden.

Bis die Untersuchungen der Blutprobe fertig sind, kann er keine Diagnose treffen, sagt der Doktor ernst. Man muss im Labor erst eine Kultur anlegen.

Dann beginnen die Durchfälle.

Rita wechselt die Wäsche.

Die Waschmaschine läuft Tag und Nacht.

Ingrid schrubbt.

Das Haus ist still bis auf Pünktchens Stöhnen und die Gebete ihrer Mutter.

Pünktchen deliriert.

Rita schreckt hoch. Sie muss für einen Moment eingeschlafen sein.

»Das Labor!«, schreit Pünktchen. »Nicht da rein, Cleo!«

»Pünktchen, beruhige dich!« Rita streicht ihr sanft über die Stirn. Hat sie mitbekommen, dass sie alle auf die Ergebnisse aus dem Labor warten?

»Nein!« Pünktchen wirft sich hin und her, als wolle sie Ritas Hand abschütteln. »Das sind nicht mehr deine Freunde! Sie sind verzaubert von der bösen Hexe!«

Rita lächelt. In ihrem Fieberwahn vermischen sich Wirklichkeit und Märchenwelt. Pünktchen ist eben doch noch ein Kind.

»Geh mal vor die Tür«, sagt ihr Vater am Abend. »Sonst fällst du auch noch um.«

Rita geht vor die Tür.

Es ist ein schöner Abend, nicht mehr ganz so heiß.

Die Sonnenuntergänge im September sind besonders schön.

Ein Vogel ruft.

Bitte mach, dass sie wieder gesund wird.

Lieber Gott.

Wie von selbst tragen ihre Füße sie zum Haus von Edyta.

Johnny sitzt wie in alten Zeiten vor der Olivetti und raucht bestimmt nicht die erste Zigarette, so eingenebelt ist seine Bude. Überrascht sieht er auf, als sie eintritt.

»Geht es ihr besser?«

Rita schüttelt den Kopf. »Wir warten auf die Laborergebnisse. Erst dann kann man Penicillin geben, sagt der Doktor.«

»Der Doktor.« Johnnys Gesicht verdunkelt sich. »So viel ärztliche Sorgfalt hat er den Häftlingen gegenüber nicht gezeigt.«

»Bitte, Johnny, ich kann meinen Eltern im Augenblick nicht damit kommen, den Arzt zu wechseln.«

Rita geht zum Schreibtisch, nimmt eine Zigarette aus Johnnys Packung und steckt sie sich an. »Ich wollte dir von meinem Treffen mit Marietta berichten.«

Als sie fertig ist, runzelt Johnny die Stirn. »Ich werde aus der Frau nicht schlau. Verfolgt sie wirklich nur ihre Karriere?«

»Ich weiß es nicht.« Rita zuckt die Schultern. »Über diesen Dr. Gompf konnten wir nicht mehr sprechen.«

Johnny nickt und deutet auf die Papierhaufen auf dem Schreibtisch.

»Ich bin nochmal alles durchgegangen. Wenn Nasser wirklich Uran aus alten Nazi-Beständen kaufen konnte, hätte er nicht auf diesen Hochstapler Otto Joklik gesetzt, um an kleine Mengen Kobalt und Strontium zu kommen. Weiteren Verkäufen wird derzeit von den Amerikanern und Europäern weltweit der Riegel vorgeschoben. Auch die Russen werden es nicht auf eine nukleare Eskalation im Nahen Osten ankommen lassen. Nassers chemische Waffen kennen wir. Napalm ist ein Teufelszeug, das großen Schaden anrichten kann. Aber es ist kein Kampfstoff für eine Massenvernichtungswaffe, soweit ich weiß.«

Rita raucht und nickt. »Bleibt das B.«

»Ja, und damit kommen wir wieder zum Doktor. Wir wissen, dass er berüchtigt für seine Todesspritzen war. Dafür gibt es haufenweise Zeugen.«

Er zieht einen Notizblock aus dem Haufen hervor. »Ich habe Eiseles Aufenthalte in den verschiedenen Lagern mit den Berichten über Experimente mit Krankheitserregern verglichen. Da gibt es keine Übereinstimmungen. Was mir aber aufgefallen ist«, er deutet auf eine Tabelle mit Zahlen, »ist, dass es während oder nach Eiseles Auftauchen zu Typhus-Epidemien kam. Zuerst in Mauthausen. Dann in Buchenwald. In Natzweiler. Sogar in Dachau, kurz vor Kriegsende. Das war damals nichts Besonderes, darum ist es niemandem aufgefallen.«

Rita muss sich hinsetzen.

»Typhus«, sagt sie leise, »welche Symptome?«

Johnny starrt immer noch auf seine Papiere. »Ich glaube, Fieber und Durchfall. Hohes Fieber.«

»Ein Labor«, murmelt Rita. »Tierversuche.« Pünktchen hat ihr am Tag vor Cleos Tod erzählt, dass sie das Äffchen hinter der Baracke gefunden hat, wo bis vor kurzem die Nervenklinik war. Geschlossen nach einem Todesfall wegen irgendwelcher Bakterien.

»Wir müssen sofort rüber ins Kloster!«

Zehn Minuten später öffnet sich auf Ritas Klingeln das kleine Fenster in dem schweren Eisentor.

»Holen Sie Schwester Agnes!«, ruft sie dem Nachtwächter zu.

Sie warten. Nach einigen Minuten nähern sich Schritte. Doch nicht das freundliche Lächeln von Schwester Agnes erscheint in der quadratischen Öffnung, sondern das blasse Gesicht von Schwester Benedikta.

»Fräulein Rita!« Sie wirft einen misstrauischen Blick auf Johnny, der hinter Rita im Halbdunkel steht. »Ist etwas mit Petra?«

»Nicht direkt. Sie schläft.« Rita hat schon eine Ausrede für ihren Besuch parat. »Schwester, dürfen wir einmal in die Baracke sehen? Petra hat dort anscheinend beim Putzen ihre Halskette mit dem silbernen Kreuz verloren, jedenfalls phantasiert sie dauernd davon. Ich möchte sie ihr wiederbringen.«

Schwester Benedikta wirft noch einen Blick auf Johnny, öffnet aber das große Tor.

»Sie können gerne nochmal nachschauen«, sagt sie und deutet hinter sich in den dunklen Garten. »Aber ich bin sicher, wir hätten die Kette gefunden. Wir haben vorgestern alles ausgeräumt, und heute waren die Maler da.« Sie holt aus den Tiefen ihrer Tracht einen Schlüsselbund hervor, an dem mindestens zwanzig verschiedene Schlüssel in allen Größen und Formen hängen. Mit sicherem Griff zieht sie einen heraus, macht ihn ab und gibt ihn Rita.

Die neue Krankenstation ist blitzsauber. Kein Staubkorn weit und breit. Weiß gekalkte Wände, strahlend im kalten Neonlicht. Leere Schränke an den Wänden, mit gewienerten Glasscheiben.

Kein Labor.

Keine Spur von Tieren oder Käfigen.

»Ich glaube, dass Benedikta gelogen hat«, sagt Rita leise zu Johnny, als sie wieder draußen sind und durch die halbrunde Sackgasse zurückgehen. »Es ergibt alles einen furchtbaren Sinn! Der Doktor betreibt ein heimliches Labor für die Gewinnung von Bakterien, mit denen sie die Raketen bestücken können. Was gibt es für ein besseres Versteck als eine Nervenklinik? Niemand geht da freiwillig rein.«

Johnny sieht sie an, als wolle er etwas sagen, doch Rita spricht schon weiter. »Ich denke, das ging eine ganze Weile so. Cleos Auftauchen kurz vor Weihnachten. Der Todesfall in der Klinik. Cleo, die sich in der Nähe seines Labors herumtreibt, krank wird und stirbt. Und jetzt Pünktchen.«

»Bist du sicher?«, fragt Johnny, bleibt stehen und sieht sie an. »Ich gebe das so weiter.«

Rita erwidert seinen Blick. »Ja. Anders kann es nicht sein.«

»Das Wichtigste ist von nun an, dass du dir nichts anmerken lässt.«

»Ich soll meine Schwester diesem Mörder –«

»Rita!« Johnny umfasst ihre Schultern. »Ein Mörder war er auch vorher schon. Du lässt deine Schwester am besten keine Sekunde mit ihm allein. Es liegt in seinem Interesse genau wie in deinem, dass sie so schnell wie möglich wieder gesund wird. Ich bin sicher, in ein paar Tagen habt ihr den Befund, dann bekommt sie das Penicillin und alles wird wieder gut. Typhus ist heute heilbar, es sei denn, es wird zur Epidemie. Hörst du?«

Rita nickt.

»Und jetzt geh nachhause. Am besten, wir treffen uns erst mal nicht mehr.«

Sie spürt den Druck seiner Hände auf ihren Schultern. Dann ist er weg.

Sie geht die Straße hinunter.

Es sind ja nur ein paar Meter.

Wie ferngesteuert.

Rita sitzt an Pünktchens Bett.

Kalte Wadenwickel.

Das Fieber geht runter.

Eine Stunde Schlaf. Erschöpfung.

Das Fieber steigt.

Pünktchen phantasiert nicht mehr. Sie liegt nur da und sieht Rita an aus Augen, die jeden Tag größer werden. Oder das Gesicht wird kleiner.

Ernste Männerstimmen vor der Tür. Ihr Vater. Pater Ludwig.

Oh nein. Nicht der Priester.

Der Doktor kommt. Worte dringen durch die Tür.

Labor. Probe. Verlorengegangen.

Ich hatte Recht, denkt Rita. Aber es stellt sich keine Befriedigung darüber ein, Recht zu haben. Das macht Pünktchen nicht wieder gesund.

Das nicht. Ingrids Gebete nicht. Ritas Wut nicht.

Rita hat eine wahnsinnige Wut im Bauch.

Auf die Welt, wie sie ist.

Auf Gott oder wen sonst, ist ihr im Augenblick egal!

Pünktchen.

Ohne sie ist unsere Familie ein Haufen verlorener Egoisten. Sie ist es, die uns Monstern mit Menschlichkeit begegnet.

Hani. Tod auf Raten. Hat es nicht gereicht, ihm seinen Verstand zu rauben? Musstest du mir auch noch sein Herz nehmen?

Alles zerrinnt unter meinen Fingern.

Kopfschmerzen.

»Wir müssen Penicillin geben. Auch wenn wir nicht sicher sein können, dass es sich um eine bakterielle Infektion handelt.«

Rita weicht nicht von Pünktchens Seite. Schläft in einem Sessel an ihrem Bett.

Das Penicillin kommt.

Das Fieber sinkt.

Endlich.

»Rita, wach auf.« Vati steht neben ihr.

Wie lange ist er schon hier?

»Sie schläft jetzt. Sie braucht Ruhe und Vitamine. Kannst du ihr etwas Obst besorgen? Das Beste, was du kriegen kannst?«

Er kann doch das Obst auch bringen lassen. Aber er will, dass sie rausgeht. Er macht sich Sorgen.

»Wo ist Mutti?«

»Sie hat sich hingelegt. Es geht ihr nicht gut.«

Rita sieht ihren Vater an. Wie muss er sich nach einer Frau sehnen, die an seiner Seite steht, ohne sich dauernd hinzulegen.

»Ich habe Brigitte angerufen.« Als hätte er ihre Gedanken gelesen. »Sie nimmt unbefristeten Urlaub im Mena Hotel, um uns zu unterstützen, bis Petra wieder gesund ist. Deine Mutter ist einverstanden.«

Ihre Mutter war sich des Sieges so sicher. Und muss nun das Feld freigeben für die Rivalin, die sie glaubte für immer davongejagt zu haben.

Rita horcht in sich hinein. Statt Schadenfreude spürt sie nur Erleichterung darüber, dass sie fortan nicht mehr allein mit Ingrid ist. Erleichterung darüber, dass Pünktchens Fieber gesunken ist.

Vater und Tochter umarmen sich. Wann sie das zum letzten Mal getan haben, erinnern sie beide nicht. Lange bleiben sie so. Trauen sich kaum, einander loszulassen, als würden damit auch die guten Nachrichten vergehen.

Rita schließt leise die Haustür hinter sich. Steht blinzelnd im hellen Nachmittagslicht.

Wie spät ist es? Welcher Tag ist heute?

Ihre Gedanken trauen sich noch nicht aus der Zwischenwelt heraus, in der über Leben und Tod entschieden wird. In der sie achtgeben muss. In der sie sich keinen Moment der Unaufmerksamkeit erlauben darf.

Nur wenn ich da bin, ist Pünktchen sicher.

Sonst wird es ihr wie Hani ergehen. Ich habe ihn allein gelassen. Am nächsten Tag war er tot.

Old Black Swan!

Nochmal wirst du mich nicht an der Nase herumführen.

Einen Augenblick später sitzt Rita wieder an Pünktchens Bett.

»Ich kann nicht«, sagt sie zu ihrem Vater, der sie erstaunt ansieht. »Noch nicht.«

Rita verbannt alle Gedanken an die Welt da draußen aus ihrem Kopf.

Nur was sich hier drinnen abspielt, zählt.

Nur wer hier drinnen ist, zählt.

Konzentriere dich. Damit sie gesund wird.

Erst als sie Pünktchen auf deren ausdrücklichen Wunsch zum zweiten Mal hintereinander den ersten Band von Pippi Langstrumpf vorgelesen hat, lässt Rita sich eine halbe Stunde von Brigitte ablösen, um, ebenfalls auf Pünktchens ausdrücklichen Wunsch, eine frische Banane und Granatapfelkerne auf Cleos Grab zu legen. Die ursprüngliche Ration haben die Vögel längst geholt, aber Pünktchen ist sicher, dass es Cleo war, die sich im Himmel darüber freut, ihre Lieblingsfrüchte zu essen.

Am nächsten Tag geht sie los, um in der Buchhandlung in der neunten Straße nachzufragen, ob sie den zweiten Band bestellen können. Auch dieser Laden hat sich auf die Experten eingestellt und verfügt über schnelle Nachschubwege aus Europa. Der Fotoladen liegt auf dem Weg. Der volle Film ist immer noch in der Kamera.

Dort geht es los.

»Er hatte überhaupt keine Lizenz, um hier zu praktizieren!«, beschwert sich eine Dame vor ihr auf Französisch.

Der Fotoverkäufer lächelt geduldig. »Sie können die Bilder am nächsten Donnerstag abholen, Madame.«

Als die Kundin gegangen ist, wendet er sich an Rita. »Sie sagt das nur, weil ihr Mann selbst Arzt ist. Leider kein besonders guter.«

Rita nickt und versucht, während der Verkäufer gekonnt den Film in ihrer Kamera wechselt, ihre Gedanken zu ordnen. Eine Ahnung keimt in ihrem Inneren auf.

»Um wen ging es gerade?«, fragt sie

»Leben Sie hinter dem Mond?«, fragt der Verkäufer. »Um den deutschen Doktor, der hinten an der Ecke –«

Eine weitere Kundin hat den Laden betreten.

»Rubbish!«, mischt sie sich ohne Zögern ins Gespräch ein. »Er ist kein Arzt. Lesen Sie keine Zeitung? Er ist einer der Wissenschaftler, die unsere Raketen bauen.«

Rita hat das Gefühl, zu ersticken. Sie muss raus hier. Schnellstens.

»Hat Ihr Mann, der Herr General, vielleicht nähere Informationen?«, fragt der Verkäufer die Kundin.

»Entschuldigen Sie, vielen Dank.« Sie greift nach ihrer Kamera und dem Wechselgeld und flüchtet nach draußen.

Johnny. Der Doktor. Wenn sie es richtig im Kopf hat, war er schon seit zwei Tagen nicht bei ihnen.

Was ist passiert?

Ich muss wissen, was los ist.

Der Buchladen. Eine Zeitung.

Sie überquert die Straße. Ein Laster hupt.

Das war knapp.

Im Buchladen ist Hochbetrieb. Rita nimmt sich die heutige Ausgabe der Al Ahram, versteckt sich halb hinter einem Regal und blättert sie eilig durch.

Nichts.

»Meinem Mann hat er wirklich geholfen«, hört sie eine Frauenstimme. »Endlich ist er die Polypen los, die ihn jahrelang gequält haben.«

»Aber gnädige Frau!« Das ist die leise Stimme der Buchhändlerin. »Wenn es wahr ist, was man sich erzählt, dann kann man doch zu so einem Menschen nicht in die Praxis –«

Die Türglocke. Schritte. Eine weitere Stimme.

»Haben Sie schon gehört? Es war eine Briefbombe!«

Rita sieht auf ihre Hände, die immer noch umkrampft die Zeitung halten. Sie zittern.

»Erst vor zwei Wochen habe ich einen toten Welpen direkt neben seinem Haus gefunden.«

Die Türglocke.

»Ich habe natürlich die Polizei verständigt, aber die haben wie immer nichts getan.«

»Das macht nichts. Ich habe die Zimmer im ersten Stock an einen jungen Mann vermietet.«

Rita horcht auf. Die Stimme kennt sie.

Edyta.

Sie linst um die Ecke des Regals.

Edyta lächelt verschwörerisch. Die anderen Frauen im Laden hängen an ihren Lippen. Niemand achtet auf Rita, die sich langsam der Gruppe nähert.

»Ich bin sicher, er ist ein israelischer Spion. Nachts höre ich sein Funkgerät knistern. Er ist jung und stark. Er wird den Nazi-Doktor, wie sagt man doch gleich, neutralisieren!«

Rita atmet auf. Der Doktor lebt.

Was hat sie denn gedacht, was passieren würde?

Ihr nächster Gedanke gilt Johnny. Wenn Edyta hier so herumposaunt –

»Aber dass es ausgerechnet Abdul getroffen hat!« Das ist wieder die Buchhändlerin. Rita ist nicht sicher, ob sie das richtig verstanden hat. Ihr Französisch ist nicht das beste. »Seit wie vielen Jahren bringt er mir schon die Post? Was soll denn aus seiner Frau und den Kindern werden? Die Kleinste kann noch nicht mal laufen.«

Nein.

Nicht Abdul.

Der Postbote.

Freundliches Lächeln.

»Post für Sie, Miss!«

Eine Schallplatte von Kai. Ein Carepaket von Oma Hamburg. Briefe aus Deutschland.

Rita stolpert aus dem Laden, die Zeitung noch in der Hand.

Ihr Blick sucht die Titelseite ab. Welcher Tag ist heute?

Als könne das etwas ändern.

Es ist der 26. September 1963.

»Junge Frau, Sie müssen die Zeitung bezahlen!«

Rita dreht sich um. Oder dreht sich die Welt um sie?

Ihr letzter Gedanke.

Mir ist schlecht.

Ich muss mich hinlegen.

Die Stimme ihrer Mutter. Wird sie niemals los.

Rita Hellberg wird ohnmächtig.

Take me down with you.

Endlich.

Schwarz.

Foto, Farbe:
Rita in einem dunklen Hemdblusenkleid mit großen
silbrigen Perlmuttknöpfen, ungeduldiger Gesichtsausdruck,
steht am rechten Bildrand auf einem Flugfeld, links dahinter
ein Passagierflugzeug; mit einer Hand hält sie sich die jetzt
nicht mehr ganz so kurzen Haare aus dem Gesicht, über
dem anderen Arm hängt eine weiße Handtasche, in der
Hand hält sie eine Sonnenbrille.
Foto, Farbe:
Tragfläche eines Flugzeugs, aus dem Fenster fotografiert,
die ovale Kante ist angeschnitten, draußen unter einer
hauchzarten Wolkendecke ist sattes Grün, durchzogen von
einem Strom zu erkennen, dessen Wasser das Sonnenlicht
reflektiert.
Bildunterschrift: Abschied vom Nil, November 1963

Das erste Problem taucht an der Passkontrolle auf.

»Israel?«, fragt der Grenzpolizist mit dem enormen Schnauz-
bart und tippt vorwurfsvoll auf den Stempel in Kais Pass.

»Eine Studienreise«, stammelt Kai und überlegt verzweifelt,
wie er das auf Englisch erklären soll.

Rita mischt sich von hinten ein. »German expert!«, ruft sie
dem Mann über Kais Schulter zu. »Our father is an expert for
your planes. Fighter jets.«

»Ah!« Der Mann lächelt breit. »Experten aus Deutschland.
Keine Probleme.«

Grinsend stempelt er den Pass ab und sieht Kai mit Ver-
schwörermiene an. »Hitler was a good man. If you know what I
mean.«

»Yes, of course we know.« Rita schiebt den fassungslosen Kai
weiter und reicht dem Mann lächelnd ihren eigenen Pass.

Das zweite Problem tritt auf, als sie schon an der Tür stehen, um die Wartehalle zu verlassen und über das Flugfeld zu laufen.

»Passagier Miss Rita Hellberg. Miss Rita Hellberg.« Der Lautsprecher scheppert kaum verständlich. »Kommen Sie bitte zurück zur Passkontrolle.«

Rita sieht Kai an.

»Geh einfach weiter«, sagt er.

Die Türen öffnen sich.

Die Ansage wird nochmal wiederholt.

Rita geht weiter. Auf die Maschine der Lufthansa zu.

»Mach noch schnell ein Foto!«, ruft sie über die Schulter, dreht sich um, nimmt die Sonnenbrille ab und stellt sich in den Wind der laufenden Turbinen.

»Spinnst du?« Kai will nur in das verdammte Flugzeug rein. In Sicherheit sind sie erst, wenn die Türen zu sind. »Dafür ist jetzt keine Zeit.«

»Doch.«

»Nein.«

»Kai!«

Er gibt nach, wann hätte er das jemals nicht gemacht. Holt die Kamera aus der Tasche und fotografiert seine Schwester. Eine Welle der Erleichterung flutet durch seinen Körper. Zum ersten Mal, durch die künstliche Distanz des Suchers, wird ihm bewusst, dass sie lebt. Dass sie leben wird. Dass sie Kairo überlebt haben wird.

Futur Zwei.

Rita Hellberg deliriert.

Vor der Tür steht ein Soldat.

»German Expert«, sagt Rita.

Die Glastür gleitet lautlos auf.

Ein Flur. Sechs Türen.

Stille.

Rita geht durch den Flur.

Öffnet eine Tür.

Das Zimmer liegt im Halbdunkel, nur die Nachttischlampe gibt etwas Licht. Neben dem Bett eine weiß gekleidete Gestalt.

Bevor Rita das Bett erreichen kann, dreht sie sich um.

Doktor Hans Eisele hält eine Spritze in der Hand. Er beugt sich über Hani. »Ich werde Ihnen jetzt eine Spritze zur Kräftigung geben.«

Nein!

Träume ich oder ist das meine Stimme?

»Halten Sie sie bitte fest, sonst verletze ich sie.«

»Rita! Bleib ruhig, bitte.«

Vati. Vaterstimme.

Nein!

Schwarz.

»German Expert«, sagt Rita.

Die Glastür gleitet auf.

Ein Flur. Sechs Türen.

Ich muss zu Hani. Muss verhindern, dass der Arzt ihm eine Spritze gibt.

Rita rennt durch den Flur.

Öffnet die Tür.

Das Zimmer liegt im Halbdunkel.

Das Bett ist leer. Eine Nonne in weißer Tracht zieht die Laken ab. Bevor Rita das Bett erreichen kann, dreht sie sich um.

»Pünktchen!«

Ihre Schwester lächelt.

»Das hast du gut gemacht, Rita. Hani wurde heute entlassen.«

»Aber er ist tot!«

Rita rennt durch die Flure.

Tot. Nicht tot.

Paradox.

Paranoia.

Paratyphus.

»Es ist nur Paratyphus, Rita. Du wirst wieder gesund.« Pünktchen sitzt mit ihrer Schwesternhaube an Ritas Bett und wäscht ihr mit einem lauwarmen Waschlappen sanft das Gesicht ab.

»Du bist nur so schwach. Der Doktor kommt heute Abend –«

Nein!

Schwarz.

Paratyphus.

Salmonella Paratyphi, Typ A, B oder C.

ABC.

Rita befindet sich ganz oben auf der Spitze einer schwarz-weißen Rakete.

Ein schweres, tiefes Grollen lässt ihren ganzen Körper, das Bauchfell, das Rippenfell, die Trommelfelle vibrieren.

Rauch und Feuer steigen unter ihr auf.

Die Rakete steigt.

Rita sieht ein Rudel Hunde in die Wüste davonjagen.

Sieht sich selbst und Johnny auf einem Sandhügel liegen.

Sieht Wolfgang Lotz, den Champagnerspion, im Galopp zwischen Palmen reiten.

Sieht die Wüstenstraße.

Sieht die Schlachtfelder von El Alamein.

Sieht Alexandria.

Und stürzt hinab.

Tiefer und tiefer.

Sie durchstößt die schmerzhaft blaue Wasseroberfläche.

Sinkt auf den Meeresboden.

Auf die Stufen von Cleopatras Palast.

Sie blickt empor.

Steinerne Löwen, die Vorderpfoten lässig auf Kugeln gestützt, bewachen die Eingänge.

Rita schwimmt zwischen gelb-blauen Fischen hindurch.

Eine Sphinx mit abgeschlagenem Kopf.

Aus dem Kopf kommt eine Muräne, zeigt ihre spitzen Zähne und verschwindet im Dunkel.

»We cannot walk alone.«

Ich träume.

»We cannot turn back.«

Ich träume.

»I have a dream!«

Das ist Pünktchens Stimme.

Wir träumen.

Wir haben Taucherbrillen auf und Flossen an den Füßen.

Wir schwimmen tiefer in den Palast hinein.

Auf einer kreisrunden Säule, von hinten angestrahlt.

Ein aus einer Obstkiste gezimmerter Sarg.

Weißer Satin.

Cleo.

Im Hintergrund sind Käfige zu erkennen, in denen Affen sich laut kreischend gegen die Gitter werfen.

»I have a dream today.«

Rita blinzelt. Heller Sonnenschein fällt ins Zimmer.

» – every valley shall be exalted, every hill and mountain shall be made low. The rough place will be made plain, and the crooked places will be made straight.«

Pünktchen sitzt, jetzt ohne Schwesternhaube, in ihrer Schuluniform neben dem Bett und liest mit ergriffener Stimme von einem Zettel ab.

»– into a beautiful symphony of brotherhood.«

Sie hebt den Kopf und sieht Rita an. Zwei Tränen laufen ihr links und rechts die Wangen hinunter.

»Was hast du?«, murmelt Rita. »Was ist das für ein Zettel da.«

»Das ist die Rede, die der Pastor Martin Luther King in Washington gehalten hat. Wir nehmen sie gerade in Englisch bei Schwester Agnes durch. Sie ist so schön. Ich wusste, dass du davon wach wirst.«

»Erinnerst du dich an das Labor?«, fragt Rita, die noch halb in ihrem Traum steckt. »Wo du Cleo gefunden hast?«

Pünktchen schüttelt den Kopf. Neue Tränen formen sich in ihren Augen.

»Entschuldige.« Rita greift nach der kleinen Hand, die sich an ihren Zettel klammert. »Welcher Tag ist heute?«

Pünktchen reibt sich die Augen trocken und kichert ein bisschen. »Der 4. Oktober 1963. Was dachtest du denn?«

»Ich weiß nicht.«

»Hast du Hunger?«

»Mir ist schlecht. Ich muss ins Bad.«

Auf Pünktchen gestützt, verlässt Rita mit weichen Knien zum ersten Mal seit einer Woche das Bett.

Es klingelt an der Tür.

»Bin gleich wieder da.« Pünktchen verschwindet nach unten und Rita auf die Toilette. Danach fällt sie, kalter Schweiß am ganzen Körper, wieder in die Kissen.

Pünktchen kommt die Treppe hochgerannt.

»War nur die Post.«

Post.

Postbote.

Rita beginnt zu zittern. Die Zähne klappern.

»Vati!«, schreit Pünktchen. »Es geht wieder los! Was soll ich machen?«

Paratyphus.

Parasiten. Im Kopf.

Ernste Männerstimmen vor der Tür. Ihr Vater. Der Doktor.

Hysterie. Apomorphin. Nebenwirkungen. Symptome verstärken.

Rita kotzt sich die Seele aus dem Leib.

Sitze im Cockpit eines Flugzeugs.

So ein kleines Jagdflugzeug, wie Vati sie baut.

Das Flugzeug rollt auf die Landebahn.

Wir starten gegen die Sonne.

Es rüttelt und schüttelt. Mir wird schlecht.

Vati steht mitten auf der Landebahn.

Er fuchtelt mit den Armen.

Kurz bevor wir ihn erreichen, hebt das Flugzeug ab.

»Nein!«, höre ich ihn schreien. »Es funktioniert doch nicht!«
Anhalten geht nicht mehr.

Steigen hoch in den Himmel.

Mir ist schlecht.

Überschall!

Wenn man im Flugzeug sitzt, hört man das Durchbrechen der Schallmauer nicht.

Woher weiß sie das?

Ritas Magen revoltiert.

Sturzflug.

Rita sieht das Gelände wie einen exakt auf ihre Netzhaut gezeichneten Bauplan auf sich zurasen.

Wachgebäude. Tankstelle. Wasserturm. Verwaltungsgebäude.

Küchengebäude und Kantine.

Automatendreherei. Schreinerei. Kfz-Werkstatt.

Härterei. Behälterfertigung. Maschinenhalle.

Baustelle Werkhallen für die Serienfertigung.

Werkhalle für Raketenmontage.

Werkhalle für Kreiselfertigung.

Aufprall.

Die Fabrik 333 existiert nicht mehr.

Keine Überlebenden.

Friedrich Hellberg wirft seiner Tochter einen besorgten Blick zu und blättert vor zu den Berichten vom aktuellen politischen Tagesgeschehen.

»Liest du mir was vor? Bitte.«

Er hat gar nicht bemerkt, dass sie wach ist. Unbeholfen wischt er seiner Tochter den kalten Schweiß von der Stirn.

»Zehn Tage ehe er aus dem Amte scheidet, ließ Bundeskanzler Adenauer seine Hammerschläge noch einmal mit wuchtigem Dröhnen auf jenen Amboß fallen, der ihm seit jeher der liebste war: den außenpolitischen.«

Er raschelt mit der Zeitung, rückt seine Lesebrille zurecht. Das Vorlesen liegt ihm nicht.

»Interessiert dich das überhaupt, Rita?«

»Ja, Vati. Lies weiter.«

»Es ist in jüngster Zeit von Monat zu Monat klarer geworden, daß die CDU/CSU auf außenpolitischem Felde zum Selbstversorger wird. Sie macht sich ihre Opposition selber, die Sozialdemokraten braucht sie dazu gar nicht mehr. Für den Bundeskanzler Erhard ist das eine schwere Hypothek. Rita?«

Rita ist wieder weggedämmert.

Friedrich liest den Artikel leiser zu Ende. »Der deutsche Weg in der Weltpolitik wird zwangsläufig schmal bleiben, aber wenigstens gerade muß er sein.«

Mit einem Seufzer steht er auf. Wie Recht ihr wieder einmal habt, denkt er und faltet die Zeitung ordentlich zusammen. Deckt seine Große richtig zu. Spürt ein leichtes Zittern aus der Tiefe ihres Brustkorbs.

Rita steht vor dem Grabmal einer Königin mit der Bezeichnung GI-c.

Männer haben große Pyramiden. Frauen haben kleine Pyramiden. Sie starrt auf das unscheinbare Gemäuer, unsicher, ob sie sich im Jetzt befindet oder in einer anderen, einer alten Zeit. Sie dreht sich um, kann im Gegenlicht keine Menschen erkennen, nur den Schatten der gewaltigen Cheopspyramide. Auf einmal erscheint eine schemenhafte Figur im schwarzen Rechteck des Eingangs. Eine Frau, ebenfalls ganz in schwarz, mit der traditionellen Gesichtsverschleierung der Beduinen, winkt Rita zu.

Rita tritt ins Dunkel. Der Schacht führt steil nach unten. Ihre Füße suchen vergeblich nach Halt, sie rutscht mehr, als dass sie läuft. Die Frau, ist sie ein Guide? Ein Geist?, wirkt nicht ganz stofflich, eher wie eine Filmprojektion auf den gelblichen Wänden. Immer wenn Rita das Gefühl hat, ihr näher zu kommen, ist sie wieder im Dunkel verschwunden.

Rita folgt dem Gang, der im rechten Winkel vor ihr abknickt.

Da ist sie. So nah, dass sie sich plötzlich Auge in Auge gegenüberstehen. Rita weiß, dass sie die Augen dieser Frau kennt. Und doch kann sie nicht sagen, wer es ist.

Die Frau wendet sich ab und tritt durch eine niedrige Tür.

Sie sind jetzt in der Grabkammer. Die Gräber sind leer. Die Frau steigt auf den Sims, der um die Gräber herumführt. Sie balanciert darauf herum.

Rita bleibt stehen.

Die Figur entfernt sich in die hintere Ecke und scheint kleiner zu werden. Sie hüpft auf dem Sims herum wie ein Kind. Sie singt mit dünner Mädchenstimme.

»Maikäfer flieg. Der Vater ist im Krieg.«

Immer nur die erste Zeile. Wie eine Platte mit Sprung. Rita wendet sich ab, spürt einen Schatten hinter sich. Dreht sich zu schnell um.

Stolpert rückwärts.

Fällt.

Und fällt.

Liegt auf dem Rücken in dem leeren Grab.

Eine Grube aus Stein. Angenehm kühl auf der Haut. Nicht zu lang, nicht zu kurz. Sie passt genau hinein.

»Maikäfer flieg. Der Vater ist im Krieg.«

»Dein Vater ist tot«, flüstert Rita. »Abdul hat das Paket mit der Bombe aufgemacht. Oder hat er es fallen lassen? Ist das wichtig? Lass mich bitte aufwachen.«

Sie macht die Augen auf.

Liegt in völliger Dunkelheit.

Draußen vor der Tür. Frauenstimme. Mutterstimme.

»Heilige Maria Magdalena, Du, die die Welt gekannt hat, Du, welche die Welt berührt hat. Mit Deinen Tränen hast Du Dein Leben gereinigt vom Staub der Straße. Am neuen Morgen Deines Lebens bist Du es gewesen, welche den Vorhang des Tempels betrachtet hat. O Maria Magdalena, erste Blume aus dem Garten der Auferstehung! Da bist Du, Jungfrau von Neuem, Du, die Sünderin. Heilige Maria Magdalena, bitte für meine Tochter, denn auch sie ist eine Sünderin. Amen.«

Flüstern im Kopf. Parasiten im Kopf.

Rita schließt die Augen.

Paratyphus.

Paradies.

Die Dunkelheit lichtet sich zu einem Gitter, durch das schwache Helligkeit dringt.

Gittermuster.

Geruch nach dunklem Holz und Kerzenwachs.

Priesterstimme.

»So spreche ich dich los von allen deinen Sünden. Im Namen des Vaters.«

Rita fühlt die Spucke des Priesters auf ihren Wangen.

Auf den Augenlidern.

Auf den Lippen.

Sie weiß, sie darf die Spucke nicht abwischen.

»Und des Sohnes. Und des –«

Sie wendet sich ab. Von Ekel geschüttelt.

Keine Absolution.

Läuft wieder durch das Halbdunkel.

Dem schwachen Lichtschein nach.

Kriecht den steilen Gang hinauf.

Ans Licht! Ans Licht!

Mit letzter Kraft ans Licht.

Draußen das übliche Touristengewimmel an den Pyramiden.

Kamelführer treiben ihre Tiere vor sich her.

Jalla! Jalla!

Einer sprengt im Galopp auf seinem grauen Pferd vorbei.

Ein Mann mit einem Fotoapparat dirigiert ein Mädchen und eine junge Frau auf die richtige Position mit der Cheopspyramide als Hintergrund. Er dreht sich um.

»Komm schon, Rita!« Vati.

Rita stellt sich neben Pünktchen. Auf der anderen Seite Brigitte. »Ich bleibe hier«, sagt sie und strahlt selbstbewusst in die Kamera.

Rita kann den Blick nicht vom schwarzen Eingang der Pyramide abwenden.

Etwas zieht sie dorthin.

Ins dunkle Grab.

Vor vielen tausend Jahren passend aus dem Stein gehauen.

Lasst mich doch schlafen.

»Der Erzbischof von New York, Kardinal Francis M. Spellman, schrieb für den Spiegel:«

Frauenstimme. Brigitte.

»Es ist eine Gnade Gottes, für die wir alle dankbar sein müssen, daß uns Kanzler Konrad Adenauer für diese mehr als achtzig Jahre geschenkt worden ist. In der dunklen Stunde des deutschen Zusammenbruchs trat er aus den Trümmern hervor, um einer neuen Generation den Weg zu einem anderen und größeren Deutschland zu weisen. Durch mühevolle und opferreiche Jahre leitete er den Wiederaufbau –«

Rita wacht auf.

»Was liest du da?«

»Guten Tag!« Brigitte sieht aus, als wäre sie einer Anzeige für Morgenfrische entstiegen. Weichspüler. Fleckenlose Reinheit. Sie schiebt Rita ein dickes Kissen unter, damit sie sich aufsetzen kann.

Sie duftet nach Maiglöckchen.

»Welcher Tag ist heute?«

»Donnerstag, der 25. Oktober.«

»Was?« Für Rita klingt ihre eigene Stimme wie die einer anderen Frau.

»Du hattest wochenlang hohes Fieber«, lächelt Brigitte duftend, »während die Welt sich ein ganzes Stück weitergedreht hat. Adenauer ist zurückgetreten. Wir haben in Deutschland einen neuen Bundeskanzler.«

»Seit wann interessierst du dich für Politik?«

Rita zeigt auf das Heft, das Brigitte zur Seite gelegt hat. Freundin Film-Revue. Farah Diba mit Maiglöckchen am Hut.

Brigitte wirft ihr einen langen Blick zu, nimmt das Heft in beide Hände und lässt es wie in einem gekonnten Zaubertrick auf den Boden gleiten. Darunter hat sie den Spiegel versteckt. »Dein Vater sieht das hier nicht gern in eurem Haus.«

Sie bückt sich, hebt das falsche Titelblatt auf und legt beide Hefte wieder ordentlich zusammen.

»Ich mache dir ein Omelett.«

Rita schließt die Augen. Als sie sie wieder aufschlägt, steht Brigitte mit einem Tablett neben dem Bett. Es duftet nach Tee und frischem Toast.

»Weißt du, Rita«, sagt Brigitte und sieht sie mit diesem geraden Blick an, den sie so gut kann. »Ich glaube mittlerweile, du hältst mich für oberflächlich und weltfremd. Stimmt's?«

Rita piekt mit ihrer Gabel ein Stück Omelett auf und schiebt es sich in den Mund.

Immerhin. Kein Würgereiz.

Sie weiß nicht, was sie antworten soll.

»Ich habe mich in deinen Vater verliebt«, fährt Brigitte fort, als würde sie über das herrliche Wetter reden. »Aber ich bin deswegen kein blondes Dummchen. Ich weiß, was ich kann und was ich will. Kannst du das von dir auch behaupten?«

Nein. Ganz und gar nicht.

Gedanken schießen kreuz und quer durch ihren Kopf.

Explodieren.

Brigittes Blick wird weicher. Vorsichtig nimmt sie Rita die Gabel aus der zitternden Hand und hilft ihr mit dem nächsten Bissen.

»Mir wird komisch.« Der Schwindel schießt aus dem Hinterkopf und breitet sich rasend schnell bis in den Bauch aus. Rita muss würgen.

Auf Brigitte gestützt schafft sie es gerade noch rechtzeitig ins Badezimmer.

Rita schläft tief und traumlos.

Stimmen vor der Tür. Mädchenstimme.

»Es ist so, als wollte sie einfach nicht mehr aufwachen.«

»Ich kriege sie wach.« Männerstimme. »Keine Sorge. Geh schlafen, Pünktchen.«

Rita will nicht aufwachen.

Es gibt keine Träume, die schlimmer sind als die Wirklichkeit. Oder doch?

»Squatting on old bones and excrement and rusty iron, in a white blaze of heat, a panorama of naked idiots stretches to the horizon. Complete silence – their speech centers are destroyed – except for the crackle of sparks and the popping of singed flesh as they apply electrodes up and down the spine. White smoke of burning flesh hangs in the motionless air. A group of children have tied an idiot to a post with barbed wire and built a fire between his legs and stand watching with bestial curiosity as the flames lick his thighs. His flesh jerks in the fire with insect agony.«

»Aufhören! Bitte!«

»Siehst du«, grinst Kai. »Jetzt bist du wach. Nicht wieder einschlafen, sonst lese ich weiter.«

»Ich bin aber so müde.«

»I digress as usual. Pending more precise knowledge of brain electronics, drugs remain an essential tool of the interrogator in his assault on the subject's personal identity.«

»Kai? Wie kommst du hierher? Was redest du da?«

»Ich bin nicht Kai. Ich bin William S. Burroughs. Ich bin drogensüchtig, homosexuell, und ich habe meine Frau erschossen, weil ich mich für Wilhelm Tell hielt. Ich sehe aus wie der wandelnde Tod. Ich habe ein Meisterwerk geschrieben, das die Welt verändern wird. Und das ist erst der Anfang.«

Er hält ein abgegriffenes Taschenbuch hoch.

Naked Lunch.

»Der Anfang wovon?«

»Du bist wach. Hallo, Rita. Der Anfang einer neuen Zeit.«

Kai gibt ihr einen Kuss auf die Stirn. Draußen fährt ein Auto

vorbei. Das Licht der Scheinwerfer huscht über die Zimmer-
wand.

»Ich will schlafen.«

»Das geht nicht.«

»Warum nicht?«

»Du musst hier weg. Johnny lässt grüßen.«

»Wo ist er?«

»Vermutlich gerade auf dem Weg von Hamburg nach Paris. Er
konnte nicht länger hierbleiben. Seine Zimmerwirtin hat überall
herumerzählt, er sei ein israelischer Spion.«

Lose Erinnerungsfetzen schieben sich in Ritas Kopf zusammen.

Sie bilden eine Autobahn.

Eine Richtung führt unweigerlich zu der Feststellung, dass Dr.
Eisele lebt. Die andere zu dem Schluss, dass der Postbote Abdul
an seiner Stelle gestorben ist.

»Er meint, sie werden eins und eins zusammenzählen und
dich verhaften. Zumindest verhören. Die ägyptische Geheimpolizei oder dieser deutsche Sicherheitsmann, du wüsstest schon.
Gestapo.«

»Mich?« Rita ist sich gar nicht mehr sicher, ob sie wach ist. Es
fühlt sich wirklich nicht so an. »Ich bin doch völlig unwichtig. Ich
führe hier nur den Haushalt.«

Kai steht auf und tritt ans Fenster. »Ich weiß nicht, ob das die
Typen, die Tag und Nacht auf der anderen Straßenseite herumlungern, auch so sehen.«

Mit einem Schlag ist Rita wach.

Hellwach.

So wach, dass sie schon aus dem Bett und neben Kai am Fenster ist.

»Wie lange steht der da schon?«

»Der seit gestern. Davor ein anderer.«

Sie muss sich an Kai festhalten. »Ich kann nicht weg. Ich habe
mit Vati eine Abmachung, dass –«

»Den lass mal meine Sorge sein.« Kai legt seinen Arm ganz fest um Rita. »Du gehst wieder ins Bett und siehst zu, dass du auf die Beine kommst, so schnell es geht.«

Rita Hellberg liest William Burroughs.

An agent is trained to deny his agent identity by asserting his cover story. So why not use psychic jiujitsu and go along with him? Suggest that his cover story is his identity and that he has no other. His agent identity becomes unconscious, that is, out of his control; and you can dig it with drugs and hypnosis.

Wütende Männerstimmen vor der Tür.

»Rita bleibt hier. Die Familie gehört zusammen!« Ihr Vater.

»Dir geht es doch gar nicht um die Familie! Du willst nur alle unter deiner Kontrolle haben.« Ihr Bruder.

»Deine Schwester wirst du nicht in dein Gammlerleben hineinziehen.«

»Hier wäre sie fast gestorben. Und Pünktchen auch. Nur weil du deinen Nazifantasien nachhängen und unbedingt Kampfflugzeuge –«

Rita hält sich die Ohren zu.

Schlägt das Buch auf.

Irgendwo.

And Joselito who wrote bad, class-conscious poetry began to cough. The German doctor made a brief examination, touching Joselito's ribs with long, delicate fingers.

Schlägt das Buch zu.

Steht auf. Schafft die paar Schritte auf immer noch wackeligen Beinen. Holt tief Luft.

Reißt die Tür auf.

»Warum fragt mich keiner, was ich will!«

Schweigen.

Dann sagt sie eben ungefragt, was sie will.

Am nächsten Tag kommt der Arzt, darauf hat ihr Vater bestanden. »Ohne ärztliche Einwilligung fliegt meine Tochter nirgendwohin.«

Rita sitzt angezogen auf dem Bett. Kai steht am Fenster und beobachtet den Mann auf der gegenüberliegenden Straßenseite.

»Heute ist es wieder der andere.«

»Ich habe Angst, Kai.«

»Vor dem da unten?«

»Vor dem Doktor.«

Die Tür öffnet sich. Da steht er, schwer atmend von der Treppe. Er sieht aus wie der Name, den sie ihm in Buchenwald verpasst haben.

Der weiße Tod.

Ein langer Blick zu Kai, dann zu ihr.

Er hat abgenommen. Bleich wie die Wand. Tiefe Ringe unter den Augen.

»Würden Sie sich bitte freimachen.«

Als er sie abhorcht, spürt sie das leichte Zittern seiner Hand.

»Ich gehe mir nur kurz die Hände waschen.«

Er geht hinaus.

»Ich tippe auf Morphium«, flüstert Kai. »Seine Pupillen sind klein wie Stecknadeln.«

Er kommt wieder herein, öffnet seine Tasche und schreibt eine kurze Notiz auf seinen Block. »Geben Sie das bitte Ihrem Vater.«

Dann gibt er ihr die Hand. Ihre ist warm. Seine ist kalt.

»Auf Wiedersehen, Fräulein Hellberg. Fahren Sie nachhause und grüßen Sie die Heimat von mir.«

»Ich habe gehört, Sie malen.« Das ist Kai, vom Fenster her.

»Ja, das stimmt.« Wenn ihn die Frage überrascht, so lässt er es sich nicht anmerken.

»Malen Sie die Heimat«, sagt Kai. »Denn in diesem Leben werden Sie sie nicht mehr wiedersehen. Dafür sorgen wir.«

»Wer ist wir?«, fragt er ruhig.

»Wir«, sagt Rita an Kais Stelle, »wir sind die Vorboten einer neuen Zeit. Das Zeitalter des Wassermanns hat begonnen. Vielleicht haben Sie davon gehört.«

Als die Tür sich hinter ihm geschlossen hat, kichern sie los wie die Kinder, die sie mal waren.

»Du spinnst total!«, sagt Kai. Das Anschnallzeichen ist erloschen. Tief unter ihnen wird das Nildelta sichtbar. Dann gleitet das Flugzeug hinaus auf die gleißende Fläche des Meeres.

»Du auch«, sagt Rita lächelnd. Sie gibt ihm die Kamera zurück, ihr Gesichtsausdruck wird ernst. »Ich brauche Zeit, Kai. Ich brauche vielleicht eine lange Zeit, um darauf zu kommen, wie das alles für mich einen Sinn ergibt.«

Foto, schwarz-weiß:
fehlt, nachträglich entfernt
Bildunterschrift: Die Schattenarmee, November 1970

Sieben Jahre ist es her, seit Rita Kairo verlassen hat.

Sieben Jahre, in denen sie um das Erinnern und um das Vergessen gerungen hat. Um endlich in der Gegenwart leben zu können.

Nur, um sich nun Auge in Auge mit ihrer eigenen Vergangenheit wiederzufinden. Was für ein ausgeflipptes, verdrehtes Karma ist das denn?

»Wenn Sie noch einmal eigenmächtig Ihr Zimmer verlassen und im Krankenhaus herumturnen, lehnen wir jede weitere Verantwortung für Ihren Gesundheitszustand ab. Verstehen Sie, was das bedeutet, Fräulein Hellberg?«

Rita gähnt und nickt. »Strikte Bettruhe.«

Die Stationsschwester wirft ihr einen letzten, wie Rita findet, verächtlichen Blick zu. »Und ebenso striktes Rauchverbot.«

Mit einem Knall fällt die Tür hinter ihr zu.

»Du warst bestimmt ganz vorne mit dabei im Bund deutscher Mädel«, murmelt Rita und greift nach ihrem Bademantel, den die Schwester über das Gestänge am Fußende geworfen hat. Die Kamera ist noch drin, zum Glück. Das Foto mit der Nummer achtzehn ist der einzige Beweis, dass es sich nicht um einen schlechten Traum handelt.

Jetzt eine Zigarette.

Nein. Nicht rauchen.

Mit dem Rauchen hat es angefangen. Nur ein paar schnelle Züge am offenen Fenster.

Hoffentlich haben sie mich nicht gesehen.

Ich kann hier nicht weg.

Ihr Herz schlägt zu schnell. Ihr Atem lässt sich kaum beruhigen.

Keine Aufregung!

Sie schließt die Augen.

Transzendentale Meditation. Workshop, teuer bezahlt. Persönliches Mantra bekommen.

AIMA.

Gedankensplitter.

Jagen durch den Kopf.

Neunzehnhundertvierundsechzig.

Rita Hellberg ist zurückgekehrt. Doch das Ankommen dauert lange. Der Winter nimmt kein Ende in Hamburg. Dunkle Nächte.

Rita zählt die Löcher im geflochtenen Korbmuster der Armlehnen von Oma Hamburgs Schlafcouch.

Kai arbeitet Tag und Nacht. Brauche Geld.

Johnny versteckt sich in Tel Aviv. Brauche Sonne.

Rita kann sich nicht konzentrieren. Muss den Stoff für die Aufnahmeprüfung ins Kolleg pauken.

Zwischen elf und zwölf, wenn der Briefträger kommt, verlässt sie fluchtartig das Haus. Dreht mit rasendem Herzen eine Runde bis zur Elbe runter und wieder zurück.

Nachts schreckt sie aus dem Schlaf.

Keine Luft.

Oma Hamburg erscheint wie ein Geist im gestreiften Flanellnachthemd und Puschen. Streicht ihr über die Haare. »Ick weet dat, min Deern. För mi is jümmer noch all Nach Fliegeralarm.«

Kai macht ein besorgtes Gesicht. »Zieh doch in Johnnys Zimmer. Dann kann ich dir helfen mit dem Lernen.«

Tapetenwechsel.

Die Familie kommt zurück. Mit siebzehn Koffern und einer Liste.

Liste der Reiseandenken (handschriftlich).

1.) Friedrich Hellberg

1 Lederpuff, rund, grün
1 Kästchen, quadratisch
1 gr. Neger
1 Brieföffner
2.) Ingrid Hellberg
1 Lederpuff, eckig, rot
1 Kästchen, rechteckig
3 kl. Neger
1 kl. Wandbehang
1 Brieföffner
1 Vasenlampe
2 Glasleuchter
1 Wolldecke mit Kamelen
3.) Petra Hellberg
1 Krokodil
1 Kästchen
1 Kette mit Anhänger
1 Armband, Altsilber
1 kl. Kamel
1 Gruppe Neger

Johnny geht nach Amman. Dort kann er am besten seinem Doppel- und Dreifachleben nachgehen, ohne dauernd in Gefahr zu sein, vom ägyptischen Geheimdienst einkassiert zu werden.

Friedrich Hellberg sitzt wieder in seinem Arbeitszimmer, Frau und Tochter den Rücken zugewandt. Er schreibt Brief um Brief. Zeugnisse seiner Demütigung.

Mr. Ali Mansur, 30 Str. Abdel Hamid Aba Hef, Apt. 11, Heliopolis, VAR.

21. März 1964.

Lieber Herr Mansur!

Durch die Presse ging nun die Nachricht, daß die HA-300 ihren Erstflug erfolgreich bestanden hat. Dazu möchte ich Ihnen und all Ihren Freunden sehr herzlich gratulieren. Ich weiß natürlich keine Einzelheiten, kann mir aber denken, daß es noch Probleme gibt. Sehr oft bedauere ich, daß ich aus dieser so interessanten Arbeit herausgerissen worden bin. Es war ja auch ganz anders gedacht, da ich nach den Versprechungen von Prof. Messerschmitt annehmen durfte, daß ich auch weiterhin von hier aus daran mitarbeiten könnte. Er hat mir aber erst dieser Tage einen ganz üblen und schäbigen Brief geschrieben, nachdem ich ihn an sein Versprechen erinnert hatte.

Hier ist es nämlich meine große Belastung, daß ich in Ägypten war. Durch ein Schreiben, das ich im Winter vom Bundeswirtschaftsministerium erhielt, wurde mir mitgeteilt, daß für mich eine Sperre vorliegt für 5 Jahre im Flugzeugbau.

Uns bestraft man also dafür, während man gleichzeitig dem Professor den Bayerischen Verdienstorden verliehen hat. So ungerecht geht es in der Welt zu!

ff.

Rita besteht die Aufnahmeprüfung zum Kolleg, obwohl sie zwischendurch einen Blackout hat. Die Prüfer schicken sie auf einen Spaziergang an der Alster.

Wirklich nett.

Fortan gehört sie zu dem einen Drittel Schüler mit gebrochenen Bildungsbiografien. Das Pensum ist hart. Wenn die anderen abends im Wohnheim feiern, sitzt Rita zuhause im Souterrain und übt bei schlechtem Licht Mathematik. Es ist nicht so, dass sich keiner für sie interessiert, aber was soll sie von Raketen sprechen, von Spionen und von ABC-Waffen. Darüber steht doch genug in den Zeitungen.

stern. Heft Nr. 13, 29. März 1964. Seite 16.

Er fliegt, er fliegt, brüllen über hundert Arbeiter und Techniker. Das ängstlich gehütete Staatsgeheimnis der Ägypter war fauchend am blauen Himmel verschwunden und planmäßig gelandet. Die HA 300 erreicht gut zweieinhalbfache Schallgeschwindigkeit und ist damit schneller als Westdeutschlands Super-Starfighter F-104 G, die sowjetische MIG 23 und die französische Mirage III.

Friedrich schreibt.

Peter Scholler, Rue 15, Villa 56, Maadi bei Kairo, VAR.
3. Juni 1964.
Liebe Familie Scholler!

Wir haben uns ganz außerordentlich über Eure Grüße gefreut und danken Euch dafür sehr herzlich! Wie geht es im Werk, und wie geht es den Kindern?

Ja, um es gleich vorwegzunehmen: Die Sehnsucht nach Cairo kommt bald, wenn man wieder hier ist! Aber es ist halt nur die Eigenart dieses Landes. Im Detail denkt man dann doch anders. Etwa, wenn man jetzt bei diesem herrlichen Frühjahrswetter durch Wald und Wiesen gehen kann und stundenlang keiner Menschenseele begegnen muß! Überhaupt diese Sauberkeit überall! Und das Gefühl der Sicherheit!

Unsere Bemühungen, die Aufhebung der 5-Jahres-Sperre für Heimkehrer aus Ägypten zu erreichen, waren trotz aller Memoranden an die höchsten Stellen erfolglos. Nur ein Einziger blieb aktiv und setzte sich für uns ein: Franz Josef Strauß. Und er hat es geschafft: Der Bundeswirtschaftsminister macht nun für uns Heimkehrer eine Ausnahme. Nun aber kommt das Interessanteste: Ich habe einen Ablehnungsfall seitens einer großen Firma, hinter dem nun nicht mehr die Sperre stand. Vielmehr steckt dahinter unser guter Messerschmitt. Der Grund: Ganz einfach, er wollte damit ein Beispiel schaffen, das abschreckend auf die anderen wirkt, die noch dort sind. Daran, daß wir keine Stellung finden, sieht man ja ganz deutlich, was Euch auch erwartet, also werden alle bleiben. Mir tun alle leid, die noch hoffen, daß er sich jemals später für sie einsetzen wird, da er ja keine Zeugen dafür haben will, wie sehr er dort engagiert ist. Wird doch nach wie vor hier durch die Presse verbreitet, daß er lediglich einen Entwurf geliefert habe in Spanien, den man ohne sein Zutun an Ägypten weiterverkauft habe. Wir hielten das zunächst für eine Dummheit der Journalisten, aber man erkennt jetzt klar, daß hier eine Lenkung seitens Messerschmitt vorliegt.

ff.

Pünktchen geht aufs Gymnasium in Stade. Als sie gefragt wird, was ihre Interessen sind, spricht sie von Grünen Meerkatzen und Martin Luther King. Bis sie mitkriegt, dass alle Mädchen in ihrer Klasse über eine neue Puppe aus Amerika reden, die den bescheuerten Namen Barbie hat und aussieht wie ein Mannequin. Pünktchen verstummt. Der Kokon ist wieder da wie ein altes Kleid, das sie für eine Weile hinten im Schrank vergessen hat.

Ingrid geht in den Kirchenkreis, zur Beichte und in die Drogerie. Keine Kakerlaken mehr, stattdessen duftender Weichspüler und Scheuermittel, das den Namen verdient. Der Ehemann, wenn auch meist von hinten, im eigenen Haus statt in fremden Betten. Ein kleines bisschen Luxus wäre noch schön, sich mal etwas zu gönnen, anstatt jeden Pfennig umzudrehen. Aber man will ja, weiß Gott, nicht unbescheiden sein.

Rita und Kai schauen fern bei Oma Hamburg, die längst im Sessel eingeschlafen ist. Es läuft eine Sendung mit dem hessischen Generalstaatsanwalt Dr. Fritz Bauer im Dritten Programm. Er diskutiert mit jungen Leuten in einem Kellerlokal.

Man habe, so sagt er, zu Beginn des ersten Auschwitz-Prozesses mit vielen Dingen gerechnet. Nicht aber mit einem neuen Antisemitismus. Die Prozesse, sagt Bauer, stellen uns alle vor die Entscheidung, wo in einem totalen Staat die Grenze liegt, an der wir nicht mehr mitmachen dürfen.

Das Nein.

Darauf beruht jede Ethik.

Darauf beruht jedes Recht.

Neunzehnhundertfünfundsechzig.

Im Karolinenviertel steht plötzlich Johnny vor der Tür. In seinen Augen streitet helle Wut mit dem grauen Schleier tiefer Enttäuschung.

»Komm rein«, sagt Rita. »Du kannst dein Zimmer wiederhaben. Ich schlafe bei Kai.«

»Ich bleibe nicht lange«, gähnt Johnny.

Schaschlik mit Pommes bei ihrer Imbissbude. Die Palette gegenüber gehört bereits der Vergangenheit an.

»Ich komm' raus und er geht rein. Ein bekennender National-sozialist läuft unbehelligt durch Tel Aviv, ein fröhliches Liedchen auf den Lippen. Könnt ihr euch das vorstellen?«

Kai schüttelt den Kopf. »Und mich haben sie rausgeschmis-sen.« Das hat er immer noch nicht verwunden.

»Hast du erfahren, was er da wollte?«, fragt Rita und denkt an den jungen Algerier, der hier vor ein paar Jahren mit ihnen im Morgengrauen gestanden hat. Baut er jetzt Raffinerien in der von Franzosen befreiten Heimat? Ist er gestorben? Für die Re-volution? Braves deutsches Mädel geheiratet?

Johnny fragt den späteren israelischen Premierminister mit dem Decknamen Samuel, wie es sein kann, dass Otto Skorzeny sich mit Wissen des Mossad als freier Mann in Tel Aviv auf-hält.

Entscheidung von oben, bekommt er zu hören. Wir brauchen ihn. Seine Kontakte. Informationen.

»Was bekommt er dafür?«, fragt Kai.

»Er will runter von der Liste.«

Die berühmte Liste von Simon Wiesenthal. Der gibt erst Ruhe, wenn er einen Haken hinter einen Namen machen kann.

Tot.

Oder hinter Gittern.

»Was sagt Wiesenthal?«, fragt Rita.

»Der sagt nein.« Johnny nickt zufrieden. »Skorzeny kriegt nur eine Garantie vom Mossad.«

»Und?«

»Und so unterwandern wir Nassers Raketenprogramm. Er holt einen nach dem anderen mit rein. Sogar den Sicherheits-mann.«

»Valentin?« Rita fröstelt, obwohl es mitten im Sommer ist und die Luft über dem Gänsemarkt vor Hitze steht.

»Und Johnny?«, fragt Kai. »Was sagt der dazu?«

»Der sagt auch nein.« Johnny drückt die Pappe vom Schaschlik so heftig zusammen, dass der Ketchup an der Seite rausspritzt. »Ich will nicht mehr. Ich weiß nicht mehr, woran ich glauben kann.«

»Willkommen im Club der Zweifler«, sagt Rita. »Ich fürchte, jetzt brauchen wir laute, unanständige Musik und was zu trinken.« Dafür ist, darauf ist wenigstens Verlass, natürlich Kai zuständig.

Seit dem 12. Mai 1965 bestehen offiziell diplomatische Beziehungen zwischen der Bundesrepublik Deutschland und dem Staat Israel. Im Herbst zuvor ist eine ganze Lieferung Panzer aufgeflogen, und postwendend lädt Präsident Gamal Abdel Nasser den Staatsratsvorsitzenden der Deutschen Demokratischen Republik, Walter Ulbricht, nach Kairo ein. Als dieser tatsächlich in Ägypten eintrifft, entscheidet Bundeskanzler Ludwig Erhard eigenmächtig, dem Staat Israel den Austausch von Botschaftern anzubieten.

Die arabische Welt reagiert sofort. Noch am selben Abend bricht der Irak die Beziehungen zur Bundesrepublik ab, seinem Beispiel folgen Ägypten, Syrien, der Libanon, Saudi-Arabien, Jordanien, Kuwait, der Jemen, Algerien und der Sudan.

Johnny sitzt wieder Zigaretten rauchend hinter seiner Olivetti.

Der Spiegel. Heft Nr. 30, 21. Juli 1965. Seite 28.

Heimkehr vom Nil

Professor Wolfgang Pilz, der für Nasser in Ägypten Raketen gebaut und damit internationale Verwicklungen heraufbeschworen hatte, wollte nicht behelligt werden. Sein Anwalt bekam nur alle paar Tage einen Anruf. In der letzten Woche kam der Anruf aus Österreich: In einem Kärntner Fischerhaus am Trebesing, im Tal der Lieser gelegen, hatte der Raketenprofessor mit weißem Haar und sonnenbrauner Haut sein Domizil aufgeschlagen. Jeden Morgen nahm er eine Dusche aus dem Gartenschlauch, jeden zweiten Tag ein heißes Heilbad.

Die Rückkehr des Diplom-Ingenieurs aus Ägypten markiert

das Ende der deutschen Raketenbauerei am Nil. Seine prominentesten Mitarbeiter sind schon seit geraumer Zeit wieder im Lande.

»Warst du etwa in Kärnten?«, schreit Rita, die eigentlich in der Küche für die Geschichtsarbeit lernen wollte und dann an der Gegenwart des herumliegenden Spiegels kleben geblieben ist.

»Ich lese Agenturmeldungen und mache mir einen Reim darauf!«, brüllt Johnny aus dem Nebenzimmer zurück. »Was anderes kann ich mir gerade nicht leisten. Apropos, hast du was zu essen mitgebracht?«

Rita zieht es vor, diesen profanen Einwand zu ignorieren und liest weiter.

Auch der aus Österreich gebürtige ehemalige Junckers-Konstrukteur Ferdinand Brandner, der für Nasser Düsenjäger baut und derzeit noch über 400 deutsche Fachleute um sich geschart hat, kündigte unlängst an, er werde seine Leute nach und nach heimschicken.

Der öffentlichkeitsscheue Spätheimkehrer Professor Pilz hingegen, der mit seiner erblindeten Sekretärin Hannelore Wende in Kärnten weilt, drückt sich sphinxhaft aus: »Alles ist so hochpolitisch, so diffizil, daß ich mich in keiner Weise äußern möchte.«

Rita schiebt das Magazin so weit weg wie möglich. Entweder sie schafft es, gar nicht mehr daran zu denken, oder es ist alles mit einem Schlag wieder da.

Glasklar und schmerzlich.

Es gibt kein Dazwischen.

»Mit anderen Worten«, sagt Johnny, der plötzlich im Türrahmen lehnt, »dein Professor hat einen Deal gemacht. Und jetzt komm. Wir gehen raus und essen was. Der Hamburger Sommer ist zu kurz, um hier über den Schulheften zu versauern.«

Im Oktober findet Friedrich Hellberg endlich wieder Arbeit. Er tritt eine Stelle bei den Siebel Flugzeugwerken in Donauwörth an. Neuerdings hält dort die Aktiengesellschaft des zweiten großen deutschen Flugzeugbauers Ludwig Bölkow die Mehrheit der Anteile.

Neun Monate zuvor, im Dezember 1964, ist der stellvertretende israelische Verteidigungsminister Shimon Peres wieder einmal bei seinem Freund Franz Josef Strauß in München zu Gast. In einem Aktenkoffer trägt er die reiche Ausbeute der Anwerbung von Otto Skorzeny und Hermann Adolf Valentin bei sich. So detaillierte Informationen über die ägyptischen Rüstungsprojekte gab es nie zuvor.

Sechs Stunden lang reden sie über den Inhalt des Koffers, trinken Unmengen Alkohol. Dann greift Strauß zum Telefon und ruft seinen Freund Ludwig Bölkow an.

Ab diesem Tag erhalten die Experten einer nach dem anderen lukrative Stellenangebote in Deutschland.

Sogar Friedrich Hellberg.

Er nimmt sich eine Wohnung in München, damit er an den Wochenenden schneller mit dem Zug in Stade ist.

Offizielle Version.

Unter den Flugzeugbauern, die Ferdinand Brandner in diesem Jahr nach Hause schickt, ist auch der Ingenieur Peter Scholler. Seine Tochter Brigitte beginnt eine Ausbildung zur Hotelkauffrau in einem erstklassigen Münchener Haus.

Endlich so etwas wie ein gemeinsames Leben.

Inoffizielle Version.

Ingrid Hellberg kämpft allein gegen den Staub, der sich auf alles legt, was nicht mehr benutzt wird. Staub, der sich, im Sonnenlicht sichtbar werdend, über sie lustig zu machen scheint. Staub, der sich zu geisterhaften Figuren zusammenballt, die ihr auflauern.

Blinde Passagiere ihres gemeinsamen Lebens.

Ingrid liest ihre Aufzeichnungen, unterstreicht, markiert, setzt Ausrufe- oder Fragezeichen. Sie führt Buch über alles, was weh tut:

Zwischen Friedrich und mir wird es kühler und kühler, verkrampfter, er rückt fort von mir, ich gefalle ihm nicht mehr. Ich fühle es, wenn ich mich beklage. Die Spannung zwischen uns wächst.

Im Alltag hat sie das Gefühl, die Schmerzen kaum noch bewältigen zu können. Der seelische Schmerz, das eheliche Leid, dazu kommen jetzt körperliche Schmerzen. Die Bandscheiben machen ihr zu schaffen, die Venen auch. Dennoch zwingt sie sich täglich neun bis zehn Stunden lang zur Hausarbeit. Es gibt in ihrem Häuschen kaum ein Teil, das nicht jeden Tag gereinigt wird. Wenn sie einkaufen geht, bringt sie im Anschluss Stunden damit zu, jedes einzelne Stück aus der Tüte zu nehmen und mit einem Seifentuch rundum gründlich abzuwischen.

Ich schaffe das nicht mehr.

Pünktchen kommt aus der Schule, findet ihre Mutter weinend am Küchentisch.

Der Priester rät Ingrid, zum Arzt zu gehen. »Die Wechseljahre machen Ihnen zu schaffen.«

Der Hausarzt verschreibt ihr eine neue Pille, die der Pharmakonzern Hoffmann-La Roche vor kurzem auf den deutschen Markt geworfen hat. »Genau das Richtige für diejenigen, die zur Alltagsbewältigung ein wenig Unterstützung brauchen«, schwärmt er.

Pünktchen kommt aus der Schule. Ihre Mutter lächelt. »Alles wird gut, mein Schatz.«

Pünktchen kommt aus der Schule. Ihre Mutter liegt im Bett.

Auf dem Nachttisch steht ein kleines braunes Fläschchen mit gelben Tabletten drin. Darauf zwei Rauten, eine gelbe mit dem Namen der Firma und eine dunkelgrüne mit dem Namen des Produktes.

Valium fünf.

Neunzehnhundertsechsundsechzig.

Ingrid Hellberg schreibt.

Ein neues Jahr hat begonnen. Ich dachte, es würde alles anders werden können, doch kurz darauf waren die bisherigen

Spannungen, Verletzungen wieder da. Kein noch so bewegendes Geschehen führt meinen Mann in meine Arme zurück. Ich halte es kaum noch aus. Immer warten, leben, hoffen und dann: allein.

Pünktchen bekommt zu ihrem vierzehnten Geburtstag von Kai und Rita die neue Single von den Rolling Stones geschenkt.

A-Seite.

»What a drag it is getting old!«, brüllt Mick Jagger ins Mikrofon. Halb spöttisch, halb vorwurfsvoll.

Mother needs something today to calm her down.

And though she's not really ill,

there's a little yellow pill.

Wenn ihr wüsstet, denkt Pünktchen, und dreht die Platte um.

I look inside myself and see my heart is black.

Pünktchen dreht die Lautstärke auf, bis sie den Staubsauger nicht mehr hört.

Sie tanzt.

Allein.

Bundesnachrichtendienst. Meldedienstliche Verschlußsache.

05-x-C-662 166 geh.

Az: VAR 30-14-01

Forschung und Technik

Einzelbericht Nr. 16

Stand: 1966

I Kurze Inhaltsangabe

Ohne erkennbaren Zusammenhang sind fast gleichzeitig mit dem Abbruch der diplomatischen Beziehungen der VAR zur Bundesrepublik Deutschland die dort unter Mitwirkung ausländischer Spezialisten schon seit Langem begonnenen Rüstungsprojekte in eine akute Krise geraten.

Neben guten Fachkräften waren auch Personen angeworben worden, für die vor allem materielle oder politische Gründe maßgebend waren. Dadurch wurde auch dem deutschen Ansehen ein nicht unbeträchtlicher Schaden zugefügt.

Die VAR will offensichtlich ihre aufwendigen Rüstungsvorhaben noch nicht aufgeben. Sie sind jetzt zu einer Frage des nationalen und persönlichen Prestiges geworden.

Friedrich Hellberg sitzt im Zug von München nach Donauwörth und schreibt Briefe.

Herrn Ingenieur Mahrenholz VDI, Maadi bei Cairo, Street 10, Villa 74, VAR.

28. 2. 1966

Lieber Herr Mahrenholz!

Uns ist ganz unverständlich geblieben, warum Sie im Vorjahr im Juli nicht bei uns vorbeigeschaut haben und überhaupt nichts mehr von sich hören ließen! Nun aber hörte ich, daß Sie erst kürzlich hier in Donauwörth waren, während ich auch da war, daß Sie aber gar nicht nach mir gefragt haben. Wie soll ich das auffassen?

Die Sehnsucht bei uns nach dem Land am Nil ist so groß, daß wir lieber heute als morgen dorthin zurückkehren möchten. Hinzu kommt als Grund, daß ich noch heute aufs Schwerste durch den Einnahmeausfall nach unserer Rückkehr belastet bin. Dadurch mußte ich einen Kredit aufnehmen, der mich heute noch mit 12 000 DM belastet und jährlich allein an Zinsen 1000 DM kostet. Trotzdem ich bei SIAT als Abteilungsleiter für Aerodynamik und Statik angestellt bin, reicht mein Gehalt nicht aus, diesen Betrag zu tilgen.

Wie sehen Sie dort die Lage? Ob wohl die Möglichkeit besteht, daß ich noch einmal einen Vertrag bekommen könnte? Vielleicht wissen Sie aber auch irgendeine andere Möglichkeit, im Ausland eine interessante Stellung zu finden, die gut bezahlt wird. In Deutschland kann man nur noch bleiben, wenn man geringe Unkosten und keine Schulden hat.

ff.

Bundesnachrichtendienst. Meldedienstliche Verschlußsache. Einzelbericht Nr. 16 (Fortsetzung).

II. Die Rüstungsprojekte im einzelnen

1. Luftfahrtindustrie

Der Stand des HA-300-Projektes ist trotz jahrelanger Bemühungen immer noch außerordentlich unbefriedigend. Von den drei Prototypen erwies sich noch keiner als voll einsatzfähig. Das Flugzeug wird von vielen Fachleuten als eine Fehlkonstruktion bezeichnet.

Als besonders markante Fehler stellten sich heraus:

– bei über 600 km/h flattern die Flügel

– das Cockpit ist zu eng, dadurch fehlt es an ausreichender Instrumentierung

– der Einbau des vorgesehenen Triebwerkes E-300 bereitet immer noch Schwierigkeiten

– die Frage der Bewaffnung ist noch ungelöst

Als es in Hamburg nach dem langen Winter endlich wieder hell wird, sieht Kai eines Sonntagmorgens auf dem Weg vom Bahnhof Altona zu einem Besuch bei seiner Oma in Ottensen einen Zettel an der Tür einer leerstehenden Kneipe hängen.

Zu Vermieten.

Er versucht, durch die dreckigen Scheiben zu gucken. Ein halbrunder, lang gezogener Tresen, im Hintergrund ein zweiter, größerer Raum, die Ecke eines Billardtisches.

Liebe auf den ersten Blick.

Ist es das, worauf ich warte? Bin ich schon so weit? Kann ich mir das leisten? Lauter Fragen prasseln ihm auf den Rücken, während er sich den Hals verrenkt, um besser sehen zu können.

»Rita, Johnny! Aufstehen! Los, ich muss euch was zeigen!«

Rita kriegt die Augen kaum auf, nachdem sie wieder die halbe Nacht wach gelegen und um Atem gerungen hat. Es liegt an der Postkarte, die gestern angekommen ist, per Nachsendeauftrag über Stade. Vornedrauf ein paar Schwarzwaldhäuschen mit Geranien auf langen Balkonen, dazwischen braune Kühe auf saftigen Wiesen.

Hintendrauf:

Liebe Rita! Wieder im Lande. Alles kommt mir so unendlich klein vor. Haus gekauft. Verträge beim Institut für Luft- und Raumfahrt unterschrieben. Beim Arzt gewesen – schwanger. Max ist überglücklich. Ich bin am Boden zerstört. Wünsche mich nach Kairo zurück, wo man die Pille ohne Rezept kriegt. Alles umsonst? fragt Dich ernsthaft, Deine Marietta

Bundesnachrichtendienst. Meldedienstliche Verschlußsache. Einzelbericht Nr. 16 (Fortsetzung).

2. Konstruktion und Fertigung von strategischen Mittelstreckenraketen

In diese Aufgabe wurden am meisten Erwartungen gesetzt, man erlebte damit aber auch die größten Enttäuschungen.

Bisher befand sich die 4-t-Rakete fast nur in der Flugerprobung, während die 20-t-Rakete für statische Versuche eingesetzt war. Die 4-t-Rakete erreichte zwischen Mai 1962 und Juni 1965 auf dem Versuchsgelände Gabel Hamsa 90 bis 100 Versuchsabschüsse, davon verliefen nur 10% erfolgreich. Beide Raketen sollten zunächst als einstufige Waffen Verwendung finden und dann später kombiniert zweistufig. Die so geplante zweistufige Rakete EL-ARED ist vorerst nur Projekt geblieben und bei Paraden immer als Attrappe gezeigt worden.

Dieses magere Ergebnis ist auf Materialfehler, auf Störungen der Bremskammern und Graphitruder, Nachlässigkeit und Sabotage zurückzuführen.

»Rita!« Kai steht in der Tür.

»Ich muss zur Schule«, murmelt Rita.

»Heute nicht. Es ist Sonntag.«

Rita und Johnny sehen beide aus, als hätten sie und nicht Kai bis in die frühen Morgenstunden gearbeitet. Er weiß, dass seine Schwester Nacht für Nacht gegen die Dämonen kämpft, die sie aus Kairo mitgeschleppt hat. Und Johnny, der immer so genau wusste, wo er hingehört, jedenfalls mit dem Kopf, wirkt ebenfalls angeknackst. Für Kais Geschmack hängt er in letzter Zeit zu viel auf dem Kiez herum, mit Leuten, die mit ihrem Gehirn herumexperimentierten, als wäre es ein Reagenzglas, in das man alles Mögliche reinschüttet und dann wartet, was passiert. Wenn er nicht gerade stoned ist oder tagelang verschwunden oder mit einem mordsmäßigen Kater den Tag im Bett verbringt, redet er von einem Buch, das er schreiben wird.

Ein Buch über das Vierte Reich. Netzwerke und Strukturen eines neuen Faschismus, der sich bereit macht. Nicht mehr nur hinter verschlossenen Türen. Seit ihrer Gründung vor zwei Jahren verzeichnet die NPD einen stetigen Zuwachs an Mitgliedern.

Dieses Buch soll Johnnys persönlicher Feldzug werden: gegen die bekennenden Nationalsozialisten, die sich in Syrien und Ägypten, in Argentinien, Bolivien und Paraguay, in Südafrika, in Spanien, Österreich und Deutschland bereithalten und auf ihre Rückkehr zur Macht warten. Doch er zieht auch gegen Israel und den Mossad ins Feld, die aus pragmatischen Gründen zentralen Figuren derselben Netzwerke das größte Geschenk machen, das man einem Menschen machen kann: die Befreiung von ihrer Angst. Der Angst, dass hinter jeder Ecke ein Agent warten könnte mit der tödlichen Kugel. Der Angst, dass man sie betäubt, entführt und vor Gericht stellt wie Adolf Eichmann.

Die Bundesrepublik Deutschland ist für Johnny das Land seiner Eltern, Schauplatz der Kämpfe, die er mit dem Stift in der Hand führt. An die arabische Sprache, an die Gerüche, Farben und Geräusche von Kairo und Amman hat er sein Herz verschenkt. Israel aber ist sein geistiges Elternhaus. Jetzt steht er draußen vor der Tür und rebelliert.

Amnestie für ehemalige Nationalsozialisten!

Diplomatische Beziehungen zu Deutschland!

Atomare Aufrüstung!

Falsch! Falsch! Falsch!

Kai beobachtet, wie Rita und Johnny den starken Kaffee schlürfen, den er zusammengebraut hat. Die beiden kommen besser miteinander aus, als er erwartet hat. Aber es gibt Dinge zwischen ihnen, die nicht ausgesprochen, Räume, die nicht betreten werden. Jetzt nicht, und vielleicht niemals mehr. Kai weiß auch, dass er der Einzige ist, zu dem Rita nachts ins Bett krabbelt, wenn das Zittern kommt und der Einzige, der Johnny vielleicht noch von seinem Kriegspfad abbringen kann.

Aber nicht jetzt. Jetzt geht es um ihn. Um Kai Hellberg, der kurz davor steht, seinen Traum zu verwirklichen. Oder den größten Fehler seines Lebens zu machen.

Eine Woche später unterschreibt er den Mietvertrag für die Gewerberäume im Erdgeschoss und die darüber liegende Vierzimmerwohnung. Am nächsten Tag exmatrikuliert er sich an der Universität.

Ingrid Hellbergs Geburtstag fällt in diesem Jahr auf einen Sonntag. Ihr einziger Wunsch ist es, die ganze Familie wieder einmal beisammenzuhaben. Friedrich ist erst spät am Samstag angekommen und, ohne sich nach ihrem Befinden zu erkundigen, schlafen gegangen. Um vier Uhr morgens ist sie aufgestanden und hat sich unten hingelegt. Am Morgen ist er sichtlich vom schlechten Gewissen geplagt und bemüht sich, herzlich zu sein. Ingrid aber ist wie gelähmt vor Erschöpfung. Sie nimmt eine Tablette und macht sich an die Arbeit.

Kai wartet bis zum Nachtisch, es gibt Rote Grütze mit Vanillesoße, dann lässt er seine Bombe platzen.

»Ich weiß, ihr werdet meine Entscheidung nicht gutheißen, aber ich habe sie bereits getroffen. Eure finanzielle Unterstützung brauche ich nicht mehr.«

Mein Junge! Ich bin doch deine Mutter! Wie kannst du uns das antun?, denkt Ingrid.

Es dauert sehr lange,

das zu denken,

das sind die Tabletten.

Wie durch eine Nebelwand sieht Ingrid ihren Mann um Fassung ringen. Sieht Rita, die ihr einen feindseligen Blick zuwirft.

»Pünktchen kann übrigens zu uns ziehen, es gibt genug Platz. Und gute Schulen gibt es auch in Hamburg.«

»Meine Tochter wird nicht über einem Gammlertreff wohnen«, setzt Friedrich an.

»Sie geht hier kaputt, siehst du das nicht?«, unterbricht ihn Rita.

Noch ein Blick aus Ritas eiskalten Augen trifft sie. Ingrid duckt sich, als hätte sie eine Ohrfeige bekommen.

»Ich hab's dir vor Ewigkeiten versprochen, Pünktchen. Wenn ich endlich volljährig bin. Möchtest du bei uns wohnen?« Rita lächelt ihrer Schwester aufmunternd zu.

»Nein!«

Alle sehen sie an.

Pünktchen fühlt sich, als hätte sie gerade zum ersten Mal gesprochen. Zum ersten Mal überhaupt. Merkt hier eigentlich irgendeiner, dass ich kein Kind mehr bin?

»Ihr seid alle abgehauen. Mutti ist krank, seht ihr das nicht?« Alle sehen zu Ingrid, als hätten sie das vorher geprobt.

»Euch ist das doch egal. Aber mir nicht.« Pünktchen legt ihr Besteck auf den Teller, ordentlich, wie sie es gelernt hat. »Ich will nach der Achten abgehen und eine Ausbildung als Krankenschwester machen. Hier in Stade.«

Sie steht auf und geht aus dem Zimmer. Sollen sie sich doch die Köpfe gegenseitig einhauen.

Ohne mich.

Pünktchen hat ihren Auftritt gründlich vorbereitet. Monatelang hat sie sich darüber den Kopf zerbrochen, wie sie das mittägliche Nachhausekommen und die häufig damit verbundene Feststellung, dass ihre Mutter im Bett liegt, vermeiden könnte, ohne sie im Stich zu lassen wie die anderen. Die Schule ist ihr schon lange egal. Etwas Sinnvolles möchte sie lernen. Und wenn Vati endlich zurück nach Hause kommt, will sie ins Ausland gehen.

Da ist er ja schon. Sie war sicher, dass er als Erster in ihrer Zimmertür stehen würde. Pünktchen sitzt auf dem Bett.

»Darf ich reinkommen?« Er tut es, ohne ihre Antwort abzuwarten und setzt sich neben sie.

»Ich weiß, dass du uns nur helfen willst«, sagt er. »Aber du bist zu jung.«

Auch das hat sie natürlich kommen sehen.

Du bist zu jung!

»Ich weiß, dass du in München mit Brigitte zusammenwohnst«, sagt Pünktchen ruhig. »Seit wir aus Kairo weg sind, schreiben wir uns Briefe. Ich habe bei deiner Arbeit angerufen und gesagt, ich müsste dir dringend was nachschicken. Da haben sie mir die gleiche Adresse gegeben.«

Sie bekommt, was sie will. Keiner erfährt, wie sie ihren Vater dazu gebracht hat.

Ingrid Hellberg schreibt.

Dauernd gibt es Situationen, die uns gemeinsam aufwühlen müßten, zueinander führen müßten, aber kein Suchen von seiner Seite. Alles bleibt still, stumm, verschlossen in seinem Herzen. Ich muss weitermachen, schleppend hilflos, preisgegeben, dauernd betäubende Mittel anwendend.

Am 1. Oktober 1966 eröffnet Kai das Lotus House, der Name geht auf einen gemeinsamen Vorschlag von Johnny und Rita zurück. Es spielt ein Hamburger Quartett, das sich extra für diesen Anlass zusammengeschlossen hat und für die nächsten Jahre seine Stammbesetzung wird. Der Laden ist voll, viele kennen Kai vom Sehen, den stillen Typen im Hintergrund, wenn man losgeht, um gute Musik zu hören in der Stadt.

Rita steht hinter dem Tresen. Es ist ein Platz, der ihr überraschend gut gefällt, nachdem sie verstanden hat, wie die Zapfanlage funktioniert. Sie ist mittendrin und hat doch den Abstand zu den Leuten, den sie braucht. Sie kann beobachten, ohne dass es auffällt, ist unsichtbar und kann gleichzeitig die Stimmung des Abends erspüren, die Schwingungen der Leute zur Musik. Sie weiß, schon an diesem ersten Abend, dass sie hier sicher sein wird vor den Schatten der Vergangenheit.

Rita sieht ihren Bruder lächeln, kann sich nicht erinnern, das je an ihm gesehen zu haben, so ein inneres Leuchten. Sieht seinen

Blick zur Tür wandern, jeden Gast in sich aufnehmen, ihm oder ihr ein neues Zuhause schenken.

Nur einer fehlt.

Johnny schläft oben seinen Rausch aus. Auf seiner Schreibmaschine liegt eine dicke Staubschicht.

Neunzehnhundertsiebenundsechzig.

Müde und noch ein wenig berauscht von der Silvesternacht unten im Lotus House sitzen Rita und Kai vor dem tragbaren Schwarzweißfernseher, den sie von Oma Hamburg zu Weihnachten bekommen haben.

»An der Spitze«, schnarrt der Philosoph Karl Jaspers, der vor wenigen Tagen seinen deutschen Pass zurückgegeben hat, »steht ein alter Nationalsozialist. Das ist ein Novum. Ich halte das für einen Affront gegenüber dem Ausland und eine Beleidigung gegenüber der Minderzahl der Deutschen, sagen wir: eine Million Menschen, die den Nationalsozialismus immer gehasst haben und noch hassen.«

Neuer Bundeskanzler ist seit dem 1. Dezember des Vorjahres Kurt-Georg Kiesinger.

Geboren und aufgewachsen im Schwäbischen, zieht es ihn hinaus. Mitglied der katholischen Askania-Burgundia-Burschenschaft in Berlin, zu der auch Konrad Adenauer gehört. 1933 der NSDAP beigetreten, wird Kiesinger Blockwart und Korporationsführer seiner Burschenschaft, deren Gleichschaltung er zu vollziehen hat.

Der frischgebackene Rechtsanwalt tritt eine Stellung im Reichsaußenministerium an. Er wird stellvertretender Leiter der Rundfunkpolitischen Abteilung, seine Aufgaben die Überwachung und Beeinflussung des ausländischen Rundfunks sowie die Verbindung zum Propagandaministerium unter Joseph Goebbels. Kurt-Georg Kiesinger ist ein gewandter Redner, der mit niemandem aneinandergerät. Er bringt Verhaftung, Entnazifizierung, Entlastung und Wiederzulassung als Rechtsanwalt innerhalb von drei Jahren hinter sich. Macht politische Karriere bei der CDU, gilt als Ziehsohn Adenauers und wird Ministerpräsident in der alten Heimat Baden-Württemberg.

Als die Koalition unter Ludwig Erhard auseinanderbricht, nutzt Franz Josef Strauß die Gunst der Stunde, um Kiesinger mit Hilfe der CSU als Kandidaten durchzubringen. Zum Dank ernennt dieser ihn zum Finanzminister.

Franz Josef Strauß ist endlich zurück in Bonn.

Ingrid Hellberg nutzt ebenfalls die Gunst der Stunde. In Stade ist ein neuer Pfarrer im Amt, er gilt als progressiv. An einem Sonntag scheucht sie ihren Mann nach der Messe ins Pfarrhaus. Vergeblich wartet sie draußen vor der Tür, dass man sie hereinruft. Am nächsten Morgen, Friedrich ist längst wieder in München, macht sie einen Telefonanruf.

Telefonprotokoll von Ingrid Hellberg.

Ich: Stimmt es, daß Sie mich gestern bei dem Besuch mit meinem Mann, der mit Ihnen über unsere Eheschwierigkeiten gesprochen hat, nicht sprechen wollten?

Er: Ja, das stimmt.

Ich: Das sagen Sie als Priester? Sie wollten also kein seelsorgerisches Wort mit mir sprechen?

Er: Nein! Ich kann nur mit Ihrem Mann sprechen. Ihr Mann wollte eine Beratung.

Ich: Warum nicht?

Er: Weil Sie ein kranker Mensch sind. Sie nehmen ihm die Freude und den Schwung fürs Leben.

Ich: Das sind deutlich die Worte meines Mannes, um sein Gewissen zu beruhigen.

Er: Sie sind eine Belastung für Ihren Mann und Ihre Kinder, weil Sie krank sind und er sich nicht frei bewegen kann.

Ich: Wie kommen Sie dazu, mich zu verurteilen, mich schuldig zu sprechen?

Er: Nein, ich spreche nicht von Schuld, aber ich habe das Empfinden, daß Sie als kranker Mensch belasten, das fühle ich, obwohl ich Sie nur flüchtig kenne.

Ich: Es gibt für uns Christen das Kreuz, das Christus trägt und das wir tragen müssen.

Er: Sie wollen es nicht tragen.

Ich: Eine andere Frage. Haben Sie zugestimmt, daß es neben den beiden Ehepartnern noch einen dritten Menschen gibt? Daß das vorkommen kann, auch wenn dieser Dritte zum Ehepartner eine vollkommene Geliebte und Ehefrau geworden ist?

Er: Darüber habe ich nicht zu urteilen. Das ist eine Entscheidung der Eheleute.

Ich: Sie fällen ein Urteil, ohne mich zu kennen.

Er: Nein, ich weiß, daß Sie krank sind. Ihr Mann hat mit Ihnen zu sprechen, nicht ich. Ich denke, das Gespräch wird jetzt beendet.

Von diesem Tag an geht Ingrid nicht mehr in die Kirche. In den kurzen Pausen von der anstrengenden Hausarbeit, die sie sich erlaubt, entkommt sie der mächtigen Stille im Haus durch Korrespondenz mit Pater Ludwig. Der Franziskanermönch, dessen Gemeinde in Kairo zusehends schrumpft, betreibt Fernseelsorge für diejenigen, die sich in Deutschland nicht mehr zurechtfinden.

Rita macht Abitur. Das Lernen, das ihr früher so schwergefallen ist, geht plötzlich wie von selbst. Nicht weil sie klüger ist, sondern weil sie weiß, welche Fragen sie stellen muss, um die richtigen Antworten zu bekommen. Weil sie keine Angst mehr davor hat, dass ihre Mutter sie zum Putzen verdonnert. Oder dass ihr Vater eine sarkastische Bemerkung macht, wenn sie etwas nicht versteht.

Kindheitserinnerung. Als Rita acht oder neun ist, schickt ihr Vater sie in die Apotheke, um Ibindum zu kaufen. Unverrichteter Dinge kehrt sie zurück. »Überleg dir doch mal, was du da kaufen solltest«, sagt er spöttisch. »I Bin Dumm.« Und haut Kai auf die Schulter, ein gelungener Witz unter Männern. Kai mag das nicht, und Rita schluckt Tränen.

»Sie haben Anrecht auf Begabtenförderung«, erklärt ihr die

Frau des Direktors nach der feierlichen Zeugnisvergabe, »egal, was Sie studieren möchten.«

Rita schickt eine Kopie ihres Zeugnisses nach Stade, zusammen mit einem Brief, in dem sie mitteilt, dass sie ab sofort keine Unterstützung mehr braucht. Bei Kai verdient sie genug, um über die Runden zu kommen, bis sie anfängt zu studieren.

Das Lotus House läuft gut. Noch spielen vor allem Hamburger Bands. Kai beginnt vorsichtig, seine Fühler auszustrecken. Im NDR kennt er die richtigen Leute, und die wiederum kennen die Leute von den Plattenfirmen. Wenn alle mitmachen, kann man Reisekosten und Gagen durch drei teilen. Junge, noch unbekannte Musiker aus Paris einladen. Aus London. Aus New York. Hamburg hat einen guten Namen. Immerhin wurden hier die Beatles entdeckt.

Am Samstag vor Pfingsten spielt die Skiffle-Band, der Laden kocht, das Bier fließt in Strömen und der Sänger am Waschbrett improvisiert. »Ab heut' gibt's nur noch Whisky pur, denn Rita hat das Abitur!«

In diesem Moment fällt Ritas Blick auf den Eingang. In der Tür stehen Friedrich und Ingrid Hellberg.

»Moment mal«, sagt Rita zu dem Jungen, der gerade versucht, das Abitur als Vorwand zu nehmen, sie zu küssen. »Die Bar ist kurzzeitig geschlossen.«

Von Kai ist nichts zu sehen. Vielleicht ist er mit irgendwelchen Leuten von der Plattenfirma nach oben gegangen oder mit einem Mädchen. In letzter Zeit kommt das häufiger vor.

Rita schiebt sich durch die Menge.

»Ich glaube, wir gehen lieber«, hört sie ihren Vater sagen.

»Warum?«, fragt ihre Mutter. »Wir sind doch gerade erst gekommen!«

Rita ist sich nicht sicher, ob sie das gerade wirklich gehört hat. Oder ob es einfach zu laut ist.

»Wir wollten dir zum Abitur gratulieren!« Vati.

»Und mal Kais Club sehen.« Mutti. »Wo ist er denn?«

Die Leute fangen an, interessiert herüberzugucken.

Rita nimmt kurzerhand ihre Eltern, Mutti links, Vati rechts, am Arm und bugsiert sie ans Ende der Theke, von wo aus man einen guten Blick hat und nicht mitten im Gewühl steckt. Zwei Stammgäste machen unter Protest ihre Barhocker frei.

Sie zapft ein Bier und schenkt ein Glas Weißwein ein. Ihre Eltern sitzen mit durchgedrückten Rücken am Tresen und starren auf das wilde Treiben. Sie wirken, findet Rita, als hätte man sie aus einem alten Schwarzweißfilm ausgeschnitten und in einen bunten Kinofilm von heute eingesetzt.

Die Band macht eine Pause.

In dem Moment kommt Johnny rein. Bis zum Rand voll mit Substanzen, deren Namen er vielleicht nicht mal selber kennt. Ohne Zweifel jedoch auf Krawall aus.

»Hey, Rita, ein Bier!«

Rita sieht zu ihren Eltern, dann zu Johnny und schüttelt den Kopf. »Lass gut sein. Schlaf dich lieber aus.«

Aber Johnny will nicht schlafen.

»Hey, Leute!«, ruft er.

Jemand pfeift auf zwei Fingern, es wird ruhiger.

»Wir haben heute Experten zu Gast!«

»Was soll das?«, schreit jemand. »Was für Experten?«

»Kampfjets, Raketen, Atomwaffen!«, brüllt Johnny. »Deutsche Wertarbeit! Alles was ihr wollt, solange ihr gut bezahlt!«

Ein Murren geht durch die Menge.

»Dieser Mann!« Johnny zeigt auf Friedrich Hellberg, »schickt seine Kinder zu einem ehemaligen KZ-Arzt, wenn sie krank sind. Wie findet ihr das?«

»Nazis raus!«, ruft eine Frau. Andere stimmen ein.

Rita blinzelt. Das Bild vor ihren Augen friert ein. Wie ein Foto, das keiner geschossen hat.

In dem Moment fängt die Band wieder an zu spielen.

Kai erscheint neben ihr.

»Bring Johnny nach oben. Er soll packen und verschwinden.

Ich kümmere mich um die beiden.« Er zeigt auf ihre Eltern, die immer noch auf den Hockern sitzen, um sich einen Ring aus Leere, weil die Umstehenden von ihnen abgerückt sind, als hätten sie eine ansteckende Krankheit.

Am nächsten Morgen hilft Rita Johnny, seine paar Koffer nach unten zu tragen. Das Taxi wartet schon.

»Wohin fährst du?«, fragt sie.

Er sieht sie an. »Erst mal zu meiner Mutter nach Berlin.«

Die schwarze, dünne Gestalt verschwindet im Taxi.

Das Taxi verschwindet im Verkehr.

Eine Woche danach wird in Berlin bei einer Demonstration gegen den Besuch des Schahs von Persien der Student Benno Ohnesorg erschossen.

Drei Tage später rollen israelische Panzer aus deutscher Produktion über die Grenze zu Jordanien. Israelische Düsenjagdbomber greifen arabische Flugplätze an und zerstören auf einen Schlag über vierhundert Flugzeuge ohne nennenswerte Gegenwehr. Die ägyptische Luftwaffe existiert nicht mehr.

Die Bildzeitung feiert den Blitz-Krieg im Nahen Osten.

Keine ägyptischen Wunderwaffen kommen zum Einsatz.

Keine Überschalljets. Keine Raketen.

Keine A-, B- oder C-Waffen.

»Sie rollten wie Rommel, siegten wie Patton und sangen noch dazu«, liest Rita beim Frühstück aus dem Spiegel vor. »In 60 Stunden zerschlugen die gepanzerten Söhne Zions den arabischen Einkreisungsring um Israel, scheuchten sie die panarabischen Propheten aus ihren Großmacht-Träumen, stürzten sie Ägyptens Nasser in niltiefes Jammertal.«

»Die Solidarität der Linken mit Israel«, liest Kai beim Frühstück aus konkret vor, »kann sich nicht von den Sympathien der USA und der BILD-Zeitung vereinnahmen lassen, die nicht Israel gilt, sondern eigenen, der Linken gegenüber feindlichen Interessen. Die Solidarität der Linken schließt selbst einen Mann wie Mosche Dajan ein, wenn er ermordet werden soll. Seine Politik schließt sie aus: seinen Rechtsradikalismus, seine Macht- und Eroberungspolitik. So wie die Linke selbstverständlich mit dem arabischen Nationalismus sympathisiert, nicht aber mit Nassers Kommunistenverfolgung.«

Unten vor der Tür hupt ein Taxi. Kai gibt seiner Schwester einen Kuss und fliegt nach New York, wo er auf Einladung einer Plattenfirma eine Woche damit verbringen wird, ein paar Clubs abzuklappern und sich in der Szene umzuhören.

Ingrid Hellberg bekommt Post aus Kairo.

»Doktor Eisele ist gestorben«, berichtet sie Rita. Seit dem schiefgelaufenen Besuch im Lotus House telefonieren sie manchmal. Ohne darüber zu sprechen, natürlich. »Pater Ludwig schreibt, die Schwester Benedikta, erinnerst du dich an sie?«

Öfter, als ihr lieb ist. Vertraute Alpträume. Momentaufnahmen. Direkt hinter den Augenlidern.

»Sie hat den Doktor aufopferungsvoll gepflegt, bis zu seinem Tod.«

»Das kann ich mir vorstellen.«

»Er hat so viel für die Armen getan, schreibt Pater Ludwig. Das Heimweh hat ihn am Ende umgebracht.«

Wohl eher das Morphium, denkt Rita. Oder die Angst vor dem Mossad.

»Er hat dem Pater auf dem Sterbebett versichert, dass er seinen hippokratischen Eid nie gebrochen habe.«

Schweigen.

»Hörst du mich, Rita?«

»Ich höre dich.«

»Der Pater hat eine wundervolle Grabrede gehalten. Er hat den Doktor im Namen des Weihbischofs Neuhäusler persönlich von allen Sünden freigesprochen. Soll ich dir die Rede vorlesen?«

»Nein, Mutti. Ich muss auflegen.«

Das Grab mit der Nummer neunundneunzig auf dem deutschen Friedhof in Kairo trägt die schlichte Inschrift: Dr. med. Hans Eisele. Die Grabpflege, die Instandhaltung des Friedhofes durch einen Gärtner sowie die Sicherung durch eine Herde Wachgänse werden vom Auswärtigen Amt getragen.

Kai hat Rita aus New York eine Schallplatte mitgebracht, auf dem Cover ist eine Banane. »Wird dir gefallen«, sagt er, randvoll mit Geschichten.

Rita legt auf.

Erst den Telefonhörer. Dann die Schallplatte.

B-Seite. Track 1.

Die Gitarre setzt ein.

Sie lässt den Kopf kreisen.

Dann die Schultern.

Rita tanzt.

I don't know just where I'm going
But I'm gonna try for the kingdom, if I can
'Cause it makes me feel like I'm a man
When I put a spike into my vein
And I tell you things aren't quite the same
When I'm rushing on my run
And I feel just like Jesus' son
And I guess that I just don't know
And I guess that I just don't know.

The Velvet Underground & Nico.

Spielen ein Requiem für Doktor Eisele.

I just don't know.

Kollektive Amnesie.

Friedrich Hellberg schreibt einen Brief.

Herr C. Mahrenholz, 20 Maritz Str., Welkom-Dagbreek, O. F. S. Rep. of South Africa.

3. 12. 1967

Lieber Herr Mahrenholz! Besten Dank noch für Ihre beiden letzten Schreiben vom 29. 9. und 26. 10. 67!

Die schöne SIAT 223 wird nicht weitergebaut werden, weil die Leute zu teuer produzieren. Bei mir ist noch ungeklärt, ob ich nun zum 1. 1. 68 ausscheide, da man auf die glorreiche Idee gekommen ist, mich zum Airbus als SIAT-Vertreter zu delegieren. Das hat man so lange hinausgezögert, bis dort alle leitenden Stellen besetzt waren. Man hat nun Airbus zweimal geschrieben, daß man mich abordnet, kümmert sich aber sonst nicht darum. Da soll ich nun also zum 1.1.68 dort erscheinen und sagen: Wo ist mein Platz? ff.

Während Friedrich Hellberg auf einen Arbeitsplatz in München hofft, schreitet die Monopolisierung der deutschen Luft- und Raumfahrtindustrie voran. Die wichtigsten Anteilseigner der Deutschen Airbus GmbH: die Messerschmitt AG, die Bölkow AG und die Hamburger Flugzeugbau GmbH, schließen sich zur Messerschmitt Bölkow Blohm AG, kurz MBB, zusammen. Nicht nur das Knowhow der deutschen Experten aus Kairo, auch die technischen Fähigkeiten der von ihnen angelernten ägyptischen Ingenieure sind gefragt.

So kommt es zu Anwerbungen in umgekehrter Richtung. In der Folge des Sechstagekrieges und der verheerenden Niederlage zieht es viele junge Ägypter ins Ausland. Sie erhalten Angebote aus München, aus Hamburg, aus Bremen.

Friedrich Hellberg wartet vergeblich. Ob Willy Messerschmitt persönlich dafür gesorgt hat oder ob er einfach vergessen wurde, ist nicht bekannt.

Neunzehnhundertachtundsechzig.

1968!

Rita Hellberg, erstes Semester Englisch und Deutsch auf Lehramt an der Hamburger Universität, liest ein Transparent.

Unter den Talaren der Muff von 1000 Jahren!

Johnny erwischt es, als er in West-Berlin vor dem Amerika-Haus gegen den Vietnamkrieg demonstriert. Seitdem sitzt er in Untersuchungshaft. Molotowcocktails und Eier sollen geflogen sein.

Eier!

Im Lotus House gehen die Parolen von Mund zu Mund.

Notstandsgesetze verhindern!

Springer blockieren!

Kai hat kaum noch Zeit, sich mit politischen Dingen zu befassen. In letzter Zeit taucht dauernd die Polizei auf und führt aus fadenscheinigen Gründen Razzien durch. Wenn die Peterwagen vorne vorfahren, müssen die Minderjährigen zur Hintertür raus.

Anlage leiser drehen.

Haschisch in die Klos.

Kölnisch Wasser versprühen. Igitt.

Die bundesdeutsche Linke beginnt, sich für den palästinensischen Befreiungskampf zu interessieren.

Martin Luther King wird ermordet.

Pünktchen hört die Nachricht im Radio, als sie sich gerade für die Frühschicht im Krankenhaus anzieht. Draußen ist es noch dunkel.

Sie wird sich für den Rest ihres Lebens an diesen Moment erinnern.

Wie sie da steht, den Mantel halb an, das Marmeladenbrot noch in der Hand.

Es fällt runter.

Mist! Marmelade auf Muttis Fliesen.

Sie rennt zurück in die Küche. Lappen holen.

Nicht so laut. Die Eltern schlafen noch.

Ingrid kann nicht schlafen. Wieder einmal ist sie mitten in der Nacht aus dem Ehebett nach unten in Ritas altes Zimmer umgezogen. Sitzt am Schreibtisch, eine Wolldecke um die Schultern. Blättert in ihren Aufzeichnungen der letzten Monate.

Streicht an. Markiert.

Nach Friedrichs Rückkehr ist unsere Ehe entspannter (!!). Er kam anders zurück, als er ging, war liebevoll, ~~herzlich~~. Ob es mir sehr schwer geworden sei? (!) Ich habe diese Frage absichtlich überspielt, nichts gesagt von meiner verzweifelten, hoffnungslosen Lage, von der quälenden Unruhe und Verlassenheit. (warum eigentlich nicht?!) Das erste Mal hörte ich mit Schreck von seiner fortschreitenden Nierenschrumpfung. Ich werde mich noch mehr einsetzen für ihn. ~~Ich koste die friedlich herzliche Atmosphäre~~ –

Sie überprüft, ob noch ausreichend Tinte in ihrem Füllfederhalter ist.

Sie schreibt in gestochen scharfer Sütterlinschrift:

Es ist wieder wie immer. Auseinandersetzungen. Fremdheiten. Friedrichs berufliche Lage wird immer bedrohlicher und horrender.

Rita besucht zum ersten Mal eine Vorlesung in Psychologie. Diese Vorlesung ist nicht Teil ihres Lehrplans. »Wenn wir die Erfahrung der NS-Zeit auf die Zukunft anwenden«, erklärt der Dozent, »dann steht an erster Stelle die Förderung des sozialen Verhaltens und des selbstständigen Denkens bei Kindern und Jugendlichen«.

Rita besucht ein Teach-in. Jemand berichtet von einer Schule in England mit dem Namen Summerhill. Eine Schule, in der die Kinder die Freiheit haben, sie selbst zu sein. »Um das zu ermöglichen, wird auf Disziplinarmaßnahmen, auf Lenkung, auf suggestive Beeinflussung, auf jede ethische und religiöse Unterweisung verzichtet! Die Teilnahme am Unterricht ist freiwillig. Die Regeln werden in wöchentlichen Versammlungen von der Schülerselbstverwaltung und den Lehrkräften gemeinsam aufgestellt.«

Rita sieht einen Film im Dritten Programm. Bilder aus einem Kinderladen. »Eltern und Erzieher verzichten freiwillig auf ihre Macht und lassen die Kinder ohne Zwang und frei von Furcht vor Strafe heranwachsen«, kommentiert der Sprecher. »Diese Kinder können nicht mehr gehorsam sein, weil niemand Gehorsam von ihnen verlangt.«

Rita denkt an das Nein.

Das NEIN.

Am 1. Juli 1968 wird der hessische Generalstaatsanwalt Fritz Bauer tot in der Badewanne gefunden. Die genaue Todesursache kann nicht ermittelt werden. Fest steht, dass Fritz Bauer in diesem Sommer am Frankfurter Landgericht den sogenannten Diplomatenprozess gegen ehemalige Angehörige des Auswärtigen Amtes führt. Am 1. Juli sollte der amtierende Bundeskanzler Kurt-Georg Kiesinger eine Zeugenaussage zu den Kenntnissen des Auswärtigen Amtes über Deportationen von jüdischen Gefangenen machen.

Vier Jahre nach Bauers Tod wird bei einer Hausdurchsuchung in Lima ein Dokument gefunden, über dessen Echtheit Historiker noch Jahrzehnte später streiten werden. Es ist das einzige existierende Protokoll einer Zusammenkunft der ODESSA, die vermutlich um 1965 im spanischen Marbella stattgefunden hat. Dem dreitägigen Treffen wohnen Delegationen aus mindestens siebzehn Ländern bei, wobei die Arabische Liga sowie Deutschland (West und Ost) je eine gemeinsame Delegation entsandt haben. Die ODESSA als einladende Institution vertritt, abgesehen von den nationalen Delegationen, alle Ex-Mitglieder der SS ohne Unterschied der Nationalität, darunter sechs ehemalige SS-Offiziere, die gegenwärtig israelische Bürger sind und von denen es zwei geschafft haben, den israelischen Geheimdienst zu infiltrieren.

Der erste Tag ist der Vorstellung von Anträgen vorbehalten, am zweiten Tag werden diese Anträge diskutiert, am dritten Tag wird eine gemeinsame Erklärung verfasst.

Hamburger Institut für Sozialforschung

Akte Schwend

Signatur: QdF/ S2. Ordner 18

Rückübersetzung aus dem spanischen Original

ES WIRD BESCHLOSSEN

1) DIE ODESSA ERKLÄRT DEM STAAT ISRAEL DEN KRIEG

2) VERURTEILT FEDERICO BAUER, DEN GENERALSTAATS-ANWALT DES STAATES HESSEN ZUM TODE

3) BETREIBT DIE HINRICHTUNG BAUERS

4)

5)

6)

7)

8)

Das Jahr 1968 ist noch nicht zu Ende.

Kein Überblick. Das Gefühl, der Geschichte ganz nah zu sein. DER Geschichte.

Rita pflegt, wie mehr und mehr Studenten, ihre Zweifel. Liest Adorno. Erziehung nach Auschwitz: Die einzig wahrhafte Kraft gegen das Prinzip von Auschwitz wäre Autonomie, die Kraft zur Reflexion, zum Nicht-Mitmachen.

Will sie wirklich Lehrerin werden? Schüler bestrafen, die nicht stillsitzen können? Zur Not mit dem Stock in der Hand?

Nein.

Johnny ist immer noch im Knast. Er hat über die Rote Hilfe mit Rita Kontakt aufgenommen.

Denke viel über das Leben nach.

Schick mir ein Stück weiten Himmel, bitte.

Und was zu lesen.

Die Wissenschaft vom Sein und die Kunst des Himmels. Von Maharishi Mahesh Yogi.

Rita ist interessiert.

Friedrich schreibt einen Brief.

An Herrn Vice-Direktor Mahrenholz, 5504 Othmarsingen. Berghölzli, Schweiz.

17. 9. 68

Heute fand ich beim Aufräumen in meinem Büro endlich den Brief, den Sie mir am 20.3. geschickt haben. Da ich nichts mehr von Ihnen hörte, nehme ich an, daß Sie noch in der Schweiz sind.

Meine Anschrift hat sich geändert. Wir haben das alte Haus aufgegeben und dafür eine moderne 3-Zimmer-Wohnung genommen. Die Kinder sind ja flügge, nur Petra wohnt noch bei uns, sie macht eine Ausbildung zur Kinderkrankenschwester.

Ich arbeite seit Anfang des Jahres freiberuflich. Zunächst hatte ich eine sehr interessante Sache für eine US-Finanzgruppe, war auch drüben und bin noch an dieser Sache, aber die Herren haben so viel Geld, daß sie alles so nachlässig nebenherlaufen lassen, daß es einfach nicht weitergeht. Nebenbei laufen kleinere Sachen. Motorsegler Austriakrähe für einen Österreicher, Segelflugzeuge für die Australier. Aber der richtige Auftrag, mit dem ich mein Büro ausbauen könnte, fehlt mir noch. Ich werde mich wohl oder übel nach Aufträgen als Statiker im Baugewerbe umschauen müssen. In meinem Alter noch auf Baustellen herumzuspringen, erscheint mir nicht sonderlich verlockend. Aber es sind keine einfachen Zeiten.

Mitte Oktober schwappt mit einer Gruppe von Gästen eine junge Frau ins Lotus House. Sie trägt ein Palästinensertuch. Rita beobachtet, wie Kai, der sonst die Ruhe selbst ist, plötzlich hektisch wird. Gläser spült. Ihr im Weg herumsteht.

Gesprächsfetzen.

Lange nicht gesehen.

Wenn ich gewusst hätte. Eigener Laden.

Joachim?

Getrennt.

Und das da?

Solidarität mit dem palästinensischen Volk. Besetzte Gebiete. Nicht länger mit ansehen.

Aha, denkt Rita. Das ist also Isabell.

Eine Opportunistin.

Zwei Wochen später zieht sie bei Kai und Rita ein.

Findet ihr nicht, wir sollten einen Tag in der Woche Weltmusik machen? Findet Isabell.

Findet Kai auch. Wo ist dein Kopf, Bruder?

Rita unterzieht sich einer Gewissensprüfung. Du hast dein Herz verbarrikadiert. Kein Zutritt.

Drinnen liegt nur er, lange Wimpern über bleichen Wangen.

Schlafend. Bis in alle Ewigkeit.

Du musst jetzt gehen, Liebster.

Mein Leben ist hier.

An einem dunklen Novemberabend, Kai und Isabell sind in

Paris, feiert Rita Abschied. Allein mit einer Flasche billigen Rotweins und der Platte von den Doors.

Wake Up!

Hani!

This is the end, my only friend, the end.

Bilder.

Feuer. Booster. Raketenstart. Gegen die Sonne. Über die Wüste. Flirren.

Feuer. Brennende Palmen. Tel Aviv.

Kill, kill, kill, kill, kill, kill

This is the end, beautiful friend.

2001. Odyssee im Weltraum.

Bilder.

Strahlen. Explosion. Schmerzhaft schön.

Wir sind für immer.

Verloren.

Wüste. Atompilze wachsen aus dem Boden.

Unsere Hände berühren sich. Elektrisierend.

Ich lasse dich los.

This is the end.

Neunzehnhundertneunundsechzig.

Alles schmilzt zusammen zu einer einzigen Frage:

Was haben Sie im Moment der Mondlandung gemacht?

21. Juli 1969.

3.56 MEZ.

Nacht von Sonntag auf Montag.

Petra Hellberg, die seit einiger Zeit darauf besteht, dass sie auch im Familienkreis nicht mehr Pünktchen genannt wird, hat seit zwei Wochen Nachtdienst auf der Kinderstation. Kurz nach ihrem siebzehnten Geburtstag ist sie ins Schwesternwohnheim umgezogen und übernachtet jetzt nur noch zuhause, wenn ihr Vater wieder einmal auswärts schlafen muss. Der Nachtdienst macht ihr nichts aus, auf der Station hat sie ein Zimmer für sich, während im Wohnheim immer drei auf einer Stube wohnen. Petra ist gern mit den anderen zusammen, aber noch lieber ist sie eben allein. Und die drei Mark Nachtzuschlag kann sie auch gebrauchen.

Es gibt kein Radio im Stationszimmer, denn sie muss ja jedes leise Weinen, jeden Ruf nach der Mama hören. Heute ist es besonders schlimm, wie immer an den zwei Besuchstagen pro Woche, an denen die Eltern ihre Kinder nicht nur durch die Scheibe sehen dürfen. Petra macht es nichts aus, die Mondlandung zu verpassen. Sie findet, es gibt Wichtigeres. Einen eigenen Tropf, zum Beispiel, für die Kinderstation.

Sie öffnet das Fenster. Draußen ist es noch stiller als sonst. Petra legt sich auf die schmale Pritsche. Sie hat das Buch dabei, das sie schon zu vielen Nachtschichten begleitet hat. Manchmal liest sie den Größeren, wenn sie nicht schlafen können vor Heimweh, daraus vor.

»Was ist das denn für ein Ding?«

»Das ist kein Ding. Es fliegt. Das ist ein Flugzeug. Es ist mein Flugzeug.«

Und ich war stolz, ihm zu sagen, dass ich fliege. Da sagte er: »Wie! Bist du vom Himmel gefallen?«

»Ja«, sagte ich bescheiden.

»Ah! Das ist lustig …«

Da bekam der kleine Prinz einen riesigen Lachanfall, was mich sehr verärgerte. Ich wünschte mir, dass er mein Unglück ernst nehmen würde.

Ingrid schläft. Sie nimmt seit zwei Wochen ein neues Medikament, das weniger Nebenwirkungen verspricht als Valium.

Hellblau. Die ebenfalls hellblauen Dreiecke auf der weißen Dose erinnern an Segelboote.

Die Tabletten tragen den gleichen Namen, den 1991 ein israelisches Sturmgewehr tragen wird, das besonders gut für den Häuserkampf geeignet ist.

Tavor.

Friedrich sitzt allein im Wohnzimmer. Die Lichter sind ausgeschaltet, damit es keine Reflexionen auf dem Bildschirm gibt.

Er hat, entgegen jeder Vernunft, für die Mondlandung extra einen größeren Fernseher angeschafft. Um nun bereits seit Stunden mit müden Augen auf die abstrakten schwarzen, weißen und grauen Umrisse zu starren und die Kommunikation zwischen Houston und den Astronauten zu verfolgen. Das erste Programm überträgt live aus einem extra gebauten Fernsehstudio in Köln.

»Wir haben, wie Sie sehen, einen sehr starken Kontrast, aber das ist auf dem atmosphärenlosen Mond nicht anders zu erwarten.«

Brigitte würde ihn nicht alleine hier sitzen lassen. Sie hätten es sich zusammen auf dem Sofa gemütlich gemacht, vor sich eine hübsche Schale mit Knabberzeug, vielleicht ein Gläschen Sekt, dem Anlass entsprechend.

»Hier ist der Fuß von Armstrong. Neil, wir sehen dich, sagt Houston.«

Das Büro in Hamburg, das er seit Anfang des Jahres betreibt, ist mit einer Schlafcouch ausgestattet, damit er in der Stadt übernachten kann, wenn er den letzten Zug verpasst. Leider geschieht das in letzter Zeit häufiger. Brigitte kommt ihn besuchen, wenn es ihre Tätigkeit als Hausdame im Hotel Vier Jahreszeiten erlaubt.

»Ich lasse dich nicht im Stich, Väterchen.« Obwohl sie wahrlich nicht über einen Mangel an Bewerbern klagen kann. Sogar ein Herr von und zu, echter norddeutscher Landadel, ist dabei.

»Das war eine technische Angabe für die Kamera. Jetzt kommt der Fuß«, kommentiert der Moderator im Fernsehen mit Aufregung in der Stimme.

Sie gehen selten zusammen aus.

Ab und zu ins Kino.

Mehr brauchen sie nicht. Sind einander genug.

Neil Armstrong ist draußen. »Das ist fast wie Puder, sagt er, ein sehr, sehr feiner Sand auf dem Boden.«

Friedrich Hellberg denkt an Peenemünde. An Wernher von Braun, der jetzt dort in Houston sitzt und die wichtigsten Stunden seines Lebens erlebt. Einer wie er hat das Beste aus dem gemacht, was ihm die Sterne mitgegeben haben. Ohne ihn, ohne uns, wäre vielleicht dieser Moment nicht möglich. Friedrich fühlt sich den Männern, die dort auf dem Mond gerade ihre ersten Schritte tun, auf seltsame Weise verbunden.

»Offensichtlich ist das Gehen in einem Sechstel der irdischen Schwerelosigkeit doch nicht ganz problemlos.«

Isabell und Kai prusten los. Sie liegen im Bett, den Fernseher auf dem Fensterbrett postiert, damit der Empfang besser ist, und haben zur Feier des Tages einen dicken Joint geraucht.

»Nicht ganz problemlos«, kichert Kai.

»Die stolpern da oben nur rum.« Isabell versucht, sich die Tränen aus dem Auge zu wischen, greift aber daneben.

Kai wird ernst und küsst ihr die Träne aus dem Augenwinkel. Selbst mit verlaufener Wimperntusche ist sie die schönste Frau der Welt.

»Ich will ein Kind mit dir, Isa«, sagt er.

Sie lacht es weg. »Damit da oben noch mehr Leute rumstolpern, meinst du?«

Kai steht auf und dreht den Ton ab.

»Hast du noch was?«

Er nimmt den letzten Krümel Haschisch, den Stoffbeutel mit Tabak und die Blättchen vom Tisch und gibt sie ihr rüber. Routiniert beginnt sie zu drehen. Ihre Brust leuchtet kurz im Flackern des Fernsehbildes auf.

Kai geht nackt rüber zur Anlage, hockt sich hin und dreht die Platte um, die auf dem Teller liegt. Der Saxofonist aus Paris hat sie dagelassen. Es hat sich mittlerweile rumgesprochen, dass wer im Lotus House auftreten will, eine Lieblingsplatte mit nach Hamburg bringen muss.

Die Platte heißt La Vérité.

Die Wahrheit.

Kai versucht, im hereinfallenden Licht der Straßenlaterne die vierte Rille im Vinyl zu erkennen. Dann setzt er vorsichtig den Saphir auf. Guy Béart singt.

Sur la lune il y a des enfants
qui regardent la terre en rêvant.

Kai kriecht wieder unter die Decke zu Isa, bis ihre Schenkel miteinander verschlungen sind. Er zieht an dem Joint, gibt ihn ihr zurück und beginnt leise, den Text zu übersetzen, während Neil Armstrong und Buzz Aldrin beim Herumstolpern Fußspuren hinterlassen, die nie wieder verschwinden werden.

»Auf dem Mond gibt es Kinder, die träumen von der Erde.«

Isabell wendet sich ihm zu und küsst ihn auf den Mund.

»Sie tanzen im Dunkeln.«

Sie küsst seinen Hals.

»Der Schweif der Kometen singt und schnurrt« –

Sie küsst seinen Bauchnabel.

– »zu den Vögeln aus Elektronen.«

Kai schließt die Augen.

Rita Hellberg öffnet die Augen. Der Halbmond steht hoch über der Ostsee und wirft ein schwaches Licht auf den Sand zwischen den Heckenrosen, deren Duft in Schwaden vorbeizieht. Immer wenn sie meditiert, erlebt sie anschließend die Welt wie neu, glasklar, mit scharfen Kanten und in Farben, die das ganze Spektrum ausfüllen.

Sogar nachts.

Hinter ihr hört sie das Geräusch von Jeremys Kofferradio im VW-Bus. Jeremy ist Amerikaner, studiert in Hamburg, ist Stammgast im Lotus House und will nicht in Vietnam vor die Hunde gehen. Jeden Tag kann die Einberufung kommen, die seit der Tet-Offensive im vergangenen Jahr auch Auslandsstudenten nicht mehr verschont.

»Eher bringe ich mich um«, sagt Jeremy in dieser Nacht, nachdem sie miteinander geschlafen haben. Bevor er das Radio einschaltet, um die Liveübertragung der Mondlandung zu hören.

Rita wird das nicht zulassen. Noch einen Menschen wird ihr keiner nehmen. »Eher hauen wir ab.«

Der VW-Bus von Rita und Jeremy steht seit zwei Wochen auf

dem Parkplatz eines kleinen Seglerhafens in der Hohwachter Bucht. Die Leute von den Booten gucken komisch, sagen aber nichts.

»Die Indianer«, hört Rita sie flüstern, wenn sie mit genügend Sicherheitsabstand vorbeilaufen. Jeremy ist zur Hälfte Navajo. Seine schwarzen Haare sind genauso lang wie ihre.

Manchmal spielen sie zusammen Flöte.

Sie fühlen sich wie zwei Außerirdische, die an diesem Ort zwischengelandet sind.

An dem, gar nicht weit entfernt, direkt im Zentrum des aufstrebenden Heilbades, vor vielen Jahren in einem bitterkalten Winter, das letzte Konzentrationslager des untergehenden Reiches gebaut wurde.

Bereits im Sommer 1944 sucht die SS in allen Lagern Europas nach Fachkräften unter den Häftlingen, die in Buchenwald zu einem internationalen Spezialkommando zur Herstellung von Raketen-Steuerungselementen zusammengezogen werden.

Peenemünde wird zerstört. Die Werkstätten in Buchenwald werden zerstört. Das Arbeitskommando überlebt.

Im November 1944 erreichen sie in Güterwaggons die Kleinstadt Lütjenburg und müssen von dort aus zu Fuß nach Hohwacht marschieren. Sie haben keine Winterkleidung, nur ihre gestreiften Anzüge, Fußlappen und Holzpantoffeln.

Im Januar 1945 gelingt es der Kieler Firma Anschütz, hier, weitab von großen Städten und Industrieanlagen, einen Teil der Kreiselproduktion für das A4-Programm der V2-Raketen aufzunehmen. Im April wird die Hungersnot so groß, dass die Lagerinsassen Schnecken und Unkraut essen.

Rita Hellberg, selbst wenn sie davon wüsste, wäre das in dieser Nacht vermutlich egal. Sie denkt über etwas anderes nach.

Aussteigen.

Johnny hat eine Postkarte aus Indien geschickt, die auf dem Armaturenbrett des VW-Busses klebt wie eine Verheißung. Auf der Rückseite drei gekritzelte Zeilen.

Habe den weitesten Himmel der Welt gefunden.

Lerne gerade fliegen.

Schöne Grüße aus Rishikesh.

Neunzehnhundertsiebzig.

Wird ein Jahr voller Überraschungen.

Ingrid Hellberg fängt an. Im Februar packt sie einen Koffer, lässt sich ein Taxi zum Bahnhof kommen und fährt in eine Privatklinik an der Flensburger Förde. Keine Schrothkur diesmal, sondern Entzug. Ihre Eltern, die Einzigen, denen sie sich anvertraut hat, zahlen die Rechnung.

Friedrich Hellberg schreibt.

Exposé für eine Serie: Der Computer unseres Lebens.

Man kann sich nach einer Uhr richten, man kann sie aber auch übersehen und unpünktlich sein. Die Uhr übt keinen Einfluß auf uns aus, sie zwingt uns zu nichts, sie zählt nur für uns die Zeit ...

So zeigen uns die Planeten in Gestalt eines überdimensionalen Computers die Bahnen, in denen auch unser Leben verlaufen kann, ausgehend von einer Grundlochkarte, unserem Geburtshoroskop, das als Lebensprogramm in diesen Computer eingegeben worden ist. Dieses Grundprinzip einer modernen, wissenschaftlichen Astrologie den jungen Menschen klar und verständlich zu machen, wäre die Aufgabe der Serie.

Dem jungen Menschen ist heute der Computer schon sehr früh ein Begriff, so daß man ihn überzeugen kann, daß die größte Rechenmaschine aus Sonne, Mond, Merkur, Mars, Venus, Jupiter, Saturn, Uranus, Neptun, Pluto schrecklich interessante Dinge zeigen muß, daß aber niemand in seiner Freiheit der Entscheidung dadurch behindert wird.

Diese Serie ist zweifellos ein gewagter Versuch, weil es nicht einmal einfach ist, erwachsene Menschen zum Verständnis dieser Zusammenhänge hinzuführen. Doch ist die Jugend von heute sicher dem zunächst unwägbar Erscheinenden mehr aufgeschlossen als eine Generation von Materialisten, die gegenwärtig unsere Zeit bestimmt und –

Es klingelt. Friedrich sieht irritiert auf. Unangemeldete Besucher kommen selten in sein Hamburger Büro, und Brigitte hat einen Schlüssel. Er geht zur Tür und öffnet sie nur einen Spalt weit, bereit, sie dem Störenfried, wolle er Zeitungen verkaufen oder ihm von Jehova vorschwafeln, gleich wieder vor der Nase zuzuschlagen.

Draußen steht seine Frau.

Sie sieht anders aus. Besser. Moderner.

Sie hat eine Reisetasche in der Hand.

»Willst du mich nicht hereinbitten?«, fragt Ingrid.

Sie setzt ihren Mann darüber in Kenntnis, dass sie ab sofort zweimal die Woche Kais Jazzclub saubermacht. An den anderen Tagen kann sie Friedrichs Mutter zur Hand gehen, die schafft es nicht mehr alleine und will es nicht zugeben.

»Und wenn du mal wieder abends länger bleiben musst«, sie schenkt ihm ein warmes Lächeln, »dann bin ich in der Nähe und kann dafür sorgen, dass du die Schonkost bekommst, die du brauchst.«

Einen Monat später trifft in Stade die Karte mit der Einladung zu Brigittes Hochzeit ein. Die feierliche Trauung wird auf dem Gut in Schleswig-Holstein stattfinden, das sie zukünftig mit gekonnter Hand führen wird.

Rita Hellberg stellt kurz hinter der jugoslawischen Grenze fest, dass sie ein Baby erwartet. Hundert Kilometer weiter überkommt sie die Ahnung, dass sie dieses Baby weder mit Jeremy noch in Indien oder auf einer staubigen Landstraße zwischen Teheran und Kabul bekommen möchte.

Sie halten an einem Parkplatz mit Blick auf die Adria.

Am Horizont fährt ein weißer Dampfer vorbei.

Vielleicht ist es die Ausonia, denkt Rita.

Und sieht sich selbst, mit sechzehn, an der Reling stehen.

»Denk an das Nein!«, ruft ihr die Rita von damals zu. »Fang am besten gleich damit an.«

»Ich bin schwanger«, sagt Rita.

»Wenn du möchtest, fahren wir natürlich zurück«, sagt Jeremy und lächelt noch ein bisschen einfältiger als sonst. Kein Wunder.

»Nein«, sagt Rita und streicht ihm über seine schönen Haare.

»Ich fahre. Du und der VW-Bus, ihr schafft es auch ohne mich bis Indien. Ganz bestimmt.«

Plötzlich sieht er aus wie der verlorene Junge, der er ja im Grunde auch ist. »Du kannst mich doch nicht einfach so hier –« Er deutet auf den Parkplatz, auf dem leere Flaschen und gebrauchte Kondome herumliegen.

»Doch« sagt Rita und küsst ihn sanft. »Spätestens nächstes Jahr würde ich anfangen, mich entsetzlich mit dir zu langweilen. Ich würde dich dafür hassen. Und ich würde unser Baby hassen. Das habt ihr beide nicht verdient.«

Sie bringt ihn noch bis zur Fahrertür. Er klettert auf den Sitz und sieht sie an.

»Grüß Johnny schön«, sagt Rita. »Du kannst ihn nicht verfehlen. Lang, dünn, schwarze Klamotten, Cowboystiefel. Sag ihm, ich komme ein andermal vorbei. Gerade passt es nicht so gut.«

Jeremy lächelt. Rita schlägt die Tür zu und sieht ihm nach, bis er um die nächste Kurve verschwunden ist. Dann überquert sie vorsichtig den mörderischen Autoput, stellt sich an die gegenüberliegende Straßenseite und hält den Daumen raus.

Drei Tage später ist sie wieder in Hamburg.

»Keine Sorge«, versichert sie Isabell, die vor Schreck nicht mal ihr Opportunistinnenlächeln richtig hinbekommt. »Sobald ich ein Zimmer finde, seid ihr mich los.«

Die Nächste ist Pünktchen. Nein: Petra Hellberg.

Auf ihrer Examensfeier verkündet sie vor versammelter Mannschaft, dass sie eine Woche später ein Flugzeug nach Marokko besteigen wird. Katholischer Friedensdienst in Marrakesch. »Sie brauchen dringend Kinderkrankenschwestern da unten.«

Ingrid greift nach der Hand ihres Mannes. »Aber sie ist doch erst achtzehn –«

Er legt seine Hand auf ihre. »Sie ist ihrem Alter weit voraus, das weißt du besser als ich.«

Kai und Rita diskutieren auf der Rückfahrt nach Hamburg darüber, wie Pünktchen das wohl hingekriegt hat. Auf die Idee, dass es sich um simple Erpressung handelt, mit der sie ihren Vater zur Unterschrift bewogen hat, kommt keiner von beiden.

Nach einer kurzen Erholungspause im Sommer, die Rita zu ihrer eigenen Überraschung freiwillig mit den Eltern auf Sylt verbringt, ist Kai an der Reihe.

Im September kommt er mit einer dicken Erkältung vom Love & Peace Festival auf Fehmarn zurück, das im Vorfeld als deutsches Woodstock angekündigt wurde.

»Es hat gestürmt und geschüttet«, berichtet er schniefend. »Jimi Hendrix, für den sich die Leute zwei Tage lang den Arsch abgefroren haben, hat sich zuerst geweigert, vor aufgebauten Zelten zu spielen.«

Die Musik von Peter Brötzmann, für dessen Free Jazz Kai um die halbe Welt reisen würde, ist den Leuten zu anstrengend.

Die Hells Angels hauen mit dem Eintrittsgeld ab.

Die Bühne wird angezündet.

Und trotzdem.

Kai lächelt. »Stell dir doch mal vor! Eine Kneipe am Meer, vielleicht ein paar Gästezimmer, angeschlossenes Tonstudio.«

»Und was sagt Isabell dazu?«

Rita sitzt neuerdings nur noch auf dieser Seite der Theke wie alle anderen. Und auch nur, bevor es zu verraucht ist. »Was soll sie da oben machen als Kunsthistorikerin? Findlinge sammeln?«

»Na ja«, Kai dreht sich um und murmelt was von: für die Kinder da sein, in seinen neuen Vollbart.

Rita grinst. »Weiß sie das schon?«

»Sie braucht Zeit zum Nachdenken.«

Jimi Hendrix stirbt zwei Wochen nachdem er seine genervten Fans auf Fehmarn angebrüllt hat: »Ist mir egal, ob ihr mich ausbuht, aber trefft wenigstens den richtigen Ton.«

Die Welt dreht sich weiter.

In Ägypten wird am 28. September um dreiundzwanzig Uhr das laufende Programm im Radio und im Fernsehen unterbrochen.

»Die Vereinigte Arabische Republik, die arabische Nation und die gesamte Menschheit haben einen ihrer wertvollsten, mutigsten und aufrichtigsten Männer verloren«, verkündet Vizepräsident Anwar al Sadat, sichtlich erschüttert. »Präsident Gamal Abdel Nasser ist um achtzehn Uhr fünfzehn heute Abend verstorben, auf dem Schlachtfeld stehend, auf dem er gekämpft hat für die Einheit der arabischen Nation und den Tag des Sieges.«

Das mit dem Schlachtfeld ist natürlich metaphorisch gemeint. Präsident Nasser verabschiedet an diesem Nachmittag den Emir von Kuwait am Flughafen. Wieder ist ein anstrengendes Gipfeltreffen der arabischen Führer vorüber. Am Ende konnte der wichtige Friedensvertrag zwischen Jordanien und den Palästinensern geschlossen werden. Doch Nasser ist die Anstrengung anzusehen, beim Händeschütteln, beim gemeinsamen Beten in der Moschee. Auf dem Weg in seine Residenz erleidet der Präsident einen Herzinfarkt. Fünf Ärzte können nichts mehr für ihn tun.

»Mit unserer Seele, mit unserem Blut, werden wir vorwärts stürmen!«, skandieren junge Männer am nächsten Morgen auf den Straßen Kairos.

Voller Zorn.

Voller Schmerz.

Drei Tage später, am Tag der Beerdigung, sind es fünf Millionen. Sie trampeln die Absperrungen nieder. Sie sitzen auf Dächern, auf Bäumen, auf winzigen Mauervorsprüngen. Sie füllen die zehn Kilometer lange Strecke, über die der Sarg durch die Stadt getragen werden soll, mit ihren Körpern.

»Die Armee und das Volk werden weiterkämpfen!«, rufen sie.

Um neun Uhr morgens wird der Sarg im Präsidentenpalast in einen Hubschrauber geladen, der ihn zum Startpunkt der Prozession auf der Nilinsel Zamalek bringen soll.

»Und nun«, sagt der Sprecher des ägyptischen Fernsehens, den Tränen nah, »hat die Reise des Abschieds begonnen. Der Held steigt hoch in den Himmel und wirft einen letzten Blick auf sein Land.« Sechs Menschen kommen während des anschließenden Trauerzugs im Gedränge ums Leben.

Bei Rita Hellberg setzen vorzeitige Wehen ein. Kai fährt sie ins Universitätskrankenhaus. Sie ist erst im sechsten Monat, zu früh für das Kind, um schon auf die Welt zu kommen. Sie bekommt wehenhemmende Spritzen.

Keine Aufregung. Strikte Bettruhe.

Bis zu dem Tag, an dem sie unbedingt eine Zigarette rauchen muss. Und aus dem Fenster guckt.

Ein hoch gewachsener Mann steigt aus einem olivgrünen Mercedes und betritt mit schnellen Schritten das Krankenhaus.

Otto Skorzeny alias Rolf Steinhauer passt dieser klammheimliche Ausflug nach Deutschland momentan gar nicht in den Kram. Nach Jahrzehnten des Strippenziehens, Netzwerkens und Vermittelns von Waffendeals quer über den Globus ist er endlich ein wohlhabender Geschäftsmann und in rechten Kreisen gern gesehener Investor. Gerade hat er in Alicante eine Sicherheitsfirma aufgebaut, die den ritterlich klingenden Namen Paladin trägt. Unter den Augen der spanischen Behörden entsteht ein florierendes Trainingslager für Söldner mit angeschlossener Vermittlungsagentur. Die Kundenkartei ist ein Register globaler Regime: die griechische Militärjunta, die portugiesische Militärregierung, das südafrikanische Bureau of State Security, bald auch Chiles Diktator Pinochet und die argentinischen Todesschwadronen. Skorzenys Name leuchtet über der Firma wie ein internationales Gütesiegel. Seine Experten für Verschleppung, Folter und Mord stammen aus den Reihen der SS, der Fremdenlegion oder der französischen Geheimarmee OAS. Selbstverständlich bedient sich auch Spaniens Machthaber Franco selbst bei Paladin, um politische Gegner und baskische Separatisten auszuschalten. Und jetzt das.

Krebs.

Er fühlt sich, vielleicht zum ersten Mal, verwundbar. Schutzbedürftig.

Die alte Angst vor den Nazijägern ist wieder da.

Mehr Wagen. Mehr Männer.

»Kameraden«, sagt einer und es fehlt nur, dass alle die Hacken zusammenschlagen. »Wir sammeln uns im achten Stock auf der Privatstation.«

Rita schließt leise das Fenster.

ODESSA. Johnny anrufen.

Johnny ist nicht erreichbar. Nirwana.

Keine Aufregung.

Ich rege mich aber auf. Die SS marschiert ins Hamburger Krankenhaus.

Strikte Bettruhe.

Rita steht auf. Geht zum Schrank, holt ihren Bademantel und die Tasche raus und die Kamera aus der Tasche. Die anderen Betten sind leer. Niemand, der sie verpfeifen könnte.

Sie geht über den Flur.

Wartet auf den Fahrstuhl.

Drückt die Acht. Verschlungenes Zeichen. Unendlichkeit.

Der Anfang ist das Ende ist der Anfang ist das Ende.

Und so weiter.

Die Tür geht auf.

Schick ist das hier.

Ein Flur mit Bildern an den Wänden. Vor einer der Türen zu den Krankenzimmern stehen zwei Leute.

Die bewachen ihn, denkt Rita. Ihren Führer.

Die anderen sitzen im Aufenthaltsraum und gucken Sportschau. Zigarettenrauch und aufgeregte Stimmen quellen heraus.

Plötzlich geht die Tür auf, die beiden Wachtposten nehmen Haltung an. Ein Chefarzt mit Gefolge kommt eiligen Schrittes den Flur herunter. Rita kann gerade noch in die Damentoilette flüchten.

»– Tumore direkt übereinander.« hört sie. »Wenn wir das Rückenmark beschädigen, sitzt er im Rollstuhl.«

»Tor!«, brüllt es aus dem Aufenthaltsraum.

Sie nimmt die Kamera aus der Tasche und nutzt die Gunst der Stunde.

Gruppenfoto, bitte lächeln.

Die beiden Wachtposten kriegen gerade Befehle von drinnen.

Schnell noch ein Foto.

Der Patient selbst bleibt unsichtbar.

Wobei ja auch viel interessanter ist, wer die anderen sind. Die haben doch sicher alle eine gute Stellung. Familien. Kinder. Und schieben hier in der Freizeit Wache für einen Nationalsozialisten der ersten Garde.

Rita geht schnell zum Fahrstuhl zurück.

Die Tür geht auf.

Vor ihr steht der hünenhafte Spezialbeauftragte der ägyptischen Regierung für die Sicherheit der Experten. Spion des Mossad. Und wer weiß, für wen er noch arbeitet.

Sie sehen sich an.

Lange.

Es geschieht wieder. Vor aller Augen und am helllichten Tage.

Er kommt heraus.

Sie geht hinein.

Am nächsten Morgen ist die Kamera weg.

Stattdessen liegt ein winziges, uraltes Henkelkreuz auf ihrem Nachttisch. Etwas schief, mit unebenen Kanten.

Das Ankh. Symbol für das körperliche Leben.

Hani! Hani!

Was haben sie mit dir gemacht?

Und warum?

Nicht aufregen. Keine Aufregung.

Die Stationsschwester schaut zur Tür herein. Sieht das Kreuz in Ritas Hand. Nickt kurz, fast unmerklich. Leise fällt die Tür wieder ins Schloss.

Die Warnung ist angekommen.

Rita zieht ihr Nachthemd hoch und greift in den riesigen Schlüpfer, der ihren Babybauch züchtig bedecken soll. Direkt unter die beginnende Wölbung hat sie die Filmrolle geklemmt.

Sicher ist sicher.

Rita Hellberg macht Pläne.

Stufe 1.

Das hier an die Öffentlichkeit bringen (so bald wie möglich)

Stufe 2.

Das Foto entwickeln und gucken, wer drauf ist (später)

Stufe 3.

Keine Angst haben.

KEINE ANGST HABEN.

Sie zieht das Band, das eigentlich dazu dient, dem Nachthemd vor der Brust eine adrette Schleife zu verpassen, durch die Öse des Ankh und bindet es sich um den Hals.

Und wartet auf jemanden, der sie aus diesem Alptraum befreit.

Berliner Zeitung. 25. Dezember 1970. Seite 5.

Massenmörder Skorzeny zur Erholung in einer Privatklinik in Hamburg

Der international gesuchte Kriegsverbrecher und SS-Massenmörder Otto Skorzeny hat sich vor zehn Tagen in Hamburg operieren lassen. Das teilte laut Westagenturen vom Mittwoch ein Mitglied der Familie des ehemaligen SS-Obersturmbannführers mit. Der frühere Amtschef im faschistischen Reichssicherheitshauptamt soll sich auch jetzt noch zur Erholung in der Hansestadt befinden. Seit Kriegsende lebt Skorzeny unter dem Schutz des Franco-Regimes in Madrid. Der Kriegsverbrecher ermöglichte bisher dank seiner Verbindungen zu faschistischen Organisationen über 500 schwerbelasteten Nazi-Verbrechern die Flucht aus der BRD.

Diese Meldung in der Berliner Zeitung richtet sich an die Leser und Leserinnen in der Deutschen Demokratischen Republik.

Rita Hellberg weiß nichts davon.

In der Bundesrepublik Deutschland möchten laut einer Umfrage des Hamburger Abendblatts die meisten Leute eher besinnliche Weihnachtsfeiertage verbringen.

Hamburger Abendblatt. Frankfurter Allgemeine. Der Spiegel. Die Zeit. stern.

Nichts.

Stille Nacht.

Abzug vom Dia, Farbe:
Familie Hellberg, alle stehen in Winterkleidung vor dem
Hamburger Planetarium im verschneiten Stadtpark: Kai,
Ingrid, Friedrich, Petra, in der Mitte Rita mit einem Baby im
Arm, das in eine Wolldecke mit Kamelen darauf gewickelt ist.
Bildunterschrift: نجمة, Februar 1971

Ingrid Hellberg bereitet einen Tafelspitz mit Kartoffelmus und leichtem Gemüse zu. Sie hat sich extra ein Buch mit Rezepten für Nierenkranke gekauft.

Friedrich Hellberg sitzt mit dem Rücken zur Tür am Schreibtisch und zieht mit dem Zirkel einen Kreis. Horoskop für Najima Hellberg, steht ganz oben auf der Seite, geboren am 22. Januar 1971 um 7 Uhr 46 im Sternzeichen des Wassermanns.

Petra Hellberg hat Nachtwache. Durch das offene Fenster hört sie den Ruf des Muezzins zum Abendgebet. Auf dem Baum vor dem Fenster huscht ein Berberäffchen vorbei. Oder hat sie sich das nur eingebildet?

Kai Hellberg steuert seinen neuen Citroën DS, den er auf Ratenzahlung gekauft hat, mit einer Hand über die Fehmarnsundbrücke. Der schwere Wagen schlingert kaum im Seitenwind. Isabells Gesicht wird alle paar Sekunden durch eine Straßenlampe angestrahlt.»Willst du mich heiraten?«, fragt Kai, aus dem Gedanken heraus, dass der richtige Augenblick jetzt oder nie gekommen sein wird.

Rita Hellberg sitzt im Schneidersitz auf der Matratze und klebt bei Kerzenlicht das Familienfoto auf die letzte Seite ihres dunkelroten Fotoalbums. »Guck mal, Jimi«, sagt sie leise, »wir müssen ein neues kaufen.«

Kai hat damit angefangen, und jetzt nennen das Baby alle bloß Jimi. Najima, deren Name übersetzt Stern bedeutet, ist neben ihr auf der Decke eingeschlafen, die Oma Ingrid ihr zur Geburt vermacht hat. In ihrer winzigen Faust hält sie das Ankh, das mit einer Lederschnur an einer Rassel befestigt ist. Von draußen aus der Küche dröhnen die hitzigen Debatten von Ritas Mitbewohnern bis durch die Tür.

Rita Hellberg schaut nach vorn und nicht zurück.

Sonst würde sie vermutlich der Versuchung nachgeben.

Und eine Seite zurückblättern.

Sie stellt fest, dass das Foto mit der Nummer achtzehn, das sie im Dezember eingeklebt hat, fehlt. Jemand muss es herausgenommen haben. Sie sucht in der hochgestellten Apfelsinenkiste, die ihr als Regal dient, nach den Negativen und stellt fest, dass auch diese fehlen. Hektisch zählt sie in Gedanken die Leute auf, die in den letzten Wochen in ihrem Zimmer waren: ihre Eltern, Kai und Isabell, Freunde, Mitbewohner. Vielleicht der, der gerade so laut gelacht hat?

Aber Rita Hellberg hat nicht vor, zurückzublättern. Sie schlägt das Fotoalbum zu und stellt es zu den anderen beiden. Streift mit der Hand über Buchrücken. Über ein Kamel, aus Holz geschnitzt, mit einem herrlich arroganten Gesichtsausdruck. Vorlesungsverzeichnisse. Geht einen Schritt weiter zu der Apfelsinenkiste mit den Schallplatten. Greift wie zufällig nach einer Hülle. Pink Floyd. Zieht die schwarze Scheibe heraus, legt sie auf den Plattenteller und setzt die Nadel auf.

Over the mountain watching the watcher.

Breaking the darkness waking the grapevine.

One inch of love is one inch of shadow.

Love is the shadow that ripens the wine.

Rita Hellberg träumt von Mondraketen.

Sie kann es einfach nicht lassen.

Neugierig öffnet sie die Luke und steigt ein. Komm, Tochter. Nimm die Kairodecke und das Ankh mit.

Wir verlassen den Orbit.

Set the controls for the heart of the sun!

# Die Kairo-Decke

von Stefanie Schulte Strathaus

>*There's a special place I know*
*but it has no name*
*and I'd love to take you there*
*eliminate your pain.*«

Januar 2020. Es ist kalt. Ich denke an meine Kairo-Decke, sie ist in Berlin. Ein Freund, der Filme macht, wollte immer die Pyramiden sehen, und ich habe ihn eingeladen, seinen Geburtstag mit mir in Kairo zu verbringen. Bevor wir nach Gizeh rausfahren, stehen wir frierend auf meinem Balkon. »Dahinten, die Pyramiden!« Er deutet auf einen Punkt am Horizont zwischen den Häusern. Tatsächlich. Nach all den Jahren, in denen diese Wohnung in Downtown Kairo, direkt hinter dem ägyptischen Museum, zu meinem zweiten Zuhause geworden ist, sehe ich sie zum ersten Mal. Der Blick, der sich mir stattdessen eingeprägt hatte, ist der auf das Nile Ritz-Carlton, das Erste, was ich sehe, wenn ich morgens im Bett liegend die Augen öffne. Früher war es das Hilton, hinter einem dieser Fenster haben meine Mutter und eine ihrer Schwestern mit ihren Eltern 1961 die ersten Nächte in Kairo verbracht. Ich sehe das Foto vor mir, meine Tante mit ihren struwweligen kurzen Haaren im Bett und meine Mutter auf der Schlafcouch, halb liegend, halb sitzend, beide schauen in Richtung Fenster. In meine Richtung.

Dass ich ausgerechnet diesen Blick habe, den Nil und die Insel Zamalek im Hintergrund, ist Zufall. Wie so viele andere Zufälle, mit denen im Dezember 2010 alles anfing, wenige Wochen vor der Revolution.

Ich wollte von Anfang an Notizen machen. Irgendetwas hielt

mich aber davon ab, es ist, als bewegte ich mich durch die Geschichte, ohne innehalten zu können. Doch die Erinnerungen kommen anhand alter E-Mails und Fotos wieder: an die Zeit nach Beginn der Revolution, an leere Flugzeuge zwischen Berlin und Kairo, an Menschenmassen auf dem Tahrir-Platz, an Straßen- und Ausgangssperren. Veranstaltungen, die wieder abgesagt werden, Lagebesprechungen. Schüsse und Feuerwerke. Ich erinnere mich an Stunden des Wartens, während meine ägyptischen Freund*innen auf der Straße demonstrieren. An die Angst, dass ihnen dort etwas passieren könnte. Wie den vielen, die im Gefängnis landeten, verletzt wurden oder ums Leben kamen. Ich erinnere mich an endlose Diskussionen. An Tage im Chesa, Abende im Le Bistro und späte Nächte im Lotus. Immer von Menschen umgeben, deren Namen ich hier weglasse.

Die Zukunft, die eine so ungeheure Anziehungskraft hatte, sieht als Gegenwart ganz anders aus. Viele meiner Kairoer Freund*innen sind nach Berlin gezogen. Einige ihrer Freund*innen leben nicht mehr, sind im Gefängnis oder woanders. Die letzten Kultureinrichtungen, die eine Zeit lang nach der Revolution Fördergelder aus dem Westen erhielten, kämpfen ums Überleben. Es ist, als wolle die Stadt schreien, aber sie bringt keinen Ton heraus.

Ich habe Kairo – zufällig – an einem Wendepunkt der Geschichte kennen gelernt.

Ich bin Filmkuratorin. Archive bilden die Grundlage meiner Arbeit, die ich als Gegenwartspraxis verstehe. Immer im Austausch mit anderen, immer mit Blick auf etwas Neues, das aus ihnen hervortritt. Archive leben.

2010 lädt mich das Goethe-Institut nach Kairo ein, um ein arabisches Kurzfilmfestival zu besuchen. Mubarak wurde gerade mit so augenscheinlicher Mehrheit wiedergewählt, dass das Wahlergebnis etwas zurückkorrigiert wird. An den Hauswänden hängen noch die Reste der Wahlplakate.

Ich wohne im Shepheard Hotel in Garden City, in der Nähe des

Tahrir-Platzes. Später erfahre ich, dass es das Hotel war, in dem Messerschmitt immer abstieg, wenn er in Kairo war, um seine Flugzeugwerke zu besuchen. Der »Professor«, wie mein Großvater ihn damals nannte. So viel ich kann, laufe ich durch die Stadt, in der ich nie zuvor gewesen bin. Etwas Vertrautes umgibt mich. Ich sehe Dinge, die mir bekannt vorkommen: Trommeln, Wandbehänge mit Wüstenkarawanen, kleine Lederkamele. Schmuck, der aussieht wie aus dem Schmuckkasten meiner Mutter. Ich erinnere mich an ein kleines rechteckiges Amulett, eine plattgefahrene Münze – und an die Kairo-Decke. Riesengroß, sehr schwer, mit hellblauem Muster. Ich habe sie mitgenommen, als ich von zu Hause auszog. Sie ist alt und vergilbt, aber ich schleppte sie durch alle Wohnungen und WGs, nur um sie im Keller, im Schrank oder unterm Bett zu verstauen.

All diese Dinge hatte ich vergessen. Ich erinnere mich nun, dass sie irgendetwas mit meinem Großvater zu tun hatten. Er war Ingenieur. Und Segelflieger. Und daran, dass meine Mutter mal einen Verehrer hatte, einen Scheich, scherzte sie.

Ich treffe Menschen, mit denen ich mich ein wenig anfreunde. Ein Filmemacher lädt mich in einen Club in Garden City ein. Er erzählt mir von seinem Langfilm, den er gerade nach vielen Mühen abgedreht hat. Seine Protagonistin ist die Stadt Kairo, geliebt, aber zerstörerisch für die, die darin leben. Eine Künstlerin forscht zu den Nähmaschinen, die Präsident Nasser Anfang der 1960er Jahre im Rahmen seines Industrialisierungsprojekts an Hausfrauen verteilt hat: »From the needle to the rocket« war sein Slogan. Eine Videokünstlerin untersucht Zeitebenen, die sich durchkreuzen und gegenseitig den Weg abschneiden.

Es liegt eine Dringlichkeit über der Stadt. Ich fühle, hier wird bald etwas passieren. In Kairo, ja. Aber auch in mir.

Ich komme aus einer Patchworkfamilie. Das war in meiner Kindheit noch gar nicht so üblich. Patchwork bedeutet noch mehr abgerissene Erzählfäden, als es sie in deutschen Familien ohnehin bereits gibt.

Mein Vater, Enkel einer Schriftstellerin, hatte die Kriegsjahre mit seinen Eltern in einer Siedlung in Pullach verbracht. Sie war für Mitarbeiter des Stabes Heß gebaut worden, darunter mein Großvater, der bis zu seiner Verhaftung 1941 nebenher auch Horoskope erstellte. Ab 1956 wurde die Siedlung vom Bundesnachrichtendienst genutzt.

Meine Mutter hatte viel zu kämpfen. Gegen irgendwelche Geister aus ihrer Kindheit. Sie kam während des Krieges zur Welt, ich habe einmal den Fluchtbericht meines Großvaters gelesen, da war sie drei Jahre alt. Kurz darauf begann meine Großmutter, zwanghaft zu putzen. Sie trieb auch ihre Tochter rund um die Uhr zur Hausarbeit an, sobald sie etwas älter war. Jahrzehnte später, mein Großvater war gestorben und meine Mutter hatte längst eigene Kinder, implodierte der Staubsauger meiner Großmutter. Ihre Wohnung war vollständig verrußt, und sie zog in ein Altenheim.

Es gibt noch mehr solcher Geister. Ich kenne sie noch nicht alle im Einzelnen, aber sie standen mir immer im Weg. Und uns.

Deshalb ist die SMS, die ich aus dem Club in Garden City an meine Mutter schicke, ein bisschen wie eine SMS an eine Fremde. »Ich bin gerade in Kairo. Gab es hier nicht irgendeine Geschichte? Habt Ihr hier nicht mal gelebt?«

Ihre Antwort ist knapp. »Ja. Auf dieser Insel im Nil. Ich finde das mal raus.« Etwas später erscheint das Foto eines alten Briefumschlags mit einer Adresse in Zamalek auf dem Display meines Handys. Ich suche lange, bis ich das Haus schließlich am Nilufer in der Abu El Feda finde. Ich betrete den Hausflur und versuche, mir meine Mutter und meine Tanten als Kinder vorzustellen. Ich mache Fotos aus der Augenhöhe einer Neunjährigen für die jüngere Tante, die ich kaum kenne. Aber sie war wie ich die jüngste von drei Schwestern.

Als ich abreise, behalte ich meinen letzten Zehn-Pfund-Schein im Portemonnaie, als Erinnerung daran, dass ich bald wiederkommen möchte.

Wenige Tage nach meiner Ankunft in Berlin stoße ich durch

einen Hinweis meines Vaters auf eine alte Ausgabe des Spiegel. »Deutsche Raketen für Nasser« steht auf der Titelseite. Ich schlage das Heft auf und blicke auf das Foto des Hauses, das ich gerade besucht habe. Hier sollen Schlüsselfiguren gewohnt haben, deutsche Experten, die meisten von ihnen mit nationalsozialistischer Vergangenheit, die an einem ägyptischen Flugzeug- und Raketenprojekt arbeiteten. Nach Aussage von Nasser hatten die Raketen eine Reichweite bis südlich von Beirut, also bis Israel.

Ich kehre zu meiner Arbeit zurück, wir bereiten ein Festival vor. Plötzlich erscheint der Tahrir-Platz täglich in den Medien. Infolge der Ereignisse in Tunesien und im Zuge dessen, was man schon bald den »Arabischen Frühling« nennt, hat am 25. Januar 2011 in Ägypten die Revolution begonnen. Wir nehmen uns vor, während des Festivals in Berlin solidarisch Videobotschaften von der Straße zu zeigen. Doch E-Mails werden nicht beantwortet, und jedes Telefonat wird von Demonstrationsrufen, Schreien oder Schüssen unterbrochen. Wir beschließen, stattdessen in einem Sonderprogramm Kurzfilme aus der Zeit vor der Revolution zu zeigen. Am 11. Februar 2011 tritt Mubarak zurück.

Im Oktober darauf reise ich erneut auf Einladung des Goethe-Instituts nach Kairo. Diesmal soll ich selbst ein Filmprogramm präsentieren. Aus Sicherheitsgründen bringt man mich nicht in Downtown, sondern im Flamenco Hotel in Zamalek unter. Noch ohne Ortskenntnisse erinnere ich mich, dass dies die Gegend war, in der das Haus steht, in dem meine Familie gelebt hat. Nach meiner nächtlichen Ankunft stehe ich am nächsten Morgen früh auf, um es noch einmal zu suchen. Vor dem Hotel versuche ich, mich anhand eines Stadtplans zu orientieren, und will loslaufen. Nach nur drei Metern bleibe ich stehen: Es ist das Nachbarhaus. Der Eingang des Hotels ist auf der anderen Seite des Gebäudes, weshalb ich das nicht an der Adresse erkannt habe.

Ich suche die richtige Wohnung in der 6. Etage und läute an der Tür. Zwei Hausangestellte öffnen. Sie sind freundlich, verstehen aber nur das Wort »Mother«. Sie bringen mich zu einer

Wohnung, in der eine blonde Frau leben soll, die ihrer Meinung nach meine Mutter sein könnte, wie sie mir aufgeregt in Zeichensprache erklären. Es gelingt mir nicht, die Situation aufzuklären. Glücklicherweise ist die Nachbarin nicht zu Hause.

Ana mabsuta fi'l-qahira. Bei der Einführung meines Programms will ich zumindest einen Satz in Arabisch sprechen. Ich frage meinen Sitznachbarn im Publikum, was der Satz »Ich freue mich, in Kairo zu sein« auf Arabisch heißt. Er schreibt es mir auf einen Zettel, und wir kommen ins Gespräch. Er berichtet mir von zwei 16mm-Filmen, die er in den 1970er Jahren im Rahmen eines Workshops gedreht hat, und verspricht, sie bei einem im Aufbau befindlichen Filmcenter vorbeizubringen, damit ich sie mir dort ansehen kann.

Ich erzähle anderen von meiner Familiengeschichte. Während die Reaktionen meiner Freund*innen in Berlin ähnlich wie bei mir eine Mischung aus Überraschung und Überforderung sind, die immer dann eintritt, wenn Familiengeschichte mit Tätergeschichte in Berührung kommt, reagieren sie in Kairo interessiert, aber gelassen. Abgesehen davon, dass sich die Geschichte ägyptischer Revolutionen für sie gerade mehr aufdrängt, wissen die meisten von den deutschen Experten. Sie erzählen, dass die Raketen ohnehin niemals funktionierten. Ich erzähle der Künstlerin, die zu Nasser forscht, von der Spiegel-Ausgabe zum Raketenprojekt.

Eine ehemalige Schülerin der deutschen Schule bietet an, für mich zu übersetzen, und begleitet mich zum Haus in der Abu El Feda. Meine Mutter hat mir ein Foto der damaligen Bawabs geschickt, die im Hauseingang leben und sich um das Gebäude kümmern. Sie nannten sie Mr. Tomorrow and Mister Yes. Wir zeigen es den heutigen Bawabs, die sie sofort erkennen. Erst vor ein paar Jahren sind sie verstorben.

Zurück in Deutschland beginne ich, Arabisch an der VHS zu lernen. An Weihnachten erhalte ich ein großes Paket. Ich öffne es und finde darin eine Trommel, die ich sofort wiedererkenne.

Es liegt ein Brief von meinem Vater dabei, in dem er mir erklärt, dass er sie nach der Scheidung mitgenommen hat, obwohl sie eigentlich meiner Mutter gehört. Sie hatte sie damals aus Kairo mitgebracht.

Am Telefon bitte ich meine Mutter, in ihren Schränken nach Zeugnissen aus jener Zeit zu suchen. Sie findet einen Ordner mit Kurzgeschichten, die ihr Vater geschrieben, aber nie veröffentlicht hat. Weil sie den Ordner nicht mit der Post verschicken will, fahre ich in den Vorort von Frankfurt, in dem sie lebt. Nach Jahren verbringen wir erstmals mehrere Tage miteinander. Gemeinsam auf dem Sofa sitzend lesen wir die Geschichten. Die meisten sind in der dritten Person geschrieben, manche in der ersten. Mal enthalten sie Hinweise auf Namensänderungen, dann wieder finden sich Klarnamen. Fakten, Zahlen, Andeutungen, aber auch Familiengeschichten – und eine Liebesgeschichte zwischen einem verheirateten Mann und einer jüngeren Frau. In den Erzählungen denkt mein Großvater über seine Arbeit nach, über seine Schwierigkeiten, in Deutschland Geld zu verdienen, über das Raketenprojekt, die Menschen in Ägypten, das Autofahren in Kairo. Und über die Vorwürfe, denen die deutschen Experten seiner Ansicht nach zu Unrecht ausgesetzt waren.

Eine der Geschichten beschreibt die aufwändige Reise einer Waschmaschine von München nach Kairo. Meine Großmutter hat darauf bestanden, sie mitzunehmen. Eine andere Geschichte spielt kurz vor Kriegsende. Mitten in der Nacht erhält mein Großvater den Auftrag, an einen abgelegenen Ort zu kommen, um einer nicht namentlich genannten Person ein Horoskop zu erstellen. War das nicht der andere Großvater? Waren etwa beide Hobbyastrologen?

Außer den Kurzgeschichten befinden sich in den Kisten Dokumente aller Art, Briefe, Lebensläufe, Arbeitsverträge und Entnazifizierungsanträge meines Großvaters sowie unzählige Krankenberichte meiner Großmutter. Ein dicker Leitz-Ordner enthält Zeugnisse ihres gemeinsamen Lebens in Kairo: Mietvertrag, Fahrerlaubnis, Schulunterlagen, Quittungen, nützliche Namen und Telefonnummern, ein selbstgezeichneter Plan der Straße des 26. Juli, auf dem alle Einkaufsadressen eingezeichnet sind. Und: handschriftliche Notizen auf einem Rezeptblock. Sie stammen von Dr. Eisele, einem bekannten KZ-Arzt.

Ich nehme so viele Unterlagen mit nach Berlin, wie ich tragen kann. Während ich anfange, darin zu stöbern, finden in Ägypten Parlamentswahlen statt. Die Muslimbruderschaft gewinnt beinahe die Hälfte der Sitze im Unterhaus, im Oberhaus gewinnen islamistische Parteien mehr als 70 % der Mandate.

Im April 2012 fliege ich wieder nach Kairo, den Ordner mit den Kairo-Unterlagen und die Kurzgeschichten im Gepäck. Ich miete eine große Wohnung gleich hinter dem Haus in der Abu El Feda. Jeden Tag laufe ich zu Fuß über eine Nilbrücke nach Mohandassin, wo ich an einem Intensivsprachkurs teilnehme. Vormittags Hocharabisch, nachmittags ägyptisches Arabisch und anschließend Hausaufgaben. Irgendwann erschöpft mich der Verkehr, und ich gewöhne mir an, mit dem Taxi zu fahren. In der wenigen Freizeit, die mir bleibt, gehe ich spazieren oder treffe meine neuen Bekannten. Einige von ihnen sind dabei, ein unabhängiges Filmcenter aufzubauen. In einem der unfertigen Räume wird am Schnitt des Films gearbeitet, dessen Protagonistin die Stadt Kairo ist.

14 Tage später hole ich meine Mutter und eine ihrer Schwestern am Flughafen ab. Ich habe alle drei nach Kairo eingeladen, aber die jüngste hat entschieden, nicht mehr zu fliegen. Beide erhalten ein großes Zimmer, meine Tante eines mit eigenem Bad. Ich selbst schlafe im Wohnzimmer und teile mir ein Bad mit meiner Mutter.

Nach 50 Jahren sind sie zum ersten Mal wieder in ihrer alten Nachbarschaft in Kairo. Sie bewegen sich durch die Stadt, als seien sie nie weggewesen: Während ich beim Überqueren der stark befahrenen Corniche noch versuche, Blickkontakt mit den Autofahrern aufzunehmen und dabei einen Arm seitlich ausstrecke, um sie zu schützen, haben sie längst die andere Straßenseite erreicht. Bevor ich mit meinen ersten Brocken Arabisch etwas im Restaurant bestellen kann, hat meine Tante das bereits erledigt. Es ist, als hätte ich eine geheime Welt betreten, von der ich zuvor nichts geahnt habe.

Wir nehmen das Fotoalbum und die Zeichnung mit den Einkaufsorten und ziehen los. Zunächst stellen wir uns unter das Haus in Abu El Feda und blicken nach oben zum 6. Stock, wo die Schwestern mit ihren Eltern damals wohnten. Die Wohnung geht nach vorne und zur Seite raus. Anhand der Fotos, die das Haus von außen und von innen zeigen, diskutieren sie gestenreich, wo welches Zimmer lag und von welchem Balkon die Bilder aufgenommen wurden. Sie sind sich uneins. Ich filme ihre Orientierungsversuche mit dem Handy. Damals ragte das Haus noch als höchstes unter den Nachbarhäusern hervor, inzwischen sind die umliegenden Gebäude aufgestockt und leere Grundstücke bebaut. Lachend zeigen sie mir eine Stelle vor dem Haus, an der immer zwei Spione standen, ein ägyptischer und ein israelischer, wie sie vermuten.

Wir machen uns auf den Weg in die Straße des 26. Juli, um die Geschäfte aufzuspüren, die haarklein in den Plan eingezeichnet waren, mit genauen Hinweisen darauf, wo es das beste Obst und die besten Haushaltswaren gab, wo Strumpfhosen repariert werden konnten und wo die Reinigung lag. Es ist die Handschrift meiner Mutter, offenbar hatte sie diesen Plan für die Haushälterin angefertigt, denn meine Großmutter verließ die Wohnung nur für Familienausflüge, um in die Kirche zu gehen oder die Praxis von Dr. Eisele zu besuchen. Wir finden keinen der Läden, einzig das Tiergeschäft gibt es noch.

Unsere Ausflüge sind eine Mischung aus Sightseeing und Spurensuche. Am Chan el-Chalili-Markt werden all die Gegenstände zum Kauf angeboten, die ich aus meiner Kindheit kenne. Wir besichtigen den Hafen in Alexandria, wo die Familie bei ihrer Ankunft samt Auto und Waschmaschine das Fährschiff verließ.

Wir suchen die ehemalige Schule meiner Tante, besichtigen Kirchen und Moscheen. Schließlich fahren wir zu den Pyramiden, die mittlerweile nicht mehr weit entfernt in der Wüste liegen, sondern am Stadtrand.

Für meine Mutter ist aber das eigentliche Ziel das Mena House direkt an den Pyramiden. Sie hat den Wunsch, einen Mann wiederzusehen, den sie vor einem halben Jahrhundert dort kennen gelernt hatte, als die Familie nach erfolgloser Wohnungssuche vom Hilton dorthin gezogen war. Er war zehn Jahre älter als sie und betrieb in der Gegend ein Antiquitätengeschäft. Er wurde zum Freund der Familie, half ihnen, die Herausforderungen des Alltags zu bewältigen, und verliebte sich in meine Mutter. Er führte sie aus, in die Stadt, in die Wüste. Die Großeltern vertrauten ihm. Er war der »Scheich«. Sein Geschäft existiert noch, aber man sagt uns, dass er drei Jahre zuvor verstorben sei. Er habe einen Sohn, der das Geschäft weiterführe, aber nicht da sei. Ich hinterlasse meine Telefonnummer.

Der Filmemacher, der die Stadt gefilmt hat, leiht sich ein Auto, um uns abzuholen und in ein Restaurant auszuführen. Wir essen Unmengen von Fisch und trinken Wein. Meine Mutter und meine Tante genießen den Abend sichtlich. Sie möchten alles über die Revolution hören, aber er fragt nach ihren Erinnerungen an Kairo in den 1960er Jahren. Ich ziehe das Fotoalbum aus meiner Tasche. Er blättert es durch und hält bei einem Foto inne. Es zeigt meine Mutter auf einer Mauer an der Corniche sitzend, vielleicht 20 Jahre alt, elegant gekleidet mit Mantel und Hut. Ein Pudel zu ihren Füßen, ein anderer auf ihrem Schoß. Im Hintergrund die berühmte Eisenbahnbrücke Imbaba Bridge. Der Filmemacher sagt, dass er ein fast identisches Foto habe. Es zeige seine Eltern an genau der gleichen Stelle. Später sehe ich es gerahmt an der Wand seines Büros.

Alle sagen mir, meine Geschichte sei ein Film. Aber ich bin Kuratorin, ich mache keine Filme, ich sehe sie mir an und mache

Programme daraus. Am Ende dieser gemeinsamen Reise ist das Wichtigste für mich ohnehin bereits erreicht: Fast 3000 Kilometer entfernt von unserer Vergangenheit sind meine Mutter und ich uns begegnet. Familiengeschichte und deutsche Erinnerungskultur sind untrennbar miteinander verbunden, sie kleben aneinander. In Kairo lerne ich, das auszuhalten. Und: mehr als das zu sehen. Innerhalb der Familie, aber vor allem in der Welt.

Aus dem Archiv gibt es trotzdem kein Entkommen. Zeugnisse meines eigenen Lebens müssen weichen, um Platz in den Regalen meiner Wohnung in Berlin zu schaffen. Ich fülle sie mit Ordnern und Schubern voller Dokumente, die von einem Ingenieursleben berichten. Gleichzeitig erzählen sie von Krieg und Nachkriegszeit, von Spionage, Misstrauen und Verschleierung, im Privaten wie im Politischen. Sie sind inmitten einer Revolution zum Vorschein gekommen, als Geschichte umgeschrieben wird. Ich fühle mich wie in einem Buch von Merle Kröger. Mit ihr verbindet mich eine Freundschaft, und ihre Arbeit schätze ich genau dafür, dass sie die Unübersichtlichkeit solch komplexer Archivlandschaften als Ausgangspunkt nimmt, um Navigationswege zu erforschen, die sich dann als das Eigentliche zu erkennen geben.

Ich schreibe ihr noch aus Kairo, dass ich sie nach meiner Rückkehr gerne treffen würde.

Als ich abreise, steht Kairo kurz vor den Wahlen. Viele fragen sich, ob sie überhaupt zur Wahlurne gehen sollen, da ohnehin nur zwei Vertreter der Muslimbrüder Aussicht auf Erfolg haben. Am 30. Juni 2012 legte Mursi seinen Amtseid ab. In Windeseile legt er den Entwurf für eine neue Verfassung vor.

Ende November werde ich eingeladen, ein internationales Filmfestival in Kairo zu besuchen. Kurz vor meinem Abflug höre ich von neuen Massenprotesten am Tahrir-Platz, gegen die brutal vorgegangen wird, während auf der anderen Seite des Nils der rote Teppich für die Eröffnungsgala ausgerollt wird. Bei meiner

Ankunft im Festivalzentrum, ein luxuriöses Hotel, in dem ein Zimmer für mich gebucht ist, ist meine Entscheidung gefallen. Ich kann hier nicht bleiben. Ich ziehe ins das Flamenco-Hotel in Zamalek, neben das Haus in der Abu El Feda.

Ich treffe Filmemacher*innen. Wir sprechen viel. Die internationale Berichterstattung erscheint mir unzureichend, und ich beginne, E-Mails an Merle zu schreiben, um zu berichten, was ich erlebe.

Für meinen letzten Tag dieser Reise, den 5. Dezember 2012, habe ich Atelier- und Schnittraumbesuche geplant, um mir neue Filme und Installationen anzusehen. Am Vormittag nehme ich als Beraterin an einer Besprechung zur Eröffnung des neuen Filmcenters teil, als uns eine Nachricht erreicht: Die Muslimbrüder sind im Begriff, eine Sitzblockade vor dem Präsidentenpalast anzugreifen. Auch in Downtown gehen sie gegen alle vor, die demonstrieren oder fotografieren. Kameras werden konfisziert. Die Besprechung wird zur Krisensitzung. Eine für den Abend geplante Veranstaltung wird abgesagt.

»Due to the current political situation, we decided to postpone the screening program The Edge of the Image. We shall keep you updated on the new dates.

Thank you for your understanding, long live the Egyptians' struggle against oppression and dictatorship.

See you on the Squares.«

Alle machen sich auf den Weg zum Präsidentenpalast, nur eine andere Nicht-Ägypterin und ich bleiben im Haus. Wir überlegen, wie wir uns die Zeit vertreiben können, während draußen auf der Straße gekämpft wird. Ich erinnere mich an die beiden 16mm-Filme, von denen ich bei meinem ersten Kairo-Besuch erfahren habe und die mittlerweile vorbeigebracht wurden. Wir ziehen einen alten verstaubten Projektor aus einem Schrank und bringen ihn zum Laufen. Auf der improvisierten Leinwand erscheinen Bilder einer belebten Uni-Cafeteria und einer studentischen Misswahl, beides 1975.

Wenige Wochen später haben zwei ägyptische Kurzfilme fast 40 Jahre nach ihrer Entstehung ihre Weltpremiere in Berlin.

Im März 2013 kehre ich zurück nach Kairo, um meinen Sprachunterricht fortzusetzen. Freunde vermitteln mir eine Wohnung in einer Straße in Downtown, die nach der Frauenrechtlerin Hoda Shaarawy benannt ist. Diesmal belege ich nur am Nachmittag Kurse. Zum ersten Mal kehrt so etwas wie ein Alltag ein. Bevor ich wieder abreise, gebe ich eine Party. Der Filmemacherfreund hilft mir, ein Buffet zu organisieren, eine Bekannte kommt vorbei, um aufzulegen. Laute Musik schallt aus der großen Wohnung, die voll ist mit Gästen, von denen ich viele nicht kenne. Statt sich zu unterhalten, tanzen sie bis in den Morgen.

Im Juli wird Mursi, der inzwischen die neue Verfassung durchgesetzt hat, nach Massenprotesten vom Militär abgesetzt. Nach seiner Verhaftung demonstrieren Tausende sowohl für als auch gegen ihn. Ausgangssperren werden verhängt.

Am 26. Juli lande ich abends auf dem Flughafen Kairo. Vor dem Präsidentenpalast gerate ich mit dem Taxi in Autokorsos und jubelnde Menschenmassen. Es gibt kein Durchkommen nach Downtown. Mursi ist weg, aber ich spüre eine tiefsitzende Angst.

Ein Freund bietet mir eine neue Wohnung an, die ich dauerhaft nutzen kann. Sie befindet sich im 12. Stock eines der höchsten Gebäude in Downtown. Von den beiden Balkons sieht man in alle Richtungen, aber mein Blick fällt sofort auf das Nile Ritz-Carlton, ehemals Hilton. Ich kaufe ein paar Dinge, die fehlen, wie einen Flaschenöffner und einen Duschvorhang, und beginne, mich in der kleinen Wohnung einzurichten.

Ich verbringe viel Zeit im Filmcenter, das sich noch immer im Aufbau befindet. Die Gründer*innen und mehrere, meist sehr junge Mitstreiter*innen treffen sich dort täglich zum gemeinsamen Arbeiten. Es ist eng, alle sitzen an einem großen Tisch oder mit Laptops auf Sesseln und Sofas. Die Nähe gibt Halt.

Ein Zimmer bleibt verschlossen. Hinter der Tür wird noch immer der Film geschnitten, dessen Protagonistin die Stadt ist.

Ich darf hinein und mir die Rohfassung am Computer ansehen. Es fällt mir schwer zu verstehen, dass die Aufnahmen mit den Demonstrationen vor der Revolution gedreht wurden, als noch niemand ahnte, was bald passieren würde. Wie kann man diese Bilder jetzt zusammenfügen, ohne dass sich die Gegenwart dazwischenschiebt? Noch bin ich nicht vertraut genug mit Downtown, um einzelne Orte zu erkennen, wie ich eine U-Bahnfahrt durch Berlin sofort erkenne, obwohl nur Farben am Fenster vorbeiziehen.

Zurück in Berlin, höre ich, dass am 14. August 2013 Sicherheitskräfte zwei Protestlager von Mursi-Unterstützern stürmen. Über 800 Menschen kommen ums Leben, mindestens 1000 landen in Gefängnissen.

Als ich im Oktober 2013 wieder nach Kairo komme, herrscht eine nächtliche Ausgangssperre. In der unmittelbaren Umgebung meiner Wohnung gibt es keine Checkpoints. Zwar gebe ich mir Mühe, abends rechtzeitig zu Hause zu sein, ein Drink im Lotus ist aber gelegentlich möglich. Eine*r meiner Bekannten begleitet mich immer bis zur Haustür. Ich lerne andere Hausbewohner*innen kennen, so dass ich auch dort abends noch Menschen treffen kann. Downtown ist während der Ausgangssperren klein und übersichtlich.

Vielleicht deshalb besuchen wir mit ein paar Freund*innen eine Party in Agouza. Die Stimmung ist gut, was unter den gegebenen Umständen sehr viel heißt. Irgendwann ist die Sperrstunde erreicht, der Heimweg nicht mehr möglich. Die Gäste verlassen die Tanzfläche und verteilen sich auf Sofas, Sessel und Teppichböden, wo sie einschlafen. Ich bleibe wach, blicke mich um und denke an Buñuels »Würgeengel«.

2014 erhält meine Mutter die Nachricht, dass sie eine neue Wohnung in Frankfurt beziehen kann. Auch meine Tante in Süddeutschland plant einen Umzug in eine neue Wohnung. Im April besuche ich beide, um ihnen beim Ausräumen ihrer Keller zu helfen. Dabei stoße ich auf weitere Archivalien: Kalender meines

Großvaters, denen ich entnehme, dass er am 17. April 1961 im deutschen Kulturinstitut den Film »Canaris« über einen widerständigen Geheimdienstchef der Wehrmacht sah. Hunderte Dianegative, nummeriert und einzeln aufgelistet in DIN-A5-Heften. Ein Tonband mit der Aufschrift »Interview mit M.« und ein Abspielgerät. Weitere Tonbänder fehlen, ebenso der Jahreskalender 1962 und die Negative der Dias, die mein Großvater im Werk in Helwan aufgenommen hat. Stattdessen: ein Horoskop, das er für mich erstellt hat, und ein kleines, aus goldenem Draht geflochtenes Portemonnaie mit einer ägyptischen Pfundnote darin.

Zwar habe ich mittlerweile begonnen, mit Merle die bisherigen Funde und Ereignisse zu ordnen, aber noch ist offen, was damit passiert. Ich beschließe, den Sommer mit Spurensuche in Kairo zu verbringen. Gleich nach meiner Ankunft eröffnet in Garden City die Einzelausstellung der Künstlerin, die zur Popularität des ehemaligen ägyptischen Präsidenten arbeitet. Das Spiegel-Titelblatt von 1963 hängt an der Wand: »Deutsche Raketen für Nasser«. Ich sehe es lange an und denke darüber nach, wie merkwürdig es sich anfühlt, als Enkelin mit dieser Geschichte verbunden zu sein. Im Zuge ihrer Recherchen ist sie auf ein Modell der HA-300 gestoßen, dem Flugzeug, an dem mein Großvater in Kairo arbeitete. Sie schenkt es mir.

Auf der Botschaft erhalte ich eine Broschüre mit Namen und Telefonnummern von Mitgliedern der deutschen evangelischen und katholischen Kirchengemeinden. Ich rufe zwei von ihnen an, die bereits lange genug in Kairo leben, um möglicherweise Experten oder Mitglieder ihrer Familien gekannt zu haben. Eine ältere Frau ist am Telefon sehr gesprächig und erzählt, wie sie in den 1960er Jahren mit anderen deutschen Ehefrauen Kuchen für die Basare buk. Ansonsten hat sie kaum Erinnerungen. Ob sie Arabisch könne, frage ich sie. »Nein«, ist ihre Antwort. »Wissen Sie, wenn man in der Fremde lebt, trifft man sich nur mit seinesgleichen.« Ein katholischer Pfarrer reagiert erfreut auf meinen Anruf. Sein Onkel, der inzwischen in Bremen lebt, sei auch einer der deutschen Experten gewesen. Ich frage ihn, ob er mir den Kontakt vermitteln könne. »Nein«, sagt er, der Onkel würde mir sowieso nichts erzählen. Wir verabreden uns zu einem Spaziergang. Er kommt nicht. Ich höre nie wieder von ihm.

Von einer Filmemacherin, die für ein Projekt die Geschichte der ägyptischen Präsidenten recherchiert hat, erhalte ich Namen und Telefonnummer eines ehemaligen Militärangehörigen, von dem sie glaubt, dass er mit den deutschen Experten in Verbindung gestanden haben könnte. Ohne lange zu zögern rufe ich ihn an und stelle mich als Enkelin eines der Experten vor. Er legt den Hörer auf.

Schließlich erhalte ich den Kontakt zu einem jungen deutsch-ägyptischen Wissenschaftler. Ich verabrede mich mit ihm. Auch sein verstorbener Onkel, so erzählt er mir, war ein deutscher Experte. Als er seinerzeit davon hörte, wollte er dazu recherchieren. Doch man riet ihm ab, es sei vermintes Gebiet. Er bringt mich zu einem anderen Onkel, der in Heliopolis lebt, in den 1960er Jahren für die Lufthansa gearbeitet hat und deshalb Deutsch spricht. Er begrüßt uns in seiner Wohnung, seine Frau hat Kaffee und Kuchen vorbereitet. Ich erzähle ihm von dem Leitz-Ordner meines Großvaters, dessen Inhalt sorgfältig abgeheftet sein Leben in Kairo dokumentiert. Er steht auf, verlässt den Raum und kommt mit einem ebensolchen Ordner zurück. Es ist das Gegenstück aus der Zeit eines ägyptischen Flugzeugingenieurs in Frankfurt.

Einige der Experten lebten wie meine Familie in Zamalek, die meisten jedoch weiter südlich in Maadi, einem Stadtteil, der als besonders kosmopolitisch galt. Eine Freundin, die in Maadi aufgewachsen ist, schlägt vor, mit dem Auto dort durch die Gegend zu fahren. Wir nehmen Briefe meines Großvaters mit und suchen die Häuser der Adressaten. Das erste, das wir finden, ist heute eine moderne Kindertagesstätte, die wir uns ansehen. Was wir dort wollen, wissen wir nicht genau, es ist, wie eine leere Vergangenheit zu betreten. Wir halten kurz an der Synagoge. Ihr gegenüber liegt die Villa, in der laut Unterlagen der Arzt unserer

Familie, Dr. Eisele, gelebt haben muss. Später erfahren Merle und ich von einem Nachbarn, dass er zu Lebzeiten täglich im Fensterrahmen lehnte und auf die Synagoge starrte.

Meine Freundin hat eine Mitgliedschaft im Sports Club und zeigt mir, wo die Familien der deutschen Experten ihre Freizeit verbrachten. Zwischen Pools, Spielplätzen für die Kleinen und Tennisplätzen für die Großen taucht ein verlassenes Freiluftkino auf. Wir klettern zum Projektionsraum, der wie die Zuschauertribüne aus Stein gebaut ist, und blicken von dort auf eine große Mauer, die früher als Leinwand gedient hat.

Irgendwo zwischen Downtown und Maadi soll es einen deutschen Friedhof geben. Ich mache mich auf den Weg. Es dauert lange, bis ich ihn zwischen einem Schweizer und einem britischen Friedhof gefunden habe. Als ich ihn betrete, beeindruckt mich die Pflanzenvielfalt, es wirkt wie ein botanischer Garten. Ich sehe mir jeden Grabstein an, um Namen aus der Korrespondenz meines Großvaters wiederzuerkennen. Nach einiger Suche stoße ich auf ein Grab, dessen großer, efeuumrankter Grabstein besonders hervorsticht. Ich lese die Gravur: »Dr. Hans Eisele, 13. 3. 1912-3. 5. 1967«. Ich schicke eine SMS an meine Schwester in Frankfurt: »Was würdest du tun, wenn du vor dem Grab eines KZ-Arztes stehen würdest?« »Kotzen, kotzen, kotzen«, antwortet sie.

Ich gehe zurück zur U-Bahn und fahre noch weiter in den Süden der Stadt bis zur Endstation in Helwan. Hier ist irgendwo das Werk, in dem mein Großvater gearbeitet hat. Ich mache mich zu Fuß auf die Suche, es ist heiß. Irgendwann stehe ich vor den langgezogenen Werksmauern. Was heute dahinter geschieht, erschließt sich mir nicht, aber das Gebäude wird bewacht. Fotografieren scheint zu gefährlich, und so mache ich mich auf den Rückweg. An der U-Bahn-Station angekommen, betrete ich ein Restaurant, um mich vor der Fahrt zu erfrischen. Der Kellner holt seinen Chef. Ich sei die erste Nicht-Ägypterin an diesem Ort, sagen sie. Was mich hierher verschlägt? Ich fahre gern bis zur letzten U-Bahnstation, um eine Stadt kennenzulernen, antworte ich. Wir machen ein Gruppenfoto für die Bildergalerie des Restaurants.

Das Filmcenter ist noch immer Baustelle. Trotzdem soll langsam etwas stattfinden. Das vorgesehene Datum der ersten öffentlichen Vorführung wird überraschend zum Feiertag erklärt: Es ist der Tag der Amtseinführung von Präsident Sisi. Man hat mir schon häufiger nahegelegt, in der deutschen Presse über die Situation in Kairo zu schreiben. Als Filmkuratorin habe ich nun Gelegenheit. Ich schreibe für die TAZ, dass Downtown zwar relativ ruhig bleibt, das Kino aber voll ist. Es läuft Griffiths revolutionäres Stummfilmexperiment »Intolerance«, nicht etwa sein erstes großes Epos, »Birth of a Nation«, was bei der Begrüßung besonders hervorgehoben wird. Nach der Vorführung wird lange über die vier Erzählstränge, die zu einer leidenschaftlichen Anklage an Macht und Unterdrückung werden, diskutiert. War es richtig, sie in einem Film zu erzählen, oder wären vier Filme besser geeignet gewesen, um der Komplexität der Geschichte gerecht zu werden? Das gemeinsame Nachdenken über die Anordnung von Narrativen nimmt mehr Zeit in Anspruch als der Film.

Ich biete einen Workshop über das Kuratieren von Kurzfilmprogrammen an. Um erfahrbar zu machen, was zwischen dem Ende des einen und dem Anfang des nächsten Films im Kopf der Zuschauer*innen passiert und warum die Reihenfolge der Filme deshalb gut überlegt sein will, bitte ich die Workshopteilnehmer*innen, zwischen zwei Filmen die Augen zu schließen. Nur mit einem Laptop ausgerüstet, versuche ich so, die Situation im Kino zu simulieren. Wie so oft fällt der Strom aus. Bis zum Ende des Workshops sprechen wir in die Dunkelheit hinein.

Als das Filmcenter ein Jahr später tatsächlich eröffnet, will ich als Geschenk eine 16mm-Kopie des Films (»Nostalgia«) von Hollis Frampton mitbringen. Der Filmemacher, der mich 2020 in Kairo besuchen wird, um die Pyramiden zu sehen, hat einmal darüber geschrieben: »Ein Scheiterhaufen des Autobiografischen, das aus der eigenen Asche wiederaufersteht. Film als Opfer und Versöhnung. Ein logisch unlogisches Spiel.« Bei der Einreise am Flughafen nimmt man mir die Filmrolle ab, der Karton wird versiegelt und weggesperrt. Als ich wegen meines Rückflugs wieder da bin, erkundige ich mich nach dem Verbleib des Films, was Diskussionen auslöst. Ich rufe einen Freund an, weil meine Arabischkenntnisse mich nicht sehr weit bringen, und gebe einem Security-Mitarbeiter das Telefon. Nach ein paar Sätzen gibt er es mir zurück, verschwindet kurz in einem Raum und drückt mir den Filmkarton in den Arm. Anschließend begleitet er mich durch das gesamte Boarding und über die Landebahn bis zum Einstieg ins Flugzeug. »Was hast du ihm gesagt?«, frage ich später den Freund. »Dass Merkel gerade Sisi besucht. Und dass dein Großvater für Nasser gearbeitet hat.«

Zurück in Berlin schlägt Merle vor, die Materialsammlung in ein geordnetes Archiv zu überführen. Wir verabreden uns für die Ostertage. Obwohl ich seit Jahren in Archiven arbeite, um sie zum Leben zu erwecken, war ich nie für ihre Ordnungssysteme zuständig. Zunächst sichten wir alles und versehen jedes einzelne Schriftstück mit einer Kombination aus Buchstaben und Zahlen, die Merle notiert. Um es beschreiben zu können, müssen wir den Inhalt der Schriftstücke kennen. Ich beginne, die Briefe meines Großvaters laut vorzulesen, bis ich am dritten Tag meine Stimme verliere.

Wir bringen das Tonbandgerät zum Laufen. Weihnachten 1962. Die Familie sitzt mit dem ägyptischen Freund meiner Mutter im Wohnzimmer in der Abu El Feda. Mein Großvater will ein Interview mit ihm machen. Der junge Mann zündet sich eine Zigarette an, meine Mutter bittet ihn, ihr auch eine zu geben. Für sie sei das Rauchen nicht gut, antwortet er. Warum sei es für sie nicht gut, aber für ihn in Ordnung, fragt sie ihn. Es folgt eine Diskussion über Rechte und Pflichten von Frauen, an der auch meine Großmutter teilnimmt. »In Amerika«, sagt sie, »denken die Frauen nur an sich. Sie schminken sich und gehen ins Kino.«

Meine Großmutter hat ihre Tagebücher und Briefe in Sütter-linschrift geschrieben. Meine Mutter ist damit vertraut, und so reise ich mit Merle im Mai 2015 nach Frankfurt. Trotz ihrer beginnenden Augenkrankheit liest sie uns stundenlang aus den Aufzeichnungen ihrer Mutter vor. Obwohl sie erzählt, wie aufmüpfig meine Großmutter gegenüber der Kirche gewesen sei, scheint ihr ihre Religion sehr wichtig gewesen zu sein. Sie fand darin Trost, aber auch Entschuldigungen für all das Leid, das sie empfand. Sie schrieb lange Briefe an einen Pater in Kairo. Sie berichtete von ihren Krankheiten, und es gelang ihr, von dem Schmerz zu berichten, den die Liebesbeziehung ihres Mannes zur Haushälterin ihr bereitete, ohne sie zu erwähnen.

Um wieder aus der dunklen Vergangenheit aufzutauchen, beginnen wir ein Gruppenskype mit meinen Tanten. Sie sprühen vor lebendigen Erinnerungen an Kairo.

Im August 2015 reisen wir nach Süddeutschland, um dort den Geburtstag der älteren meiner beiden Tanten zu feiern. Eine willkommene Gelegenheit, alle zu treffen, auch die jüngere Generation. Wir verbringen einen entspannten Tag im Garten einer meiner Cousinen. Ich frage mich, warum wir alle eigentlich immer so wenig Kontakt hatten.

Mein Onkel ist auch mein Taufpate, aber an so etwas erinnern wir uns alle, wenn überhaupt, nur durch Fotos. Er ist angetan von der Idee, dass Merle und ich die Geschichte unserer Familie erforschen. Als erstes Kind in der Familie war er bereits Anfang 20, als seine Eltern nach Kairo aufbrachen, und stand gerade am Beginn einer Schauspielerkarriere. Aus diesem Grund war er nicht dabei. Aber sehr viel später, in den 1990er Jahren, folgte er seiner Neugier und reiste als Tourist nach Ägypten. Bei einer Militärkontrolle auf einer Wüstenstraße, so erzählt er uns, übernahm sein Fahrer das Wort. Er sprach Arabisch mit den Uniformierten, die meinen Onkel daraufhin freundlich zuwinkend passieren ließen. Auf die Frage, was der Fahrer ihnen erzählt habe, erklärte dieser, er habe ihnen gesagt, dass es sich um den Sohn eines Deutschen handelte, der einst für Nasser gearbeitet hat. 20 Jahre bevor ich am Flughafen mit der gleichen Erklärung durchkomme.

Merle stellt ein Mikrofon auf, um das Gespräch aufzuzeichnen. Sie weiß genau, wann es möglich und wann es unpassend ist, sie scheint meine Verwandten besser einschätzen zu können als ich. Mein Onkel ist Öffentlichkeit gewöhnt, er liebt es, in ein Mikrofon zu sprechen. Er erzählt, wie er einmal in Kairo zu Besuch war und in der Kirche als Messdiener einsprang, um seine Eltern glücklich zu machen. Zurück in Deutschland, mietete mein Großvater eine Wohnung in München als Büro an, er lebte mit seiner Frau außerhalb der Stadt. Sie vermutete, dass seine außereheliche Beziehung, die er in Kairo begonnen hatte, fortdauerte, und schickte meinen Onkel und meinen Vater, den meine Mutter mittlerweile kennengelernt hatte, zu dieser Wohnung. Beide trugen lange Mäntel, hatten dunkle Haare und gaben sich gern lässig. Nachbarn, die in dem Haus lebten, wussten von der Vergangenheit meines Großvaters in Ägypten. Sie vermuteten, der Mossad habe die beiden geschickt, und riefen die Polizei.

Es ist warm, wir sitzen im Garten. Mein Onkel ist krank und trägt einen Morgenmantel, als er diese Geschichten erzählt. Es ist das letzte Mal, dass ich ihn sehe und ihm zuhören kann.

Nur zwei Wochen später feiert der Film, dessen Protagonistin die Stadt Kairo ist, endlich Premiere. Das westliche Publikum hält die Bilder für Szenen der Revolution. Der Film erzählt die Geschichte eines Filmemachers, dessen Leben sich nach und nach auflöst. Die meisten der Erzählstränge werden später für den echten Regisseur zur Wirklichkeit. Bis heute unterliegt der Film in Ägypten der Zensur.

Im Juli 2017 besucht Merle mich in Kairo. Es ist das erste Mal, dass jemand aus meinem Berliner Leben hierherkommt. Ich bin aufgeregt. Merle begleitet mich auf meinen täglichen Wegen durch Downtown. Ich zeige ihr das Filmcenter, das Lotus, den Greek Club, die Geschäfte, in denen ich einkaufe. Wir fahren nach

Zamalek in die Abu El Feda, ich zeige ihr das Haus am Nilufer. Anhand des Plans, den meine Mutter für die Haushälterin gezeichnet hat, gehen wir die Einkaufsstraße ab. Wir suchen Orte, die wir aus dem Fotoalbum kennen, wie die Kirche, vor der die jüngste Schwester bei ihrer Hl. Kommunion zu sehen ist. Schließlich betreten wir das Ritz-Carlton, das ich schon so lange von meinem Bett aus im Blick habe.

Es ist merkwürdig, sich vorzustellen, wie es hier wohl 1961 aussah. Eine sehr freundliche Hotelangestellte bringt uns in ein Zimmer, das über jenem gelegen haben muss, in dem meine Mutter und meine Tante nach ihrer ersten Nacht in Kairo in ihren Betten lagen und in die Kamera blickten. Das Mobiliar wurde inzwischen ausgetauscht. Ich trete ans Fenster, mein Blick sucht den Balkon der Wohnung, in der ich am Morgen aufgewacht bin.

Als Nächstes fahren wir zu den Pyramiden. Wie meine Mutter ist Merle mehr am Mena House interessiert, sie hat sogar eine Übernachtung in dem teuren Hotel für uns gebucht. Wir wohnen in dem riesigen Anbau, der neu hinzugekommen ist, aber man erlaubt uns, den alten Gebäudeteil zu besichtigen. Lange Flure und riesige Säle, Kronleuchter und dicke Teppiche. Mir wird klar, dass meine Mutter nach der Erfahrung von Krieg, Flucht und Leid auch etwas ganz anderes kennen gelernt hat. Schließlich besuchen wir das Antiquitätengeschäft. Der Sohn ist auch diesmal nicht da. Wie schon beim ersten Besuch hinterlasse ich meine Telefonnummer. Am Abend trinken wir Wein auf der Terrasse des Hotels mit Blick auf die Pyramiden.

Der Sohn des Antiquitätenhändlers ruft an. Wir treffen ihn in Downtown im Restaurant Felfela. Er erzählt, dass er immer gewusst habe, dass sein Vater eine große Liebe verloren hatte, und nun sitzt ihm die Tochter dieser Unbekannten gegenüber. Die spätere Ehe seiner Eltern war glücklich. Aber eines Tages zog sein Vater ein Buch aus dem Regal und schenkte es ihm. Es war ein Lehrbuch für deutsche Sprache. Ich schicke ihm Fotos seines

Vaters aus unserer Diasammlung auf sein Mobiltelefon. Merle macht ein Foto von uns beiden.

Merle schlägt vor, den deutschen katholischen Kindergarten in Maadi zu besuchen. Hinter einem großen Tor öffnet sich ein üppiger Garten, in der Mitte ein Käfig voller Schimpansen. Eine Schwester empfängt uns und führt uns zur Leiterin des Kindergartens, die schon seit den 1950er Jahren hier arbeitet. Wir erzählen von unserem Projekt, und die alte Nonne erinnert sich an die Zeit der Experten. »Da war dieser Doktor Eisele«, sagt sie. Ein guter Mann, der so vielen Ägyptern geholfen habe. Man würde viel Falsches über ihn berichten, in den Konzentrationslagern habe er Geistlichen geholfen. Ihre Augen leuchten, als sie von ihm spricht.

Im Juni 2018 reisen Merle und ich zu meiner jüngeren Tante, die nach Schweden ausgewandert ist. Sie zeigt uns neue Fotos und Dokumente, die sie mitgenommen hat. Darunter die Korrespondenz meines Großvaters mit einem Bekannten, der am Edersee lebte. Ihre Schulferien hat sie nicht in Kairo, sondern in dessen Haus mit seiner Familie verbracht. Diese Briefe an meinen Großvater unterschrieb er noch in den 1970er Jahren mit »Heil Hitler«.

Wir machen weitere Exkursionen. Nach Bremen, um einen anderen Experten zu treffen, den Merle ausfindig gemacht hat, nach Stuttgart, um das Deutsche Zentrum für Luft- und Raumfahrt zu besuchen. Als ich beruflich nach Palästina reise, begleitet Merle mich, um ein paar Tage in Tel Aviv verbringen. Sie will verstehen, was so viele junge Deutsche in den 1960er Jahren nach Israel zog. Merle taucht immer tiefer in die Recherche ein. Ich spüre, dass das Projekt zu ihrem Projekt geworden ist und es anfängt, weit über meine Familiengeschichte hinauszuwachsen. Diese Dynamik hat etwas Befreiendes.

Die Augen meiner Mutter werden immer schlechter. Nach unserer Rückkehr besuche ich sie in ihrer neuen Wohnung in Frankfurt, um ihr das Tonband vorzuspielen, das ich in ihrem Keller gefunden habe. Sie kann sich gut an die Situation zu Weihnachten erinnern. Ihr fällt ein, dass sie in einer Kiste in ihrer Kammer noch Briefe von ihrem ägyptischen Freund hat. Wir holen sie hervor, und ich beginne, sie ihr vorzulesen. Es sind Liebesbriefe, die er an sie geschickt hat, nachdem sie aus Kairo nach München zurückgekehrt war. Die meisten seiner Briefe blieben unbeantwortet.

Auch wenn ich meist nur ein oder zwei Wochen Zeit habe, bleibt Kairo mein zweites Zuhause. Alle drei bis vier Monate fliege ich hin und wohne in meiner kleinen Wohnung mit Blick auf das Ritz-Carlton, den Nil und bei guter Sicht auf die Pyramiden.

In Berlin spielt in einem neu eröffneten Kulturzentrum eine Band aus Ägypten:

> *There's a special place I know*
> *but it has no name*
> *and I'd love to take you there*
> *eliminate your pain*
>
> *how could it be possible*
> *for this world to change*
>
> *if this special place I know*
> *won't reveal it's name.*
> (Songtext »Places« von Alan Bishop für »The Invisible Hands«)

Ende 2019 übergibt Merle mir ihr fertiges Manuskript. Die Augenkrankheit meiner Mutter ist so weit fortgeschritten, dass sie es nicht mehr selbst lesen kann. Ich verbringe die Weihnachtstage damit, es vorzulesen und dabei laut in ein Aufnahmegerät zu sprechen. Es ist meine erste Lektüre. Bei jedem Satz gebe ich mir Mühe, ihn so zu betonen, dass meine Mutter meiner Stimme gut folgen kann.

Während sie sich die Aufnahme anhört und Familienmitglieder das Buch lesen, sind alle im Lockdown. In Kairo gibt es wieder eine nächtliche Ausgangssperre. Die Pandemie hat die Welt in ein neues Verhältnis zu sich selbst gesetzt. Wie das Buch mich, meine Familie und meine Freund*innen. Ich denke an die Worte des Filmemachers, der auf meinem Balkon am Tahrir-Platz steht: »Ein logisch unlogisches Spiel.« Als ich die Balkontür schließen will, nicht ahnend, dass es für lange Zeit das letzte Mal sein würde, zerbricht das Glas.

# Nachwort

»Die Experten« ist ein dokumentarischer Roman. Die zentral agierenden Figuren und ihre Handlungen wurden hineinfiktionalisiert in eine Abfolge realer historischer Ereignisse, in denen reale Personen der Zeitgeschichte vorkommen. Ich beschreite mit dieser Methode einen schmalen Grat zwischen dokumentarischem Essay und literarischem Roman, zwischen historischer Untersuchung und politischem Thriller. Eine wackelige Angelegenheit! Im Grunde sah ich mich während der mehr als fünf Jahre dauernden Arbeit an diesem Buch – und teile dies hoffentlich mit den Lesenden – immer wieder vor die Frage gestellt: Aus welchen verschiedenen Erzählungen setzt sich eigentlich das, was wir als historische Wahrheit akzeptieren, zusammen? Wer verfolgt dabei welche Interessen? Wessen Worte, Gedanken, Absichten bleiben erhalten und wessen verschwinden im Nebel der Zeiten?

Wir leben heute in einer Ära, in der unzählige solcher historischer Wahrheiten gleichzeitig produziert und schon im Moment ihrer Entstehung wieder diffamiert werden – der US-amerikanische Präsident Donald Trump praktiziert dies Tag für Tag, indem er Twitter-Nachrichten im Minutentakt raushaut und alle anderslautenden Meldungen als »fake news« abtut. Und Trump ist lange nicht der einzige Machthaber, der so agiert. Es scheint sich als politische Praxis zu etablieren. Wir alle finden uns dauernd in der Situation von Rita Hellberg wieder, vor deren Augen eine Wahrheit nach der anderen sich aufbaut und wieder verflüchtigt.

Die einzige Antwort, die ich auf dieses Dilemma habe, ist Recherche – die Suche nach möglichst vielen, diversen Aspekten einer Angelegenheit. Die Recherche beginnt mit dem ersten Aufhorchen und endet mit der letzten Manuskriptfassung. Sie umfasst aufwühlende Begegnungen, zart aufschimmernde Spuren an Originalschauplätzen, mühsame Wege, die ins Nichts oder in die Irre führen. Archive! Publizistische, wissenschaftliche, juristische, private und politische Archive, und ich meine damit nicht nur die physische oder digitale Sammlung von Dokumenten, Berichten, Briefen, Bildern oder Filmen, sondern auch die Orte, von denen jeder sein eigenes Geheimnis hat: Verlorenes, Verborgenes, unter Verschluss stehendes.

Die mir wichtigsten Personen, Institutionen und Werke zur Arbeit an diesem Buch möchte ich hier nennen – und bitte schon jetzt um Verzeihung, falls jemand sich vergessen fühlt. Einige wollen aus persönlichen oder politischen Gründen nicht im Nachwort auftauchen, dennoch gilt ihnen mein Dank ebenso wie denen, deren Namen genannt werden.

Diesen Roman würde es nicht geben ohne die Idee, Inspiration und Begleitung meiner wunderbaren Freundin und Kollegin Stefanie Schulte Strathaus. Als Enkelin eines Flugzeugingenieurs hat sie mir den Nachlass ihrer Großeltern geöffnet, der aus Ordnern voller Reiseberichte, Kurzgeschichten, Tagebüchern, Briefen, Notizen, Quittungen und Andenken sowie einer umfangreichen Diasammlung besteht. Durch sie traf ich Frauen und Männer, die ihre Kindheit oder Jugend als »Expertenkinder« in Ägypten verbracht haben. Durch ihre Augen und mit ihr zusammen durfte ich Kairo – ihre zweite Heimat –, Tel Aviv und Ramallah erleben. Mit ihr habe ich jeden Aspekt dieses Buches mindestens einmal diskutiert, ihre klugen Fragen und Anmerkungen stecken überall darin, und vor allem hat mich ihr unumstößlicher Glaube an dieses Projekt durch alle Höhen und Tiefen gebracht.

Mein Dank gilt weiterhin der gesamten Familie, die dieses Projekt ermöglicht hat: Stefanies Mutter Ute-Karen Voigt, die für mich Skype-Konferenzen mit ihren Schwestern organisiert und tagelang die Sütterlin-Handschrift ihrer Mutter entziffert hat. Angelika Siegel und Gerhard Rothmann, deren immer authentische, humorvolle und kritische Stimmen ich beim Schreiben im

Ohr hatte und deren Gastfreundschaft legendär war. René Siegel, der uns kurz vor seinem Tod noch eindrücklich von seinen Reisen nach Kairo berichtet hat.

Auf der Suche nach weiteren Zeitzeugen war Kersten Schüßler, Autor des Films »Der Mossad, die Nazis und die Raketen«, enorm behilflich.

Ilka Keiner, geb. Quaschny, hat ihre Erinnerungen an Maadi und die Fabrik 135 und ihre Fotoalben an einem herrlich verregneten Tag in München mit mir geteilt. Klaus Fehrer hat uns durch den DLR-Standort Lampoldshausen geführt, seine Begeisterung für Raketentechnik und für Kairo waren gleichermaßen ansteckend. Mit seiner Frau Heidelinde habe ich über die Arbeit im Sekretariat der Fabrik 333 telefoniert. Alle drei waren immer wieder ansprechbar für Nachfragen und haben Wunder vollbracht – alte Adressen gefunden, Koordinaten ermittelt.

Dr. Philipp Hannah hat den Kontakt zu seiner Familie in Bremen hergestellt: Vater und Onkel waren als Ingenieure von Helwan in die BRD zu Airbus gewechselt. Habashy Hannah und Heidemarie Hannah haben uns diesen Aspekt deutsch-ägyptischer Migrationsgeschichte nähergebracht.

Im Hof seines Hauses in Dokki hat uns Muhammad Diya'i Nafi', Autor des einzig mir bekannten ägyptischen Buches zur Raketen- und Flugzeugproduktion unter Nasser, mehrfach empfangen. Seine Erfahrungen aus erster Hand waren unersetzlich. Mohammed Gawad hat das Buch extra für uns ins Englische übersetzt.

Rechercheurin, Übersetzerin, Begleiterin: Malak Shenouda war in Ägypten fast immer an meiner Seite. Kilometer um Kilometer hat sie mit mir die Schauplätze abgeklappert, die Entdeckung des alten Löwenbräu-Kellers bleibt unvergesslich. Und nicht nur Malak, ihre ganze Familie hat für dieses Buch alles Mögliche möglich gemacht. Ein Nachmittag mit allen vier Großeltern im Gezirah Sports Club war wie eine Zeitreise ins Kairo von 1960, und auch hier durfte ich nachfragen und nochmal nachfragen und nochmal …

Schwester Anecita vom Orden der Borromäerinnen in Maadi konnte sich noch an den deutschen Arzt Dr. Eisele erinnern, ebenso der Chronist und Autor Samir Raafat, der sein ganzes Leben in Maadi verbracht hat. Seine liebevoll zusammengestellte Textsammlung »Maadi. 1904-1962« und sein Blog www.egy.com erzählen von diesem einzigartigen, kosmopolitischen Stadtteil.

Dr. Zohar Rubinstein aus Tel Aviv war als Kind ein Nachbar des »Champagnerspions« Wolfgang Lotz, heute ist er ein weltweit anerkannter Psychiater und Experte für Krieg und Trauma, der mir unschätzbaren Einblick in die psychologische Seite der israelischen Reaktion auf die ägyptische Raketenproduktion vermittelt hat.

Immer wieder haben mir und uns Menschen ihre Gastfreundschaft und vieles mehr gewährt: 2017 haben wir in Kairo bei einem Schauspieler gewohnt, dessen Cousin eine Wohnung im »Experten-Hochhaus« in der Abou El-Feda besitzt. Gleich um die Ecke in Zamalek besuchten wir die berühmte Laura Laurella, in deren Ballettschule die Töchter der Experten sich in klassischem Tanz geübt haben.

2018 hat Sahar Qawasmi uns in Ramallah ins Riwaq Centre for Architectural Conservation und ins Haus ihrer Familie eingeladen. In Tel Aviv haben Avi Mograbi und Avital Barak uns ein Dach über dem Kopf und lange Gespräche am Küchentisch geschenkt. Ohne sie alle hätte ich niemals in so kurzer Zeit einen Einblick in den vielleicht kompliziertesten Konflikt der Welt erhalten können. Dieser Einblick erschien mir unerlässlich, um »Die Experten« schreiben zu können. Zurück in Kairo, habe ich bei der Soziologin Gerda Heck gewohnt, ausgedehnte Stadtspaziergänge, Gespräche über Politik und Literatur, Züge durch die Kairoer Bierkneipen inklusive.

2019 im Hamburger Nieselwetter haben Svenja Harten und Momme Trojan mich in Ottensen mit Gästezimmer und Regenzeug versorgt und ihren Lieblingsplatz mit Elbblick für das Buch zur Verfügung gestellt.

Weiterhin danke ich für die Gelegenheit, mich umzuschauen: dem Mena House Hotel in Gizeh, dem Ritz Carlton Hotel (vormals Hilton) in Kairo, Jaqueline Mikhail, dem Windsor Hotel in Alexandria, dem Löwenbräu Restaurant, dem Kloster der Borromäerinnen in Maadi, insbesondere Schwester Regina und Schwester Miriam, der Deutschen Schule der Borromäerinnen in Babellouk, der Kirchengemeinde St. Joseph, Café Groppi (Adly Street), Hotel Louis C. Jacob in Hamburg und vielen anderen.

Auch Archive werden von Menschen erschaffen, gepflegt und zugänglich gemacht. Zuallererst möchte ich hier Bodo Hechelhammer, dem Chefhistoriker des BND danken, der sich nach einem ausführlichen Gespräch über die dem Buch zugrunde liegenden Ereignisse bereit erklärt hat, das Projekt zu unterstützen: Mehrere Tage lang durfte ich Ordner wälzen, unzählige Berichte durchsehen, Quellen studieren. Und nicht nur das – ich konnte sie im Buch verwenden und damit Einblick in Sprache, Form und Inhalt einer Textgattung geben, die den meisten von uns weitgehend unbekannt ist. Auch Frau Rosenthal und Herrn Flatau vom BND möchte ich danken.

Ola Seif von der Bibliothek der American University in Kairo hat uns in Fotosammlungen und Zeitungsarchiven stöbern lassen. In der Abteilung Zeitschriften und Zeitungen der Staatsbibliothek zu Berlin habe ich immer ein offenes Ohr und ein Mikrofichegerät gefunden. Im Stadtarchiv Basel hat Hermann Wichers es möglich gemacht, das Gerichtsprotokoll der Verhandlung gegen Ben-Gal und Joklik zu sichten, dem Archiv für Zeitgeschichte, ETH Zürich, Stefanie Salvisberg und Rosina Berger, verdanke ich die Akten der Verteidigung und den Urteilstext aus dem Nachlass Brunschvig. Im Evangelischen Zentralarchiv Berlin habe ich mit Hilfe von Maxi Schulenburg im Nachlass Gollwitzer Unterlagen zu den Deutsch-Israelischen Studiengruppen gefunden; in der Bibliothek des ZMO und der Humboldt-Universität die ägyptische Zeitung Al Ahram aus den 1960er Jahren; im Archiv des Hamburger Instituts für Sozialforschung das umstrittene ODESSA-Protokoll aus dem Nachlass Schwend. Im Stadtteilarchiv Ottensen schließlich habe ich kistenweise Fotos aus den 1960er und 1970er Jahren durchgesehen.

Was ich nicht selbst hören oder sehen konnte, habe ich nachgelesen: Frederick Forsyths »Die Akte Odessa« natürlich, Biografisches und Autobiografisches von Lotz, Brandner, Gehlen, Skorzeny, Eisele. »Die Viper« von Aharon Moshel aka Horst Ansel war für die Entwicklung der Figur von Johnny wichtig. Hervorzuheben sind weiterhin der Essay »Agenten, Wissenschaftler und Todesstrahlen« von Thomas Riegler, Jürgen Scheffers Aufsatz »Die heimliche Raketenmacht« – danke für das freundliche Telefonat! – sowie das aktuelle Standardwerk zum Mossad »Der Schattenkrieg« von Ronen Bergman, den ich leider in Tel Aviv verpasst habe. Hier und dort ein Hinweis zur Sache in Abhandlungen über die deutsch-israelischen Beziehungen der Nachkriegszeit, den Mossad, die Operation Damokles, BKA und BND sowie in Schriftensammlungen zur politischen Zeitgeschichte des Auswärtigen Amtes. Pflichtlektüre zur Hamburger Kneipenszene sind »Palette revisited« und Hubert Fichte. Um mir ein Bild von technologiekritischen Strömungen der Zeit zu machen, waren die Texte und Radiosendungen des Quantenphysikers Walter Heiter hilfreich; aus politischer Sicht die Texte und Aufnahmen Fritz Bauers sowie Ulrike Meinhofs. Die Geschichte der jüdischen Emigration aus Kairo wird lebendig in »The Man in the White Sharkskin Suit« von Lucette Lagnado. Ansonsten: Romane, Gedichte, Flugblätter gelesen, viel Musik gehört.

Unverzichtbar bei der Recherche mitgewirkt und aus dem Arabischen übersetzt haben Amel Alzakout und Majd Jammoul, die Nasser-Rede hat Anna Friedrich ins Deutsche übersetzt.

Korrektur gelesen und kostbares Feedback gegeben hat wieder einmal Tina Ellerkamp, für die Familie des Ingenieurs: Stefanie Schulte Strathaus und Angelika Siegel sowie Ute-Karen Voigt und Rainer Schulte Strathaus.

Für Unterstützung und Gespräche möchte ich weiterhin Bettina und Cornelia Schulte Strathaus, Tobias Voigt, Katharina und Hannelore von Ballestrem, Ala Younis, Susanne Schultz, Gerd Habighorst, Renate Sami, Mariam Mekiwi, Jörg Heitmann, Rubaica Jaliwala, Rainer Schleßelmann, Navina Sundaram, Frieder Schlaich, Tamer El Said, Maha Maamoun, Max Annas, meiner Familie und den Kolleginnen bei pong Film danken.

Ein Buch wie »Die Experten« kann nicht ohne institutionelle Hilfe und die Zusammenarbeit vieler Experten und Expertinnen entstehen.

Den wichtigen Anfang machte in dieser Hinsicht das Goethe-Institut Kairo, hier gilt mein besonderer Dank Johanna Keller, in Zusammenarbeit mit der Cimateque Kairo, Yasmin Desouki, dem CIC, Andrea Thal, und dem Kunstraum Medrar.

Von der Agentur Graf & Graf möchte ich Julia Eichhorn, Meike Herrmann und Hanna Dürholt für ihre Unterstützung danken.

Der Suhrkamp Verlag kam in Person meines Herausgebers und Lektors Thomas Wörtche an Bord, der dieses gewaltige Projekt in allen Phasen der Umsetzung mit mir gestemmt hat und mir jederzeit mit Rat, Tat und Optimismus zur Seite stand. Seine enormen Kenntnisse in Sachen Militär und Geheimdienste waren unersetzlich, sein literarischer Sachverstand ebenso. Im Verlag möchte ich Winfried Hörning für Mut und Ermutigung danken, Verena Sich für ihren juristischen Beistand und konstruktive Vorschläge, sowie Sabine Oswald und Matthias Reiner.

Jede Fassung gelesen, das Material studiert, Playlists zusammengestellt, stundenlang diskutiert, Mut gemacht, den Rücken freigehalten und schier endlose Geduld bewiesen hat wie immer Philip Scheffner. Danke!

*Merle Kröger, September 2020*

# Quellenverzeichnis

Zitate wurden durch Verwendung einer serifenlosen Schriftart kenntlich gemacht.

## 1 Grünes Fotoalbum *Dezember 1961 bis Juli 1962*

Deckeninschrift im Hamburger Planetarium, aus: Goethe, Johann Wolfgang von: »Dämon«, in: »Urworte. Orphisch«, Sammlung in fünf Stanzen, 1817

»BND-Akte«, Auszüge aus BND-Akten stammen aus Original-Akten des Archivbestands des Bundesnachrichtendienstes in Berlin

Film über V2/A4-Raketenstart am 3. 10. 1942 u. a., zitiert nach: »Tests de lancement de missiles A 4 à Peenemunde – von Braun«, Ateliers des Archives, Paris

»Achtung, Buchenwald!«, Aufruf in der Rubrik: »Wer kann Angaben machen?«, Die Tat, Wochenzeitung vom 7. 6. 1958

Vortrag Brandner von 1938, aus: Brandner, Ferdinand: »Ein Leben zwischen Fronten«, Verlag Welsermühl, München/Wels 1973

Klang- und Lichtschauspiel »Der nächtliche Lichtzauber der Pyramiden« von Bonheur, Gaston (Text), Ministerium für Kultur und nationale Orientierung, Vereinigte Arabische Republik/Hachette, Kairo/Paris 1961

Zitat Conrad Hilton nach: Wharton, Annabel Jane: »Building the Cold War« (Hilton, Conrad: »Be My Guest«), University of Chicago Press, Chicago 2001

Zeugnis des Reichsministers des Inneren an Hans Globke, 1938, zitiert nach: Köhler, Otto: »Eichmann, Globke, Adenauer«, in: Der Freitag, Wochenzeitung vom 16. 6. 2006

Brief Reinhard Gehlen an Hans Globke vom 16. 3. 1962, zitiert nach: Renz, Werner (Hg.): »Interessen um Eichmann: Israelische Justiz, deutsche Strafverfolgung und alte Kameradschaften«, Campus Verlag, Frankfurt/M. 2012

## 2 Blaues Fotoalbum *August 1962 bis Juni 1963*

»Nasser Tilts At UK Over 1952 Revolt. Boast About New Rockets«, The Guardian, Tageszeitung vom 23. 7. 1962

»Cairo's Progress Hailed By Nasser« von Walz, Jay, in: New York Times, Tageszeitung vom 23. 7. 1962

»B-G Reports On Cairo Rockets«, Jerusalem Post, Tageszeitung vom 23. 7. 1962

»Where Does It Lead« von Makeba, Miriam und Davis, Gwen (Text), RCA Records, 1960

»Naher Osten. Rüstung. Nassers Zigarren«, Der Spiegel, Wochenzeitschrift vom 5. 9. 1962 (Heft 36)

»Interpol fahndet nach Dr. Krug«, Frankfurter Allgemeine Zeitung/UPI, Tageszeitung vom 17.9.1962

»Mit meiner Stimme ...«, »Bi Ridak Ya Khaliqui« von Kulthum, Umm und Bayrem Altunesy (Text), MLP 2008

»Israelischer oder ägyptischer Geheimdienst?«, Frankfurter Allgemeine Zeitung/dpa, Tageszeitung vom 20.9.1962

»From the needle to the rocket«, aus: Nasser, Gamal Abdel: Rede zum Jahrestag der Revolution am 22.7.1962 in Kairo, zitiert nach: http://nasser.bibalex.org (in arabischer Sprache)

»Historie, Historie«, Autor unbekannt, zitiert nach: TV-Sendung, Ägyptisches Fernsehen 1962 (in arabischer Sprache)

»Kairo: Krug ist nicht in Ägypten«, Frankfurter Allgemeine Zeitung/UPI, Tageszeitung vom 22.9.1962

»Erster Erfolg der Kripo bestätigt: Raketen-Krug doch in Kairo« von Werremeier, Friedhelm/Wein, Martin in: Bild am Sonntag, Wochenzeitung vom 23.9.1962

»Let's Twist Again« von Checker, Chubby und Mann, Kal (Text), Ariola 1961

»Hitler in euch« von Meinhof, Ulrike, in: konkret, Monatszeitschrift vom Mai 1961 (Heft 10)

Schriftsatz Dr. Rudolf Dix, zitiert nach: »Familie Ribbentrop: Die Qualität des Sektes«, Der Spiegel, Wochenzeitschrift vom 28.11.1951 (Heft 48)

Henkell-Trocken-Werbetexte, zitiert nach: https://www.henkell.com/de/henkell-marke/historische-werbung/ sowie nach: Anzeigen in Der Spiegel, stern u.a.

Memorandum Dr. Franz Böhm vom 16.11.1962, zitiert nach: Vogel, Rolf (Hg.): »Der deutsch-israelische Dialog. Dokumentation eines erregenden Kapitels deutscher Außenpolitik. Teil 1: Politik, Band 1«, Verlag K. G. Saur, München 1987

»Fellachen und Raketen«, aus: Andel, Horst J.: »Ägypten. Revolution ohne Lehrbuch«, in: konkret, Monatszeitschrift vom November 1962 (Heft 11)

Kritik aus Ost-Berlin an der Linie von konkret, zitiert nach: Ditfurth, Jutta: »Ulrike Meinhof«, Ullstein Verlag, Berlin 2007

»Israel. Anerkennung. Geheimaktion Gerstenmaier«, Der Spiegel, Wochenzeitschrift vom 12.12.1962 (Heft 50)

Brief im Sprengstoffpaket (Foto), aus: »Attentate auf deutsche Raketenbauer«, stern, Wochenzeitschrift vom 19. bis 25.3.1963 (Heft 12)

»Gerstenmaier: What Happened In 1933 Won't Happen Again«, Jerusalem Post, Tageszeitung vom 26.11.1962

»Gerstenmaier verlängert Aufenthalt in Israel«, Frankfurter Allgemeine Zeitung/UPI/dpa, Tageszeitung vom 27.11.1962

»So verrückt« von Dalida und Buschor, Georg/Plait, Jaques (Text), Ariola 1960

Bericht von Muhammad Diya'i Nafi', aus: Diya'i Nafi', Muhammad: »Qissat Sina'at al-Sawarikh wa-al-Ta'irat al-Misriyah«, al-Hay'ah al-Mihriyah al-'Ammah lil-Kitab, Kairo 2007

»Aus dem Kampf von Port Said ...« von Nasser, Gamal Abdel: Rede zum Jahrestag des Sieges von 1956 am 22.12.1962 in Port Said, zitiert nach: http://nasser.bibalex.org (in arabischer Sprache)

»Unsre Fahne flattert uns voran« von Schirach, Baldur von (Text), Propagandalied der Hitlerjugend, 1933

Handbuch für Spione von Wolfgang Lotz, aus: Lotz, Wolfgang: »Playboy-Report. Handbuch für Spione«, Moewig Verlag, München 1981

»Entwurf für ein Grundsatzprogramm des BDIS«, DIS München, Autor unbekannt, 1960er Jahre, EZAB (Evangelisches Zentralarchiv in Berlin)

»121. Memorandum of Conversation«, Aussage von Meir, Golda, zitiert nach: »FOR-EIGN RELATIONS OF THE UNITED STATES, 1961-1963, VOLUME XVIII, NEAR EAST, 1962-1963«, United States of America, Department of State, Original-dokument unter: https://history.state.gov/historicaldocuments/frus1961-63v18/d121

»Was ich gesehen habe …«, »Inta Omri« von Kulthum, Umm und Shafik Kamel, Ahmed (Text), Sona Cairo 1964

Offener Brief der DIS Tübingen, Fischer, Horst (gez.), ca. 1963, EZAB (Evangelisches Zentralarchiv in Berlin)

Ansprache Martin Buber von 1963, zitiert nach: Kammerer, Gabriele (Hg.): »Geschichte zum Blättern«, in: »50 Jahre Aktion Sühnezeichen Friedensdienste in Israel«, Aktion Sühnezeichen, Berlin/Jerusalem 2011

»stern. Druckfreigabe«, aus: »Attentate auf deutsche Raketenbauer«, stern, Wochenzeitschrift vom 19. bis 25. 3. 1963 (Heft 12)

»Israel attackiert die Schweiz wegen Verhaftung israelischer Geheimagenten«, Al Ahram, Tageszeitung vom 18. 3. 1963

»Cairo Reported Trying To Build Nuclear Warhead For Missiles« von Blair, W. Granger, in: New York Times, Tageszeitung vom 18. 3. 1963

»Internationale Drähte laufen heiss um die Zürcher Agenten-Verhaftung«, Blick (Schweiz), Tageszeitung vom 18. 3. 1963

»Neue Affäre um die ägyptische Raketenforschung«, Frankfurter Allgemeine Zeitung/dpa, Tageszeitung vom 18. 3. 1963

»Sprengstoffpakete aus Hamburg«, Hamburger Abendblatt, Tageszeitung vom 19. 3. 1963

»Einer der übertölpelten Agenten: Professor Joklik aus Großgmain«, Münchner Abendzeitung, Tageszeitung vom 19. 3. 1963

»Publication On German Scientists Possible«, Jerusalem Post, Tageszeitung vom 19. 3. 1963

»Schweizer Justiz enthüllt die furchtbaren Verschwörungen Israels«, Al Ahram, Tageszeitung vom 20. 3. 1963

»Meir Hits ›Evil Crew‹ of Nazis«, Jerusalem Post, Tageszeitung vom 21. 3. 1963

»An den Herrn Bundeskanzler«, Brieftelegramm des BDIS vom 24. 3. 1963, ohne Unterzeichner, EZAB (Evangelisches Zentralarchiv in Berlin)

»Rechtsstaat«, Hamburger Abendblatt, Tageszeitung vom 22. 3. 1963

»Egypt has 50 German rocket experts« von Knox, Rawle, in: Observer, Tageszeitung vom 24. 3. 1963

»Wenn deutsche Forscher Ägypten verlassen …«, Hamburger Abendblatt, Tageszeitung vom 15. 3. 1963

»Israel. Agentenkrieg. Heidi und die Detektive«, Der Spiegel, Wochenzeitschrift vom 27.3.1963 (Heft 13)

»Erklärung von Goercke, Kleinwächter und Pilz« (1), zitiert nach: Jerusalem Post/ Reuter und Hamburger Abendblatt, Tageszeitungen vom 27.3.1963

»Nassers Wettlauf mit Israel« von Dönhoff, Marion Gräfin von, in: Die Zeit, Wochenzeitung vom 29.3.1963 (Heft 13)

»Raketenprogramme mit doppelter Produktionsgeschwindigkeit umgesetzt«, Al Ahram, Tageszeitung vom 29.3.1963

»Nasser: Es muss eine nationalistische Front aller progressiven Kräfte zur Bewahrung der Einheit geben«, Interview mit Nasser, Gamal Abdel, in: Al Muharrer (Beirut), zitiert nach: Al Ahram, Tageszeitung vom 2.4.1963

»Hayu Leilot« von Ofarim, Esther und Orland, Yakov (Text), Hed-Arzi 1973

»Erklärung von Goercke, Kleinwächter und Pilz« (2), zitiert nach: Jerusalem Post/ UPI, Tageszeitung vom 3.4.1963

»Memorandum of Conversation« vom 2.4.1963, Peres, Shimon und Kennedy, John F., Israelisches Staatsarchiv, zitiert nach: Golan, Matti: »Shimon Peres. A Biography«, translated from the Hebrew by Ina Friedman, Weidenfeld & Nicolson, London 1982, Originaldokument in hebräischer Sprache unter: https://nsarchive2.gwu. edu/israel/documents/hebrew/01-01.htm

»Nasser: German Aid ›Just Technical‹« & »IL 170m. in Bonn. Credit for Cairo«, Jerusalem Post/AP/Reuter, Tageszeitung vom 3.4.1963

Sendung auf TV-Kairo mit Rustum, Leila/Pilz, Wolfgang u.a. am 4.4.1963, zitiert nach: Jerusalem Post, Tageszeitung vom 5.4.1963, Ausschnitt Originalsendung unter: http://www.aparchive.com/metadata/view/6daf2451e7cd4114b7def09860 b20341?subClipIn=00:00:00&subClipOut=00:03:54

Osterbrief der deutschsprachigen Katholiken von Ludwig, Pater Gumbert, St. Josephskirche, Kairo 1963

»Lass dich nicht verwirren«, Sprichwort von Morgenroth, Friedrich (1836-1923)

»Ben Gurions Eingreifen verhindert eine Krise«, Frankfurter Allgemeine Zeitung, Tageszeitung vom 17.4.1963

»Deutsche Wissenschaftler schreiben Protestnote«, Al Ahram, Tageszeitung vom 10.4. 1963

»Die Deutschen sind an allem schuld«, stern, Wochenzeitschrift vom 23. bis 29.4.1963 (Heft 17)

Meldung Walter Scheel, zitiert nach: Rubrik: Personalien, Der Spiegel, Wochenzeitschrift vom 8.5.1963 (Heft 19)

»Deutsche Raketen für Nasser – Naher Osten. Rüstung. 36, 135 und 333«, Der Spiegel, Wochenzeitschrift vom 8.5.1963 (Heft 19)

Gesetzesentwurf Dr. Franz Böhm vom 14.5.1963, zitiert nach: Blasius, Rainer A.: »Von Adenauer zu Erhard. Studien zur Auswärtigen Politik der Bundesrepublik Deutschland 1963«, Schriftenreihe der Vierteljahreshefte für Zeitgeschichte, Oldenbourg Verlag, München 1994

»Strauss Arrives«, Interview mit Strauß, Franz Josef, in: Jerusalem Post, Tageszeitung vom 28.5.1963

»Strauß kündigt Israel Adenauers Besuch an«, Frankfurter Allgemeine Zeitung/AP, Tageszeitung vom 4. 6. 1963

»Joklik und Bengal vor Basler Strafgericht«, Neue Zürcher Nachrichten, Tageszeitung vom 10. 6. 1963

»Protokoll-Abschrift der Sitzung des Strafgerichts Basel-Stadt vom 10. bis 12. Juni 1963«, Staatsarchiv Basel-Stadt, Gerichtsarchiv KK2, 1964-19, Teil 3

»Strafgericht Basel-Stadt. Urteil vom 12. 6. 1963«, aus: Brunschvig, Georges: Anwaltliche Tätigkeiten, in: Nachlässe und Einzelbestände, Archiv für Zeitgeschichte, ETH Zürich

»Amal Hayati« von Kulthum, Umm und Shafik Kamel, Ahmed (Text), Sono Cairo 1965

»Befremdliche Haltung der Schweizer Justiz gegenüber israelischen Geheimagenten ...«, Al Ahram, Tageszeitung vom 14. 6. 1963

»Black Swan« von Simone, Nina und Menotti, Gian Carlo (Text), Arie aus der Oper »The Medium« (Menotti 1947), Colpix Records 1963

»Zwischen Wasser und Urwald« von Schweitzer, Albert, C. H. Beck Verlag, München 1963

»Die Akte Odessa«, Spielfilm von Neame, Ronald (Regie), Ross, Kenneth/Markstein, George (Drehbuch) und Forsyth, Frederick (Vorwort), nach dem Roman »Die Akte Odessa« (Forsyth 1972), Columbia Pictures u. a., UK/BRD 1974

»Hero Blues« von Dylan, Bob (Text) auf: »The Witmark Demos 1962-1964«, Columbia 2010

»Weltspiegel«-Interview von von Zahn, Peter mit Eshkol, Levi am 16. 8. 1963 (ARD), zitiert nach: Blasius, Rainer A. (Hg.): »Von Adenauer zu Erhard. Studien zur Auswärtigen Politik der Bundesrepublik Deutschland 1963«, Schriftenreihe der Vierteljahreshefte für Zeitgeschichte, Oldenbourg Verlag, München 1994

Diverse Artikel zum Fall Eisele vom 8. bis 14. 7. 1958 (»Der Fall Dr. Eisele«; »Eisele floh nach Ägypten«; »Noch sind Mörder unter uns«; »Eisele von der ägyptischen Polizei festgenommen«), © Süddeutsche Zeitung GmbH, München. Mit freundlicher Genehmigung von Süddeutsche Zeitung Content

»Wie lange noch Nazi-Geheimbund?«, Die Tat, Wochenzeitung vom 13. 12. 1958

»Haftbefehl gegen Skorzeny«, Süddeutsche Zeitung/UPI, Tageszeitung vom 4. 2. 1963 (mit freundlicher Genehmigung von Süddeutsche Zeitung Content)

»Der deutsche Geheimdienst überwacht die deutschen Experten in der VAR«, Al Ahram, Tageszeitung vom 11. 7. 1963

»Al Ra'ed – Eine neuartige mehrstufige Rakete ...«, Al Ahram, Tageszeitung vom 11. 7. 1963

»I have a dream« von King, Martin Luther: Rede beim Marsch auf Washington am 28. 8. 1963

Friedrich liest Rita vor, aus: Sommer, Theo: »Kanzlers Testament«, Die Zeit, Wochenzeitung vom 11. 10. 1963 (Heft 41)

Brigitte liest Rita vor, aus: Spellman, Kardinal Francis M.: »Er ist mehr als ein Deutscher«, Rubrik: Panorama, Der Spiegel, Wochenzeitschrift vom 23. 10. 1963 (Heft 43)

»Naked Lunch« von Burroughs, William S., used by permission of Grove/Atlantic, Inc., New York 2014 (any third party use of this material, outside of this publication, is prohibited)

## 3  Dunkelrotes Fotoalbum  *August 1963 bis Februar 1970*

»Geheime Kommandosache aus Kairo« von Löhde, Wolfgang, stern, Wochenzeitschrift vom 29.3. bis 4.4.1964 (Heft 13)

»Rüstung. Raketen-Spezialisten. Heimkehr vom Nil«, Der Spiegel, Wochenzeitschrift vom 21.7.1965 (Heft 30)

»Mothers Little Helper« & »Paint It, Black« von The Rolling Stones und Jagger, Mick/Richards, Keith (Text), Decca 1966

»Panorama«-Interview mit Jaspers, Karl am 2.1.1967 (ARD), zitiert nach: https://daserste.ndr.de/panorama/archiv/1967/Panorama-vom-2-Januar-1967,panorama2339.html

Rita liest Kai vor, zitiert nach: »Israel. Blitz-Feldzug. Tötet, tötet«, Der Spiegel, Wochenzeitschrift vom 12.6.1967 (Heft 25)

Kai liest Rita vor, zitiert nach: Meinhof, Ulrike: »Drei Freunde Israels«, konkret, Monatszeitschrift vom Juli 1967 (Heft 7)

»Heroin« von The Velvet Underground & Nico und Reed, Lou (Musik und Text), Verve Records 1966; © Oakfield Avenue Music LTD. Mit freundlicher Genehmigung der EMI Music Publishing Germany GmbH

Rita sieht einen Film im Dritten Programm, zitiert nach: »Erziehung zum Ungehorsam« (ARD), Dokumentarfilm von Bott, Gerhard (Text), D 1969

Protokoll des ODESSA-Treffens um 1965, Autor unbekannt, zitiert nach: Schwend, Friedrich: Nachlass, Rückübersetzung aus dem spanischen Original, Archiv des Hamburger Instituts für Sozialforschung

»Erziehung nach Auschwitz« von Adorno, Theodor W. (1966), zitiert nach: Die Zeit, Wochenzeitschrift vom 1.1.1993 (Heft 1)

»The End« von The Doors und Morrison, Jim (Text), Elektra 1967

»Der Kleine Prinz« von Saint-Exupery, Antoine de, übersetzt von Leitgeb, Grete und Josef, Karl Rauch Verlag, Düsseldorf 1964

Live-Übertragung der Mondlandung in der ARD am 20.7.1969 von Siefarth, Günter/Heine, Hans/Johansen, Anatol/Loewe, Lothar und Büdeler, Werner (Kommentatoren), zitiert nach: Zusammenschnitt der Übertragung, SWR 2019

»Les Enfants Sur La Lune« von Guy Béart (Text), Disques Temporel 1968

Sondersendung zum Tod Nassers am 28.9.1970, Ägyptisches Fernsehen, zitiert nach: »Les funérailles du président Nasser«, in der Reihe: »Verschollene Filmschätze«, ARTE/INA 2019

»Massenmörder Skorzeny zur Erholung in Hamburg«, Berliner Zeitung (DDR)/ADN, Tageszeitung vom 25.12.1970

»Set The Controls For The Heart Of The Sun« von Pink Floyd und Waters, Roger (Text), Columbia 1968 (used by permission of © Westminster Music Ltd.)